Theologica

Theologica

Publicações de Teologia, sob a responsabilidade da
Faculdade de Teologia
FAJE – Faculdade Jesuíta de Filosofia e Teologia
31720-300 Belo Horizonte, MG
telefone (31) 3115 7000 / fax (31) 3491 7421
faje.bh@faculdadejesuita.edu.br
www.faculdadejesuita.edu.br

LOUIS-MARIE CHAUVET

SÍMBOLO E SACRAMENTO

Uma releitura sacramental da existência cristã

Tradução
Joaquim Pereira

Edições Loyola

Título original:
Symbole et Sacrement –
Une relecture sacramentelle de l'existence chrétienne
© Les Éditions du Cerf, 1987
24, rue des Tanneries, 75013, Paris, France
ISBN 978-2-204-02687-1

Dados Internacionais de Catalogação na Publicação (CIP)
(Câmara Brasileira do Livro, SP, Brasil)

Chauvet, Louis-Marie
 Símbolo e sacramento : uma releitura sacramental da existência cristã / Louis-Marie Chauvet ; tradução Joaquim Pereira. -- São Paulo : Edições Loyola, 2023. -- (Coleção Theologica)

 Título original: Symbole et sacrement : une relecture sacramentelle de l'existence chrétienne
 ISBN 978-65-5504-097-5

 1. Catolicismo 2. Sacramentos - Igreja Católica 3. Sacramentos - Liturgia 4. Símbolos 5. Teologia dogmática I. Título II. Série.

21-78312   CDD-234.16

Índices para catálogo sistemático:
 1. Sacramentos : Abordagem socioantropológica :
    Teologia dogmática cristã   234.16

Aline Graziele Benitez - Bibliotecária - CRB-1/3129

Conselho Editorial
Álvaro Mendonça Pimentel (UFMG, Belo Horizonte)
Danilo Mondoni (PUG, Roma)
Élio Gasda (Univ. Comillas, Madrid)
Gabriel Frade (FAU-USP, São Paulo)
Geraldo Luiz De Mori (Centre Sèvres, Paris)
Lúcia Pedrosa-Pádua (PUC-Rio, Rio de Janeiro)
Raniéri Araújo Gonçalves (Loyola University Chicago)

Capa: Mauro C. Naxara
Diagramação: Ronaldo Hideo Inoue
Revisão técnica: Gabriel Frade
    Walter F. Salles
Revisão: Marta Almeida de Sá

Edições Loyola Jesuítas
Rua 1822 nº 341 – Ipiranga
04216-000 São Paulo, SP
T 55 11 3385 8500/8501, 2063 4275
editorial@loyola.com.br
vendas@loyola.com.br
www.loyola.com.br

Todos os direitos reservados. Nenhuma parte desta obra pode ser reproduzida ou transmitida por qualquer forma e/ou quaisquer meios (eletrônico ou mecânico, incluindo fotocópia e gravação) ou arquivada em qualquer sistema ou banco de dados sem permissão escrita da Editora.

ISBN 978-65-5504-097-5

© EDIÇÕES LOYOLA, São Paulo, Brasil, 2023

Sumário

Introdução 15

PRIMEIRA PARTE
DA METAFÍSICA AO SIMBÓLICO

Capítulo 1 Crítica dos pressupostos ontoteológicos
            da sacramentária clássica 21
   1. Nossa questão inicial 21
   2. A metafísica e o simbólico 22
I. A causalidade sacramental em Santo Tomás de Aquino 23
    1. O lugar do "Tratado dos sacramentos"
       na *Suma Teológica* 23
    2. As principais inovações da *Suma Teológica* 24
II. Um esquema de representação de tipo producionista 32
    1. A redução do esquema simbólico ao esquema técnico ... 33
    2. A metafísica: uma ontoteologia causalista 36
       a. A metafísica segundo M. Heidegger 36
       b. A dicotomia ser/dizer 38
       c. A linguagem-instrumento 42
       d. A dicotomia sujeito-objeto 43
    3. A representação ontoteológica da relação
       entre o homem e Deus 45
       a. A analogia 45
       b. O ponto crítico da teologia cristã 48
III. Abertura ao simbólico: o maná 51

Capítulo 2   **Superar a ontoteologia?** 53

I. A superação da metafísica segundo Heidegger 54
    1. Pensar a metafísica não como falta, mas como evento 54
    2. Superar a metafísica: uma tarefa inatingível 55
    3. Um caminho "transitivo" 59
    4. Um pensamento não instrumental da linguagem 60
    5. "Manter-nos numa madura proximidade da ausência";
       discurso da graça 63

II. Teologia e filosofia 67
    1. Filosofia e teologia segundo Heidegger 68
    2. Questões 69
       a. O ato teológico, um testemunho;
          a teologia, uma hermenêutica 69
       b. O *Logos* da cruz, entre o judeu e o grego 73
       c. Uma homologia de atitude 77

III. Teologia e psicanálise 79
    1. O estatuto aporético da psicanálise 80
    2. O discurso analítico como sintoma social principal do
       desenvolvimento histórico da questão do Ser 82

IV. Em direção ao sacramento 84

Capítulo 3   **A mediação** 87

I. A mediação inevitável da ordem simbólica 87
    1. Ele só é homem na medida em que fala 87
    2. A linguagem, expressão operante 91
       a. A palavra criadora de "mundo" 91
       b. O conceito de "expressão" 92
    3. O processo do advento do sujeito na linguagem 94
       a. Um ponto de vista linguístico 94
       b. Um ponto de vista psicanalítico 97
    4. A verdade do homem: consentir na presença da falta 100

II. A troca simbólica 101
    1. Nas sociedades arcaicas 101
       a. Sem valor 102
       b. As generosidades necessárias 103
    2. Na sociedade ocidental contemporânea 103
    3. Troca comercial e troca simbólica:
       dois polos e dois níveis 107
    4. Graciosidade e gratuidade 108

Capítulo 4   **O símbolo e o corpo** 111

I. Sinal e símbolo 112
    1. Dois níveis de linguagem 112
       a. O símbolo antigo 112

b. "O símbolo nos introduz em uma ordem
      da qual ele mesmo faz parte" 113
   c. Valor e não-valor 118
   d. Símbolo e realidade 121
 2. Duas polaridades de toda linguagem 124
   a. A reivindicação simbólica de reconhecimento
      em todo discurso de "conhecimento" 124
   b. O lugar necessário do "conhecimento"
      em toda expressão simbólica 126
II. O ato de simbolização 128
 1. Análise 128
 2. A performatividade do ato de simbolização 129
   a. Relato e discurso 129
   b. Constatativo e performativo 130
   c. Locutório, ilocutório e perlocutório 131
   d. Traços distintivos 132
III. A eficácia simbólica dos ritos 134
 1. Alguns exemplos de eficácia simbólica nos ritos tradicionais ... 134
   a. C. Lévi-Strauss 134
   b. V. Turner 135
   c. E. de Rosny 136
 2. Eficácia simbólica e graça sacramental: primeira "abertura" ... 138
IV. O símbolo e o corpo 139
 1. A linguagem como "escritura" 139
   a. De matéria significante 139
   b. A repressão logocêntrica do corpo do traço escrito 141
 2. "Corpo sou eu" 143
   a. Um corpo de palavra 143
   b. Os esquemas sub-rituais da simbólica primária 145
   c. Corporeidade: um corpo de cultura, de tradição
      e de natureza 146
   d. O corpo, arquissímbolo 148
V. Abertura: a sacramentalidade da fé 149
 1. O alvo sacramental 149
 2. A arquissacramentalidade da fé 151

SEGUNDA PARTE
OS SACRAMENTOS NA REDE SIMBÓLICA DA FÉ ECLESIAL

Introdução   **Uma teologia fundamental do sacramental** 155

Capítulo 5   **Situação da estrutura da identidade cristã** 157

I. A estruturação da fé segundo o relato de Emaús 157
 1. Lucas 24 157

2. Três textos matrizes 158
   3. O relato dos discípulos de Emaús 161
   4. A prova da fé ou o consentimento de uma perda 165
      a. A mediação simbólica da Igreja 166
      b. Três formas de uma mesma tentação "necrótica" 168
      c. Uma tarefa inacabável: aceitar a presença da ausência 171
   5. Extensão de nosso modelo 172
 II. Observações sobre a função da Igreja em nosso esquema 174
   1. Uma problemática de identidade 174
   2. Diversidade dos circuitos de identificação 175
   3. A prioridade da Igreja em relação aos indivíduos cristãos 176
   4. Receber a Igreja como uma graça 178
   5. Abertura pastoral 179

Capítulo 6   **A relação Escritura/Sacramento** 183
  I. "A Bíblia nascida da liturgia" 183
   1. Bíblia judaica e liturgia 184
   2. Bíblia cristã e liturgia 188
      a. A hermenêutica cristã das Escrituras 188
      b. Os relatos da Ceia 190
      c. Prioridade da prática litúrgica 192
 II. A assembleia litúrgica, lugar da Escritura 193
   1. Análise fenomenológica do processo de produção da Bíblia 193
      a. Essa produção resulta de uma relação entre
         três elementos principais 193
      b. O funcionamento meta-histórico dos acontecimentos
         reconhecidos como fundadores 195
   2. A relação do Livro com o corpo social 196
      a. Teoria semiolinguística do texto 196
      b. "O leitor é essencial à escrita" 198
      c. A Bíblia: "A comunidade escreve a si mesma
         no livro que ela lê" 200
   3. A leitura do livro na *Ecclesia* litúrgica,
      lugar de verdade da Bíblia 201
III. A sacramentalidade da Escritura 204
   1. A Escritura é sacramental não por derivação,
      mas por constituição 204
      a. A veneração tradicional da Escritura 204
      b. A letra, "tabernáculo" da Palavra 206
      c. O desdobramento da letra em "figura".
         O ídolo e o ícone 207
   2. O sacramento, precipitação das Escrituras 210
      a. Evangelização e sacramentalização 210
      b. Palavra-Escritura e Palavra-Sacramento 211
      c. A manducação do Livro 212

Capítulo 7   A relação Sacramento/Ética 217
   I. O estatuto histórico-profético do culto judaico 218
      1. A fé em um Deus que intervém na história 218
      2. O culto judeu, memorial histórico-profético 220
         a. O memorial 220
         b. O memorial, o rito e a história: Dt 26,1-11 222
         c. Uma crise ritual 226
   II. O estatuto escatológico do culto cristão 227
      1. Escatologia 227
      2. Jesus e o culto 228
         a. A crítica dos sacrifícios nos meios judaicos e helenísticos 228
         b. A atitude de Jesus 231
      3. A ruptura pascal 234
         a. A metáfora da ruptura 235
         b. Uma diferença teologal 236
         c. Um novo estatuto do culto 238
      4. O vocabulário cultual dos cristãos nas origens 240
         a. O Novo Testamento 240
         b. O século II 243
         c. Significado teológico 245
   III. A letra, o rito e o corpo 247
      1. Inversão do sagrado 247
      2. A passagem do Livro ao corpo 248
      3. Uma ingenuidade "terceira" 250

Capítulo 8   Funcionamento da estrutura:
              o processo de troca simbólica 251
   I. A oração eucarística n. 2 253
      1. Análise narrativa 253
      2. O processo simbólico da dimensão eucarística 257
         a. Três chaves de leitura 257
         b. Funcionamento da estrutura 261
      3. Função do momento "sacramento":
         um ponto de passagem 264
      4. Judaísmo e cristianismo 265
         a. A identidade judaica: o relato da oblação
            das primícias (Dt 26,1-11) 266
         b. A diferença cristã: "vetustez" e "novidade" 269
   II. Verificação: o estatuto antissacrificial da troca simbólica
       no cristianismo 272
      1. O princípio de base: *in sacramento*.
         A "representação" sacramental 273
      2. A vida e a morte de Jesus: um sacrifício? 278
      3. A tese de R. Girard 283

	4.	O antissacrificial	287
		a. Um terceiro termo obrigatório	287
		b. A tentação do retorno ao sacrificial	288
	5.	Sacrifício de expiação e sacrifício de comunhão	290
	6.	Uma ética eucarística: Ireneu e Agostinho	291
Conclusão: riscos e possibilidades do vocabulário sacrificial			294

TERCEIRA PARTE
O ATO DE SIMBOLIZAÇÃO DA IDENTIDADE CRISTÃ

Capítulo 9   Os sacramentos, atos de simbolização ritual 301

O compromisso radical da Igreja nos sacramentos 301
I.   A lei fundamental da ritualidade religiosa:
     uma prática simbólica 303
     1. A essência pragmática da linguagem ritual 304
     2. A linguagem ritual em nossa cultura 306
II. Leitura teológica de alguns componentes principais
     da ritualidade 309
     1. A ruptura simbólica 309
        a. A natureza fronteiriça dos ritos (heterotopia) 309
        b. Negociar entre dois limiares 310
        c. Leitura teológica da heterotopia ritual 315
     2. A programação e a reiteração simbólicas 317
        a. A metonímia ritual 317
        b. Leitura teológica da programação ritual 318
        c. A negociação pastoral 320
     3. Uma economia simbólica de sobriedade 323
     4. Uma simbologia indicial 324
        a. O posicionamento pelo ritual 324
        b. Crer e fazer crer 325
        c. Leitura teológica 327
     5. Evangelizar a ritualidade 329
        a. Do ponto de vista formal 329
        b. Do ponto de vista material 330
III. Uma simbolização do homem total como corporeidade 331
     1. A simbolização da autoctonia humana 332
        a. Elementos da simbólica primária 332
        b. Uma teologia da criação 333
     2. A simbolização da socialidade e da tradição 334
        a. O rito como "drama social" 334
        b. Um exemplo: a iniciação tradicional e seu segredo 335
        c. Iniciação tradicional e iniciação cristã 338
        d. A crise ritual em nossa sociedade "crítica" 340

3. A simbolização da ordem oculta do desejo 341
4. A originalidade dos ritos religiosos na
   simbolização do homem 344
   a. A encenação da corporeidade como tal 344
   b. O "sagrado" 345

IV. A corporeidade da fé 347
1. A diferença sacramental, ou o compromisso radical
   da Igreja nos sacramentos 347
   a. Uma tensão fundamental... 347
   b. Tensão expressa de maneira radical 349
2. A incorporação da fé 351

Capítulo 10   O instituto sacramental 353

A dialética do instituinte e do instituído 353
I. A instituição dos sacramentos por Jesus Cristo:
   cerne da questão 354
II. O corpo eucarístico do Senhor: uma figura exemplar
    da resistência do instituído sacramental 358
    1. A "transubstanciação": uma mudança radical 358
       a. A grande escolástica 359
       b. Limite principal da transubstanciação escolástica 363
    2. Uma aproximação simbólica ao mistério do
       corpo eucarístico do Senhor 364
       a. O *ad-esse* constitutivo do *esse* sacramental 365
       b. A essência do jarro e do pão 368
       c. Cerne de nossa problemática 372
       d. Radicalidade 374
       e. Uma presença como abertura: a fração do pão 377

Capítulo 11   O instituinte sacramental 381

Uma efetuação de identidade 381
I. O duplo impasse da sacramentária 382
   1. O impasse "objetivista" 382
   2. A via média do Vaticano II 385
   3. O impasse "subjetivista" 387
      a. Primeira corrente: o ponto de partida "de baixo" 388
      b. Segunda corrente: o ponto de partida
         de "cima" (K. Barth) 390
II. Os sacramentos, expressões simbólicas operantes 395
    1. Linguagem da fé e linguagem da liturgia como
       "jogos de linguagem" específicos 396
       a. A linguagem da fé 397
       b. A linguagem litúrgica 399

2. A eficácia simbólica dos sacramentos.
     Exemplo: o sacramento da reconciliação 400
     a. Os sacramentos como reveladores
        (enquanto operadores) 401
     b. Os sacramentos como operadores
        (enquanto reveladores) 406
  3. A graça sacramental 408
     a. Na esteira da intralinguística 408
     b. Uma realidade ainda extralinguística 412
  4. Balanço 413
Um gracioso "deixar-ser" 414

QUARTA PARTE
SACRAMENTÁRIA E CRISTOLOGIA TRINITÁRIA

Introdução **Do discurso sacramentário
             ao discurso cristológico** 419

Capítulo 12 **Os sacramentos da nova Páscoa** 423

I. O ponto de partida da sacramentária escolástica:
   a união hipostática 423
   1. Tomás de Aquino: a lógica interna da relação
      entre a sua sacramentária e os outros setores de
      sua teologia 423
      a. Uma sacramentária que prolonga diretamente
         a cristologia 423
      b. Uma sacramentária pneumatologicamente frágil 426
      c. Uma sacramentária profundamente separada
         da eclesiologia 433
      d. Uma sacramentária de caráter fortemente institucional 436
      e. Balanço 440
   2. Os pressupostos desta sacramentária no que
      concerne à relação entre Deus e homem 440
II. Nosso ponto de partida: a Páscoa de Cristo 442
    1. A tradição litúrgica 442
       a. O batismo e a iniciação cristã 443
       b. A anamnese eucarística 443
       c. O ano litúrgico nos três primeiros séculos 444
       d. A evolução do ano litúrgico a partir do século IV 447
       e. Leitura teológica do dossiê:
          um ponto de partida pascal 450
    2. A inclusão da vida concreta de Jesus no mistério pascal 453
       a. A pertinência teológica da história 453
       b. A encarnação lida a partir da Páscoa 454

Capítulo 13 **Os sacramentos, figuras simbólicas
do ocultamento de Deus**... 457

A graça sacramental, ou o advento de Deus na corporeidade 457

I. O polo cristológico: os sacramentos,
memória do crucificado ressuscitado 459
   1. O Deus crucificado 459
      a. Quatro teses 459
      b. O grito de Jesus na cruz: um *maximum* cristológico 461
   2. Uma meontologia simbólica 465
   3. O Filho e o Pai 468
      a. O esquema simbólico de paternidade/filiação 468
      b. A realização do Filho 470
      c. O Outro semelhante de Deus 471
      d. Salvação: exemplaridade e solidariedade 472
      e. Deus de outra maneira 473

II. O polo pneumatológico: os sacramentos,
memória no Espírito Santo 474
   1. Preâmbulo: necessidade de um terceiro termo 474
   2. O Espírito, um Deus diferente 475
      a. O Neutro 475
      b. "O revelador não revelado" 478
   3. O Espírito, ou a diferença de Deus que se inscreve
      na corporeidade humana 481
      a. Paulo 482
      b. Pentecostes 484
      c. A liturgia, e especialmente a epiclese 486
      d. O novo corpo escriturístico de Deus 489

III. Os sacramentos, lugares de graça 493
   1. A subversão trinitária de nossas representações de Deus 493
      a. Subversão 493
      b. Um trabalho de luto em nós mesmos 495
   2. A graça sacramental 497

IV. Contraprova: a não-sacramentária de Karl Barth 499

Conclusão.. 504
   1. Graça sacramental e humanidade de Deus divino 504
   2. O equilíbrio do duplo princípio, cristológico e
      pneumatológico, em sacramentária 505
   3. O tempo do entre-dois 506

Conclusão
Sacramento: criação, história e escatologia 509

Índice de nomes próprios 517

Introdução

A sensibilidade atual à diversidade dos sacramentos e, mais amplamente, à heterogeneidade do que constitui o mundo da sacramentalidade levou a colocar debaixo do alqueire os tratados clássicos *"de sacramentis in genere"*. Entretanto, não apagou, ao que parece, o interesse por uma "generalidade" sacramentária. Assistimos, antes, a um interesse renovado nesta direção, mas em uma perspectiva *diferente* do tratado geral clássico. Testemunham isso os múltiplos escritos ou sessões que surgiram, desde uma dezena de anos, sobre o *rito* e o *símbolo*. A demanda não concerne, aliás, somente aos estudantes de teologia, mas também aos movimentos de ação católica, aos catequistas, aos animadores pastorais ou em capelania escolar. Simultaneamente, em todos os meios na França, pelo menos, vemos desencadear um vivo interesse pelo que diz respeito aos *"pontos de referência"* da identidade cristã, entre os quais os sacramentos têm seguramente uma posição de destaque. Temos certamente viva consciência de que esses últimos não compõem toda a vida cristã. Não sofreríamos, aliás, caso viessem a concorrer com as Escrituras ou com o engajamento ético. Então pedimos a eles não apenas que mantivessem o seu lugar, mas também todo o seu lugar: nem centro único da vida cristã, nem simples apêndice dessa.

O que se procura atualmente mediante esse movimento sensível é finalmente, parece, uma *teologia do "sacramental"*, isto é, uma teologia que permita uma *releitura sacramental*, parcial de seu ponto de vista, mas global quanto à sua extensão, *do conjunto da existência cristã. Uma teologia fundamental da sacramentalidade.* É exatamente o que propomos aqui.

Longe de dissolver os sacramentos na névoa de uma sacramentalidade geral, tal teologia se apoia neles assim como sobre *figuras simbólicas que permitem simultaneamente ver e viver a "(arque-)sacramentalidade" constitutiva do conjunto da existência cristã*. Apesar das aparências, talvez essa proposição nada tenha de evidente. O que enuncia, com efeito? De uma parte, que as celebrações sacramentais nos mantêm na ordem do figurativo; mas também, de outra parte, dizem respeito à ordem de uma pragmática: o que aí é dado a *ver* também é, "simultaneamente", dado a *viver*; o revelador é operador, e o operador seria reduzido a nada se não agisse como revelador.

De onde tiramos isso? Não de nós mesmos. Nunca poderemos dar razão dos sacramentos por via de dedução racional necessária. Visamos apenas tentar compreender aquilo em que *já* acreditamos, embarcados que somos, na qualidade de praticantes do batismo ou da eucaristia, na sacramentalidade. Seria ingênuo, ou desonesto, fazer "como se" nós não fôssemos, desde sempre, parte envolvida nesse caso. Aprendemos precisamente da modernidade contemporânea a ter em conta, como *decisivo*, o "lugar" de onde falamos: o lugar de nosso desejo individual, o lugar social, histórico e cultural que nos habita etc. Mediante isso, nada fazemos senão enunciar esta espécie de lei da ordem simbólica que percorrerá todo o percurso aqui proposto: impossível nada (com)preender sem reconhecer a si mesmo sempre (com)preendido como sujeito. Eis o que anuncia todo o nosso projeto.

No caráter duplo e simultâneo, de revelador e de operador que anunciamos acima a propósito dos sacramentos, reconhecemos alguma coisa do que procurava a sacramentária clássica mediante as categorias de "sinal" e de "causa". Mas nossa linguagem é diferente. E essa mudança de linguagem nada tem de uma superficial limpeza de fachada: é a expressão de *outra problemática* — a da linguagem e do símbolo, e não mais a da causa e do instrumento. Porque é somente na qualidade de figuras simbólicas que os sacramentos podem ser pensados *estritamente* como "expressões" (conceito também diferente do que conota a linguagem corrente) da "(arqui) sacramentalidade" da existência cristã. A releitura global dessa a partir do ponto de vista, parcial, da sacramentalidade requer, pois, uma modificação do enfoque clássico.

Essa modificação atinge finalmente os pressupostos não criticados da *metafísica* e de seu perfil sempre ontoteológico. Nosso discurso não pode pretender algum rigor senão na medida em que enfrenta este caso fundamental. É o que explica a parte importante que ocupam, especialmente em nossa *primeira parte*, o processo contemporâneo da metafísica e, correlativamente, a revolução epistemológica da qual a ciência é hoje o objeto, especialmente por parte das diversas disciplinas que tocam mais diretamente a antropologia. O conjunto da reflexão *teológica* aqui proposto não poderia se manter se não tentássemos nos explicar sobre as opções *filosóficas* que a subentendem. Os quatro primeiros capítulos têm, pois, de início, valor de crítica fundamental que abre a possibilidade mesma do discurso teológico aqui desenvolvido. Mas têm também valor imediatamente sacramentário, uma vez que situam os conceitos ou as noções que retomam constantemente daí em diante: os atos de linguagem, expressão, símbolo, alteridade, corporeidade, presença e ausência, todas as noções que terão algo a nos dizer não a partir do campo da metafísica, mas, sim, desde o campo do simbólico.

É precisamente na ordem simbólica própria da Igreja que a *segunda parte* situa os sacramentos. Nós os compreendemos, então, como *um elemento entre outros* no seio desse vasto e coerente conjunto que estrutura a identidade cristã. Apresentaremos esse conjunto como uma relação entre as Escrituras (nível "conhecimento"), os sacramentos (nível "reconhecimento") e a ética (nível "agir") (capítulos 5 a 8).

Nesse conjunto, os sacramentos têm um lugar e exercem uma função *original*. A *terceira parte* está centrada sobre eles, na qualidade de atos de simbolização da identidade cristã, operando uma expressão ritual que não saberia se "traduzir" em outras linguagens, expressão "instituída" que, enquanto tal, precisamente, é "instituinte" da Igreja e dos sujeitos que acreditam nela (capítulos 9 a 11).

O enfoque proposto é inevitavelmente solidário com alguma compreensão das relações entre o homem e Deus. No cristianismo, o foco se cristaliza em torno de Jesus Cristo. Isso emerge frequentemente ao longo das três primeiras partes. Mas é na *quarta parte* que ele será tratado por si mesmo. Confessar, com a Tradição da Igreja, que os sacramentos são mediações de comunicação graciosa entre Deus e o homem que crê — porque tal é, em definitivo, o seu auge — não requer somente, para o teólogo em busca do entendimento do que crê, que seja analisada a mediação linguística e simbólica que os constitui; isso requer também, e simultaneamente (pela mesma via do simbólico), que se questione o que se coloca sob a palavra "Deus". De *qual* Deus falamos, pois, para que possamos dizer dele: ele toma corpo nos sacramentos, ocorre mediante estes na corporeidade dos fiéis? Isso abre todo um percurso de cristologia elaborada trinitariamente (capítulos 12 a 13).

Assim, nossa proposição de teologia fundamental da sacramentalidade ou de releitura do conjunto da existência cristã sob o ângulo do sacramental está articulada ao entorno de *dois eixos principais*: aquele *da linguagem e do simbólico* de uma parte; aquele do *Logos da cruz* de outra parte — uma vez que é a partir dele que uma cristologia trinitária pode se elaborar. O segundo não é, aliás, estranho ao primeiro, nem mesmo simplesmente paralelo a ele, mas necessariamente afetado por ele: compreender o homem de outra maneira é necessariamente compreender Deus de outra maneira. Na encruzilhada de um e do outro, os sacramentos, que os unem simbolicamente no respeito de sua radical diferença...

PRIMEIRA PARTE

Da metafísica
ao simbólico

Capítulo 1
Crítica dos pressupostos ontoteológicos da sacramentária clássica

1. Nossa questão inicial

A questão inicial da presente obra pode ser formulada da maneira seguinte: *como é possível que, para pensar teologicamente uma relação sacramental com Deus expressa em última instância em termos de "graça", os escolásticos* (ficaremos aqui com Santo Tomás de Aquino) *tenham privilegiado de ponta a ponta a categoria da "causalidade"*? Explicitamos as expectativas da questão. De uma parte, a graça não poderia ser um objeto-valor; ela constitui o paradigma do não-objeto e do não-valor, exceto para ser negada na graciosidade e na gratuidade que a constitui. De outra parte, a categoria de *causalidade* acompanha sempre, no discurso escolástico, uma ideia de produção ou de aumento (da graça, precisamente); ela pressupõe, pois, sempre um esquema de representação de tipo producionista, seja claramente de ordem técnica, seja às vezes de ordem biológica (o germe em desenvolvimento), esquema cujo conceito de "instrumentalidade" constitui um dos pivôs maiores. Vejamos: há heterogeneidade (fundiária, parece) entre o discurso da graça e aquele, instrumental e producionista, da causalidade. Nossa questão inicial nos leva, pois, a indagar por que os escolásticos privilegiaram esse último discurso, aparentemente tão inadequado, para expressar a modalidade da relação de Deus com o homem nos sacramentos.

Certamente, se tratava para eles de uma simples analogia. Mas não existiriam outros tipos de analogia mais adequados? Em caso afirmativo, por que os escolásticos não procuraram uma analogia que fosse mais apropriada? Não é, seguramente, entre os melhores deles, falta de envergadura ou de fineza filosófica e teológica! A única resposta que nos parece possível deve ser buscada a partir da perspectiva dos *pressupostos impensados*, jamais criticados como tais, de sua problemática. Os escolásticos *não podiam* pensar de outra maneira; não o podiam em razão dos pressupostos ontoteológicos que habitavam toda a sua cultura.

2. A metafísica e o simbólico

Falamos de pressupostos ontoteológicos. Uma segunda questão prévia advém imediatamente: é pertinente falar assim, isto é, pressupor a existência de uma ontoteologia, de uma metafísica? Os processos relativos, de maneira frequente, à ontoteologia e à metafísica não atacam uma quimera?

Distinguiremos, portanto, de uma parte, as *configurações* concretas, tão numerosas quanto diversas, ou opostas entre elas, que a filosofia herdada de Atenas há vinte e cinco séculos tomou ao longo da história; de outra parte, a lógica impensada, os pressupostos não elucidados que, por reflexão "genealógica", podemos reconhecer nessas figuras tão diversas que lhes dão um ar familiar: são, como diz Heidegger, "pensamentos do fundamento" que visam a "dar razão" do todo do ser.

Acrescentaremos em seguida que *os grandes pensadores da metafísica não cessaram de tender a transgredir seus limites*, e assim assumi-la pelo reverso. Os *oion* de Plotino, os *quasi* dos latinos funcionam como tantas piscadelas cúmplices que alertam o ouvinte ou o leitor a não se deixar enganar pela aparente adequação do discurso à realidade. O próprio *ser*, em Tomás de Aquino, desempenha um papel crítico capital em relação a toda representação redutora de Deus, na medida em que este *ser*, incircunscrito, não entra em "gênero" algum. Grandes pensadores sempre souberam dar um *passo para trás*, o passo de uma humilde lucidez diante da verdade, que os guardou de cair no dogmatismo mortal da confusão de seu pensamento com a realidade. Eles se pegaram, às vezes, a pensar essa *diferença* como tal. Mas pensar essa diferença é uma coisa; pensar *a partir de e no seio* dessa diferença é outra coisa. É provavelmente aí que a lógica impensada do pensamento deles, como pensamento do fundamento, lhes dá este ar familiar que nos permite falar *da* metafísica, ou, melhor ainda, talvez, *do* metafísico.

Precisaremos, portanto, em última análise, que *o metafísico* ou ontoteológico (isto é, o perfil sempre-já teológico do metafísico) não designa uma realidade simples que teria existido em estado puro. Eis um conceito *metodológico* que nós nos damos, que indica uma *inclinação* ou uma polaridade característica do pensamento ocidental desde os gregos; essa polaridade foi caracterizada como "pensamento do fundamento", e, portanto, como impossibilidade de pensar a partir da diferença como tal entre o discurso e a realidade. Supomos ao mesmo tempo outra linha de inclinação ou polaridade possível do pensamento porque damos outro conceito metodológico que designa a tentativa de traçar um caminho de pensamento a partir de e no seio desta diferença: esta segunda via é a da linguagem, ou ainda do *simbólico*. Precisão capital: o que acabamos de apresentar em primeira abordagem como linha de inclinação ou polaridade oposta àquela do metafísico se comprova realmente porque se inscreve de ponta a ponta no lugar (ou no não-lugar) da diferença, não é simplesmente o modelo inverso do metafísico, então situado no mesmo terreno que ele, mas certamente *outro terreno epistemológico* da atividade de pensamento.

Tal par de conceitos metodológicos (metafísico/simbólico) nos parece ter valor *heurístico*. Trata-se para nós de empregá-los inicialmente como instrumentos de trabalho. Nossa reflexão crítica se concentrará menos nos *temas* concretos da dita metafísica em suas múltiplas versões do que *nos esquemas* que a regem e constituem a lógica impensada. Tal projeto não deve, entretanto, nos levar a crer que poderíamos passar como por encantamento do metafísico ao simbólico; teremos a oportunidade de nos explicar a respeito. Sublinhamos simplesmente, desde já, que o simbólico designa um processo do surgimento jamais acabado, portanto, da passagem sempre a fazer... Isso quer dizer que não substituiremos o precedente com o novo sistema de saber.

I. A CAUSALIDADE SACRAMENTAL EM SANTO TOMÁS DE AQUINO

1. O lugar do "Tratado dos sacramentos" na *Suma Teológica*

Esse tratado se situa, como sabemos, na Terceira Parte da *Suma*, na esteira da cristologia e da soteriologia. Ora, o seu lugar estava já marcado a partir da *Secunda secundae*, a saber, como parte da *virtude de religião*, isto é, dos atos pelos quais o homem se liga a Deus: atos interiores de devoção (q. 82) e de oração (q. 83); atos exteriores intermediados pelo corpo na adoração (q. 84), por dons oferecidos a Deus nas oferendas (sacrifícios, oblações, dízimos: q. 85-87) ou nos votos (q. 88), ou ainda pelo uso das coisas sagradas nos sacramentos (simples alusão) e no emprego do nome de Deus (juramento, adjuração, invocação: q. 89-91). Como vemos, Santo Tomás marca nesta última subseção o lugar que poderiam aí ocupar os sacramentos; mas, ele esclarece, "é na terceira parte dessa obra que convirá tratar do sacramento" (q. 89, prol.). Enquanto elemento do culto cristão, isto é, dos "atos exteriores de latria", os sacramentos pertencem à "moral". Eles são, portanto, a expressão maior de nossa relação ética com Deus, relação perfeitamente cristã, uma vez que efetuada por Cristo, que faz subir até Deus o culto da humanidade santificada. Foi esta linha que, como veremos, K. Barth seguiu recentemente.

Mas esse aspecto é insuficiente. Não é nem mesmo o mais importante para Santo Tomás. Os sacramentos, com efeito, não são somente a expressão cultual de nosso reconhecimento para com Deus pela salvação (justificação e santificação) já dada; eles são também e mesmo inicialmente mediações atuais dessa salvação, "canais" pelos quais nos beneficiamos da graça adquirida por Cristo. "Após o estudo dos mistérios do Verbo encarnado deve vir o dos sacramentos da Igreja, porque é do Verbo encarnado que eles têm sua eficácia": tal é a proposição que abre o "Tratado dos sacramentos" na *Suma* (III. q. 60, Prol.). Assim, no primeiro movimento, *ascendente*, do culto exterior que sobe, pelo Cristo, para Deus, corresponde um segundo movimento, inverso, de justificação e santificação, *que desce* por intermédio de Cristo para os homens. Esse segundo movimento é, para Santo Tomás, teologicamente primeiro. Se, segundo sua dimensão "religiosa", os sacramentos são sinais ou "protestações da fé que justifica" (III, q. 68, a. 8), em contrapartida, segundo sua dimensão eficiente, eles são meios pelos quais Deus opera a justificação obtida por Cristo para todos os homens.

Pode-se lamentar que Santo Tomás não tenha suficientemente sublinhado, no tratado da Terceira Parte, a dimensão ascendente e ética dos sacramentos tratada nas questões relativas aos atos exteriores da virtude de religião. Isso lhe teria permitido equilibrar um tratado que, centrado em seu aspecto de santificação do homem, é demasiado unilateralmente "cristológico/descendente". Esta fraqueza não faz senão melhor salientar o caráter central de sua eficácia, e, portanto, do modo dessa eficácia: sinal e causa.

2. As principais inovações da *Suma Teológica*

Sabemos que a doutrina da causalidade sacramental conheceu, em Tomás de Aquino, muitas inflexões significativas entre a época do *Comentário das Sentenças* (1254-1256) e aquela da Terceira Parte da *Suma Teológica* (1272-1273). "Enquanto na *Suma* o sacramento em geral é um sinal que tem como especificidade (para os sacramentos da Lei nova) causar o que significa, nas *Sentenças*, o sacramento é uma causa (um remédio) que tem por especificidade (e que nos parece muito mais arbitrário) significar o que causa"; além disso, nas *Sentenças*, Santo Tomás "não concede aos sacramentos senão uma causalidade dispositiva com respeito à graça", enquanto ela se torna "perfectiva" na *Suma*[1]. Aqui temos, sem dúvida, as três inovações maiores da *Suma* nessa matéria.

[a] A primeira consiste na passagem da prioridade da função *medicinal* dos sacramentos à prioridade de sua função *santificante*. O grupo dos escolásticos dos séculos XII e XIII, assim como Santo Tomás em seu *Comentário das Sentenças* e em seu *Contra os Gentios* (1261-1264) sob a influência da teoria do "sacramento-vaso" (vaso que contém um remédio da graça) de Hugo de São Vitor († 1141), via os sacramentos primeiro como remédios[2]. O importante, neste caso, é observar que essa analogia medicinal se inscreve diretamente no registro da causa eficiente — o remédio é causa da saúde —, enquanto a santidade designa uma finalidade. É precisamente o que Santo Tomás sublinha desde seu primeiro artigo sobre os sacramentos na *Suma*: "A medicina é causa eficiente da saúde: todos os derivados da palavra 'medicina' implicam, pois, referência ao mesmo e único agente primeiro, porque a palavra 'medicamento' representa a causalidade. Por sua vez, a santidade, esta realidade sagrada da qual o 'sacramento' tira seu nome, é uma realidade traduzida preferivelmente em termos de causa formal ou final. A palavra sacramento não impõe, pois, sempre a ideia de uma causalidade eficiente"[3].

[b] Esta clara declaração de intenção, desde a abertura do "Tratado dos sacramentos", não significa que Santo Tomás pensava em abandonar a ideia de causalidade eficiente: ela volta, e com que força! Na questão 62, cujo corpo do primeiro artigo começa por essa afirmação peremptória — "É impossível negar (*necesse est dicere*) —, os sacramentos da Lei nova, de alguma maneira, causam a graça". Mas ao começar por passar ao segundo plano a função medicinal dos sacramentos, a intenção do autor é *subordinar a noção de causalidade àquela de sinal*. Ainda mais: é dar uma definição dos sacramentos que não faça apelo à causalidade. Das quatro definições do sacramento que a tradição escolástica lhe tinha legado[4], é a de Santo Agosti-

---

1. ROGUET, A. M., *S. Thomas d'Aquin, Somme theologique: les sacrements*, ed. de Revue des Jeunes, Paris-Tournai-Rome, 1951, 266.

2. Ibidem, 260-265. Cf. MICHEL, A., art. "Sacrement", *DTC* 14/1 (1939), col. 529 — POURRAT, P., *La Théologie sacramentaire*, Paris, Gabalda, 1907, 35.

3. *ST* III, l. 60, a. 1, ad. 1.

4. Segue uma lista das principais definições de *sacramentum* na Idade Média. *Sublinhamos as quatro fórmulas consideradas por Santo Alberto Magno* e indicamos entre parênteses as variantes (*in IV Sent*. d. 1, a. 5):

[1º] AGOSTINHO:
a) "Sacrificium visibile invisibilis sacrificii sacramentum, id est sacrum signum" (*Cidade de Deus*, 10, 5; *PL* 41, 282). Alberto, por intermédio de Pedro Lombardo: "*Sacramentum est sacrae rei signum*".
b) "Si enim sacramenta quandam similitudinem earum rerum quarum sacramenta sunt non haberent, omnino sacramenta non essent" (*Ep*. 98, 9, a Bonifácio, *PL* 33, 363).
c) "Sacramentum est in aliqua celebratione, cum rei gestae commemoratio ita fit ut aliquid significare intelligatur, quod sancte accipiendum est" (*Ep*. 55, 2, a Januário, *PL* 33, 205).

[2º] ISIDORO DE SEVILHA:
Em vez do "sacrum signum" de Agostinho, é o "sacrum secretum" que prevalece nele. Esta definição terá autoridade até o século XII: "Sacramentum est in aliqua celebratione, cum res gesta ita fit ut aliquid significare intelligatur quod sancte accipiendum est. Ob id sacramenta dicintur, quia *sub tegumento visibilium* (corporalium) *rerum virtus divina secretius salutem* (eorumdem sacramentorum) *operatur*; unde et a secretis virtutibus et a sacris sacramenta dicuntur" (*Etymologiae* 6, 19; *PL* 82, 255).

[3º] No século IX:
a) PASCÁSIO RADBERTO: "Sacramentum est quidquid in aliqua celebratione divina nobis quase pignus salutis traditur, cum res gesta visibilis longe aliud invisible intus operatur, quod sancte accipiendum est. Unde et sacramenta dicuntur a secreto, eo quod in re visibili divinitas intus aliquid ultra secretius fecit per speciem corporalem" (*Liber de corpore et sanguine Domini*, *PL* 120, 1275).
b) RATRAMNO: Definição muito próxima da precedente. Cf. *infra*, cap. 8, n. 17.
c) RÁBANO MAURO: Retoma textualmente Isidoro: "Sacramenta dicuntur, quia sub tegumento..." (*De clericorum institutione* 1, 24; *PL* 107, 309).

[4º] No século XII:
a) PEDRO ABELARDO: "Est autem Sacramentum invisibilis gratiae visibilis species, vel sacrae rei signum, id est alicuius secreti" (*Epitome theol. christ.* 1 et 28; *PL* 178, 1965).
b) ALGER DE LIÈGE (reação contra Isidoro, distinguindo "sacramentum" e "mysterium"): "In hoc differunt, quia Sacramentum signum est visibile aliquid significans, mysterium vero aliquid occultum ab eo significatum" (*De sacramentis corporis et sanguinis Domini*, 1, 4; *PL* 180, 751).
c) HUGO DE SÃO VITOR: "*Sacramentum est corporale vel materiale elementum oculis extrinsecus suppositum* (foris sensibiliter expositum), *ex similitudine repraesentans, ex institutione significans, et ex santificatione conferens* (continens) *invisibilem* (et spiritualem) *gratiam*" (*De sacramentis* I, p. 9, c. 2; *PL* 176, 317). (Sobre a substituição de "conferens" por "continens", cf. nosso texto.)
d) *Summa Sententiarum* (v. 1140): "Sacramentum est visibilis forma invisibilis gratiae in eo collatae, quam scilicet confert ipsum sacramentum. Non est solummodo sacrae rei signum, sed etiam efficacia... Sacramentum non solum significat, sed etiam confert illud cuius est signum vel significatio" (*Tr*. 5, 1; *PL* 176, 177). Esta definição manifesta claramente, pela primeira vez, sem dúvida, o ponto preciso sobre o qual trata a elucidação escolástica: signo e causa; esse último termo virá na definição seguinte, do Mestre das Sentenças.
e) PEDRO LOMBARDO: "Sacramentum eius rei similitudinem gerit, cuius signum est [...]. Sacramentum enim proprie discitur quod ita signum est gratiae Dei, et invisibilis gratiae forma, ut ipsius imaginem gerat et causa existat" (*IV Sent.*, d. 1,

nho que em definitivo ele retém (*sacrae rei signum*). Ainda deve-se destacar que a escolástica tinha sentido a necessidade de completar essa definição, acrescentando-lhe o termo de "causa" ou de "eficácia": *signum... et causa rei sacrae* (Pedro Lombardo); *signum efficax rei sacrae* (Duns Scot). Santo Tomás, ele também, a completa na *Suma*, mas *de maneira a não sair do gênero* "sinal": *signum rei sacrae in quantum est santificans homines*[5]. "Claramente, escreve P. Dondaine, ele quer exceder o nível lógico das definições que colocam na mesma linha significação e causalidade"[6]. Para chegar a isso, isto é, para pensar prioritariamente os sacramentos não mais *in genere causae et signi*[7] mas somente *in genere signi*[8], Santo Tomás precisou reconhecer que "jamais a causalidade é um caráter constitutivo de uma essência"[9].

O interesse desta perspectiva não é diminuto. Definidos como sinais, os sacramentos não efetuam senão o que é significado, e segundo a maneira pela qual isso é significado. Consequentemente não se pode elaborar teologia sacramentária senão partindo do *ato* de celebração da Igreja, isto é, da maneira pela qual ela significa ao que visa. Isso como um *princípio primeiro* da sacramentária. Lamenta-se que ele tenha sido frequentemente esquecido no decorrer da história, e que Santo Tomás não o tenha sempre, longe disso, desenvolvido de forma consequente. Provavelmente se teria evitado muitos falsos problemas e impasses relativos à presença eucarística (relato da instituição tomado de maneira isolada), na teologia do ministério ordenado (o "nós" da oração litúrgica) etc.

[c] A "decisão" (Dondaine) tomada por Santo Tomás na *Suma* de classificar o sacramento como sinal em vez de causa apenas realça a impossibilidade em que se encontrava de justificar o *in quantum est sanctificans homines* em outras categorias que não as da *causalidade*. Banida da definição dos sacramentos — e anotamos o interesse disso —, a causalidade volta com força

---

  n. 2; *PL* 192, 839). Alberto Magno: *Sacramentum est invisibilis gratiae visibilis forma, cuius similitudinem gerat et causa existat.*
 f) SANTO TOMÁS DE AQUINO:
  — 1ª maneira: o sacramento é "in genere causae et signi" (in: *IV Sent.*, d. 1, q. 1, a. 1).
  — 2ª maneira: o sacramento é "in genere signi" (*Suma Teológica* III, q. 60, a. 1). Cf. nosso texto.
5. *Suma Teológica* III, q. 60, a. 2. Cf. sobre esse ponto DONDAINE, H. F., "La définition des sacraments dans la Somme théologique", *RSPT*, n. 31, 1947, 213-228.
6. Ibidem, 223-224.
7. Assim em *IV Sent.*, d. 1, q. 1, a. 1, ad. 5, 1 (Paris, ed. Lethielleux, 1947, t. 4, 16).
8. Assim em *Suma Teológica* III, q. 60, a. 1.
9. DONDAINE, H. F., art. cit., 227-228.

na terceira questão do tratado, sobre "o efeito principal dos sacramentos, que é a graça" (q. 62), questão que segue aquelas sobre "a essência" (q. 60) e sobre "a necessidade dos sacramentos" (q. 61). Não é por acaso que o *Comentário das sentenças* não afirma a causalidade sacramental senão com prudentes reservas, embora a inclua na essência do sacramento, enquanto a *Suma*, ao contrário, mesmo incluindo essa última, a afirma em seguida "sem colocar as restrições ou precauções do *Comentário*"[10].

É que, neste ínterim, uma terceira inovação teórica apareceu: Santo Tomás passou *da causalidade dispositiva à causalidade instrumental*, segundo o título de um artigo de P. Dondaine[11]. Esses dois tipos de causalidade constituem as duas espécies principais do gênero "causalidade eficiente". Santo Tomás sempre se opôs à teoria, à qual se colou "a etiqueta fácil" de "causalidade *ocasional*"[12], defendida pela escola franciscana (Guilherme d'Auvergne, São Boaventura, depois Duns Scot...). Ele é bastante claro sobre este ponto, rejeitando a tese segundo a qual os sacramentos seriam semelhantes a uma moeda (um cheque, diríamos hoje), sobre a apresentação da qual se receberia uma soma de dinheiro pelo simples fato da vontade do legislador. Porque, "mantendo-se esta explicação, os sacramentos da Lei nova não seriam nada mais do que sinais da graça, enquanto, segundo o ensinamento dos padres, deve-se manter que os sacramentos da nova Lei não somente significam, mas causam a graça"[13].

O "ocasionalismo" sacramentário procurava prioritariamente salvaguardar a liberdade da ação de Deus: este, com efeito, não ordenou os sacramentos à graça senão em virtude de um pacto (*ex pacto divino*) do qual ele é o livre autor[14]. A teoria da causalidade eficiente dita "dispositiva" que Santo Tomás fez sua inicialmente no *Comentário das sentenças*, seguindo Alexandre de Hales e seu mestre Alberto Magno, era igualmente sensível a esta soberana liberdade da ação de Deus no dom da graça; mas ele pro-

---

10. Ibidem, 223.
11. Idem, "A propôs d'Avicenne et de S. Thomas: de la causalité dispositive à la causalité instrumentale", in: *Revue thomiste*, n. 52, 1951, 441-453.
12. MATHIEU, L., Introduction à S. Bonaventure, *Breviloquium*, p. 6, "Les sacrements", Paris: Éd. Franciscaines, 1967, 21.
13. *Suma Teológica* III, q. 62, a. 1.
14. Para Boaventura, "a única causa da graça somente pode ser Deus Trindade [...]. Não podemos absolutamente imaginar que se encontre no rito material alguma qualidade física suscetível de produzir a graça sobrenatural [...]. Se os sacramentos dispõem para a graça, é porque Deus intervém sobre o rito por uma assistência particular, de sorte que a virtude divina é causa da graça e opera no sujeito a fé e a devoção requeridas" (MATHIEU, L., op. cit., 23-24).

curava conjugá-la com uma verdadeira eficácia do sacramento. Somente Deus, portanto, pode dar a graça, efeito último (*res tantum*) do sacramento, que tem uma eficiência própria, mas apenas no que diz respeito ao efeito primeiro (*res est sacramentum*: "caráter", *ornatus animae*), que dispõe a alma para a recepção da graça. Esta "disposição", produzida pelo sacramento, exige a graça que Deus (mas só ele) concede, então, necessariamente, se pelo menos o sujeito não coloca óbice grave à sua acolhida[15]. Ele seguia nisso o esquema da causalidade de Avicena (m. 1037), filósofo árabe cujas obras, traduzidas ao latim na metade do século XII na Espanha, exercem então uma influência notável no Ocidente: a causa dispositiva prepara a matéria, a causa perfectiva se aplica à forma (*causa disponens praeparat materiam, causa perficiens influit formam*). Observemos de passagem que este esquema de causalidade era aplicado no *Comentário* em soteriologia: a humanidade de Cristo desempenha aí somente um papel dispositivo em relação à sua divindade em nossa salvação[16]; igualmente Boaventura: "A humanidade de Cristo dá à graça o modo de preparação, sua divindade a conferir"[17].

Mas esta explicação pareceu finalmente insuficiente a Santo Tomás para justificar o adágio, admitido então por todos os escolásticos, segundo os sacramentos da lei nova *officiunt quod figurant*. Porque a teoria dos sacramentos como simples *materialis dispositio praeparans ad susceptionem gratiae* (Guerric de Saint-Quentin) não explicava suficientemente como, neles, o que é realizado é aquilo mesmo que é figurado, ou ainda como, neles, a *res significata et data est* está ligada, por instituição divina, ao *modus significandi*. Os sacramentos, em outros termos, não são uma peça que Deus finalmente desempenharia sozinho: o *signum*, tal como o põe a Igreja celebrante, é a *mediação mesma* do dom da graça. Todo problema era *harmonizar duas categorias tão heterogêneas como as de "sinal" e de "causa"*, e isso de tal modo que o sinal em questão tivesse esta particularidade de *significar o que ele causa e de não poder causar a não ser por modo de significação*. É o grande mérito de Santo Tomás em sacramentária ter tentado reduzir, quanto possível, a heterogeneidade do sinal e da causa, sabendo bem que uma total homogeneidade era impossível.

A inovação da *Suma* sobre esse ponto consiste no fato de que "Santo Tomás abandona um esquema aviceniano da causalidade para substituí-lo pelo de Aristóteles e de Averróis"[18]. Sabemos que se utilizavam abundante-

---
15. In: *IV Sent.*, d. 1, q. 1, a. 4, ad. 1 (ed. cit., p. 31, n. 123).
16. *III Sent.*, d. 13, q. 2, a. 1, ad. 3 (ed. cit., t. 3, 409).
17. *III Sent.*, d. 13, a. 2, q. 1 (ed. Vivès, 1865), t. 4, 286).
18. Dondaine, H. F., "A propos...", art. cit., 441.

mente no Ocidente as traduções e os comentários de Aristóteles, muito seguros, feitos por esse filósofo muçulmano (m. 1198). Se o par aviceniano *dator formae efficit, praeparator materiae disponit* permitia livrar a estrutura de um duplo efeito dos sacramentos, não elucidava, em compensação, a ordem entre as causas. O esquema de Aristóteles restituído por Averróis permitia tal elucidação: *causa principalis movet, causa instrumentalis movet mota*. "Em Aristóteles e Averróis, Santo Tomás descobriu o lugar próprio da comunicação entre agentes subordinados."[19] De repente, os sacramentos não são mais simples pseudocausas eficientes, somente dispositivas, mas *verdadeiras causas* que exercem sua ação própria e imprimem sua marca no efeito produzido, embora essa ação seja sempre subordinada à ação de Deus, agente principal. Porque é preciso distinguir "uma dupla ação" do instrumento: se a cama não se assemelha ao machado (causa instrumental), mas ao projeto do artesão (causa principal), é porque o instrumento opera não por sua virtude própria, mas pela virtude do "agente principal". Mas não se faz uma cama com um pincel; é necessário um instrumento cortante, o qual, como o machado, deixa sua marca no produto. Sob esse segundo aspecto, o instrumento "*tem uma ação própria*" que lhe pertence em virtude de sua forma própria, como pertence ao machado cortar em razão de seu gume, enquanto lhe cabe fazer a cama como instrumento da ideia do artesão. Entretanto, o machado realiza sua ação instrumental somente exercendo sua ação própria: é cortando que ele faz a cama. Do mesmo modo, os "sacramentos corporais…".[20]

Mas como um instrumento criado pode, mesmo como subordinado, participar de um ato que é criador, *ex nihilo*, da graça? A teoria da *causalidade instrumental eficiente* só foi possível porque Santo Tomás, na *Suma*, contrariamente às *Sentenças*, não considerava mais a infusão da graça como uma criação. A graça, com efeito, não é uma substância concreta, mas um acidente, um modo de ser que transforma o homem[21]; e *somente seres, não modos de ser, podem ser ditos criados por Deus*. Nada, portanto, impede os sacramentos de participar, como subordinados a essa produção da graça e dizer com toda a verdade que eles "a contêm e a conferem", que ela é dada *por* eles, e isso *ex opere operato*. Nada de coisificação nisso: "A graça se encontra nos sacramentos segundo certa virtude instrumental que é uma coisa a se tornar e inacabada em seu ser natural" (*quae est fluens et incompleta in esse naturae*)[22]. Vejamos: "Na causa instrumental, a forma do efeito a reali-

---

19. Ibidem, 450.
20. *ST* III, q. 62, a. 1, c. et ad. 2.
21. *ST* Ia-IIae, q. 110, a. 2, ad. 3.
22. *ST* III, q. 62, a. 3.

zar não se encontra no estado acabado e permanente, mas como o termo do influxo passageiro impresso ao instrumento pela causa principal. Assim o quadro se encontra no estado de ideia exemplar no espírito do artista, no estado de forma materializada no quadro, e o que se encontra no pincel é somente uma 'virtude', um fluxo passageiro impresso a esse instrumento pelo artista e que terá por termo, fora do instrumento, o quadro realizado."[23]

Na medida em que toda sacramentária põe em jogo representações da relação entre a ação de Deus e a ação do homem e em que, no cristianismo, essa relação encontra o seu lugar exemplar em Jesus Cristo[24], uma teologia digna desse nome deve necessariamente assegurar uma coerência entre *cristologia e sacramentária*. Nós o assinalamos a propósito do *Comentário das sentenças*: nos dois domínios, o esquema de inteligência é o da causalidade dispositiva. Na *Suma*, tratamos nos dois casos sobre a causalidade eficiente e instrumental. Enquanto, nas *Sentenças*, Santo Tomás tinha o cuidado de não atribuir eficácia divina à humanidade de Cristo em nossa salvação, a teoria de Aristóteles-Averróis sobre a comunicação entre agentes subordinados lhe permite, na *Suma*, dar plenamente direito à fórmula de São João Damasceno: *humana natura in Christo erat velut organum divinitatis*. Essa fórmula volta, segundo P. Dondaine, "cerca de quarenta vezes" no conjunto das obras de Santo Tomás, mas é na *Suma*, pelas razões indicadas, que "ele fará dela um axioma de sua cristologia"[25]. Embora "instrumento de sua divindade", a sagrada humanidade de Cristo "causa em nós a graça, tanto por mérito quanto por certa eficiência"[26]. Como nos sacramentos, trata-se aqui de uma eficiência instrumental, mas com uma dupla diferença: "A humanidade de Cristo não é, nas mãos da divindade, um instrumento que seria movido sem se mover. É um instrumento vivo e racional que se move ao mesmo tempo que é movido"[27]. De outra parte, "a causa eficiente principal da graça é Deus, para quem a humanidade de Cristo é um instrumento *conjunto* (como a mão) e o sacramento é um instrumento *separado* (como a vara movida pela mão). É preciso, pois, que a virtude salutar decorra da divindade de Cristo por sua humanidade até os sacramentos"[28]. Não se poderia melhor calcar a sacramentária sobre a cristologia. Os sacramentos

---

23. ROGUET, A. M., op. cit., 354.
24. Este ponto será desenvolvido na quarta parte de nosso trabalho.
25. DONDAINE, H. F., "A propos...", art. cit., 452.
26. *ST* III, q. 8, a. 1, ad. 1. Cf. HÉRIS, C. V., *S. Thomas d'Aquin, Somme Théologique: le Verbe incarné*, t. 2, ed. de Revue des Jeunes, Paris-Tournai-Rome, 1927, 356-364.
27. *ST* III, q. 7, a. 1, ad. 3.
28. Ibidem, q. 62, a. 5.

são certamente os *sacramentos do Verbo encarnado*, do qual "eles têm sua eficácia" e ao qual eles "se conformam na medida em que unem o 'verbo' à coisa sensível, como no mistério da Encarnação o Verbo de Deus está unido a uma carne sensível"[29]. Eles são pensados inteiramente, quanto à sua essência, como *prolongamentos da sagrada humanidade de Cristo*. Voltaremos a esse ponto na última parte de nosso estudo.

II. UM ESQUEMA DE REPRESENTAÇÃO DE TIPO PRODUCIONISTA

Dar uma razão da especificidade dos sacramentos em relação às outras mediações da graça é dizer que eles põem em prática o que representam. Segundo qual modalidade? Para Santo Tomás, há apenas uma única possível: a causalidade. Ele reforça isso na *Suma*. Os verbos ou expressões que explicitam essa característica dos sacramentos na questão 62, intitulada "O efeito principal dos sacramentos que é a graça", são significativos: os sacramentos "*causam* a graça", eles a "*operam*" ou a "*produzem*", eles a "*contêm*", eles "*acrescentam*" à graça tomada em geral "certo socorro divino", são "necessários para alguns efeitos especiais que requer a vida cristã", "eles *conferem* a graça", eles têm da Paixão de Cristo sua "*virtude produtora* (causativa) *da graça*"... E tudo é pensado segundo a analogia do "*instrumento*". Seguramente, como esse último termo, as expressões anteriores são empregadas analogicamente. Santo Tomás é perfeitamente claro sobre esse ponto. E isso, desde o início, uma vez que, desde o primeiro artigo de seu tratado dos sacramentos, ele esclarece que é *por analogia* que os sacramentos podem ser classificados no gênero "sinal".

Trata-se da ocorrência da analogia dita "de atribuição". Segundo esta, o mesmo termo, "sinal", pode ser atribuído a seres diferentes segundo relações diferentes; assim como, diz ele, a saúde, que se aplica inicialmente ao corpo sadio, pode ser atribuída sob um ponto de vista, ou uma relação diferente, àquilo que a causa, como o remédio, ou o que a representa, como a urina, assim a santidade, que se aplica inicialmente a Deus ou ao homem que participa da vida divina, pode ser atribuída, segundo relações diferentes, ao que a causa ou a representa: tal é o caso do sacramento. Isso vale *a fortiori* para as noções de "instrumento", de "continente", de "produção"... e seguramente de "causalidade". Se podemos dizer que os sa-

---

29. Ibidem, q. 60, Prólogo do "Tratado sobre os sacramentos" e a. 6.

cramentos são "causas da graça", é *por algum modo* (q. 62, a. 1). Esse tipo de moderação (*quodammodo, quasi...*) volta muito frequentemente sob sua pena. A analogia proíbe, portanto, toda interpretação "coisista" de seu pensamento, sobretudo em um domínio em que "a graça se encontra nos sacramentos segundo alguma virtude instrumental que é uma coisa a se tornar e inacabada em seu ser natural", portanto, segundo um modo que é mais próximo da maneira pela qual uma forma está presente em sua matéria ou seu sujeito que dela, explicitamente rejeitada, segundo a qual um conteúdo está em um continente[30].

O fato é que, mesmo fortemente purificadas pelas analogias, todas essas noções dependem de um *esquema* constante de representação que denominamos *técnico ou producionista*. Daí a questão colocada no início deste capítulo: como é possível que, para falar da relação graciosa de Deus com o homem, Santo Tomás se tenha mantido nesse tipo de representação? A solução, então, indicada nos orientava para seus pressupostos ontoteológicos impensados e, portanto, não criticados como tais. Fica agora a nosso encargo demonstrá-lo. Isso volta a provar que, segundo sua tendência metafísica (no sentido dito acima), o pensamento (ocidental, pelo menos) não pode representar a relação entre sujeitos ou com Deus de outra maneira senão segundo o esquema técnico da causa e do efeito.

1. A redução do esquema simbólico ao esquema técnico

Na esteira do "discurso da graça" de Guy Lafon, partiremos do *Filebo*, um dos últimos diálogos de Platão, que tomamos como "referência exemplar" na medida em que permite reconhecer "a força que exerce sobre toda reflexão, principalmente no Ocidente, um pensamento desse tipo"[31]. Esse diálogo visa essencialmente assegurar o triunfo da sabedoria sobre o prazer, mostrando que "não é o prazer, mas a inteligência que tem mais afinidade e semelhança com o bem" (*Filebo*, 22c).

---

30. Ibidem, q. 62, a. 3. Cf. o comentário da *Física* de Aristóteles (IV, 4), em que Santo Tomás enumera, de acordo com o filósofo, as oito maneiras pelas quais uma coisa pode estar em outra. A graça está presente no homem como uma forma está presente em seu sujeito de inerência (5ª maneira). Para os sacramentos, é um pouco diferente: ela aí está presente como o que é movido se encontra naquele que o move (6ª maneira), mas não "como em um vaso" (8ª maneira).

31. LAFON, G., *Esquisses pour un christianisme*, Cerf. 1979, cap. 3 "Discours de la grâce", especialmente 77-88.

Um desses momentos-chave da demonstração é aquele em que Sócrates distingue o que é perpétuo *advento* ou gênese (*genesis*) e o que é *existência* (*ousia*) [53c-55a]. O *prazer* advém da *genesis*: dele, torna-se permanente, sempre em vista de outra coisa, sempre submetido à geração; é infinito, isto é, indefinido, sem limite: se ele for realizado, se atingir um termo ou um repouso, ele morre. O *bem*, pelo contrário, e a sabedoria que se aproxima dele são da ordem da medida, da proporção, do que se basta a si mesmo e repousa em si mesmo; a "existência". Essa *ousia* que é "em si e por si" é aquilo em vista do que outra coisa acontece. E uma vez que "todo o conjunto do advento acontece em vista de todo o conjunto da existência", uma vez que toda gênese se efetua em vista de uma existência que "pertence à classe do bem", o prazer deve necessariamente se classificar em outro lugar que não seja o bem.

Contudo, para chegar a esta conclusão, foi necessário a Sócrates iluminar sua distinção geral *genesis/ousia* por meio de exemplos próprios para orientar Protágoras, seu principal interlocutor. O primeiro exemplo é o dos homens enamorados por belos jovens. Quem, o *amante* ou o *amado*, se encontra em posição de *genesis*? Quem, na de *ousia*? Para esclarecer a lanterna de Protágoras, Sócrates a traz para encontrar outro exemplo que se assemelhe ao precedente e ilumine a distinção entre advento e existência. Esse segundo exemplo é de tal modo evidente que a dúvida não é mais permitida: "*A construção naval acontece em vista dos barcos*", e não o contrário. E assim acontece, especifica imediatamente, "para todos os casos desse gênero". Ora, é esse argumento *técnico* dos estaleiros que implica a decisão e permite a Sócrates concluir a lei geral segundo a qual todo advento está subordinado à existência. É claro, ao mesmo tempo, que o primeiro exemplo, aquele do enamoramento, foi assimilado por Platão ao conjunto dos casos ilustrados pelos barcos.

Entretanto, pressentimos a dificuldade desse raciocínio: pode-se assemelhar a relação amante/amado àquela da construção naval/barco em razão do traço comum que parece reuni-los como relação de advento à existência? Não existe entre eles uma diferença, e uma diferença tal que a relação geral de advento à existência foi ela mesma demolida? A construção naval tem em vista os barcos. Ela os produz, ponto final. O amante está bem em vista do amado. Mas ele não o produz; o faz existir *enquanto* amado, portanto, enquanto suscetível de lhe dar uma *resposta em retorno*; ele o faz existir enquanto portador de um risco de não-resposta. O barco é um produto acabado. O amado é precisamente um produto *não acabado*, infinito no sentido de indefinido, e de sempre vir a ser. Isso quer dizer que ele *não é um "produto" do todo. Porque "sujeito", ele não pode ser jamais da ordem do acabamento, mas somente da ordem do advento, e do advento sem fim.*

A relação de *reversibilidade* ou de reciprocidade de onde se ergue e na qual se mantém (sob pena de morte) todo sujeito humano, uma vez que não é sujeito senão para outros sujeitos numa relação de troca sempre aberta, proíbe pensar o humano no modo técnico de causalidade (embora acrescentando a isso, mais tarde, o corretivo do "livre-arbítrio"!).

Todavia, eis justamente o que parece *impensável* para Platão, e que caracteriza aos nossos olhos a *tendência metafísica* do pensamento ocidental: uma falta de acabamento permanente desafia toda lógica e desfaz todo discurso; *um pensamento que não terminasse em um termo acabado*, um significado último, uma verdade última designável, tal pensamento, aos seus olhos, *não é pensável*. "O infinito, eis o inimigo: para viver, é preciso abatê-lo." E de fato, como mostra Guy Lafon, esta é a operação à qual se entrega Platão. Tal é, aliás, de maneira mais geral, segundo E. Jüngel, "a premissa característica da última ideia da metafísica, que se compreende como teo-onto-lógica (…): sua estima metafísica *negativa* da condição passageira"; o que tem por consequência "ocultar a dignidade característica de um 'passar' que... corresponde ao 'tornar-se'. Não se percebe senão a infelicidade do 'passar'"[32]. Certamente, Platão não cessa de afirmar que o prazer deve necessariamente ter sua parte na elevação do homem em direção ao bem. Mas trata-se, então, do prazer "verdadeiro e puro", aquele que é "quase da família" da sabedoria, prazer "puro de todo sofrimento", prazer cuja privação "não é nem sensível nem dolorosa" (*Fil.*, 51b), prazer *ideal*, regrado pela verdade, pela medida e pela proporção. Como dizer que do infinito, do qual é uma espécie, não lhe resta grande coisa… Toda demonstração é precisamente subentendida pelo *desejo de rejeitar*, se possível, *o que diz respeito à produção sem termo a proveito do que diz respeito ao bem, isto é, à perfeição acabada*, à autossuficiência, ao perfeitamente mensurável e proporcionado. Tudo está submetido ao reino do valor, do cálculo, da causa que mede, do que "*vale mais*", do que apresenta "mais vantagens" e mais "utilidade": todas as coisas que são o apanágio da sabedoria e do intelecto voltados para o bem (*Fil.*, 11b-c). Tanto que a espécie do prazer, que deve entrar em composição com a sabedoria para conduzir o homem para o bem e a felicidade, é a de um prazer tão verdadeiro e tão puro que se chega a um misto em que não há "lugar *nem para a alegria nem para o sofrimento, mas para o pensamento em seu grau maior de pureza possível*" (*Fil.*, 55a).

Como perfeito acabamento, o bem leva à morte o interminável advento. O infinito avalia a demonstração, todo inteiro subordinado ao finito, uma

---

32. Ibidem, 79. JÜNGEL, E., *Dieu mystère du monde*, Cerf, 1983, t. 1, 318.

vez que toda "gênese" é subordinada à "existência". Tal subordinação encontra na "*causa*" seu princípio (*Phil.*, 26e). E essa causa ontológica do mundo (que explica a razão do que existe da causalidade ôntica no mundo) é inteiramente pensada segundo o esquema producionista da construção naval e dos barcos ao qual é analogicamente assemelhada a relação do amante com o amado. Contestamos anteriormente a evidência de tal assimilação. Essa contestação equivale a dizer, com G. Lafon, que há "adventos que não são produtores de existência, que não terminam na existência como um termo: o amor é daqueles, e também a alegria e o prazer, e sem dúvida muitos outros adventos, que, cada um à sua maneira, atestam a presença do campo simbólico".[33]

O discurso de Platão se caracteriza por uma redução do esquema simbólico da produção permanente dos sujeitos em suas relações com os outros sujeitos no esquema técnico-producionista do produto acabado, do termo fixo, da causa primeira ou do significado último que atua como razão última. Discurso *exemplar* da metafísica que, quaisquer que sejam as múltiplas variantes e suas oposições, parece sempre ser, segundo M. Heidegger, um *discurso da "fundação* que justifica o fundo, que lhe dá razão e lhe pede razão" (cf. *infra*).

2. A metafísica: uma ontoteologia causalista

Discurso exemplar da metafísica, acabamos de dizer a propósito do *Filebo* de Platão. Convém a nós explicar isso com mais profundidade.

a. A metafísica segundo M. Heidegger

A metafísica nasce na Grécia com o esquecimento do que Heidegger denomina "a diferença ontológica", isto é, "a diferença entre o ser e o existente"[34]. Esse esquecimento é *esquecido* desde vinte e cinco séculos, dado que é difícil — e talvez parcialmente incontornável, caberá a nós explicá-lo — de nos livrar daquilo que parece se impor como uma evidência, a saber, que o existente é "o que é" e que o ser é "o ser que o existente é"[35].

É que a metafísica "visa ao existente em sua totalidade e fala do Ser... (Daí) uma confusão permanente entre existente e ser"[36]. O Ser aí é "deter-

---

33. LAFON, G., op. cit., 88.
34. HEIDEGGER, M., *L'être-essentiel d'un fondement ou "raison"*, in: *Questions 1* (abr. Q. 1), Gallimard, 1968, 100.
35. Idem, *Le Retour au fondement de la métaphysique*, Q. 1, p. 29.
36. Ibidem.

minado como *propriedade comum a todos os existentes* que, desde então, tornam-se idênticos em seu cerne pela presença dessa propriedade comum". Ele é assim representado como o "aquilo que" geral e universal que subjaz aos existentes, que "se estende à base" de cada um deles (*hypokeimenon*), "ser-subsistente" permanente, *subs-stratum*, *sub-jectum*, finalmente, como dirá Descartes, *sub-stantia*. Ao fazer isso, a metafísica identifica o ser com ser-existente dos existentes (sua "essendidade"), esquecendo a diferença ôntico-ontológica desta confusão do ôntico com o ontológico, e ela crê justificar o Ser, quando ela o reduz onticamente às *representações* que ela se dá deles, no esquecimento fundamental de que ele não "é" nada de existente[37].

Porque representa o ser, ela o concebe como propriedade comum da totalidade dos existentes; e porque o concebe assim, do fato de sua representação, como ser-fundamento (Grund), ela se deixa reger por uma lógica do "fundamental" que requer um "fundativo". Por isso, desde que é representado como a base de todos os existentes, o ser se desdobra necessariamente e simultaneamente em um *cimo* único. A metafísica se refere a um existente primeiro: o Bem ou o Uno (Platão), o divino (Aristóteles), Deus mesmo, existente absoluto, *ens increatum* (Tomás de Aquino), ao mesmo tempo *causa prima* et *ultima ratio* (Leibniz), *arché* e *telos*, que não pode ser tal como *causa sui*. Assim, desde Platão, a metafísica aparece — e esse é seu "traço fundamental" — como "*uma ontoteologia* […], um pensamento que em todo lugar aprofunda o existente como tal e o funda no Todo, a partir do ser como fundo (*logos*)". Essa "lógica" pensa ineluctavelmente o ser como fundo, assim como "coisa primordial, a *causa prima*" como "*ultima ratio*, última conta a dar". De modo que "o ser do existente, no sentido de fundo, não pode ser concebido, caso se queira ir ao fundo — como *causa sui*. Isso significa nomear o conceito metafísico de Deus". Como interpretação ontoteológica do ser do existente, a metafísica, longe de preceder a teologia, ao contrário, precede dela; e isso de maneira fundamental, não acidental[38].

A apreensão de "o que" dos existentes se faz por *analogia*, isto é, por alinhamento (*ana logon*), segundo sua ordem hierárquica (*taxis, ordo*) sobre o cimo único. Ao julgar totalmente sem razões as especulações de Platão sobre as ideias, Tomás de Aquino reconhece que o último teve perfeita razão em afirmar a existência de uma "realidade primeira que é (ser e) certamente por sua essência, e que nós denominamos Deus"; e é justamente "em razão desse primeiro, que por sua essência é ser e bom, que todo o

---
37. Tema constante na obra do autor.
38. HEIDEGGER, M., *Identité et différence*, Q. 1, 294.

outro pode se dizer ser e bom, enquanto participa dele segundo uma forma de assimilação, aliás, longínqua e deficiente"[39]. A analogia é tão *congênita à metafísica* quanto o substrato ontológico dos existentes e seu redobramento em um cimo divino.

Por sua polarização exclusiva sobre o ser do existente, a metafísica se classifica no simples nível de uma "técnica de explicação pelas causas últimas"[40]. O deus que ela afirma não aparece senão numa perspectiva *causalista* de fundamento. Tudo é regido por um desejo de dominar a verdade. Tal domínio degrada inevitavelmente esta última em fundamento disponível, em permanência substancial, em presença objetiva. Essa necessidade de plenitude tranquilizadora deve se ligar a um *antropocentrismo* visceral: o da certeza de si, da presença de si, à qual se mede finalmente o conjunto do mundo. Tudo é assim "ordenado", tudo é justificado, tudo está fundado a ser e a ser aí como presente. Do ser-substância como permanência presente à substância-sujeito como presença permanente, é a mesma lógica, lógica do Mesmo, que se desdobra: lógica utilitária que, por medo da diferença, do sempre aberto e finalmente da morte, reduz o ser à sua razão e de fato, sem o seu conhecimento, o concebe como uma totalidade fechada.

Assim, seja o que for da multiplicidade das escolas e das numerosas "mudanças" que conheceu a tradição metafísica desde suas origens atenienses, afirma-se, segundo Heidegger, que é da mesma matriz de pensamento, de uma mesma lógica, a do "fundamento", que ela se gerou ao longo dos séculos: "A metafísica pensa o ser do existente tanto na unidade profunda do que há de *mais universal*, isto é, do que é igualmente em todo lugar, quanto na unidade fundadora em razão da totalidade, isto é, do que há de *mais alto* e que domina tudo. Assim, bem antes, o ser do existente é pensado como o *fundo que fundamenta*. Por isso, toda metafísica é, em seu fundo e a partir de seu fundo, a fundação que justifica o fundo, que lhe dá razão e que finalmente lhe pede razão"[41].

b. A dicotomia ser/dizer

Sabemos que Aristóteles substitui a ruptura platônica (*chôrismos*) entre o mundo sensível e o mundo inteligível por outra ruptura no interior do único mundo que ele considera real, separando uma região celeste supralunar

---

39. *ST* I, q. 6, a. 4.
40. HEIDEGGER, M., *Lettre sur l'humanisme, Questions 3* (abr. Q. 3), 80.
41. Idem, *Identité et différence*, Q. 1, 292-293.

em que reina, senão uma verdadeira imutabilidade, pelo menos uma imutável regularidade dos movimentos, de outra região, infralunar, que é a do movimento local, da geração, da corrupção e da morte. Por mais intramundano que seja, esse sistema não é menos dualista que o do filósofo da Academia. A propósito, a metafísica é, segundo Heidegger, de *essência dualista*.

Esse dualismo cosmológico é inseparável de um dualismo lógico (e axiológico). Onde os pré-socráticos, segundo Heidegger, apreendiam a *physis* em sua manifestação original e a pensavam na identidade e na diferença da "intercessão" (*Zwiespalt*) do *ser* e do *dizer*, Platão opera uma cisão (*Spaltung*) dos dois: a linguagem não é mais o que abriga (*legein*) o Ser em sua pro-cessão desvelante e sua re-cessão ocultante; ela não é mais lugar da realização do mundo; é o reflexo disso. Ou, antes, as coisas deste mundo não são mais do que a sombra das realidades ideais representadas pelo pensamento e objetivadas no discurso. E se Aristóteles inverte o pensamento de seu mestre Platão, concedendo ao "isso" singular (*tode ti*) a prioridade sobre o "o que" (*ti*) geral, no entanto, paira sobre o conjunto de sua filosofia, como sublinha J. Beaufret, "a sombra trazida do platonismo, para quem o fundo do ser é a generalidade comunitária do *eidos*". E esse movimento "não cessará de se acentuar" na história da filosofia.[42]

Assim, o ser se apresenta, definitivamente, como o face a face do pensamento objetivado por ele. Sob a variação dos temas nas diversas tradições metafísicas, pode-se localizar um esquema comum de representação do ser como "*face que se mantém em si*" em relação ao homem que pensa e que fala (Heidegger). A linguagem não é mais o lugar do nascimento do homem na realidade.

A *linguagem* é a expressão, convencional no nível dos sons emitidos, de um conteúdo mental que é imagem das coisas exteriores: tal é o quadro geral no qual a tradição metafísica a concebe. Assim, no início de seu tratado *Sobre a interpretação*, Aristóteles distingue três elementos: [1] "os sons emitidos pela voz"; [2] os "estados de alma" dos quais esses sons são os "símbolos" ou os "sinais" imediatos; [3] as "coisas das quais esses estados são as imagens" (§ 16a). Os *sons* ou "as palavras emitidas pela voz" não são "os mesmos em todos os homens"; são, portanto, arbitrários ou convencionais, variáveis segundo as línguas. Os estados de alma devem ser compreendidos como um *conteúdo* presente não nas palavras, mas no espírito dos locutores. Esse conteúdo, diferentemente dos sons, é "idêntico em todos". Entendamos: quando se diz "cavalo", *horse* ou *pferd*, todos conce-

---

42. BEAUFRET, J., *Dialogue avec Heidegger*, t. 1, ed. de Minuit, 1973, 111-112.

bemos a mesma representação mental do que é, entretanto, enunciado de diversas maneiras. E esta representação por sua vez é "idêntica à coisa" da qual é a imagem, a saber, a referência extralinguística que é o quadrupede em questão. Tomás de Aquino, ao se referir a essa passagem de Aristóteles, a sintetizará ao dizer: "Segundo o Filósofo: *voces sunt signa intellectuum, et intellectus sunt rerum similitudines*"[43].

Entre Aristóteles e Santo Tomás, encontramos Santo Agostinho, especialmente com o livro II de sua *De doctrina christiana* que T. Todorov considera como "a primeira obra propriamente semiótica"[44], na medida em que a teoria do sinal, que aí se desenvolveu, engloba também os sinais não linguísticos mais do que as palavras, os primeiros que se devem considerar *quasi quaedam verba visibilia* (II, III, 4). "É pelos sinais que se apreendem as coisas", escrevera Agostinho no início de seu tratado (I, II, 2). *Signum est enim res, praeter speciem quam ingerit sensibus, aliud aliquid ex se faciens in cogitationem venire* (II, I, 1). No caso das palavras, a *res* significante é evidentemente o som emitido pela voz; esse som é um sinal que, "ademais da impressão que produz nos sentidos, faz vir, de si mesmo (*ex se*), alguma outra coisa ao pensamento". As palavras (II, III, 4), como as letras que são apenas repetição (II, IV, 5), não são "sinais naturais", tais como a fumaça ou a pegada de um animal, mas "sinais convencionais" (*signa data*). Sua razão de ser "é produzir e transfundir no espírito de outro o que porta no espírito aquele que faz o sinal" (II, II, 3). *Nihil aliud est loqui ad alterum quam conceptum mentis alteri manifestare*, dirá mais tarde Santo Tomas[45]. Que o *aliud aliquid* (o que Tomás denomina aqui o conceito) que o sinal faz vir ao espírito seja ou deva ser normalmente a *representação imediata e fiel da realidade extralinguística* em questão, Agostinho não duvida disso mais do que Aristóteles ou Tomás, ainda que ele não sublinhe esse ponto de vista na *De doctrina christiana*: "À vista de uma pegada, julgamos que um animal, do qual ela é a impressão, passou [...] à audição da voz de um ser animado, discernimos o sentimento de sua alma" (II, I, 1). Não escreve, no livro XV do *De Trinitate*, que "*o verbo que soa fora é o sinal do verbo que brilha dentro*" (XV, XI, 20)? Ora, esse *verbum cordis* é aquele "que *se imprime* na alma com todo objeto de conhecimento". Como os "estados de alma" de Aristóteles, "não pertencem a nenhuma língua...; não é grego nem latim!" (XV, X, 19). "Anterior a todos os sinais nos quais se traduz, nasce de um *saber imanente* na alma",

---

43. *ST* I, q. 13, a. 1.
44. Todorov, T., *Théories du symbole*, Seuil, 1977, 38.
45. *ST* I, q. 107, a. 1.

saber pré-linguístico cuja fonte secreta não pode ser senão o *intus Magister*, o próprio Verbo de Deus (XV, XI, 20).

As teorias da linguagem são diversas na tradição metafísica. Entretanto, todas parecem confiar na relação entre três elementos fundamentais que se podem apresentar da seguinte maneira: [1] a palavra, como som emitido pela voz numa relação convencional ou arbitrária com [2] uma realidade mental universal que evoca e que é muitas vezes denominada "conceito", o qual está numa relação natural de semelhança com [3] a coisa extralinguística da qual é a imagem. Em termos contemporâneos, [1] o significante linguístico está numa relação *convencional* com [2] o significado, que reenvia de maneira toda *natural* ao [3] referente. É nesse quadro geral que Tomás de Aquino elabora sua teoria do conhecimento.

Pode-se resumi-la brevemente assim: [1] a coisa imprime sua imagem, [2a] nos sentidos por sua espécie impressa (*species impressa*) sensível (o particular da coisa), e [2b] no espírito por sua espécie impressa inteligível (o universal da coisa); graças à abstração pelo intelecto agente, o espírito elabora [3] o conceito, que é a representação mental da coisa ou a presença da coisa no espírito por sua representação mental, e que é designado como verbo interior (*verbum cordis* ou *mentis*); o conceito é então traduzido ao exterior pela [4] palavra ou pelo verbo exterior num discurso que é o juízo[46]. Para a comodidade desta recuperação sintética, acabamos de distinguir quatro elementos fundamentais. Mas esta apresentação é enganosa. Para Santo Tomás, não há senão três elementos propriamente separáveis: a coisa; o momento da intelecção (formação do conceito); o momento do juízo. A "espécie impressa" não existe em si mesma. Se ela existisse, o espírito conheceria não a coisa em si mesma, mas somente sua "espécie", a saber, o que cada um apreende dela. Tal "idealismo" estaria em contradição direta e fundamental com o "realismo" que professa Tomás. Realismo porque para ele é certamente *a coisa mesma que, por sua representação mental, está presente "naturalmente" no espírito*; é ela que nós atingimos. A espécie não é um objeto material *quod*, mas um objeto formal *quo*; ela não é objeto de conhecimento, mas meio ou, antes, princípio de conhecimento; ela é aquilo por meio do qual atingimos a coisa mesma impressa no espírito por sua forma. Quanto à linguagem, não é senão o *instrumento* de tradução para fora, tradução convencional, do que se formou assim "naturalmente" na representação mental.

Esse "realismo", como vemos, parte do pressuposto que o real é um objeto, um objetivo a *atingir*. É o mesmo pressuposto metafísico que guia

---

46. Cf. *De Veritate*. q. 4, a. 1-2; *De Potentia*, q. 8, a. 1 (*Quaestiones disputatae*, Torino: Marietti, 1924, vol. 1 e 3).

a corrente adversa, aquela do *nominalismo*. Simplesmente, onde este declara que nós não deixamos de perder o objetivo visado, uma vez que os "universais" (transcendentais, gêneros, espécies), sempre predicados, não podem ser senão *vozes* e não *coisas*, o primeiro afirma, ao contrário, o êxito do empreendimento. Nos dois casos, o ser e o homem estão em situação de *vis-à-vis*, postos em relação dialética pela linguagem. Esta é, assim, sempre pensada como a *intermediária instrumental* que lhes permite, com mais ou menos felicidade, dialogar entre eles. A linguagem, no conjunto da tradição metafísica, não é mais o que era nas auroras do pensamento pré-socrático, segundo Heidegger, ou seja, o *meio no qual* o ser e o homem acontecem.

c. *A linguagem-instrumento*

Longe da copertença (*Zusammengehörigkeit*) do *Sein* e do *Dasein* à linguagem, a tradição metafísica pensa a linguagem como uma propriedade particular do homem. *Zôon logon echon, animal rationale*, o homem metafísico é um existente que, entre outros *atributos*, tem aquele da fala. Ele possui a linguagem, em vez de ser originariamente possuído, constituído, por ela (o que não quer dizer que precisaria considerar a linguagem como uma nova hipóstase última!). Ele utiliza a linguagem como um *instrumento*, necessário, de *tradução* a si mesmo (pensamento) ou a outrem (voz) de suas representações mentais.

Traductor, traditor: instrumento de tradução, a linguagem é também — infelizmente! — *instrumento de traição*. Porque não pode jamais esgotar o "querer-se-dizer da presença do sentido" que, segundo J. Derrida, caracteriza o sinal agostiniano[47]. Em relação a esse primado absoluto da presença do sentido, verbo interior cuja fonte é finalmente o Verbo de Deus que ilumina o coração do homem, a linguagem permanece sempre inadequada. Por natureza, e não somente em razão da mentira, da incompetência ou da distração do locutor. O ideal, impossível nesse mundo, seria, pois, *depositar* a linguagem — como depositar o corpo — para se beneficiar imediatamente da iluminação do sentido imanente. Assim, pelo menos em Agostinho, a linguagem, por mais preciosa e indispensável que seja, e por maiores que sejam as suas obras, *obstaculiza*, definitivamente, a realização do homem. Não é, a propósito, segundo o doutor de Hipona, a consequência do pecado original? Este, com efeito, secou a fonte interior do conhecimento direto de Deus, embora Adão e Eva tenham descoberto que não podiam mais comunicar entre si senão pelo artifício, certamente imperfeito,

---

47. DERRIDA, J., *La Voix et le phénomène*, Paris, PUF, 1967, 37.

das palavras[48]. Afirmação significativa que implica que o homem teria sido criado por Deus fora da linguagem... Sem ir sempre tão longe, Agostinho retoma essa mesma ideia em outro texto, citado e comentado no mesmo sentido por Tomás de Aquino, ao afirmar que "antes (da queda), Deus falava talvez com os primeiros homens como fala com os anjos, iluminando seu espírito com a mesma verdade permanente"[49].

Impossível, pois, ficar sem a linguagem. Mas a isso somente se consente a contragosto, uma vez que a linguagem *obstaculiza essa ideal transparência de si a si mesmo, para outros, para Deus, que parece constituir um dos pressupostos fundamentais da tradição metafísica*. E, além desse ressentimento com respeito à mediação sensível da linguagem, delineia-se uma suspeição que toca a *corporeidade* e a *historicidade* do homem: tal é o impensado que parece reger o conjunto do sistema. A representação instrumental, tanto do corpo quanto da linguagem, pressupõe uma anterioridade, pelo menos lógica, do homem em relação a eles: essência humana ideal que, desde seu exílio ou sua queda, é prisioneira — *sôma-sêma* — do império do sensível. Apesar de todas essas variantes, a metafísica nunca dependeu desse platonismo original? Impossível, nessas condições, olhar positivamente para a linguagem e o corpo como o meio no qual resulta o sujeito e onde está a verdade.

d. A dicotomia sujeito-objeto

O corte dualista entre o sujeito e o objeto é, num sentido, tão antigo quanto a metafísica, ligada como está com o corte do ser e do dizer e com a concepção instrumentalista da linguagem. Mas é nos tempos modernos, especialmente com Descartes, que essa ruptura atingiu toda a sua amplidão. Heidegger se explica a respeito disso em seus *Holzwege*[50]: "Com Descartes começa a realização da metafísica ocidental" (p. 129). Porque, desde que Platão determinou "a esseidade do existente como *eidos* (*ad-spect*, vista)", emergiu a "condição historial", certamente ainda "longínqua", do que devia se realizar nos tempos modernos (p. 118-119).

O *cogito* de Descartes pertence à certa idade da metafísica: a da ciência, da "objetivação do existente", em que o "homem que calcula" faz "vir diante

---

48. *De Gen. contra Manich*, II, 31.
49. *Super Gen. ad litt.*, XI. Tomás de Aquino, *ST* I, q. 94, a. 1. Cf. *De Ver.*, q. 18, a. 1-2.
50. Heidegger, M., "L'époque des 'conceptions du monde'", in: *Chemins qui ne mènent nulle part*, trad. franc. Brokmeier, W., Gallimard, 1962. Citamos segundo a coleção *Idées de Gallimard*. Cf. Ricoeur, P., "Heidegger et la question du sujet", in: *Le Conflit des interprétations*, Seuil, 1969, 222-223. Cf. também *infra*, cap. 2, n. 26.

de si todo existente" para obter disso uma "representação explicativa" que seja "segura, isto é, certa" (p. 114). É assim que "o existente é determinado pela primeira vez como objetividade da representação, e a verdade como certeza da representação na metafísica de Descartes" (ibidem). Ora, a esse *objetivismo* que "fixa e detém" o existente diante do homem "na qualidade de objeto" (p. 118), corresponde, por um "jogo necessário e recíproco", um *subjetivismo* de igual amplidão (p. 115). *Pela primeira vez, o homem se torna subjectum*. Pela primeira vez, porque anteriormente essa palavra *subjectum* não designava o "eu", mas o *sub-stratum*, o *hypokeimenon*, isto é, "o que está estendido-diante (*das Vor-Liegende*), que, enquanto fundo (*Grund*), reúne tudo em si". Ao se tornar "o primeiro e o único *subjectum*", o homem se torna "o *centro de referência*", o existente "sobre o qual doravante todo existente como tal se funda" (p. 115). O mundo é assim o *ob-jectum* estendido-diante do *sub-jectum* que é o homem, deitado frente a ele. O mundo se torna um "*quadro*" (*Bild*) que o homem desfila diante de seus olhos para emitir sobre este, soberanamente e serenamente, seus juízos de verdade. O *cogito* é contemporâneo dessa idade em que, como escreve P. Ricoeur, "o homem põe a si mesmo em cena, coloca a si mesmo como a cena sobre a qual o existente deve doravante comparecer, se apresentar, em resumo, se enquadrar". E o corte cartesiano radical entre o sujeito e o objeto revela um movimento que "pertence à tradição metafísica" em que a relação sujeito-objeto "apaga a pertença do *Dasein* ao ser" e "dissimula o processo da verdade como revelação dessa implicação ontológica"[51]. Descartes crê deduzir o sujeito a partir do *cogito*. Mas o que ele deduz senão um *eu objetivado*, concebido segundo a substância aristotélica, um eu que não é senão a *representação* do *ego* e que, para desempenhar sua função de *fundamentum inconcussum veritatis*, necessitará ser garantido definitivamente pelo absoluto divino? Paradoxo, portanto: a oposição sujeito-objeto não é jamais tão clara como quando o *subjectum* porta em si, mas em um nível de "preeminência insigne"[52], os traços subjetivos do *hypokeimenon*. Paradoxo que evidencia a impossibilidade de deduzir o *sum* de quem quer que seja...

Tudo se mantém. A metafísica, ao longo de suas diferentes idades, desenvolveu o destino historial inscrito nela desde seu inaugural esquecimento da diferença ontológica: a busca de uma fundação que presta conta e razão desse fundo que é o ser do existente se acompanhava necessariamente de uma representação da relação do ser e do homem como relação dialética de

---

51. RICOEUR, P., op. cit., 227-228.
52. HEIDEGGER, M., *Chemins...*, 139.

face a face, e não mais como copertença de um ao outro; esta representação requeria, ao mesmo tempo, a do ser como *fora da linguagem* e a da linguagem como *instrumento*. A metafísica é, assim, segundo sua tendência mais característica, a lógica de um discurso que mascara a instância original de seu saber, esquecendo, segundo a expressão de M. Merleau-Ponty, que "toda relação ao ser é simultaneamente tomar e ser tomado"[53], que o sujeito da enunciação não é jamais separável do sujeito linguístico de seus enunciados, em resumo, que o homem não coloca jamais esses juízos a partir de uma soberba neutralidade, mas sempre a partir de uma língua concreta em que o universo já foi construído como "mundo", portanto, a partir de um lugar socialmente acabado e culturalmente organizado.

3. A representação ontoteológica da relação entre o homem e Deus

A ontologia metafísica nascida na Grécia exerceu sobre a tradição teológica cristã, em suas versões tanto (neo)platônica como aristotélica, uma influência ainda mais decisiva, como vimos, uma vez que ela mesma era te(i)ológica desde sua origem. Também o Deus cristão foi assimilado ao Soberano Bem, ao Um sem princípio, ao primeiro motor, ao *ens supremum*, à causa última, em resumo, como disse Heidegger, a este "valor supremo" que é "o mais existente de todos os existentes"[54].

a. A analogia

Falar de Deus não é possível senão por analogia. Esta, segundo Santo Tomás, que tomamos aqui por guia, consiste em um ato de *juízo* (e não em um conceito) que incide sobre a *relação* do homem com Deus (e não sobre a essência de Deus). Ao atribuir a Deus nomes tais como Bondade, Sabedoria..., esse juízo é pertinente no tocante à realidade significada (*res significata*). Desse ponto de vista, esses termos se aplicam mesmo a Deus "no sentido próprio com mais propriedade ainda do que às criaturas, e é a ele que esses termos convêm primeiro". Pelo contrário, o juízo de analogia perde sua pertinência quanto ao modo de significar (*modus significandi*), o qual "pertence à criatura"[55]. Para os gramáticos e lógicos escolásticos, esses

---

53. MERLEAU-PONTY, M., *Le Visible et l'invisible. Notes de travail*, Gallimard (col. Tel), 1964, 319.
54. HEIDEGGER, M., "Le mot de Nietzsche 'Dieu est mort'", in: *Chemins...*, 313.
55. *ST* I, q. 13, a. 3.

modi significandi determinavam as três funções maiores dos termos em uma proposição, respondendo às três questões: *quid?* (o Verbo é Deus, nome de essência), *quis?* (o Verbo é Filho, nome de pessoa), *quo?* (o Verbo se distingue do Pai pela filiação, nome de propriedade ou noção). Se tal era então a extensão dos "modos de significar", compreende-se que Tomás tenha podido dizer: "Há sobre Deus alguma coisa que é completamente desconhecida (*omnino ignotum*) do homem nesta vida, a saber, o que Deus é"[56]; ou ainda, "Não sabemos o que Deus é, e o que ele não é, e qual relação mantém com ele todo o resto"[57]. Nisso ele não inovava; antes, ele era o herdeiro de uma longa tradição ontoteológica que, especialmente entre os neoplatônicos, no tratado *Dos nomes divinos* de Dionísio e entre muitos padres gregos, tentara pensar "a incompreensibilidade de Deus" (João Crisóstomo) e, assim, abrir a via da teologia negativa[58].

Se, portanto, o que é Deus para nós é "totalmente desconhecido", é porque não há conceito algum que possa englobar Deus e o homem, nenhum terceiro termo que seria comum aos dois. E se, por consequência, o termo bondade, "quanto ao que significa", no entanto, lhe convém, e *per prius*, é por modo de negação, mas de negação plena, supereminente. Isso implica que a analogia é aqui uma *relação de relações*, a saber, que "Deus está na mesma relação com o que lhe diz respeito como a criatura com o que lhe é próprio". Não se trata, pois, aqui da analogia de proporção direta ou de *atribuição* segundo a qual uma mesma realidade (por exemplo, a saúde) se encontra sob relações diferentes em muitos termos (por exemplo, o remédio sadio como causa e a urina sã como sinal de saúde); trata-se de analogia de *proporcionalidade*, segundo a qual muitas realidades podem se encontrar na mesma relação, como a velhice é para a vida o que a tarde é para o dia. A primeira analogia é excluída, uma vez que "o infinito e o finito não podem ser postos em proporção"; a segunda é requerida, "uma vez que o que o finito é para o finito, o infinito é para o infinito."[59]

---

56. *In ep. ad Rom.*, cap. 1, lect. 6.
57. *Contra os Gentios* I, 30.
58. Plotino: "Dizemos o que não é, não dizemos o que é" (*Ennéades* 5, 3, § 14); — Dionísio, *Dos nomes divinos*, especialmente, 7, 3: a maneira de conhecer Deus que é a mais digna dele, é "conhecê-lo pelo modo de desconhecimento numa união que excede toda a inteligência" (trad. M. de Gandillac, op. cit., 145).
59. *De ver.*, q. 23, a. 7, ad. 9; q. 2, a. 11. A relação entre os dois tipos de analogia relativamente a Deus em Tomás é de fato mais complexa do que o que dizemos aqui. Cf. sobre esse ponto as finas análises de Jüngel, E., *Dieu, Mystère du monde. Fondement de la théologie du crucifié dans le débat entre théisme et athéisme*, Cerf, 1983, t. 2, especialmente, 78-85.

Ora, sobre o que se funda a possibilidade para nós de efetuar tal relação? A resposta é dada na fórmula do *Contra os Gentios* citada anteriormente: de Deus, nós não sabemos senão "o que ele não é, e qual *relação* mantém com ele todo o resto". Igualmente, na *Suma*: a verdade de nossas analogias é medida pela "relação da criatura com Deus como seu princípio e sua causa"[60]. Assim, foi postulado *anteriormente* ao ato de juízo que é a analogia uma relação (*ordo*) da criatura com seu criador, do efeito com sua causa. Certamente, esse postulado foi objeto de uma "demonstração" anterior na questão "Deus existe?". Mas, como sublinha J. L. Marion, a questão da existência de Deus ressurgirá no termo de cada uma das cinco provas que Santo Tomás dela dá. Com efeito, se a primeira conduz ao primeiro motor, a segunda, à causa eficiente primeira, (...) a última, a um fim último, Santo Tomás deve acrescentar, a cada uma das cinco vezes, em um inciso aparentemente inocente: "e *todos* compreendem isso como sendo Deus"; "*todos* o denominam Deus"; "o que *todos* dizem ser Deus" etc. "Questão: quem enuncia a equivalência entre o termo último em que conclui a demonstração e, portanto, o discurso racional, e o Deus que 'todos' aí reconhecem? 'Todos', sem dúvida, mas por qual direito? Quem são esses 'todos', por que podem estabelecer uma equivalência que nem o teólogo nem o filósofo fundam, mas sobre a qual eles se fundam?" Funda-se aqui sobre uma *instância, exterior ao discurso*: o consenso de "todos". "Essa instância, o discurso conceitual afirma não a produzir, uma vez que não acede ao seu último resultado senão pelo incidente infundado de um 'isto é', tanto menos evidente quanto se dá por tal"[61].

Assim Deus é postulado, não demonstrado pelo mesmo discurso. Postulado fora do discurso, porque Tomás, como todos os seus contemporâneos, não podia considerar seriamente que Deus não existia. Ele teria de deixar não somente seu estatuto social de religioso e de teólogo, mas, também, seu desejo e, finalmente, sua cultura, uma cultura impregnada pela evidência da existência de Deus, de um Deus que, como observa Jüngel, "é, de toda maneira, sempre já pensado como o ser que *causa* absolutamente as coisas" e que, na analogia, é necessariamente "*pressuposto* como a condição, ela mesma incondicionada, do mundo"[62]. Para evitar a identificação entre o primeiro motor e o que "todos" denominavam Deus, fora preciso manifestar que o termo da demonstração estava já pressuposto no ponto de par-

---

60. *ST* I, q. 13, a. 5.
61. Ibidem, q. 2, a. 3; — MARION, J. L., *L'idole et la distance*, Grasset, 1977, 28-29.
62. JÜNGEL, E., op. cit., t. 2, 86-88. Sublinhado por nós.

tida esquecido da metafísica: a ontoteologia. Tal identificação se impunha, então, como uma necessidade cultural, isto é, como uma dessas múltiplas evidências que parecem tão "naturalmente" certas que não são suscetíveis de ser postas em questão.

Esta observação manifesta a impossibilidade em que se encontra o homem de sair da linguagem, isto é, também da cultura e do desejo. Ora, isso *também* deve ser pensado. Deve ser *prioritariamente* pensado. Mas é justamente nisso que a ontoteologia nunca pensou, sob pena de se ver imediatamente derrotada, e que lhe permitiu postular o *ens supremum* divino como pedra angular e como fundamento da totalidade dos existentes. Porque é um traço essencial da ontoteologia, que, como salientou Jüngel, pressupõe uma "prioridade ontológica do pensamento sobre a linguagem", desconhecendo que o pensamento já é "sempre linguagem"[63]. E é este desconhecimento que tornou possível e necessária a doutrina da analogia: *antes* da linguagem, pois para além da cultura e do desejo, foi colocada como evidência não suscetível de ser posta em questão (mesmo na questão "se existe Deus?") a existência de uma "relação da criatura com Deus como seu princípio e sua causa".

b. O ponto crítico da teologia cristã

Não pretendemos, ingenuamente, dispensar a analogia. Queiramos ou não, não cessamos de usá-la seja como atributos ditos essenciais (Deus é justo, bom…) ou como nomes relacionais (Deus é Pai, Esposo, Verbo…). Mas a crítica precedente mostra também que não podemos descansar sobre ela: "síntese dos opostos" (pro-cessão e re-cessão de Deus), ela só pode "resultar, de fato, pela via de uma resultante, apenas pela honesta mediocridade do comprometido", tendo em vista, prossegue S. Breton, uma síntese harmoniosa das duas linguagens, positiva e negativa, da revelação que, entretanto, "dependem uma e outra de uma condição humana da qual não poderiam se dispensar"[64].

Trata-se precisamente para nós de consentir à linguagem e ao conflito interno ao qual nos conduz: conflito difícil de assumir, que sem cessar somos tentados a apagar para assegurar nosso domínio sobre o mundo; conflito, entretanto, do qual nasce e no qual se mantém o sujeito; conflito fora do qual instalamos imaginariamente nosso *subjectum* no centro do

---

63. Ibidem, 47.
64. Breton, S., *Écriture et révélation*, Cerf, 1979, 160.

mundo e tomamos nosso desejo pela realidade... Como doutrina que explica a razão da verdade de nossos discursos sobre Deus, isto é, da adequação de nossos juízos em relação à realidade divina, a *analogia apaga o conflito interno de todo discurso. Ora, esse conflito não deve ser resolvido, mas gerido — precisamente pela mediação da linguagem*: dito de outra maneira, podemos vivê-lo como o lugar sempre aberto onde se efetua a verdade daquilo que somos em relação ao outro e a Deus.

Ao situar assim o lugar da teologia no coração da mediação da linguagem, da cultura e do desejo, portanto, no coração da privação que esta mediação abre em todo sujeito, situamos aí o *ponto crítico* não no prolongamento da ontoteologia negativa da incognoscibilidade de Deus, mas em direção ao próprio *sujeito* crente. Certamente, a teologia negativa sublinhou com força que para não calar Deus é preciso se calar sobre Deus; mas é preciso fazê-lo de maneira apropriada; caso contrário, o silêncio seria vazio ou pelo menos tão equívoco que não se trataria mais de silêncio sobre Deus. Não há silêncio apropriado sobre Deus senão mediatizado pela linguagem; e mesmo por uma linguagem cuja superabundância e cujos superlativos são requeridos também pela sobre-eminência à qual é conduzida a negação pela necessidade de nunca se deter em nenhuma das negações "por excesso" como finalmente adequada a Deus[65]. Que não haja discurso teológico que não conheça um momento crítico inevitável de teologia negativa, e que a grande tradição no sentido de Dionísio, Eckhart, Tomás de Aquino seja então um ponto de passagem obrigatório, isso é evidente. Mas isso não significa que a *tarefa primordial* da teologia cristã seria purificar pela analogia, até "o conhecimento por modo de desconhecimento" (Dionísio), os conceitos que empregamos para dizer Deus; neste caso, aliás, a Bíblia, recheada de antropomorfismos, não nos apresentaria senão uma subteologia para espíritos imperfeitos... Esta tarefa primordial trata antes, como sugere E. Jüngel, da inclusão do "Evangelho como uma analogia", isto é, como linguagem *parabólica* que tem por característica "inserir o homem, enquanto interpelado, no ser do qual se falou".[66]

Isso significa, como diremos com J. Ladrière, considerar essa linguagem em que o ouvinte se vê comprometido no enunciado como um "jogo de linguagem" particular (Wittgenstein): linguagem "hermenêutica", que tem sua coerência própria e não poderia ser "traduzida" em outra linguagem, de tipo explicativo ou causalista, especialmente a linguagem "científica", mas

---

65. Cf. JÜNGEL, E., op. cit., t. 2, 52-62.
66. Ibidem, t. 2, 102 e 108.

também (cf. o próximo capítulo) a linguagem metafísica. Ora, como escreveu S. Breton a propósito de mestre Eckhart, "a linguagem de base" ontoteológica, mesmo revertida por uma "linguagem de metábase" em que a negação triunfa, e sublimada por uma "linguagem de anábase" que tenta ultrapassar as duas primeiras, persevera de ponta a ponta[67]. De qualquer maneira, observa C. Geffré, o corretivo fornecido pela *via negationis*, o movimento de pensamento inaugurado pelo pseudo-Dionísio no interior da teologia cristã, salienta o poder do saber humano em sua vontade de dispor do divino em um conceito de Deus como existente supremo[68]. Em outras palavras, a teologia negativa, até em suas obras mais sublimes sobre superação, por negação, da causalidade do ser, permanece visceralmente ancorada em um tipo de linguagem causalista e ontológica. Por esse fato, ela não pode assumir a particularidade inevitável de um "jogo de linguagem" que, caracterizado pela predominância do "ilocutório" (*infra*), não ocorre de outra maneira senão ao tocar claramente temas tirados dela.

O ponto crítico da teologia cristã não diz respeito à purificação apofática de nossos conceitos para dizer Deus, mas ao *uso* que *nós* fazemos desses conceitos, isto é, sobre a *atitude*, idolátrica ou não, que eles causam em nós. A tradição a sublinhou desde há muito tempo: os conceitos os mais refinados podem funcionar como ídolos; inversamente, os antropomorfismos mais materiais ("Senhor, és minha rocha!") podem ser as expressões mais finas da radical alteridade e santidade de Deus[69].

Se, desde então, a presente crítica do esquema producionista da causalidade que regeu tradicionalmente o pensamento teológico visava apenas purificar intelectualmente um conceito, e não o substituir por outro que nos parecesse mais adequado, o jogo não valeria a pena. Mas trata-se certamente de outra coisa: ao mostrar por que temos de renunciar, tanto quanto possível, ao esquema "explicativo" da causalidade e assumir o esquema simbó-

---

67. BRETON, S., "Les métamorphoses du langage religieux chez Maître Eckhart", in: *Dire ou taire Dieu*, RSR 67/3-4, 1979, 53-75. "A linguagem de base, mesmo sublimada pela metábase, persevera na linguagem da anábase" (73).

68. GEFFRÉ, C., *Le Christianisme au risque de l'interprétation*, Cerf, 1983, 181.

69. Tema frequente, pelo menos depois de Dionísio; DIONÍSIO; Cf. Hiér. cél. [*Da Hierarquia Celeste*] II, 3 (SC n. 58, 85, e introd., XXII). F. Marty mostrou que, se Kant rejeita o antropomorfismo dogmático (que pretende se pronunciar sobre o que Deus é), em contrapartida, se interessa vivamente pelo "antropomorfismo simbólico que diz respeito de fato à linguagem e não ao objeto" (cf. Prolég. à tout métaphys. future..., § 57). Este antropomorfismo simbólico é finalmente "o humilde rosto de uma teologia negativa que renunciou a glorificar-se de sua negatividade" (195). MARTY, F., *La naissance de la métaphysique chez Kant. Une étude de la notion kantienne d'analogie*, Beauchesne, 1980, cap. 3.

lico da linguagem, do desejo e da cultura, elaboramos um *discurso do qual o sujeito crente é inseparável* — é o mesmo que dizer que é inseparável do ser ou o *Dasein* do *Sein*. Na teologia, como na filosofia, o sujeito nada pode "assumir" sem reconhecer-se já atingido. É, portanto, o cerne da questão que tocamos pela via do discurso teológico e pelo seu devido rigor. O ponto crítico da teologia cristã está certamente aí, segundo nossa opinião: mostrar as condições que tornam possível a passagem, como passagem *sempre a fazer*, de uma *atitude* de escravo em relação a um mestre imaginariamente todo-poderoso revestido da panóplia dos atributos majestosos do *ser* a uma atitude de filho em relação a um Deus representado de outra maneira porque pensado à sombra da cruz, e, portanto, de irmão em relação ao outro.

III. ABERTURA AO SIMBÓLICO: O MANÁ

Nós nos perguntamos no início do presente capítulo como é que, para expressar uma relação que se dá de imediato como sem "valor", uma vez que está inteiramente sob o signo da graça, Santo Tomás não tentara tomar outra via em vez daquela da causalidade, especialmente a do simbólico, via do não-valor, uma vez que se trata da via da troca reversível nunca acabada onde ocorre todo sujeito. Ora, o *Filebo* de Platão nos mostrou de modo exemplar que a metafísica nasceu precisamente da rejeição e da condenação à morte de tal perspectiva. O sem-limite é impensável para ela; desafia toda *lógica*. A única lógica possível é a da *causa primeira* e do *fundamento último* da totalidade dos existentes, a de um *centro* que desempenha o papel de um ponto fixo[70], a de uma presença impecável, constante e estável; como mostra Heidegger, requer precisamente uma representação do tempo em que o presente, como centro fixo, goza de um privilégio exorbitante. Esquecida a diferença ôntico-ontológica; desconhecido o "jogo" do ser no tempo: o tempo se tornou funcional e mensurável, o ser compartimentou-se ideologicamente em seu papel de fundamento. Damos razão de tudo; ao menos se tenta. Encerramo-nos em uma *lógica do mesmo*.

Alimentado por um desejo secreto de *transparência* de si a si mesmo, este gera um pensamento sem corpo e sem morte. Em princípio, pelo menos. Assim, Platão e Sócrates escolhem, como vimos, um tipo de vida "em que não há lugar nem para a alegria nem para a pena, mas para o pensa-

---

70. DELZANT, A., *La Communication de Dieu*, Cerf, 1978, 19-22.

mento em seu mais alto grau de pureza possível". É esta lógica totalizante do idêntico que explica que a relação amante/amado foi finalmente pensada no modelo da construção naval e dos barcos, e que a relação entre o homem e Deus nos sacramentos é *inevitavelmente* representada segundo o esquema técnico e producionista da instrumentalidade e da casualidade — por mais purificado que seja esse esquema por analogia…

Julgamos, nós, que o pensamento da graça, uma vez que é disso que se trata finalmente nos sacramentos, requer outro caminho de pensamento. Porque, como o *maná*, que é talvez sua mais bela expressão bíblica, a graça é de outra ordem que não a do valor e da positividade. Seu nome é mesmo uma questão, *Mann hou?* Seu nome é "Que é isso?". Sua consistência é a de alguma coisa que tem tudo de uma não-coisa: "algo fino como a geada" que derrete ao Sol. E a medida que se faz disso tem tudo de uma não-medida; recolhe-se disso "quem mais, quem menos", mas quando se mede a colheita observa-se, contra toda lógica do valor, que "quem tinha mais" não tinha "nada demasiado" e "quem tinha menos não tinha demasiado pouco", e que aqueles que, rompendo o mandamento de Deus, queriam provisionar para assegurar o futuro viam a colheita se "infestar de vermes" (Ex 16,9-21). *Graça-questão, graça não-coisa, graça não-valor*: como pensar esse puro sinal que questiona de modo diferente seja pela via simbólica, pela via do não-cálculo e do não-útil? Essa é certamente, em todo caso, nossa questão primordial.

Mas pode-se decretar assim, por uma simples decisão, a passagem de uma lógica ontoteológica do mesmo, em que os sacramentos se regem pela representação causal da instrumentalidade, a um pensamento simbólico do outro, em que apareceriam como atos de linguagem mediadores do advento interminável dos sujeitos como sujeitos que creem? Tal passagem é mesmo possível? Podemos pensar de forma diferente que não metafisicamente? Em que condições? Estas são as questões que comandam o capítulo seguinte.

Capítulo 2
Superar a ontoteologia?

Podemos pensar de outra maneira que não metafisicamente ou ontoteologicamente? Podemos, por simples decisão de nossa parte, decretar que apagaremos com uma canetada a problemática global da metafísica para adotar outra?

O empreendimento parece inicialmente muito problemático, uma vez que nossa *língua materna*, em sua morfologia e em sua sintaxe — esta língua que, longe de revestir simplesmente o real com cores variadas, constrói essa realidade como "mundo", mundo de sentido —, está impregnada de *logos* metafísico.

Sem dúvida, ninguém tentou mais vigorosamente do que E. Levinas se livrar do *logos* grego e interpelar o grego pelo judeu, a saber, o Ser (impessoal, anônimo, redutor violento da alteridade à totalidade do mesmo) pelo outro (pura irrupção e ruptura que rompe, mediante a face, as pretensões unificadoras e a essência finalmente totalitária do *logos* grego). Empreendimento impossível, declara J. Derrida, porque a questão que subentende o discurso de Levinas "somente pode se dizer esquecendo-se na língua dos gregos"; mas ela também "somente pode se dizer enquanto se esquece na língua dos gregos"[1].

Nossa perplexidade de início se metamorfoseia em sentimento de impossibilidade se observamos que colocar a questão, como fizemos antes, em termos de alternativa é situar o caminho a explorar no mesmo plano que o

---

1. DERRIDA, J., "Violence et métaphysique", in: *L'Écriture et la différence*, Seuil, 1967, 196.

precedente. Sendo assim, a causa está perdida de antemão: este novo caminho somente será o contramodelo do primeiro, também metafísico como ele. Mudou-se o campo, não se mudou o terreno. Ora, é certamente de uma *mudança de terreno* que se deve tratar, se é verdade, como vamos verificá-lo, que a questão aí se torna inseparável do modo de questionar, o qual, por sua vez, está constituído pelo sujeito que questiona: "É o caminho que coloca tudo a caminho, e coloca a caminho na medida em que fala"[2].

I. A SUPERAÇÃO DA METAFÍSICA SEGUNDO HEIDEGGER

1. Pensar a metafísica não como falta, mas como evento

A "confusão permanente entre ente e Ser" que alimenta a metafísica deve ser pensada *"como evento e não como falta"*, escreve Heidegger em *Qu'est-ce que la métaphysique?*[3]. Porque, precisa Heidegger, tal confusão "não pode de maneira alguma ter seu fundamento numa simples negligência de pensamento ou numa leviandade do falar" (29). A metafísica, com efeito, sempre pensou "a partir da revelação do Ser", mas essa revelação lhe passou "desapercebida" (24).

O evento (*Ereignis*) a pensar, é esse *destino* ao qual "quase parece que ela esteja fadada sem sabê-lo" (30), destino que, segundo o texto do *Dépassement de la métaphysique*, é "uma única fatalidade, mas talvez também a fatalidade necessária do Ocidente e a condição de sua dominação estendida a toda a terra"[4]. Dominação assegurada pela técnica, cuja essência é a *"armação"* (*Gestell*), uma vez que ela "obriga o homem a comprometer a realidade como fundamento"[5], a subordinar a natureza à razão, exigindo de qualquer coisa "que ela justifique, e que ela dê sua justificação"[6]. Portanto, a técnica não faz senão levar à sua plenitude a idade metafísica do mundo como "quadro" e "representação" desenvolvidos na aurora dos tempos modernos. Eis doravante o Ser reduzido a um "fundo" puramente dis-

---

2. HEIDEGGER, M., *Acheminent vers la parole*, Gallimard, 1976, 183 e 187.
3. Idem, *Le Retour au fondement de la métaphysique*, Q. 1, 29.
4. Idem, *Dépassement de la métaphysique*, in: *Essais et Conférences* (abr.; *EC*), Gallimard, 1958, 88.
5. Idem, *La Question de la technique*, *EC*, 26.
6. Idem, ib., n. 1. (N. do T.)

ponível, a um "reservatório de energia"[7] "comissionado" à subjetividade dominadora que o "coloca" (*stellen*) e o planifica para colocá-lo a seu serviço. Mas, com isso, o homem se compreende como o centro da realidade, exaltando até à exasperação sua própria subjetividade. Pensar esta história como evento é lê-la ontologicamente como destino *histórico*: destino em que se revela a essência do comportamento humano que exige explicações, que obriga, requerendo da realidade que se ajuste às suas necessidades "na perspectiva da calculabilidade"[8]; destino, portanto, que é aquele mesmo do Ser: "O *Ge-stell* não é, de maneira alguma, o produto da maquinação humana; é, pelo contrário, o modo extremo da história da metafísica, isto é, do destino do Ser"[9].

2. Superar a metafísica: uma tarefa inatingível

Desde então, a "superação" da metafísica não é um trabalho escolar. "Não se pode desfazer da metafísica como se desfaz de uma opinião. Não se pode, de maneira alguma, passá-la para trás, como uma doutrina na qual já não se crê e que não se defende mais [...]. *A metafísica, embora superada, não desaparece*. Volta em outra forma e conserva sua supremacia, como a distinção sempre em vigor, que diferencia o ente do ser"[10]. Superar a metafísica não será, pois, apagá-la com uma canetada como uma simples "opinião", doutrina ou sistema a "ser refutado"; pelo contrário, será necessário remontar à fonte que a faz viver, a saber, "a verdade do Ser", que é seu "fundamento" *desconhecido*[11].

Visto que "o Ser — o que é o Ser? O Ser é O que ele é. Eis o que o pensamento futuro deve aprender a experimentar e a dizer. O 'Ser' — não é nem Deus, nem um fundamento do mundo. O Ser está mais afastado que todo ente e, entretanto, mais perto do homem do que cada ente [...]. O Ser é o mais próximo. Esta proximidade, entretanto, permanece para o homem o que há de mais afastado"[12]. Contra todas as evidências do "simples bom senso" que "tenta sustentar as exigências do imediatamente útil"[13] e pretende, assim, inspecionar o Ser, identificando-o com suas represen-

---

7. Idem, *Séminaire de Zähringen*, Q. 4, Gallimard, 1976, 330.
8. Idem, *Identité et différence*, Q. 1, 268.
9. Idem, Q. 4, 326.
10. Idem, *Dépassement de la métaphysique*, EC, 81-82.
11. Idem, *Le Retour...*, Q. 1, 24-25.
12. Idem, *Lettre sur l'humanisme*, Q. 3, Gallimard, 1996, 101-102.
13. Idem, *De l'essence de la vérité*, Q. 1, 162.

tações "eidéticas" (e com seu desejo "erótico"), o Ser não cessa de escapar como o *indisponível*, o irrepresentável, "o incalculável"[14].

A verdade da palavra do sujeito somente se dá, segundo Lacan, numa "enunciação que se denuncia" e num "enunciado que se renuncia"[15]. É também o que indica, ainda que em outra problemática, E. Levinas: o discurso filosófico é um dito temático que, procurando sem cessar superar o dizer originário que ele traduz e traz, requer um inatingível "se desdizer"[16]. Heidegger assumiria esses propósitos. Mas por uma razão diferente: é o Ser que se retira. É precisamente isso que ele quer dar a entender, riscando a palavra S̶e̶r̶ em sua *Contribution à la question de l'Être* (1995). Explica, com efeito: "Este cruzamento em cruz [...] rejeita este *hábito quase inextirpável de representar o 'Ser' como um em-face que se mantém por si* e, em seguida, somente ocorre às vezes ao homem"[17]. Ele marca o *não-ente* do Ser, que não é nem o ser-ente ("entidade") dos entes, nem o arquiente. Ainda mais: ele marca o *nada* radical, "uma vez que não cessa de se retrair ao interior de uma diferença que o constitui"[18].

Essa eliminação indica, em outros termos, que o enunciado *es gibt Sein* não deve ser compreendido no sentido do *das Sein ist* — o que seria representar o Ser "muito facilmente como um ente" —, mas no sentido do dom, porque o Ser, prossegue a *Carta sobre o humanismo*, é *o dom de si em aberto*; mais precisamente, "ele se dá e se nega ao mesmo tempo". E é precisamente "a partir dessa essência da verdade do Ser" que é preciso pensar a essência do homem como "ek-sistência estática". Reconhece-se aqui a famosa *Kehre* heideggeriana, esta "conversão" pela qual o homem, em vez de convocar e de medir o ser a partir da consciência de si, se descentra de si e não se compreende senão como sempre-já investido pelo apelo do ser. Tal virada é impossível sem uma meditação sobre "a essência da *linguagem*" como "correspondência ao Ser". A relação do *Dasein* ao *Sein* é essencial e indissolúvel: "A linguagem é a casa do Ser na qual o homem habita e assim ek-siste, pertencendo à verdade do Ser sobre a qual ele vela". Uma vez que o homem é assim pensado como o "Pastor do Ser", ele não pode mais se representar

---

14. Posface a *Qu'est-ce que la métaphysique?*, Q. 1, 79-83.
15. LACAN, J., Écrits, op. cit., 801.
16. LEVINAS, E., *Autrement qu'être*, M. Nijhoff, La Haye, 1974, 8.
17. HEIDEGGER, M., *Contribution à la question de l'être*, Q. 1, 232. "Essa rasura, comenta J. Derrida, é a última escritura de uma época [...]. Como ela delimita a ontoteologia, a metafísica da presença e do logocentrismo, esta última escritura é também a primeira" (DERRIDA, J. *De la Grammatologie*, ed. de Minuit, 1967, 38).
18. RESWEBER, J. P., *La pensée de M. Heidegger*, Privat, 1971.

como "o Senhor do ente"[19]. Ele somente ek-siste como dito pela linguagem e, assim, como convocado e requerido pelo Ser que, na mediação da linguagem, o atrai ao se retrair e se faz presente em seu movimento de ocultação. É isso que o risco sobre a palavra Ser quer dar a entender.

Superar a metafísica é meditar isso mesmo que ela exclui e que é, entretanto, o que a torna possível, a saber, esta verdade do Ser como "ocorrência que descobre" e do ente como "chegada que se abriga", diferença mantida "pela virtude do idêntico", do "*entre-dois*, em que ocorrência e chegada são mantidas em relação, afastadas uma da outra e voltadas uma para a outra". Trata-se, pois, de pensar "a conciliação da ocorrência e da chegada", o que é nada mais do que pensar a diferença "até sua origem essencial": aquela da "essência do ser" como "*o próprio jogo*"; aquela do "ser pensado a partir da diferença"[20]. Ora, é certamente desse jogo do ser que surgiu a metafísica; mas ela *desconheceu* sua origem lúdica para se congelar em suas representações: o jogo de avanço e de retração do ser, seu movimento de presença na ausência, foi reduzido à presença de um fundamento disponível; a temporalidade "*ek-statica*" foi reduzida à sólida permanência de um agora estável; e a clareza lógica foi substituída pelo claro-escuro do esclarecimento do Ser. Superar a metafísica é realizar esse "passo para trás", efetuar esse salto na diferença, "*avançar para trás*", para o lugar originário onde ela tem sua residência: o jogo do ser no qual ela é ela mesma desde sempre. É uma prova de conversão: consentir em deixar o terreno sólido e seguro do fundamento representado e do ponto fixo estável para se deixar conduzir para esse exigente *deixar-ser* em que se é arrancado de si.

"A essência da metafísica é outra coisa diferente da metafísica. Um pensamento que pensa a verdade do Ser não se contenta com a metafísica; mas não pensa entretanto *contra* a metafísica. Para falar em imagem, ela não extirpa a raiz da filosofia. Ela busca o seu fundamento e trabalha o seu solo"[21]. Não nos deixemos enganar pela "imagem": salvo para pensar metafisicamente, a "raiz" ou o "fundamento" não é localizável, como se fosse um objeto, no exterior de nós; está por toda parte, ela nos habita. É por isso que a filosofia de Heidegger não é o novo sistema que se acrescentaria aos precedentes. Ela não é outra coisa senão certo modo de viver a tradição metafísica, e de *rememorá-la*, ao *pensar sua essência impensada*. Ela interroga e excede essa tradição, alimentando-se dela. Enfim, por que o esquecimento

---

19. Heidegger, M., *Lettre sur l'humanisme*, Q. 3, 104-109.
20. Idem, *Identité et différence*, 2ᵉ partie "La constitution onto-théo-logique de la métaphysique", Q. 1, 299-300.
21. Idem, *Qu'est-ce que la métaphysique?*, Q. 1, 26.

de onde ela surgiu? Por que o esquecimento desse esquecimento do qual ela se alimentou constantemente até em sua vontade de se deixar reabrir do interior pela insolúvel questão que a domina? Tal esquecimento não pode seguramente ser simplesmente acidental! Que a história do ser seja "a história do esquecimento crescente do ser", eis o que não pode ser posto na conta de uma simples negligência do pensamento; mas deve necessariamente ser pensado como um "evento". Este *Ereignis* provém do ser — queremos dizer de sua retirada. É essa retirada que se deve pensar. E pensá-la é meditá-la como a maneira, própria do ser, de se revelar, própria do ser, no coração da tradição que a dissimula — uma vez que somente fala "penetrada por uma tradição"[22]. Superar a metafísica não é enfim outra coisa senão meditar que "pertence talvez ao destino essencial da metafísica que seu próprio fundamento se esquive dela"[23]. O esquecimento do ser é interior ao destino do ser cujo "desvelamento" é marcado pela história de seu "encobrimento". Tal esquecimento "faz parte da essência mesma do ser, por ele velada"[24]. Há outra maneira, desde então, para o pensador superar esse esquecimento do que instalar-se e manter-se de pé nesse esquecimento"[25].

Vimos: a questão suscitada pela metafísica é a questão mesma do pensamento. Ainda mais: é a questão do próprio pensador, sempre requerido por ela, uma vez que assumida a partir dela. Portanto, pode-se perguntar "até que ponto a metafísica faz parte da natureza do homem", até que ponto este está "ligado à diferença não percebida do entre o ser e o ente" e, assim, a um desejo de "objetividade" que o faz se representar todo ente "como um objeto para um sujeito", a começar pelo sujeito do qual faz "o primeiro objeto de uma representação ontológica"[26]. Trata-se, pois, aí, de uma *vasta* e, sem dúvida, insuperável *hermenêutica* desse círculo em que o

---

22. Idem, *La Constitution*..., Q. 1, 286. Também, prossegue o autor, é por um "passo atrás" que se vai "da metafísica à sua essência" (a qual não é metafísica).

23. Idem, *Qu'est-ce que la métaphysique?*, Q. 1, 29.

24. Idem, "La parole d'Anaximandre", in: *Chemins*..., 405. Cf. O conjunto da reflexão do autor sobre a tradução de "on" e "einai" por "étant" e "être" ("É que, ao traduzir assim corretamente, não se pensa então de maneira incorreta?", 402) e sobre "aletheia" como ocultação e desvelamento, retração e esclarecimento do ser (405-406).

25. Idem, Q. 4, 59.

26. Idem, *Dépassement de la métaphysique*, EC, 83-86. Cf., a propósito do *ego cogito* de Descartes: "O objeto original é a objetividade em si. A objetividade original é o *eu penso* no sentido de *eu percebo* que, anteriormente a todo perceptível, se estende diante de (*sich vor-legt*) e já se estendeu diante de, que é *subjectum*. Na ordem da gênese transcendental do objeto, o sujeito é o primeiro objeto da representação ontológica. *Ego cogito* é *cogito* no sentido de: *me cogitare*" (84-85).

questionador apenas questiona quando já compreendeu antecipadamente o questionado — porque ele está aí compreendido. Círculo não vicioso, o único que corresponde ao ek-sistir mesmo do homem, o qual só se compreende em função da tradição que o habita, mas que o habita como abrindo-lhe um futuro sempre-já antecipado em sua leitura do passado.

A tarefa da "superação" a empreender não pode, portanto, jamais ser uma simples questão de livre decisão pontual: querer abandonar a metafísica é se condenar ingenuamente a repeti-la. É uma tarefa de longo prazo, jamais acabada, que somente progride regredindo, e exige do pensador um caminho de *conversão*. Caminho no qual ele aprende pouco a pouco a retomar a tradição que o habita e da qual se alimenta. Tarefa muito simples, uma vez que se trata de "deixar ser", mas também muito difícil, uma vez que é preciso sem cessar desmascarar as falsas evidências nas quais repousam as representações eidéticas do ser, a começar por este hábito "quase inextirpável" de representar o Ser como um "em-face que se mantém por si" (cf. *supra*). Ao desmascarar assim os pressupostos jamais elucidados da metafísica, o pensador aprende a consentir serenamente (a *Gelassenheit* do deixar-ser) a jamais alcançar um fundamento último, e, portanto, a se orientar — tanto quanto possível — a partir do inconfortável *não-lugar* de um questionamento permanente que corresponde e responde ao ser — se é verdade que o *Da-sein* é "esse ente permanente que se mantém aberto para à abertura do *Sein*"[27]. Trata-se, pois, de renunciar a todo "saber calculador", a toda "utilidade"[28], e aprender a pensar a partir desta *brecha* ek-statica que é o homem[29]. Tarefa inacabável. Tarefa cuja própria essência é o inacabamento.

3. Um caminho "transitivo"

Pensar é por si mesmo estar sempre a caminho. Mas tal caminho não é objetivável como uma via traçada diante de nós. É *inseparável de nós*. É um *be-wëgender Weg*, um caminho que "caminha", um caminho transitivo: "É o caminho que põe tudo a caminho (*der alles be-wëgende Weg*)"; e "o

---

27. Idem, *Qu'est-ce que la métaphysique?*, Q. 1, 34, com o foco que Heidegger mantém sobre "a essência estática da existência".

28. Ibidem, 31.

29. Laffoucrière, O., *Le Destin de la pensée et "la mort de Dieu" chez Heidegger*, M. Nijhoff, La Haye, 1968, 31: o homem, segundo Heidegger, "se depara com o advento desconcertante de sua questão. É esse advento que ele não consegue justificar. Aprende que não dispõe de si [...]. Chega a pensar que, se há uma definição dele mesmo, ela é toda outra (além daquela que imaginava): ela é abertura".

que coloca tudo a caminho, e coloca a caminho na medida em que fala"[30]. Ele fala na medida em que está aberto ao apelo primeiro do Ser em relação ao qual toda palavra humana é escuta e resposta (cf. *supra*). Dirigimos a palavra (*an-sprechen*) a alguém somente porque somos *reivindicados* (mesmo verbo, *ansprechen*) pelo Ser ao qual pertencemos desde sempre: "Ouvimos (*gehört*) quando *participamos* (*gehören*) do que nos é dito"[31].

Não há, portanto, tesouro-valor a alcançar no fim do caminho. O tesouro não é mais do que *o trabalho de encaminhamento que acontece em nós mesmos*, trabalho de nascimento de nós mesmos, uma vez que *nós mesmos* é que somos trabalhados, lavrados, e que frutificamos, assim, tornando-nos outros. É assim que o infinito do advento, aniquilado por Platão, como vimos, recupera enfim seus direitos. Isso só pode ser assim, não nos enganemos quanto a isso: o infinito de *genesis* somente pode ser reabilitado na perspectiva dessa superação da metafísica compreendida como tarefa que unicamente é possível precisamente por seu in-acabamento permanente.

Tal caminho de pensamento não é, pois, o da lógica racional razoável e argumentativa que se fixa no saber de suas representações objetivas. "O saber, a paixão de saber, é o inimigo mais encarniçado do pensamento…"[32]. Pensar põe em causa o próprio homem, trata-se certamente de pensar a verdade do ser, seu desvelamento (*aletheia*) ao afastar-se do esquecimento (*lêthê*), no *Dasein*, que é seu "ali" e não seu simples *vis-à-vis*. *Sein* e *Dasein* estão em copertença, e esta pode ser pensada porque o Ser nunca é separável da linguagem, "casa do Ser na qual o homem habita e assim ek-siste"[33]. Superar a metafísica é, portanto, estar sempre "a caminho", a caminho em direção à linguagem: *Unterwegs zur Sprache*.

4. Um pensamento não instrumental da linguagem

O encaminhamento inverso da metafísica desfaz pouco a pouco o que ela tinha feito. Não que ele o dissolva. Em vez disso, desconecta-o para religá-lo (*legein/legere-ligare*) de outra maneira. Ao superar os dualismos congênitos da metafísica, o pensamento repõe inevitavelmente em causa a representação instrumental da linguagem. "O homem se comporta como se ele fosse o mestre da linguagem, enquanto é esta que o chefia". O propó-

---

30. HEIDEGGER, M., *Acheminement vers la parole*, op. cit., 183 e 187; *supra*, n. 2.
31. Idem, *Logos*, EC, 259-260. Mesma aproximação entre "gehören" e "hören" na *Lettre sur l'humanisme*, Q. 3, 78; no duplo sentido de "ansprechen", ibidem, 83.
32. Idem, *Que veut dire "penser"?*, EC, 157.
33. Idem, *Lettre sur l'humanisme*, Q. 3, 106.

sito é importante para Heidegger, uma vez que ele se pergunta se não seria "antes de tudo a inversão operada pelo homem dessa relação de soberania que impele seu ser para o que lhe é estranho"[34]. Ora, "quando essa relação de soberania se inverte, estranhas maquinações acontecem no espírito do homem. A linguagem se torna *meio* de expressão", para cair aliás rapidamente — a apenas um passo — "no nível de um simples meio de *pressão*". É pelo mesmo movimento que o homem, colocando-se no centro do universo, pretende dominar o mundo se referindo a ele e crendo-se o mestre da linguagem: redução explicativa do mundo e redução instrumental da linguagem andam juntas. É preciso, então, repensar tudo. "Porque, no sentido próprio dos termos, *o que fala é a linguagem*. O homem fala somente porque *responde* à linguagem ao *escutar* o que ela lhe diz"; e é assim que a linguagem "conduz para nós o ser de uma coisa"[35].

Por conseguinte, "onde falta a palavra não há coisa. Somente a palavra disponível concede à coisa o ser"[36]. Tal proposição, absurda aos olhos da metafísica tradicional, somente pode ter sentido se se está de acordo com aquilo pelo qual o ser pode ser concedido à coisa: "A palavra não é somente uma simples captura, um simples instrumento para dar um nome a alguma coisa que está aí, já representada; não é somente um meio para exibir o que se apresenta sozinho. Pelo contrário, *é a palavra que concede a vinda-em-presença*, isto é, o ser — em que alguma coisa pode aparecer como ente"[37].

A linguagem não é inicialmente, nem fundamentalmente, um instrumento cômodo de informação, um distribuidor de nomeações controladas. Mais originariamente do que isso, ela é apelo, *vocação*. No poema de George Trakl *Uma noite de inverno*,

"Quando neva na janela,
Quão longamente soa o sino da noite",

a "denominação (da neve, do sino…) é apelo […]. Apelo a vir na presença, apelo a ir na ausência. A neve que cai e o sino da tarde que soa: agora, aqui, no poema, ei-los que são dirigidos a nós numa palavra. Eles se fazem presença no apelo. Entretanto, não vêm de nenhuma maneira tomar o lugar entre o que está lá, aí e agora, nesta sala. Qual presença é a mais elevada, a do que se estende aos nossos olhos ou certamente a do que é nomeado?"[38].

---

34. Idem, *Bâtir, habiter, penser*, EC, 172.
35. Idem, "*L'homme habite em poète…*", EC, 227-228.
36. Idem, *Acheminement…*, 207.
37. Ibidem, 212.
38. Ibidem, 22-23.

A linguagem tem certamente uma *polaridade* instrumental de nomeação e de etiquetagem. Esse aspecto utilitário de designação faz dela um instrumento de primeiríssima ordem para o homem. Mas essa primeira polaridade deve ser articulada com uma segunda, mais original. Mais original de tal modo que ela não deve ser compreendida mais como uma simples polaridade de sentido oposto à primeira com a qual permanece articulada, mas certamente como pertencente a outro "*nível*". Nesse nível ontológico, a linguagem é de uma ordem totalmente outra, diferente daquela do instrumento útil que a retórica tem sabido explorar tão bem como instrumento de manipulação e de poder. Ora, esse poder das palavras, tão facilmente mistificador, atesta que a linguagem é capaz de nos tomar — de *nos tomar pela palavra*. Tal capacidade revela que ela não é um simples atributo do homem. A metafísica do *zôon logon echon* ou do *animal racional* deve aqui se rever igualmente. O homem não possui a linguagem, é certamente antes possuído por ela. *Ele é falante somente na medida em que é desde sempre falado*: o homem somente é homem "enquanto é aquele que fala".

É por isso, prossegue Heidegger, que "falamos acordados; falamos em sonho. Falamos sem cessar, mesmo quando não proferimos palavra alguma ou apenas escutamos ou lemos; falamos mesmo se, não escutando mais verdadeiramente, e não lendo, nós nos damos a um trabalho, ou nos abandonamos a nada fazer"[39]. Eis o que diz bem a inseparabilidade entre o homem e a linguagem. Eis o que afirma, ao mesmo tempo, a impossibilidade de tratar a linguagem como "um simples instrumento" que o homem, supostamente existindo antes dele, teria criado como se fabricou, por comodidade, a lança ou o carrinho de mão. Pelo contrário, é na linguagem, voz do próprio ser, que o homem acontece. É dessa matriz, a de um universo desde sempre falado como "mundo" antes dele, que se gera todo sujeito. E é essa "palavra", esse "dito" (Sage), que não cessa de se dizer mediante todos os nossos enunciados por intermédio do discurso[40]. É ela que permite à neve que cai e ao sino da noite vir até nós como presença no poema.

O *poema* não faz, aliás, senão manifestar o que "se joga" em toda linguagem, mesmo a mais ordinariamente banal: "A poesia propriamente dita nunca é somente um modo mais alto da língua diária. Pelo contrário, o poema é antes o *discurso de todos os dias* que escapou, e por essa razão um *poema esgotado na usura*, e donde ao mesmo tempo se faz ouvir um apelo"[41]. A metáfora poética ("poiética", deveria se dizer, uma vez que se

---

39. Ibidem, 13.
40. Ibidem, 133.
41. Ibidem, 34-35.

trata de uma palavra-ação, uma palavra que constrói, que faz — *poiein* — o mundo) não é uma espécie de excrescência, eventualmente doentia, de uma linguagem cuja essência pura seria a designação unívoca da realidade; ela é, pelo contrário, o que leva a linguagem ao mais próximo de sua fonte viva: "A poesia, escrevia Bachelard, coloca a linguagem em estado de emergência"[42]. O homem tem vocação poética. Ele é essencialmente atravessado por um dizer que o constitui, e que é o dizer do Ser. Ele deve responder, deve cor-responder, a esse apelo sempre antecipado do Ser, atento à sua "voz silenciosa" que o põe à prova. Tornar-se homem é aprender a falar. Não no sentido do "falar bem" normativo da gramática ou da estética (isso seria permanecer fechado no sistema do valor), mas no sentido do *se-deixar-dizer*, o que "exige muito menos a expressão precipitada do que um justo silêncio"[43]. Falar requer primeiro *escutar*: "os mortais falam desde que escutem", e contanto que respondam a essa "palavra falante" que sempre os antecipa[44]. Assim se efetua, na própria linguagem, a vinda-em-presença do que é chamado. Não uma presença que seria a simples factualidade do "que se estende sob nossos olhos"; não, portanto, esta presença metafísica estática de ente-subsistente, na necessidade contrabalanceada por uma ausência que se representaria, dialeticamente de alguma maneira, como uma relação frente e verso. Mas como uma "*vinda-em-presença*", isto é, uma presença cuja própria essência é a "vinda", o advento, e que é, portanto, *essencialmente marcado pelo traço da ausência*. Em resumo, uma presença significante, uma presença "humana". Presença que não apaga "o sinal matinal da diferença", o qual "se apaga desde que a presença aparece como ente-presente e encontra sua proveniência em um ente-presente supremo"[45]. Presença-traço. Traço de uma passagem desde sempre passado, traço, portanto, de um ausente. Mas mesmo assim traço, isto é, sinal de uma vinda que apela a estar atento a uma nova passagem a vir.

5. "Manter-nos numa madura proximidade da ausência"; discurso da graça

Esta meditação sobre a linguagem conduz o pensador à proximidade do poeta. Porque o que se deve doravante pensar é o mesmo que o poeta

---

42. BACHELARD, G., *La Poétique de l'espace*, 10 (citado por RICOEUR, P., *De l'interprétation, Essai sur Freud*, Seuil, 1965, 24-25).
43. HEIDEGGER, M., *Lettre sur l'humanisme*, Q. 3, 122.
44. Idem, *Acheminement…*, 36.
45. Idem, "Porquoi des poètes?", in: Chemins…, 382.

tenta nomear, a saber, o que não o atrai a não ser retraindo-se: "O que se retrai está presente de tal maneira que nos atrai"[46]. É por isso que Heidegger frequentemente aproxima pensamento e poesia; embora permanecendo "sobre os montes mais separados", um "diz o Ser", enquanto a outra "nomeia o sagrado", todos os dois "se empenham no serviço da linguagem e se prodigalizam por ele"[47].

E é de Hölderlin, o poeta do sagrado, que Heidegger aprenderá a pensar a relação com a "*ausência do deus*". Esse deus da experiência viva do sagrado não pode evidentemente, de maneira alguma, ser confundido com o da ontoteologia tradicional, causa primeira, fundamento último, ente supremo colocado no cimo da hierarquia dos entes. Porque o homem "não pode, diante da *Causa sui*, nem cair de joelhos cheio de temor, nem tocar instrumentos, cantar e dançar". É por isso, acrescenta ele, que "o pensamento-sem deus, que se vê constrangido a abandonar o deus dos filósofos, o Deus como *Causa sui*, está talvez mais próximo do Deus divino. Mas isso quer dizer somente que tal pensamento lhe é mais aberto que o onto-teológico quereria acreditá-lo"[48].

Frente a esse "deus costumeiro", cujo triunfo foi assegurado pela ontoteologia que o cristianismo fez reinar — contribuindo igualmente à "desdivinização" (*Ent-götterunt*) e à angústia dos tempos modernos —, Heidegger não pensa em optar pelo ateísmo[49], assim como não defendeu uma atitude indiferente em relação à questão de Deus, como se essa não tivesse sentido algum. Prefere antes, contra as múltiplas manipulações das quais o nome de Deus foi e é objeto, observar um silêncio respeitoso[50]. Pois "quem é deus? Talvez esta questão seja muito difícil para o homem e tenha sido apresentada demasiado cedo"[51].

É somente mediante o sentido da "verdade do ser" (que não é Deus), sentido que abre por si à "essência do sagrado"[52], que pode o homem dei-

---

46. Idem, *Que veut dire "penser"*, EC, 159.
47. Idem, *Qu'est-ce que la philosophie?*, Q. 2, 37. "L'homme habite en poète...", EC, 231; Postface à *Qu'est-ce que la métaphysique?*, Q. I, 83; *Acheminement...*, 42.
48. Idem, *Identité et différence*, Q. 1, 306.
49. A menos que seja à maneira de Levinas (op. cit., p. 30), que compreende o "ateísmo" como "uma posição anterior à negação como a afirmação do divino", uma vez que se trata por isso de afirmar a absoluta autonomia do *eu*, ao mesmo tempo plenamente independente e plenamente responsável, ao encontro de toda ideia de "participação" desse *eu* a qualquer princípio que seja (o uno, o ser, a história, o divino...).
50. HEIDEGGER, M., *Identité et différence*, Q. 1, 289.
51. Idem, "*L'homme habite en poète...*", EC, 239.
52. Ibidem, 133-134.

xar que se produza "a experiência de deus e de sua manifestação"⁵³. Ora, esse sentido da verdade do ser chega até o homem do modo mais simples e cotidiano do mundo, "em todo lugar em que o homem abra seu olho e seu ouvido, desobstrua o seu coração e se dê ao pensamento e à consideração de uma finalidade, pede e dá graças"⁵⁴, em resumo, em todo lugar em que a pura empiricidade factual e utilizável dos entes se entreabra para os deixar aparecer como jogo e dom do ser, em toda parte em que nasça e ou renasça no homem uma atitude de escuta ao dom da presença e simultaneamente o sentido de sua pobreza e de sua mortalidade. Ali onde o homem perdeu o gosto pela gratuidade, esse sentido do elementar que o leva ao respeito, ele se fechou a toda irrupção possível de uma salvação. "Talvez o traço dominante desse período do mundo consista no fechamento à dimensão do indene (isto é, 'da salvação')"⁵⁵.

Contra a objetivação invasora das coisas pela representação, pelo cálculo e pela planificação, o poeta é aquele que nos lembra o *Aberto ao ser* no qual devemos nos manter; por aí, nos abre ao *Sagrado*, que é o espaço do jogo do ser e do risco da abertura pela qual os deuses podem se aproximar. Assim, leva aos mortais "o traço dos deuses escondidos na opacidade da noite do mundo"⁵⁶. Feito isso, ele manifesta a vocação, sem cessar esquecida, do homem: estar pronto, "ocupar-se" constantemente em liberar o espaço possível da vinda do deus, numa atitude graciosa de deixar-ser a gratuidade do ser e de se-deixar-dizer por ela. Há em Heidegger um *discurso da graça* (duplo genitivo, subjetivo e objetivo) que nos parece expressar finalmente todo seu modo de pensar. Porque o Ser, sem medida nem cálculo, sem explicação nem justificação ("a rosa é sem porquê. Ela floresce porque floresce")⁵⁷, é pura graça, puro dom. Ouçamos: pura doação do "dado que somente dá sua doação, mas que, ao dar-se assim, entretanto, se retém e se subtrai". Esse movimento de doação só pode ser acolhido graciosamente numa atitude de "deixar que se faça presente" em que o acento recai não sobre a própria presença, mas sobre o deixar como "*deixá-la* entrar em presença"⁵⁸. O evento (*Ereignis*) a pensar é precisamente esse "apropriar-se"

---

53. Resposta de Heidegger a um estudante em 6 de novembro de 1951. Trad. J. Greisch. Citado em *Heidegger et la question de Dieu*, Grasset, 1980, 334.
54. HEIDEGGER, M., *La Question de la technique, EC*, 25.
55. Idem, *Lettre sur l'humanisme*, Q. 3, p. 134. O "livre" é o "salvo" (salvado) — "das Heile" — por oposição ao "dam" — "das Unheil".
56. Idem, "Porquoi des poètes?", in: *Chemins*..., 383-384.
57. Comentário dessa máxima de *Angelius Silesius*, em *Principe de raison*, Gallimard, 1962, cap. 5, 97-111.
58. HEIDEGGER, M., Q. 4, 229-300.

(*er-eignen*) do gratuito que somente pode se efetuar numa atitude graciosa de "desapropriação" (*Ent-eignung*): "Ao apropriar-se (*Ereignis*) como tal pertence a desapropriação"[59]. O modo humano da *apropriação* do Ser como jogo e graça é a *desapropriação* ou igualmente a *Gelassenheit*. Responsável por garantir a revelabilidade do Ser, levando-a à linguagem, o poeta, ao deixar falar a palavra, foi tocado pela graça.

Mas como o *pensador* pode dizer esse advento à sua própria maneira sem destruí-lo por um enfoque "lógico" desrespeitoso e finalmente ímpio? Ele deve, por sua vez, romper com a linguagem habitual para denunciar, em seu próprio dizer, as representações fixistas. É o que faz Heidegger, sem ter o desejo de esoterismo, mas necessidade requerida pelo respeito do mistério do Ser. Deve finalmente o pensador dizer algo como: "O dizer que poetiza é estar-presente junto de... e para deus. Presença sugere: simples estar-pronto, que nada quer, não conta com sucesso algum. Estar presente junto de... puro deixar-se-dizer o presente de deus"[60].

Esta atitude requer uma vigilância constante, uma vez que deve *converter nosso desejo de domínio das coisas* por um saber explicativo ou uma vontade calculadora — cuja chave secreta é precisamente o deus da ontoteologia. O pensamento que, tendo abandonado esse deus, é talvez mais aberto ao "deus divino" do que se crê comumente (cf. *supra*), é aquele que experimenta a ausência presente dos deuses. Mas essa "ausência nada é, é a presença da plenitude escondida do que [...] é" e que os gregos, os profetas judaicos e Jesus denominam "o divino". Ela é portadora de um "não mais" que "é em si mesmo 'um ainda não', o da vinda velada de seu ser inesgotável"[61]. A questão de Deus, portanto, somente pode ser bem pensada a partir dessa *"ausência de deus"* que *"não é uma carência"*, como a evoca Hölderlin[62]. Ela tem de abrir seu caminho, o qual "é no máximo um caminho de campanha, que não somente fala de renúncia, mas já *renunciou*, a saber, às pretensões de uma doutrina autoritária e de uma obra cultural válida ou ainda àquelas de uma realização do espírito"[63]. Trata-se, pois, finalmente, de tentar pensar "o anseio do poeta", que é o seguinte: "sem temor diante da ausência aparente de deus não se afastar, e, *numa madura proximidade da ausência*, manter-se tão longamente que, a partir

---

59. Idem, *Temps et Être*, Q. 4, 45.
60. *Débat sur le kantisme et la philosophie*, Beauchesne, 1972, 136.
61. *Post-scriptum à La Chose*, EC, 220.
62. HEIDEGGER, M., *Approche de Hölderlin*, Gallimard, 1962, 34.
63. Idem, *EC*, 221 (*supra*, n. 61).

dessa relação com o deus ausente, seja salvaguardada a palavra inaugural que denomina o Altíssimo"[64].

O *teísmo* do "deus costumeiro" da ontoteologia está evidentemente desqualificado. E isso na mesma direção da "douta ignorância" das teologias negativas[65]. Desqualificado está igualmente o *ateísmo* da morte de Deus, outra maneira de mascarar a ausência de Deus. Desqualificado está, enfim, o *indiferentismo*, refúgio confortável contra uma angústia inaceitável. Essas são as três formas de niilismo em que "se perde a presença da ausência"[66], três formas de *morte da ausência* de Deus. Ora, o pensamento sobre a questão de Deus apenas está vivo porque consente ao "desalento" da ausência. Enquanto "pastor do Ser", e não "senhor do ente"[67], o homem tem vocação para permanecer vigilante contra as múltiplas armadilhas que lhe usurpam uma *angústia* da qual pede apenas que seja libertado. Mas tal "ausência de angústia é a angústia suprema e a mais escondida [...]. A ausência de angústia consiste nisso: imagina-se que se tem certamente na mão o real e a realidade, e que se sabe o que é o verdadeiro, sem que se tenha necessidade de saber onde reside a verdade"[68]. Contra essa suprema angústia que é a ausência de angústia, a ausência de deus, agora a angústia na qual o homem pode viver e o deus chegar, não é "uma carência". O vazio nada é. *A ausência é justamente o lugar a partir do qual o homem pode chegar à sua verdade*, ao superar todas as clausuras da razão objetivista e calculista. A tarefa é onerosa. Existe algo mais difícil do que se manter assim "numa madura proximidade da ausência (do deus)", do que *consentir nesta "presença da ausência"*? Prova que, aliás, não escolhemos, tanto é verdade que, embarcados na vida, o Deus cuja ausência deixamos morrer não cessa de despertá-la em nós como uma ferida lancinante.

II. TEOLOGIA E FILOSOFIA

O itinerário da superação da metafísica, do qual acabamos de recordar alguns momentos principais no pensamento de Heidegger, solicita nosso

---

64. Idem, *Approche de Hölderlin*, 34.
65. Cf. GREISCH, J., "La contrée de la sérénité et l'horizon de l'espérance", in: *Heidegger et la question de Dieu*, op. cit., 184.
66. HEIDEGGER, M., *Approche de Hölderlin*, 34.
67. Idem, *Lettre sur l'humanisme*, Q. 3,
68. Idem, *Dépassement de la métaphysique*, EC, 104.

interesse de teólogos. E, entretanto, graves questões se colocam a nós. Em particular esta, totalmente fundamental: é possível inscrever uma teologia na linha desse pensamento sem "recuperá-lo" e, finalmente, sem traí-lo no que tem de mais essencial?

1. Filosofia e teologia segundo Heidegger

Os principais textos de Heidegger consagrados à questão de Deus foram reunidos no apêndice da obra coletiva sobre *Heidegger e a questão de Deus*, publicada em 1980[69]. O Ser heideggeriano não é Deus: o *leitmotiv* é claro. Quanto à relação entre a filosofia, o pensamento do Ser, e a teologia, ciência da fé, Heidegger jamais mudou fundamentalmente em relação à sua posição inicial de 1927: não pode haver aí passagem de uma à outra.

Fé e pensamento formam, assim, *dois mundos irredutíveis*. Eles se opõem mesmo como sabedoria de Deus e loucura dos homens. Querer que ambos se reencontrem, seja para se (re)conciliar ou combater, é inevitavelmente reduzir ambos a uma ideologia: assim como um pensamento que se assumisse como "filosofia cristã" iria se perder, uma teologia que acreditasse ter necessidade de se apoiar numa filosofia se perverteria numa ideologia de "visão cristã do mundo". Seu "deus" voltaria a ser inevitavelmente um "valor supremo", perdendo "tudo o que tem de santo e de sublime" para "cair na categoria de causa"[70]; tal deus, provavelmente, seria "demasiadamente pouco divino", e a prova de sua existência terminaria "no máximo numa blasfêmia"[71]. Ora são, precisamente, "os que creem e seus teólogos" os mesmos autores do "último golpe lançado contra Deus" ao rebaixá-lo como "o ente do ente, [...] à categoria de valor supremo". Elaboraram, assim, um pensar e um discurso que, "vistos a partir da fé, são a blasfêmia por excelência, uma vez misturados com a teologia da fé"[72]. Visto que a fé é infiel à fé quando suspira pela ontologia filosófica: "Se eu escrevesse ainda uma teologia, o que às vezes sou tentado a fazer, a expressão 'ser' não deveria aí figurar. A fé não tem necessidade do pensamento do ser. Quando tem necessidade disso, já não é mais a fé. Lutero compreendera isso. Mas, mesmo no interior de sua própria Igreja, parece que isso foi esquecido[73]." É, portanto, "na exclu-

---

69. *Supra*, n. 53.
70. HEIDEGGER, M., *La Question de la technique*, EC, 35.
71. Idem, *Nietzsche*, I, 286.
72. Idem, "Le mot de Nietzsche 'Dieu est mort'", in: *Chemins...*, o., 313-314.
73. *Dialogue avec M. Heidegger*, in: op. cit., 334.

sividade da revelação que os teólogos devem ficar"[74]. Tal foi, parece, a convicção permanente de Heidegger. Ao bom entendedor, saudações!

2. Questões

Como não se interrogar diante dessa compreensão da relação do pensamento e da fé, da filosofia e da teologia? "Por que refletir somente sobre Hölderlin e não sobre os Salmos, sobre Jeremias? Esta é minha questão", escreve P. Ricoeur, "muitas vezes admirado" que Heidegger "tenha, parece, sistematicamente evitado a confrontação com o bloco do pensamento hebraico [...] que é absolutamente estranho ao discurso grego"[75].

E, sobretudo, tal separação entre o mundo do pensamento e o da fé é defensável? Como é possível, pergunta, por exemplo, G. Morel, que a revelação religiosa, que não é "senão um caso particular diante da revelação filosófica", não seja jamais submetida por Heidegger a esse "questionar radical e universal" que é o pensamento do Ser?[76] Inversamente, uma teologia que deveria se fechar no círculo que vai da fé à fé, sem jamais poder sair, exceto para se perverter, da "exclusividade da revelação", não é ela de sabor demasiado fideísta? Não existe nisso, em todo caso, interroga ainda G. Morel, um "grande desprezo pela teologia", talvez ligado a uma "má consciência" desconhecida, nesse desejo de encerrá-la, sob pretexto de salvaguardar respeitosamente sua alteridade, numa *circularidade fechada*?[77] Pelo menos, há desprezo. E compreende-se finalmente que, se Heidegger foi "algumas vezes tentado" a escrever uma teologia (cf. *supra*), ele jamais o fez...

a. *O ato teológico, um testemunho;*
   a teologia, uma hermenêutica

Entretanto, o pensamento do Ser nos parece abrir uma via para a teologia. Não que tenhamos direito de batizar o ser heideggeriano. Trata-se certamente de outra coisa.

A teologia cristã não seria ela, assim como a filosofia, embora por uma via diferente, uma "loucura"? Heidegger reconhece, entretanto, que,

---

74. Ibidem, 335-336.
75. RICOEUR, P., Nota introdutória a *Heidegger et la question de Dieu*, p. 17; *La Métaphore vive*, Seuil, 1975, 397.
76. MOREL, G., *Questions d'homme: l'autre*, t. 2, Aubier, 1977, 278.
77. Ibidem, 61.

sob pena de não ser mais do que um "travesseiro macio", a fé deve se expor "constantemente à possibilidade de cair na incredulidade" (*supra*)? Ora, tal risco não se calcula antecipadamente, pelo menos quando a teologia é o que ela deveria sempre ser, isto é, *ato teológico*. O teólogo não está, então, fora de sua obra: ele se joga, ele se expõe, requerido como é, não para demonstrar qualquer coisa que seja por um saber calculador, mas para *testemunhar aquilo em que ele já se reconhece envolvido*. Se é um testemunho que ele dá, um testemunho que lhe pede de se pôr à escuta da tradição passada e da cultura atual, e de tomar a palavra em primeira pessoa com seus riscos e perigos, então sua obra é irredutível a um saber que quer dar razão de tudo, responder por último a um "por quê?", em resumo, justificar o mundo para justificar a si mesmo por estar-no-mundo e aí habitar como sujeito que crê. No tocante ao saber, certamente deve-se ter, em teologia e em filosofia. A começar pelo saber "científico" concernente à tradição. Tanto melhor se esse saber for imenso... Mas a teologia, como ato teológico, começa com o abandono desse saber *como* saber ou dos temas como temas. Começa quando tudo isso abre ao teólogo um "campo" para uma "maneira de pensar" *da qual ele mesmo é o lugar* em sua relação com outros e com Deus, relação vivida na Igreja. Aquele que tenta assim pensar sua fé está numa *atitude* bem diferente daquela que tenta pensar a verdade do Ser?

Certamente — se dirá —, mas não credes menos em Deus, desde o início. Ora, "aquele que se encontra no terreno de tal fé pode certamente de alguma maneira seguir o nosso questionamento e dele participar, mas não pode questionar autenticamente sem renunciar a si mesmo como crente com todas as consequências desse ato. Pode somente fazer como se..."[78]. Mas de *qual Deus* falamos? A tarefa da teologia é confirmar a ideia de "Deus" — neste caso, está para sempre entregue ao que Heidegger denomina ontoteologia? Ou é ela de outra ordem? Pois, se é verdade, como a desenvolveremos, que, em Jesus Cristo, Deus se revelou como essencialmente humano em sua divindade, a inteligência crente que podemos fazer dele jamais é separável de nossa humanidade, em que continua a "tomar corpo": a humanidade desse Deus divino, em outros termos, *nos requer* como o lugar em que ela se representa. Impossível "(com)preender" esse Deus sem aí estar alguém "(com)preendido". Na teologia cristã, o "*quem é Deus?*" é inseparável do "*quem fala desse Deus?*". A questão de Deus depende, então, fundamentalmente de uma teologia hermenêutica.

---

78. Heidegger, M., *Introduction à la métaphysique*, 19.

Mas o que há hoje de tal *teologia hermenêutica*? Sabemos de quais processos a hermenêutica se fez objeto recentemente, da parte da "teoria crítica das ideologias" vinculada a J. Habermas, da teoria do "texto" e da "leitura" oriunda das correntes estruturalistas e mais radicalmente ainda, talvez, da "gramatologia" de J. Derrida[79]. Sabemos também de que forma um pensador como P. Ricoeur tentou abordar esse desafio. Mas somente pôde fazê-lo renovando a problemática herdada de Dilthey, ainda perceptível em H. G. Gadamer. Essa renovação foi tão considerável que se pode caracterizá-la como "um descentramento do homem em relação a uma falsa subjetividade ou como um desprendimento da consciência". Desde então, acrescenta C. Geffré, "aqueles para quem a própria palavra da 'hermenêutica' tornou-se tabu deveriam tomar consciência disso e não se entregar demasiado depressa à crítica de uma hermenêutica sempre incorrigivelmente sob o signo do primado do sujeito, seja metafísico ou transcendental"[80].

Se, com efeito, P. Ricoeur recusa de um lado o estruturalismo redutor que resultou numa pura disseminação do sentido no jogo regulado das diferenças entre significantes, chegou a recusar igualmente, pelo contrário, uma hermenêutica romântica e psicologizante segundo a qual o leitor pretenderia poder tornar-se contemporâneo da intenção do autor e restituir, assim, um sentido originário ou liberar uma pluralidade de linguagens de sentido idêntico. Não há verdade absoluta a ser captada "por trás" do texto. Por isso, a hermenêutica deve renunciar ao desejo de atingir o querer-dizer do autor. Desse ponto de vista, ela alcança a reivindicação, sem dúvida, mais fundamental da teoria semiótica do texto e da leitura.

Alcança-a, sem, entretanto, identificar-se com ela. Porque se não existe um determinado sentido de antemão a descobrir por trás do texto, tampouco há uma simples emergência de efeitos de sentido permitidos pela estrutura e pelos mecanismos de funcionamento desse texto. "Com efeito, o que se deve interpretar num texto é uma *proposição de mundo*, de um mundo que eu possa habitar para nele projetar uma de minhas possibilidades mais próprias"[81]. O "*mundo do texto*", esse mundo que o texto propõe como

---

79. Nós nos referimos a GEFFRÉ, C., *Le Christianisme au risque de l'interprétation*, op. cit., cap. 2 "L'herméneutique en procès", 33-64. Sobre *Derrida*, cf. a nota 45 do cap. 4.

80. GEFFRÉ, C., op. cit., 50.

81. Nós nos referimos essencialmente a BOVON, F. e ROUILLER, G. (dir.), *Exegesis. Problèmes de méthode et exercices de lecture*, Neuchâtel-Paris: Delachaux-Niesté, Bibl. Théol., 1975. P. Ricoeur escreveu três capítulos importantes dessa obra: "La tâche de l'herméneutique" (179-200), em que traça a história da hermenêutica em F. Schleiermacher, W. Dilthey, o primeiro Heidegger (*L'Être et le temps*) e H. G. Gadamer (*Verité et méthode*, Seuil, 1976), e mostra a

possível, não é mais a estrutura do texto nem a intenção de seu autor; é o que o texto, como "obra", desenvolve diante dele como possibilidade: "Do que finalmente eu me aproprio, isso é uma proposição do mundo; essa proposição não está *por trás* do texto, como estaria uma intenção escondida, mas *diante*, como aquilo que a obra desenvolve, descobre, revela. Então, compreender é se compreender diante do texto"[82].

O texto é "obra". Mas a obra somente é o que ela é — o que a faz possível — porque ela é texto, construído segundo articulações que a análise estrutural destaca e segundo uma historicidade inevitável. Não existe sentido da obra fora desta "letra" na positividade de suas articulações estruturais e de sua alteridade histórica inalienável. É justamente essa *alteridade* que é a criadora de poder-ser, de novas possibilidades de estruturação do mundo[83].

A análise estrutural, a teoria crítica das ideologias e a gramatologia obrigaram a hermenêutica a respeitar a mediação da letra e a abandonar o dualismo tradicional entre a "compreensão" e a "a explicação": "A explicação é doravante o caminho obrigatório da compreensão", escreve nesse sentido P. Ricoeur[84]. Acontece o mesmo com a sucessão entre uma teologia "positiva" e uma teologia "especulativa"; todo dado positivo — aí compreendido, certamente, o das Escrituras — já está construído. O texto cristão está constituído pela história mesma de suas interpretações; e a história do cristianismo deve ser tratada como um "texto".

Compreendida assim, a hermenêutica nada tem desta "nostalgia de uma origem identificada com a plenitude do ser e da verdade" que parece ser "a força secreta do pensamento ontoteológico", força desencadeada pela "megalomania do desejo do homem que não consente em sua finitude"[85]. Enquanto hermenêutica, a teologia se encarrega não de restituir um sentido original, mas, pelo contrário, de *produzir*, a partir especialmente do texto das Escrituras, *novos textos*, isto é, novas práticas que *permitam* a emergência de um novo mundo. Sua verdade está sempre por fazer. Ela

---

necessidade de renovar a problemática hermenêutica desses pensadores; os momentos mais importantes desta tarefa de renovação são expostos em "La fonction herméneutique de la distanciation", especialmente nas noções de "discurso", de "obra" e de "mundo do texto" (201-215). Os princípios da hermenêutica filosófica expostos no segundo capítulo são aplicados à exegese bíblica no terceiro: "Herméneutique philosophique et herméneutique biblique" (216-228). A citação é tirada da p. 213.

82. Ibidem, 214.

83. Sobre o poder-ser e o possível, cf. especialmente KEARNEY, R., *Poétique du possible*. *Phénoménologie herméneutique de la figuration*, Beauchesne, 1984.

84. RICOEUR, P., *Exegesis*, op. cit., 209.

85. GEFFRÉ, C., op. cit., 81.

reside num futuro constante. "A verdade cristã, sublinha C. Geffré, não é, portanto, um núcleo invariável que se transmitiria de século em século sob a forma de um depósito fixado. Ela é um *futuro* permanente da Igreja exposto ao risco da história e da liberdade interpretativa sob o impulso do Espírito. É claramente insuficiente falar sempre a propósito do conteúdo da fé, de uma relação entre um núcleo invariável e um registro cultural variável. É preciso se precaver da ilusão de um *invariável* semântico que subsistiria para além de todas as contingências da expressão. Isso significa ficar numa concepção veicular e instrumental da linguagem. Deve-se falar de uma *relação de relações*"[86].

O famoso círculo hermenêutico nada tem de uma abstração atemporal. É o círculo próprio da vida no que tem de mais histórico, corporal e mortal. A questão "quem é Deus?" requer ser pensada de maneira concreta e não a partir de conceitos genéricos de "natureza" e "pessoa" da ontoteologia. Significa que ela toma corpo para nós não a partir das teologias da união hipostática, mas a partir das linguagens, situadas histórica e culturalmente e dos testemunhos neotestamentários. A começar, certamente, pela linguagem da cruz, uma vez que é nela que os homens reduziram a um menos que nada a humanidade e é nela que Paulo reconhece paradoxalmente uma revelação oblíqua ("para") da glória ("doxa") mesma de Deus: "loucura" em que resplandece o "poder de Deus" (1Cor 1).

b. O Logos *da cruz, entre o judeu e o grego*

Heidegger se refere a esse capítulo 1 da primeira carta aos Coríntios, em que Paulo trata da "sabedoria do mundo" como "loucura" aos olhos de Deus. E pergunta: "A teologia cristã se decidirá enfim a levar a sério a palavra do Apóstolo e, consequentemente, a considerar a filosofia como uma loucura?"[87]. Mas se é verdade, segundo Paulo, que *o Logos da cruz* é "loucura para os gregos", ele o é também "escândalo para os judeus" (1Cor 1,23). Ele não é *nem grego nem judeu*. Ele somente pode satisfazer, como sublinha S. Breton, caso não sigamos a nenhuma das duas principais figuras da consciência religiosa da humanidade tal como Paulo a concebe: nem a da sabedoria do grego, movida pelo princípio da *razão* e pela procura de causas, nem a da demanda de sinais da parte do judeu, movida pelo princípio do bom *querer* de Deus. No Verbo da Cruz coincidem assim dois ex-

---

86. Ibidem, 87.
87. HEIDEGGER, M., *Introduction à la métaphysique*, 19.

cessos: "o além do pensamento também é o além do querer e do querer de si"[88]. Convém ainda especificar.

A exegese *tomista* recusa certamente a possibilidade de medir a fé à luz da razão. Mas esta é recusada como fundamento-autoridade, não como fundamento-apoio. Finalmente "essa mortificação, longe de aniquilar a razão, a faz superar, pela audácia de uma transgressão, o limiar de sua verdadeira moradia" (p. 28). Embora a analogia possa chegar a conciliar o judeu com o grego e interpretar "a negação tão enérgica de Paulo no sentido de uma eminência. No fundo, a loucura de Deus não é mais do que o excesso de uma supersabedoria" (p. 29). Inversamente, a exegese *bultmanniana* compreende a incompreensibilidade divina somente no nível da existência pessoal, e não mais no nível do pensamento teórico. Mas, se ela interpreta o negativo da cruz como negação radical do *Logos*, "nada diz de preciso sobre a ruptura com o judaísmo" (p. 47). Ora, contestar "o deus-objeto ou superobjeto" para substituí-lo "por um deus-existência ou por um tu absoluto", é não sair "da esfera dos contrários", é privilegiar um ou outro dos termos e não ver a superação da alternativa que impõe o paradoxo da Cruz. Porque "a Cruz abre um outro espaço, um outro lugar que não pode se dizer em uma ou outra dessas linguagens, embora estejamos condenados a falá-las alternadamente" (p. 47).

Como pensar, então, o *dictum* da cruz, essa "coisa que a cruz propõe" concretamente, "Deus que se revela no Cristo crucificado" (p. 78), e que é distinto de seus modos de apresentação, kerygmático e teológico, dos quais não se poderia entretanto abstrair como uma pura joia? Deve-se pensá-lo na esteira do "Nada increado" das teologias negativas? Mas a teologia de Paulo "é de uma ordem totalmente diferente" (p. 109). Ela "recusa uma teologia inspirada pela ontologia dos transcendentais [...] para traçar sobre o 'ser realíssimo' das religiões e das filosofias o sinal de contradição" (p. 110). Não visa, pois, em absoluto "à constituição de novos atributos divinos contrários aos primeiros", mas "à necessidade de uma *mudança de atitude*" (p. 116) no sentido "desta vigilância crítica que faz fluida a linguagem para não ser vítima de suas armadilhas" (p. 114), e que é afastamento por "mudança de plano". Porque aquilo sobre o qual Paulo insiste "é a impossibilidade de dizer, em qualquer das linguagens-objetos (judeu ou grego para exemplificar) que poderíamos dispor, a 'coisa' que lhe interessa" (p. 116). Mas é precisamente esta impossibilidade que manifesta, no discurso, o esforço de afastamento

---

88. BRETON, S., *Le Verbe et la croix*, Desclée, 1981, 9. É a esta obra que reenviam as referências entre parênteses nas páginas que seguem.

para "se exprimir o menos mal possível". E é nesse humilde despojamento da linguagem sempre a ponto de se rasurar que se revela o *vestígio* "da presença liberadora daquilo mesmo" a que é visado (p. 114).

Se esse *dictum* da linguagem da cruz, que é também "a cruz da linguagem" (p. 48), requer, num necessário movimento de inscrição, e desde a origem, ser exposto em discurso, não deixa de exercer uma "função crítica" que "converte então em liberdade a obra da necessidade" (p. 120). No coração dos "deslizamentos inevitáveis" que, nesses discursos, terminam por fixar em "constituintes do além" o que não é mais do que "determinação do aqui", a cruz nos lembra que o que se expressa nela é *menos o que Deus é do que* "a história de nossas atitudes" *e do acontecer* "mediante o qual" *nós o afirmamos* (p. 119).

O discurso kerygmático de Paulo não escapa a esta lei, até mesmo quando o Apóstolo tenta dizer o que não deve cessar de subvertê-la. Assim se impõe a ele, vindo das "condições do meio", um "modo necessário de conceber" que se configura, nas "atitudes" mentais da época, pela "imagem dominadora do dominador". É precisamente esta representação de Deus que ele procura desfazer pela contraimagem do *escravo* (p. 148-149). O hino kenótico de Filipenses 2,5-11 tem sido, também, o objeto de exegeses insuficientes por falta ou por excesso. Por *falta*, quando, segundo a tradição patrística e medieval mais comum, uma mudança de Deus pareceria tão blasfema que somente a natureza humana de Cristo poderia ter sido afetada (a comunicação dos idiomas traz um corretivo lógico a esta tese para poder justificar que "um da Trindade padeceu") e que a relação real de nosso lado, quando se diz que Deus pode nos tocar, somente pode ser "de razão" quando se diz que Deus é tocado por nós. Esta teologia "permanece, portanto, fiel, até o final, aos rigores de uma ontoteologia, quero dizer, de uma metafísica do ser enquanto ser que contém em sua eminência, e na imobilidade do eterno, a integralidade infinita das perfeições infinitas" (p. 137). Pelo contrário, algumas teologias, mais recentes, do acontecer de Deus não pecariam por *excesso*? A omniperfeição imutável que isolaria Deus "numa transcendência de egoísmo" e o privaria assim de seu mais belo atributo: o amor — o qual nunca acontece sem sofrimento — (p. 138), elas substituem o "sublime teatro" do esvaziamento kenótico de Deus em Jesus. Esvaziamento de amor livre, mas necessário: Deus não é livre de não ser livre. Assim, a "dramaturgia kenótica" do sacrifício deixa definitivamente intacto o prestígio da essência divina: o livre querer-amor que renuncia a toda posse poderia evocar "a fórmula plotiniana segundo a qual o Um se faz o que quer ser, enquanto 'causa de si'" (p. 140-141). É sempre um "si de eminência" que preside a esse querer do querer (p. 169). Assim, os teólogos do sofrimento de Deus se movem, "definitivamente no mesmo terreno" que os precedentes — quando "teria sido necessário, de início, conquistar um outro espaço" (p. 149).

Um outro espaço: porque ao elevar "à dignidade de um absoluto a figura do *Doulos*", é "a ideia mesma de um SI divino" que Paulo torna caduco, se é verdade que o escravo, não sendo mais nem por si nem para si, não tem mais ser que "não ser". Pensar desde então "o verdadeiro 'acontecer'" não é separar a *kénose* divina daquela que está por se realizar *em nós*, conforme o verso introdutório do hino: "Comportai-vos entre vós assim, como se faz em Jesus Cristo; o qual…" (Fl 2,5). É nossa "alma" que, "ao expulsar de si as magnificências com as quais fazia dom ao Altíssimo, opera uma redução que a configura à 'forma de escravo' para realizar aí a virtude" (p. 151-152). Assim, o dito estaurológico de Paulo nos toca profundamente — no profundo de nosso desejo, solicitado a se converter. A mensagem teológica não pode se dizer sem que nós nos *envolvamos com ela*. É nossa *corporeidade* que está encarregada de se tornar o lugar desse envolvimento. O discurso teológico é, como dizíamos anteriormente, ato *teológico*, testemunho no qual nada podemos assumir sem nos reconhecer assumidos.

Entretanto, o Verbo crucificado de Paulo se conjugou com o "Verbo do esplendor" de João que, advindo do judaísmo bíblico, não deixa de conservar uma indiscutível "cor helênica" (p. 166). Ainda assim, "o cristianismo foi obrigado, desde o início, a falar *grego e hebraico*" (p. 171). Apesar do duplo "não" paulino, ele muito cedo "se converteu em compromissos mais ou menos conjuntivos" entre ambos (p. 170). Era *inevitável* na medida em que a credibilidade da mensagem requeria uma leitura apologética do presente inovador por projeção em um passado que o "prefigurava" e em que a antiga aliança se via convocada a depor a favor da nova. Era impossível, desde o início, não revestir o "deus nu" da cruz, e assim abster-se de lhe "dar o ser que não tem". Por outra parte, a Cruz não nos dispensa "desta necessidade muito humana". Ela não requer de nós que saiamos de nosso mundo, mas que não permaneçamos prisioneiros dele: o *Logos* de João nos diz "que a fé, em sua fidelidade, profere seu verbo de inteligência" em uma espécie de "julgamento decisivo", embora o *logos* paulino expresse em um "julgamento reflexivo", "profere sobre a cadeia das determinações o julgamento que reduz sua pretensão de eternidade sem excluir seu serviço" (p. 181). Difícil equilíbrio entre arqueologia e anarquia…

Tal equilíbrio não é um compromisso entre os dois por obtenção de uma espécie de resultante média. Se a teologia não pode expressar o dito da cruz, é, entretanto a partir dele que ela deve pensar. Esse *lugar vazio*, essa instância nula e onipresente a requer sem cessar para dar esse passo atrás que a desprende dela mesma e a reabre. Ora, esse salto não é único e nem mesmo fundamentalmente da ordem de uma simples crítica intelectual a respeito de nossa permanente condição de imagineiros: *nos requer como corporeidade*, dizíamos acima. A subversão mais refinada de nossos conceitos teológicos seria ainda idolatria se não fosse tomada numa conversão de nosso desejo e de nossa prática ética. A sombra da cruz não pode se destacar nas elaborações de nosso espírito sem estender-se sobre a obra de nossas mãos. Tal é, pelo menos aos nossos olhos, o ato teológico, se ele é *discurso de testemunho*. Por isso, sublinha S. Breton, "o Deus que está além das formas do ser, da sabedoria e do poder [...] requer de nós esse corpo de mundo e de humanidade sem o qual não aconteceria entre nós *verdadeiramente*. É precisamente porque ele nada é do que é que ele deve *advir*. Ora, esse 'advir' passa necessariamente pelo rosto de outro [...]: 'Tive fome e me destes de comer' (Mt 25,31-46) [...] Estranha condição desse deus que somente adquire um Eu pela graça desses pequenos ou desses 'menores' que não existem e cuja essência parece consistir na possibilidade mesma de um rosto. O mais longínquo seria também o mais próximo?" (p. 190-191).

c. Uma homologia de atitude

Se essa é a tarefa teológica, não é ela, em sua ordem própria, *também "loucura" como aquela do pensamento do Ser*? O "*Logos* da cruz", pergunta por sua vez J. L. Marion a Heidegger, não é "um *logos* estrangeiro ao ontoteológico"?[89] E se não há passagem do Ser, mesmo excluído, a Deus, mesmo crucificado, não há *homologia*, não enquanto seu "objeto", mas sim enquanto seu *modo de pensar* entre teologia e filosofia? Não estamos, nos dois casos, tomados pelo mesmo tipo de *atitude* "graciosa", caracterizada por um caminho sempre "a caminho" (*er-wëgende*), sempre transitivo ou ainda por um *trabalho* de nascimento, uma "perlaboração" (cf. a *Durcharbeitung* de Freud) cujo fruto não é um objeto (por exemplo, um saber exterior a nós) mas *nossa própria produção como sujeitos*. Trabalho que toca não somente ao *eidos* e a suas representações, mas também ao *eros* e a seu desejo de estender seu domínio sobre tudo. Lento trabalho de aprendizado da perda de domínio, permanente trabalho de *luto* em que se efetua pouco a pouco em nós mesmos um *consentimento "sereno", sem ressentimento, na "presença da ausência"*. Em termos evangélicos, trabalho de conversão à presença da

---

89. MARION, J. L., *L'Idole et la distance*, op. cit., 37.

ausência de um deus que "se apaga" na sub-humanidade desse crucificado que os homens reduziram a menos que nada e em quem a fé confessa, com uma evidência paradoxal, a glória de Deus.

O ~~Deus~~ crucificado não é ~~Ser~~ anulado. A eliminação Kenótica recaída sobre ele pela cruz representa menos o não-ente que o *não-outro*. A me-ontologia que aqui se indica não é da ordem da onto(teo)logia negativa, mas da ordem do *simbólico*: ao desfigurá-lo até remover dele toda alteridade, ao reduzi-lo a um não-rosto, a um não-sujeito, a um "objeto" de zombaria (cf. Is 52,14), os homens fizeram de Jesus um *mè on* (cf. 1Cor 1,28); o que Paulo expressa culturalmente pela figura do escravo.

Que o não-rosto do crucificado seja a pista "paradoxal" do rosto da Glória divina, que o rosto de Deus somente se mostre apagando-se, que Deus deva ser pensado menos na ordem metafísica do incognoscível do que naquela do simbólico e histórico do irreconhecível, esta é a loucura que o teólogo tenta expressar em seu discurso. Isso é também o que de imediato impede que tal discurso se feche sobre si mesmo, o que lhe impõe remontar de seu dizer para um dizer que o excede, e assim provocá-lo a um "*se desdizer*" no qual ele se compromete numa palavra testemunhal.

Trata-se, então, de "nos manter em uma madura proximidade da ausência" ou, como diz Levinas, de "*nos manter no vestígio do ausente*". Manter-se aí é desdobrar um discurso que traz sempre viva em si a ferida de uma alteridade que, sempre em excesso, inscreve, porém, seu traço no humilde apelo do próximo: um discurso em que, como escreve ainda Levinas, "Deus invisível não significa somente um Deus inimaginável, mas um Deus acessível na justiça"[90]. Tal é o *Deus absconditus* do qual trata a teologia cristã, inseparável de uma "estaurologia": a de um Deus que se apaga na sub-humanidade *a ponto de* "requerer de nós esse corpo de mundo e de humanidade sem o qual não aconteceria entre nós na verdade" (*supra*).

Se é verdade, segundo J. Derrida, que "vivemos na diferença entre o judeu e o grego, que é talvez a unidade do que se chama a história"[91], então nosso discurso teológico pelo menos faz sentido por tentar dizer Deus desde o seio mesmo dessa irredutível diferença inscrita na história. Discurso em que o Ser do *Logos* grego foi anulado pelo outro do *Dabar* judeu — o qual, seja o que quer que diga Levinas, não pode se desfazer do primeiro: discurso em que a ontologia e o conceito, inevitáveis, "se superam" pelo simbólico e o ético que, porém, não os esgotam; discurso que tem de imediato por vã

---

90. Levinas, E., *Totalité et infini*, op. cit., 51.
91. Derrida, J., "Violence et métaphysique" in: op. cit., 227.

a busca de um compromisso ou de uma via média que neutralizaria a diferença entre os dois. Não é isso "loucura"?

Se a filosofia é, segundo a palavra de S. Breton, "o serviço de um indisponível que escapa do saber e que não é por isso menos indispensável", então existe entre ela e a teologia cristã uma "afinidade" que "concerne menos aos conteúdos do que às *atitudes*" e que consiste "na disponibilidade, da parte do outro, em relação a um indisponível que as especifica de maneira original"[92]. Tal é, igualmente segundo nós, sua relação. E essa tal relação, *gratuita*, de atitudes é muito mais importante que uma simples troca de conteúdos, uma vez que toca à mesma palavra dos sujeitos e ao próprio trabalho deles de gênese.

Heidegger jamais reconheceu que a teologia pudesse ser o lugar, em sua ordem própria, deste trabalho. Entretanto, o consentimento heideggeriano no tocante ao despojamento, à paciência, à escuta, contra todas as formas de dogmatismo fechado ou de domínio idolátrico, não é o eco de uma "autêntica" experiência religiosa e espiritual? Tal experiência de "gratuidade" não é o caminho que constitui também a teologia..., se é verdade, pelo menos, que esta não pode desligar-se do *sujeito que crê*, solicitado a dar "lugar" ao Deus crucificado ao qual apela e assim *posto ele mesmo em questão* em seu questionamento a este Deus? Tal caminho teológico não vem, não pode vir concretamente, somar-se ao caminho filosófico. Porque aquele que crê e o pensador formam um único sujeito. E se, no discurso, devem-se distinguir os dois, nunca se deve esquecer que é sempre a *integridade* concreta do sujeito que se deve pensar. É justamente isso que nos levou a pensar como homólogos os dois caminhos e as duas atitudes. E assim, sem lançar nenhuma ponte entre o Ser heideggeriano e Deus, a recusar qualquer divórcio entre os caminhos de pensamento teológico e filosófico.

III. TEOLOGIA E PSICANÁLISE

A superação da metafísica, especialmente como tentativa de ultrapassar a dicotomia entre sujeito e objeto, e também como reconhecimento da impossibilidade de "apreender" sem ser "apreendido", é característica, como dissemos, de uma época do desenvolvimento histórico do Ser. Toda a nossa sociedade traz a marca disso. E, inicialmente, as ciências, objeto de uma "re-

---

92. BRETON, S., "Comment envisage aujourd'hui une recherché philosophique qui tienne compte de la foi?" in: *Revue de l'Inst. Cath. de Paris*, n. 9, 1984, 30-34.

volução epistemológica" que participa do extermínio do modo de pensar metafísico. Com efeito, contra as ilusões e as pretensões do positivismo, as *ciências* chamadas *exatas* se veem atravessadas por este "*abandono*" que anunciava Heidegger e, à sua maneira também, Levinas. Impossível, mesmo nesse domínio, não ter em conta o fato de que o observador é "apreendido", quando se dá como tarefa "apreender", de maneira "objetiva" num discurso "sem sujeito" (cf. *infra*).

Mas é, seguramente, no domínio das *ciências* chamadas *do homem* que a constante interferência do sujeito e do objeto se descobre mais claramente. É verdade para o sociólogo, para o etnólogo, para o historiador. É verdade para o linguista: "Como separar a realidade linguística do que dela pensa o sujeito linguista, do que sabe, uma vez que ele está dentro?", pergunta J. Kristeva[93]. Isso é exemplarmente verdadeiro para a *psicanálise*, que precisamente constitui o sintoma principal da contemporaneidade do mundo.

1. O estatuto aporético da psicanálise

Como fazer uma teoria científica sobre aquilo que não somente não se reduz a uma relação de implicação de sujeito observador a objeto observado como também se vive concretamente como uma *prática* de sujeito *enquanto* sujeito a sujeito? Aqui, o objeto observável (sonhos, atos falhos, lapsos, repetições do discurso...) somente se torna "objeto" científico no quadro da mesma cura, a saber, no ato em que o desejo do paciente que o enuncia *cruza* com aquele do analista. Por outro lado, o analista-observador, assim como suas eventuais "observações", pertence ao observável, já que está e deve estar apreendido, por seu desejo, no processo da transferência, não podendo ver sem ser visto, deixando que siga sem cessar o trabalho de transformação iniciado em sua própria análise.

Portanto, a situação da psicanálise é muito estranha! "De seu obscuro objeto específico (o inconsciente), não pode, como escreve C. Castoriadis, fazer ciência e tampouco fazer filosofia; ela faz disso a *elucidação aporética e dialética*"[94]. Ao lidar com um objeto que é "*sentido*, sentido *encarnado*, sentido *sempre singular*", portanto com "algo irredutível", ela não pode, entretanto, manter-se sem formalização *teórica* tendo em vista um fim científico, a saber, sem postular a não-singularidade do indivíduo singular que encontra na cura; sem postular, por consequência, a redutibilidade teórica

---

93. KRISTEVA, J., "Du sujet en linguistique", in: *Langages*, n. 24, 1971, 107-125. Cit., 115.
94. CASTORIADIS, C., *Les Carrefours du labyrinthe*, op. cit., 58.

desse singular cuja transformação, pela transferência, se apresenta a cada vez como um caso único[95]. Mas ela não é, contudo, uma fenomenologia: não o pode ser em razão tanto de seu estatuto de atividade essencialmente *prática* como de seu objeto específico: a realidade psíquica. Ainda que procure se expressar em fórmulas semelhantes à da ciência (os matemas de Lacan), o discurso analítico não pode ser *ciência* do inconsciente: ignoraria o *sujeito* do inconsciente. Ainda que, por outro lado, se abra ao questionamento *filosófico*, não pode ser um saber especulativo: o sujeito já não seria mais o do *inconsciente.*

Em sua obra sobre *Lacan e a filosofia*, A. Juranville mostra bem esta *situação aporética* do discurso analítico. À diferença do "discurso metafísico" que postula "que há uma verdade total" e que pretende dar-lhe uma resposta plena e, ao contrário do "discurso empirista" que postula "que não há verdade", o "discurso filosófico" afirma que há "verdade total e verdade parcial", enquanto o "discurso analítico" declara: "há somente verdade parcial"[96]. Ora, no momento em que só pode enunciar a verdade *parcial* do significante, este último discurso se vê conduzido em Lacan para a exigência de uma verdade *total*, que, entretanto, não pode enunciar "sem se destruir como o discurso que introduz a situação da cura e marca presença"[97]. Sem esta exigência de verdade total (que não lhe cabe enunciar), o discurso analítico não poderia justificar a finalidade terapêutica da cura pelo trabalho de sublimação. Certamente, tal trabalho jamais acaba. Deste ponto de vista, a neurose é "irredutível". Pelo menos pode-se aceder a uma "boa neurose"[98] sustentando (e está nisso a sublimação) a prova da "melancolia", isto é, ao aprender o *consentimento em* "*achar-se só na prova do real*"[99]. Porque o real, ou seja, "o i-mundo"[100], não é mais do que aquilo que coloca o "mundo" em questão, o que vem a "*falhar*" com ele, a pura *falta*, cujo sintoma é o vestígio em nós, mas que os significantes ocultam sem cessar ao ocupar o vazio[101]. De repente, "o real é o impossível"[102]. E a

---

95. Ibidem, 39.
96. JURANVILLE, A., *Lacan et la philosophie*, PUF, 1984, 11-16.
97. Ibidem, 438.
98. LACAN, J., *Séminaire XXIV* (16-11-76), citado ibidem, 409. Sobre a "boa neurose", ibidem, § 62, 428-437.
99. Ibidem, 428.
100. Ibidem, § 8, 39-41.
101. Ibidem, 85: "O que faz do mundo real um mundo, exclui aí a presença do real como tal", 192: "É o fantasma que para o sujeito e pelo sujeito suporta o mundo, porque torna o mundo 'interessante' ao encontrar em seus diversos elementos o objeto 'a'".
102. Ibidem, 85.

prova de Édipo não é somente a da *interdição* do gozo, mas a de sua *impossibilidade*. O impossível é o da "*coisa*", a saber, do objeto primordial do desejo (cujo lugar é ocupado pelo objeto "a").

Nestas condições, não se deve surpreender que o discurso analítico não cesse de *apontar* para o discurso filosófico. A prova lacaniana da melancolia é algo distinto, como escreve A. Juranville, "da presença da *questão do ser*, enquanto permanece sem poder ser resolvida"[103]. Porque tal é o paradoxo do questionamento filosófico: surge de um desejo de saber — e mesmo de um saber total; mas, contrariamente a algumas proposições de Lacan que o assemelha ao discurso metafísico, isto é, ao "discurso do mestre"[104], esse desejo só se torna lugar possível de um questionamento filosófico se todo saber-resposta é posto radicalmente em dúvida e tido por impossível: "A questão vale por si mesma, não pelo saber a que poderia conduzir, mas pela *prova do não-saber* que ela supõe"[105], prova vinculada a que o ser questionado é "o ser enquanto se encontra inicialmente naquele mesmo que o questiona"[106].

Se não se entrega a um "psicologismo das profundidades", a psicanálise mostra, por sua própria história, que ela *precisa da filosofia*. Com seus *Eros, Tânatos* e outros *Ananke*[107], Freud não havia já aberto a província propriamente analítica a "*etapas*" filosóficas? Em todo caso, Lacan mostra isso, enquanto rejeita toda redução "médica" da psicanálise e relê a energética freudiana ao inscrevê-la "no campo da palavra". Seus grandes conceitos de "Verdade", de "Outro", de "Real", de "Falta", de "Coisa" transbordam assim constantemente para a filosofia. Ao fazer suas questões da filosofia, o discurso analítico não os trata filosoficamente, mas segundo seus próprios procedimentos. Isso significa que ele se encarrega de mostrar o *processo psíquico concreto* que lhes dá *corpo*.

2. O discurso analítico como sintoma social principal do desenvolvimento histórico da questão do Ser

O interesse que damos ao discurso analítico provém precisamente daquilo que dá *corpo*, ao aderi-lo totalmente a esse corpo que nós somos,

---

103. Ibidem, 439-440.
104. Ibidem, 356.
105. Ibidem, § 12, 56-59.
106. Ibidem, 64.
107. Do grego ἀνάγκη, "necessidade", "força". Na mitologia grega, Ananke era a deusa do destino, do inevitável; era a mãe das moiras. (N. do E.)

ao questionamento filosófico, tal como o evocamos anteriormente com Heidegger, sem poder, entretanto, tratá-lo como tal. Na esteira novamente de A. Juranville, dizemos que, se o homem jamais cessou de saber "a presença do não-pensamento no mais íntimo do pensamento", esta verdade lhe é imposta agora de maneira radical pelo discurso analítico[108]. A imposição dessa verdade é característica de certo *momento* da história, isto é, do modo concreto segundo o qual se efetua o desenvolvimento histórico da questão do Ser (Heidegger).

Entre as diversas épocas da história, cada uma das quais está marcada por um modo existencial determinado de pensamento filosófico, a época atual se caracteriza pela possibilidade de superar a prova da melancolia, a saber, de "suportar a presença da questão do ser como uma questão que permanece sem poder ser resolvida"[109]. Suportar assim o mundo como "fissurado", a verdade como "parcial", o saber como defeituoso, é não entrar no fim da história (leitura hegeliana), mas acabar de entrar na história. Porque a história ganha sentido pela fuga da prova da melancolia, o *"fim da entrada do mundo social na história"* é também o fim desta fuga por eliminação das estruturas tradicionais[110]. Se a tradição impunha a evidência de um saber-ser que impedia a realização do luto, a *des-tradicionalização* atual, como sua "crise sacrificial", requer que cada um denuncie o álibi do "sagrado" e que assuma a prova do luto ao assumir sua própria responsabilidade na história[111]. Nesta perspectiva, a emergência do discurso analítico, denunciando o discurso "político" do senhor ou o discurso "clerical" do universitário (à devoção dos "grandes mestres" do passado), constitui o *"sintoma social"* do tempo presente[112]. Manifesta que chegou a época na qual é possível renunciar à fuga da prova da melancolia para aceitar essa privação cujo discurso filosófico produziu desde muito tempo o desejo, mas que foi evitado por mil artimanhas para levar à sua realização. Mas esta oportunidade é ao mesmo tempo o drama de nossa época: a regressão neurótica se torna mais fácil na medida em que as dificuldades para assumir o luto aparecem mais claramente.

Sintoma do "que não funciona" no mundo histórico, o discurso analítico é "o que dá mais a pensar". É hoje o que dá problemas e, finalmente, *"aquilo a partir do qual se interrogam todos os discursos"*[113]. O discurso fi-

---

108. Ibidem, 481.
109. Ibidem, 439.
110. Ibidem, 441.
111. Ibidem, § 67, 465-469.
112. Ibidem, § 68, 469-474.
113. Ibidem, 471.

losófico não pode ignorar a "verdade parcial" que o discurso analítico proclama, o mesmo que este último não pode se sustentar, como vimos, sem uma intenção de "verdade total" que só a filosofia pode enunciar como tal, assumindo simultaneamente a verdade parcial que lhe impõe a análise. Assim, o discurso analítico, com sua verdade parcial (a que não pode situar-se em nenhum sistema) é o "bom sintoma" para a filosofia, isto é, "o sintoma cuja verdade não obstrui o vácuo da realidade". Mas não pode sê-lo sem a filosofia, uma vez que a sublimação que implica o trabalho analítico pode somente ser pensada por ela. A *disputa* entre os dois discursos é então simultaneamente "*irredutível*" e "*condição da verdade*" em cada um dos dois[114]. Em sua própria diferença, psicanálise e filosofia representam a contradição interna da qual emerge o sujeito humano.

Como discurso que marca presença a partir do ser-corpo do homem, de seus significantes incorpóreos, de seus *logoi embioi*, o discurso analítico fixa na corporeidade concreta o questionamento filosófico do homem sempre *unterwegs*, sempre a caminho para a palavra que o precede. Contra todas as escapatórias metafísicas, notifica que *a verdade* só chega a cada um como *sua* verdade, seja mediante um constante trabalho de passagem pelo luto, pela "castração" ou pela ausência. Mas o pensamento filosófico recorda à análise que ela seria uma impostura se cada um, tentando produzir *sua* verdade, não respondesse por meio disso *à* verdade que sempre o solicita.

IV. EM DIREÇÃO AO SACRAMENTO

Esta é, pois, a nossa "posição". O caminho do pensamento teológico do Deus crucificado nos mantém numa atitude de "loucura" homóloga ao caminho do pensamento filosófico do Ser, embora não haja passagem de um ao outro. A teoria lacaniana, ao tentar a elucidação aporética de seu objeto "impossível", fornece a esse caminho de pensamento uma consistência antropológica que a fixa em nosso corpo. A loucura de tal pensamento não é, em definitivo, a "loucura" de um luto a fazer que atravessa nosso corpo? "Loucura", porque se trata de fazer o luto pelo que *tudo em nós se esforça para acreditar, a saber que poderíamos nos afastar da mediação do simbólico*, situar-nos fora do discurso, apreender a realidade de modo imediato passando por cima da tradição cultural e da história de nosso desejo — em resumo, poderíamos tomar nossas "obviedades" totalmente "naturais" pela

---

114. Ibidem, 484.

realidade. *Ora, são precisamente essas evidências tão "razoáveis" que nos enganam constantemente*. São essas evidências que levam, fatalmente, o pensamento a representar metafisicamente o Ser como um "Em-Face que se mantém por si", e também são elas que solicitam o desejo de alcançar a "coisa" sob a capa de seus múltiplos substitutos. Trata-se de tomá-las ao revés; e isso por meio de um trabalho constante, já que elas pertencem tanto à primeira inclinação da razão como à constituição mesma do desejo.

O "caminho da palavra" que assume também o teólogo cristão afrontado pelo Deus crucificado é, portanto, um caminho de permanente gênese, um caminho que, longe de ser exterior à sua condição de testemunha, o atravessa. Assim, o *obriga* a dar a esse Jesus Cristo, que ele afirma, um corpo de humanidade: corpo de filhos e de irmãos.

Ora, como esse "corpo de Deus" na humanidade teve, na esteira do povo eleito, uma positividade histórica em Jesus de Nazaré, há uma positividade, não menos escandalosa para certos olhares, na *Igreja*. Positividade certamente também irredutível como aquela do corpo a um simples ente-subsistente; positividade, portanto, como a do corpo, sempre aberta pela palavra que o habita; mas também positividade inevitável, determinada concretamente como instituição.

Dessa instituição, os *sacramentos* são a figura eminente. Como não enfrentar sua consistência escandalosamente empírica como lugar simbólico da incorporação de Deus à nossa humanidade? Que desafio! Não é por acaso "loucura"? Loucura tão difícil de sustentar que aqueles que creem estão tentados sem cessar a domesticá-la pela sabedoria humana: os sacramentos tornam-se, então, as peças-mestras por meio das quais a instituição se desenvolve serenamente e, assim, manipula perversamente (aliás, com toda a boa-fé, por hábito) os emblemas de sua legitimidade e de seu domínio social. Loucura em todo caso que dá teologicamente o que pensar...

Eis-nos, pois, afrontados pelos sacramentos à *mediação*, a mediação totalmente *"sensível"* de uma instituição, de uma fórmula, de um gesto, de um material, como ao lugar (escatológico) da chegada de Deus. Eis-nos finalmente reenviados ao *corpo* como ao lugar de inscrição desse Deus... Eis o que anuncia a reflexão dos dois capítulos seguintes: a mediação (capítulo 3); o símbolo e o corpo (capítulo 4).

Capítulo 3
A mediação

I. A MEDIAÇÃO INEVITÁVEL DA ORDEM SIMBÓLICA

1. Ele só é homem na medida em que fala

"*O mais imediato é a última coisa que se pode exprimir*", embora seja "próprio do homem começar pelo fim"[1]. É necessária uma conversão para aprender a começar pelo começo. Começar pelo começo é pôr em questão o que sempre nos parece dever se impor "definitivamente", a saber, nossa evidência primeira de contato imediato com o "real" (o mundo, os outros, nós mesmos).

Porque, contrariamente a essa primeira obviedade, "o que nos parece o mais natural é provavelmente apenas o mais habitual de um longo hábito que esqueceu o inabitual de onde emanou"[2]. O real sempre está presente a nós de maneira mediada, isto é, *construída* mediante a rede simbólica da cultura que nos modela. Esta *ordem simbólica* designa o sistema de relações entre os diversos elementos e os diversos níveis (econômico, social, político, ideológico; — ético, filosofia, religião...) de uma cultura, sistema que forma um todo coerente que permite ao grupo social e aos indivíduos se orientar no espaço, se guiar no tempo, se situar no mundo

---

1. ORTIGUES, E., *Le discours et le symbole*, L Aubier-Montaigne, 1962, 13-14.
2. HEIDEGGER, M., *Chemins...*, 22.

de maneira significante, em suma, se identificar com um mundo que tem "sentido" em si mesmo; como diz Lévi-Strauss, permanece sempre um resíduo indestrutível de significantes flutuantes aos quais não se chega a dar significados adequados[3]. Da sensação à percepção há uma margem: a pedra recebida violentamente no crânio provoca uma *sensação* de dor tanto no animal como no homem; mas a *percepção* da pedra é de outra ordem: o que é percebido pelo homem não é somente a realidade física que afeta os sentidos, mas também o "estrato semiológico" no qual ela é retomada pela cultura. Por isso, "o que a percepção me aporta não é a árvore que tenho diante de mim, mas *certa visão* que a árvore provoca em mim, e que é *minha resposta* ao apelo da árvore"[4]. Toda a percepção humana "projeta no mundo a assinatura de uma civilização"[5]. A água que eu percebo nunca é redutível a uma pura coisa "natural", exceto (e ainda assim) se a analiso quimicamente; ela é inevitavelmente apreendida em algum grau como *significante* de minha cultura e de meu desejo. Da paisagem que eu contemplo, somente retenho alguns traços: o que dela ressoa em mim é relativo aos avatares de meu desejo e aos valores do sistema sociocultural ao qual pertenço, valores que tenho de tal modo interiorizados desde a primeira infância que eles me parecem totalmente "naturais". *O objeto percebido já está sempre construído.* E isso vale para todos os domínios, desde a sexualidade certamente (a sexualidade humana é algo muito distinto da simples genitalidade biológica) até a cozinha: comer não é somente absorver alguma quantidade de calorias, é assimilar alimentos socialmente instituídos de modo que a refeição seja um lugar eminente de "conversação"...

> [Assim,] a atividade de linguagem não se confronta jamais (exceto nas ciências da natureza, embora não evidentemente) a um universo físico que lhe fosse heterógeno, mas a um *mundo sempre já pleno de significação*, sempre já ordenado, sempre já socialmente determinado. Certamente, a realidade material tem uma existência independente da consciência que dela têm os sujeitos, mas não é justamente a este universo, enquanto físico, que a criança é inicialmente confrontada; é num mundo *habitado* por outros que ela faz o seu caminho [...]. O mesmo acontece com os adultos: vestir-se, comer, habitar, deslocar-se, trabalhar, sofrer, gozar, tudo isso nos imerge constantemente num mundo de referências simbólicas[6].

---

3. Lévi-Strauss, C., "Introduction à l'oeuvre de M. Mauss", in: Mauss, M., *Sociologie et anthropologie*, PUF, 1973, XLIX.
4. Parain, B., *Recherches sur la nature et la fonction du langage*, Gallimard, 1942, 61.
5. Merleau-Ponty, M., *La Prose du monde*, Gallimard, 1969, 60; 97.
6. Flahault, F., *La Parole intermédiaire*, Seuil, 1978, 84-85.

Os sujeitos somente surgem por meio da subjugação de cada um deles a esta *lei*, esse pacto cultural que é a ordem simbólica. Fora disso, não há mais que regressão imaginária e neurose por polarização nos detalhes ou nos fragmentos do mundo, os quais, privados de simbolização, isto é, arrancados da rede simbólica em que tomam sentido, se tornam in-significantes. Com a perda do norte, o sujeito se perde. É, portanto, na ordem simbólica que o sujeito se constrói; mas não o faz a não ser construindo o mundo, o que lhe é possível na medida em que desde o seu nascimento herda um mundo já culturalmente habitado e socialmente determinado; em resumo, já falado. A ordem simbólica aparece assim como um *jogo de construção*. Um pouco como esses "meccanos"[7] ou esses "legos" com os quais as crianças aprendem a construir suas relações com o real, edificando casas ou máquinas de polias, é a *mediação na qual o sujeito se constrói, ao construir o real como "mundo"*, seu "mundo" familiar no qual pode habitar. Ou, ainda, é comparável a essas lentes de contato que o portador não pode ver, uma vez que elas aderem a seus olhos, mas através das quais é filtrada toda a sua visão do real. O real como tal é, portanto, por definição *inatingível*. O que percebemos é o que dele é construído por nossa cultura e nosso desejo, o que dele é filtrado através de nossa lente da linguagem. Mas nossa percepção é de tal modo familiarizada com aquela, e aquela é de tal modo aderente à nossa percepção que, por um efeito de "colagem" tornado quase reflexo, tomamos o cultural pelo natural e nossos desejos pelo real.

O que vale para a ordem simbólica vale evidentemente ao mesmo tempo e da mesma maneira para a linguagem. *Sujeito e linguagem se elaboram juntamente*.

> Jamais alcançamos o homem separado da linguagem e nunca o vemos inventando-a [...]. O que encontramos no mundo é um homem que fala, um homem que fala a outro homem, e a linguagem ensina a definição mesma do homem[8].

Como o corpo, a linguagem[9] não é um instrumento, mas uma *mediação*: é *na* linguagem que se dá o homem como sujeito. O homem não

---

7. Referência a um tipo de brinquedos de montar. Muito populares na Europa, eram produzidos pela fábrica inglesa *Meccano Ltd.* no ínicio do século XX. (N. do E.)

8. BENVENISTE, E., *Problèmes de linguistique génerale*, t. 1, Gallimard, 1996, 259.

9. "Linguagem" entende-se aqui, em primeiro lugar, como o exercício concreto da língua como tal, mas também algumas "quase linguagens", como são, de um lado, a "supralinguagem" constituída pelo gesto, a mímica e toda obra artística...; de outro lado, a "infralinguagem" das pulsões arcaicas do inconsciente, na medida em que somente são humanas se

preexiste a ela, ela se elabora em seu seio. Ele não possui a linguagem como um "atributo", ainda que ela seja de primordial importância, ele é possuído por ela. A linguagem não vem, portanto, traduzir posteriormente uma experiência humana prévia; é *constitutiva* de toda experiência como experiência *humana*, isto é, significante.

Por isso, "*ninguém se cala*", escreve Brixe Parain. "Eis aqui nosso primeiro dado. É dele que se deve partir." Ora, "nossas palavras *criam* seres, não se contentam com manifestar sensações". Quando o camponês, ocupado em colher suas batatas da terra, exclama "Olha, uma lagarta!", "sua exclamação não tem por finalidade constatar a existência da lagarta... não duvida da existência de todas as outras coisas que o cercam e se admiraria de que se lhe fizesse uma distinção dessa natureza entre a lagarta branca da qual fala e o Sol do qual não fala, o qual entretanto o faz abrir sua gola da camisa ou tirar seu colete". Se a palavra não lhe traz "uma constatação de existência", mas "uma ameaça", aquela de milhares de lagartas brancas suscetíveis de destruir suas colheitas. É *todo o seu mundo cultural* que está assim posto em movimento mediante sua exclamação. Aquela exclamação teria podido reduzir-se a um "olha" ou a um simples suspiro ou a um gesto mecânico "não pensado" de rejeição da lagarta, mediante o qual, entretanto, o camponês não teria cessado de ser falado-falante, como não cessa de o ser ao comprovar que as batatas não estão demasiado prejudicadas, ao ouvir as vozes das pessoas que trabalham não longe dele, ao secar-se o rosto, ao endireitar-se para aliviar uma ligeira dor nos rins, ou ao se sentir envelhecer... A linguagem está sempre aí, ao afirmar algo distinto de uma simples constatação de existência, outra coisa "que é talvez o essencial. A essência está no essencial. A luz, a tristeza, o vento existiriam sem as palavras de nossa linguagem? Haveria aí, em seu lugar, vibrações, choques de átomos, momentos indissociáveis de minha duração, nuvens fugitivas sob o céu, árvores a lamentar, um sopro de ar, desaparecidos logo que apareceram ou que não aparecem?"[10]. Esta é, também, a profunda convicção, segundo Heidegger: "Quando vamos à fonte, quando atravessamos o bosque, atravessamos sempre o nome 'fonte', o nome 'bosque', embora não pronunciemos essas palavras, embora não pensemos na língua"[11].

---

funcionam "sem parar... para e na linguagem", sem o quê não seriam mais do que um reflexo instintivo animal ou um gosto psicótico nascido morto.
10. PARAIN, B., op. cit., cap. 1 e 2 (cit. p. 14, 26, 28).
11. HEIDEGGER, M., "Pourquoi des poètes?", in: *Chemins...*, 373.

2. A linguagem, expressão operante

a. A palavra criadora de "mundo"

Nós aludimos anteriormente ao comentário heideggeriano dos versos de Stefan George:

"Assim aprendi, triste, a resignação:
Nada há ali, onde falha a palavra".

"Somente a palavra confere o ser à coisa. Mas como uma simples palavra está em condição de realizar isto: levar algo ao ser? As coisas se passam antes ao contrário. Tomai o Sputnik. Essa coisa — supondo que seja uma — *é independente desse nome, que lhe foi aplicado depois* [...]. E ainda! Mesmo essa 'coisa', o que ela é, como ela é, não é por acaso em nome de seu nome? Certamente, sim! A pressa, o movimento de apressar..., pela técnica, pelas velocidades, no 'espaço' das quais só as máquinas e os aparatos modernos podem ser o que eles são, se essa pressa não se tinha feito falante aos homens a ponto de os requerer e de os situar em sua injunção; se esta injunção a apressar-se não desafiasse o homem a dispor de si; se a palavra desta disposição não tivesse falado — então não haveria mais Sputnik: nada há ali onde falta a palavra."

Mas aceitar isso é aceitar não ter mais poder sobre as coisas: é reconhecer que *a palavra nos precede*, que não temos domínio sobre ela. Isso requer uma "*resignação*", um verdadeiro duelo desse desejo de onipotência que nos faz acreditar que poderíamos reinar sobre um real que teríamos na mão: "Ao renunciar, o poeta abandona a opinião que quer que alguma coisa exista já, ainda que a palavra falte; ao mesmo tempo — porque certamente é uma *prova* que ele atravessa — que "só a palavra faz aparecer e assim tornar presente uma coisa, sendo o que ela é"[12]. Dizer é assim *permitir-se "proibir a pretensão" de dominar as coisas "pelo poder representativo da palavra"* para deixar que nela "se torne presente a coisa como coisa."[13]

A linguagem é *criadora*. Criadora das "coisas". Pensamento absurdo para a metafísica tradicional que somente vê nela um atributo possuído pelo homem e "um instrumento para dar um nome a alguma coisa que está aí, já representada" ou um simples "meio para exibir o que se apresenta sozinho!". Ora, é precisamente a isso que se deve renunciar. Porque, "pelo contrário, é somente a palavra que concede a presença, isto é, o ser, em que algo pode

---

12. Idem, *Acheminement*..., 148-149 e 152.
13. Ibidem, 218.

aparecer como ente"[14]. A tarefa do poeta é manifestar a essência, sempre desconhecida, da linguagem: é "vocação", apelo dirigido aos entes para que se façam presentes permanecendo em sua ausência, criação do universo como "mundo". Tal é o agir, eminentemente operatório, o mais originário do homem: em sua *poiésis* — e toda linguagem, recordemos, é de essência poiética, toda linguagem é um "poema esquecido" — faz os entes morrer em sua simples factualidade do que se estende sob os nossos olhos para que aconteçam como significantes do homem e para o homem. É na linguagem que o "mundo" se torna falante para nós: nos fala, no duplo sentido, transitivo e intransitivo, da expressão. "A realidade, escreve de seu lado o linguista, é *produzida novamente* por intermédio da linguagem, até o ponto de 'a forma' do pensamento ser configurada pela estrutura da linguagem".[15]

b. O conceito de "expressão"

Heidegger atacou o pseudorrealismo do sentido comum que sempre pressupõe um conteúdo substancial "atrás" da expressão-acidente: "Primeiro e antes de tudo, falar é expressar-se. Nada mais corrente que a representação da palavra como exteriorização. Pressupõe desde o início a ideia de um interior que se exterioriza. Fazer da palavra uma exteriorização é justamente ficar no exterior, especialmente porque se explica a exteriorização ao reenviá-la a um campo de intimidade". Tal representação desconhece totalmente a constituição existencial do ser-aí, que "se expressa… não porque, 'interioridade', se separaria primeiramente do que lhe seria exterior, mas porque, ser-no-mundo, é estar sempre-já 'fora de si' pelo próprio fato de compreender"[16]. Igualmente, Levinas: "A linguagem não exterioriza uma representação preexistente em mim — põe em comum um mundo até então meu"; é "oferta do mundo"[17].

Expressar-se não é dar um revestimento exterior a uma realidade humana já-aí interiormente; e, sobretudo, não no sentido romântico e comovente "da necessidade de se expressar", tão frequente hoje… Porque *não existe realidade humana, tão interior ou íntima que seja, que na mediação da linguagem ou da quase-linguagem lhe dê corpo ao expressá-la*. A expressão, escreve nesse sentido E. Ortigues, é um ato que é para si mesmo seu próprio resultado. Com efeito, nada produz fora de sua própria manifes-

---

14. Ibidem, 212.
15. BENVENISTE, E., op. cit., 25.
16. HEIDEGGER, M., *Acheminement*…, 16.
17. LEVINAS, E., *Totalité et infini*, op. cit., 149.

tação. Produz-se para fora, como se diz de um comediante que se produz em público, na cena. Seja verbal, gestual ou fisionômica, a expressão "designa um ato de presença que se manifesta para si como uma passagem do interior à exterioridade e do exterior à interioridade". A cena é o "processo pelo qual se efetua a diferenciação entre o interior e o exterior", mas de tal maneira que "não bastaria dizer que a expressão é o exterior supondo adquirida em alguma parte uma interioridade", porque os dois momentos de interioridade e de exterioridade desse processo de diferenciação "passam um pelo outro: *exteriorizar-se consiste justamente em diferenciar-se interiormente*". É dizer que toda "impressão" só pode tomar forma (forma humana, significante) na expressão que a realiza e que todo pensamento "se forma ao expressar-se"[18].

Tudo isso repercute o projeto fenomenológico de M. Merleau-Ponty: "Ao procurar descrever o fenômeno da palavra e do ato expresso de significação, teremos a chance de superar definitivamente a dicotomia clássica sujeito-objeto".[19] Porque o vínculo da consciência com a linguagem é intrínseco. A palavra não é "um simples meio de fixação, ou ainda o invólucro e a vestimenta do pensamento. Palavra e pensamento estão, ao contrário, tão bem involucrados um no outro" que "a operação expressiva realiza ou efetua a significação e não se limita a traduzi-los". Em suma, não há pensamento "que exista para si antes da expressão"[20].

Com outra preocupação, desta vez teológica, contra os desvios mágicos de ritos sacramentais concebidos como instrumentos pelos quais o sujeito poderia manipular a onipotência divina, A. Vergote ataca, ele também, o desconhecimento do processo da expressão. Desconhecimento devido ao fato de se confundir o ato de expressão em seu momento de advento com o desdobramento que um olhar retrospectivo percebe depois entre "uma intenção secreta e uma manifestação pública". Pensa-se então inevitavelmente em termos de causa e efeito. Mas tal esquema não convém justamente aqui. Porque "o ato de expressão autêntico não tem nem uma finalidade fora de si mesmo, nem um motivo consigo mesmo [...]. *O sinal expressivo é a própria carne da intenção que nasce ao tomar forma significante*". A expressão amorosa, por exemplo, é "pura manifestação. Ainda é preciso que expressão e amor não sejam a unidade fortuita do fora e do dentro. Isso significa dizer que, enquanto manifestação, a expressão realiza o que signi-

---
18. ORTIGUES, E., op. cit., cap. 2 "L'expression", 27-28.
19. MERLEAU-PONTY, M., *Phénoménologie de la perception*, Gallimard, col. Tel, 1945, 203.
20. Ibidem, 212-214.

fica: o amor inventa a expressão e esta cria o amor"[21]. Existe amor apenas na expressão que damos a ele, que alguém se dá, ou melhor, que "isso" nos dá, desde as pulsões mais arcaicas — se é verdade que, totalmente distintas de um simples instinto animal, pertencem ao inconsciente e que "a linguagem é a condição do inconsciente"[22] — até o abraço corporal através de toda a gama de sorrisos, beijos e palavras. Em suma, a expressão (quase) linguística é a mediação obrigatória de toda realidade humana: "Toda situação do homem no mundo ou toda presença comum a vários homens em qualquer horizonte de universo é uma realidade que implica a linguagem em sua constituição, em seu advento, em sua realização [...] *Toda realidade humana tem por catalisador a linguagem*"[23].

3. O processo do advento do sujeito na linguagem

Mas de onde vem este poder criador da linguagem? Evidentemente, não de uma força misteriosa que lhe seria interior, espécie de *maná* quase divino. Se Heidegger percebe aí a manifestação, em claro e escuro, da interpelação do ser-aí pelo Ser sempre ligado ao *Logos*, a linguística e a psicanálise tentam mostrar o processo concreto. O interesse do desvio, mesmo rápido, que nos propomos fazer por estas duas disciplinas provém do fato de que elas nos permitem elucidar de maneira concreta dois pontos que serão importantes para nossa reflexão sobre a relação entre Deus e o homem em sacramentária (e em cristologia): como compreender a *comunicação* entre Deus e o homem preservando totalmente sua radical *diferença* (esquema da diferença/alteridade)? Como compreender que não existe *vida* humana senão atravessada pela *morte* (esquema iniciático)?

a. Um ponto de vista linguístico

— A estrutura triádica da pessoa

Segundo E. Benveniste, os pronomes pessoais (ou as flexões que os sustêm) formam uma classe de palavras "que escapam do estatuto de todos os outros sinais da linguagem". Não reenviam, com efeito, "nem a um conceito" (não há conceito "eu" que engloba todos os "eu" que se citam a cada

---

21. VERGOTE, A., *Interprétation du langage religieux*, Seuil, 1974, 207-208.
22. LACAN, J., Entretien de déc. 1969, citado por A. LEMAIRE, *J. Lacan*, Bruxelles, P. Mardage, 1977, 190 e 365.
23. ORTIGUES, E., op. cit., 202-203.

momento), "nem a um indivíduo" (um mesmo termo não pode identificar ao mesmo tempo alguém em sua particularidade e se referir indiferentemente a qualquer outro indivíduo). De maneira mais precisa, o EU linguístico, como escreve Lacan, "designa o sujeito da enunciação, [...] não o significa"[24]. O EU, portanto, somente pode reenviar a uma realidade "exclusivamente linguística", a saber: ao "ato de discurso individual no qual ele é pronunciado" e do qual "designa o locutor na atualidade de seu enunciado". E é justamente na mediação fundamental do "sujeito" linguístico que a subjetividade existencial tem a possibilidade de emergir.

Ora, todo discurso "se produz sob a dependência do EU que aí se enuncia"[25]. O que faz, como diz E. Ortigues seguindo a Benveniste, que "*EU seja um caso único*". Porque, "mesmo lá onde a palavra EU não é pronunciada, a referência à pessoa que fala é uma condição permanente de significação para a integralidade do discurso, dado que nada tem sentido que não diga respeito ao homem consciente de sua presença no mundo como sujeito que fala e que atua"[26].

De uma parte, e aí aparece a cisão que queremos manifestar do ponto de vista linguístico, o EU, que é a condição de todo discurso, tem simultaneamente dois "valores": como "conteúdo do enunciado", é sujeito do verbo; como "autor da enunciação", é sujeito do discurso. De outra parte, o "EU não é concebível sem o TU", o reverso do EU, de modo que "a categoria da pessoa encontre sua condição de integridade na reversibilidade da relação" entre o EU e o TU da instância de discurso[27].

Ademais, a relação linguística EU-TU só é possível na mediação de um *terceiro*. "Condição de integridade" da categoria de pessoa, a reversibilidade da relação EU-TU se degradaria em relação dual de tipo especular se não se desenvolvesse sob a instância terceira do mundo social e cósmico. Se falar é (se) dizer a alguém, este ato de enunciação somente é possível mediante um enunciado no qual se diz algo sobre alguma coisa, e necessariamente sob "a categoria do objeto", isto é, da *não-pessoa*. Ora, tal é o estatuto do ELE: suporte linguístico da "não-pessoa". O ELE impessoal é a mediação linguística que permite ao EU (em sua relação ao TU) se abrir ao universal; situa os sujeitos sob a instância do *outro inapropriável* (cf. *infra*), do neutro (*ne-uter*, "nem o um nem o outro") que torna possível toda troca simbólica,

---

24. Lacan, J., *Écrits*, op. cit., 800.
25. Benveniste, E., op. cit., 265.
26. Ortigues, E., op. cit., 152-153.
27. Ibidem, 153.

isto é, todo advento de um em sua relação com o outro. Se não estivesse assim conectado pelo ELE ao outro, o EU linguístico não poderia pôr-se e consequentemente o sujeito existencial não poderia mesmo existir[28]. Isso significa dizer que o EU somente é possível enquanto *aberto*, cercado do interior, o que lhe confere seu estatuto único de duplo valor: como representado, no enunciado; e como presente, no ato de enunciação.

— O esquema da diferença/alteridade na ordem simbólica

A análise precedente está cheia de consequências, uma vez que conduz a revisar profundamente a representação tradicional da diferença. Com efeito, enquanto reversível do EU, o TU linguístico tem um estatuto que pode parecer paradoxal: como tal, ocupa, no eixo de contradição, o lugar oposto ao EU, do qual é, por consequência, *o mais diferente*; e, como tal, é igualmente *o mais semelhante* ao EU, uma vez que designa o interlocutor *enquanto* capaz de retomar à sua vez, e em seu próprio nome, o mesmo EU linguístico que o do locutor. Esta posição paradoxal se faz possível pela instância terceira do ELE, o outro social e universal, sob a qual se mantém simultaneamente o EU e o TU e que lhes permite, falados pela mesma cultura, "entender-se".

A "diferença" não pode mais, desde então, ser representada segundo o *esquema (meta)físico da distância-afastamento*. Sem dúvida é impossível desfazer-se totalmente do esquema espacial, uma vez que é *a priori*, segundo Kant, e pertence à simbólica primária indubitável que nos passa mediante o corpo. Mas pensar é justamente aprender a se desfazer de todas as evidências "naturais". Ora, segundo a representação tradicional, a diferença se afirma tanto melhor quanto os dois termos estejam mais afastados um do outro, a tal ponto que um pode se definir pelo que o outro não é. Sabemos o alcance desta "evidência" no que concerne à relação entre o homem e Deus... Neste caso, a diferença só pode ter uma valência negativa: como a *gênese* do *Filebo* de Platão, com a qual ela concorda, ela não pode ser vista como lugar da verdade; pelo contrário, somente pode representar-se como *obstáculo* à verdade, barreira a esse ideal de transparência de si para si, para outros e para o mundo, que seria necessário tentar reconquistar como expressão de uma finitude pensada como consequência de uma queda primordial ou de um pecado original. Ao mesmo tempo, a alteridade somente pode ser atribuída a uma trágica *alteração* do eu assim decaído.

---

28. Ibidem, 153-154; — BENVENISTE, E., op. cit., 265.

Ora, se o que há de mais diferente (EU-TU como *vis-à-vis* radicalmente distintos) é também o que há de mais semelhante (TU é o reversível do EU), a diferença antropológica deve ser pensada não como afastamento que corta ou atenua a comunicação, mas, pelo contrário, como *alteridade* que a faz possível. Tal é a marca singular de toda diferença humana, nada é mais semelhante ao EU que o TU em sua própria diferença; e, como sujeito, o "um" somente é possível pelo "outro", reconhecido precisamente como "meu outro semelhante". A diferença originária de onde surge todo sujeito já não é percebida, então, com ressentimento, como obstáculo, inevitável, sem dúvida, mas relativamente redutível, à verdade, mas sim como o *lugar mesmo de efetuação de toda verdade*.

b. Um ponto de vista psicanalítico

— O sujeito cindido

Que o sujeito se apresente somente como cindido, em razão da estrutura triádica do sujeito linguístico fora da qual não poderia emergir, a psicanálise freudista-lacaniana o mostra por uma outra via.

Segundo o que J. Lacan chamou de "*estágio do espelho*", acontece com a criança de 6-8 meses quando esta começa a "se" olhar no espelho, havendo uma primeira identificação, capital para sua estruturação como sujeito. O *infans* abandona, por isso, sua representação de corpo fragmentado. Se essa identificação primária com a "unidade ideal" percebida no espelho tem assim algo de "saudável", não deixa de ser por isso menos alienadora: é a época em que "a criança que bate diz ter sido agredida, ou que vê alguém cair e chora"; o escravo se identifica "com o déspota, o ator com o espectador, o seduzido com o sedutor"[29]. Se permanecer nesta captação por seu duplo especular, a criança não consegue nunca chegar à condição de sujeito: como Narciso, está votada a se afogar na água-espelho em que quer unir-se com sua imagem ideal.

A situação somente tem saída se ela pode *se* ver enfim no espelho como sujeito, isto é, formando uma unidade simbólica *de outra ordem* que seu corpo especular. Mas, para que possa *se ver* assim, é preciso que *ouça a si mesmo* nomeado por outro, que escute a si mesmo representado por um nome, seu nome. É desta identificação com o seu nome próprio ou com o pronome EU que ela surge como sujeito. É desta capacidade simbólica de se reconhecer em seus *lugares-tenentes* que ela alcança sua pos-

---

29. LACAN, J., Écrits, op. cit., 113.

sibilidade de chegar à subjetividade. Estes significantes (mas também e simultaneamente todos os outros significantes possíveis na ordem simbólica, uma vez que é da natureza do significante ser diacrítico, isto é, não poder fazer sentido senão por sua relação com os outros significantes) desempenham uma dupla e paradoxal função: constituem a mediação do *advento* do sujeito, na medida em que este está aí representado; mas também, e simultaneamente, constituem a mediação de *exclusão* do sujeito, na medida em que este está *apenas* representado. Assim é por uma ruptura com o imediato especular que começa a se operar o acesso à subjetividade: "O sujeito mediatizado pela linguagem está irremediavelmente dividido, porque excluído da cadeia significante ao mesmo tempo em que está nela 'representado'"[30]. A linguagem rompe para sempre a coincidência imaginária de si para si mesmo. Situa o real a distância. Mas é justamente a ausência, essa "ausência-de-ser", que salva o sujeito. Essa é a *lei*, lei da *linguagem*, lei da cultura, *que fundamenta o sujeito, dividindo-o*: "É a partir de sua divisão que o sujeito procede ao seu parto"[31].

Não há acesso ao simbólico sem esta divisão primordial pela palavra em que o sujeito se torna capaz de se reconhecer em representações de si. Esta *Spaltung* doravante "se opera com toda intervenção do significante: especialmente do sujeito da enunciação para o sujeito do enunciado"[32]. Ora, essa "cisão" de onde nasce e se mantém o sujeito esboça também, por sua acentuação na "rescisão", a dialética de suas *alienações*: a distância entre o (Eu) da enunciação e o "Eu" do enunciado leva o primeiro (Eu) a se disfarçar constantemente (daí sua colocação entre parênteses aqui) no "Eu" de seus discursos, a se fixar em seus papéis sociais e a se teatralizar e, assim, dissimular sua ausência; em suma, se confundir com a imagem mentirosa de seu eu consciente.

Situação contraditória, portanto, a do homem. De uma parte, o que o divide, a saber, o mundo dos significantes, seu nome inicialmente, mas também tudo o que se refere à linguagem e ao simbólico, é o mesmo que o faz homem. Mas, de outra parte, o que o divide é também o lugar de sua alienação. O *imaginário* é a instância psíquica que tende a negar a ausência, a apagar a diferença, a preencher a distância em relação ao real. Instância enganosa, portanto, que — é preciso sublinhá-lo — desempenha, até em sua dimensão de engodo, um papel positivo no processo de estruturação

---

30. Lemeire, A., *J. Lacan*, op. cit., 123.
31. Lacan, J., op. cit., 843.
32. Ibidem, 770.

do sujeito (o estágio do espelho) e que constitui um estímulo indispensável a todo "progresso".

A verdade do sujeito, percebe-se, *depende de seu consentimento psíquico à ausência que o constitui e que se abre nele pela linguagem*. Está aí a lei, lei da diferença, que impõe o acesso ao significante. Essa lei corre paralela com a da castração simbólica, isto é, com a diferença em que o pequeno homem se vê obrigado pelo pai "castrador" (representante simbólico da cultura) a adiar a conquista imediata do objeto desejado (cf. O Édipo freudiano). Por isso, o interdito do incesto é "a única entre todas as regras que possui um caráter de universalidade" e não constitui somente uma regra entre outras, mas certamente, segundo a expressão de C. Lévi-Strauss, "*o fato mesmo da regra*"[33]. Porque esta é a lei da qual surge a comunidade humana: lei castradora do *desligamento* em relação ao imediatamente desejado que se inaugura desde a borda da linguagem pelo *distanciamento* do real imediato.

— Morte e vida: o esquema iniciático

Para tornar-se alguém, "um entre outros" (segundo o título de uma obra de D. Vasse), é preciso, portanto, renunciar a ser tudo, a ter tudo e de imediato. Esse trabalho de *luto* encontra no Édipo seu momento estruturante decisivo; mas nunca se termina nem é terminável, tanto é verdade que "há sempre, para cada um, uma criança a matar, o luto a fazer e a refazer de uma representação de plenitude", a da "criança maravilhosa sempre renascendo", fruto imaginário "da nostalgia do olhar da mãe que fez disso um esplendor extremo"[34]. *Recusar esta morte é perder a vida*. "Seria possível colocar a abordagem analítica sob o adágio evangélico: quem quiser ganhar sua vida a perderá, mas quem consentir em perdê-la a ganhará." Seguramente, esclarece A. Vergote, "não é sem certa reticência que se mantêm discursos cuja tônica, um pouco geral, descamba facilmente na retórica"; entretanto, "a experiência clínica mostra a que preço pago à morte o homem ganha a sua vida". Por isso, a psicanálise "redescobre a lei fundamental do *esquema iniciático*". Esquema de regeneração mediante uma morte simbólica operada em todos os ritos de iniciação, esquema que parece universal: que a morte habita a vida e a mediatiza, eis uma "lei que está inscrita no coração da existência"[35]. A conquista pelo sujeito de sua verdade e de sua liberdade jamais foi adquirida de uma só vez. Realiza-se segundo um

---

33. Lévi-Strauss, C., *Les Structures élémentaires de la parenté*, PUF, 1949, 10.
34. Leclaire, S., *On tue un enfant*, op. cit., 11-12.
35. Vergote, A., in: Léon-Dufour, X. *et al.*, *Mort pour nos péchés*, Bruxelles, 1976, 73-74.

inacabável processo de Durcharbeitung (Freud), de "profunda elaboração" custosa. Não há tesouro-objeto a possuir no término desse trabalho. *O tesouro não é senão a lenta autoalteração em que o sujeito chega a frutificar pela dolorosa aragem e inversão do campo de seu desejo.* O tesouro jamais é dissociável do processo de mortificação de nosso narcisismo primário, ou seja, de nossa imaginária onipotência e total fruição. A verdade do sujeito é esse *caminho*: é o caminho que coloca tudo em movimento, dizíamos acima, segundo outra abordagem, com Heidegger.

4. A verdade do homem: consentir na presença da falta

É, pois, de uma *brecha* que nasce o sujeito; e é nela que ele se mantém. Sua verdade, ele somente a pode realizar com o consentimento dessa falta que o constitui.

Consentir nessa presença da ausência é consentir em *não poder sair da mediação* — a da ordem simbólica que já sempre o precede e que lhe permite humanizar-se a partir de um mundo já humanizado antes dele, o qual lhe é transmitido como universo de sentido. Impossível apreender o "real", que é, por definição, algo de que o homem sempre sente falta. Mas a instância psíquica do imaginário, na base do narcisismo primário, se empenha em cada um fazer crer o contrário; e cada um está habitado por tal voto de onipotência e de senhorio das coisas que está como possuído por uma incoercível necessidade de crer nisso, e assim de "se crer nisso". A verdade do sujeito psíquico, sempre aberta simplesmente à questão da Verdade, se faz pelo luto: luto da coincidência imaginária entre o "Eu" da enunciação e o "eu" do enunciado; luto da correspondência do sujeito com seu Eu ideal; luto de toda bem-aventurança original a reencontrar ou, o que é o mesmo, de toda plenitude de sentido a descobrir. É precisamente da radical perda desse "paraíso" e desse consentimento à ausência da coisa que emerge para o sujeito a possibilidade de cor-responder à verdade.

Mentiroso é o homem cheio de si mesmo, diz a sabedoria comum. Além do nível psicológico e do julgamento moral em que esta o situa, a psicanálise atesta que o engano é o patrimônio de cada um. Ainda mais, esta representação teatral de si como "*cheio de si*" não é senão o reverso da representação eidética dos entes como *plenamente fundamentados* ontologicamente. Ela está ligada à culpabilidade, isto é, ao irreprimível desejo de se justificar por existir, de fundamentar o mundo de sentido que nos habita num significado último, de dar a razão última das coisas, em suma, de achar uma "fundamentação que dê conta do fundamento, que lhe dê razão e que finalmente lhe peça razão" (*supra*).

Em definitivo, o sujeito está numa evolução permanente, num advento *in-finito* em que tem de aprender, por sua conta, a fazer o luto de seu apego umbilical ao mesmo, a renunciar à reconquista de seu paraíso perdido, de sua origem, do fundamento último que daria razão de sua existência. Sua tarefa é consentir em fazer a verdade, assumindo a diferença, a ausência-de-ser, *não como um mal inevitável, mas como o lugar de sua vida*. Eis o que implica necessariamente a transferência do homem à ordem simbólica ou à mediação da linguagem. Eis, em todo caso, o que o discurso analítico nos dá a pensar.

II. A TROCA SIMBÓLICA

O caminho de constante itinerância ao qual se vê entregue o sujeito humano não é um caminho de errância num *no man's land*[36] desértico sem referências. Com efeito, existe a lei, eminentemente "objetiva" da ordem simbólica. Esta lei se concretiza num processo, o processo de troca simbólica que é devidamente estruturado e estruturante, uma vez que constitui as *regras do jogo* sem as quais a parte, "por não entender", não poderia mesmo se comprometer. Esse processo nos interessa aqui em primeiro lugar porque nos fornece um modelo, entre outros possíveis sem dúvida, para pensar o modo singular segundo o qual o sujeito emerge em sua relação com os outros sujeitos. Sua característica maior é que funciona na ordem do *não-valor*. Assim, ele nos abre um caminho possível para pensar teologicamente este *admirabile commercium* entre Deus e o homem que se chama *graça*.

1. Nas sociedades arcaicas

Em seu célebre *Essai sur le don*[37], Marcel Mauss estudou, como se sabe, um tipo de troca que regula o conjunto das relações entre grupos e entre indivíduos em certo número de sociedades arcaicas (autóctones na costa Pacífica do Alasca e do Canadá, da Polinésia, da Melanésia), cujos vestígios se encontram ainda no direito romano arcaico, no direito germânico antigo etc.

---

36. Equivalente ao nosso "terra de ninguém". (N. do E.)
37. Mauss, M., "Essai sur le don" (1923), in: Mauss, M., *Sociologie et anthropologie*, op. cit., 143-279. Citamos segundo esta edição nas páginas seguintes.

a. Sem valor

Lembremo-nos simplesmente de alguns traços principais desse tipo de troca. Primeiro, trata-se de um "fato social *total*" que diz respeito às trocas em todos os domínios (alimentação, mulheres, festas…) e a todos os níveis da sociedade (p. 163-164). Depois, trata-se de trocas de ordem *simbólica*, uma vez que "é certamente algo distinto do útil que circula" (p. 267). O útil não está certamente ausente. Assim, os melanésios conhecem o marketing (*gimwali*); mesmo "muito tenaz". Mas estes não são senão um momento, claramente diferenciado linguística e socialmente, da troca simbólica geral (*kula*), a qual, contrariamente ao mesmo princípio que rege a troca de mercado (o *gimwali*), não depende do regime do "valor": valor de uso (um saco de milho = x dias de alimentação ou x calorias) ou valor comercial (um saco de milho = tantos arpões para a pesca, segundo o sistema de troca, ou tanto dinheiro, segundo o sistema monetário).

Impossível compreender essas sociedades enquanto não se vê que o *princípio* que rege a troca geral é *de distinta ordem* que a do mercado ou do valor. É por isso que, segundo G. Duby, os "bárbaros" da época franca e merovíngia, cuja existência era tão precária, procediam, entretanto, à "destruição aparentemente inútil das riquezas adquiridas". Eles se empenhavam na pilhagem — e "com uma cobiça que parecia insaciável" —, mas somente era "para dar mais generosamente". O tesouro de seu soberano não era percebido antes como um capital de riqueza, mas como "um ornamento"; e "todo o povo" se gloriava nele. Finalmente, "a sociedade inteira era percorrida pelas redes indefinidamente diversificadas de uma circulação de riquezas e de serviços suscitada pelo que denominei de generosidades necessárias. As dos dependentes para com seus patrões, as dos pais para com a noiva, as dos amigos para com o promotor de uma festa, as dos grandes para com o rei, as do rei para com os grandes, as de todos os ricos para com os pobres, enfim, de todos os homens para com os mortos e com Deus. *Trata-se certamente de trocas, e são inumeráveis. Mas não se trata de comércio*"[38].

Esse sistema de "generosidades necessárias" confere ao saco de milho ou ao utensílio de ouro que se troca uma realidade de outra ordem que não a de seu valor utilitário. Dado "por nada" — nada do ponto de vista deste valor —, mas entendido que um terço vos devolverá a sua vez "por nada" do produto de sua pesca, de sua colheita, de seu artesanato ou de seu butim. Fora desta lógica — porque há verdadeiramente uma, e não, como

---

38. Duby, G., *Guerriers et paysans*. VIIe-XIIe siècles: *Premier essor de l'économie européenne*, Gallimard, 1973, cap. 3 "Les attitudes mentales".

dizia Lévy-Bruhl em 1910, uma "pré-lógica" de "sociedades inferiores" que teriam permanecido em um estágio infantil — não se pode compreender que essas gentes se permitam o luxo, insensato aos nossos olhos de Ocidentais, de dilapidar todo o seu "ter" em puro desperdício para festejar ou se mostrar à altura de seus congêneres, quando vivem em um universo de "privação" em que a existência é tão "precária".

b. As generosidades necessárias

Acabamos de colocar entre aspas os termos "precariedade", "privação", "ter". Sublinhamos assim um problema totalmente fundamental: o da *língua*. M. Mauss colocou muito bem essa questão abrangente: "Os termos que empregamos — presente, oferta, dom — não são em si mesmos totalmente exatos. Não encontramos outros, isso é tudo. Esses conceitos de direito e de economia que nos agrada opor — liberdade e obrigação; liberalidade, generosidade, luxo e poupança, interesse e utilidade —, seria bom repô-los no crisol" (p. 267). Nem nossas línguas, nem nossas instituições, nem em definitivo o conjunto de nossa cultura podem designar a realidade em questão. Dá-se *sem calcular*, mas essa "oferta" é *obrigatória*, porque "recusar dar equivale a declarar a guerra, é recusar a aliança e a comunhão" (p. 162). Reciprocamente, não se pode recusar a "oferta": "Um clã, os familiares, uma companhia, hóspedes, não são livres de não pedir hospedagem, de não receber ofertas" (p. 161-162). *Todo dom recebido obriga*. Impossível tomar o que é recebido sem devolver especialmente a um terceiro, que, por sua vez, oferecerá seu contradom a um quarto etc. De modo que as riquezas circulam sem cessar de cima para baixo na sociedade, em todos os níveis e em todos os domínios.

Que essas trocas "gratuitas" sejam "obrigatórias", que essas "generosidades" sejam "necessárias", que essas "liberalidades" sejam "interessadas" (p. 201), mesmo quando levadas ao ponto de "não querer dar até mesmo a impressão de desejar aquilo que se oferece", isso é evidente. Mas "o interesse somente é análogo ao que nos guia" (p. 271). Concerne, inicialmente, ao desejo de ser *reconhecido como sujeito*, de não perder as aparências, de não cair de sua posição e, consequentemente, de competir pelo prestígio.

2. Na sociedade ocidental contemporânea

Este desvio pelo sistema de prestações simbólicas das sociedades arcaicas não interessaria ao nosso propósito se não nos parecesse *revelador de nossos próprios arcaísmos*, amplamente desconhecidos, como pensava M. Mauss. Como mostrou E. Benveniste, o fato de termos encontrado vestígios em nossas línguas indo-europeias, especialmente no vocabulário de troca ("dar-tomar", "comprar-vender", "emprestar-pedir emprestado") e no vocabulário da "hospitalidade"[39], já é uma pista. Indício frágil, entretanto. Porque, entre nós, tantos séculos de tradição metafísica, de civilização técnica, de valor de mercado decorreram, fazendo reinar a equivalência, que, por um destino historicamente inexorável, nossas próprias línguas esqueceram a ambivalência nativa de nosso vocabulário de troca. Por isso, nos é muito difícil perceber que o sistema fundamental de "generosidades necessárias" e de "gratuidades obrigatórias", articulado segundo um processo de dom/recepção/contradom, continua a estancar *nossas* trocas. Temos dificuldade para reconhecer que, entretanto, *é isso ainda que nos faz viver como sujeitos e que estrutura todas as nossas relações no que têm de humanamente essencial*. Se é verdade, pelo menos, que o que nos faz viver não é da ordem do útil, mas da ordem — como no amor — da graça, do excesso, do "por cima do mercado...".

A *oferta* (com a condição, entretanto, de não ser reduzido a um objeto-valor de utilidade, como é o caso nas atuais "listas de casamento", por exemplo) é sem dúvida o que, em nossas instituições, resiste melhor ao imperialismo do "valor". J. Baudrillard vê aí "a ilustração mais próxima" da troca simbólica, na medida em que "é indissociável da relação concreta em que se troca, do pacto transferencial que ela sela entre duas pessoas [...]. Não há, pois, propriamente falando, nem valor de uso, nem valor de troca econômica, mas somente valor de troca simbólica". Porque é algo do que "se separa como de uma parte de si mesmo", constitui-se num significante que "fundamenta sempre ao mesmo tempo a presença mútua de ambos os termos e sua ausência mútua. Daí a ambivalência de todo material de troca simbólica (olhares, objetos, sonhos, excrementos): médium da relação *e* da distância, a oferta é sempre amor e agressão [...]. Assim, a estrutura de troca (cf. Lévi-Strauss) não é nunca a da reciprocidade simples. Não são dois termos simples, mas dois termos *ambivalentes* que trocam, e a troca fundamenta sua relação como *ambivalente*". Diferentemente do *objeto-sinal*, que reenvia apenas "à ausência da relação", o *objeto-símbolo* (como o dom) estabelece a relação "na ausência". Esta oposição se apoia na teoria geral que propõe o autor. Existem, segundo ele, quatro lógicas

---

39. BENVENISTE, E., op. cit., 316-318. *Le Vocabulaire des institutions indo-européennes*, t. 1 Économie, parenté, societé, ed. de Minuit, 1969, seção 2, "Donner et prendre", 65-121, e cap. 10 "Achat et rachat".

diferentes do valor: [1] a do *valor de uso*, funcional, regida pela utilidade (o carro como meio de circulação rápida); [2] a do *valor de troca*, econômica, regida pela equivalência (o carro como equivalente a uma quantia de dinheiro); [3] a do *valor-sinal*, diferencial, regida pela diferença codificada (o carro como sinal de certa posição e status social); [4] enfim, a da *troca simbólica*, regida pela ambivalência. Ora, esse conjunto é permeado por "uma única grande oposição" que atravessa "todo o campo do *valor*" (o das três primeiras lógicas) "e o campo do *não-valor*, o da troca simbólica"[40]; mais precisamente, entre a terceira, que representa o estágio acabado das duas primeiras, e a última.

Toda a obra de J. Baudrillard, com efeito, tende a mostrar que nossa atual "sociedade de consumo" é caracterizada por um "estágio em que a mercadoria é imediatamente produzida como sinal, como valor/sinal, e os sinais (a cultura) como mercadoria"[41]. O que dá *valor* às coisas não é o seu uso, mas *o sinal que se gera a partir desse uso* e que vem, assim, imaginariamente, duplicar o "real". A produção não é mais determinada senão pelas necessidades ideológicas que ela cria: colocada sob o sinal do crescimento pelo crescimento, sem outra finalidade nem referência além do sinal de prestígio, de poder, de progresso do qual nos satisfaz, ela vive somente de sua própria reprodução em valor/sinal codificado.

O que vendemos é menos a coisa do que a *ideia* da coisa. Vendem-nos menos o retorno à natureza, mediante as férias, do que a ideia de natureza, da "naturalidade". Impossível voltar, com efeito, à "natureza" das sociedades antigas: o sistema somente pode duplicá-la como sinal.

Assim, tudo se faz e se desfaz em nosso sistema pelo *efeito do código*, que se parodia e se duplica ao simular-se. À imagem do "sistema da moda", analisado recentemente por R. Barthes, em que, além do belo ou do feio, do útil ou do inútil, "abandonamos o sentido, entretanto, sem nada ceder do espetáculo mesmo da significação"[42]. A imagem do conjunto da cultura atual que, pensando-se e dizendo-se "cultivada", não pode senão produzir-se em espetáculo para si mesma. Tudo está na reduplicação; tudo funciona segundo o que J. Baudrillard denomina "*a ordem dos simulacros*": o sistema não tem mais referente do que o código que o rege. É o reino do *objeto disponível*. O homem tudo pode tomar. Ainda mais: é obrigado a tomar. Mas não pode devolver. A sociedade o gratifica com seus dons, ofere-

---

40. BAUDRILLARD, J., *Pour une critique de l'économie politique du signe*, Gallimard, 1972, 61-63 e 144-153.
41. Ibidem, 178.
42. BARTHES, R. *Le Système de la mode*, Seuil, 1967.

cendo-lhe todas as "seguranças" possíveis para que possa estar assegurado de nada perder de seu estoque de valores, por roubo, incêndio, doença, acidente — e até mesmo além de sua morte (seguro de vida). Mas ao mesmo tempo arrebata-lhe — é o pesado tributo a pagar — o direito ao contradom. A troca simbólica, articulada sobre a reversibilidade da troca, é neutralizada: trabalho, lazeres, conforto, seguridade, informação, saúde física e psíquica, saber científico, "cultura", tudo é dado *unilateralmente*, para melhor obedecer ao código reinante. E se a falta reaparece, então, as teorias do inconsciente estão disponíveis, utilizáveis como tudo mais, para preenchê-la de novo por meio de um "saber" que permite a cada um ter sonhos "analíticos", viver ilusões "edipianas", *gadgets* culturais que cada um pode consumir até mesmo em "*Ici Paris*"[43, 44].

Sonhar, a partir de algumas reflexões, que se volta ao tempo "maravilhoso" dos barcos à vela ou das lâmpadas a óleo seria a pior das ilusões: nunca as sociedades arcaicas se provaram como particularmente "felizes". O mito de uma idade de ouro se situa, por definição, sempre em outra parte... Mas esse reino totalitário do código não anuncia necessariamente o Apocalipse, assim como testemunham os múltiplos *contradiscursos* sociais que surgem, mediante os desejos multiformes de "retorno" — retorno à "natureza", à "festa", ao "sagrado", à "história" —, não somente nas margens da sociedade, contra o sufocamento da troca simbólica. Por mais enganosos que sejam, esses "retornos" constituem no nível das representações uma autêntica *reivindicação simbólica*. Impedem que o sistema, pelo mesmo esforço a que o constrangem para reassegurar seu domínio sobre eles, se fixe; ao desmontá-lo, fornecem o oxigênio que certamente lhe assegura sua sobrevida, mas que evita também a nossos contemporâneos sua própria asfixia. Contradição? Sem dúvida! Mas qual sociedade humana não vive de suas próprias contradições internas? Nossa sociedade de consumo não pode viver sem sua denúncia, que segrega, assim, o seu próprio antídoto.

Como nossos ancestrais, não podemos hoje deixar que se obstrua a falta que nos constitui. Por isso, essa falta, dissimulada pelo reino do valor, não pode senão nos *assombrar* — assim como a morte, que, entretanto, tudo nos esconde. Mas não está aí nossa possível salvação? Porque "é precisamente no extremo perigo" que pode se manifestar melhor "a possibilidade de que o que salva se levante no horizonte"[45]. Esta meditação de Heidegger

---

43. Referência a uma revista semanal extremamente popular na França. (N. do E.)
44. BAUDRILLARD, J., *L'Échange symbolique et la mort*, op. cit., 103-105.
45. HEIDEGGER, M., *La Question de la technique*, EC, 44.

sobre o destino histórico da metafísica que se realiza no homem da técnica, podemos prolongá-la para o homem do sinal, sinal entendido como "o apogeu da mercadoria"[46]. *A realização da metafísica* como lógica da representação e do valor não se efetua, com efeito, no homem do *valor/sinal*, em que o referente não é mais do que o código de representação que rege o sistema — seria verdade, pelo menos, que "o estágio acabado da mercadoria é aquele ou aquela que se impõe como código"?[47]

3. Troca comercial e troca simbólica: dois polos e dois níveis

Por mais predominante que seja hoje, a lógica do valor/sinal, que é a do mercado [A], não pode sufocar a do não-valor, que é a da troca simbólica [B]. Ambas habitam em *toda* sociedade humana, mas segundo uma dosagem variável cujas duas formas extremas são constituídas pelas sociedades arcaicas, por uma parte, e nossa atual "sociedade de consumo", por outra parte. Essas duas lógicas devem ser compreendidas como *dois polos* cuja tensão é constitutiva de toda sociedade humana.

Mas esses dois polos em tensão dialética dependem igualmente dos *dois níveis* diferentes de troca. A lógica do mercado (sob a forma de permuta ou moeda) é a do valor; ela depende do regime da necessidade que procura satisfazer-se imediatamente na posse dos objetos. A lógica da troca simbólica é de outra ordem. Porque o que se troca mediante inhames, conchas, ou lanças, assim como mediante a rosa ou o livro oferecidos como um presente entre nós, é mais e outra coisa que o que valem no mercado ou para o que podem ser úteis. É mais e outra coisa além de seu dado imediato. Estamos aqui mais além ou mais aquém do regime da utilidade e da imediatez. O princípio é o do *excesso*. *O verdadeiro objeto de troca são os próprios sujeitos*. Por intermédio dos objetos, são os sujeitos que fazem ou refazem a *aliança*, que *se reconhecem* como membros inteiros da "tribo", que aí encontram sua *identidade* ao se mostrarem em seu lugar e ao colocarem e recolocarem os outros "em seus lugares". Então, o que está em jogo na troca simbólica é da mesma ordem daquilo que está em jogo na linguagem, se é verdade, como escreve F. Flahault, que "toda palavra, por mais importante que seja seu valor referencial e informativo, se formula também a partir de um 'quem eu sou para ti, quem tu és para mim' e é operante neste

---

46. Baudrillard, J., *Pour une critique...*, op. cit., 259.
47. Ibidem.

campo"[48]. Neste caso, como noutro, estamos lidando com a mesma questão do reconhecimento reversível de cada um como plenamente *sujeito*.

A diferença de "nível" entre o princípio do mercado e o da troca simbólica é, portanto, clara. Como no presente ofertado, o que se troca nesse último caso não tem custo no mercado dos valores. Isso está além de todo mercado, "*por cima do mercado*", isto é, sem preço, "gracioso". Porque a essência simbólica do presente se caracteriza justamente não pelo valor do objeto oferecido — este pode ser praticamente nulo em termos de valor de uso, ou de valor mercantil, e o "nada" oferecido pode ser, entretanto, plenamente recebido como presente —, mas pela *relação de aliança*, de amizade, de afeição, de reconhecimento (de e para o outro) que ela cria ou recria entre os parceiros. São *sujeitos que se trocam* mediante o objeto; que trocam, *sob a instância do outro*, sua *ausência-de-ser* e vêm assim em presença um do outro no seio de sua ausência aprofundada, de sua diferença radicalmente provada por isso como alteridade. Não estamos mais no regime da necessidade e da posse de objetos, mas no regime do "desejo" articulado pela demanda do outro. Assim, apesar de algumas diferenças[49], são *nossos próprios arcaísmos* que nos manifestam de maneira exemplar os sistemas arcaicos de prestação total. Hoje, como ontem, o que nos dá a possibilidade de vir a ser e de viver como sujeitos é esse processo, permanecido impensado até recentemente, de dom/recepção/contradom que estrutura toda relação significante, isto é, "humana", entre parceiros. Processo que é o mesmo da linguagem.

4. Graciosidade e gratuidade

Pensar teologicamente a graça de Deus, e mais precisamente a graça sacramental, na ordem da troca simbólica, tem para nós a imensa vantagem de situá-la de imediato no registro do não-valor. Assinalamos isso anteriormente com referência ao maná no deserto: a graça é essencialmente o não-

---

48. Flahault, F., op. cit., 50.
49. A diferença entre o nosso presente e as generosidades necessárias dos sistemas arcaicos reside no fato de que a única obrigação à qual nos submete a recepção do objeto como "presente" é, minimamente, o contradom de uma palavra de "agradecimento" (na ausência do quê, o objeto teria sido adquirido como valor, mas não recebido como presente), quando nas sociedades arcaicas o receptor é obrigado a dar de volta outros bens a um *terceiro*, uma vez que todo sistema funciona assim, a começar pelo plano das necessidades alimentares necessárias. Essa diferença não é evidentemente negligenciável, uma vez que ela dá lugar a sistemas econômicos e sociais quase opostos.

calculável e o não-estocável. Ela está "além do útil e do inútil", segundo a expressão de A. Delzant[50]. Ela pertence ao "acima do mercado" e ao excesso. Enquanto tal, é *"graciosidade"*. Este conceito designa aqui o que não pode, por definição, tornar o objeto um *cálculo*, um preço, um produto.

Mas esse conceito de graciosidade somente expressa uma dimensão da graça. Há dela uma segunda definição que não aparece: a *precedência* do dom de Deus que implica igualmente a graça segundo a tradição teológica. É preciso, pois, cruzar o conceito de "graciosidade" com o da *"gratuidade"*. Termo igualmente precioso, uma vez que indica que não estamos na origem de nós mesmos, mas que nos originamos de um dom primeiro. Dom gratuito, que não está necessitado por nada e que não podemos justificar por nada.

Para ser teologicamente cristão, o discurso da graça deve, pois, *conjugar os dois conceitos* que acabamos de esclarecer. Se considerarmos unilateralmente o aspecto de gratuidade, tal discurso seria perverso. Porque cumular alguém de superabundantes prodigalidades gratuitas feitas "sem desejo de retorno" é despojá-lo do inalienável dever de resposta que exige todo reconhecimento do outro como sujeito; é, assim, aliená-lo, desconhecê-lo como "outro". O sujeito só pode morrer asfixiado se se tornar o "objeto" (tal é bem a palavra!) de generosidades gratuitas às quais não pode responder.

Todo dom obriga, como vimos antes; não há uma recepção de uma coisa qualquer *como dom* que não envolva o contradom de um reconhecimento, no mínimo um "obrigado" ou alguma expressão fisionômica. Isto significa que a gratuidade do dom *implica obrigatoriamente*, pela própria estrutura da troca, *o contradom de uma resposta*. Teologicamente, por consequência, a graça exige não somente esta gratuidade primeira da qual depende o resto, mas também a *graciosidade do conjunto do percurso*, e especialmente do contradom. Essa graciosidade qualifica o contradom requerido como sem preço, sem cálculo — em suma, como resposta de amor. *O contradom de nossa resposta humana pertence, pois, ao conceito teologicamente cristão de "graça".*

Inversão capital para a inteligência cristã da relação com Deus! Apenas um exemplo: se é verdade que o batismo de crianças é um meio fundamental de afirmação da gratuidade da graça, não pode ser tomado como a figura exemplar dessa mesma graça sem risco de a perverter — ela seria, com efeito, tanto mais "graça" quanto estivesse em concorrência com a livre resposta do homem. O agostinismo nem sempre escapou dessa armadilha…

---

50. DELZANT, A., *La Communication de Dieu. Par-delà utile et inutile. Essai théologique sur l'odre symbolique*, Cerf, 1978.

Ora, não afirmamos Deus em detrimento do homem: a graça não é jamais tão bem afirmada em sua integralidade como quando leva em conta a liberdade do contradom do homem que ela solicita. Não podendo, por consequência, jamais ser desligado do processo de troca em que ela se inscreve como "dom", não pode ser tratada sob o modo de "objeto" ou de "produto acabado", por mais "espiritual" que seja. Exige ser tratada como sem-valor, no modo simbólico da comunicação e prioritariamente da comunicação de palavra. Em vez de ser representado como um objeto-valor que se afinaria pela analogia, o "tesouro" é indissociável do *trabalho simbólico* pelo qual o sujeito frutifica ao vir a ser como crente.

✱
✱ ✱

Dois elementos importantes sobressaem no presente capítulo. Primeiro, a verdade do sujeito crente em sua relação com Deus não pode se efetuar (como a do sujeito *tout court*) senão no seio da *mediação*, da qual os sacramentos constituem a expressão simbólica maior, como nós já veremos. Segundo, porque contemporâneo da mediação e não anterior a ela ou dissociável dela como é o instrumento, o sujeito está *sempre em gênese* de sua verdade de crente, ou seja, da verdade de sua relação com Deus. Essa relação se efetua não por "capitalização" de valores, mas segundo um trabalho simbólico cujo processo não é outro senão o da *troca simbólica* ou da comunicação da palavra entre sujeitos. É, portanto, na esteira da mediação da palavra e de sua eficácia simbólica que compreendemos os sacramentos e a graça dos quais eles são a "expressão".

Capítulo 4
O símbolo e o corpo

Toda a nossa problemática anterior nos leva a falar teologicamente dos sacramentos não como instrumentos, mas como mediações, isto é, meios expressivos pelos quais se efetua a identificação, e, assim, o advento, dos sujeitos como crentes.

Portanto, na medida em que, como veremos na primeira seção deste capítulo, a distinção entre "*sinal*" e "*símbolo*" gira, segundo nós, ao redor da consideração (símbolo) ou da não consideração (sinal) dos sujeitos *como tais*, seremos levados a pensar teologicamente os sacramentos em termos de símbolo e não de sinal.

Por outro lado, considerando que tal efetuação simbólica é característica do que chamamos de "*atos de linguagem*", seremos levados, na segunda seção, a tomar os sacramentos como *atos de simbolização* que põem em prática a dimensão *ilocutória* dos atos de linguagem, dimensão segundo a qual realizam a performance de instituir uma *relação de lugares* entre os sujeitos e assim uma identificação desses em relação aos outros no seio deste "mundo" particular que é a Igreja.

Em terceiro lugar, como essa dimensão ilocutória se dá exemplarmente a ver nos atos de linguagem *rituais* em que a ritualidade é precisamente constitutiva da expressão litúrgica, nós seremos conduzidos — será então nossa terceira seção — a pensar a *eficácia simbólica* desse tipo de mediação expressiva e a situar criticamente a graça sacramental nesta perspectiva.

Estas três primeiras seções não fazem senão acentuar a reflexão realizada no capítulo precedente: o símbolo, e eminentemente o símbolo ritual, é a epifania mesma da mediação, no que ela tem de mais contingente e de mais culturalmente determinado. Assim, somos reenviados do símbolo ao *corpo*, este corpo que é a mediação arquissimbólica fundamental de toda identificação subjetiva. Isso nos levará, desde então, a pensar teologicamente os sacramentos que põem justamente em prática os corpos dos crentes, como a figura simbólica exemplar da corporeidade da fé. *Do símbolo ao corpo*, é uma mesma problemática da mediação que se desenvolve, pois, na fidelidade à constituição linguística do homem e à perspectiva de "superação" da metafísica.

I. SINAL E SÍMBOLO

Distinguimos precedentemente duas lógicas em ação na troca dos bens: a do mercado e a do valor, centradas nos objetos como tais; e a simbólica, aquém ou além do valor, centrada na relação entre os sujeitos como tais. Essas duas lógicas, dizíamos, dependem de *dois níveis* diferentes no seu próprio princípio; e, entretanto, elas se articulam concretamente segundo *duas polaridades* em tensão dialética. São esses dois níveis e as duas polaridades que vamos encontrar agora em nossa distinção entre sinal e símbolo.

Sinal e símbolo estão sempre misturados no concreto. Impossível afirmar de maneira unilateral: "isso é um sinal" ou "eis ali um símbolo". Como para "a metafísica" e "o simbólico", os dois conceitos de "sinal" e de "símbolo" têm para nós valor principalmente *metodológico*; e sua distinção desempenha uma função *heurística* que nos permite operar uma discriminação nas realidades empíricas complexas. Estes dois conceitos têm, portanto, valor *relativo* neste trabalho: é sua relação mútua de diferenças, tal como explicaremos, que lhes confere sua pertinência. Em outros termos, não pretendemos definir de maneira absoluta a essência do símbolo; pretendemos somente localizar elementos dele que nos parecem poder caracterizá-lo *enquanto* diferente do sinal, segundo, pois, um ponto de vista "formal". Mas aparecerá então — e é o principal benefício da operação — que, porque advém de um princípio diferente, o símbolo não pode ser compreendido na esteira do sinal, do qual seria somente uma realização mais "estética" e mais complexa.

1. Dois níveis de linguagem

a. *O símbolo antigo*

O verbo grego *symballein* significa literalmente "lançar juntamente". Construído transitivamente, traduz-se, segundo o contexto, por "reunir", "pôr em comum", "trocar" (*symballein logus*, "trocar palavras"); intransitivamente, por "encontrar-se", "entreter-se". O substantivo *symbolè* designa a articulação do cotovelo ou do joelho e, mais amplamente, toda ideia de conjunção, de reunião, de contrato ou de pacto. O *symbolon* antigo é justamente um objeto cortado em duas partes das quais cada um dos parceiros de um contrato recebe uma parte. Cada uma das duas metades não tem evidentemente valor algum isoladamente e pode significar imaginariamente qualquer coisa. Sua valência simbólica somente se mantém em relação com a outra metade. E precisamente, quando, anos ou gerações mais tarde, os dois portadores ou seus descendentes chegam a "simbolizá-las" ao juntá-las, reconhecem nelas o penhor de um mesmo contrato, de uma mesma aliança. É deste modo que a comunicação estabelecida entre os dois parceiros faz o símbolo. É o *operador de um pacto social de reconhecimento mútuo* e, por este fato, um *mediador de identidade*.

O campo semântico da palavra "símbolo" se estendeu a todo elemento (objeto, palavra, gesto, pessoa…) que, trocado no seio de um grupo, semelhante a uma senha, permite ao grupo como tal ou aos indivíduos reconhecerem-se, identificarem-se. O pão e o vinho da eucaristia, a água do batismo, o círio pascal, o "Cordeiro de Deus que tira os pecados do mundo", o sacerdote que porta as vestes litúrgicas, a genuflexão diante do altar etc. são assim mediadores da identidade cristã. Estas palavras, os gestos, objetos, as pessoas *nos introduzem imediatamente no mundo do cristianismo ao qual pertencem*: cada um deles, enquanto pertencente à ordem desse cristianismo, "simboliza" imediatamente nossa relação com ele. Como todo grupo, a Igreja se identifica mediante seus símbolos, a começar por seu formulário de confissão de fé denominado justamente "símbolo dos apóstolos".

b. *"O símbolo nos introduz em uma ordem da qual ele mesmo faz parte"*

Esta é, segundo E. Ortigues, uma das características maiores do símbolo em sua diferença com o signo: "O símbolo não reenvia, como o sinal, à alguma coisa de outra ordem distinta de si mesmo, mas tem por função nos introduzir numa ordem da qual ele mesmo faz parte e que se pressupõe em sua alteridade radical como ordem significante"[1]. O sinal "reenvia a alguma coisa distinta de si", uma vez que implica "uma diferença entre duas ordens

---

1. ORTIGUES, E., *Le Discours et le symbole*, op. cit., 65. As referências, na sequência do texto, se remetem a esta obra.

de relações: as relações significantes sensíveis e as relações significadas inteligíveis" (p. 43). O símbolo nos introduz, ao contrário, como mostram alguns exemplos cristãos dados anteriormente, *na ordem cultural a qual pertencem* a título de símbolo, ordem que é "de uma ordem distinta de toda realidade simplesmente dada", "ordem simbólica" que "supõe necessariamente em seu princípio uma ruptura de continuidade inaugural, uma potência de heterogeneidade que o situa além da vida imediata" (p. 210).

— O fonema

O símbolo começa com a *ruptura inaugural com o imediatamente dado*. Com efeito, encontra-se como seu grau zero com o *fonema*. "Um fonema é um símbolo", de uma parte porque, não tendo significado algum, não reenvia a algo de outra ordem daquela a que pertence; de outra parte, porque, entretanto, introduz no mundo do sentido: pressupõe, para poder ser reconhecido como fonema, uma convenção humana que o arranca de seu estado simples de "ruído" e que o situa na cadeia dos significantes destinados à comunicação, isto é, na ordem humana, e não mais animal. Fazer a diferença, em plena floresta virgem, entre um /b/ ou um /ba/ ou um /ah/ e qualquer grito animal ou ruído da floresta é *reconhecer* uma presença humana, é *retomar a aliança* com a humanidade. O pacto social do símbolo começa desde o início da linguagem, com os fonemas.

Mas esse pacto ou essa convenção é totalmente singular em relação a outro pacto que *jamais foi objeto de um decreto* da parte da sociedade humana, uma vez que esta existe somente como contemporânea da linguagem. É, pois, no espaço *originário* em que se funda toda convenção, toda regra do jogo, toda possibilidade de comunicação em que o símbolo fonético nos faz entrar. É o operador que, introduzindo diferenças a cada vez detectáveis numa escala de "ruídos" naturais, as transforma em um sistema cultural de comunicação. Neste nível intralinguístico, o símbolo traduz "a função de negatividade essencial para a linguagem; o que quer dizer que corresponde, no interior mesmo do *Logos*, ao que é ação, trabalho, operação que transforma o dado natural e por este título o nega, se recusa a se contentar com isso" (p. 186).

O símbolo é, pois, o *testemunho da estruturação interna de todo sistema de linguagem*. É nesse sentido que se pode falar de um símbolo *lógico-matemático*: vazio de todo conteúdo representativo, pura figura da regra de linguagem que os matemáticos deram, a variável x não tem "sentido" designável como tal; seu "sentido" se esgota na própria regra do jogo (p. 174).

Nos dois casos, do símbolo fonético e do símbolo matemático, "a relação *interna* da linguagem com a linguagem é a razão de ser da função simbólica". Onde o sinal é como "um poder centrífugo voltado para a expressão atual e a gênese das formas objetivas do pensamento", o símbolo é como um "poder centrípeto que pressupõe em sua lei anterior de formação a gênese das possibilidades de reconhecimento entre sujeitos". *Portanto, o símbolo marca o limite mesmo da linguagem: atesta "a estrutura como tal"* (p. 65), manifesta a *lei que o rege interiormente*, é o operador originário de toda subjetividade, uma vez que todo sujeito se institui na linguagem.

O interesse de nossa regressão até o grau zero do símbolo fonético (deixamos de lado as questões particulares que colocam o símbolo lógico-matemático) é duplo. De uma parte, uma vez que /b/ somente é um fonema pelos traços discretos que o diferenciam de /p/, /g/, /k/ etc., percebemos que um elemento somente se torna símbolo por meio de sua *relação* com todos os outros elementos do sistema. Isolado, esse elemento pode significar qualquer coisa. Como na neurose, o objeto funciona, então, imaginariamente: em lugar de o recolocar no conjunto em que encontra sua coerência, nos polarizamos nele, e este detalhe em si "in-significante" torna-se uma ideia fixa à qual se vincula todo o resto. "Um mesmo termo pode ser imaginário se se considera absolutamente, e simbólico se se compreende como *valor diferencial*, correlativo de outros termos que o limitam reciprocamente... Não se pode isolar um símbolo sem destruí-lo, fazê-lo deslizar no imaginário inefável" (p. 194-221).

Como um pedaço de vaso quebrado, um símbolo somente tem, portanto, seu valor pelo lugar que ele ocupa no seio do conjunto. Esse lugar se manifesta pelo seu ajuntamento simbólico, obtido por colagem mental com os outros pedaços. É o que permite, a partir de um pedaço de porcelana encontrado na rua, dizer, por exemplo, "Olha só! Um vaso...". Acontece, portanto, que um elemento somente se torna símbolo na medida em que *representa o todo* (o vaso) do qual é indissociável. Por isso, *todo elemento simbólico leva consigo o conjunto do sistema sociocultural ao qual pertence.* É por esse ângulo que o símbolo é o operador de reconhecimento e de identificação dos sujeitos como tais.

— O símbolo propriamente dito

Encontramos os dois traços que acabamos de mencionar no que E. Ortigues denomina "os símbolos propriamente ditos": símbolos religiosos ou políticos, míticos ou poéticos... Com efeito, de uma parte, é enquanto *correlativo* dos outros elementos constitutivos da sequência ritual em que encontra o seu lugar que um elemento ritual funciona como símbolo. Mais amplamente, na medida em que um ritual remete a um conjunto de representações religiosas, elas mesmas ligadas a esse conjunto coerente de valores econômicos, sociais, políticos, éticos que se denomina cultura, pode-se, como mostraram as análises de V. Turner, reconhecer nos símbolos rituais "unidade de armazenamento" dos valores, normas, crenças, papéis sociais da comunidade, "revistas de informação sobre os valores estruturais dominantes de uma cultura"[2].

Ao mesmo tempo, *é toda a ordem simbólica à qual pertencem* (ou, pelo menos, toda uma parte dessa, correlativa do resto) *que um símbolo faz surgir*. Assim, o ramo bifurcado despojado de sua casca que os *ndembu* da Zâmbia denominam *chishinga* e empregam num ritual de caça é (como mostra V. Turner mediante a análise que propõe do nome que a designa, da substância da qual é feita e do objeto fabricado) como o "desdobramento" simbólico de sua língua (a raiz da palavra e suas significações diversas), de seu sistema de parentesco e de relações sociais, dos valores éticos que regulam seus comportamentos, das representações de seu ambiente ecológico. De modo que "os *ndembu* consideram a *chishinga* menos como um objeto de conhecimento do que como uma *potência unificadora que reúne* todos os poderes inerentes às atividades, aos objetos, às relações e ideias que ela representa"[3]. Esse símbolo "propriamente dito" introduz na ordem ritual, religiosa, social à qual pertencem; por isso todo *ndembu* reconhece nele, de maneira amplamente não consciente, sua cultura e, assim, *se reconhece* nele, se "encontra" nele, se identifica nele em sua relação com os seus congêneres, com a tradição ancestral, com o universo que o cerca e que ele habita como o seu mundo. É, portanto, *mediação de reconhecimento mútuo entre sujeitos e de sua identificação no seio de seu mundo*. Sua aderência ao mundo dos sujeitos é tal, por outra parte, que ele cessa de funcionar *hic et nunc* como símbolo desde que se toma uma distância crítica a seu respeito[4].

---

2. TURNER, V., *Les Tambours d'affliction. Analyse des rituels des Ndembu de Zambie*, Gallimard, 1972, 12 e 16.
3. Ibidem, 204-207. Nós sublinhamos.
4. Cf. USHTE, T. e ERDOES, R., *De mémoire indienne*, Plon, 1981. Após ter notado que, "do nascimento à morte, nós índios estamos vinculados às dobras do símbolo como numa coberta", Tahca Ushte acrescenta, "é curioso, porque para 'simbolismo' *não temos sequer uma palavra*, e entretanto o simbolismo nos impregna no mais íntimo de nosso ser" (118-123). De fato, nada existe aí de "curioso": desde que se torna objeto de reflexão crítica, o símbolo degenera. Ele "adere" tão fortemente ao mundo cultural do grupo que ele funciona, tanto melhor quanto menos se identifica como tal numa categoria semântica particular. Esta é a observa-

Compreende-se, desde então, que o símbolo escapa por essência até mesmo do valor (exceto, seguramente, em seus contornos formais, sem os quais não se poderia sequer distinguir dos outros elementos com os quais forma o sistema). Assim, segundo as excelentes páginas que Heidegger consagrou à *obra de arte*, todo *utilitarismo*, seja de ordem técnica, de ordem cognitiva ou mesmo "de ordem estética", *está banido* dos sapatos da campesina pintados por Van Gogh: o quadro não nos permite "saber nada em absoluto"; faz "acontecer a eclosão como tal"[5]; não serve "de maneira alguma para ilustrar melhor" o produto-calçado, nos mostra "o que *é* em verdade o par de sapatos" (p. 36)

Porque "na obscura intimidade do gasto dos sapatos está inscrita a fadiga dos passos do trabalhador [...]. Nos sapatos vibra o apelo silencioso da Terra, sua calma doação do grão que amadurece e o não esclarecido recusar-se do ermo terreno não cultivado do campo invernal. Através desse utensílio perpassa a aflição sem queixa pela certeza do pão, a alegria sem palavras da renovada superação da necessidade, o tremor diante do anúncio do nascimento e o calafrio diante da ameaça da morte. À Terra pertence este utensílio e no Mundo da camponesa está ele abrigado".

E quando ela os remove à tarde, os procura na aurora ou passa ao lado deles, "ela sabe tudo isso", sem ter nenhuma necessidade de nisso pensar: porque *tudo isso é simbolicamente "reunido" nos sapatos*; mediante eles, a camponesa está assim *"unida a seu mundo"* (p. 34-35).

Esta é, pois, "a essência da arte: implementar a verdade do ente". Nada a ver com alguma "imitação ou cópia do real" na esteira da verdade *adaequatio* da metafísica (p. 37). Contra essa verdade-retidão que tudo submete a sua "indiscrição calculadora" (p. 50), a obra de arte, como toda obra simbólica, manifesta o que é a verdade: não algo já dado previamente ao qual bastaria ajustar-se com exatidão, mas um "fazer vir" (p. 48), um "advento" (p. 52) que, como uma "bonança", só se dá "reservando-se" numa espécie de "suspense" a quem, contra todo utilitarismo, sabe respeitar o "lugar vacante" em que se produz (p. 58-59). Nenhum sapato de campesino é mais

---

ção etnológica de E. de Rosny: "Falar do rito ou do símbolo significa isolá-lo, olhá-lo a distância, desmistificá-lo um pouco: operação intelectual e dessacralizadora cujo perigo sentem meus colegas [...]. O emprego da palavra 'rito' ou 'símbolo' supõe um distanciamento tático próprio da linguagem que corre o risco de empobrecer o sentido mesmo da ação que recobre" (DE ROSNY, E., *Les yeux de ma chèvre. Sur les pas des maîtres de la nuit en pays douala* [Cameroun], Plon, 1981, 285).

5. HEIDEGGER, M., "L'Origine de l'oeuvre d'art", in: *Chemins...*, 47-48. É a esta obra que remetem as referências entre parênteses no texto.

verdadeiro que o do quadro de Van Gogh. O símbolo *toca o mais real* de nosso mundo, e o faz chegar à sua verdade.

— O testemunho do lugar vacante

Ele somente pode realizar esta enquanto testemunha da fé fundadora da humanidade: lei do desvio, da falta, da alteridade, do "lugar vacante" em que o real pertence a uma ordem distinta do dado imediato ou do valor disponível. Por isso, como escreve E. Ortigues, "o símbolo somente existe eficazmente ali onde introduz algo mais do que a vida, alguma coisa como um julgamento, um pacto, uma lei sagrada", alguma coisa que, como a palavra, "obriga a integrar a referência ao morto (ao antepassado, ao deus, ao ausente) no pacto que ata a relação entre os vivos"[6]. Como *testemunha desse lugar vacante* do outro, o símbolo reúne os entes num mundo significante e, no seio desse mundo, "impõe uma lei de reconhecimento recíproco entre os sujeitos". Esse reconhecimento dos sujeitos em seu mundo e entre eles requer que seja mediador de um "*terceiro termo* por superação de uma relação dual fascinante, 'imperialista', em que a consciência se perde em sua dupla fantasmática"[7]. É verdade que "todo o problema da simbolização se situa nessa passagem da oposição dual à relação ternária"[8]: esse problema não é outro senão o da linguagem, que o símbolo leva como à sua "segunda potência", problema de identificação dos sujeitos em sua relação com o mundo e entre si.

c. *Valor e não-valor*

— O sinal como valor de conhecimento

Tratar uma palavra como sinal, no plano intralinguístico, é definir seu *valor* como relação de diferença, seja no plano paradigmático, entre essa palavra e todas as outras palavras do léxico, seja no plano sintagmático, entre essa palavra e as outras palavras do enunciado. Ao superar esta estrita "pertinência" intralinguística da palavra, determinada por seus traços "discretos", trata-se, também, a palavra como sinal quando se pergunta, num plano mais geral, se é pertinente para evocar o referente extralinguístico a que visa. É o valor do *enunciado* enquanto diz algo sobre algo, que é aqui

---

6. Ortigues, E., op. cit., 66.
7. Ibidem, 198-199.
8. Ibidem, 205.

medido. Toma-se, assim, a linguagem segundo sua dimensão *informativa*, tida em relação à retidão do conhecimento que fornece. O ideal da linguagem, nesta perspectiva, é tender para o máximo de exatidão, e, portanto, de univocidade e de equivalência; a linguagem científica, que se quer discurso sem sujeito, constitui o modelo subjacente deste ideal.

— O símbolo como mediação de reconhecimento

Tratar as palavras como *símbolos*, pelo contrário, é interessar-se prioritariamente não pelo enunciado e por seu valor, mas pela *enunciação* e pelo sujeito que nela se comunica com outro sujeito. Se o fato de "dizer algo sobre algo" não é evidentemente indiferente, é no ato de "alguém que o diz a alguém" que aqui se põe a atenção. Porque, neste plano, a função primeira da linguagem não é designar um objeto ou transmitir uma informação — o que faz também toda linguagem —, mas sobretudo *atribuir um lugar ao sujeito* em sua relação com os outros. O símbolo se mantém, com efeito, do lado do sujeito que aí se produz no produtor, que aí se põe em cena ao realizá-lo na prática. Os efeitos de sentido que produz (numa relação, como diz P. Ricoeur, não "do sentido à coisa, mas do sentido ao sentido"[9]) devem ser compreendidos como *efeitos do sujeito* — sujeito coletivo ou sujeito individual; sujeito emissor ou sujeito receptor: este se reconhece aí, e se identifica.

Se, passeando pelas ruas de Pequim no coração de uma multidão na qual, único francês ou ainda único ocidental, eu me sinto perdido, ouço de repente distintamente o significante /pedra/ que identifico imediatamente como um significante da língua francesa, distinto pelo menos de um fonema de /bière/, /lierre/, /fier/[10], minha primeira reação não é me interessar pelo seu significado "pedra" — enquanto distinto dos significados da mesma classe paradigmática dos minerais como "rocha", "cascalho", "pedaço de pedra" e, seguramente, de todos os significados das classes animais, vegetais… eu não me encontro na circunstância "Olha, é questão de uma 'pedra'…", mas, por exemplo, "Ah!, um francês por aqui…". Minha reação teria sido a mesma se eu tivesse ouvido /fleur/ [flor] ou /merci/ [obrigado], ou ainda — termo eminentemente simbólico — a palavra ou frase de Cambronne…[11]

---

9. Ricoeur, P., *De l'interprétation. Essai sur Freud*, Seuil, 1965, 25-27.

10. Respectivamente: cerveja, hera, orgulho. (N. do T.)

11. Referência ao general francês Pierre Jacques Étienne Cambronne. Ao combater na Batalha de Waterloo, no auge do combate, teria dito uma frase que ficaria célebre: "A guarda morre mas não se rende!". (N. do E.)

O significado dessas palavras não é pertinente nesse contexto. O efeito imediatamente produzido é o *reconhecimento* da "França" aqui presente, o *elo* simbolicamente retomado com a "francidade", e não o conhecimento que a palavra me dá enquanto sinal. Ter ouvido uma pessoa falando francês, isso me introduziu de repente na comunidade linguística à qual /*pierre*/ [pedra], /*fleur*/ [flor] ou a frase de Cambronne pertencem; isso me identificou como membro dessa comunidade, com tudo o que está intrinsicamente ligado a ela na cultura, na tradição histórica, nos hábitos culinários, na "verde Normandia" ou no "azul mediterrâneo"...

A mesma análise pode se aplicar, num plano *não linguístico*, à bandeira nacional ou a um postal representando a Torre Eiffel. Nos dois casos, pode-se tomá-los como simples sinais: o que significam, historicamente, o azul e o vermelho em nossa bandeira tricolor? Quando e por que foi edificada a Torre Eiffel? Quantas questões há na ordem do "conhecer", da informação, da utilidade, do valor. Mas, na maioria das vezes, pouco nos importa tudo isso: a simples visão de uma bandeira francesa em alguma parte no fim do mundo *religa* meu elo com a nação-mãe e me identifica como francês, como aquele do postal representando a Torre Eiffel religa meus elos com a "parisianiade". Porque essa torre é Paris como a bandeira tricolor é a França. Certamente, elas o são em graus diferentes, considerando as circunstâncias (por exemplo, o elevar das cores no dia 11 de novembro) e a relação entre essa bandeira e o mundo cultural de cada um (por exemplo, quem pisasse voluntariamente na bandeira diante de um antigo combatente cometeria, aos olhos deste, um verdadeiro sacrilégio, um atentado contra a mãe-pátria, ou feriria tanto quanto uma injúria que lhe fosse dirigida pessoalmente). Múltiplas são as palavras, as imagens, diversos são os elementos materiais simbólicos cuja injúria *nos atinge* pessoalmente como um insulto...

Em todos esses casos, o símbolo nos tem na ordem do reconhecimento e não do conhecimento, da interpelação e não da informação: é *mediador de nossa identidade de sujeito no seio desse mundo cultural que o símbolo leva consigo e do qual é, como o "desdobramento", não consciente.*

— Três traços principais do símbolo

Os exemplos que acabamos de dar permitem descobrir os traços principais que, nos parece, caracterizam o símbolo:

[1] Se tem necessariamente um "valor" formal distintivo, se, deste ponto de vista formal, deve-se considerá-lo como o testemunho interior do que torna possível toda a cultura como sistema coerente de valores, sua função

não é, como a do sinal, remeter a um *aliud aliquid* que se mantém sempre no terreno do valor, da medida, do cálculo: valor cognitivo das representações em relação ao real; valor econômico do ter em relação às disponibilidades do grupo; valor técnico dos objetos em relação ao trabalho a realizar; valor ético dos comportamentos em relação às normas da sociedade etc. A função primeira do símbolo é *articular* aquele que o emite ou o recebe com seu mundo cultural (social, religioso, econômico...) e desse modo *identificá-lo* como sujeito em sua relação com os outros sujeitos. Ele amarra, assim, o pacto cultural em que se efetua todo o *reconhecimento* mútuo. Simultaneamente, atesta esta lei da *ausência* (lei do ausente, do outro, do antepassado...) que fundamenta toda sociedade humana e, nela, todo indivíduo como sujeito. Todas as coisas que, por definição, escapam ao "valor".

[2] *O símbolo realiza, assim, a função primordial da linguagem da qual é a testemunha interior*: função não em primeiro lugar de informação sobre o real (perspectiva instrumental), mas de informação do real ao qual dá "forma" significante de "mundo", arrancando-o, por distanciamento, de seu estado bruto; função não em primeiro lugar de apelação, por distribuição de etiquetas, mas de *interpelação*, de presencialização; função não em primeiro lugar de representação dos objetos, mas de *comunicação* entre os sujeitos. Certamente, a linguagem desempenha também, e necessariamente, um papel de informação, de apelação, de representação. Por isso, esse polo de sinal está sempre em relação com seu polo simbólico. Mas a função simbólica é primeira e pertence a um nível distinto daquele de sinal. *É o símbolo que, na linguagem, torna o real falante*: que fala para o homem, porque fala do homem e até fala o homem. E, ao mesmo tempo, é o símbolo que torna o homem falante: "... pois o homem fala, mas é porque o símbolo o fez homem"[12].

[3] A diferença entre sinal e símbolo nos aparece assim como *homóloga* à que existe entre o princípio do valor de objeto que rege o *mercado* e o princípio, sem valor, de comunicação entre sujeitos que rege a *troca simbólica*.

d. Símbolo e realidade

Se é exato que sinal e símbolo se referem a dois níveis essencialmente diferentes, *não é mais possível pensar o segundo como derivado do primeiro*. Tal foi, entretanto, o pressuposto constante da *retórica* ocidental, como mos-

---

12. LACAN, J., *Écrits*, 276.

trou T. Todorov em sua obra *Théories du symbole*[13]. Este pressuposto era, aliás, intrinsecamente ligado à *metafísica* da linguagem instrumental que visava restituir de maneira mais *unívoca* possível o real percebido em seu estado de "natureza" e, portanto, ajustar-se a ele como à sua norma (cf. verdade-ajustamento).

Segundo esta problemática, o símbolo somente pode ser considerado como um *sinal mais complexo* que, por causa disso, se separa ainda mais da norma que é de natureza polissêmica. Por uma "mudança intencional" (p. 75), *reveste* as coisas com um ornamento mais belo, adorna a verdade com joias, não, como sublinha Santo Agostinho a propósito de Cristo, "para recusar a comunicação, mas para excitar o desejo por esta mesma dissimulação"[14]. Pois, quanto "mais as coisas parecem veladas por expressões metafóricas, mais atraentes são, uma vez tirados os seus véus"[15]. A interpretação é, desde então, um "despir-se [...]. Porque na hermenêutica clássica, como nos *strip-teases* de Pigalle[16], a duração do processo, ou mesmo sua dificuldade, aumenta o seu valor — desde que seja certo terminar finalmente no mesmo corpo" (p. 75).

A expressão simbólica não afeta, portanto, em nada o *corpo da verdade que permanece sempre o mesmo*. Este é "um dos paradigmas mais persistentes da cultura ocidental" desde a Antiguidade, a saber, que, uma vez que "o pensamento é mais importante do que sua expressão" (p. 116), dela pode ser destacado; embora, ao longo da retórica tradicional, "a existência da figura repouse na convicção de que duas expressões, uma com imagem, a outra sem, representam, como dizia Du Marsais[17] (no século XVIII), 'o mesmo fundo de pensamento'" (p. 122-123).

Os *românticos alemães* começarão a revolucionar este modelo. "Linguagem à segunda potência", escreve Novalis, o símbolo não é "um meio para um fim", mas "o fim em si" (p. 207). Seu "*autotelismo*" (p. 246) o faz "*intransitivo*": não remete a uma "ideia" que lhe seria exterior e lhe fosse preexistente. Por isso, dirá Schelling, as figuras simbólicas "não significam, mas são a mesma coisa", como Maria Madalena do evangelho "não significa somente o arrependimento, mas é o próprio arrepender-se vivo" (p. 246). Notável é a este respeito a fórmula de Goethe: o símbolo "é a coisa, sem

---

13. TODOROV, T., *Théories du symbole*, Seuil, 1977. As referências entre parênteses no texto remetem a esta obra.
14. SANTO AGOSTINHO, *Sermão* 51, 4, 5. Citado por TODOROV, T., op. cit., 75.
15. Idem, *De Doctr. christ.* IV, 7, 15. Citado, ibidem, 76.
16. Famoso bairro boêmio de Paris. (N. do E.)
17. Referência a César Chesneau Du Marsais, filósofo francês (1676-1756). (N. do E.)

ser a coisa e ainda assim é a coisa" (p. 239). Todo o conjunto do ideal clássico em arte é, ao mesmo tempo, abandonado: não se trata mais de, como pensava ainda Diderot, imitar a natureza ou algum modelo ideal "que o artista tenha em seu espírito" (p. 146 ss.). É sobre o artista *pro-duzindo* a si mesmo, e não mais sobre a reprodução de um modelo predeterminado, que doravante se põe o acento.

Essa revolução romântica não aconteceu certamente sem muitos *riscos*. Ao exaltar demasiadamente de maneira unilateral a função expressiva em relação à função representativa, ameaçou-se, com efeito, ocultar-se nos pântanos de uma subjetividade exacerbada, nas areias movediças do "indizível" e do "comovente", na vaporosa mística de um esoterismo "parapsicológico" ou parrelligioso — tudo eventualmente apoiado numa pseudoteoria do "símbolo pelo símbolo" ou da "arte pela arte". Somente se escapa desses riscos consciente de que *jamais existe símbolo puro*.

A simbolização não é, portanto, nem um simples *ornamento*, nem tampouco uma degeneração da linguagem. Pelo contrário, não faz senão desenvolver a dimensão *primeira* da linguagem, sua "vocação" essencial pela qual "um homem não percebe nunca a água no estado 'real' puro, a saber: não significante para o homem. A água que olho é sempre profunda, límpida, pura, fresca ou estagnada. Seu real é ser imediatamente metáfora de toda a minha existência"[18]. Ela não é simplesmente "como" a água: "o 'como', continua A. Vergote, não opera a transposição da água para sua significação simbólica", porque a comparação estabelece uma negação que permanece exterior ao real evocado.

Ora, a relação, aqui, é global e interna. Embora possamos reconhecer nos banhos rituais, especialmente aqueles que são articulados com a simbólica iniciática da morte e da regeneração, a mais alta manifestação do real da água. Essa não chega tão próxima de sua verdade senão quando é sepulcro de morte e banho de renascimento: metáfora do existir humano.

Longe, portanto, de se opor ao "real", como quereria a lógica reinante do sinal, *o símbolo toca no mais real de nós mesmos e de nosso mundo*. Ele nos toca profundamente. Daí seus riscos de desvio para o "romantismo" do "comovente". Mas este mesmo risco é portador de uma verdade profunda. Porque não é "naquilo que nos corta a palavra, nesta angústia que nos estreita a garganta, que nós retomamos contato com as fontes vivas da palavra"?[19] Há, com efeito, circunstâncias — um luto, por exemplo — em

---

18. VERGOTE, A., *Interpretátion du langage religieux*, op. cit., 64.
19. ORTIGUES, E., op. cit., 33.

que as palavras, impotentes ou deslocadas, não podem senão ceder lugar à linguagem do corpo. A rosa oferecida, o beijo trocado ou simplesmente o silêncio repleto de uma presença expressam melhor que todo discurso a implacável distância que me separa do amigo provado — "Não posso me colocar em seu lugar... Eu não sou você" — e simultaneamente, nessa brecha de *alteridade* que manifestam, a verdade de minha *presença* junto a ele — "Eu estou com você". Talvez a mútua presença jamais seja tão real como no momento em que, pela graça do gesto simbólico, se figura a insuperável distância, a ausência radical que torna impossível que um ocupe o lugar do outro. Este gesto exibe a essência mesma de toda linguagem, levando-o como à sua segunda potência: efetua a comunicação, a aliança, o reconhecimento de dois sujeitos no mesmo ato em que, sobre um fundo de morte, eles se reconhecem como os mais "outros". E a morte cessa, assim, de ser um simples destino biológico fatal. Domesticada pelo gesto simbólico, torna-se "humana"; revela assim sua "verdade": não um simples término inevitável sobre o qual se conversaria como de um objeto exterior que nos "afetaria" simplesmente ao falar do mesmo, mas aquilo que nos permite nos entreter e que habita o mais vital de nossa vida[20].

2. Duas polaridades de toda linguagem

O fato de sinal e símbolo, como troca de mercado e troca simbólica, pertencerem a dois princípios, a duas lógicas, a dois níveis diferentes não significa que possamos escolher um em detrimento do outro. Porque ambos se mantêm concretamente.

a. *A reivindicação simbólica de reconhecimento em todo discurso de "conhecimento"*

Todo discurso é suscetível de uma dupla leitura: seja, do lado do símbolo, como linguagem de reconhecimento, fundador de identidade para os grupos e os indivíduos, e operador de coesão (bem-sucedida ou não) entre os sujeitos no seio de seu mundo cultural, seja, do lado do sinal, como linguagem de conhecimento, que visa liberar informações e emitir juízos. O *mito* representa o exemplo mais típico do primeiro, na medida em que, como mostrou C. Lévi-Strauss, jogando juntos, "sym-bolisant", os múlti-

---

20. Cf. os notáveis desenvolvimentos sobre a relação da morte com o "entretenimento", em LAFON, G., *Le Dieu commun*, Seuil, 1982.

plos códigos culturais — desde o do parentesco até o da cozinha — dos quais vive inconscientemente o grupo constitui a linguagem fundadora que permite a este reconhecer-se, identificar-se, encontrar-se num lugar significante sob o Sol, e que faz dos indivíduos sujeitos de um "nós" social comum: todos aí se encontram. O *discurso científico* é, pelo contrário, tipicamente representativo da linguagem de conhecimento, tanto mais que pretende ser pelo próprio método um discurso sem sujeito.

Entretanto, como observa F. Flahault, seria uma grave ilusão — o positivismo é a ilustração disso — crer que o sujeito da enunciação, *o homem* científico, estaria ausente de seu discurso "objetivo", que não procuraria ele também ser reconhecido por seus "pares", encontrar para si um lugar entre os outros homens, dar sentido *humano* à sua pesquisa. Com efeito, "não é mais no conteúdo de suas palavras que acontece algo que o supera, mas no fato de que suas palavras são *reconhecidas* como advindas da ciência". Do que se regozija a partir de então, ao pronunciar seu discurso, é "estar no mesmo lugar do terceiro incontestável, ser este inatacável 'se' impessoal ('sabe-se que'), ('se provou que'), reinar sobre esta garantia da verdade que é 'o acervo científico'"[21].

Daí, como observou P. Bourdieu, este "ponto de honra" dos cientistas de "multiplicar os sinais da ruptura com as representações do senso comum"[22], e de reivindicar mediante essas marcas de "distinção" uma posição social tida como valorizadora. Porque "a pesquisa de maximização do rendimento informativo é, somente por exceção, o fim exclusivo da produção e do uso puramente instrumental da linguagem, ela implica entrar ordinariamente em contradição com a busca, muitas vezes inconsciente, do proveito simbólico"[23], ou ainda com a preservação e o acréscimo nos interlocutores de "seu capital simbólico, isto é, do reconhecimento, institucionalizado ou não, que recebem de um grupo"[24].

A *linguagem cotidiana* está, ela também, constantemente situada entre o símbolo e o sinal. A conversação mais banal sobre os caprichos da

---

21. FLAHAULT, F., op. cit., 220-221. Em nossa sociedade, muitas proposições não são tidas por "científicas" a não ser na medida em que "a ciência desempenha o papel dos antepassados", nota por seu lado D. Sperber (SPERBER, D., *Le Symbolisme en géneral*, Paris, Hermann, 1974, 113). Cf. A interessante análise que o autor propõe desse fenômeno em termos de "saber simbólico", 97-125.

22. BOURDIEU, P., *Ce que parler veut dire. L'économie des échanges linguistiques*, Fayard, 1982, 145, n. 10.

23. Ibidem, 60.

24. Ibidem, 68.

meteorologia, apesar de seus lapsos assertivos e informativos, na maioria das vezes, tem pouco interesse pelos conhecimentos transmitidos. Embora muito menos aparente, a polaridade simbólica desse *falar para nada dizer* é mais importante. Com efeito, é capital para qualquer um falar a alguém: a comunicação tem valor por si mesma, é um reconhecimento social de "presença" que é aqui reivindicada.

Eis porque algumas linhas, ou mesmo eventualmente uma simples assinatura no reverso de um cartão-postal, podem ser simbolicamente tão operativas para (res)selar uma amizade quanto uma longa missiva.

Seria possível dar mil exemplos também no domínio *extralinguístico*: o aperto de mão mais banal e o mais diário pode reencontrar seu poder simbólico de aliança e de reconhecimento (no duplo sentido do termo) em determinadas circunstâncias. O mesmo vinho do mesmo barril pode ser utilizado para saciar minha sede ou para "celebrar" uma festa em que se comemora a alegria de estarmos juntos, a felicidade de nos termos reconciliados, a estima que nos move. E o calçado mais gasto, lamentavelmente abandonado numa calçada, pode perder todo o seu valor utilitário de produto fabricado para se tornar o símbolo de toda a miséria do mundo. Nossos dias estão cheios destas leituras simbólicas: algo que não cessa de falar em nós, constantemente, e sem pensá-lo na maioria das vezes, que cria elos entre nosso mundo e o dos outros, que reivindica para nós um lugar significante, que pede um reconhecimento de "quem sou eu para ti, quem és tu para mim". Ora, não é este pão simbólico da palavra que nos faz viver, que nos "entre-tem"?

b. O lugar necessário do "conhecimento" em toda expressão simbólica

Se em todo discurso informativo se dá uma negociação simbólica de lugares, inversamente toda expressão simbólica tende a ser assumida num discurso de *conhecimento* em que algo é dito sobre algo que seja suscetível de ser sancionado por um *juízo de valor*. Exceto, talvez, em seu grau zero, como no caso do fonema, o símbolo puro não existe; em todo caso, não no nível do "símbolo propriamente dito".

Um mínimo de saber é necessário para que o já mencionado quadro de Van Gogh possa exercer seu poder de simbolização. Assim, é provavelmente indispensável *saber* o que são sapatos e para que servem habitualmente, assim como o que era outrora a vida de camponês, para que possa acontecer a distância simbólica entre esses sapatos como simples produto de fabricação e sua representação pictórica: são certamente os mesmos, entretanto, totalmente distintos. E, sem dúvida, não é indiferente saber que se trata de uma obra de Van Gogh para que nos falem simbolicamente: é algo de sua vida, tantas vezes miserável, que é aqui metaforizado, como seus tormentos o são nas torsões das cores, da pasta da tinta e do espaço, elementos que caracterizam tão claramente seu estilo em outros quadros. Nem é indiferente, sempre em relação ao funcionamento simbólico da obra, saber que a representação de objetos tão "feios" e banais é característica de uma nova era da pintura, no seio de uma cultura em ruptura com os cânones estéticos e os gostos legítimos da época barroca, por exemplo, e que tal obra é a expressão de Van Gogh, não como indivíduo isolado abstratamente de seu mundo, mas como membro de uma sociedade concreta, cujas normas convencionais refletem até em sua oposição a elas e a todo academismo. Certamente não são estes juízos de conhecimento e de valor sobre o lugar de Van Gogh na história da pintura que produzem o gozo estético do espectador. A prova está em que uma enciclopédia ou um simples dicionário ilustrado podem nos fornecer este saber: e neste nível, a obra não é mais arte, é simplesmente uma bela estampa de ilustrações em cores, útil para a informação do leitor. Entretanto, acabamos de ver, *tal saber não é totalmente estranho aos efeitos simbólicos da obra*.

Não saber de tudo isso seria encontrar-se na situação de um índio da Amazônia que nada conhecesse do mundo dos brancos: nem os sapatos, nem a vida camponesa, nem qualquer imagem vinda do Ocidente — *a fortiori*, enquadrada e exposta em um museu. Não somente o quadro nada lhe diria, como ele nem mesmo o "veria". O mesmo que, no dizer de A. Malraux, "se, há cem anos, Delacroix tivesse podido olhar para os seguintes trabalhos — a saber, os da arte suméria —, 'não os teria visto'; porque, embora o século XIX os tivesse descoberto, não se tornariam então visíveis como obras de arte", porque os cânones estéticos da época, regrados pela beleza, eram obstáculos para tal descobrimento[25].

A experiência simbólica não se basta a si mesma. *Não há símbolo senão inclinado para um discurso de conhecimento*, discurso de verdade que é a pretensão de toda linguagem. Um símbolo do qual não se pudesse dizer nada se dissolveria no imaginário. Portanto, se recusamos a retórica clássica que reduzia o símbolo a uma espécie de excrescência "estética" do sinal, não foi para substituir-lhe a teoria dos filósofos românticos, por mais decisiva que tenha sido a sua contribuição. O puro fim em si mesmo e a

---

25. MALRAUX, A., Prefácio à obra de PAROT, A., *Sumer*, Gallimard, 1960, XI.

absoluta intransitividade do símbolo, como a arte pela arte, não são mais que o produto da ideologia romântica. Fica, pois, por reconhecer a existência de dois níveis e de dois polos de linguagem.

II. O ATO DE SIMBOLIZAÇÃO

1. Análise

Ao analisar o ato mesmo de simbolização, encontraremos evidentemente os traços fundamentais lá mencionados; será também para nós a ocasião de fazer algumas precisões que parecem importantes. Suponhamos, na sequência do símbolo antigo, dois agentes secretos, durante a última guerra, que não se conhecem, mas que devem cooperar num ato de sabotagem. A agência central remete a cada um a metade de uma cédula monetária cortada de forma desigual. O ato de simbolização pode ser composto de seis elementos:

[1º] É um *ato de ajuntamento* dos dois pedaços da nota. O símbolo somente existe em ato. Não se mantém na "ordem das ideias", mas do "fazer". O "fazer" é eventualmente um gesto, como aqui. E, mais profundamente, o símbolo tem o objetivo da operatividade ou efetuação, como veremos no sexto elemento.

[2º] Os dois pedaços são necessariamente *distintos*. O truísmo não tem necessidade de ser mercenário a não ser para lembrar que somente se simbolizam elementos distintos (o que terá uma significativa consequência quando, por exemplo, dissermos que os sacramentos simbolizam Cristo e a Igreja).

[3º] Cada um dos dois elementos somente tem valor *em sua relação com o outro* (cf. os pedaços de um vaso quebrado): a metade de uma nota de 100 francos não vale 50 francos! Tomado isoladamente, cada um deles somente pode "regredir para o imaginário inefável" (Ortigues) e significar em maior ou menor proporção algo indefinido.

[4º] *Independentemente do valor* monetário da nota: uma nota de 10 francos cumpre bem o papel de uma nota de 100 francos; ou mesmo um pedaço de papel jornal: a eficácia do ato de simbolização não é dependente — exceto acidentalmente em alguns casos — do valor *mercantil* ou do valor *de uso* do objeto empregado. Insistimos nesse ponto a propósito da troca simbólica. O mesmo a propósito do presente ofertado: um "nada" — nada do ponto de vista do valor mercantil ou utilitário — pode ser de tal modo eficaz simbolicamente nesse caso! O símbolo é, por essência, *sem valor*. O importante não é a utilidade do objeto, mas a troca que permite entre os sujeitos.

Daí, por outra parte, *a mudança de significado* do termo "símbolo" em nossas línguas ocidentais: "quanto mais é simbólico, menos é importante" ou "menos é real". Por que derramar água que escorre verdadeiramente na cabeça das crianças batizadas: três gotas é suficiente, uma vez que é "simbólico"! E como não pensar aqui na "multa simbólica" paga a título de danos e de interesses? Essa mudança é perfeitamente compreensível, uma vez que se enraíza no fato de a performance do símbolo não estar ligada ao seu valor ou à sua utilidade econômica, prática, cognoscitiva, moral e mesmo estética...

Ora, se é verdade que alguns francos que dou para comprar o calendário dos escoteiros ou da JOC são simbólicos, não é porque são efetivamente uma soma muito pequena, mas porque constituem para mim uma *mediação eficaz para reatar meus vínculos* com organizações das quais me sinto parte interessada sem ser membro ou ator direto delas, e que esta eficácia não está essencialmente ligada ao valor do que dou. Como no exemplo, eminentemente simbólico, do presente ofertado, percebemos aqui que o símbolo, longe de ir no sentido do irreal (exceto para identificar o real com o valor), toca pelo contrário no mais "*real*" de nossa identidade.

[5º e 6º] O ato de simbolização é *simultaneamente revelador e operador*. É revelador de identidade: os dois portadores se reconhecem, com efeito, como parceiros. É operador: *ao* se reconhecerem como parceiros, estão ligados juntamente em um "nós" comum, submetidos aos mesmos riscos de serem feitos prisioneiros e aos mesmos perigos de morte. O símbolo é operador de aliança *ao* ser revelador de identidade.

É com toda a verdade que se pode falar de uma *eficácia* do símbolo, uma eficácia que toca o real em si mesmo. Toda a questão é saber de *qual real* se fala. Se nós o representamos segundo o modo do *hypokeimenon*, do substrato, da substância ontológica, então tal eficácia não é mais pensável. Mas, como dissemos, não é justamente esse real "bruto" com o qual estamos lidando. É sempre um real já construído culturalmente, que fala porque é falado, que nos advém. E esse real é *o mais real*.

2. A performatividade do ato de simbolização

a. *Relato e discurso*

O ato de simbolização, como observamos, realiza a vocação essencial da linguagem: efetuar a aliança em que os sujeitos podem advir e se reconhecer como tais no seio de seu mundo. Ora, isso corresponde exatamente ao que J. L. Austin denomina os *atos de linguagem*[26]. Todo ato de linguagem é processo, isto é, realização do sistema (fonemas, morfemas, lexemas, sintaxe) que é a *língua*. E. Benveniste distingue dois grandes tipos desse processo: o *relato* histórico, regido pela terceira pessoa, e o passado (até onde a primeira pessoa e o presente podem incidentalmente ser empregados), e o *discurso*, regido pela primeira pessoa em relação com a segunda e o presente[27]. O discurso diz respeito não ao texto do enunciado como tal, mas ao *ato de enunciação*. Ora, este ato, este "intento de discurso", é *cada vez único* porque cada vez coloca o EU e o presente. Como o EU (e, portanto, o TU), o "presente axial do discurso" é sempre pelo menos "implícito"; é "reinventado cada vez que um homem fala porque é, literalmente, um momento novo, ainda não vivido"[28].

b. Constatativo e performativo

Mas isso supõe que seja dito algo sobre algo. Dizer algo sobre algo requer que toda linguagem tenha uma função informativa, de tipo *constatativo* segundo Austin — por exemplo, descritivo: "eu aposto" ou "ele aposta"; mas o fato de dizer isso "a alguém" requer outra função em que a comunicação entre sujeitos é primeira, e que se situa na esteira do *performativo* como ato de linguagem, isto é, como ação que muda realmente a posição dos sujeitos pelo simples fato do ato de enunciação: "eu aposto" não é uma simples informação ou uma descrição de performance como em "eu apostei" ou "ele aposta"; "eu aposto" *constitui a performance como tal*: estou de fato comprometido com meu interlocutor por minha aposta.

Constatativo e performativo operam duas *funções* diferentes da linguagem: o primeiro, sua função informativa; o segundo, sua função comunicativa ou alocutiva. Entretanto, não existem nunca no estado totalmente puro. Estão sempre em tensão dialética como dois *polos* da linguagem. "É um fato que as enunciações performativas dizem algo ao mesmo tempo em que fazem algo", observa Austin.[29]

Assim, "eu aposto" contém um mínimo de informação, embora dependa prioritariamente do performativo. "Ordeno fechar a porta" igual-

---

26. Austin, J. L., *Quand dire, c'est faire*, Seuil, 1970.
27. Benveniste, E., *Problèmes de linguistique générale*, t. 1, op. cit., cap. 19, especialmente, 242-243.
28. Ibidem, t. 2, 73-75; t. 1, 252-255.
29. Austin, J. L., op. cit., 144. As referências que seguem rementem à esta obra.

mente: este enunciado supõe a constatação de que há aí uma porta e que ela está aberta; mas seguramente, como ato de linguagem, ele "significa" para o outro sua subordinação (real ou simplesmente desejada), o remete ao seu lugar (como se diz), instaura ou restaura, cria ou reforça a autoridade do locutor sobre ele. Inversamente, "o tempo está bom hoje" parece ser um puro constatativo; mas a informação aqui transmitida é de tal modo evidente que, sob pena de tomar o outro por um débil mental, é de fato outra coisa que se dá a entender, a saber: a demanda pura e simples de atar um vínculo com alguém. Esta demanda do outro, de tal modo codificada e disfarçada que nós respondemos de maneira quase automática sem nunca pensá-la como tal, não é performativa, mas se situa, entretanto, na esteira deste. Mais precisamente, depende do que Austin denomina de dimensão *ilocutória* da linguagem.

c. *Locutório, ilocutório e perlocutório*

Todo discurso, todo ato de linguagem, tem, com efeito, segundo Austin, três dimensões, de desigual importância segundo os casos: a dimensão *locutória* reside na "produção de uma frase dotada de um sentido e de uma referência, esses dois elementos constituem, mais ou menos, a significação ao sentido tradicional do termo". Deste "ato *de* dizer algo" se distingue o "ato efetuado *ao* dizer algo" e que designa a dimensão *ilocutória* do ato de linguagem (ato compreendido aqui no sentido mais forte), ele mesmo distinto do efeito exterior produzido "*pelo* fato de dizer algo (o 'por' tem então 'um sentindo instrumental') e que constitui a dimensão *perlocutória* do ato de linguagem" (p. 119, 136). A expressão do "ato de linguagem" convém a um título particular ao ilocutório, na medida em que este designa um fazer estritamente intralinguístico cuja expressão acabada se encontra na classe dos verbos performativos em sentido estrito, como "eu te prometo", "eu aposto que tu", "me comprometo", "eu te ordeno"…: a *relação do sujeito* não é a mesma depois.

Adivinha-se que o ilocutório é suscetível de todos os *graus* possíveis no uso: desde seu nível mais explícito como nos performativos estritos ("eu te juro", "eu te aceito por esposa") até o mais implícito, como no exemplo dado anteriormente da mais banal informação: "o tempo está bom hoje".

Entre ambos, o ilocutório conhece um nível médio, semiexplícito, como numa frase interrogativa. Assim, "que horas são?" pressupõe "eu peço que você me diga a hora", ou, ainda, "gostaria que você me respondesse". Uma pergunta desse gênero constitui, com efeito, uma situação tão nova entre os sujeitos que uma não-resposta à questão claramente formulada é interpretada como um insulto pessoal, uma negação ofensiva da presença de quem pergunta, um assassinato simbólico. De tudo isso emerge que "efetuar um ato locutório em geral é produzir *eo ipso* um ato ilocutório" (p. 112); embora "todo ato de discurso autêntico compreenda ao mesmo tempo ambos os elementos" (p. 149).

O que o ilocutório efetua no mesmo ato de linguagem o *perlocutório* o faz como *consequência* deste. Isso porque ele designa o efeito do ato de linguagem "nos sentimentos, nos pensamentos, nos atos de auditório, ou daquele que fala, ou de outras pessoas ainda". Há verbos estritamente perlocutórios como "convencer", "persuadir", "assustar"; outros que são, segundo as condições, perlocutórios e/ou ilocutórios, como "comandar", "ordenar", "ameaçar". "Eu te ordeno fechar a porta" tem um propósito perlocutório (que a porta seja efetivamente fechada), mas isso pode ser apenas um pretexto para manifestar ilocutoriamente minha autoridade. Mais amplamente ainda, "um ato perlocutório pode sempre, ou quase sempre, ser suscitado, com ou sem premeditação, por qualquer enunciação, e, especialmente, por uma enunciação pura e simplesmente declarativa" (p. 120): uma simples informação dada a alguém pode fazê-lo renunciar a um projeto; por insinuação, é este efeito perlocutório que pode ser procurado sob sua aparente neutralidade (cf. o "eles não têm mais vinho", de Maria em Caná, Jo 2,3).

d. Traços distintivos

Austin é o primeiro a reconhecer: a distinção proposta é de fato pouco clara em muitos casos. As três dimensões estão concretamente mais ou menos misturadas. Resulta que vários traços parecem ter de ser sublinhados.

[1º] Em primeiro lugar, a distinção entre o efeito *intra*linguístico ilocutório e o efeito *extra*linguístico perlocutório. Dizer: "eu te ordeno fechar a porta" tem uma dimensão prioritariamente seja intralinguística (relação superior/subordinado), seja extralinguística (o fechar é obtido ou não; ou ainda, o enunciado gerou um sentimento de temor, de irritação ou de prazer no destinatário).

[2º] O ilocutório, e mais ainda o performativo, não é da ordem do verdadeiro ou do falso, mas do feliz ou do infeliz, isto é, finalmente do *legítimo* ou do ilegítimo: "eu aposto que você" pode ser um ato performativo nulo e não acontecido se as *circunstâncias* são defeituosas, por exemplo, se se omite cumprimentar mutuamente com a mão direita, no caso em que esse rito é convencionalmente reconhecido como garantia da palavra; ou se eu não sou habilitado para comprometer-me num desafio dessa ordem... Igualmente: "eu te recebo por esposa", se um dos dois parceiros permanece sempre legalmente casado com qualquer outro.

[3º] Assim, ainda que "seja difícil de dizer onde começam e acabam as convenções" (p. 126), pode-se afirmar que "os atos ilocutórios são *convencionais*", enquanto "os atos perlocutórios não os são" (p. 129). A performatividade depende, pois, não somente de condições internas da linguagem, mas também das circunstâncias da enunciação — especialmente a existência de uma *procedura* reconhecida, sua execução correta, a legitimidade dos agentes, os lugares, os momentos...

[4º] Este último traço mostra duas coisas: de um lado, que as manifestações paradigmáticas dos atos ilocutórios devem ser buscadas ao lado dos atos de linguagem verbais e/ou gestuais dos *rituais*, ou ainda que os rituais sejam encenações que desenvolvem a dimensão ilocutória/performativa da linguagem; de outro, como sublinharam P. Bourdieu e F. A. Isambert, que a "força ilocutória" dessa linguagem não se deve buscar numa "magia das palavras" ou em algum "maná verbal", mas no *"consenso que os validam"*. Assim, um "eu prometo" somente tem valor como pacto entre meu parceiro, eu mesmo e a coletividade que regula as condições de validade da promessa[30] ou como "relação entre as propriedades do discurso, as propriedades daquele que o pronuncia e as propriedades da instituição que o autoriza a pronunciá-la"[31]. O poder das palavras no ato ilocutório, especialmente em sua manifestação performativa ritual, reside no fato de que não são pronunciadas a título simplesmente individual, mas a título de "procuração" do grupo, de *representante do "capital simbólico"* deste[32]. Ele permite assim ver de maneira exemplar o que está em jogo em toda linguagem: uma relação de lugares, um reconhecimento, uma identificação no seio de um mundo social e cultural.

[5º] Toda uma *hierarquia de graus* existe nos *rituais*. Assim, a codificação social aparece fortemente num "eu te batizo" ou ainda num "eu aprovo" emitido pelo presidente da sessão a título de sua função e no quadro de um ritual de negociação. A legitimidade das procedimentos (agente qualificado, fórmula e gesto programados etc.) desempenha um papel maior em tais cerimoniais, pelo contrário, num "eu aposto que tu" enunciado no curso de um bate-papo entre amigos, a referência ao terceiro ausente

---

30. ISAMBERT, F. A., *Rite et efficacité symbolique*, Cerf, 1979, 194.
31. BOURDIEU, P., *Ce que parler veut dire*, op. cit., 111.
32. Ibidem, 107-109.

(o outro social, sob a instância do qual somente pode ser emitida uma aposta) está apenas implícita.

Nestes diferentes níveis, estamos na ordem do rito (em sentido amplo) e, de maneira mais evidente ainda, na ordem desse "*ilocutório que apenas rompe a dualidade entre o dizer e o fazer*"[33], que opera simbolicamente, somente pelo fato da enunciação, uma transformação das relações entre os sujeitos sob a instância do terceiro social (a lei) ao qual se referem necessariamente — e de maneira explícita nos grandes rituais instituídos. "É somente nesse quadro que o performativo ganha um sentido [...]. Ele tem todas as características do rito e sua performance é exatamente da ordem da eficácia simbólica."[34].

III. A EFICÁCIA SIMBÓLICA DOS RITOS

1. Alguns exemplos de eficácia simbólica nos ritos tradicionais

Seja no ritual xamanístico do parto entre os índios cunas referido por Lévi-Strauss, no ritual "de aflição" ihamba entre os *ndembus* analisado por V. Turner ou ainda no ritual de cura Esa entre os doualas dos Camarões apresentado por E. de Rosny, a eficácia simbólica se mantém sempre do lado da *ordem sociocultural*.

a. C. Lévi-Strauss

No primeiro caso, a parturiente se encontra na impossibilidade de dar à luz. Sem tocar em seu corpo, nem administrar-lhe nenhum remédio, o xamã consegue, por um longo encantamento, provocar o parto. O que ele canta é um mito: o de um violento combate, cheio de mil peripécias, entre, de uma parte, o xamã e as imagens sagradas (*nuchu*) que representam os espíritos protetores e, de outra parte, o poder responsável da formação do feto, Muu, que, com suas filhas, se apoderou da "alma" da futura mãe. Ora, "o caminho de Muu e a estadia de Muu não são, para o pensamento indígena, um itinerário e uma estadia míticas, mas representam literalmente a vagina e o útero da mulher grávida, que exploram o xamã e os *nuchu* e

---

33. ISAMBERT, F. A., op. cit., 94.
34. Ibidem, 99.

no mais profundo dos quais entregam seu vitorioso combate"[35]. O canto do mito constitui, pois, "uma manipulação psicológica do órgão doente"[36]. Mas esta manipulação somente é possível, sublinha Lévi-Strauss, porque "a doente crê nisso e é membro de uma sociedade que nisso crê. Os espíritos protetores e os espíritos malfeitores, os monstros sobrenaturais e os animais mágicos fazem parte de um sistema coerente que fundamenta a concepção indígena do universo. A paciente os aceita, ou, mais exatamente, ela jamais os pôs em dúvida. O que ela não aceita são dores *incoerentes* e arbitrárias, que constituam um elemento *estranho a seu sistema*, mas, pelo apelo ao mito, o xamã vai *substituir num conjunto em que tudo se enquadra*".

Esse ponto é capital. Não é somente porque sabe e compreende a relação entre o mito e seu estado somático que a parturiente se cura efetivamente. Esse saber não basta: conhecer, entre nós, a relação de causa e efeito entre micróbio e doença não cura alguém, porque essa relação é "exterior ao espírito do paciente". Ao passo que a relação entre as potências evocadas no mito e a doença "é interior ao mesmo espírito, consciente ou inconsciente" entre os cunas: "É uma relação de símbolo com a coisa simbolizada... O xamã fornece à paciente uma *linguagem*, na qual podem se exprimir imediatamente estados não formulados e de outro modo não formuláveis. E é a passagem desta expressão verbal (que permite, ao mesmo tempo, viver sob uma forma ordenada e inteligível uma experiência atual, mas, sem isso, anárquica e inefável) que provoca o desbloqueio do processo fisiológico."[37].

Vemos que o *efeito "perlocutório" extralinguístico* do parto se fez possível *pela mediação de um efeito "ilocutório" intralinguístico*. A eficácia simbólica do mito consiste em manipular um elemento estranho ao sistema cultural da paciente e de seu grupo, incoerente com seu "mundo", portanto, indizível e impensável, para o "substituir num conjunto em que tudo se enquadra".

b. V. Turner

Temos outra ilustração desse mesmo tipo de fenômeno nos "tambores de aflição" de V. Turner. Kamahasanyi está de fato doente somaticamente: sente-se afligido por uma "sombra", perseguido por um espírito mau. V. Turner mostra que ele está de fato doente por causa de uma posição so-

---

35. Lévi-Strauss, C., *Anthropologie structurale*, op. cit., 207.
36. Ibidem, 211.
37. Ibidem, 218; sublinhado por nós.

cial praticamente insustentável em razão de uma contradição entre sua posição no povoado e sua posição nos laços de parentesco. O longo ritual ihamba que se pratica nele em presença da comunidade termina com a extração de um *dente*. Esse dente é o *símbolo* principal do que acontece de fato na animosidade sociocultural entre Kamahasanyi e seus congêneres. Ele é como o concentrado disso. O ritual permite ao paciente, entre outras coisas, falar sem ser contradito. Tem em vista justamente lhe dar a possibilidade de exprimir veementemente seu rancor contra aqueles que, e especialmente seus parentes maternos, "têm um dente contra ele". Em todo caso, observa Turner, por ocasião da sequência final em que o "feiticeiro" extrai um dente humano do corpo do doente, "senti então que o que se arrancava deste homem era de fato *a animosidade do povoado*". O doente tem efetivamente seu corpo curado. Mas é também, simultaneamente, todo o grupo que é curado, porque "uma explosão espontânea de sentimentos amistosos se apoderou da comunidade do povoado. Aqueles que tiveram relações hostis apertaram cordialmente a mão".[38]

Ainda aqui, a eficácia *somática* tornou-se possível *pela* eficácia *simbólica* da linguagem que o ritual fornece ao doente e ao grupo, e que permite substituir o elemento incoerente num conjunto em que tudo se enquadra. *Tudo fica em ordem.*

c. E. de Rosny

"Que é a cura dos *nganga* (os bons feiticeiros)? Pergunta por sua parte E. de Rosny. Para mim, ela se define pelo título do último relato: *restabelecer a ordem*"[39]. O relato ao qual se refere o autor é o de um dos numerosos rituais de cura que ele analisa em sua obra: é o rito da Esa, praticado para Kwedi. Este, "há dois meses, não via mais, nem caminhava, nem ouvia. A perda de seus meios de comunicação era o sinal do mais completo abandono. Cada dia, Loe (o nganga) lhe administrava bons remédios que o repuseram de pé, mas não o curaram. Restava o essencial: *restabelecer suas relações perturbadas com seu universo*. E o melhor meio de realizar esta volta ao estado normal era ainda o uso eficaz dos ritos. Para este fim, Loe operou a mobilização geral das forças das quais dependia a vida de Kwedi. A cura tinha este preço, e isso valia uma noite cheia de trabalho"[40]. Ainda aqui, a

---

38. Turner, V., *Les Tambours d'affliction*, op. cit., 192-193.
39. De Rosny, E., *Les Yeux de ma chèvre*, op. cit., 296.
40. Ibidem, 279. Somos nós que sublinhamos.

cura é obtida pela mediação do efeito simbólico do ritual que, como concentrado codificado do sistema sociocultural do grupo, permite "colocar em ordem" o elemento incoerente e restabelecer relações "normais" entre o doente e seu "mundo".

O autor vai mais longe que os precedentes etnólogos nesse sentido. Ele, com efeito, depois de anos de trabalho paciente, às vezes perigoso, no meio de Douala e de seus nganga, terminou por pedir a um dentre eles, Din, iniciá-lo em sua "visão".

Ora, o que "vê" enfim, depois de longos meses de preparação ritual? *"A visão é a revelação da violência entre os homens.* Necessito de uma força de caráter para encarar a realidade bruta. Sem iniciação, sem pedagogia, essa visão torna neurastênico ou precipita no círculo da violência. A sociedade está organizada para esconder de seus membros a violência que pode se desencadear entre eles a todo momento. Revelação perigosa para a sociedade, eis porque o nganga é uma personalidade inquietante."[41]

Tornar-se nganga é aprender a ver a violência que reina entre os homens e a administrá-la; e a violência é a desordem — desordem à qual pertence a doença. Porque, em todas as sociedades arcaicas, a doença é irredutível a um simples acontecimento biológico: é uma *desordem cultural*, o efeito de uma violência devida a algum espírito malfeitor, a algum ancestral ou a algum congênere que persegue este ou aquele membro do grupo. A cura física requer, desde então, que seja desmascarada, como para Kwedi, a fonte social dessa aflição. Exige, pois, um ritual, ritual conduzido por um agente qualificado que aprendeu a ver a violência e "blindar-se" contra ela e assim a dominar. O ritual situa novamente o elemento incoerente (a doença) *na ordem social* ao oferecer-lhe uma linguagem; restabelece as relações perturbadas do doente com seu universo: é desse trabalho simbólico que se encarrega o nganga e é por ele que são obtidas as curas efetivas.

Os três exemplos citados nos mostram: o rito "age no real ao atuar sobre as representações do real"[42]. Se existe cura somática de verdade — efeito extralinguístico perlocutório — é *pela mediação de uma eficácia simbólica,* de ordem ilocutória, que é obtida. O ritual age performativamente: pelo único fato de sua enunciação por uma "autoridade" reconhecida como habilitada para fazê-lo, restabelece a saúde do doente ao restabelecer sua relação perturbada com os membros da comunidade e com a cultura do grupo. A aliança vence, assim, a violência. Como o pedaço de um vaso quebrado,

---

41. Ibidem, 354-355.
42. BOURDIEU, P., *Ce que parler veut dire,* op. cit., 124.

o elemento, incoerente enquanto permanece isolado, é "substituído num conjunto em que tudo se enquadra" (Lévi-Strauss); "recolocar tudo em ordem" (De Rosny); o ritual refaz "a saúde do corpo social" (Turner)[43].

Querer dar à eficácia simbólica "um poder explicativo análogo ao de uma lei física para explicar um fenômeno" seria evidentemente "cometer um erro", sublinha F. Isambert. Isto porque a eficácia simbólica é função "de um lado, do consenso criado ao redor das representações, de outro lado, do vínculo simbólico entre as representações e as consequências". *Portanto, não pode assemelhar-se ao esquema da causa e do efeito* (como se, por exemplo, ela fosse uma espécie no gênero, mais amplo, da ação psicossomática em que o espírito agiria sobre o corpo). Porque *o efeito é ele mesmo um "efeito simbólico"*, distinto dos outros efeitos, somáticos, por exemplo, que "não podem ser considerados senão como segundos". Distinção capital que nos permite não confundir a eficácia simbólica com seus efeitos somáticos mais espetaculares e compreender que o rito pode, assim, muitas vezes visar "outros efeitos distintos da cura dos corpos. São esses efeitos que procuram as religiões espirituais"[44].

2. Eficácia simbólica e graça sacramental: primeira "abertura"

O cristianismo pertence às religiões que podemos denominar "espirituais" e que procuram em seus rituais efeitos geralmente distintos dos corporais. Designados pelo termo genérico de "graça", esses efeitos se situam fora do valor (cf. o maná). Por isso, a comunicação da graça deve ser compreendida não segundo o esquema "metafísico" da causa e do efeito, mas segundo o esquema simbólico, da comunicação verbal, comunicação eminentemente operatória, uma vez que é nela que acontece o sujeito em sua relação com outros sujeitos no seio de um "mundo" de sentido. É precisamente uma *nova relação de lugar*, relação de aliança filial e fraterna, que visa instaurar ou restaurar na fé a "expressão" sacramental.

Entretanto, se tal trabalho simbólico se situa na esteira da eficácia *intralinguística*, não pode, no que diz respeito à graça de Deus, se reduzir a esse processo sociolinguístico: seria fazer da teologia uma simples versão de uma antropologia e atentar contra a absoluta alteridade de Deus. Diremos, portanto, que a "graça sacramental" é uma realidade *extralinguística*,

---

43. TURNER, V., op. cit., 302.
44. ISAMBERT, F. A., op. cit., 83-85.

mas que possui a singularidade de somente ser compreensível do ponto de vista cristão na esteira, intralinguística, da aliança filial e fraterna instaurada, *extra nós*, em Cristo. Apesar da gramática, que se deve tomar sempre a contratempo, ela designa não um objeto a receber, mas um trabalho simbólico de *se-receber*: trabalho de "perlaboração" no Espírito pelo qual os sujeitos não cessam de se receber de Deus em Cristo como sujeitos-filhos e sujeitos-irmãos. Desenvolveremos a seu tempo (capítulo 11) a perspectiva que apenas acabamos de esboçar aqui.

IV. O SÍMBOLO E O CORPO

Nossa problemática de reinserção do homem no campo da linguagem é atravessada totalmente pelo corpo, *o ser-corpo*. Com efeito, constantemente nos remeteu à *mediação inteiramente contingente* de uma língua, de uma cultura, de uma história, como ao lugar mesmo em que acontece a verdade do sujeito. Desta positividade, fora da qual o sujeito não poderia senão se alienar imaginariamente, o corpo é a expressão primordial. Essa questão, concordaremos facilmente, é capital para uma teologia dos *sacramentos*, uma vez que a simbólica ritual que os constitui requer a encenação do corpo. Ora, é nessa linguagem eminentemente sensível e corporal que, segundo a tradição eclesial, se efetua a comunicação mais "espiritual" de Deus (a do mesmo Espírito Santo) e assim a verdade do sujeito que crê. Os sacramentos nos atestam, assim, que *o mais verdadeiro da fé não se realiza senão no concreto do "corpo"*.

1. A linguagem como "escritura"

a. De matéria significante

O conceito de escritura nos parece ser um indicador precioso para pensar o que está em causa mediante o conceito de "corporeidade". Não há linguagem senão na mediação de uma *língua* dada, particular, limitada. Ora, quem diz língua diz *matéria*, matéria fônica. Não matéria fônica bruta — não seria senão ruído —, mas matéria fônica *significante*, instituída como significante graças a um corte cultural. Para que haja língua, é necessário que os sons emitidos pela voz deixem de ser simples ruídos ou burburinhos ininteligíveis e se tornem fonemas. Eles se tornam por *inscrição de diferenças* reconhecidas culturalmente como pertinentes: /a/ não é /o/, nem /b/ é /p/. Esse simples recorte não basta por si só para dar à matéria fônica sentido — /a/ nada significa — mas é suficiente para fazê-lo pertencer ao mundo do sentido.

A matéria assim recortada culturalmente como significante é um *dado*. Dado radical que *precede* a cada um e *torna-se lei* para cada um como para o conjunto do grupo. Esta lei é uma instituição, uma conversão de tal modo cultural que o recorte dos sons em fonemas é tão diversificado quanto os grupos linguísticos. Entretanto, tem esta característica de que ninguém jamais pode decidir num dia que é o seu criador. Não se trata, pois, como sublinhamos anteriormente, de uma instituição entre as outras, mas do espaço originário ou originante de toda a instituição. Se a linguagem é instituinte, mostra-nos também que *somente é instituinte sendo já instituída*.

Assim, em sua materialidade significante, a língua representa a lei incontornável e coloca o *alvo* primordial contra o qual se rompe todo desejo imaginário de autopossessão, de extirpação da mediação e da contingência, de presença imediata e transparente de si para si mesmo. *Resiste* como a *matéria* resiste. Ora, é fácil esquecer uma tal resistência. É contra esta tentação que o reconhecimento da linguagem como "escritura" é importante. "Sempre houve apenas uma escritura", sustenta J. Derrida[45]. Essa proposi-

---

45. DERRIDA, J., *De la grammatologie*, op. cit., especialmente cap. 1 e 2. Ao referir-nos aos conceitos de "escritura" e de "marca" em Derrida, não renunciamos à *hermenêutica*, tal como esboçamos suas grandes linhas contemporâneas no capítulo 2. Não pensamos, com efeito, que a desconstrução da metafísica efetuada por Heidegger conduza a renunciar a toda filosofia do sentido. Derrida critica Heidegger por não ter ido até o fim da diferença ôntico-ontológica, a saber, até a esta "diferença" ou "produção do diferir" que, sem ser "origem", seria, entretanto, mais "originária" (ibidem, p. 38). Embora seja verdade que em Heidegger "o sentido do ser não é um significado transcendental ou transtemporal" (p. 38), o filósofo alemão não permanece menos, por seu gesto de volta à origem — fosse ela não designável como tal — prisioneiro da metafísica: continua, com efeito, a colocar a questão do sentido; ora, "cada vez que uma questão de sentido é colocada, não pode sê-lo senão no recinto metafísico" (*Marges de la philosophie*, op. cit., 239-240).

Tal como expusemos, a hermenêutica não nos parece tão congenitamente ligada à metafísica e à ontoteologia, como diz Derrida. Portanto, se denunciamos a representação metafísica de um "querer-se-dizer da presença do sentido" que estaria escondido *atrás* do texto, não é para se dar numa pura emergência de efeitos de sentido a partir do único jogo estrutural das diferenças entre os significantes. A noção de *"mundo do texto"*, em P. Ricoeur, nos parece expressar, de uma parte, a necessidade de respeitar o *corpo da letra* e sua irredutível positividade e alteridade, e, de outra parte, a *proposição de "mundo"* que o texto, tal como é, abre ao sujeito leitor: o "sentido" então proposto pelo texto não está já ali "sob" o texto, isto é, no querer-dizer do autor cuja "intenção", por meio de um bom método, eu poderia alcançar; é "o mundo próprio *desse* texto", é "a espécie de ser-no-mundo desenvolvido *diante* do texto". Desde então, "compreender, é *compreender-se diante do texto*"; interpretar

ção somente escapa ao absurdo se o conceito de escritura designa não um instrumento técnico que os homens inventaram historicamente, mas um componente de toda linguagem.

J. Derrida toma o conceito de "escritura" no sentido fundamental de *"instituição duradoura de um sinal"*. Isso porque "todo grafema é de essência testamentária"[46]; é um sinal feito para durar na ausência do escritor. Mas não acontece o mesmo com todo sinal linguístico, incluído o fônico? Os fonemas /a/, /b/, /k/ desaparecem logo que emitidos pela voz; mas continuamente são reproduzíveis de maneira idêntica no interior do mesmo sistema fonético que os recortou arbitrariamente, convencionalmente, no seio de uma escala de ruídos. Desde então, segundo Derrida, todos os sinais de linguagem são *"escritos, embora sejam fônicos. A ideia mesma de instituição — portanto de arbitrariedade do sinal — é impensável antes da possibilidade da escritura e fora de seu horizonte"* (p. 65). A *"arquiescritura"* da qual aqui se trata, à diferença do "conceito vulgar da escritura" que "somente pôde se impor historicamente pela dissimulação da arquiescritura", não poderá evidentemente "ser reconhecida nunca como objeto de uma ciência" (p. 83). Implica a "instância do traço instituído", traço "em que a diferença aparece como tal", em que a origem do mundo se apresenta "como ausência irredutível na presença do traço" (p. 68). Brevemente, o que está em jogo é o *traço da incontornável precedência da lei*.

b. A repressão logocêntrica do corpo do traço escrito

Este pensamento da linguagem como (arqui)escritura é, segundo Derrida, *"a contestação da própria metafísica"*. Porque a metafísica não cessou, desde Platão (*Fedro*, 274-279) até F. de Saussure, de considerar a escritura como uma simples reduplicação da palavra oral, um derivado da linguagem,

---

é *"expor-se ao texto"*, em vez de reduzir este último à subjetividade (central) do autor ou do leitor. "Leitor, eu só me encontro se me perco".

Ao sublinhar, assim, a importância da circunscrição à "coisa do texto", isto é, ao "distanciamento" que impõe "a escritura", P. Ricoeur nos parece denunciar, à sua maneira, o "logocentrismo metafísico" que contesta vigorosamente J. Derrida. "Graças ao distanciamento pela *escritura*, a apropriação não tem mais nenhum dos caracteres de afinidade eletiva com a intenção do autor. A apropriação é todo o contrário da contemporaneidade e da congenialidade; é compreensão pela distância, compreensão à distância" (citações tiradas de RICOEUR, P., *Exegesis*, op. cit., 212-215). Cf. GREISCH, J., *Herméneutique et grammatologie*, Paris, ed. CNRS, 1977.

46. DERRIDA, J., *De la grammatologie*, op. cit., 100. As referências que seguem remetem a esta obra.

um simples revestimento deste; em resumo, um instrumento cômodo, uma ajuda mnemotécnica prática. Ora, não é por azar que a metafísica privilegiou a voz em relação à letra: esta, com efeito, se apresenta como corpo mudo e matéria opaca; a voz, ela, é viva, sutil, incapaz de se fixar em matéria, uma vez que se esvanece logo que nascida. A voz se ouve, mais próximo de si, como o *apagamento da matéria significante*. Tem uma proximidade imediata com a alma, portanto também com o sentido do ser e a idealidade do sentido, enquanto a escritura provoca "a queda na exterioridade do sentido" (p. 24).

A tradição metafísica é *logocêntrica* ou "logo-fonocêntrica". Seu pressuposto jamais elucidado de alcance da realidade última e de presença transparente a si mesma a levou a conjurar a exterioridade, a materialidade, o corpo, como tantos *obstáculos*, inevitáveis certamente, mas parcialmente superáveis, à verdade, até a última deposição do corpo que, na morte, assegurará o triunfo da alma imortal. "Todos os dualismos, todas as teorias da imortalidade da alma ou do espírito, assim como os monismos, espiritualistas ou materialistas, dialéticos ou vulgares, são o tema único de uma metafísica cuja história inteira tendeu à redução do traço. A subordinação do traço à presença plena resumida no *logos*, o rebaixamento da escritura sob uma palavra que sonha sua plenitude, tais são os gestos requeridos por uma ontoteologia que determina o sentido arqueológico e escatológico do ser como presença" (p. 104). *Em benefício desta presença plena, o logocentrismo reprime o corpo e censura a letra*. "A história da metafísica", escreve alhures Derrida, é o "sistema de repressão logocêntrico que se organizou para excluir ou rebaixar, colocar para fora ou embaixo, como metáfora didática e técnica, como matéria servil ou excremento, o corpo do traço escrito"[47].

Privilegiar a *phonê*, mais próxima da interioridade da palavra, do sentido do ser como presença, da espiritualidade da alma, é apagar o traço da matéria significante, é eliminá-lo até esquecê-lo — e esquecer o próprio esquecido. É tentar imaginariamente reconquistar a inocência e a onipotência do paraíso perdido, esse paraíso do qual teríamos sido expulsos por nossa vinda ao mundo como queda na exterioridade e na mediação (cf. também o mito órfico). Ao denunciar o logocentrismo da metafísica, J. Derrida quer desmascarar o desconhecimento impensado que a rege: da lei incontornável da mediação da matéria, do corpo, da história — em resumo, da mediação da letra. Porque "a letra insiste", segundo a palavra de Lacan a propósito do inconsciente; a linguagem deve se tomar "ao pé da letra", isto é, em sua materialidade e suas espessuras significantes. "A linguagem é corpo sutil,

---

47. Idem, "Freud et la scène de l'écriture", in: *L'Écriture et la différence*, op. cit., 294.

mas é corpo. As palavras são tomadas em todas as linguagens corporais que cativam os sujeitos"[48]. Por isso, não existe sujeito fora dessa "*inscrição*" concreta na matéria, significante e sutil certamente, mas também sensível — a de uma língua determinada, de uma cultura particular, de um corpo único. Contra o logocentrismo tradicional e sua desconfiança visceral a respeito da exterioridade, é preciso dizer que o "exterior" é a mediação do "interior" do sujeito; não há ocorrência dualista entre os dois. "*O exterior ̶é̶ o interior*"[49]: riscar o verbo ̶é̶ com um "×" quer mostrar o traço que interdiz tanto a confusão dos dois quanto a sua separação; assinala o entre-dois sempre movediço, sempre vacilante — o da "diferença", isto é, da "produção do diferir no duplo sentido do termo"[50] — que entoa o interminável processo de significação no qual surge o sujeito.

A lição que tiramos do "nunca houve senão a escritura" não é fundamentalmente nova para nós, uma vez que une o *consentimento à mediação* que, como sublinhamos amplamente antes, constitui a tarefa fundamental do homem. Entretanto, ela tem a considerável vantagem de nos manifestar por quais astúcias, tão sutis quanto a sutileza da matéria fônica, tentamos inconscientemente dissimular a consistência e a resistência completa dessa mediação. Porque tudo em nós se empenha em minar esse alvo, em negar nossos limites ou — é o mesmo — em confessá-los somente como um mal inevitável, do qual o ideal seria desembaraçar-nos. Ora, contra esse desejo megalomaníaco de "excluir ou rebaixar o corpo do traço escrito", o pensamento da linguagem como arquiescritura nos obriga não somente a reconhecer a lei incontornável da mediação, mas também a respeitar sua *resistência concreta* e assim tomar ao pé da letra o proposto precedentemente enunciado: *o mais "espiritual" se apresenta no mais "corporal"*. A gramatologia nos remete ao corpo.

2. "Corpo sou eu"

a. Um corpo de palavra

Como a língua, o corpo é matéria, matéria imediatamente significante, isto é, instituída culturalmente como palavra. Fora da linguagem, fora da cultura, o corpo seria apenas um objeto ou um instrumento — indispensável certamente, apesar de seus limites — cuja alma se serviria para poder se

---

48. Lacan, J., op. cit., 301.
49. Derrida, J., *De la grammatologie*, 65.
50. Ibidem, 38.

dizer: o homem possuiria um corpo como possui a linguagem. O problema dessa concepção instrumentalista da linguagem vale imediatamente para o corpo. O homem somente ek-siste como *corporeidade*, cujo lugar concreto é sempre o *próprio corpo*. Esta corporeidade é sua própria palavra.

Que, segundo as expressões de Merleau-Ponty[51], o pensamento não seja "nada interior", pois "não existe fora do mundo e fora das palavras" (p. 213), uma vez que, como o quadro do pintor, "a palavra não é ilustração de um pensamento já feito, mas a apropriação deste mesmo pensamento" (p. 446); que esta palavra seja "um gesto e sua significação um mundo" já que "é no interior de um mundo já falado e que fala que nós refletimos" (p. 214); que a linguagem "não exprima pensamentos" (anteriores a ela), mas seja "o posicionamento do sujeito no mundo de suas significações" (p. 225) — significações "já disponíveis, resultado de atos de expressão anteriores" (p. 213); em resumo, que seja "o corpo que fala", esse corpo — meu corpo — que "é feito da mesma carne que o mundo"[52], eis aqui o que requer, segundo o projeto explícito do autor da *Fenomenologia da percepção*, "superar definitivamente a dicotomia clássica entre sujeito e objeto" (p. 203)[53].

Como se maravilhar, finalmente, com o fato de que a cultura ou a ordem simbólica se enraíza no homem como corpo? Esse corpo, com efeito, o situa de maneira muito singular no mundo. É o *lugar originário de todo agrupamento simbólico do "interior" e do "exterior"*. É, nos parece, o que quer dizer E. Levinas, quando vê o corpo como "o regime da separação" que permite "superar a própria alteridade daquilo do qual devo viver". Esta é a "economia" singular do homem: o corpo é sua "maneira" de habitar o outro mundo como em sua casa, sua moradia familiar[54]. É a *vinculação*, o entre-dois em que se articulam simbolicamente identidade e diferença sob a instância do outro.

A cicatriz umbilical representa bem essa situação *liminar* do corpo, na fronteira do eu e do não-eu sob a instância do outro. Essa cicatriz é o *traço* da sutura inaugural do homenzinho em seu "saco de pele" e, assim, de sua

---

51. MERLEAU-PONTY, M., *Phénoménologie de la perception*, op. cit., 230. As referências seguintes, entre parênteses no texto, remetem a esta obra.

52. Idem, *Le Visible et l'invisible*, op. cit., 302.

53. Seria possível avançar ainda nessa direção, perguntando, com Frank Tinland: "Qual é a essência do homem como organismo" ou "estrutura corporal?". Pareceria, então, que um "ser vivo cujos pés fossem diferentes tivesse também manifestado formas de consciências diferentes", afirmação que evidentemente nada tem a ver com um naturalismo simplista segundo o qual os pés segregariam o pensamento... (TINLAND, F., *La différence anthropologique. Essai sur les rapports de la nature et de l'artifice*, Aubier-Montaigne, 1977; cit., 30 e 27).

54. LEVINAS, E., *Totalité et Infini*, op. cit., 89 e 142-143.

entrega à autonomia de um lugar ao qual ninguém poderá jamais se pôr; mas é também a marca de uma abertura primordial mantida nos orifícios pelos quais (olhos e orelhas de início) ele se comunica com o exterior e especialmente com esses outros-corpos que, eles também, fechados e abertos, lhe permitem viver toda comunicação com o universo como falante. Compreende-se, desde então, como sublinha D. Vasse, que essa relação de identidade e de diferença vivida corporalmente pelo fechamento-abertura do corpo pode se simbolizar primordialmente na função esfincteriana que é disso a metáfora viva (aí onde o umbigo é como a metáfora morta), para que o sujeito possa escapar da psicose e se estruturar "normalmente"[55].

b. Os esquemas sub-rituais da simbólica primária

A ipseidade do sujeito requer a ruptura com a "mesmedade". Tal ruptura, cujo gesto decisivo acabamos de evocar no início da entrega de cada um ao mundo e aos demais, passa através do nosso corpo. Também este é habitado por toda uma série de *esquemas sub-rituais* que pertencem à *simbólica primária*: esquema vertical do alto e de baixo, esquemas horizontais da esquerda e da direita (espacial), do diante e do detrás (temporal e espacial). Ora, esses esquemas corporais constituem as mediações primárias de toda identificação possível: identificar-se é se diferenciar, e é por isso que toda criação significante, a começar certamente por aquela do mundo, se efetua por separação (cf. Gn 1).

Nada nos pode falar de maneira significativa que não esteja investido pelo corpo e pelos esquemas arcaicos que o habitam. Assim, não há vivência religiosa, por mais "espiritual" que ela seja, que não seja subentendida pela posição vertical, como mostrou um estudo de A. Vergote. Deus é sempre representado segundo a simbólica arcaica da altura (majestade, onipotência, senhorio...) ou da profundidade (fonte secreta da existência, *intimior intimo meo*...)[56]. Não há sentido ético que não esteja investido de uma diferença direita/esquerda (variável, segundo as culturas); não há sentido histórico que não passe por aquele do "na frente/atrás" ou "antes/depois"[57]. Igualmente,

---

55. Sobre tudo isso, cf. VASSE, D., *L'Ombilic et la voix. Deux enfants en analyse*, Seuil, 1974, cap. 2 "Les trous du corps et sa clôture".

56. VERGOTE, A., "Équivoques et articulation du sacré", in: *Le Sacré*. Études et recherches (Colloque Castelli), Paris, Aubier-Montaigne, 1974, 471-492.

57. Encontramos aqui o esquematismo kantiano tão conhecido, entretanto com esta diferença — diferença capital — de que nunca é "puro", uma vez que sempre está investido pela particularidade de um desejo, assim como de uma língua e de uma cultura.

todo sentimento de poder ou de dominação, tanto no plano intelectual ou moral quanto no plano físico, se vive, se diz, se pensa mediante o esquema arcaico primordial da posição vertical de nosso corpo, assim como toda assimilação, tanto no esforço intelectual quanto no abraço amoroso, se vive, se diz, se pensa mediante o esquema primário da introjeção oral, com sua ambivalência de adoração amorosa e de agressividade destruidora: pode-se amar alguém até "devorá-lo", e pode-se viver de uma necessidade "devoradora" de leituras ou de ideias. Poderíamos dar muitos outros exemplos desses esquemas sub-rituais, como o da mancha em relação a todo sentimento de falta ou de pecado[58], o do gesto de compartilhar com relação a toda diferença, ou o de abertura da mão com relação a todo dom, troca ou oblação... Não se trata de fenômenos secundários que serviriam simplesmente para colorir, segundo os "temperamentos", um esquematismo puro e inato; trata-se, como nota A. Vergote, de uma *topografia existencial, constitutiva da estrutura interna do ser humano*[59]. "A mão tem também seus sonhos", dizia G. Bachelard...

Leib bin ich, ganz und gar, und nichts ausserdem. Essa frase de Nietzsche deve ser tomada ao pé da letra. Não diz simplesmente — como adverte Y. Ledure — que "Eu sou corpo, todo e totalmente, e nada mais". Porque seria fazer do corpo um simples atributo conferido a um Eu que existiria, logicamente e gramaticalmente, antes dele. Tomar o *Leib bin ich* literalmente é observar que esta letra faz *explodir a gramática* — e assim, pelo menos tendencialmente, a metafísica. "Em uma modificação salutar, a proposição 'corpo sou eu' deixa entender que corpo — 3ª pessoa — assegura a função de sujeito de uma forma verbal em 1ª pessoa", de modo que "não há mais interstício entre corpo e eu"[60].

c. Corporeidade: um corpo de cultura, de tradição e de natureza

Este corpo-homem, este corpo próprio que é cada um, é corpo falante e falado. O conceito de *corporeidade* quer expressar esta ordem simbólica que faz com que o homem não tenha um corpo, mas que seja corpo.

---

58. Sobre a simbólica primária da *mancha*, cf. Ricoeur, P., *Finitude et culpabilité*, t. 2, *La symbolique du mal*, Aubier-Montaigne, 1960, cap. 1 "La souillure". Sobre a do gesto de compartilhar, cf. Jousse, M., *L'Anthropologie du geste*, t. 1, Gallimard, 1974, 201-230.

59. Vergote, A., *Interprétation du langage religieux*, op. cit., 112.

60. Ledure, Y., *Si Dieu s'efface. La corporéité comme lieu d'une affirmation de Dieu*, Desclée, 1975, 44-45.

O que é este Eu-corpo? Necessariamente, um *corpo próprio*, irredutível a qualquer outro, e, entretanto, reconhecendo-se, no seio mesmo de sua diferença, semelhante a qualquer outro Eu-corpo. Corpo irredutível a qualquer outro, porque lugar de *logoi emboioi*[61], de significações viventes, singulares para cada um, segundo a história de seu desejo, história cada vez única e irreiterável; corpo, entretanto, ligado desde a origem aos demais e habitado por uma cultura, mesmo que fosse mediante a projeção, que os pais fazem inevitavelmente sobre seus rebentos do modelo cultural de identificação que eles mesmos receberam de seus próprios pais. Portanto, este corpo próprio somente é falante porque já falado por uma cultura; porque herdeiro de uma tradição e solidário de um mundo.

Assim, o corpo próprio de cada um é habitado pelo sistema de valores e pela rede simbólica de seu grupo de pertença, que constitui seu *corpo social e cultural*. Ele é falado igualmente e simultaneamente por uma *tradição* histórica, no fundo sempre mais ou menos mítica e da qual é, muitas vezes inconscientemente, como a anamnese viva. Ele está, enfim, em diálogo permanente com o *universo* que, por projeção, "antropomorfiza" (o macrocosmo torna-se, então, como seu grande corpo vivente) e que, por introjeção — "*intrus*-suscepção", diz M. Jousse[62] — "cosmorfiza" (seu corpo torna-se, então, um microcosmo). Daí a fonte permanente de simbolismo que constitui para ele essa troca com seu corpo de mundo, especialmente nas alternâncias do dia e da noite, nos ciclos das estações, ou nas oposições fundamentais céu/terra, água/fogo, montanhas/abismos, luz/trevas etc. O Eu-corpo é o que é tecido, habitado, falado por esse *triplo corpo* de cultura, de tradição e de natureza. É o que indica o conceito de *corporeidade*: corpo próprio certamente, mas *como* lugar onde se articula simbolicamente, e de maneira original para cada um segundo os avatares de seu desejo, o triplo corpo, social, ancestral e cósmico, que o constitui como sujeito. A ipseidade do sujeito como corporeidade está assim na conjunção da "mundanidade" (o ser no mundo, o *in-der-Welt-sein* de Heidegger), da "alteridade" (o ser-com, o *Mit-sein* de Heidegger) e da "historicidade". Cada um é apenas o que é enquanto "retém" em si mesmo e "oferece" aos demais esse triplo corpo do qual é a anamnese viva.

Porque o ser-aí é existencialmente "*ser-no-mundo*", seu "modo de ser primordial" é "encontrar-se desde sempre 'fora', perto de um ente"; e é jus-

---

61. Castoriadis, C., op. cit., 36.
62. Jousse, M., op. cit., t. 2, *La Manducation de la parole*, Gallimard, 1975, 2ª parte (sobre a "intussuscepção").

tamente "estando 'fora', perto do objeto (que) o ser-aí está em verdade 'no interior' de si"⁶³. Igualmente, porque o "ser-no-mundo é um *ser-no-mundo-com*" todo ser-aí "já revelou aos demais em seu ser-aí"⁶⁴. Finalmente, porque, como diz alhures Heidegger, o ser é tradição (*es gibt Sein*), o ser-aí é *memorial*, "memorial-pensado-no-ser", memorial vivo que, de maneira clara, "se diferencia essencialmente de uma pura rememoração tomada no sentido de passado transcorrido"⁶⁵. Eis por que unicamente a "expressão" permite ao sujeito diferenciar-se interiormente. O sujeito não está no corpo como o caroço no pêssego. É corpo, como a cebola em suas cascas. "Tudo está na pele", dizia P. Valéry. A ipseidade é "pele oferecida" à alteridade (Levinas). "O exterior ✗ o interior" (J. Derrida).

d. O corpo, arquissímbolo

O "corpo vivo" é, segundo a expressão de D. Dubarle, "como o arquissímbolo de toda a ordem simbólica"⁶⁶. Porque é nele que se articulam o interior e o exterior, o eu e o outro, a natureza e a cultura, a necessidade e a petição, o desejo e a palavra. Este existe apenas originariamente inscrito no corpo, e assim, onticamente, em discursos e em enunciados. Certamente, é aquém destes últimos, em seus "brancos", que se diz a palavra. Esses discursos e esses enunciados são necessários também para dar "lugar" aos espaços nos quais ela pode surgir⁶⁷. Uma palavra que quisesse se dizer numa espécie de pureza transparente seria ilusória. Nenhuma palavra escapa de sua laboriosa inscrição num corpo, numa história, numa língua, num sistema de sinais, numa rede discursiva. Essa é a lei. Lei da mediação. Lei do corpo.

Por isso, a "revelação", tanto a cristã quanto a judaica, "somente pôde se tornar palavra de Deus por seu êxodo em um corpo de escritura"⁶⁸. Nós o mostraremos: para encontrar o Espírito, é preciso prender-se à Letra.

---

63. HEIDEGGER, M., *L'Être et le temps*, Gallimard, 1964, 85.
64. Ibidem, § 26, 150 e 155.
65. Idem, *Lettre sur l'humanisme*, Q. 3, 108-109.
66. DUBARLE, D., "Pratique du symbole et connaissance de Dieu", in: *Le Mythe et le symbole*, Beauchesne, 1977, 243.
67. Cf. nesse sentido o conjunto da obra, já citado, de RESWEBER, J. P., *La Philosophie du langage*. "Ausente por sua própria natureza, a *palavra* se torna presente em e pelo *discurso*" (p. 6) que caracteriza "a maneira pela qual o sujeito fala, o esmero da expressão, o estilo da locução, quando o *enunciado* designa a matéria da linguagem constituída pelas palavras empregadas assim como pelas coisas designadas" (p. 43). Nós sublinhamos.
68. BRETON, S., *Écriture et révélation*, Cerf, 1979, 118.

O "antropologal" (D. Dubarle) *é o lugar de todo possível teologal.* O sacramental não seria o espaço arquissimbólico desta economia?

V. ABERTURA: A SACRAMENTALIDADE DA FÉ

Esta perspectiva nos abre uma inteligência teológica dos sacramentos como expressões da "corporeidade" da fé. Não são certamente a única (cf. a referência às Escrituras ou ainda à prática ética). Mas constituem sua *principal* expressão simbólica.

Nas celebrações sacramentais, com efeito, a fé se expressa no seio de uma encenação ritual em que o *corpo próprio* de cada um é o lugar de articulação simbólica, mediante gestos, posturas, palavras (ditas ou cantadas) e silêncios, do triplo corpo que o constitui como crente: o corpo *social*, a Igreja, com sua rede simbólica de valores tão singular que estrutura uma leitura original da história, da vida e do universo — uma leitura em todo caso diferente das que podem fazer um muçulmano, um budista ou um ateu; o corpo *tradicional* que habita esse grupo Igreja e que sustenta o conjunto do ritual, especialmente mediante as referências às palavras e aos gestos de Cristo atestados pelo testemunho apostólico das Escrituras; o corpo *cósmico* de um universo recebido como o dom gracioso do Criador e cujos fragmentos simbólicos (água, pão e vinho, óleo, círio pascal, cinzas…) são reconhecidos como mediação "sacramental" de inscrição de Deus pelo Espírito. Os sacramentos são assim feitos de materialidade significante: a de um corpo que somente pode vivê-los submetendo-se a eles por um comportamento já programado, por um gesto devidamente prescrito, por uma palavra institucionalmente prevista; a de um "nós" comunitário presidido por um ministro reconhecido como legítimo; a de uma regulação pela tradição apostólica viva referida ao livro das Escrituras reconhecidas como canônicas; a de uma manipulação de elementos e de objetos que não é lícito a cada qual escolher segundo suas conveniências.

1. O alvo sacramental

Em sua materialidade significante, os sacramentos constituem, assim, um *alvo incontornável* que impede toda reinvindicação imaginária de conexão direta, individual e interior, com Cristo ou de contato iluminista de tipo gnóstico com ele. Manifestam as mediações imprescritíveis, começando pela da Igreja, fora da qual não há fé cristã possível. Eles nos dizem que a fé tem corpo, que ela nos vincula ao corpo. Melhor ainda: eles nos dizem que *tornar-se crente é aprender a consentir, sem ressentimento, na corporeidade da fé.*

Ora, trata-se aí da tarefa mais difícil e mais onerosa que existe. Basta observar com que facilidade *nos chocamos com os sacramentos* — desde então, pelo menos, em que a fé procura viver-se como "adoração do Pai em espírito e em verdade" (Jo 4,23-24) e não se deixa adormecer nas seguranças de uma instituição e nos ronronares do costume. Eles se chocam então violentamente conosco. Tropeçamos com eles muito mais que com a Palavra. Certamente, a Palavra se dá como "Escrituras" e mesmo como letra; por conseguinte, também ela, com o imenso desvio cultural que exige dos crentes hoje, exerce essa função de "alvo". Mas o logocentrismo metafísico que nos habita se empenha em apagar, na medida do possível, a espessura empírica da letra em sua consistência histórica pelo apelo a um sentido "espiritual" pré-contido de maneira intemporal e anistórica. Nessa perspectiva, a palavra de Deus pode facilmente remontar-se à sutilidade evanescente do sopro exterior e ecoar, em sua imaterialidade, o sopro interior do Espírito de Deus e do Verbo interior que faz ressoar em nós. A Palavra parece, então, totalmente adequada ao "espiritual" da fé.

Não acontece o mesmo com o sacramento: não se deve fazê-lo cair na *exterioridade*, na *instituição*, no *corpo*? Não se deve "submetê-lo" a isso, passar através de múltiplas determinações sensíveis que o constituem? Portanto, nos vemos obrigados a justificá-lo, a trazer-lhe argumentos de "conveniência", a dar-lhe "razões". E por que, portanto, senão porque o cristianismo, apesar de todos os corretivos impostos pela Encarnação de Deus em Jesus e a promessa da ressurreição da carne, parece que nunca se recuperou plenamente da suspeita contra o corpo? Tendo encontrado já na estrutura ontoteológica da metafísica seu modo de pensamento fundamental, fez seu o logocentrismo com seus pressupostos ideais de presença transparente e de verdade plena, aos quais as mediações acabariam por ser obstáculo. Assim, conviria purificar-se das mediações. Nessas condições, os sacramentos não podem ser pensados como *remédios* ou, pelo menos, como *concessões* que a divina Providência, por uma sábia pedagogia, concede à natureza humana que só pode aceder ao inteligível pelo sensível. Está claro que tal apreciação depende da *convicção de princípios que, idealmente pelo menos, não deveriam ser assim...*

Chocamo-nos, pois, com o sacramento, como nos chocamos com o corpo, com a instituição, com a letra das Escrituras — se pelo menos se a respeita em sua materialidade histórica toda empírica. Chocamo-nos contra tudo, porque sempre permanecemos habitados pela nostalgia de um ideal e de uma imediata presença a nós mesmos, aos demais e a Deus. Ora, ao nos reconduzir à corporeidade, os sacramentos acabam rompendo esses sonhos. E (falaremos sobre a consistência nesse ponto, capital, em nosso capítulo sobre a ritualidade), em razão da mediação corporal e ritual que os constituem, o fazem de maneira mais radical ainda que as Escrituras. Eles nos indicam, assim, que é na mais banal dimensão empírica de uma história, de uma instituição, de um mundo, e finalmente de um corpo, que se efetua a fé no que tem de mais "verdadeiro".

2. A arquissacramentalidade da fé

Como a escritura empírica é a manifestação fenomenal desta arquiescritura que constitui a linguagem em que acontece o sujeito humano, os sacramentos podem aparecer como a manifestação empírica da *"arquissacramentalidade" que constitui a linguagem da fé* em que acontece o sujeito crente. Esta arquissacramentalidade é uma *condição transcendental da existência cristã*. Ela indica que *não há fé que não esteja inscrita em alguma parte, inscrita em um corpo*: um corpo de cultura determinada, um corpo de história concreta, um corpo de desejo. O batismo, primeiro sacramento da fé, o manifesta bem: a imersão na água, em relação com o "desdobramento" das Escrituras cristãs que é a referência ao nome do Pai e do Filho e do Espírito Santo, é a metáfora da imersão nos significantes — materiais, institucionais, culturais, tradicionais — da Igreja: assembleia, ministro ordenado, sinal da cruz sobre a fronte, livro das Escrituras, confissão de fé, memória de Jesus Cristo e invocação do Espírito, círio pascal... São todos esses elementos simbólicos que são inscritos no corpo de cada batizado, corpo escritural no qual eles são depositados como testamento. *Somente nos tornamos cristãos ao entrar na instituição, e ao deixar que ela grave no corpo sua "marca registrada", seu "caráter"*.

A fé nos aparece, assim, como *"sacramental" por constituição* e não simplesmente por derivação. A existência somente pode ser cristã quando atravessada de maneira permanente pela sacramentalidade; ou melhor, a não ser como *inscrita de maneira permanente na ordem do sacramental*. Impossível, desde então, pensar a fé fora do corpo.

∗∗∗

Uma teologia que integra plenamente e a título *principal* a sacramentalidade da fé requer um consentimento da corporeidade, consentimento tal que a conduza a tentar *pensar Deus segundo a corporeidade*. Já anunciamos esta necessidade de um novo pensar sobre Deus para a coerência de nosso próprio discurso e delineamos sua perspectiva em direção ao alvo histórico da Cruz. A problemática da mediação incontornável do símbolo e do corpo que acabamos de desenvolver não faz senão reforçar este imperativo. Vamos tratar dele ao longo da última parte deste trabalho.

SEGUNDA PARTE

Os sacramentos na rede simbólica da fé eclesial

Introdução
Uma teologia fundamental do sacramental

De acordo com a problemática desenvolvida até o presente, a questão que vai se instaurar ao longo de nosso discurso teológico não pode ser "por que sacramentos?". Renunciamos, com efeito, mesmo por princípio, a remontar à origem e a dar razão das coisas. Partimos, antes, do fato, incontornável, de que somos, na Igreja, *praticantes* de ritos denominados "sacramentos" — especialmente batismo e eucaristia — e que estamos desde sempre incorporados na sacramentalidade. As questões que guiam nossa reflexão teológica são, portanto, as seguintes: *O que significa para nós o fato de a fé ser tecida por sacramentos? O que é, portanto, crer em Jesus Cristo, se este crer é estruturalmente sacramental?*

Considerar essas questões nos leva a elaborar não simplesmente uma teologia dos sacramentos da fé, mas, em um nível mais profundo, *uma teologia fundamental do sacramental* ou *da sacramentalidade da fé*. Não economizaremos, evidentemente, uma reflexão sobre os sacramentos propriamente ditos — no topo dos quais, sempre, o batismo e a eucaristia. Nós os consideraremos, pelo contrário, como as expressões paradigmáticas de uma sacramentalidade da fé que os transborda amplamente e que constitui a condição sem a qual não poderiam ter sentido.

Nesta perspectiva, a teologia sacramentária não é um simples setor do campo teológico, contrariamente ao costume tomado desde os "tratados" da escolástica. É, antes, à maneira patrística[1], uma *dimensão* que atra-

---

1. Cf., por exemplo, a maneira pela qual Santo Ireneu se refere à confissão de fé batismal no início e no fim de sua *Démonstration de la prédication apostolique* [*Demonstração*

vessa o conjunto da teologia, um ponto de vista particular sobre ela. Não abrangente, uma vez que utiliza uma perspectiva de um ângulo preciso, nem por isso merece menos, na óptica que é a nossa, de ser denominada teologia *fundamental*. Porque é *todo* campo teológico — desde a criação até a escatologia, desde a teologia trinitária até a ética, desde a cristologia até a eclesiologia... — que é chamado a ser repensado segundo essa dimensão constitutiva da fé que denominamos "sacramentalidade".

Os sacramentos não são, certamente, senão *um elemento entre outros* no seio da configuração epistêmica particular da fé; como tal, esse elemento, do ponto de vista cristão, somente funciona com referência aos outros com os quais forma sistema, e somente isolando-o (o que equivaleria, como o observávamos com E. Ortigues, a fazê-lo regredir ao "imaginário inefável") é que podemos ser tentados a definir Deus permanentemente nesse isolamento.

Começaremos, pois, por situá-los no vasto conjunto eclesial no seio do qual encontram sua coerência. Nós consideramos esse conjunto a estrutura da identidade cristã. *Trataremos* dessa estrutura no capítulo 5. Os capítulos 6 e 7 tratarão, em seguida, de uma reflexão sobre as *relações* entre os elementos da estrutura assim identificada: relações entre sacramento e Escritura de uma parte, entre sacramento e ética de outra parte. Mostraremos, em seguida, o *processo* segundo o qual funcionam concretamente esses diversos elementos: nós o faremos no capítulo 8, na esteira do processo de troca simbólica da qual já falamos.

---

da pregação apostólica] (SC n. 62, p. 41 e 170), assim como à eucaristia em *Adv. Haer.* IV, 17-18 (SC n. 100, 575-615).

Capítulo 5
Situação da estrutura da identidade cristã

I. A ESTRUTURAÇAO DA FÉ SEGUNDO O RELATO DE EMAÚS

Quem diz *estrutura* diz, segundo o *Vocabulaire technique et critique de la philosophie* de A. Lalande (t. III), "um todo formado de fenômenos solidários, de tal modo que cada um depende dos outros e somente pode ser o que é por sua relação com eles". A determinação dos elementos e de suas relações fornece um "modelo" da estrutura em questão. É *um* modelo da estrutura da identidade cristã que propomos aqui.

1. Lucas 24

Como nos tornamos crentes? Como passamos da não-fé à fé? Estas são questões fundamentais que compõem o relato de Emaús (Lc 24,13-35). Ora, esse relato, tipicamente lucano, está construído ao redor dos mesmos grandes eixos que estruturam os outros dois relatos que o enquadram: a mensagem recebida no túmulo (24,1-12) e a aparição aos Onze (24,36-53). Os destinatários da mensagem ou das aparições estão sempre, no início dessas três perícopes, numa situação de não-fé: as mulheres estão "desconcertadas" (v. 4); Cléofas e seu companheiro têm os olhos fechados (v. 16); os Onze estão "assustados" (v. 37) e "incrédulos" (v. 41). Nos três casos, essa situação negativa está ligada ao desejo de encontrar, de tocar ou de ver o corpo de Jesus: as mulheres "não *encontraram* seu corpo" (v. 3), entretanto Pedro "*não viu* senão faixas" (v. 12); igualmente, no relato de Emaús, elas não "*encontraram seu corpo*", e o texto especifica que os discípulos verificaram bem o que as mulheres disseram, em contrapartida, "a ele, não o *viram*" (v. 24). Quanto à aparição aos Onze, o que o Ressuscitado ordena aos discípulos "ver" (duas vezes) e "tocar" são as marcas de sua morte (v. 39). É notável, nos três casos, que a visão e o tocar orientam para o lado do *corpo morto* de Jesus. Não é menos notável, nos três casos igualmente (porque, mesmo no terceiro, a visão e o tocar não bastam para levar à fé: "permaneciam ainda incrédulos e surpresos", esclarece, com efeito, o v. 41), que o desbloqueio da situação se efetue mediante dois elementos: de uma parte, o apelo à memória ("lembrai-vos" [v. 6], "corações lentos para crer em tudo o que os profetas anunciaram" [v. 25]; "eis as palavras que eu vos dirigi…" [v. 44]); de outra parte, a abertura das Escrituras segundo o desígnio de Deus ("é preciso que…" [v. 7]; "Não era preciso…" + interpretação de todas as Escrituras [v. 26-27]; "é preciso que…" + releitura de todas as Escrituras [v. 44-45]).

A passagem à fé requer, portanto, *que se despoje do desejo de ver-tocar-encontrar para aceitar escutar uma palavra*, que ela venha dos anjos ou do Ressuscitado em pessoa, reconhecida como palavra de Deus. Porque o desejo de ver, análogo aqui à vontade de saber, ou o desejo de encontrar, análogo à vontade de provar, somente podem englobar um conhecimento deficiente do Senhor ressuscitado, uma vez que remetem para seu corpo morto. O relato de Emaús explicita esta lição. O fato é tão mais impressionante por estar organizado de maneira idêntica a dois outros relatos de Lucas: o batismo do eunuco etíope (At 8,26-40) e o primeiro relato da conversão de Saulo (At 9,1-20).

2. Três textos matrizes

Esses três relatos descrevem o itinerário necessário para a estruturação da fé, a saber, nos mostram como se efetua o tornar-se cristão. Estamos no *tempo da Igreja*, simbolizado nos três relatos pela estrada que parte de Jerusalém para conduzir a Emaús, Gaza ou Damasco. Conhecemos, com efeito, a significação teológica de Jerusalém em Lucas: lugar da morte de Jesus, lugar de suas manifestações como Ressuscitado — Lucas não menciona aparição alguma fora de Jerusalém —, lugar da efusão do Espírito da promessa, Jerusalém é o lar pascal para o qual converge todo o terceiro evangelho e o berço pentecostal de onde se desenvolve a Igreja para "toda a Judeia e a Samaria e até as extremidades da Terra" (At 1,8; cf. Lc 24,47).

Neste tempo da Igreja, o Senhor não é mais visível. Lucas insiste sobre este ponto: ressuscitado, ele é o "Vivente" — título divino — (Lc 24,5);

vive em Deus, como se compraz ao sublinhar o relato da Ascensão. Embora *ausente*, está presente em seu "sacramento", que é a Igreja: a Igreja que relê as Escrituras em função dele; a Igreja que refaz seus gestos em memória dele; a Igreja que vive em seu nome a partilha fraterna. É nesses testemunhos da Igreja que ele toma corpo doravante e que se dá a reencontrar. Essa é uma das principais chaves de leitura de nossos três textos: *a Igreja jamais é aí mencionada como tal, mas aí está presente por toda parte em filigrana*; se está aparentemente ausente do texto, é precisamente porque constitui seu verdadeiro "pré-texto".

Sob os traços do Ressuscitado, que faz, no caminho de Emaús, a hermenêutica (*dihermeneusen*) das *Escrituras* em função de seu próprio destino messiânico (Lc 24,25-27), como não reconhecer *a Igreja* e seu kerygma pascal? Ao colocar em cena assim o Senhor Jesus, Lucas indica que, cada vez, "segundo as Escrituras", é ele que fala por meio dela; ela é seu porta-voz, seu lugar-tenente "sacramental". De modo que, como o mostra Atos 9,5, perseguir a Igreja é perseguir o Senhor Jesus em pessoa. Não há abertura dos olhos e do espírito no reconhecimento do Crucificado como Messias e Senhor sem o guia de releitura das Escrituras que é a Igreja, sem a matriz de interpretação que ela fornece: "Compreendes tu o que lês? — E como poderia eu compreendê-lo, se não tenho guia?" (At 8,30-31).

Tampouco há acesso possível à fé, segundo nossos textos, sem o que se denominará mais tarde os *sacramentos* da Igreja. A fração do pão em Emaús, o batismo do Etíope, a imposição das mãos para o dom do Espírito Santo a Saulo pertencem ao processo da passagem da não-fé à fé. Esses gestos rituais não são simples apêndices, mas elementos estruturantes da fé. É no momento da fração do pão (Lc 24,31), é no momento da imposição das mãos (At 9,17-18) que os olhos dos discípulos de Emaús, de uma parte, de Saulo, da outra, se abrem. E aí, de novo, os gestos do Ressuscitado, descritos segundo os quatro verbos técnicos do relato da Ceia ("tomar", "pronunciar a bênção", "partir", "dar") se impõem como figura da *Igreja* que celebra a eucaristia. É, ademais, possível que o emprego do imperfeito (*epedidou*: "ele o dava a eles") no lugar do aoristo (*epedôken*) queira sublinhar a permanência do gesto do Senhor Jesus em cada eucaristia. Igualmente, falar de "fração do pão" em Emaús é um "anacronismo revelador. É uma palavra da liturgia cristã" que manifesta que "o relato se faz ouvir no tempo da Igreja" (v. 14). Nós não vemos mais o Senhor Jesus; entretanto, revela Lucas aos seus destinatários, estamos convidados a reconhecê-lo nos gestos rituais que a Igreja faz em seu nome: como os gestos de milagres operados pelos apóstolos pela "fé no nome de Jesus" (At 3,6 e 16), os gestos rituais feitos pela Igreja em memória dele são os seus próprios gestos.

A fé não existe se, enfim, não se expressa numa vida de *testemunho*. Sabemos que os relatos de aparição do Ressuscitados são construídos, nos evangelhos, segundo um esquema tripartido: iniciativa do Ressuscitado que se impõe às testemunhas[1]; reconhecimento pela "fé que tem olhos" (*oculata fide*, segundo a bela expressão de Santo Tomás de Aquino) do Ressuscitado, bem como do Crucificado que doravante vive de maneira totalmente distinta — como *soma pneumatikon*, diz Paulo; envio missionário. Este último traço manifesta que ninguém pode pretender em verdade reconhecer Jesus como o Senhor vivo sem, ao mesmo tempo, anunciá-lo. Isso significa dizer que não há recepção possível do dom da Boa-Nova da ressurreição sem a contrapartida do testemunho. Esta não é uma simples consequência extrínseca da fé, mas constitui um *momento intrínseco* do mesmo processo de estruturação da fé. Como pode sugerir o emprego do verbo *anistemi* — aliás, corrente, é verdade, no sentido banal de "levantar-se" — em Lucas 24,33 a propósito de Cléofas e de seu companheiro (*anastantes autè tè hôra*), o reconhecimento da ressurreição de Jesus não pode se dar sem provocar a (re)ssurreição dos discípulos como testemunhas. Em todo caso, sem abrir o caminho que, "imediatamente", leva os dois discípulos para os Onze em Jerusalém (Lc 24,33-35) para partir em seguida em direção a "todas as nações" (24,27); o caminho que, após "alguns dias passados com os discípulos de Damasco" se abre a Paulo para o anúncio nas sinagogas de que "Jesus é o Filho de Deus" (At 9,19-20); o trajeto que, para o Etíope, prossegue na alegria da fé para Gaza (At 8,39), tudo isso diz bastante sobre a pertença do testemunho missionário à estruturação da Igreja e da fé.

No início do livro dos Atos, em seus dois primeiros sumários relativos às atividades da primeira comunidade cristã de Jerusalém (At 2,42-47; 4,32-35), Lucas se compraz em sublinhar que esse testemunho requer, tanto quanto a palavra, uma vida de *koinônia*. Esse termo designa aí não somente a unidade dos corações gerados pela fé no mesmo Senhor[2], mas também a manifestação ativa dessa unidade no exercício concreto da comunhão dos bens. Esta, como especifica J. Dupont, não designa uma "transferência jurídica de propriedade; permanecendo cada qual proprietário daquilo que tem, mas a afeição que tem com seus irmãos o faz colocar à disposição deles"[3].

---

1. Cf. especialmente, nesse sentido, o *passivum divinum*: "ele se fez ver" (ôphtè) [das 22 vezes que ocorre no NT, 13 estão em Lucas; 4 estão na arcaica confissão de fé de 1Cor 15,3-8].

2. Cf. o tema do *homothymadon* que aparece quatro vezes no princípio dos Atos (1,14; 2,46; 4,24; 5,12) como uma das principais características da comunidade primitiva.

3. DUPONT, J., *Études sur les Actes des Apôtres*, Cerf, 1967, 508.

O ideal que se persegue aqui não é aquele da pobreza voluntária, mas aquele da caridade fraterna: "não se abandonam os seus bens por desejo de ser pobre, mas para que não haja pobres entre os irmãos"[4]. E é possível que Lucas, dependendo indiretamente ("num estádio anterior àquele da redação") de Deuteronômio 15,4 e diretamente de uma tradição cristã "antiquíssima", dê a essa partilha concreta um valor teológico de grande peso: "O fato de não ter mais indigentes entre eles tinha valor de sinal: a promessa de Moisés se realiza em favor deles, eles são a comunidade messiânica feita realidade presente"[5]. Em todo caso é significativo que Lucas consagre praticamente a metade de seu primeiro sumário e os três quartos do segundo à prática concreta da *koinonia* fraterna: sinal de realização da comunidade messiânica, essa prática é um *testemunho prestado a Cristo ressuscitado*. Tal ética do "a cada um segundo sua necessidade" (At 4,35; cf. 2,45) parece, para o autor dos Atos, constituir uma das dimensões maiores do testemunho missionário: o anúncio do Messias ressuscitado requer o *signo concreto da realização da comunidade messiânica*, a saber, a partilha com os mais desprovidos entre os irmãos. O irmão não é, aliás, segundo a teologia de Atos 9,5 ("Eu sou Jesus, sou eu que tu persegues") ou ainda de Atos 5,14 — onde a expressão "aderir ao Senhor" parece sugerir, segundo a nota da TEB, "uma espécie de identificação entre o Senhor e os seus" — como o "sacramento" do ressuscitado (cf. também a teologia do juízo final em Mt 24,31-46)?

"Quereis saber se Jesus está realmente vivo, ele que não é mais visível aos nossos olhos?", pergunta essencialmente Lucas a seus destinatários. "Renunciai, pois, a querer ver, tocar, encontrar seu corpo de carne, porque ele não se dá mais a reencontrar a não ser mediante o seu *corpo de palavra*, na reprise que *a Igreja* faz de sua mensagem, de seus gestos e de sua própria prática. Vivei em Igreja: é aí que o reconhecereis." A Igreja aparece, assim, para Lucas, como a mediação sacramental fundamental no seio da qual somente pode acontecer o sujeito como crente. Tal consentimento na mediação sacramental da Igreja não é algo evidente. Requer uma verdadeira virada. É o que mostra particularmente o relato de Emaús.

3. O relato dos discípulos de Emaús

Jerusalém-Emaús-Jerusalém: este ir e vir topográfico nos aparece como o suporte simbólico da virada, da "transformação", que se efetua ao

---

4. Ibidem, 512.
5. Ibidem, 510.

longo do relato no coração dos discípulos: passagem do desconhecimento ao reconhecimento, dos olhos fechados ao olhos abertos, da de-missão à missão e, no nível do grupo como tal, passagem de uma situação de dispersão (Pedro, "de sua iniciativa, partiu", diz o v. 12) e, portanto, de morte a uma (re)ssurreição do grupo como Igreja.

Os dois discípulos, na primeira sessão (v. 13-17, até a primeira parada no caminho), se encontram, com efeito, na situação da demissão: ao voltar de Jerusalém, dão as costas à sua experiência passada com Jesus. Falam entre si, numa espécie de relação espelhada em que cada qual repete ao outro a mesma palavra fechada em si mesma relativa ao fracasso de seu mestre. Os seus olhos também estão "impedidos de o reconhecer". Como seus olhos, os seus espíritos estão fechados. Tudo está fechado. Eles se deixaram encerrar, em definitivo, com o cadáver de Jesus no lugar hermético da morte: o sepulcro, cuja entrada foi obstruída por uma grande pedra. O seu passado é morte; em todo caso, não há mais futuro.

"Então, eles pararam, com ar sombrio": esse parar, que termina a primeira sequência de nosso relato, inaugura uma segunda sequência (v. 18-30), que para, como a primeira, num outro indicador topográfico: "e ele entrou para ficar com eles". Essa sequência centrada na troca de palavras entre os dois discípulos (um só atuante) e Jesus se subdivide em duas partes: na primeira (v. 18-24), os discípulos têm a iniciativa da palavra; na segunda, é Jesus. Em relação à primeira sequência, o conjunto dessa segunda é marcado pela passagem de uma relação dual a uma relação triangular: em vez de falar entre si, no círculo fechado, eles se abrem ao estrangeiro que os alcança. Saem de seu discurso fechado para falar a alguém que os escuta. Este ato de palavra dirigido a um terceiro que se torna a testemunha de sua confusão desloca um pouco a pedra pesada de seu túmulo. Um fio de luz se filtra por essa delgada brecha: o desejo deles desperta novamente na narração que eles fazem na terceira pessoa sobre a esperança deles decepcionada. O "real" se impõe, entretanto, com sua irrecusável evidência: "Jesus de Nazaré", o "profeta", está morto, e Deus não interveio em seu favor… O desbloqueio da situação resulta impossível enquanto Cléofas e seu companheiro mantêm a iniciativa da palavra e permanecem assim na posição de saber. Porque sabem tudo sobre Jesus de Nazaré. Mas o seu conhecimento é desconhecimento: não vai além dos acontecimentos. Acontece o mesmo com as mulheres e os discípulos que foram ao túmulo e não encontraram o seu corpo: constataram o fato do túmulo vazio; "mas ele, eles não o viram". Entretanto, o que eles esperavam para ver, tocar, encontrar no túmulo não era apenas um *cadáver*? Vítimas dessa reivindicação imaginária de ver e de saber com a qual querem se assegurar um domínio onipotente sobre o objeto de seus desejos, permanecem encerrados no túmulo do desconhecimento.

Ora, a fé requer um ato de desapropriação, de inversão da iniciativa: em vez de manter por si mesmo discursos seguros *sobre* Deus, é preciso começar por escutar uma palavra como palavra *de* Deus. A referência à *instância terceira das Escrituras* desempenha aqui um papel capital. Ao deixar que Jesus lhes abrisse as Escrituras, os dois discípulos começaram a entrar em uma inteligência do real distinta da que tinham até então como evidente. E se o "real" do desígnio de Deus e do destino de Jesus fosse distinto daquele do qual tinham uma convicção inquebrantável? E se as Escrituras revelassem de Deus um real que jamais tinham captado e que parecia contraditório com as doutrinas mais autorizadas? E se fosse verdade, definitivamente, que aquele que acabava de passar tinha entrado na glória? Entendamos isso: a pedra de escândalo, para os judeus, não era que Deus pudesse ressuscitar alguém, uma vez que a maioria dos judeus cria na ressurreição final dos mortos na época de Jesus; o que não era o mesmo que Deus pudesse ressuscitar um homem antes do dia dessa ressurreição comum, uma vez que se dava fé a tradições sobre o "rapto" do profeta Elias, de Henoc ou de Esdras... Tratava-se de um caso muito mais radical: Deus poderia ainda ser Deus, nosso Deus, o Deus de nossos pais, se tivesse ressuscitado *aquele que fora condenado a justo título* à morte por ter blasfemado contra a lei de Deus dada por Moisés, isto é, contra o próprio Deus? Deus poderia se contradizer? Seria possível, como diz Paulo, que aquele que é morto na maldição de Deus — uma vez que a lei (Dt 21,23) declara "Maldito todo aquele que é suspenso no madeiro" (Gl 3,13) — seja reconhecido como bênção de Deus sobre as nações? Quem, pois, seria Deus se deixasse morrer seu Cristo e, ressuscitando-o, lhe desse razão contra sua própria lei? Definitivamente, seria possível que igual pedra de escândalo fosse removida por Deus da entrada do sepulcro de Jesus? Adivinhamos a amplitude da conversão a operar: trata-se, para os dois discípulos, de aceitar que a palavra de Deus, segundo as Escrituras, venha "*des-realizar*" *suas evidências* bem estabelecidas sobre o "real" de Deus.

A relação entre Jesus e as Escrituras, aos seus olhos, tinha de ser idêntica à sua referência com o sepulcro: uma relação de morte. As Escrituras desempenhavam para eles a função de uma inscrição funerária que vinha justificar a oração fúnebre que haviam pronunciado sobre o túmulo do "seu amado defunto", com lamentações tanto mais emocionadas quanto longamente haviam esperado dele a libertação de Israel. A circularidade entre os três lugares do *corpo* de Jesus, do *túmulo* e das *Escrituras* estava perfeitamente fechada: sobre o corpo morto se elevava o *mnèmeion* sepulcral superado por um "condenado à morte segundo a Lei" (ou "segundo as Escrituras") que garantia a legitimidade religiosa.

Ora, eis que os seus olhos começam a "se abrir" quando o Ressuscitado, apelando à sua memória, diz "abre" as Escrituras (mesmo verbo *di-anoigô*): o *verbum abbreviatum* das Escrituras ("não era necessário...") é o lugar a partir do qual seu cadáver se recompõe de alguma maneira. "Não ardia em nós o nosso coração...?", dirão na pós-compreensão anamnética que farão, após a fração do pão, do que se tinha passado então sobre o caminho. Assim, começam a *ver* o Ressuscitado ao *escutar* se levantar das Escrituras: *vive ali onde ressoa sua palavra*, ali onde homens dão testemunho dele "segundo as Escrituras". "Ali", isto é, na *Igreja*. Nós o dissemos: sob os traços do Ressuscitado, é ela, com seu kerygma — "verbo abreviado" de todas as Escrituras — que se esboça em filigrana: cada vez, indica Lucas, que ela anuncia o kerygma pascal, ela é o "sacramento" de sua palavra. O corpo de Cristo ressuscitado somente pode ser reconhecido a partir de seu corpo escritural, composto e articulado com seu corpo eclesial.

Os dois discípulos estão doravante suficientemente abalados em suas certezas anteriores, para que seu desejo, inicialmente polarizado pela "necessidade" — a necessidade de saber e de ser assegurado —, seja transformado em *pedido* — pedido que se dirige a outro como tal, pedido de presença: "fica conosco". Jesus cessou de ser um "objeto" que vem satisfazer a sua necessidade de explicação, integrando-se em seu sistema: tornou-se o sujeito de uma presença desejável por si mesmo... Mas a presença do outro é, por definição, o que se escapa. O estrangeiro não é reconhecido ainda em sua radical estrangeirice.

Não é mais no exterior, no caminho, mas no *interior* ao redor da mesa que os dois discípulos fazem a experiência decisiva do encontro. Nesta terceira sequência (v. 30-32), o Ressuscitado leva até o fim a iniciativa que tomou: seu "verbo" se faz carne num pão partilhado. Então, os seus olhos se abrem: o que veem lhes dá a entender qual é a questão, a saber, a eucaristia da *Igreja* — como mencionamos anteriormente a propósito dos quatro verbos técnicos do relato da Ceia que se encontra aqui. Seus olhos se abrem no *vazio* — "ele se torna invisível para eles" —, mas um vazio pleno de uma presença. Eles se abrem no vazio da não-visibilidade do Senhor cada vez que a Igreja faz a fração do pão em memória dele; mas este vazio está habitado por sua presença simbólica, uma vez que acabam de captar que, quando a Igreja toma o pão, pronuncia a bênção, o parte e o dá, é ele, seu Senhor, que continua a tomar o pão de sua vida dada, a dirigir a Deus a prece de ação de graças, de partir o pão como seu corpo quebrado pela unidade de todos, de o dar dizendo: "Isto é o meu corpo". No tempo da Igreja em que se situa nosso relato, Cristo Jesus está ausente como "ele mesmo"; somente está presente como "o Outro". Doravante não é possível tocar seu corpo real: podemos unicamente "tocá-lo" *como corpo simbolizado* no testemunho que a Igreja dá dele, mediante as Escrituras relidas como sua própria palavra, os sacramentos efetuados como seus próprios gestos, o testemunho ético da comunhão fraterna vivido como a expressão de seu próprio serviço (*diakonia*) aos homens. É no testemunho da Igreja que toma corpo doravante, e especialmente na reprise de sua própria palavra: "Isto é o meu corpo...".

"No mesmo instante", nos diz Lucas, Cléofas e o outro discípulo se levantam e voltam para Jerusalém. O reconhecimento de sua ressurreição marca *sua própria ressurreição*: sua Páscoa tornou-se a Páscoa deles; eles se tornaram outros. A sua volta para Jerusalém é o suporte simbólico da transformação que se operou neles: sua demissão se transforma em missão, e a dispersão do grupo, em comunhão. Porque é todo o grupo de discípulos que, passado pela morte, *renasce como Igreja*. Essa brota da palavra pascal "ressuscitou", apoiada prioritariamente, segundo Lucas, no testemunho de Simão (v. 34). Os dois companheiros começam por receber o testemunho dos Onze. Acrescentam em seguida o seu próprio testemunho àquele do grupo fundador. A Igreja aparece assim como a comunidade daqueles que, tendo encontrado o Senhor ressuscitado, dão o seu testemunho, mas que também confrontam esse testemunho com aquele do grupo fundador, tendo em vista verificar a sua autenticidade apostólica.

4. A prova da fé ou o consentimento de uma perda

É toda uma teologia da "sacramentalidade" da Igreja que cremos poder detectar nos textos lucanos que acabamos de ler. Tal teologia não é seguramente exclusiva no Novo Testamento. É, antes, característica do que E. Käsemann denomina o "pré-catolicismo", isto é, a fase de "transição entre a cristandade primitiva que se denomina Igreja antiga, transição caracterizada pelo esmaecimento da espera iminente", e a transferência do "centro de gravidade" teológico da escatologia para uma "grande Igreja", com acento cada vez mais marcado na "presença sacramental de Cristo na Igreja para o mundo", como se vê especialmente nas deuteropaulinas[6]. Temos, portanto,

---

6. KÄSEMANN, E., *Essais exégétiques*, Delachaux-Niestlé, 1972, cap. 13, "Paul et le précatholicisme", 256-270.

consciência de que nossa própria tese sobre a estrutura da identidade cristã é *relativa* a uma situação da Igreja suficientemente institucionalizada para que seja olhada teologicamente como o "sacramento universal da salvação" para o mundo (*Lumen Gentium*, 48). Tal teologia não é *a única possível*; não é nem mesmo a mais antiga. Entretanto — deve ser especificado? —, o mais antigo não é necessariamente o mais pertinente teologicamente... Neste caso, era provavelmente inevitável que, tardando a parusia a se realizar, o entusiasmo escatológico pouco a pouco fosse domesticado: ao contrabalançar o "já", o "não ainda" dava inevitavelmente lugar a uma teologia da sacramentalidade da Igreja que apenas podia ser adaptada a um tempo intermediário cuja duração se tornava cada vez mais indefinida. Afinal, quem diz sacramento não diz por acaso tempo intermediário?

a. *A mediação simbólica da Igreja*

Como vimos, à pergunta de seus destinatários, que é também a nossa e a de todo crente — "Se é verdade que Jesus está vivo, como nós não o vemos?" —, Lucas responde pela "Igreja". A passagem à fé requer o consentimento à Igreja, porque é nela que o Senhor Jesus se dá a encontrar. Somente tal consentimento constitui uma verdadeira prova. Nossos três textos matrizes, e particularmente o de Emaús, narram exemplarmente o itinerário a seguir para que se realize a performance da passagem à fé. Essa performance requer a aquisição de uma competência, reconhecida como dada pela iniciativa de Cristo ou do Espírito, competência para querer, para saber, para poder aceder à ordem simbólica própria da Igreja, às suas regras de jogo, especialmente à configuração formada por sua hermenêutica escriturária, suas celebrações litúrgicas e seu engajamento ético. É o que tenta mostrar o esquema da *estrutura da identidade cristã* apresentado na página seguinte.

Daremos mais adiante algumas indicações úteis para uma boa interpretação desse esquema. Contentamo-nos aqui em sublinhar dois pontos. De um lado, temos um modelo (entre outros possíveis, sem dúvida) da estrutura da identidade cristã: as flechas duplas querem indicar que, no seio de uma estrutura, cada elemento, como num quebra-cabeça, somente tem "valor" por sua relação de diferença e de coerência com os outros dois. É, portanto, o conjunto que vem em primeiro lugar, e não os elementos tomados em si mesmos isoladamente. O primeiro benefício da operação a partir daí, como insinuávamos, é situar os sacramentos *num conjunto* em que tudo se mantém: a ordem simbólica própria da Igreja.

```
                        Deus
                         ↓
                     Jesus Cristo
                  (Sacramento original)
                         ↓
                  IGREJA  SACRAMENTO
                      ┌───S.───┐
   No Espírito Santo  │   Fé   │  FUNDAMENTAL
                      Esc. ←→ Ét.
```

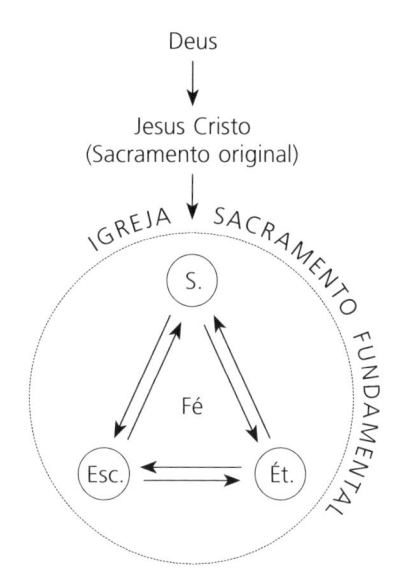

Esc. = Escritura
S. = Sacramento
Ét. = Ética

De outro lado, o esquema manifesta bem a mediação sacramental fundamental da Igreja. Falaremos novamente disso um pouco mais adiante. O importante para o momento é pensar o que o esquema explicita, a saber, que a fé requer a *renúncia à conexão direta* — gnóstica, se poderia dizer — com Jesus Cristo. É impossível reconhecer em verdade o Senhor Jesus vivente sem desligar-se deste imaginário — instância psíquica ambivalente, vista aqui sob seu aspecto negativo de engodo — que nos conduz coercivamente ao desejo de ver, tocar, encontrar, isto é, finalmente provar Jesus. Porque, como as mulheres ou os discípulos correndo ao sepulcro, o que podemos ver, o que esperamos ver e saber não é apenas o cadáver de Jesus? Certamente, não estamos mais na mesma situação das primeiras testemunhas: "sabemos" bem que Jesus não é mais visível. Mas, nesse campo, como em tudo o que toca ao mais vital de nossa existência, as convicções intelectuais estão longe de ser as mais determinantes. Nosso desejo é, muitas vezes, mais forte que estas. Mas o nosso imaginário não cessa de pugnar por ocultar o que a experiência do real nos impõe: "Eu sei bem, mas…". Tudo está neste "mas!" que nega psiquicamente o que, entretanto, "sabemos". E é nesta negação que se fundem frequentemente nossas chamadas evidências: não cessamos de cobrir o verdadeiro com a capa do que é verossímil.

Ora, o acesso à fé requer a adesão à mensagem do anjo recebida pelas mulheres no sepulcro: "ressuscitou!". O sepulcro está *vazio do corpo morto* de Jesus como "objeto real" a constatar; ele é *preenchido por um "sinal a crer"*: a palavra do anjo — palavra de Deus! — "ressuscitou"⁷. O acesso à fé requer a consideração dessa palavra da qual nasceu a Igreja e a estrutura segundo sua tripla manifestação, escriturária, sacramental e ética.

b. Três formas de uma mesma tentação "necrótica"

Mas tal renúncia à constatação de Cristo para aceitar o seu corpo simbólico de palavra que é a Igreja requer que se cumpra o luto de toda captura de Cristo nas redes de nossa ideologia ou nas astúcias de nosso desejo. Cada um sabe, com efeito, com quantas sutis astúcias se faz a estratégia do desejo; no campo religioso, mais ainda talvez que alhures, uma vez que esse setor toca imediatamente a significação que damos à própria existência. Com seu aspecto atraente, o imaginário nos dá a ilusão de poder obstruir a brecha que nos constitui como sujeitos. No campo religioso, isso toma múltiplas formas, que podemos, em torno dos três elementos da estrutura da identidade cristã, reduzir a três tentações típicas.

A primeira é a de um sistema fechado de *saber religioso* que funciona concretamente como negação psíquica da alteridade de Deus, da ausência do Ressuscitado, da não-gerabilidade do Espírito. Certamente, protesta-se contra tal negação: "Nós o sabemos bem…". Sim, nós o sabemos bem, "mas ainda assim…!". A segunda é a da "magia" sacramental, que A. Vergote, a fim de evitar as ambiguidades desse termo e suas conotações demasiadamente pejorativas, prefere denominar de *"imaginário" sacramental*; recorre-se então ao rito, seja para obter um benefício essencialmente natural, seja para obter um efeito espiritual como o perdão dos pecados ou qualquer outra graça divina "sem que a disposição interior esteja em consonância com o efeito esperado"⁸. Ainda aí, não é inútil sublinhar que a negação consciente desse processo não impede seu funcionamento psíquico efetivo. A terceira forma, enfim, é a do *moralismo*, compreendido como o farisaísmo de um comportamento por meio do qual se deseja barrar Deus. Pode-se proclamar fortemente que Deus jamais pode sujeitar-se ao homem, que nossas boas obras jamais nos dão direitos sobre ele; pode-se recordar vigorosamente a lição dada por Jesus àqueles que recriminam sem cessar o que consideram uma injustiça divina — os operários da primeira

---

7. MARIN, L., "Les femmes au tombeau. Essai d'analyse srtucturale d'une texte évangelique", in: *Langages* n. 22, 39-48. Texto retomado em *Études sémiotiques*, Paris, ed. Klincksieck, 1971, 221-231.

8. VERGOTE, A., *Religion, foi, incroyance*, Bruxelles, ed. P. Mardaga, 1983, 302-303.

hora, ou o irmão mais velho da parábola do filho pródigo —, enquanto psiquicamente reivindicam uma justiça de Deus que se suporta com ressentimento, uma vez que se vivencia tal justiça como um perseguido. Sabe-se bem disso, mas ainda assim! Apenas a confissão desse "ainda assim" é eminentemente censurada.

Estas são três formas principais — com suas mil possíveis variantes — de compreensão imaginária de Cristo, de redução do Evangelho à nossa ideologia, de sujeição de sua mensagem ao nosso desejo ou às nossas convicções estabelecidas. São três maneiras frequentemente sutis de fazer morrer *a presença da ausência* do Ressuscitado, de reduzir sua radical alteridade. *Três maneiras*, em outras palavras, *de fazer dele "o vivente", um corpo morto ou um objeto disponível*. Ninguém está seguro, no cristianismo desse processo de *necrose* — que evidentemente está vinculado com o da nevrose. Esta imaginária e mortal compreensão do vivente começa ou se realiza — com todas as variantes possíveis entre esses dois limiares — desde que isolemos qualquer constituinte da fé eclesial. Ora, como mostra o nosso esquema da estrutura da identidade cristã, a fé somente vive enquanto *se têm juntos* (sim-bolizar) os três elementos da estrutura. É a sua boa circulação simbólica que lhe permite se ter em boa saúde.

A tríplice tentação enunciada anteriormente consiste precisamente em isolar um ou outro elemento da estrutura e, assim, *sobrevalorizá-lo* em detrimento dos outros dois. Desde então, segundo um mecanismo bem conhecido na nevrose, o elemento em questão torna-se um ponto de fixação para o psiquismo. É triturado e manipulado em todos os sentidos sem poder sair disso. Volta-se então sempre ao *mesmo*, sobre o qual estávamos de tal modo polarizados que praticamente o substantificamos. A saúde somente pode acontecer mediante a reconsideração do elemento no conjunto em que encontra sua coerência.

Assim, o princípio "Cristo-nas-*Escrituras*" pode ser afirmado de maneira tão unilateral e exclusiva que não mais se respeite a alteridade simbólica do Ressuscitado. Ao apagar a empiricidade histórica e cultural da letra, nivela-se tudo com a etiqueta "Palavra de Deus", identificada de maneira imediata e sem hermenêutica alguma com as Escrituras. Mesmo com o seu princípio da *scriptura sola*, os reformadores não caíram nessa tal armadilha. O que aconteceu é que a favoreceram e que esta primeira forma de tentação é bastante típica do *protestantismo tradicional*.

O princípio "Cristo-nos-*sacramentos*", por sua vez, pode constituir outra supressão da alteridade simbólica do Ressuscitado. Um *ex opere operato* mal compreendido, ligado ao esquema da causalidade eficaz e às representações dos sacramentos como canais, ou, ainda mais, recipientes da graça, ou como instrumentos de infusão de um gérmen, tendeu a esquecer que sua eficácia não é de uma ordem distinta da Palavra e que não é pois mais automático que ela, simbólica, da comunicação de palavra. Temos aí uma nova forma de sequestro do Ressuscitado, diferente da primeira, mas não menos (nem mais, talvez, se olharmos bem) repleta de consequências que a primeira. Esta hipertrofia dos sacramentos é, evidentemente, uma tentação típica do *catolicismo romano*. Doença verdadeira da sacramentalidade, o sacramentalismo pastoral, com sua inevitável vertente mágica, foi o preço disso.

Mais *trans-confessional* e ainda mais contemporânea é a terceira forma de tentação: é a que sobrevaloriza de tal modo o agir ético como critério de verdade cristã que o princípio do "Cristo-nos-*irmãos*" não permite mais, de fato, reconhecer a Cristo em sua alteridade radical. Esse (neo)moralismo se apresenta sob duas formas maiores com objetivos muito diferentes. Em sua forma mais *mística*, o serviço do próximo pode, às vezes, ser vivido de tal maneira pelo amor de Cristo que o mesmo Cristo apenas fornece um pretexto para uma generosa condescendência com outros, um álibi de boa consciência. Conhecemos os sarcasmos de Nietzsche a esse respeito. Quando a imagem "Jesus Cristo" é aplicada assim ao rosto do próximo, a distância simbólica com o Cristo não é mais respeitada tanto quanto com os outros e então não é mais que a si mesmo que se ama, sob a máscara de Cristo, no outro.

Em sua forma mais *política*, a tentação moralista, ao denunciar, com razão, uma ortodoxia que se quereria "pura" e que negaria, assim, suas incidências sociais práticas, acentua de tal modo a urgência do compromisso com o serviço da justiça que é a ortopraxis que tende a se tornar completamente o critério da ortodoxia. A fé corre o risco, então, de se reduzir a uma maneira de agir no mundo — o que ela é também, em alguns aspectos — e o Reino de Deus a outro aspecto deste mundo — o que é também, certamente. Conhecemos o impacto dessa tentação na Igreja contemporânea. Conhecemos também, como mostram as diversas teologias da libertação, as dificuldades de apreciação teológica com as quais se choca desde então ao considerá-las devidamente "em situação"[9].

A boa saúde da fé tem sua estabilidade no *tripé* da identidade cristã; manter-se apenas sobre um pé ou sobre dois torna dificilmente evitável um acidente. Dito isso, a imagem do tripé é enganosa, uma vez que representa

---

9. Cf. *Théologies de la libération. Documents et débats.* Avant-propos de B. Chenu e B. Lauret, Cerf-Centurion, 1985; Doré, J. (edit.) *Jésus et la libération en Amérique latine*, Desclée, 1986.

uma coisa estática. É normal que a dinâmica da vida de fé resulte, segundo as épocas e as culturas e segundo a história pessoal de cada um, em deslocamentos do centro de gravidade por acentuação deste ou daquele elemento. O imobilismo não é um bom sinal na vida cristã como é na vida humana...

c. Uma tarefa inacabável: aceitar a presença da ausência

Resulta que a identidade cristã é estruturada pela articulação simbólica dos três elementos assinalados. As *Escrituras* não seriam um texto morto se não fosse atestado o seu estatuto de Palavra de Deus para hoje, especialmente na proclamação litúrgica que a Igreja faz delas? E se não comprometessem os sujeitos que as recebem como tal, com uma certa prática ética? Que valor teriam as celebrações litúrgicas *sacramentais* se não fossem memória viva daquele que as Escrituras atestam como o Deus crucificado? E se elas não ordenassem aos participantes que se tornassem concretamente, pela prática do *ágape*, o que celebraram e receberam? Finalmente, o que qualificaria de "cristã" uma *ética* (cujo campo, aliás, não seria distinto daquele da ética humana de serviço aos outros, individuais ou coletivos), se não fosse vivida como resposta ao amor primeiro de Deus até o dom de seu Filho único (Jo 3,16) que nos revelam as Escrituras? E se não conseguisse "se revitalizar" (como se diz) teologicamente na recepção desse dom primeiro nos sacramentos?

Renunciar a reencontrar o corpo perdido de Jesus para aceitar reencontrá-lo, vivo, na mediação simbólica da Igreja requer assim uma boa conjunção dos três termos em suas diferenças. Faltando isso, fascinado por um deles, nos fecharíamos imaginariamente nele e o atribuiríamos a Cristo permanentemente. Ora, ressuscitado, Cristo perdeu o lugar. Devemos *aceitar essa perda* para poder encontrá-lo.

Aceitar essa perda é identicamente, dissemos, aceitar o seu símbolo: a Igreja. Tarefa demasiado onerosa em dois sentidos opostos. Quem rejeita a Igreja, para encontrar Cristo privadamente, desconhece — pelo menos nas formas caracterizadas dessa atitude, porque todos os matizes existem — a sacramentalidade eclesial. Mas a desconhece igualmente quem a vive confortavelmente nela: não esqueçamos então que a Igreja não é Cristo, e que se, na fé, ela é reconhecida como o lugar primeiro de sua presença, ela é também, nesta mesma fé, a mediação mais radical de sua ausência. Por isso, aceitar a mediação sacramental da Igreja é aceitar o que chamamos precedentemente, fazendo eco a Heidegger, de *presença da ausência de Deus*. A Igreja radicaliza a vacância do lugar de Deus. Aceitar sua mediação é aceitar que essa vacância não seja nunca preenchida. A abertura de cada um dos três elementos de nossa estrutura pelos dois outros e a impossibilidade de os identificar um com o outro ou de fazer deles um só bloco é, a nossos olhos, o sinal dessa vacância incontornável. Mas é justamente no respeito de sua ausência radical ou alteridade que o Ressuscitado pode simbolicamente ser reconhecido. Esta é a fé, esta é a identidade cristã, segundo a fé: *quem faz morrer a ausência de Cristo volta a fazer dele um cadáver.*

Tornar-se crente é uma tarefa tão *inacabável* como tornar-se sujeito. Esta era já a nossa conclusão no termo de nossa reflexão sobre as relações entre a filosofia, no sentido de Heidegger, e a teologia: falávamos aí de homologia de atitude. O presente capítulo acaba de especificar a modalidade concreta, para o crente, do consentimento à falta, a saber, a Igreja como corpo simbólico de palavra do Ressuscitado.

5. Extensão de nosso modelo

O modelo proposto pode ser compreendido de maneira mais extensiva do que o que dá a entender o sentido estrito reconhecido para os três elementos.

Assim, nosso elemento "Escritura" subsome tudo quanto procede da *inteligência da fé*, a começar por essas glosas à margem das Escrituras que constituem a teologia.

Recobre, portanto, não somente a Bíblia, mas tudo o que visa a inteligência da revelação: tanto o corpo catequético ou as proposições atuais de formação permanente dos cristãos quanto o *corpus* teológico patrístico, medieval ou contemporâneo. Indispensável, essa dimensão de *conhecimento* é, entretanto, insuficiente para fazer por si só um cristão. Pode-se possuir uma excelente bagagem de teologia cristã sem, entretanto, se reconhecer cristão. E a verdade concreta da relação com Cristo não se mede com a condição do saber teológico…

Uma segunda dimensão, a do *reconhecimento*, não é menos necessária. Trata-se aqui de viver simbolicamente o que se tenta compreender teologicamente.

O que colocamos sob o termo de "sacramento" subsome tudo o que procede da celebração de Deus-Trindade na *liturgia*. Em primeiro lugar, seguramente, os dois sacramentos paradigmáticos que são o batismo e a eucaristia; mas também os cinco outros; e, ainda mais amplamente, toda celebração não estritamente sacramental, em grupo pequeno ou grande, numa catedral gótica ou numa sala de pequenas dimensões. A oração é parcialmente incluída nas atividades rituais; parcialmente somente porque entre a oração e o rito "a fronteira é sempre movediça"[10].

O terceiro elemento de nosso modelo tem de imediato uma larga extensão. Especificamos simplesmente que nosso elemento "ético" subsume todas as formas do *agir* dos cristãos no mundo como testemunho dado ao Evangelho do Crucificado-Ressuscitado, e que este agir, como sublinha especialmente J. B. Metz, diz respeito não somente à "*práxis* moral", interpessoal, mas também a "*práxis* social" coletiva.[11]

Nossa estrutura Escritura/Sacramento/Ética aparece assim como homologável a uma *estrutura antropológica* mais fundamental: conhecimento/reconhecimento/*práxis*. Os dois primeiros termos recobrem esta "oposição do *pensar* e do *viver*" em que C. Lévi-Strauss vê "a antinomia: inerente à condição humana entre duas restrições inevitáveis": de uma parte, a necessidade de "operar a descontinuidade" para poder pensar o caos primordial como "mundo" (de onde deriva o *mito* como "operador de classificações"); de outra parte, a necessidade de encontrar "a continuidade do vivido" ou a permanência da identidade (de onde surge o *rito* e seu "remendo minucioso", que tenta "tapar os interstícios")[12]. É no *agir*, o qual, segundo Heidegger, não é uma "produção de efeito cuja realidade é apreciada segundo a utilidade que oferece", mas um "cumprimento"[13] cuja essência é de ordem ética, e não técnica, que esta dupla restrição antinômica encontra sua resolução prática.

---

10. VERGOTE, A., *Religion, foi, incroyance*, op. cit., 258; — BASTIDE, R., "Le sacré sauvage" et autres essais, Paris, Payot, 1975, cap. 9 "L'expression de la prière chez le peuples sans écriture", 125-150 (*LMD*, 109, 1972, 98-122).

Segundo a "definição provisória" que propõe R. Bastide, a oração "é uma comunicação, que se pode fazer por objetos, gestos, palavras, e mais frequentemente por um complexo dos três, entre os homens e as potências sobrenaturais, numa relação posta como assimétrica" (142). Ela tem, portanto, sempre alguma coisa de ritual, embora a diferença se dê não entre a oração que seria oral e os ritos que dependeriam da não-oralidade, mas "entre 'complexos' cerimoniais", alguns dos quais são oração, isto é, comunicação com a divindade sempre articulada num "sentimento de dependência", e outros não. Se toda divindade do culto não é oração, em contrapartida, "a oração é sempre uma atividade de culto" (138). Daí o movimento da fronteira entre a oração e o rito. Que ela seja de petição ou de louvor, que ela seja mística ou muito "popular", que ela seja vivida pelo pasmo silencioso do corpo ou pelas palavras ou pelo gesto, a oração é sempre uma conduta expressiva e performativa de comunicação do homem com Deus, conduta que requer a assimilação de comportamentos rituais às vezes tão interiorizados que não aparecem mais à consciência. Ela é, pois, prioritariamente subsumida em nosso esquema pela liturgia, embora a transborde e difira dela sob alguns aspectos.

11. METZ, J. B., *La Foi dans l'histoire et la societé*, Cerf, 1979, 73-74.
12. LÉVI-STRAUSS, C., *L'Homme nu*, op. cit., 600-603.
13. HEIDEGGER, M., *Lettre sur l'humanisme*, Q. 3, 73.

Todo sujeito humano nasce da possibilidade de pensar o mundo, de cantá-lo e de agir nele. Lógica discursiva do *sinal*, interpelação identificadora do *símbolo*, *prática* transformadora do mundo, tendo em vista que cada um seja mais: os três elementos se mantêm e formam uma estrutura. A estrutura da identidade cristã que propusemos comprova finalmente ser a reposição, certamente original, desta estrutura antropológica fundamental.

II. OBSERVAÇÕES SOBRE A FUNÇÃO DA IGREJA EM NOSSO ESQUEMA

Tal como visto anteriormente, a posição da estrutura da identidade cristã requer algumas observações.

1. Uma problemática de identidade

Nosso esquema ilustra uma problemática de identidade e não de salvação. Não significa "fora da Igreja, nenhuma salvação", mas "fora da Igreja, nenhuma salvação *reconhecida*". Por isso, o círculo Igreja não é formado por um traço contínuo, mas por pontilhados. Trata-se de um círculo aberto: aberto para o *Reino* que a faz transbordar por toda parte; aberto para o *Mundo* no meio do qual ela tem o fardo de ser "sacramento" desse reino. Aberta, a Igreja tem fronteiras que a diferenciam das outras religiões: são os *pontos de referência* de sua identidade que indicam igualmente os pontilhados. Ao deixar de portar essas marcas particulares, ela não poderia evidentemente ser "sacramento" do Reino.

Nossos pontilhados representam assim o *paradoxo da identidade cristã*. De uma parte, ser cristão é ser Igreja, porque é, no mínimo, assumir a confissão pascal "Jesus é Cristo", confissão que compõe a Igreja e que se visibiliza para cada um no batismo. Mas, de outra parte, se ser cristão é entrar num grupo bem definido, é também se livrar de todo particularismo para se abrir ao universal. O paradoxo da *Igreja* é precisamente que nunca é tão fiel a seus traços particulares como quando os esquece de algum modo para abrir-se àquele Reino, de maiores dimensões que ela, que cresce no mundo. É assim, e somente assim, que a Igreja pode ser dita "sacramento" de Deus. Essa identidade paradoxal é difícil de assumir. Daí a dupla tentação permanente para os cristãos: a de dobrar-se em seus particularismos, em que a Igreja é representada como que sobreposta ao Reino, voltando-se assim a um ciclo fechado — o clube dos que podem ser salvos; ao contrário desta Igreja sem reino, a de um reino sem Igreja, isto é, a da explosão da Igreja na universalidade do reino em que, privada de referências, ela perde igualmente sua função de sacramento desse reino.

2. Diversidade dos circuitos de identificação

Nossa segunda observação toca o termo, muitas vezes empregado aqui, *identidade*. Que a Igreja seja mediadora de todo acontecimento identificado como cristão apenas surpreende quando se esquece do caráter eminentemente *institucional* de toda identificação: trata-se aí, com efeito, de um processo que passa necessariamente pelas instituições sociais (familiares, escolares...) e pela interiorização das normas veiculadas por elas[14]. Certamente o sentimento de pertença à Igreja passa, hoje particularmente, por *circuitos muito diferentes*: lembranças de infância — uma boa avó cristã, um odor de incenso, um presépio; a missa pela televisão; uma peregrinação a Lourdes; a repercussão afetiva de uma celebração, tradicional (como "a primeira comunhão") ou mais marginal; ou simplesmente — caso bastante frequente, parece — um sentimento de viver valores evangélicos autênticos participando das lutas libertadoras dos homens etc. Além disso, a identificação com a Igreja é doravante cada vez mais *parcial*: "há aquilo a que se adere, aquilo que se deixa de lado, ou aquilo do qual se duvida, ou aquilo que fica como interrogação. Não se sai da Igreja, mas, um dia, percebe-se que se está fora por causa de um ponto, e dentro por causa de outro"[15]. De modo que o limiar de ruptura parece recuar indefinidamente e que a noção de heresia se torna, mediante os fatos, cada vez mais elástica. Seria possível dizer que, contrariamente ao passado, a tendência global atual é de permanecer ligado à *res* — o Evangelho continua a exercer um poder de atração considerável — mas sem o *Sacramentum* — ministérios, dogmas, sacramentos...

Um modelo geral não pode nem quer entrar no detalhe das múltiplas *variantes empíricas* daquilo do que ele procura explicar teoricamente. Pretende somente que essas variantes não o contradigam — caso contrário, a verificação exigiria uma mudança de hipótese e a pesquisa de outro modelo mais pertinente. Esse é o caso de nosso esquema: não significa que a identidade cristã seja concretamente proporcional ao grau de ortodoxia dogmática

---

14. HAMELINE, D., "Identité psychosociale et institution", in: *Lumière et Vie*, n. 116, 1974, 31-41.

15. CONGAR, Y., "Sur la transformation du sens de l'appertenance à l'Église", in: *Communio* 5, 1976, 41-49.

de cada um ou à confrontação de seu comportamento ritual às prescrições da autoridade (por exemplo, a participação regular à celebração dominical) ou ao ajustamento de sua prática ética às normas oficiais. Significa somente que o advento — jamais acabado — do sujeito como cristão está sempre ligado à confissão de Jesus como Cristo "segundo as Escrituras", às expressões rituais dessa confissão, em que se passa do discurso sobre Jesus como Cristo e Senhor para nós — o batismo ou o desejo de recebê-lo é aqui a primeira passagem obrigatória —, enfim, a uma certa maneira de viver e agir que esteja na linha do Evangelho.

3. A prioridade da Igreja em relação aos indivíduos cristãos

Nossa terceira observação deve tratar da mediação fundamental da Igreja. Nosso esquema tem a vantagem de mostrar bem que o reconhecimento de Jesus como Cristo e Senhor não pode se fazer, como dissemos, por conexão direta com ele, mas requer pelo contrário o consentimento à mediação de seu corpo simbólico, a Igreja. Daí o símbolo dos Apóstolos: "Creio na santa Igreja". Certamente, não se crê *na* Igreja como se crê *em* Jesus Cristo. A mudança de preposição é significativa[16]. Percebeu-se desde os primeiros séculos: põe-se a fé apenas em Deus; a Igreja não crê em si mesma. Entretanto, é na Igreja que se confessa Jesus Cristo — no *minimum* fazendo seu o kerygma pascal do qual surgiu a Igreja: "Eclesial em seu modo (se é permitido falar assim), escreve o P. de Lubac, a fé é teologal em seu objeto como em seu princípio"[17]. O Evangelho é *comunitário por natureza*. Crer é ser imediatamente reunido por aquele que é confessado como nosso comum Senhor. É o que manifesta não somente a refeição do Senhor em que, como afirma Paulo em 1 Coríntios 11, é impossível pretender discernir em verdade seu corpo eucarístico sem discernir seu corpo eclesial, mas já o primeiro sacramento da existência cristã: todos, com efeito, revestem o mesmo Cristo pelo batismo; este cria esse "homem novo" no qual ficam escatologicamente abolidas as barreiras entre o judeu e o grego, o escravo e o homem livre, o homem e a mulher (Gl 3,26-28; Cl 3,10-11). É igualmente o que manifesta a oração litúrgica sempre formulada em *nós*: nós te damos graça, nós te oferecemos, nós te suplicamos… Esse "nós", do ponto

---

16. A fórmula do credo em outras línguas modernas põe mais em evidência essa diferença: é o caso, por exemplo, do italiano ("credo *la* santa chiesa" e não, "*nella* santa chiesa"). (N. do E.)

17. De Lubac, H., *Méditation sur l'Église*, Aubier, 1953, 25.

de vista linguístico, não designa, sabemos, uma adição ou um agregado ao "eu", mas "uma pessoa moral complexa"[18].

Se o sujeito ativo de liturgia é a *ekklésia* como tal, não é por ideal democrático — embora a redescoberta desta verdade teológica primeira esteja provavelmente ligada à valorização cultural da democracia —, mas *porque* a assembleia é o corpo de Cristo que a preside (cf. nossa leitura de Emaús nesse sentido) e que exerce no meio dela e a favor dela seu sacerdócio único e intransmissível (cf. Hb 7,24-25). É no reconhecimento dessa "sacramentalidade" da Igreja, mediação concreta da presença e da ação de Cristo ressuscitado, que se funda o fato da celebração pela *ekklésia* como corpo, como corpo constituído, se poderia dizer.

A Igreja é assim primeira em relação aos indivíduos cristãos. Fórmula feliz nesse sentido a de P. de Montcheuil: "não são os cristãos que, ao se reunirem, formam a Igreja, é a Igreja que faz os cristãos"[19]. Não se saberia dizer melhor que não há cristãos "antes" da Igreja e que esta não é uma soma de indivíduos já cristãos. A *assembleia celebrante*, começando pela assembleia batismal e eucarística, é o primeiro lugar de manifestação desta Igreja. O que não quer dizer que haveria menos Igreja em outras assembleias ou durante a situação de diáspora ao longo da semana, mas que a identidade da Igreja como Igreja de Jesus Cristo animada pelos diversos carismas do Espírito *se manifesta*, prioritariamente, no plano da sacramentalidade da Igreja em que nos situamos nesse tipo de assembleia.

Sabemos que, no Novo Testamento, antes de designar a Igreja disseminada por toda terra, *ekklésia* designa inicialmente a *assembleia local* dos cristãos. Esta não é uma simples porção da única Igreja de Cristo, mas sua *realização integral* na particularidade de um grupo e de uma cultura. O Vaticano II, ao apresentar a Igreja local como "a mais alta manifestação da Igreja de Deus"[20], operou, sabemos, uma verdadeira "revolução copernicana": doravante, "não é mais a Igreja local que gravita ao redor da Igreja universal, mas é a única Igreja de Deus que se encontra presente em cada celebração da Igreja local", embora sejamos levados a "pensar a Igreja como comunhão de Igrejas"[21]. Certamente, as Igrejas locais das quais o Concílio diz que "é nelas e a partir delas que existe a Igreja católica, una e única", designam muitas vezes as dioceses. No entanto, é também cada assembleia

---

18. Ortigues, E., op. cit., 156.
19. De Montcheuil, Y., Aspects de l'Église, 1948, 51.
20. Concílio Vaticano II, *Constituição Sacrosanctum Concilium*, 41.
21. Legrand, H. M., "La réalisation de l'Église en un lieu", in: *Initiation à la pratique de la théologie*, t. 3, Cerf, 1983, 150-151.

eucarística legítima que torna "verdadeiramente presente" a Igreja de Cristo, segundo o número 26 de *Lumen Gentium*[22].

Desse ponto de vista, é significativo que, segundo o Novo Testamento, "*é a assembleia convocada* (ek-kaleo) *que dá seu nome ao grupo (cristão), e não o grupo que dá seu nome à assembleia*"[23]. Em outras palavras, nada se encontrou melhor para designar o fenômeno cristão nascente que denominá-lo com o termo que parecia caracterizá-lo melhor: o de "assembleia convocada" — cf. já o *Qahal Yaweh* do deserto, traduzido muitas vezes na LXX por *ekklésia*, ou também por *synagôge*.

Pode-se notar também com F. Hahn que, enquanto a terminologia cultual do Antigo Testamento é "conscientemente evitada" no Novo para designar o culto dos cristãos, "a única noção que se repete com alguma regularidade" para expressá-lo é *synerkhesthai* ou *synagesthai* — quatro vezes na única passagem de 1 Coríntios 11,17-34 e duas vezes em 1 Coríntios 14, além disso em Atos 4,31; 14,27 e 20,7. "O 'reunir-se' dos crentes é a característica do culto cristão"[24]. Em resumo, a reunião no nome do Senhor era entendida como a primeira marca dos cristãos, o sacramento fundamental de Cristo ressuscitado. Os cristãos são pessoas que se reúnem. Durante os primeiros séculos, essa ideia manteve-se com vigor: ir à *ekklésia* no domingo significou sempre "reunir-se na assembleia" ou "fazer Igreja", a ponto de na primeira patrística, como anotou P. M. Gy, haver "identidade entre a participação na *ecclesia*-assembleia e a pertença à Igreja"[25].

4. Receber a Igreja como uma graça

Nossa quarta observação se inscreve na pista teológica do que acabamos de fazer: a instituição eclesial deve ser recebida como uma graça.

Esse propósito supõe evidentemente que se distinga *a instituição-Igreja*, objeto do *credo sanctam ecclesiam*, que deve ser reconhecido como um dom gracioso de Deus enquanto ela é, em sua visibilidade mesma, sacramento do Reino que vem, e a *organização* que esta instituição deve necessariamente se dar, a qual é relativa às culturas ambientes e permanece *semper*

---

22. Concílio Vaticano II, *Constituição Lumen Gentium*, 23. H. M. Legrand (op. cit., p. 146) especifica que, em oito empregos de "*ecclesia localis*", quatro designam a diocese, um quinto a diocese em seu contexto cultural, dois um reagrupamento de dioceses e o último, único nos textos de Vaticano II, qualifica assim a paróquia.

23. Grelot, P., "Du sabbat juif au dimanche chrétien", in: *LMD*, 124, 1975, 17.

24. Hahn, F., *Der urchristliche Gottesdienst*, Stuttgart, 1970, p. 34.

25. Gy, P. M., "Eucharistie et '*Ecclesia*' dans le premier vocabulaire de la liturgie chrétienne", in: *LMD*, 130, 1977, 30.

reformanda. É verdade que há atualmente vigorosos debates entre as igrejas, e no seio de cada uma delas, sobre o que, de organização, depende ou não da instituição. É verdade também que seria fácil mostrar pela história, e mesmo pela atualidade, as múltiplas manipulações das quais a "graça" da Igreja-instituição pôde ser objeto; o apelo ao Mistério da Igreja corre o risco sempre de mistificação.

No entanto, além dos problemas muitas vezes espinhosos de organização, o reconhecimento da Igreja-instituição como "sacramento fundamental" do Reino exigirá sempre uma conversão: seja porque, muito confortavelmente instalado na instituição, o crente esquece que ela é *apenas* sacramento e que apaga a distância em relação a Cristo; seja, inversamente, porque sua suspeita crítica com respeito à instituição a faz desconhecer que ela *é* sacramento. A aquiescência demasiada serena à Igreja não é menos suspeitável do que o ressentimento a seu respeito. No primeiro caso, a instituição serve de refúgio cômodo e seus dogmas ou seus ritos servem de álibis ("sacrificiais", diremos mais adiante) que dispensam assumir positivamente a ausência de Cristo em proveito de sua presença, imaginariamente "plena" na Igreja. Mas, embora partindo de um ponto oposto ao precedente, pode-se encontrar esta mesma negação da *presença-da-ausência* de Cristo no segundo caso. O ressentimento a respeito de uma Igreja que se suporta apenas como um inevitável mal menor, que se sofre na falta de algo melhor e que se arrasta como uma cruz não é, com efeito, o sintoma desse desejo, "gnóstico", de conexão direta com Jesus Cristo que denunciamos anteriormente e desse esquema de pensamento, ultrametafísico, que, contra o que denominamos de consentimento à corporeidade, não cessa de alimentar o privilégio dado *a priori* à interioridade e à transparência?

É precisamente na pista de nosso itinerário simbólico de respeito à presença da ausência que compreendemos aqui o *credo sanctam ecclesiam*, isto é, a mediação institucional da Igreja como *dom de graça*. A dupla tentação evocada mais acima salienta melhor a dificuldade de tal recepção da Igreja como graça da qual ninguém jamais está definitivamente isento. Oscilando sem cessar entre os polos "interditos", o equilíbrio apenas pode ser instável neste domínio. Em relação a seu Deus crucificado, a Igreja é em definitivo outra coisa além de uma espécie de "*espaço transicional*" (no sentido de "objeto transicional" de Winnicott)?

5. Abertura pastoral

A reflexão proposta no conjunto deste capítulo está repleta, suspeita-se, de consequências pastorais. Evocaremos uma só, a mais fundamental aos nossos olhos. Uma vez que estamos em teologia sacramentária, é a partir da liturgia que o faremos.

O conjunto dos cristãos reunidos no nome de Cristo (Mt 18,20) ou em sua memória é, dissemos, a primeira figura sacramental de sua presença. Está aí, ao mesmo tempo, a primeira pedra de tropeço para fé, uma vez que essa figura é a marca radical de sua ausência. Que seja ele, o Senhor vivo, quem presida a assembleia, que esta seja reconhecida como sua "santa Igreja", quando é formada de membros pecadores, como seu corpo, quando seus membros estão divididos ou como o "templo do Espírito" que faz todas as coisas novas, quando seus membros estão aprisionados nos fardos de seus hábitos, eis o que não se compreende. Esta afirmação é de fato escandalosa. Ora, a reflexão deste capítulo mostra que *o caminho concreto do tornar-se cristão passa por um desafio neste primeiro escândalo*. Os demais escândalos da fé — pensemos, por exemplo, no da presença eucarística — são suscetíveis de jogar como falsos escândalos que nos mascaram o verdadeiro, ou como álibis que nos desviam secretamente do verdadeiro. Porque o verdadeiro escândalo é que Deus, pelo dom do Espírito, continue a suscitar um corpo no mundo — corpo do Ressuscitado em sua condição de humilhado marcado com as chagas de sua morte. O verdadeiro escândalo é, em definitivo, que o caminho da relação com Deus passe pela relação com o homem e prioritariamente pela relação com aqueles que a razão do mais forte reduziu a "menos que nada" (*supra*).

Ora, é precisamente esse primeiro escândalo pela fé que possibilita simbolicamente ver e viver a assembleia litúrgica. Por que unir-se à assembleia do domingo, em vez de permanecer em casa olhando a missa televisionada? Pode parecer, com efeito, muito mais fácil sentir-se próximo de Cristo e "totalmente de Deus" no silêncio confortável de sua casa do que na igreja, em que se deve fechar os olhos, com a cabeça entre as mãos, tapar-se os ouvidos para não ser incomodado em sua conversa a sós com Deus.

Ainda, segundo uma das tradições mais antigas da Igreja[26], a manifestação sacramental do "primeiro dia da semana"[27] como *dia-memorial* da morte-ressurreição do Senhor está ligada prioritariamente à reunião dos cristãos. Como figura sacramental primeira do Ressuscitado, essa *ecclesia*-assembleia manifesta que a verdade da relação com ele não somente requer que não se apague *a presença do outro*, mas exige ao contrário que se passe

---

26. Cf. art. cit. de GRELOT, P., in: *LMD*, 123, 33-34.
27. BOTTE, B., "Les dénominations du dimanche dans la tradition chrétienne", in: BOTTE, B. et al., *Le Dimanche*, Cerf, 1965, 7-28; DANIÉLOU, J., "Le dimanche comme huitième jour", ibidem, 61-89.

por ela. Ela manifesta qual é a tarefa cristã inaugurada escatologicamente no batismo: formar esse "homem novo" pelo qual Cristo morreu. Dando sua vida pela reconciliação do judeu e do grego (Ef 2,15-16; Cl 3,10-11). Se é, pois, essa tarefa batismal, sempre a atualizar, que ela explicita, a *ecclesia* dominical denuncia então como ilusório esse *individualismo* pelo qual acredita-se ser tanto mais cristão quanto mais conectado diretamente com Deus na silenciosa conversa a sós da meditação. Esta tem, certamente, o seu lugar numa vida cristã autêntica. Não pretendemos aqui minimizá-la, mas situá-la no lugar certo.

Teologicamente, esse lugar é o segundo. A primeira atitude propriamente cristã ao chegar à assembleia do domingo não é a de se concentrar em si mesmo e em Deus, com a cabeça entre as mãos para evitar a presença incômoda dos outros. Se é louvável e mesmo necessário este recolhimento, teologicamente deve subordinar-se a uma atitude inversa de descontração: a que *toma consciência dos demais*, em sua diversidade e de seu reconhecimento como irmãos.

Este é o significado do círculo que engloba a Igreja em nosso esquema. Este círculo visualiza no papel o que faz ver e viver sacramentalmente a assembleia litúrgica, a saber, *a tarefa mesma do tornar-se cristão*: aprender a desmascarar o esquecimento de que tudo em nós deseja esquecer — o esquecimento da humanidade de Deus revelada em Jesus, e assim o esquecimento de que a aliança com ele somente se pode viver na mediação da aliança com outros e não num imaginário contato direto com ele que pressuporia uma presença "plena" de sua parte. Ao nos reenviar a esta aliança com os demais como lugar mesmo do advento do corpo de Cristo, *a assembleia litúrgica constitui a figura "sacramental" fundamental da presença da ausência de Deus*. Consentir com essa ausência e, assim, simultaneamente, ser requerido a dar a Deus esse corpo de humanidade que ele espera daqueles que invocam a Jesus Cristo, constitui, sublinhamos, a prova maior do tornar-se cristão. Desta prova, a assembleia litúrgica não é certamente o único lugar de efetividade; mas é o principal lugar *simbólico*. Mede-se a amplidão do trabalho pastoral a se fazer nessa direção. Adivinha-se, também, o papel que pode desempenhar a assembleia litúrgica nessa pedagogia da fé.

Capítulo 6
A relação Escritura/Sacramento

Depois de ter considerado a estrutura da identidade cristã, convém refletir sobre as relações entre os sacramentos e, de uma parte, a Escritura (capítulo 6), depois, de outra parte, a Ética (capítulo 7). Proporemos, em seguida, um modelo de funcionamento dessa estrutura (capítulo 8).

No presente capítulo, procederemos fundamentalmente em três etapas: a primeira é um ensaio de leitura histórica da relação que a Bíblia manteve, em sua gênese, com a liturgia de Israel; em seguida, com as primeiras comunidades cristãs. A segunda se apoia numa reflexão fenomenológica relativa ao processo de produção da Bíblia e busca pensar a liturgia como "lugar" da Escritura. A terceira mostra em que sentido pode-se falar de uma sacramentalidade da Escritura e em que sentido, inversamente, a Escritura abre desde o interior a sacramentalidade.

I. "A BÍBLIA NASCIDA DA LITURGIA"

O enunciado dessa primeira parte retoma o título de um artigo de P. Béguerie[1]. Esta proposição deve ser entendida em dois níveis. Primeiro, no nível dos fatos, ela supõe que, entre os múltiplos setores de atividade de Israel, o do culto desempenhou um papel decisivo — o que não significa ex-

---

1. BÉGUERIE, P., "La Bible née de la liturgie", in: *LMD*, 126, 1976, 108-116.

clusivo — na elaboração do que ia se tornar pouco a pouco o *corpus* canônico das Escrituras. Algumas sondagens, que pediriam evidentemente amplos comentários, nos permitirão num primeiro momento de verificação, ao menos parcialmente, a consistência efetiva desse propósito. Apoiados em alguns dados, que pensamos suficientemente significativos, poderemos, num segundo nível, propor uma *interpretação* desse enraizamento da Bíblia, tanto cristã como judaica, na liturgia, interpretação que mostrará o seu caráter não simplesmente circunstancial, mas, antes, essencial.

1. Bíblia judaica e liturgia

"A Bíblia nasceu da liturgia. E isso desde as origens, desde os textos mais antigos do livro santo"[2].

[a] Sabemos a importância capital dos santuários e dos lugares de peregrinação *desde a época da Conquista* no que ia se tornar a Bíblia: Siquém, Gilgal, Silo[3]...

É ao redor desses santuários que se transmitem e se fundem as tradições patriarcais, antigas ou mais recentes. Os sacerdotes desses santuários são os guardiões e os intérpretes das leis reconhecidas pelas tribos e velam pela salvaguarda e pela transmissão das tradições orais que se reagruparam e se misturaram pouco a pouco em ciclos mais vastos. A Bíblia nasceu da atividade "litúrgica" (em sentido amplo) desses centros cultuais[4] onde as tribos puderam se configurar e se reapropriar de sua memória coletiva, assim como se identificar como oriundas de um mesmo antepassado epônimo — um "Arameu errante", Deuteronômio 26,5 —, dos quais tinham herdado esta confissão de fé em Javé, o Deus único, que fundava sua unidade.

[b] Se tomamos o problema pela parte oposta, a saber, não mais por sua origem, mas por seu término, constatamos essa mesma função decisiva da liturgia. O cânon das Escrituras é, com efeito, o fruto de uma *seleção* en-

---

2. Ibidem, 109.
3. DE VAUX, R., *Histoire ancienne d'Israël*, t. 1, Gabalda, 1971, 160-179: os velhos santuários da época patriarcal (Siquém, Mambré, Bershéba, Hebrom, ligados às peregrinações de Abraão, às quais se acrescentarão mais tarde as tradições relativas aos clãs de Isaac; Bethel e Siquém, onde se transmitem as lembranças de Jacó) vivem nesta época. Mas são suplantados por novos: Guilgal (tradições relativas à passagem do Jordão), Siquém (esta vez, enquanto lugar privilegiado da unidade das tribos), Silo (centro de reunião das tribos da Palestina central na época dos Juízes) [Ibidem, t. 2, Gabalda, 1973, 26-32].
4. Assim, o decálogo foi "marcado por seu uso cultual". BRIEND, J., "Une lecture de Pentateuque", Cerf, *Cahiers Évangile*, n. 15, 1976, 32-33. Igualmente, idem, *Lectures du Décalogue*, in: *Catéchese* 98, 1985, 95-96.

tre as múltiplas tradições, orais inicialmente, escritas em seguida. Talvez o *corpus* bíblico atual tenha conservado, dessas tradições, apenas 10% (proporção que não tem outro valor senão indicar uma ordem de grandeza; uma avaliação precisa é evidentemente impossível). Os textos "que a Bíblia conserva sobreviveram *por causa de seu uso na liturgia*. E seu mundo de escritos, seu tipo de agrupamento, provêm de seu uso litúrgico"[5]. Isso vale também para os mais recentes escritos: no judaísmo posterior a 70, lemos Ruth em Pentecostes, o Cântico na Páscoa, Quoelet nas Tendas, Ester na festa do Purim[6]. Como muitos outros, estes escritos não teriam entrado no Cânon se não tivessem uma destinação litúrgica. "O *corpus* bíblico se constituiu antes de tudo em função de uma proclamação e de uma escuta comunitária"[7]. Esta é, por outra parte, a lei que enuncia P. Beauchamp sobre esse assunto: "*É canônico o que recebe autoridade da leitura pública*"[8]. A Bíblia é constitutivamente feita para a leitura pública. É por isso que, como veremos mais tarde, a "eclesialidade" não lhe é acidental, mas essencial.

[c] Podemos observar, em terceiro lugar, que se Páscoa, Pentecostes, Tendas, as *três grandes festas anuais de peregrinação* (Dt 16; Ex 23,13-19), se mantiveram na Bíblia, foi em razão da *reconversão histórica* da qual, pelo memorial litúrgico, elas foram objeto. Oriundas, com efeito, de ritos pagãos de fertilidade, pastorais ou agrários, elas foram reinterpretadas, às vezes até no detalhe, em função dos acontecimentos fundadores lidos como "história da salvação" da parte de Javé "criando" (Is 43,1) os descendentes de Abraão como o seu povo. Assim, para a Páscoa, o sangue do cordeiro, o pão ázimo, as ervas amargas, em relação ao êxodo do Egito; assim, para Pentecostes, a oferenda das primícias da messe, em relação à aliança e ao dom da Lei no Sinai; assim, para a festa das Tendas, as cabanas de ramagens, em relação à caminhada do deserto (Ex 23,14-16; Lv 23). Esta releitura histórica não foi evidentemente o fruto de uma operação intelectual, mas de uma experiência viva, a da confissão de fé, em que o memorial litúrgico desempenhou um papel essencial.

[d] Por outra parte, é particularmente significativo — esta é nossa quarta observação — que *os grandes acontecimentos fundadores de Israel* (porque e enquanto, precisamente, reconhecidos como fundadores) nos são apresentados na Bíblia mediante os *relatos de tipo litúrgico*. Numa nota que

---

5. BÉGUERIE, P., art. cit., p. 109.
6. SANDERS, J. A., *Identité de la Bible. Torah et Cânon*, Cerf, 1975, 140.
7. DALMAIS, I. H., "La Bible vivant dand l'Église", in: *LMD*, 126, 1976, 7.
8. BEAUCHAMP, P., *L'Un et l'Autre Testament*, Seuil, 1976.

introduz a seção de Êxodo 12,1–13,16, a TEB[9] salienta que esse conjunto não se apresenta como um relato da saída do Egito, mas como uma compilação de textos *litúrgicos* (extraídos das tradições de diversas épocas), que mostra a maneira de celebrar o *memorial* dessa saída do Egito. A melhor forma de manifestar o alcance do que se passou outrora é relatá-lo da maneira pela qual se faz memória hoje na liturgia. A prática litúrgica constitui o texto do texto, o "metatexto", a margem que o limita, a página sobre a qual está escrito. *O verdadeiro ponto de partida do relato é a assembleia que celebra em sua atualidade.*

Podemos fazer observações bastante análogas a propósito da seção relativa à *aliança no Sinai* (Ex 19–24). É uma grandiosa liturgia, que inicia com (19,10-25) o lavar das vestes, a delimitação do recinto sagrado, o som do chifre, a separação dos sacerdotes, os grandes símbolos rituais do fogo e da fumaça na ocasião da teofania, o temor do povo que se mantém distante e respeitoso enquanto Moisés faz o ofício de mediador (20,18-21), depois o dom da Lei (Decálogo, 20; Código da aliança, 21-23), enfim os ritos de conclusão da aliança (Ex 24): leitura "litúrgica" da Lei, ratificada pelo povo, sacrifício da aliança no altar de doze estelas com aspersão de sangue (trad. E) e uma refeição de comunhão (trad. J). Ainda aqui, a liturgia não é um simples quadro exterior ao relato; ela tem aí o lugar originário, isto é, sempre contemporâneo.

A narração da *marcha no deserto* não escapa tampouco a esta influência primordial do memorial litúrgico. O povo é acompanhado pela Nuvem, sinal da presença de Javé que o guia e que permanece no meio dele ao vir se colocar, durante as estadias, neste primeiro "templo" que é a Tenda de reunião. "Israel, em P, não é um povo em armas..., mas uma comunidade voltada ao culto do Senhor"[10]. A *conquista de Canaã* começa, ela também, por uma imensa procissão litúrgica na ocasião da travessia do Jordão (sacerdotes, levitas, Arca da aliança, ascensão das doze estelas...) [Js 6]. Tudo isso termina na solene celebração da renovação da aliança nos montes Ebal e Garizim que dominam Siquém, o grande santuário da liga das doze tribos, em Josué 8,30-35, retomado de maneira mais desenvolvida em Josué 24. Não é até os *discursos em "tu"* do Deuteronômio que não tinham provavelmente sua origem, como observa a TEB, "em algumas cerimônias litúrgicas nas quais todo o Israel estava efetivamente reunido para ouvir como um só homem a lei de seu Deus"; especificamos, aliás, que "foi provavelmente quando

---

9. Cf. Tradução Ecumênica da Bíblia, São Paulo: Loyola, 2020. (N. do E.)
10. TEB, Introdução ao livro dos Números, 28. (N. do E.)

esse ensinamento (da lei da aliança) saiu de seu primeiro quadro litúrgico que ele abandonou o *tu* comunitário e começou a interpelar os israelitas na segunda pessoa, *vós*, como indivíduos pessoalmente responsáveis"[11].

Assim, os grandes momentos fundadores da identidade de Israel foram *narrados a partir do memorial que deles faz em sua liturgia*. Se esta se vê como expulsa do texto, é precisamente porque constitui o "pre-texto": não se narra a liturgia; narra-se liturgicamente a história da qual se faz memória. A "liturgização" da narração relativa aos relatos das origens é a melhor maneira de manifestar sua função sempre fundadora da identidade de Israel.

[e] Se as *liturgias da aliança* não aparecem como tais a não ser em quatro momentos da história de Israel, são quatro momentos particularmente significativos, na medida em que se trata de instaurar a identidade *comum* do povo (assim, no Sinai [Ex 19–24]) ou de restaurá-la na ocasião de seus grandes momentos de crise: em Siquém, na época da conquista e da instalação em Canaã, a aliança com Javé efetua a aliança entre as tribos (Js 24; Dt 27); sob Josias, após um século da queda da Samaria, quando Judá foi ameaçado também pelo politeísmo e pela pressão assíria, a renovação solene da aliança em Jerusalém (2Rs 22–23) vem restaurar a identidade religiosa e nacional: um só povo, um só Deus, um só templo; igualmente depois da volta do exílio, o povo, sem rei, politicamente dominado pelo império persa, ameaçado do interior pelas práticas idolátricas e os casamentos mistos com os pagãos (Esd 9–10; Ml), se salvou da desagregação que o corrói graças à reforma de Esdras, cujo ponto culminante é a renovação da aliança no Templo (Ne 8).

Múltiplas celebrações desse tipo, anuais, segundo Sanders[12], tiveram lugar ao longo da história judaica. Algumas celebrações de aliança que a memória coletiva finalmente selecionou e conservou no livro sagrado devem ser compreendidas como *exemplares*: no interior do *corpus* canônico, elas são típicas da identidade religiosa e nacional do conjunto das tribos que formam esse povo original que é o "povo de Javé". A função das liturgias de aliança ultrapassa largamente, como se vê, o seu caráter episódico; toca nesta dimensão essencial da Bíblia, que é a confissão de fé em Javé e, mediatizada por esta, a identidade mesma de Israel.

Não é questão de olhar a liturgia como o lugar exclusivo do nascimento e da produção da Bíblia! É, aliás, um dos leitmotives de R. de Vaux: "o

---

11. TEB, Introdução ao livro dos Deuteronômios, 37. (N. do E.)
12. SANDERS, J. A., op. cit., 48.

culto não cria a tradição, serve para recordá-la"[13], o que não impede que as tradições recitadas na ocasião de uma festa "tenham sofrido as influências desse uso cultual"[14]. A liturgia não produziu as tradições como tais, mas — sob a influência, evidentemente, de múltiplos fatores políticos, econômicos e sociais — ela os marcou com seu sinal e desempenhou um papel *decisivo* na sua conservação como "Palavra de Deus". E isto na medida em que Israel encontrou nela o lugar primordial de sua identidade: a confissão de fé em Javé, o Deus uno e único, confissão de fé da qual a Bíblia não é outra coisa senão o sinuoso desenvolvimento ao longo dos acontecimentos da história. Desse ponto de vista, o culto tem sido mais que um simples setor das atividades empíricas de Israel entre outros: ele foi o *catalisador* principal de uma identidade que devia encontrar no cânon das Escrituras seu "exemplar" oficial.

2. Bíblia cristã e liturgia

a. A hermenêutica cristã das Escrituras

A Bíblia cristã não é mais do que uma releitura da Bíblia à luz da morte e da ressurreição de Jesus Cristo ou do que a releitura destas como realizadas "segundo as Escrituras". Segundo esta hermenêutica cristã, crer que Jesus é o Cristo de Deus e que ele está vivo é crer que ele fala nas Escrituras proclamadas em seu nome nas assembleias da Igreja; ou é crer que as Escrituras falam dele. A Bíblia cristã é, então, em suas origens, apenas uma variante das técnicas tradicionais de interpretação das Escrituras utilizadas nos comentários midráshicos ou targúmicos. É um tecido de citações, explícitas ou implícitas, das tradições escritas ou orais paleotestamentárias relidas como realizadas em Cristo. É por isso que a revelação cristã consiste na articulação de "um e outro" Testamento. Essa articulação que separa e religa os dois não é, aliás, senão a visualização da que atravessa o NT como tal, perpassado pelo Antigo[15].

Por volta do ano 95, Clemente de Roma cita como Escrituras somente os textos paleotestamentários: é a eles que ele reserva a expressão *ho hagios logos*; mas o faz com esta diferença fundamental que o *Kyrios* que aí fala é

---

13. DE VAUX, R., op. cit., t. 1, 178; cf. 307 e 308.
14. Ibidem, p. 380.
15. Sobre a origem da designação de "Antigo" e de "Novo" Testamento no séc. II, com a evolução semântica "do registro teológico" da aliança "para o registro literário" de testamento, cf. PAUL, A., *L'inspiration et le cânon des Écritures*, Cerf, Cahiers Évangile n. 49, 1984, 44.

o próprio Senhor Jesus[16]. Não nos surpreenderemos que, dirigindo-se aos Coríntios, ele cite pelo menos três vezes explicitamente as cartas de Paulo (sem contar as múltiplas referências implícitas), cartas que, segundo 1 Tessalonicenses 5,27 e Colossenses 4,16, eram destinadas a ser lidas na *ecclesia* reunida e ser trocadas entre as diversas Igrejas. Essa destinação explica que as fórmulas epistolares habituais de endereço e de saudação final se transformaram "liturgicamente" e que essas cartas tenham provavelmente "desde a origem um caráter litúrgico"[17]. De qualquer maneira, ao citá-las, Clemente de Roma não as relata ainda como "Escrituras". Quanto aos Evangelhos, as "palavras do Senhor Jesus" que relatam parecem se referir "a uma coleção de *logia*, sejam orais, sejam consignados por escrito, não a um evangelho específico". E é provável, continua A. Jaubert, que, numa época em que o que estava escrito se incorporava numa cultura massivamente oral, os meios litúrgicos desempenharam um papel importante na escolha e no teor das citações que fez Clemente[18].

A influência desses meios na elaboração da transmissão do que iria se tornar as Escrituras cristãs é ainda menos surpreendente porque as primeiras comunidades herdavam da *experiência sinagogal*. Com efeito, nas assembleias cristãs continuavam-se lendo a Lei e os Profetas. E se continuava "atualizando-os" mediante a técnica tradicional da homilia-*targum* ou do *midrash*, "encadeando como pérolas textos bíblicos que tratavam de um mesmo tema ou que aderiam uns aos outros por uma simples palavra-chave ou por um jogo de palavras fundado numa simples assonância"[19]. Essa espécie de comentário cordial devia passar pelas múltiplas tradições orais que, na época de Jesus, eram muitas vezes atribuídas ao próprio Moisés, embora, "por volta do fim do século I d.C., o judaísmo tenha professado como um dogma que a Lei escrita e a Lei oral tinham sido reveladas a Moisés no Sinai, a Lei oral completando e explicando a Lei escrita, a fim de torná-la inteligível e atual para cada geração"[20].

---

16. Cf. JAUBERT, A., *Clément de Rome: Épître aus Corinthiens*, Cerf, SC n. 167, 1971, 52 e 62.

17. COTHENET, E., *Saint Paul em son temps*, Cerf, Cahiers Évangile n. 26, 1978, 21.

18. JAUBERT, A., op. cit., p. 52 e *Index scripturaire*.

19. PERROT, C., "La lecture de la Bible dans les synagogues au premier siècle de notre ère", in: *LMD*, 126, 1976.

20. PAUL, A., *Intertestament*, Cerf, Cahiers Évangile n. 14, 1975, p. 7. Não se deve esquecer que "a cultura religiosa média" dos judeus, moldada nas sinagogas, não se alimentava "somente da leitura do Antigo Testamento" (a maior parte não compreendia o hebraico e não sabia ler), "e seguramente nem as discussões e argúcias dos doutores". Viviam dessa tradição viva enraizada na Escritura, herdada do judaísmo pós-exílio. (LE DÉAUT, R., *Liturgie juive et Noveau Testament*, Rome, Inst. bibl. pontifi., 1965, 68-69).

Na elaboração da nova Bíblia, três tipos principais de carisma foram determinantes, segundo C. Perrot[21]. Em primeiro lugar, os *adeptos da glossolalia* ou cristãos orantes, especialistas da bênção ou da ação de graças (antes que os profetas cristãos tomassem esse papel, como já mostra a *Didaquê*)[22], falavam *com* Jesus e com Deus em nome da comunidade. Em segundo lugar, os *profetas cristãos* ou encarregados da homilia faziam ressoar, mediante a homilia-*targum*, as palavras da Escritura como palavras *do* Senhor Jesus à sua comunidade ou como palavra de Deus sobre o seu Cristo. Enfim, os doutores ou *didaskaloi* eram os novos escribas encarregados de colecionar os *logia* do Senhor em relatos e discursos; essas coleções deviam se tornar esses evangelhos que Justino denomina de "as memórias dos apóstolos" (*Apologia* I, 66 e 67). Mesmo esse terceiro carisma, doutoral, estava ligado à assembleia litúrgica, e isso tanto por sua origem, uma vez que aí encontrou suas raízes, especialmente nas atividades dos profetas homiliastas, quanto por seu término, uma vez que seu trabalho de compilação, de organização e de reescritura visava à proclamação dos evangelhos como Evangelho nas assembleias.

As assembleias cristãs, eucarísticas e batismais parecem, como se vê, ter desempenhado empiricamente a função de *crisol decisivo da elaboração da Bíblia cristã*. Esta é, em todo caso, "a convicção profunda" de C. Perrot: "A refeição cristã é o lugar por excelência no qual a escritura evangélica da história se cristalizou. O Evangelho lido na celebração eucarística nasceu dessa mesma celebração", entendendo que, aliás, o autor não esquece "os outros lugares produtores do discurso cristão"[23].

b. Os relatos da Ceia

Isso vale evidentemente de um modo particular para os *relatos da Ceia*. Realizam exemplarmente o que dizíamos acima a propósito dos relatos de tipo litúrgico relativos aos grandes acontecimentos fundadores de Israel. Apresentam-se como relatos sobre o que Jesus fez na véspera de sua morte, embora o que eles narrem diretamente seja, de fato, a maneira pela qual a

---

21. PERROT, C., "L'anamnèse néo-testamentaire", in: *Rev. Inst. Cath. Paris*, n. 2, 1982, 21-37.

22. *Didaquê* 10, 7: "Deixai os profetas dar graças o quanto eles quiserem". As *Constituições Apostólicas* (compilação de textos anteriores, cerca de 380 em Antioquia) transformam o texto de maneira significativa: "Deixai vossos presbíteros dar graças" (*Constituições Apostólicas* VII, 26, 6). Estas últimas, desde longo tempo, já tinham substituído os "profetas" e não lhes era lícito improvisar a oração pública.

23. PERROT, C., *Jésus et l'histoire*, op. cit., 293.

Igreja refaz a refeição do Senhor. Trata-se aí, com efeito, de uma "fórmula *litúrgica*, fixada solidamente desde muito tempo e tornada familiar pelo culto"[24], fórmula que Paulo pôde receber, segundo uma tradição antioquena, a partir de sua primeira estadia em Antioquia por volta de 43, antes de a "transmitir" aos Coríntios tal como tinha "recebido" (1Cor 11,23). Ora, as marcas da prática litúrgica cristã somente são perceptíveis indiretamente, na sucessão regulada dos verbos técnicos da fração judaica do pão, no paralelismo das fórmulas sobre o pão e o cálice, na fórmula de distribuição "para vós", na introdução teológica já ritualizada: "O Senhor Jesus, na noite em que foi entregue…". Apagadas da superfície do texto, essas marcas constituem o verdadeiro pre-texto: não se narra a liturgia da Igreja, narra-se liturgicamente a história da qual se fez memória para mostrar como ao fazer memória e, assim, atualizá-la ao longo das gerações. *O verdadeiro ponto de partida desses relatos da Ceia é a ecclesia litúrgica*. De modo que, pelo seu "pre-texto" litúrgico constitutivo, esses *relatos sobre* Jesus recolhem ao extremo os *evangelhos narrados* (é, aliás, tudo o que narra Paulo sobre Cristo "segundo a carne"), funcionam como *discursos do* próprio Senhor, isto é, como *Evangelho proclamado*; a lembrança acontece aí como memorial, e a narração como proclamação evangélica — este é o sentido do *kataggellete* de 1 Coríntios 11,26 — ou kerygmática da "morte do Senhor até que ele venha" (ibidem).

A introdução desses relatos da Ceia, inicialmente independentes, e nos da paixão (os mais antigos pedaços redacionais de nossos evangelhos), parece ter sido feita quando estes conheceram sua forma "longa". Ora, esta inserção forneceu uma chave principal da produção da Bíblia cristã: os evangelhos jamais teriam surgido se aquele do qual testemunhavam deixasse apenas as belas lembranças de um "estimado-defunto"; eles nasceram da fé nele como aquele que vive e, portanto, da fé em sua morte "por nossos pecados" (1Cor 15,3), "por nós"; sua vitória, atestada por sua ressurreição, é a vitória do próprio Deus. Ora, a liturgia é o *lugar primeiro dessa confissão de fé*. Essa, com efeito, foi vivida globalmente na experiência simbólica viva do batismo e da fração do pão, antes de ser elaborada em discurso teológico. A confissão de Jesus como *Senhor* coincide com a de Jesus como *Salvador*. Como o mostra especialmente o hino pré-paulino de Cristo em Filipenses 2,6-11, "o *Sitz in Leben* dessa confissão é a doxologia litúrgica"[25]. Ao cantar esses hinos, a comunidade se coloca diante de Cristo em adoração como ela se coloca diante do Senhor Deus; diante dele, "dobra os joelhos" e, de pé, as

---

24. Jeremias, J., *La Dernière Cène*, Cerf, 1972, 108.
25. Kasper, W., *Jésus, le Christ*, Cerf, 1976, 253.

mãos levantadas e estendidas (cf. Tertuliano, *Apologia* 30, 4 e a iconografia antiga), aclama o crucificado do Gólgota como Senhor. Essa confissão de fé em ato, manifesta primeiramente o *"por nós"* da morte e da ressurreição de Jesus. Manifesta que foi o motivo soteriológico que deu "lugar" à confissão cristológica e que, segundo a nota de W. Pannenberg, "todas as ideias cristológicas tiveram, por assim dizer, motivos soteriológicos".[26]

c. *Prioridade da prática litúrgica*

Esta *prioridade da prática simbólica* na liturgia em relação com as elaborações propriamente teológicas faz compreender por que "há sérios indícios de que os discursos missionários, de um lado, e as fórmulas de confissão de fé, do outro, tiveram origens, comuns ou próximas, no meio da tradição litúrgica"[27]. O meio portador do "por" soteriológico da morte de Jesus parece ser o da tradição dita "cultual", que é a de nossos relatos da Ceia e, provavelmente também, de Marcos 10,45b ("…dar sua vida em resgate pela multidão")[28]. Por isso, como observa J. Guillet, é provavelmente "ao repetir e ao transmitir em suas eucaristias as palavras e os gestos do Senhor" que a Igreja veio a "descobrir e proclamar que Cristo morrera por todos os homens".[29]

Confissão de fé em ato, a prática litúrgica das primeiras comunidades cristãs parece ter funcionado como o catalisador que permite aos diversos fatores (doutrinais, apologéticos, morais, litúrgicos) e aos diversos agentes (as comunidades cristãs como tais com seus problemas concretos, internos ou externos, os diversos ministérios de governo, de profecia, de didascália, de oração…) *formar* um conjunto para dar pouco a pouco corpo a esses evangelhos confessados como Evangelho do Senhor Jesus.

"É canônico o que recebe autoridade da leitura pública", dizíamos acima a propósito da Bíblia judaica. Ao que parece, isso não é menos verdadeiro para a Bíblia cristã. A determinação do cânon desta se fez progressivamente. Se houve algumas hesitações sobre esse plano nos séculos II-III, elas "foram mínimas". De toda maneira, prossegue P. Grelot, um cânon (no sentido de Ireneu) "existia na prática desde que as igrejas locais liam em suas assembleias os textos nos quais reconheciam o legado autêntico

---

26. PANNENBERG, W., *Esquisse d'une christologie*, Cerf, 1971, 37.
27. GUILLET, J., *Les Premiers Mots de la foi*, Centurion, 1977, 97-98.
28. LÉON-DUFOUR, X., "Jésus devant sa mort à la lumière des textes de l'institution eucharistique et des discours d'adieu", in: DUPONT, J. et al., *Jesus aux origines de la christologie*, Louvain, 1975, 165-166.
29. GUILLET, J., op. cit., 35.

dos apóstolos". Afinal, "o critério essencial (do estabelecimento do cânon) foi sempre o *uso antigo* das comunidades". E esse uso foi prioritariamente determinado pela *liturgia*: "A assembleia em Igreja permanece o lugar no qual os livros são conservados, lidos e explicados, como ela foi o lugar no qual eles foram elaborados[30].

II. A ASSEMBLEIA LITÚRGICA, LUGAR DA ESCRITURA

Do nível empírico em que nos situamos até o presente, passamos a uma reflexão *fenomenológica* na qual vamos mostrar segundo quais processos as assembleias litúrgicas dão "lugar" às Escrituras judaicas e cristãs.

1. Análise fenomenológica do processo de produção da Bíblia

a. Essa produção resulta de uma relação entre três elementos principais

Denominamos "*cânon 1*" ou "tradição *instituída*" o *corpus*, primeiro oral, em seguida escrito, que funciona já como cânon prático das tradições nas quais um clã, uma tribo, o conjunto do povo se reconhece e se identifica. Esse "cânon 1", em seu estágio final, corresponde à *Bíblia canônica*. Em seus estágios anteriores, ele abrange essas "*Bíblias antes da Bíblia*" que eram, segundo as épocas, os lugares, as afiliações genealógicas, por tal clã ou grupo de clãs, tal tribo ou grupo de tribos, cada um dos "documentos" J. E. D. P.[31], ou ainda antes, o ciclo de Abraão, ou o de Isaac, ou de Abraão-Isaac, ou ainda o de Jacó-Israel, ciclos nos quais foram integradas tradições de diferentes origens.

O "*cânon 2*" ou "tradição *instituinte*" designa o *processo hermenêutico* de releitura-reescritura do cânon 1 em função das situações históricas sempre mutáveis. É precisamente esse processo que, segundo a conjuntura política, econômica, cultural, amalgama as antigas tradições em "ciclos", em história de tal ou tal "casa" (por exemplo, a casa de José), em "documentos", os organiza em "livros" que serão classificados em três grandes cate-

---

30. GRELOT, P., "Aux origines du Cânon des Écritures", in: *Introduction à la Bible, Nouveu Testament*, vol. 5 *L'achèvement des Écritures*, Desclée, 1977, 156-177. Cit., 169-177.

31. Abreviações para as tradições Javista (J), Eloísta (E), Deuteronomista (D) e Sacerdotal (P). (N. do E.)

gorias (Lei, Profetas, Escritos) segundo um ato anamnético em que "cada geração se encontra diante da tarefa sempre idêntica e sempre nova de se compreender como Israel"[32]. *Essa hermenêutica, "ainda não escrita, é também canônica"*, sublinha J. A. Sanders[33].

O autor ilustra esse ponto com numerosos exemplos. Mostra em especial o processo hermenêutico segundo o qual se efetuou a *exclusão* pela escola deuteronomista (ligada às origens ou aos meios levíticos) e depois pela corrente sacerdotal (P), *do período da conquista* de Canaã (e da monarquia Davi/Salomão) para *fora da Torá*, isto é, fora da história arquetípica das origens que devia servir de referência paradigmática a Israel para se identificar ao longo da história. Porque é de exclusão que se deve falar, as antigas confissões de fé (Dt 26,5-9; Js 24,2-13, já mais desenvolvido; cf. Sl 136) que incluem pelo menos a conquista como pertencente à própria história fundadora. Entre a queda do Reino do Norte em 722 e a reforma de Josias em 621 ligada à "descoberta" do "livro da aliança" (Dt numa forma antiga mais breve), vê-se, pois, configurar, por razões de história política assim como pela reforma religiosa almejada pelos meios levíticos (na maioria refugiados do Norte, depois de 722), um processo de mosaísmo da mística "Davi/Sião/Jerusalém", que regia os meios javistas do Sul. Ora, não estava morto Moisés *antes* da entrada do povo em Canaã (Dt 31–34, de redação mais tardia)? Vejamos o processo: "porque uma questão de *identidade* se coloca"[34], refere-se a uma *nova "autoridade"* (Moisés) para continuar a se compreender como Israel numa situação histórica inédita; e essa referência implica uma nova delimitação da história das origens cuja memória assegura a Israel sua identidade. Assim, Deuteronômio veio a "penetrar como uma cunha" entre as tradições relativas à época do deserto e as que narram a entrada de Josué em Canaã. Ao mesmo tempo, a Torá podia concluir-se com a morte de Moisés e ser inteiramente atribuída a ele. Na época do exílio, os meios sacerdotais (P) reforçarão o processo iniciado pelo D. Isso se compreende: a esse preço, Israel, doravante despojado de sua terra, podia continuar a se reconhecer como Israel numa situação que, de outro modo, parecia estar em contradição com a memória de seu passado fundador[35]. Assim o fenotexto (cânon 1) da Bíblia é tecido secretamente por um genotexto hermenêutico (cânon 2). O processo hermenêutico é evidentemente *canônico, embora não escrito*.

---

32. Von Rad, G., *Théologie de l'Ancien Testament*, t. 1, Genève, Labor et Fides, 1971 (3ª ed.), 109.
33. Sanders, J. A., op. cit., 159-160.
34. Ibidem, 120.
35. Ibidem, 1ª parte, 25-78.

No processo de produção da Bíblia, a relação entre a tradição instituída e a tradição instituinte somente se mantém por meio de referência a um terceiro elemento: os *acontecimentos reconhecidos como fundadores*. Como mostra a arcaica confissão de fé de Deuteronômio 26,5-9, a fé de Israel repousa essencialmente sobre esses acontecimentos confessados como gestos salvadores de Javé[36]. Por isso, essa confissão não pertence nem ao gênero literário da oração, nem ao do *credo* compreendido como síntese teológica finamente elaborada das crenças (ainda que a trama de nosso *credo* cristão seja, ela também, narrativa), mas à *pura e simples narração*: narram-se somente "fatos simples"[37]. Esses fatos simples são portadores de uma teologia pela simples seleção que é feita deles entre os múltiplos outros possíveis. Eles permanecem, no entanto, em forma embrionária no plano do discurso teológico como tal. O Hexateuco não é, finalmente, senão o desenvolvimento teológico desses fatos simples fundadores. "Dito em outras palavras, como escreve J. A. Sanders, a coleção J das tradições sobre as origens de Israel seria de alguma maneira o Salmo 78 ou o capítulo 15 do Êxodo escrito em maiúsculas, assim como o Hexateuco equivaleria a 1 Samuel 12,8 ou Deuteronômio 26 ou ainda Josué 24 em maiúsculas"[38]. Definitivamente, a Bíblia inteira pode ser considerada a transcrição em letras maiúsculas dessa confissão de fé fundamental.

b. O funcionamento meta-histórico dos acontecimentos reconhecidos como fundadores

A relação com os acontecimentos fundadores merece alguma reflexão. Se a "Lei" foi composta prioritariamente de relatos e apenas secundariamente de disposições legislativas, é porque esses relatos do período proto-histórico que cobrem a Torá *fazem lei* para a identidade de Israel. Daí o seu estatuto particular. Com efeito — esboçamos o processo acima — a Torá termina, no fim do Deuteronômio, na fronteira do Jordão, e está colocada sob a autoridade de Moisés, autoridade que consagra sua morte justamente antes da passagem desta fronteira. Fronteira do Jordão e morte de Moisés têm assim um alcance *metafórico*: separam irreversivelmente os tipos históri-

---

[36]. VON RAD, G., op. cit., 112: Deuteronômio 26,5-9 seria um "credo" que apresenta todos os sinais de uma alta antiguidade e que teria sido elaborado "antes das tradições javistas e eloístas". Entretanto, nem todos compartilham esse ponto de vista, uma vez que também se pode ver nessa passagem o vestígio dos ambientes deuteronomistas: assim, ROST, L., *Das kleine Credo und andere Studien im Alten Testament*, Heidelberg, 1965.

[37]. VON RAD, G., op. cit., 113.

[38]. SANDERS, J. A., op. cit., 47.

cos da proto-história de toda a história futura de Israel. Por essa separação metafórica, eles são arrancados de seu simples estatuto de acontecimentos antigos para serem promovidos em *arquétipos meta-históricos da identidade de Israel* no futuro[39]. *A proto-história original torna-se assim meta-história original*, isto é, sempre contemporânea. Ainda que, doravante, viver seja para Israel *reviver o itinerário da sua gênese* ao mergulhar anamneticamente nela de geração em geração. *A assembleia litúrgica*, como mostra exemplarmente Deuteronômio 26,1-11, em que todo o Israel, como um só homem, reunido no "lugar escolhido por Javé" (o templo de Jerusalém), vem recitar seu *Credo* ("Meu pai era um Arameu errante..."), é o lugar privilegiado desse memorial no qual ele foi restaurado ou confirmado em sua identidade.

O mesmo ocorre com os *cristãos*. Com essa diferença, irredutível, entretanto, de que a barreira metafórica que os separa de sua origem é a da *Ressurreição* de Jesus dentre os mortos. Viver, para eles, é reviver o itinerário fundador de Jesus, seu Senhor (e, mediante ele, do povo de Israel, uma vez que esse itinerário somente tem sentido enquanto realizado "segundo as Escrituras"). E é igualmente no memorial litúrgico que eles fazem dele, que se estrutura de maneira decisiva sua identidade de cristãos — notadamente, ao narrar também eles seu *Credo*, o *Credo* prático que é o relato da Ceia (um simples relato, também este!) retomado em memória dele. Vemos de passagem a importância central do conceito de "memorial": deveremos voltar a isso.

2. A relação do Livro com o corpo social

O que está em jogo no processo de produção da Bíblia, que acabamos de analisar, é em definitivo *a essência mesma de todo texto* em sua relação com o autor e com o leitor — com o corpo social leitor. O presente desenvolvimento situa, portanto, a reflexão precedente num conjunto mais vasto e abre uma perspectiva mais fundamental.

a. Teoria semiolinguística do texto

Começamos lembrando brevemente alguns pontos principais da teoria semiolinguística do texto, tal como foi elaborada especialmente por R. Barthes[40].

Esta teoria do texto recusa certo número de pressupostos da *teoria clássica*. Esta, com efeito, considera, do lado do autor, que escrever é depo-

---

39. BEAUCHAMP, P., *L'un et l'Autre Testament*, op. cit., 57-71.
40. BARTHES, R., art. "Text (théorie du)", in: *Enc. Univ.* 15.

sitar num texto o significado tal como está presente no pensamento do escritor e, do lado do leitor, que ler é decifrar o sentido assim expresso pelo autor para poder reproduzi-lo. Isso pressupõe: [1º] Que a verdade transcende de maneira universal e eterna a contingência histórica; [2º] que o mesmo fundo de verdade pode se dizer sob formas historicamente diferentes, o que quer dizer que linguagem e situação sociocultural do autor ou do leitor são apenas revestimentos acidentais de tradução (ou de traição) da verdade; [3º] que a diferença entre, de uma parte, o dito no texto e, de outra parte, o querer-dizer do autor ou o sentido captado pelo leitor é reduzida a um simples acidente, jamais totalmente evitável, mas em boa parte eliminável por uma melhora da técnica ou do método.

Contra esses pressupostos, que são da metafísica clássica analisados ao longo de nossa primeira parte, a teoria semiolinguística considera que todo texto é escrito ou lido não a partir de um lugar neutro que transcenderia soberanamente as determinações socio-históricas, mas a partir de um "mundo" já falado, socialmente condicionado e culturalmente construído. Assim, "*todo texto é intertexto*" (R. Barthes). Escrever é ler ou citar outros textos anteriores; e ler é traçar sobre o texto uma "escritura passiva" (T. Todorov, *supra*). Tudo é interpretação. Isso não significa que todas as interpretações sejam válidas: uma leitura que passa por mais pontos do espaço textual é mais fiel que outra.

Isso nos leva a distinguir entre a "decifração" e a "leitura". A *decifração* é uma técnica de análise, seja histórico-crítica, semiótica ou "materialista"… Por mais importante que seja para que a leitura seja fiel ao texto, a decifração é, entretanto, apenas uma *prévia* a serviço desta última, porque a *leitura* é o ato simbólico de produção de um *texto novo*, de uma palavra inédita, a partir das regras do jogo decifradas nos textos. Ela dá a palavra. Obra humana, ela engaja o leitor como sujeito, com seu "mundo", possibilitando ao mesmo texto produzir efeitos de sentido que "inspiram" diversamente os leitores. De certa maneira, a diferença entre decifração e leitura é a mesma que existe entre um curso de exegese sobre um texto — ou uma análise semiótica deste — e uma homilia a partir desse texto. Se a técnica bíblica, na homilia, não desaparece como tal para libertar uma palavra da parte do pregador, se, ao mesmo tempo, ela interdita a palavra aos ouvintes, há aí confusão dos gêneros e ditadura da exegese; se, pelo contrário, sob pretexto de "inspiração", o pregador narra qualquer coisa, por uma falta de trabalho prévio sério de decifração, trai o texto e engana os ouvintes.

O não-domínio do sentido, que resulta dessa teoria do texto, não é devido a um simples acidente, tão infeliz quanto inevitável. Ele está ligado à divisão constitutiva do sujeito na ordem simbólica e na linguagem. A "diferença" é, então, captada *não como um obstáculo a afastar* ou uma oposição a reduzir, *mas como alteridade a assumir*, assunção que coincide com o advento do sujeito: a diferença é o lugar próprio do qual surge sua palavra.

b. *"O leitor é essencial à escrita"*

A reflexão precedente nos conduz diretamente a fazer nosso o propósito de S. Breton em *Ecriture et Révélation*[41]. Todo escrito, com efeito, supõe um movimento de ins-crição (*in*) no vazio da matéria, que termina pelo movimento oposto de retração que lhe dá seu nome de es-critura (*ex*). O escritor se afasta então de seu produto; pode desaparecer, deixando-o como um *testamento*. E este é certamente o destino de todo escrito: não poder ser se não se torna algo distinto de seu autor. Essa "morte" do autor, celebrada ao longo do *Livre à venir* de M. Blanchot[42], é a própria condição de existência do livro. Vestígio da passagem do autor, efeito dessa "homeopatia singular" (p. 62) pela qual o autor morre em sua obra para afirmar mediante esta sua vitória sobre a morte, o livro é para o autor alguma coisa que se destacou dele e que finalmente não é mais ele. É entregue ao leitor, o qual, como diz Mallarmé, torna-se assim "o operador". Embora o ser de um livro seja função de sua história e das múltiplas leituras das quais foi objeto e que "a operação de ler, longe de lhe ser estrangeira, é *essencial* à sua mesma constituição" (p. 34). Isso vale evidentemente também para um discurso oral. Desde então, "*uma vez que o leitor é essencial à escrita*, compreendida não mais como realidade fixa mas como 'realização', *não se pode mais rejeitá-la sob a condição de um 'acidente' ou de um 'suplemento'* aleatório. O julgamento, individual ou social, que se exerce na 'recepção-leitura' se inscreve na textura do texto, da qual é impossível dissociá-lo" (p. 40). A recepção de um discurso, sublinha S. Breton na esteira da *Retórica* de Aristóteles, não é somente reguladora desse discurso; ela lhe é determinante e constitutiva (p. 39). Por isso, é preciso "inverter a perspectiva costumeira. Na relação entre 'leitura-escritura', é a escrita que, por sua verdade ontológica, como se dizia outrora, se conforma, em um movimento jamais acabado de adequação, a uma leitura normativa, a qual, sem determinar, em sua mate-

---

41. Breton, S., Écriture et Révélation, op. cit., 40. É a esta obra que remetemos na sequência de nosso texto.
42. Blanchot, M., *Le Livre à venir*, Gallimard, Col. Idées NRF, 1959, 334: "O livro é sem autor, porque se escreve a partir do desaparecimento oral do autor".

rialidade, os conteúdos efetivos, prescreve às significações as grandes linhas reguladoras em que elas podem e devem se inscrever" (p. 70).

Evidentemente *há livros e livros*. Em sua pluralidade, os livros dividem o "espaço escritural" em duas grandes regiões (p. 28): de um lado, os *hermenêuticos* (livros revelados das diversas religiões, livros filosóficos, livros de literatura, ou de poesia); de outro, as disciplinas do *saber* (ciências formais e empírico-formais, ciências humanas). Certamente, a distinção não é concretamente tão categórica quanto poderia parecer: lembramos que, mesmo no caso de um discurso sem sujeito, como o da física, o sujeito-autor não está ausente, com seu "mundo", seu estatuto social, sua reinvindicação de reconhecimento. No entanto, é do lado dos hermenêuticos e de tudo o que toca ao sentido da vida que a relação do livro com o corpo social leitor foi pensada; não se trata evidentemente de um acaso, uma vez que a relação teoriza a "circularidade" deste *ek-sistir* humano que, confrontado com as questões sobre a origem, a morte, o sentido, a salvação, tece essas obras. Há, portanto, uma *gradação empírica*, na pluralidade dos livros, compreendidos aí aqueles que ocupam essencialmente o espaço hermenêutico, quanto à relação do livro com o corpo leitor. Ora, essa gradação coincide com a de sua "canonicidade".

Esta *canonicidade*, com efeito, é um processo constitutivo do que é textual: quanto mais o corpo social se reconhece em um texto, mais este manifesta sua essência de texto, no sentido indicado precedentemente. Tal reconhecimento funciona como cânon prático — diz ou não diz — dos valores e normas do grupo. É suscetível de *diversos graus*: há obras "que devem ser lidas", seja por uma atribuição de prêmio (Goncourt, Renaudot…) ou de uma nova moda, passageira ou mais durável (os "novos filósofos", Lacan…), ou em virtude de uma instituição já venerável (os "bons autores" dos manuais de literatura). Dizer que é preciso ter lido esses textos é também, por uma parte, induzir *como* é preciso lê-los. Neste plano, há um *segundo nível de canonicidade* que aparece como intermediário entre o nível implícito precedente e o nível explícito. Verifica-se nas leituras de escola ou nas "ortodoxias" que fornecem as interpretações normativas de um texto ou de um *corpus*. Assim, o texto de Platão não existiu historicamente a não ser nas leituras de escola, nem sempre convergentes. Essas tradições de leitura pertencem à sua mesma textualidade. Porque todo texto "tem necessidade, para se sustentar, de um corpo social, ou de uma intersubjetividade que decide sobre sua essência semântica" (p. 84).

Chega-se a um *terceiro nível de canonicidade*, totalmente *explícita*, quando um *corpus* de textos é oficialmente o objeto de uma interpretação global ortodoxa: é o caso, diversamente realizado, além disso, dos "livros santos" reconhecidos pelas diferentes religiões. Quanto mais se vai rumo a essa canonicidade explícita, mais se torna patente que a recepção pelo grupo leitor é constitutiva do texto. Esta canonicidade está vinculada ao fato de que o corpo social se reconhece, conscientemente ou não, oficialmente ou não, no texto. Ele experimenta isso como exemplar em relação à sua identidade. A sanção canônica magisterial não é senão a expressão social decisiva desse processo: uma autoridade, reconhecida como legítima pelo grupo, valida oficialmente esse reconhecimento e confia assim o texto ao grupo como seu autêntico "*exemplar*". Ao retomar a dupla genotexto/fenotexto de J. Kristeva[43], podemos dizer que este estabelecimento do cânon dos "livros santos" é o desenvolvimento último, no nível do fenotexto, de um processo de canonicidade constitutivo do genotexto, processo que denota a relação essencial do corpo leitor com o texto. Tal relação vale para todo o texto, mas atinge uma importância particular nos *livros tidos por sagrados* pelos grupos religiosos e nos *mitos*. Isso é tão verdadeiro, neste último caso, que a história inventada por alguém só se torna mito ao perder seu autor e torna-se assim expressão coletiva codificada da identidade do grupo que "nisso crê"[44].

c. A Bíblia: "A comunidade escreve a si mesma no livro que ela lê"

É, pois, o processo de escritura da comunidade "no livro que ela lê" (p. 70) — processo constitutivo de todo texto, mas particularmente importante nos textos sagrados — que implanta oficialmente a sanção de canonicidade. Livro e comunidade são reconhecidos como inseparáveis. O livro nada é sem a comunidade, e esta encontra nele seu exemplar de identidade. A norma não é apenas o Livro, mas *o Livro na mão da comunidade*. A Igreja: eis aí a impossibilidade do *sola scriptura*.

Nossa teoria do texto e da leitura implica o que temos mostrado anteriormente no nível da gênese da Bíblia seguindo J. A. Sanders: "A hermenêutica, embora não escrita, é, ela também, canônica." Isso ocasiona que "as comunidades crentes que encontram hoje na Bíblia sua identidade são canonicamente obrigadas a prolongar a busca e a prosseguir a pesquisa em *nossos* contextos, como o fizeram as comunidades primitivas"[45]. A fideli-

---

43. Cf. BARTHES, R., art. cit.
44. SMITH, P., "Mythe, Approche ethno-sociologique", in: *Enc. Univ.* 11, 1971, 528. O mito somente funciona se provoca a adesão. Também "nos inclinamos a reconhecer como mito os mitos dos demais".
45. SANDERS, J. A., op. cit., 159-160.

dade à Bíblia consiste em repetir, em situações sempre mutáveis, o processo que permitiu a sua produção. O genotexto é a norma de fidelidade ao fenotexto. Trata-se de tirar o novo a partir do antigo. Com esta condição somente, a "inspiração" da Bíblia ganha sentido: ela se torna inspiradora de uma palavra nova. *A (re)leitura faz parte da Escritura; o acesso ao sentido é constitutivo do sentido; e a recepção pertence à própria revelação.* Nem no só texto, nem no só leitor, a verdade bíblica — verdade simbólica — emana do encontro sempre imprevisível entre os dois.

O *corpus* bíblico canônico é o fruto de uma *lectio* que se desempenha como *selectio*. Nós vimos no nível de sua gênese empírica: a *lectio/selectio* social, política e religiosa, conduziu à eliminação de múltiplas tradições orais que, em si, não eram menos "dignas" de encontrar aí lugar como aquelas que foram finalmente mantidas. A liturgia desempenhou um papel importante nesse princípio de leitura seletiva, assim como na hermenêutica que presidiu a organização interna do Livro, de uma parte, em Torá-Profetas-Escritos, de outra parte, em Antigo e Novo Testamento. Assim, cada livro, cada parte, enfim, cada Testamento da Bíblia torna-se um *aliquid*, isto é, um *aliud quid*, "outra coisa", algo distinto do resto, do qual se diferencia, permanecendo parte do conjunto. No princípio de "*seleção*" feito durante um princípio de "*integração*": em leitura cristã, "todas as partes do livro 'contribuem' finalmente com a unidade crística cuja verdade, por toda parte difundida, se particulariza sem se fragmentar em cada um dos 'setores' em que ela se produz"[46]. É, finalmente, esse princípio hermenêutico de inspiração seletiva e de conspiração integrativa que está no coração da Bíblia cristã. Esta não existe, constitutivamente, senão na mão da *ecclesia*. Esse princípio não justifica certamente tudo o que a Igreja pôde fazer com a Bíblia, manipulando-a, conscientemente ou não, em seu proveito. Porque nosso "cânon 2" não tem sentido senão em relação com o "cânon 1": a Igreja, ela também, pôde ser mais ou menos fiel aos pontos de passagem obrigatórios do espaço textual ao qual ela se referiu...

3. A leitura do livro na *Ecclesia* litúrgica, lugar de verdade da Bíblia

Na linha de nossa reflexão anterior, nos parece sugestivo aproximar o que dissemos sobre a essência de um texto canônico como o da Bíblia

---

46. BRETON, S., Écriture..., op. cit., 69. Cf. LE DÉAUT, R., *Introduction à la Bible, Nouveau Testament*, vol. 1, 112-113, "Principes et règles de l'éxégèse juive ancienne".

do que chamamos a "liturgia da Palavra". Esta é constituída por uma relação entre quatro elementos principais: [a] uma leitura de textos da Bíblia *canonicamente recebida* (o eventual emprego de textos profanos, por mais inspiradores e pedagogicamente eficazes que eles sejam, às vezes, permanecem sempre a serviço destes); [b] estes textos escritos, que relatam uma experiência passada do povo de Deus e são proclamados como palavra viva de Deus *para hoje*; [c] uma assembleia (*ecclesia*) que reconhece o *exemplar de sua identidade*; [d] a presidência de um ministro ordenado que exerce a função simbólica de *fiador* desta exemplaridade e, para nós cristãos, de apostolicidade do que é lido.

O segundo desses quatro elementos pede alguma explicação. Faremos isso sob um tríplice ponto de vista, teológico, antropológico e ritual. *Teologicamente*, temos na síntese da homilia feita por Jesus na sinagoga de Nazaré, segundo Lucas 4,21, toda a essência da leitura das Escrituras: "Hoje, esta escritura se realizou para vós que a ouvis". Trata-se de uma homilia certamente. Mas esta não tem outro fim senão desenvolver *a atualidade* em jogo na própria leitura. Por acaso, não temos lembrança de leituras tão bem proclamadas nas quais a atualização homilética já estava quase feita mesmo antes de ser começada?

A atualidade dessas leituras como Palavra tem, além disso, um apoio *antropológico* particularmente significativo: a voz. De uma parte, com efeito, esta se apoia sobre o Livro, o mantém como *escritura*, que, de essência testamentária como toda escritura, remete à inevitável alteridade de uma origem irrecuperável, isto é, "ao lugar inacessível" do Pai. Mas, de outra parte, o Livro é constitutivamente feito para ser lido, e lido publicamente. "É canônico o que recebe autoridade da leitura pública". Sublinhamos anteriormente. A *voz* leitora pertence assim ao texto bíblico como tal. Por isso, anota P. Beauchamp, "o escrito e a voz se limitam entre si": o escrito proíbe "ocupar a localização da primeira escritura, a do Pai", e a voz se dobra a esta proibição; mas simultaneamente, voltado constitutivamente para o presente da voz, o escrito "declara também que outra coisa deve ser escrita". Assim, a voz dita o processo hermenêutico de atualização sem o qual a Bíblia seria apenas letra morta. Em sua relação intrínseca com o texto, o escrito e o oral "compõem ao escrever o livro no livro".[47]

É precisamente essa relação dinâmica que manifesta a sequência *ritual* da liturgia da Palavra. É de natureza dialogal: o salmo constitui a resposta da assembleia à primeira leitura, enquanto, além do *aleluia* e da pala-

---

47. BEAUCHAMP, P., *L'un et l'Autre*..., 191-192.

vra performativa "Glória a vós, Senhor" dirigida como "aclamação à palavra de Deus" ouvida no evangelho, a oração dos fiéis, antigamente selada pelo beijo da paz[48], conclui a liturgia da Palavra. Assim, todo o simbolismo ritual implantado durante a celebração litúrgica manifesta uma visão de comunicação entre o passado fundador e o de hoje.

A relação entre os quatro elementos da liturgia da palavra que acabamos de destacar se mostra *homóloga* à dos quatro elementos constitutivos do texto bíblico como Palavra de Deus. Com efeito: [a] o "cânon 1" designa, destacávamos, as tradições instituídas, orais, depois escritas, e finalmente o *corpus* bíblico como tal; [b] o "cânon 2", o processo hermenêutico instituinte de reescritura em função de hoje; [c] desse processo, o agente é a comunidade: ela mesma "se escreve no livro que ela lê"; [d] enfim, esta dinâmica interna do escrito se faz visível no ato institucional de sanção canônica exercida por uma autoridade reconhecida como legítima pelo grupo (para os cristãos, uma autoridade "apostólica"). Assim, o conjunto formado pelos quatro elementos da liturgia da Palavra pode ser lido como a manifestação visível, "sacramental", do conjunto formado pelos quatro elementos da produção da Bíblia. De modo que a *proclamação litúrgica das Escrituras é a epifania simbólica, o desvelamento sacramental de seus constituintes internos.*

Na esteira do pensamento meditativo de Heidegger sobre o desvelamento da essência do cântaro[49], podemos dizer que a Bíblia implanta sua essência na proclamação litúrgica que dela se faz. Esta implantação se efetua na reunião diferenciada de uma espécie de "quarteto": o *escrito* (cânon 1), situado ali, simplesmente, como testamento da história totalmente terrestre do povo dos crentes; a *voz* que, ao proclamá-lo do alto do púlpito, lhe dá vida e o faz levantar-se de sua posição jacente de texto "morto" (cânon 2); a *comunidade* dos homens que que se alimenta dele; o todo, enfim, autentificado como verdadeira Palavra de *Deus* em sua Igreja (tradição apostólica) pelo ministro ordenado. Nessa perspectiva, a Bíblia jamais alcança tanto de sua verdade de Bíblia quanto quando é lida na *ecclesia* celebrante. Esta é o meio sacramental primeiro da *a-letheia* daquela: a *ecclesia* manifesta a essência eclesial invisível da Bíblia sempre ameaçada de esquecimento (*lethe*). É, portanto, ao pé da letra que podemos dizer: *a assembleia litúrgica* (a *ecclesia* em seu sentido primeiro) *dá lugar à Bíblia*.

---

48. JUSTINO, Apologia I, 65; HIPÓLITO, *Tradição Apostólica* 18 e 22; TERTULIANO, *De Oratione* 18: "O beijo de paz é o selo da oração" (i.e. da oração dos fiéis).

49. *Infra*, cap. 10.

III. A SACRAMENTALIDADE DA ESCRITURA

1. A Escritura é sacramental não por derivação, mas por constituição

Foi necessário empreender um longo rodeio para manifestar a eclesialidade da Escritura. Certamente, não ignoramos totalmente essa dimensão, mas nosso hábito de leitura individual e mental (por oposição aos antigos, que, ao ler sempre pelo menos à meia-voz, manifestavam, por essa relação entre a interioridade do escrito e a exterioridade da voz, a essência irredutivelmente social de um texto), assim como o hábito do trabalho técnico pessoal sobre a Bíblia, nos leva a considerar muito facilmente como não essencial essa eclesialidade. De modo que, as manifestações da Bíblia nos parecem provir não da essência mesma do texto, como expressão de seus constituintes internos, mas simplesmente de uma instância que no início lhe seria alheia. Esse *a priori*, característico das condições sociais que são nossas, não permite ver na proclamação das Escrituras, no meio da assembleia cristã, senão um modo entre outros de sua apresentação. Reduz-se assim, se poderia dizer, o ontológico ao ôntico. Certamente, a leitura das Escrituras na assembleia é apenas *uma das atividades* que dão lugar ao sujeito crente e à Igreja. E ainda, se se tenta, como o fizemos, pensar a essência do texto bíblico como texto, o que se apresentaria inicialmente como uma atividade entre outras, se revela *de uma ordem tão distinta* das demais atividades que não é considerada entre estas.

a. A veneração tradicional da Escritura

Exatamente na mesma perspectiva, falamos agora de uma *sacramentalidade da Escritura*. Não se trata de um simples acidente, mas de uma dimensão *constitutiva*. Nada de mais tradicional, aliás.

Conhecemos a passagem célebre da homilia XIII sobre o Êxodo de Orígenes: "Vós, que assistis habitualmente aos divinos mistérios, sabeis com que precaução respeitosa guardais o corpo do Senhor quando ele vos é entregue, com medo de que não caiam algumas migalhas e de que uma parte do tesouro consagrado seja perdida. Porque vos sentiríeis culpados, e nisso tendes razão, se por vossa negligência alguma coisa se perdesse. Se, quando se trata de seu Corpo, dispensais justamente tantas precauções, por que quereríeis que a negligência da Palavra de Deus mereça um castigo menor do que a de seu Corpo?". Como dizia já Tertuliano, apoiando-se no discurso do pão da vida segundo João 6: "O pão é a palavra de Deus vivente, descido do céu". E Santo Ambrósio, a propósito da Escritura: "Este alimento, comei-o primeiro, a fim de poder chegar ao alimento de Cristo, ao alimento do Corpo do Senhor, ao festim sacramental, a este cálice em que se inebria o amor dos fiéis"[50].

Poderíamos multiplicar as citações patrísticas neste sentido: trata-se de uma tradição eclesial das mais firmes, desenvolvidas de maneira particularmente vigorosa por Orígenes, uma vez que para ele o corpo eucarístico do Senhor se compreende não somente em sua relação com seu corpo eclesial, mas também com seu corpo escriturário, constituindo esse conjunto a mediação simbólica do corpo histórico e glorioso do Senhor Jesus[51]. Por isso, para ele, o pão partido é tanto o da Escritura quanto o da eucaristia: "Se esses pães não tivessem sido partilhados, não tivessem sido reduzidos em pedaços pelos discípulos, em outras palavras, se a letra não tivesse sido partida e despedaçada, seu sentido não teria podido chegar a todo mundo" e a assembleia não teria sido saciada[52].

O *Vaticano II* se fez o eco fiel desta tradição: "A Igreja venerou sempre as divinas Escrituras como venera o próprio Corpo do Senhor, não deixando jamais, sobretudo na sagrada liturgia, de tomar e distribuir aos fiéis o pão da vida, quer da mesa da palavra de Deus, quer da do Corpo de Cristo (*Dei Verbum*, 21). Entre todos os auxílios espirituais sobressaem os atos pelos quais os fiéis se alimentam da palavra de Deus, na dupla mesa da Sagrada Escritura e da Eucaristia (55) (*Presb. Ord.*, 18). Como se vê, a expressão "pão da vida" se aplica tanto às Escrituras como à eucaristia, e "Palavra de Deus", tanto à eucaristia como às Escrituras; de tal modo que a veneração da Escritura se posiciona, em Orígenes, quase como a do Corpo eucarístico do Senhor. A rica decoração dos lecionários, as procissões com luzes, incenso e cantos, as aclamações ao evangelho são também as expressões tradicionais dessa veneração. *Essa simbolização ritual é a mediação concreta em que toma corpo a teologia da Escritura como templo sacramental da Palavra de Deus. Lex orandi, lex credendi*: trata-se aí de um verdadeiro "lugar teológico", sempre atual, embora, em razão de nossa sensibilidade cultural e de nossa desconfiança para com o que tem aparência de triunfalismo, a pompa exibida na liturgia sob a influência especialmente da etiqueta cortesã tenha deixado lugar para mais simplicidade.

---

50. ORÍGENES, *Homilia sobre o Êxodo* 13, 3, SC n. 16, 263; TERTULIANO, *De Oratione*. E; SANTO AMBRÓSIO, "Expositio ps." 118, 15, 25, *CSEL* 62, 345.

51. DE LUBAC, H., *Histoire et Esprit. L'Intelligence de l'Écriture d'après Origène*, ed. Aubier-Montaigne, 1950, 355-373.

52. ORÍGENES, *Homilia sobre o Gênesis* 12, 5, SC n. 7, 211.

b. A letra, "tabernáculo" da Palavra

É em sua *positividade* histórica de *letra*, e de letra canonicamente *encerrada*, que a Escritura é assim reconhecida como "tabernáculo" da Palavra de Deus: "O Espírito somente se encontra se a Letra não é esquivada"[53]. Esse ponto é importante a nossos olhos, porque a sacramentalidade dessa Escritura coincide com o respeito de suas *determinações sociais e culturais concretas*. Com efeito, esses são destinos históricos singulares que mediatizam a revelação de Deus: esse homem (Abraão), esse povo (Israel), esse judeu singular (Jesus)... E a letra é a sua comprovação socio-historicamente determinada. A revelação de Deus requer esse depósito em um "corpo escriturário empírico". Resiste mesmo assim a todas as tentativas de redução "idealista" da letra que, ao apelar a um sentido "espiritual" confundido com uma verdade intemporal, remove a contingência histórica sob pretexto de que ela é "Palavra de Deus". Em vez de procurar o Espírito na mesma letra, o encontraram já *a priori* fora dela; a letra desempenhando apenas uma simples função de trampolim para *aliud aliquid* (ou a *res*) que já estaria aí de maneira secreta previamente inserido.

Sabemos que essa tentação permanece sempre ameaçadora: o *logocentrismo* que caracteriza a tradição metafísica é secretamente animado pelo desejo de enfraquecer *a resistência da letra como traço de uma irredutível alteridade socio-histórica*.

Não se lê desde então na letra senão a sombra distendida pela plena luz do futuro ou dos "tipos" que já anunciam a verdade plena de Cristo. De fato, rebateram-se facilmente os binômios do sensível e do inteligível, da sombra e da luz, da aparência e da realidade, duplas metafísicas de natureza atemporal e a-histórica, sobre o tempo e a história (antes/após Jesus Cristo). Esta leitura da "história da salvação" não é senão a projeção do verticalismo da metafísica sobre a horizontalidade linear do tempo.

Certamente, os padres e os medievais não liam a Escritura somente segundo seus sentidos alegórico-tipológico, tropológico-moral e anagógico-escatológico, mas também segundo um sentido primeiro, denominado literal. Contudo, como observa P. Beauchamp, "*littera* não é o 'sentido literal', mas somente a letra. A partir daí, que diferença! Desde o momento em que se faz intervir o sentido de um texto, prefere-se à letra, sua equivalência [...]. Eis que o sentido literal é em si mesmo alegórico, se se toma ao pé da letra a etimologia desta palavra: dizer outra coisa"[54]. Ora, a letra

---

53. BEAUCHAMP, P., *Le Récit, la lettre et le corps*, Cerf, 1982, 8.
54. Ibidem, 61.

resiste. Resiste, por exemplo, a ver numa vida "repleta de dias" algo distinto dessa sociedade terrestre, que nada tem de "materialista" e da qual erraríamos em desconhecer o sentido altamente "espiritual", uma vez que se trata do cumprimento da promessa de Deus a favor daqueles que são fiéis à sua palavra. Resiste, durante muito tempo, pelo menos, a toda tentativa de ler qualquer coisa como "vida eterna", quando a "imortalidade" somente será reconhecida na Bíblia muito mais tarde do que entre os gregos. Resiste, pelo menos por um longo tempo, a ler no Êxodo uma libertação da morte "eterna". Por que não o disseram mais cedo, esses homens da Bíblia, quando outros já haviam dado esse passo em espírito? "É, entretanto, a essa resistência que vai nosso respeito, porque ela é a substância da Escritura e o outro nome daquilo que se denomina história"[55]. Há, pois, inevitavelmente uma "pertinência teológica da história".[56]

c. *O desdobramento da letra em "figura".*
   O ídolo e o ícone

Pode-se perguntar se a veneração respeitosa da letra-sacramento não é suscetível de um perigoso desvio idolátrico. Deve-se, ainda, especificar o que recobre esse conceito de idolatria; porque se trata de uma noção obscura, da qual alguém se autoriza a criar as mais diversas amálgamas desde que definitivamente o "idólatra" seja sempre o outro... Ora, ao menos se estará de acordo com J. L. Marion, para quem a atitude *idolátrica* não reside nem em "algumas superstições do sacerdote", nem na "estupidez da multidão", que identificaria pura e simplesmente Deus com sua imagem, mas na "*submissão de deus às condições humanas da experiência do divino*"[57]. Esse traço tem a vantagem de desmascarar a idolatria possível em todo sistema religioso (e em todo homem), tão anti-idolátrico que ele se proclame e se queira: idolatria conceitual do discurso fechado sobre Deus; idolatria ética (farisaica, pelagiana...) de toda a pretensão em ter direitos sobre Deus em nome de uma boa conduta; idolatria psíquica da redução de Deus às experiências (especialmente, as mais "calorosas") que se diz ter tido dele... Tantas maneiras, mais ou menos sutis, de se apoderar do divino, de atribuir-lhe um lugar, de denominá-lo (e, ao mesmo tempo, de submeter-nos a ele). A cada momento, o idólatra adormecido em nós procura assegurar-se do

---

55. Ibidem, 66.
56. GISEL, P., *Vérité et histoire*, op. cit., cap. 1 "La question du Jésus historique ou la pertinence théologique de l'histoire".
57. MARION, J. L., *L'Idole et la distance*, op. cit., 23.

divino, enfraquecendo sua radical alteridade. Este é o processo idolátrico: trabalho de reabsorção da diferença de Deus.

A veneração da letra volta-se, assim, para a idolatria desde que o escrito, fixado, não é mais percebido como testemunho de um tempo passado *distinto* e figura de outro tempo futuro, isto é, desde que o presente se torne o todo — o todo, em seguida — englobante. O "Deus" descoberto, então, na letra submete-se aos *a priori* ideológicos, morais, sociopolíticos do presente; a mencionada "Palavra de Deus" é de fato manipulada para servir-lhes de justificação transcendente.

O *ícone*, pelo contrário, "encobre e revela aquilo sobre o qual repousa: *a distância* nele entre o divino e seu rosto". Em vez de reabsorver a alteridade de Deus, "preserva e sublinha" a não-visibilidade daquilo que ele dá precisamente a ver[58]. Certamente, a técnica dos diversos elementos estéticos do ícone codificados nas Igrejas do Oriente (estruturas geométricas como triângulos, quadrados, círculos, nimbos...; sistemas de perspectiva, especialmente a perspectiva invertida; simbolismo das cores e da luz...)[59] tem em vista mostrar o "protótipo" invisível; mas o faz segundo um código complexo cujos elementos são reconhecidos justamente como manifestantes da distância irredutível daquilo que eles mostram[60].

A duração da querela iconoclasta — e o rigor destruidor ao qual, consideradas suas práticas políticas, deu lugar durante mais de um século no Oriente — assim como a dificuldade do II Concílio de Nicéia para encontrar os conceitos que permitiriam justificar adequadamente a veneração dos ícones e diferenciá-la claramente da idolatria[61] são significativas: do ícone ao ídolo, não há mais que um passo; as margens são aí tão próximas que se poderia enganar se não se cuidasse; entretanto este passo atravessa um abismo...

Se as Escrituras, na sua positividade de letra, são sacramentais, é nesta perspectiva icônica. Com efeito, a letra não é mediação de revelação de

---

58. Ibidem.
59. SENDLER, E., *L'Icône, image de l'invisible. Élements de théologie, esthétique et technique*, DDB, 1981.
60. Cf. especialmente a obra teologicamente muito precisa de VON SCHÖNBORN, C., *L'Icône du Christ. Fondements théologiques élaborés entre le Ier et IIe Concile de Nicée (325-787)*, Fribourg (Suisse), ed. Univ., 1976.
61. Cf. a distinção entre "latreia" ou "latreiotikè proskynèsis", adoração devida somente a Deus e a "timètikè proskynèsis", veneração de honra prestada não à imagem como tal, mas àquele que ela representa (cf. *Denz.-Schön.*, 600-603). Os latinos do Império Carolíngio não compreenderam infelizmente essa distinção por falta de tradução adequada (conc. De Frankfurt, em 794).

Deus senão na medida em que, como sublinha P. Beauchamp, ela forma *figura*. Porque a letra somente é reveladora enquanto testemunha posterior de um "ter sido"; mas esta pós-compreensão não se sustenta em si mesma a não ser por um poder-ser que se anuncia quase imperiosamente como um dever-ser: "a figura converte a lembrança em desejo"[62]. Embora a letra não chegue à figura — e assim como mediação sacramental de revelação — a não ser *cindindo-se em duas* — testemunha do ter sido da criação, do êxodo ou do maná —, ela é, ao mesmo tempo, testemunha do dever-ser de uma nova criação, de um novo êxodo, de um novo maná... Enquanto figura, está *entre-dois*, passagem, *trânsito para outra coisa distinta de si mesma, outra coisa que é a outra de si mesma*. "O Jordão é o Jordão atravessado por Josué, depois por Elias: é o mesmo para João Batista e, porque é o mesmo, aguarda Jesus".[63]

Finalmente, é a identidade de *um e outro Testamento* e a diferença entre eles que estão em jogo, segundo os cristãos, nessa distância simbólica, nesse ponto de sua conjunção em que suas diferenças se confirmam no mesmo ajuntamento. Última conjunção do céu e da terra, de Deus e do homem, que, por sua vez, separa radicalmente (nada menos divino do que este "quase nada" de homem crucificado) e une estranhamente (nada mais divino do que esse infra-homem desfigurado que disse "Quem me viu, viu o Pai"), a *cruz* é "a letra final que sela todas as outras", a precipitação do livro, "como se Jesus estivesse crucificado sobre o livro"[64], ele, que a Igreja confessa como "morto por nossos pecados segundo as Escrituras" (conforme a modalidade *de re* e não somente *de dicto* que afeta este enunciado de 1Cor 15,3, como destaca S. Breton)[65].

Assim a letra, sempre em trânsito (e isso tanto no interior do Antigo Testamento como em sua relação com o Novo), tem um *estatuto icônico de distância*. Ela é Palavra num presente apenas como letra estendida entre o passado que ela narra e o futuro que ela anuncia. Ela resiste, por isso mesmo, a toda apropriação gnóstica de uma presença plena. Como o ícone, ela preserva assim a radical alteridade da Palavra divina que, entretanto, dá a entender. É o presente de Deus que ela atesta: dom para o presente e no

---

62. BEAUCHAMP, P., *Le Récit*..., 48.
63. Ibidem, 42.
64. Ibidem, 92-93.
65. BRETON, S., Écriture..., 122. Assim, "Está escrito 'Adorarás ao Senhor, teu Deus'" é uma proposição modal *de dicto*, na qual o modo se refere diretamente à mesma proposição; enquanto "Cristo morreu por nossos pecados, segundo as Escrituras" é uma proposição modal *de re*, "na qual o modo forma parte integrante da mesma proposição"; de modo que se deveria traduzir por "Cristo morreu *escriturariamente* por nossos pecados".

presente. Mas, como no sacramento, esse presente não acontece senão no memorial escatológico que mantém a sua separação ou a "diferença". Sabemos quanto as primeiras comunidades cristãs foram tentadas pelo "entusiasmo" (semi-)gnóstico: corriam "risco a todo momento de alinhar seu salvador aos senhores e salvadores das religiões mistéricas de salvação", e assim de "reabsorver a história, isto é, a verdade da Cruz, no mito". Paulo, que, entretanto, se "recusa a apelar à memória de um Cristo segundo a carne, seguindo a linha judaico-cristã", se refere vigorosamente "à memória do Crucificado, contra a ação pré-gnóstica"[66]. Daí a importância do "anúncio da morte do Senhor" na ceia cristã. Ao relevar assim o respaldo histórico do Gólgota, não faz senão prolongar o gesto do qual todo livro dá testemunho: o sacramento é a precipitação das Escrituras.

2. O sacramento, precipitação das Escrituras

À positividade das Escrituras como letra e como cânon devidamente encerrado responde a *positividade dos ritos*. Como as primeiras, os segundos não existem senão como recebidos de uma tradição que ninguém tem o direito de organizar conforme sua fantasia. São testemunhos de uma precedência ou de uma origem inapropriável que é lei para o grupo como tal e, em seu interior, para os indivíduos. À resistência da letra junta-se a resistência do corpo. *A letra-sacramento se precipita em corpo-sacramento* nas mediações expressivas dos ritos: gestos, posturas, objetos, lugares e tempos, agentes com papéis diferenciados...

Da mesa das Escrituras à mesa do sacramento, a dinâmica é tradicional e irreversível. Tradicional, uma vez que, desde Emaús, se vê o momento propriamente sacramental precedido de um momento escriturário; irreversível, pois essa organização nada tem de arbitrária: nunca se vai da mesa do sacramento à das Escrituras. Este fato tradicional é menos banal do que parece, como demonstrarão as três observações que seguem.

a. Evangelização e sacramentalização

Inicialmente no plano pastoral, a dinâmica litúrgica das duas mesas coloca múltiplas e dolorosas questões que se conhecem sobre a sacramentalização dos mal-evangelizados (quando não se trata de não-evangelizados). Na impossibilidade de poder entrar nos detalhes desses problemas tão com-

---

66. PERROT, C., "L'anamnèse néo-testamentaire", art. cit., 33-36.

plexos quanto importantes, assinalamos simplesmente que a sacramentalização não tem pertinência cristã, nem hoje nem no tempo de Lucas, a não ser na esteira de uma *prévia* evangelização. Isso não significa, entretanto, que se poderia contentar-se com esta simples leitura cronológica. Com efeito, todo ato litúrgico é também um ato de evangelização — ainda que se, bem entendido, a evangelização deva ter seu maior lugar fora da liturgia; essa deve ser, pois, sempre evangelizada para permanecer autenticamente cristã. Em segundo lugar, assim como a fração do pão em Emaús foi o que permitiu à evangelização na estrada "identificar-se" de maneira decisiva, da mesma forma as expressões litúrgicas e sacramentais da fé são uma dimensão *constitutiva* da evangelização em si mesma. Daí a insistência atual por uma abordagem catequética "estruturada sacramentalmente"[67].

b. *Palavra-Escritura e Palavra-Sacramento*

A dinâmica das duas mesas nos mostra, além disso, que é sempre a Palavra que se apresenta no rito sacramental assim como na Bíblia. A rigor, conviria portanto falar, respeitando o *sacramentum* em cada caso, de liturgia da *Palavra no modo de Escrituras* e de liturgia da *Palavra no modo de pão e vinho*. Esta observação não se prende ao uso como tal que denomina "liturgia da Palavra" o momento das leituras, mas aos riscos inerentes a isso. Pensamos especialmente na *falaciosa dicotomia entre Palavra e Sacramento*, dicotomia moderna amplamente tributária da Reforma, e sobredeterminada pela *Aufklärung* depois, e mais recentemente pela oposição fé-religião. Contra a inflação sacramentalista da Idade Média (dito isto em sentido amplo), a volta à "Palavra" foi um movimento teologicamente são — com a condição, entretanto, de não deslizar para a oposição da "Palavra" aos sacramentos.

Que o sacramento seja sempre sacramento da Palavra no Espírito vem lembrar-nos que este não tem maior efeito automático ou "mágico" que a Escritura. Ainda mais, será sempre *mediante o modo da comunicação que efetua a palavra* (supondo, como mostramos na nossa primeira parte, que esta não existe se não se inscreve no corpo) que precisamos entender a comunicação de Deus no sacramento.

Como mostra bem a fórmula batismal, o sacramento é o *precipitado* [isto é, no sentido de cima para baixo] *das Escrituras cristãs*. O "em nome

---

67. MARLÉ, R., "Une démarche structurée sacramentellment", in: *Catéchèse*, n. 87, 1982, 11-27.

do Pai e do Filho e do Espírito Santo" é, com efeito, para a Igreja, como um concentrado de todas as Escrituras. Unida ao sinal da cruz como marca distintiva do cristão, esta fórmula se realiza também como o símbolo por excelência da identidade cristã, símbolo que pede para ser inscrito no corpo, isto é, na vivência. Ao se unir à água e ao pão, o Verbo se precipita em sacramento. Santo Agostinho nada disse de diferente em sua célebre fórmula: *Accedit verbum ad elementum, et fit Sacramentum*. O *verbum* do qual se trata aqui pode se entender no tríplice nível do *Cristo-Verbo* (é ele o sujeito operador do sacramento, e não o ministro), das *Escrituras* que foram lidas na celebração e, enfim, da própria *fórmula sacramental*, pronunciada *in persona Christi*.

Convém observar a esse respeito que o nível 2 (a leitura das Escrituras) é a mediação que assegura a coerência da relação entre Cristo-Palavra (nível 1) e a fórmula sacramental pronunciada em seu nome (nível 3). Trata-se, pois, de respeitar, na mesma celebração litúrgica, a modalidade sacramental *concreta* segundo a qual Cristo fala. Ora, fala segundo *tais leituras* da Escritura, apropriadas à quaresma, por exemplo, e não outras. Na impossibilidade de ter em conta o *sacramentum* escriturário concreto, celebra-se um Cristo atemporal e se afiança esse cristianismo semignóstico que Paulo (e outros) combateu. O próprio Cristo que toma corpo na eucaristia o faz segundo as diversas "formas" nas quais falou antes nas Escrituras. Esse princípio, fiel tanto à letra das Escrituras quanto à natureza mesma de toda liturgia, nos parece demasiado desconhecido. O movimento litúrgico e teológico que vai da primeira mesa à segunda significa concretamente que o "isto é meu corpo" deveria ser pronunciado sobre o fundo das Escrituras proclamadas em um domingo da quaresma, ou do tempo pascal, ou na festa de Todos os Santos... Uma oração eucarística que não faz eco delas carece, por isso, de algo importante: trata-se certamente de celebrar um sacramento da Igreja, mas de tal modo que a Igreja se "veri-fica" *nesta* assembleia, *neste* domingo, em que se leu *estas* Escrituras...

c. *A manducação do Livro*

Em muitas ocasiões, aludimos ao maná. Falamos de seu não-valor e aí vimos uma figura eminente do dom gracioso de Deus. O maná de Êxodo 16 é a prova do desprendimento e da desapropriação: recebe-se do céu no dia a dia e sem poder guardar como provisão. Segundo a letra do Livro, esta prova é a figura de outra prova: "Ele te deu a comer o maná [...], para te levar a reconhecer que nem só de pão vive o homem, mas que ele vive de tudo o que sai da boca do Senhor" (Dt 8,3, assumido por Jesus, submetido ele também à prova, segundo Mt 4,4 e par.). Os relatos de vocação dos profetas o atestam (Ex 3; Is 6; Jr 1; Ez 2–3): a Palavra é difícil de engolir. Ezequiel fez disso uma experiência amarga que, obediente à voz de Javé, *come o Livro* coberto de oráculos de infelicidade. Essa indigesta alimentação lhe encheu, entretanto, as entranhas, a ponto de suas palavras de profeta serem pronunciadas como Palavra do próprio Javé (Ez 2,8–3,4). É justamente quando *a palavra investe o corpo do profeta*[68], quando seu corpo se torna assim parábola viva, que ele pode dizer com toda a verdade: "Não sou eu que falo, mas Javé." Este é talvez "o fato principal da profecia bíblica", que "nenhum homem é tão presente em sua palavra quanto aquele que diz 'Assim por outro', a saber: Deus"[69]. Entretanto, para quem a rumina e se lhe torna familiar até se deixar habitar por ela, essa rude Palavra tem a "doçura do mel" (Ez 3,3). O visionário do Apocalipse faz disso o céu, é amargo em suas entranhas e tem a doçura do mel em sua boca (Ap 10,8-10).

É esta mesma palavra amarga que Jesus dá a comer, segundo o *discurso do pão da vida* (Jo 6,22-71). Palavra tão "rude" que "muitos de seus discípulos" não podem mais escutá-la e o abandonam (Jo 6,60-66). O "escândalo" (Jo 6,61) é, com efeito, duro de suportar. Catequese sobre a fé em Jesus como Verbo de Deus, o discurso faz aparecer um *duplo escândalo*, de uma parte sobre a origem celeste de Jesus, de outra parte sobre sua passagem pela morte. A combinação de Salmos 78,24 e de Êxodo 16,15 ("ele lhes deu a comer um pão que veio do céu") que o discurso explora, no pano de fundo do Êxodo e da Sabedoria, segundo a técnica do *midrash*, permite, com efeito, destacar esse duplo escândalo: de uma parte, como Jesus, de quem conhecemos bem o pai e a mãe (v. 42), pode se pretender o Verbo-Pão-Maná "descido do céu"? De outra parte, se ele é o que pretende, como Deus então poderia deixá-lo passar pela morte, uma vez que ele afirma "O pão que eu darei é minha carne (subentendida, entregue) para a vida do mundo" (v. 51)? Como Deus poderia não afastar seu messias de seus inimigos e não assegurar seu triunfo? Se a primeira dificuldade, sobre a *identidade* de Jesus, já era dura de digerir, a segunda, sobre o modo de realização de sua *missão*, era simplesmente impossível de engolir: Deus não seria mais Deus! Como mostram, além disso, as diversas exegeses judaicas do quarto

---

68. Trata-se do próprio corpo do profeta, ou de seu corpo familiar (Isaías e seus filhos: Is 8,18), ou de seu corpo conjugal, vivente (Oseias e sua esposa: Os 1–3), morto (a viuvez de Ezequiel: Ez 24,15-27) ou jamais realizado (o celibato de Jeremias: Jr 16,1-9).

69. BEAUCHAMP, P., *L'un et l'Autre Testament*, op. cit., 76.

poema do Servo (Is 52,13–53,12), a interpretação da figura do Servo sofredor em função de um messias identificado com uma pessoa singular era praticamente impensável. No meio judaico em que vivia Jesus, essa figura era sempre o objeto de uma interpretação de tipo coletivo, relativo especialmente ao Israel esmagado pelo Exílio, depois permanecido fiel na fé diante da perseguição de Antíoco IV e finalmente cumulado de honras. Ora, essa interpretação "possibilitava a aplicação do texto a *todo* justo sofredor". É provavelmente por esse viés, julga P. Grelot, que a figura do servo sofredor foi interpretada pelas primeiras comunidades cristãs em função de Jesus, o único justo, e que, seguidamente, englobaram nessa mesma hermenêutica a messianidade de Jesus[70]. Em todo caso, somente por meio desse longo giro que a passagem do messias de Deus pela morte pôde começar a se fazer concebível. Para os judeus, isso permanecia um escândalo insuportável (cf. 1Cor 1,22-25).

É esse escândalo que está no pano de fundo do discurso do pão de vida. Não é preciso se enganar: a pergunta dos judeus "Como ele pode dar sua carne a comer?" (v. 52) não surge de uma problemática ontoteológica relativa ao "como" do que se denominará mais tarde a transubstanciação. Sua questão é de outra ordem, mais radical, a mesma que no tempo do Êxodo: a fé ou a incredulidade. O relato da multiplicação dos pães e o discurso do pão de vida, em João 6, foram, com efeito, redigidos sobre o fundo de Êxodo; e os judeus "murmuram" contra Jesus (v. 41) como murmuraram contra Moisés e contra Deus no deserto de Mara e na ocasião do sinal do maná (Ex 15,24 e 16,2.7.12); igualmente "discutem entre si" como o povo fizera na ocasião de seu processo com Moisés e com Deus (Ex 17,2; Nm 20,3). É a fé em Jesus que está no coração de nosso discurso. A pergunta do v. 52 assume, então, toda a sua amplidão: *Quem, pois, seria Deus*, se deixasse morrer seu enviado do céu?

Se os versículos 51-58 passam ao primeiro plano o mistério da eucaristia (sem que seja necessário imaginar aqui uma interpolação tardia, como sustentava Bultmann), resulta que o discurso do pão da vida não é um discurso sobre a eucaristia como tal, mas uma *catequese sobre a fé* em Jesus como Verbo de Deus submetido à morte para a vida do mundo. Mas essa catequese está expressa *em linguagem eucarística*, permeada do início ao fim pelo tema da *manducação*. Eis aqui algo que é muito mais forte para expressar a eucaristia do que um discurso que a tome diretamente por ob-

---

70. GRELOT, P., *Les Poèmes du Serviteur. De lecture critique à l'herméneutique*, Cerf, 1981, 137 e 183-189.

jeto. Porque a manducação eucarística fornece a João a experiência simbólica privilegiada para testemunhar o que é a fé. A fé é a manducação, a lenta ruminação do escândalo do Messias crucificado para a vida do mundo (como sugere o verbo *trôgein* empregado no v. 54 e que designa o ato de mastigar cuidadosamente o alimento, como isso estava prescrito para a ceia pascal). A manducação da eucaristia é, precisamente, *a grande experiência simbólica* na qual nos é dado provar, até que a façamos de maneira plena, que o que nos passa através do corpo, este amargo escândalo da fé, seja assimilado em nosso agir cotidiano.

Somente por força de ser enunciado num contexto de repetição ritual que, por natureza, tende a aparar as arestas, as mais vivas, da mensagem evangélica, o escândalo do Messias crucificado pela vida do mundo acaba quase por não surpreender. Integrado numa cultura ambiental cristianizada, convertido numa religião mais ou menos estabelecida, tornado aceitável por uma "teoria da redenção", o "*logos* da cruz" acaba por perder seu modo inassimilável e inutilizável de "loucura de Deus" para converter-se em sabedoria humana. É precisamente contra esse desvanecimento que a experiência simbólica da manducação, da ruminação e da injeção do pão eucarístico como corpo do Senhor nos parece insubstituível. Ao provar concretamente a *consistência* e a *resistência* desse material compacto que é o pão, fazemos simbolicamente a prova da resistência a toda lógica do mistério de Deus crucificado. Esse mistério é essencialmente relutante às suas inevitáveis domesticações pela razão e por suas "razões".

Aquém de nossos necessários discursos, uma palavra nos é dada a ouvir na eucaristia. Segundo a distinção agostiniana, que devia brilhar na escolástica medieval, entre a manducação sacramental e a manducação espiritual, a primeira é vã se não conduz à segunda, isto é, "a comer e a beber até ter parte no Espírito"[71]. Essa manducação espiritual mediante a manducação sacramental não é possível, segundo uma temática frequentemente desenvolvida pelos padres, a não ser que se tenha antes comido o Livro ou ruminado a Palavra segundo o Espírito. Nos sacramentos, como em todas as outras mediações eclesiais, é sempre como *Palavra*, às vezes amarga e doce, que Cristo se dá a assimilar. Eis o que vem desbloquear desde o interior toda sacramentalidade que seria tentada de se fechar sobre si mesma: a eficácia dos sacramentos somente pode ser compreendida senão em referência *ao modo da comunicação da Palavra*, Palavra que só se comunica

---

71. Santo Agostinho, *Tr. 26, 11 e 27, 11 sur l'évang. de Jean*, DDB, Bibl. aug. n. 72, 1977, 509 e 561.

quando é entregue a nós e em nós pelo Espírito (esta é a razão pela qual deveria ser normal, como sublinha J. J. von Allmen, que a leitura da Escritura seja precedida de uma epiclese")[72].

⁂

A dinâmica que vai da mesa das Escrituras à do sacramento nada tem de banal, como se vê. Nós a explicitaremos no próximo capítulo: *está escrito que a letra quer investir o corpo do povo. O sacramento é precisamente a grande figura simbólica do que está assim escrito.* Dá a ver o que diz a letra das Escrituras que se precipitam nele. E dá a *viver,* uma vez que o que marca o corpo social da Igreja e o corpo de cada um torna-se uma injunção a ser "verificada" no cotidiano. Assim, é o símbolo da assunção do escrito na "vida", do trânsito da letra para o corpo. Nessa condição, a Letra é vivificada pelo Espírito; nessa condição, ela se converte em Palavra. Isso nos leva para o terceiro elemento de nossa estrutura de identidade cristã: a Ética.

---

72. VON ALLMEN, J. J., *Célébrer le salut. Doctrine et pratique du culte chrétien,* Cerf-Labor et Fides, 1984, 140. A bela epiclese da liturgia da Igreja Reformada da França que cita a propósito o autor (p. 146) deveria levar os católicos à reflexão.

Capítulo 7
A relação Sacramento/Ética

Entre a "vida" e o "culto", entre o "profetismo" e o "sacerdócio", entre a "intenção" e a "instituição", existe uma *tensão autenticamente evangélica*. Uma tensão que não torna óbvia a introdução do culto ritual em uma religião que proclama a "adoração em espírito e em verdade" (Jo 4,23-24). Porque *o "sagrado" não é incondicionalmente cristão*, embora a fé não possa prescindir dessa condição.

Esta é a questão subjacente ao presente capítulo: como evitar a tentação de opor a prática ética à prática ritual sem ceder, inversamente, à tentação de reduzir a tensão que deve existir entre elas? A primeira tentação é a mais ameaçadora hoje: a "vida", o compromisso profético, a sinceridade da intenção, a urgência da evangelização seriam aureolados de todos os prestígios de "autenticidade", enquanto os ritos, o "sacerdócio", a instituição, a sacramentalização levariam todos os pecados do mundo — recuperação, alienação, os arcaísmos mais confusos... Essa *oposição* é antropologicamente ingênua e teologicamente insustentável. Mas a tentação inversa não é menos criticável. É fácil, com efeito, deixar de lado a tensão evangélica entre o polo da prática ritual e o da prática ética e, confiando demasiadamente no aparato ritual (assim como no hierárquico e dogmático) da instituição, agir como se os ritos fossem óbvios no cristianismo. A Igreja estava indo tão bem quando sobressacramentalizava serenamente? Vai ela agora tão mal, como às vezes se ouve dizer, pela simples razão de realizar suas práticas rituais de maneira menos confortável? Não será talvez a inconfortável tensão entre o polo sacramental da instituição e o polo ético da verificação que a mantém evangelicamente de pé e em boa saúde sob "a lei do Espírito"?

Procederemos refletindo inicialmente sobre o estatuto do culto no judaísmo. Em seguida, mostraremos a relação de semelhança e de diferença que mantém o culto no regime cristão com o culto no regime judaico, do qual nasceu. Isso nos conduzirá, em um terceiro momento, a elaborar uma reflexão teológica mais global sobre a tensão que caracteriza a relação entre Sacramento e Ética.

I. O ESTATUTO HISTÓRICO-PROFÉTICO DO CULTO JUDAICO

Com certeza, as *sociedades tradicionais* ditas "sem história" têm sua história... e seu sentimento da história enraizado na sucessão das gerações e nos relatos. Entretanto, não parecem viver o tempo como história, no sentido que precisaremos mais tarde, especialmente porque não têm palavra para dizê-la.

Na cultura bantu, por exemplo, como mostra um estudo de A. Kagamé, a percepção e a seriação do tempo "repousam em três fatores" de tipo essencialmente cósmico e cíclico: a alternância do dia e da noite, as estações determinadas pelo Sol e os meses fundados sobre a Lua. Tempo cíclico, portanto? Não exatamente! Representam o tempo "à maneira de uma *espiral* que dá a impressão de um ciclo aberto. Cada estação, cada geração que inicia, cada quarto nome dinástico voltam sobre a mesma vertical, mas em um nível superior"[1].

1. A fé em um Deus que intervém na história

Com relação a esse tempo "espiral" seriado fundamentalmente pelos grandes ciclos cósmicos, a Bíblia efetua uma verdadeira ruptura. Com efeito, valoriza em conjunto acontecimentos percebidos como momentos de um *advento de novidade inédita*. Essa nova representação do tempo, em que o amanhã não está fundado sobre o eterno retorno desse tempo, corresponde ao que entendemos por "história". Do mesmo modo, o judaísmo realça a dimensão profética dos acontecimentos: abrem um futuro novo, projetado

---

1. KAGAMÉ, A., Aperception empirique du temps et conception de l'histoire dans la pensée bantu, em *Les cultures et le temps*. Payot-Unesco, Paris, 1975, 114 e 125.

sobre uma escatologia meta-histórica que induz o hoje para frente e dá a chave de leitura do passado. O mito das origens torna-se, pois, portador do mito de uma nova gênese do mundo e da humanidade projetada no *eschaton*: é a partir do *Ômega* que se pode ler o *Alfa*.

É por isso que o primeiro lugar de manifestação de Deus não é a criação como tal, mas *a história*. "A fé de Israel, escreve nesse sentido G. von Rad, está inteiramente fundada numa teologia histórica. Ela se compreende a partir dos fatos da história, moldada e modelada por acontecimentos nos quais decifra a intervenção da mão de Yahvé"[2]. De fato, como demonstram especialmente alguns salmos, a criação do mundo é compreendida paralelamente à criação de Israel como povo de Deus durante o Êxodo, talvez até na dependência disso. Em todo caso, não é uma coincidência se o verbo *bara*, reservado para a ação criadora de Deus, é aplicado à criação de *Israel* (Is 54,5). K. Barth o sublinhou: a criação do mundo é, biblicamente, o pressuposto da aliança. É o Deus de Israel, o Deus da história, o Deus da aliança que criou o universo[3].

É preciso, ainda, neste assunto, guardar-se de uma apreciação unilateral que, especialmente em alguns meios protestantes, veio fazer objeção a uma ontoteologia escolástica que parecia ter perdido de vista a unidade da criação do universo e da história da salvação. Se K. Barth sublinha com razão que a criação pertence também à economia da graça, é sob o risco de desconhecer a consistência própria do mundo, cujo ser verdadeiro somente pertenceria ao significado da redenção.

Dada esta importante nuance, resulta que a *teologia histórica* da qual fala G. von Rad é bem característica da Bíblia. Vemos também aparecer desde a primeira palavra da Bíblia algo muito singular em relação aos mitos cosmogônicos das religiões tradicionais. *Bereshit*: não "no começo (Deus criou)…", mas, como assinala a nota da TEB, "em *um* começo (em que Deus criou…)". "O que parecia essencial ao narrador do Gênesis, escreve a este propósito A. Neher, não é o que houve no início, mas que aí houve um início […]. O que é primordial é o próprio 'tempo'. A criação se manifestou pela aparição de um tempo […]. Em um começo, o tempo se pôs em movimento, e, depois, a história avança irresistivelmente"[4]. A palavra divina é antes de tudo *criadora de história*, e cada nova palavra de Deus faz

---

2. Von Rad, G., op. cit., 98.
3. Barth, K., *Dogmatique* III, 1.
4. Neher, A., "Vision du temps et de l'histoire dans la culture juive", in: *Les Cultures et le temps*, op. cit., 171-174.

surgir um novo acontecimento/advento. Os judeus podem assim aparecer a A. Heschel como "os construtores do tempo"[5].

O tempo bíblico é prioritariamente pensado não como o do Ser metafísico, mas como o *Talvez histórico*, e assim como o do *Outro simbólico* em conexão com a liberdade humana arrancada desta maneira da *Ananke* ou do *Fatum* cego; é um tempo de riscos, mas suscetível por isso de gerar o in-édito, em vez de reproduzir o sempre-dito do eterno retorno do Mesmo. A temporalidade bíblica é precisamente a história da harmonização difícil, do matrimônio muitas vezes infeliz, da aliança sempre a renovar, entre o projeto de Deus e o do homem livre. Existe aí, de qualquer maneira que se reverta a questão, uma ruptura decisiva em relação com os mitos a-históricos das religiões tradicionais.

2. O culto judeu, memorial histórico-profético

a. O memorial

É precisamente na medida em que sua identidade está fundada na relação com um Deus que entrou na história, que Israel, em seu culto, é reenviado à sua responsabilidade na história e mais precisamente ao outro. Teologicamente, é o conceito de *memorial* que exprime melhor a essência histórica e profética desse culto. O termo, sabemos, vem da raiz ZKR ("se recordar"). *Zikkarôn* ou *azkarah* são muitas vezes traduzidos na LXX por *menèmosunou* ou *anamnèsis*[6].

O campo semântico desta noção é sempre delimitado, seja diretamente ou simplesmente a título de pano de fundo, pela liturgia[7]. Certamente, seu alcance semântico de recordação de Deus e/ou a Deus a partir de sua ação

---

5. Heschel, A., *Les Bâtisseurs du temps*, Paris, ed. de Minuit, 1960.
6. Léon-Dufour, X., *Le Partage du pain eucharistique selon le Nouveau Testament*, Seuil, 1982, 131: "nem 'mneia' (menção, aniversário), nem 'mnêma' ou 'mnèmeion' (emblema, monumento comemorativo, túmulo), nem 'mnèmè' (faculdade da memória, lembrança de tipo psicológico)", o termo "anamnèsis" tem um sentido dinâmico de "ato de lembrar à memória", ali onde "mnèmosynon", que evoca o monumento-lembrança, como as doze estelas erguidas em memorial da travessia do Jordão (Js 4,7), tem um sentido mais estático.
7. Cf. Thurian, M., *L'Eucharistie: mémorial du Seigneur, sacrifice d'action de grâce et intercession*, Neuchâtel, Delachaux-Niestlé, 1963, 1ª parte. "Memorial" designa uma estela comemorativa, o peitoral do sumo sacerdote (Ex 28,12-29), o soar das trombetas (Nm 10,10), a festa da Páscoa (Ex 12,14; 13,9), o nome YHWH (Ex 3,15; Os 12,6), a fumaça do holocausto como tal (Lv 2,2) ou num sentido espiritualizado (oração, esmola: Sr 35,1-9: At 10,4; ou ainda o povo de Israel exilado considerado como a porção escolhida consumida no altar como perfume agradável para Deus: Br 4,3).

nos acontecimentos fundadores transborda largamente o quadro estritamente ritual e cobre de fato *toda a atividade identificadora de Israel*, começando pelo conjunto da produção bíblica. Mas é, no entanto, na atividade *ritual* que se efetua exemplarmente o processo anamnético.

O paradigma dessa atividade é o memorial da *Páscoa*. No sétimo dia da festa dos Ázimos, dia em que o ritual sacerdotal de Êxodo 12,1-20 uniu a festa da Páscoa, foi ordenado ao pai de família: "Transmitirás este ensinamento (deveria se traduzir, literalmente, tu "haggaderás") a teu filho neste dia: "É por isso que o Senhor agiu em meu favor na minha saída do Egito" (Ex 13,8). A *Mishná* comenta: "De geração em geração, cada um deve se reconhecer como tendo ele mesmo saído do Egito" (Pes. 10, 5). Embora o termo de memorial não fosse aí empregado, é a mesma perspectiva que abre a "ficção deuteronomista" em que Moisés proclama: "O Senhor Deus concluiu uma aliança conosco no Horeb. Não foi com nossos pais que o Senhor concluiu esta aliança, foi conosco, nós que estamos aqui hoje todos vivos" (Dt 5,2-3). O alcance desses textos e de muitos outros é muito claro: marcam "a inserção daqueles que fazem a anamnese no mesmo acontecimento que a celebração comemora"[8]. É o que lhes permite igualmente mostrar "como 'uma liturgia de Sion', que conduz os fiéis todos ao redor da cidade, fazendo-os meditar sobre o sentido das lembranças recordadas por monumentos e muralhas, faz 'ver' aos peregrinos esta história passada ('outrora nos fora dito, mas agora nós vimos') (Sl 48,9), os faz reviver essa história, os torna participantes dos acontecimentos antigos". Se os exilados que "choram nas margens dos rios da Babilônia" temem "esquecer Jerusalém" (Sl 137), é porque a memória viva das promessas vinculadas a esta cidade é a refutação concreta de seu presente de morte e penhor de um novo futuro[9]. A memória do passado muda assim o presente, o põe de pé, tendo em vista um novo reinício para os que estão prostrados no silêncio e na opressão do exílio.

Certamente há memória e memória. Há a memória que é apenas um simples ato de *memorização* de lembranças fixadas que se extraem do passado como se retiram fotos amareladas pelo tempo do fundo de uma gaveta. Tal memória, que idealiza imaginariamente o passado como "o bom velho tempo em que tudo ia muito melhor", é alienante: em vez de mobilizar as energias tendo em vista as tarefas presentes, mergulha na letargia de um passado de sonho. Reduzido à anedota, o passado, do qual se arrancou tudo o

---

8. Von Allmen, J. J., *Essai sur le repas du Seigneur*, Neuchâtel, Delachaux-Niestlé, 1966, 24.
9. Monloubou, L., "Le mémorial", in: *L'Eucharistie dans la Bible*, Cerf, Cahiers, Évangile n. 37, 1981, 11-13.

que era sofrimento, luta, promessa de um futuro, não tem mais história: *simples lembrança da qual*, como diz J. B. Metz, *foi roubado todo o futuro*[10].

Mas há também a memória que é um ato vivo de *comemoração*. É nesse ato de memória *comum* que um povo ou um grupo se regenera. O passado das origens é arrancado de sua "condição de passado" para tornar-se a gênese viva do hoje. Este é, então, recebido no "presente", como "dom de graça". Processo de revivescência, portanto, em que a lembrança do sofrimento vivido, da opressão sofrida e da luta empreendida para se libertar disso desempenha um papel motor: amanhã será melhor do que ontem; e o presente está pleno dessa viva esperança. Todo *projeto* de futuro parece enraizar-se no sonho dessa *tradição*: o homem somente tem futuro porque tem memória. Os governos totalitários o sabem bem, por isso sua arma por excelência é a eliminação da memória coletiva dos grupos que oprime, começando, quando é estrategicamente possível, por aquela da própria língua. Isso porque um grupo vê sua identidade se apagar na medida em que perde sua memória coletiva ou na medida em que essa memória não é mais portadora antecipadamente de um futuro novo possível. As "revoluções" o mostram: quando o futuro é declarado realizado, quando a escatologia é declarada plenamente chegada ao presente, é urgente inventar uma nova utopia sob pena de perecer.

Em seu memorial pascal, Israel *recebe seu passado no presente*, e o dom garante uma *promessa* para o futuro: o "hoje" do Deuteronômio encontra sua essência nessa releitura-recolhimento (*re-legere*) do passado que antecipa o futuro. Ele está sob o regime do futuro anterior.

b. O memorial, o rito e a história: Dt 26,1-11

É precisamente no futuro anterior (forma imperfeita, no hebraico) que começa o relato da oblação das primícias em Deuteronômio 26,1-11: "Quando chegares à terra que o Senhor, teu Deus, te dá em patrimônio, quando tiveres tomado posse [...]", eis o que tu, Israel, farás... (Dt 25,1). Temos aqui um exemplo notável do que P. Beauchamp denomina a *deuterose*, a saber, o recuo do escrito sobre si mesmo, essa espécie de bula criada no discurso, em que a lei pede imperativamente para observar a lei, em que a profecia declara que a palavra de Deus consiste no que Deus fala, em que a sabedoria enuncia: "Começo da sabedoria: adquire a sabedoria" (Pr 4,7)[11].

---

10. Metz, J. B., op. cit., cap. VI.
11. Beauchamp, P., L'un et l'Autre..., 120.

O que enuncia Moisés, na ficção de uma bula que nos remete ao tempo da primeira lei, enquanto estamos (uma vez que Israel está desde muito tempo em posse de sua terra) naquele da segunda lei (deutero-nômio), significando que esta terra está justamente sempre por conquistar — ou, antes, por receber. Este é, em todo caso, o assunto essencial deste discurso que está organizado da seguinte maneira:

  A (1-3a): Nível "HISTÓRIA A VIVER"
       RELATO em forma de prescrição, em "TU", no FUTURO
       ("Quanto chegares à terra que o Senhor, teu Deus, te dá em patrimônio... eis o que farás...")
  B (3b-4): Nível "RITO A REALIZAR"
       DISCURSO ritual, em "EU", no PRESENTE
       ("Declaro hoje... que eu cheguei..."
       + transmissão da oferenda ao sacerdote)
  C (5-9): Nível "MEMORIAL-CONFISSÃO DE FÉ"
       DISCURSO na forma de RELATO das origens, em "NÓS", no PASSADO
       ("Meu pai era um Arameu errante...")
  B' (10): Nível: "RITO A REALIZAR"
       DISCURSO RITUAL, em "EU", no PRESENTE
       ("E agora, eis que trago as primícias dos frutos do solo que me deste, Javé"
       + gesto de apresentação dos dons e prosternação)
  A' (11): Nível "HISTÓRIA A VIVER"
       RELATO na forma de prescrição, em "TU", no FUTURO
       ÉTICA da partilha com os que não-possuem, são:
       • o levita (representante interno da vocação de Israel)
       • o emigrado (representante externo)

Recordemos previamente que esse relato corresponde a uma situação histórica precisa em que Israel, tornado sedentário, se interessa pela fecundidade de seu solo e por seus rebanhos e é tentado a invocar os Baals dos Cananeus, divindades da fecundidade e da vegetação. O Deus da história pode ser também o Deus da natureza? Esta é a questão à qual responde nosso texto, ao mostrar que o Deus do Êxodo, aquele que "fez vir" Israel à terra que ele lhe deu, é também aquele que torna possível a Israel "fazer vir" os frutos do solo que ele lhes dá (*infra*, cap. 8).

A seção C está no coração do texto. Sua forma literária é a de um *relato das origens*, desde o Arameu errante até a chegada à terra "que mana leite e mel", passando pela servidão no Egito, o grito do povo a Javé, "o Deus de nossos pais" e a intervenção libertadora deste "por sua mão forte e seu braço estendido". Os acontecimentos *originais* do passado são agora narrados como *originários*, isto é, fundadores da identidade atual de Israel: a gesta do Êxodo é acontecimento/advento. Isto é possível na medida em que o relato funciona como *discurso* graça, de uma parte ao rito verbo-gestual na primeira pessoa do presente ("Eu" coletivo, em que todo o Israel é representado como um único homem) que o enquadra, e, de outra parte, ao pronome "nós", que liga o relato com o presente do narrador e lhe permite tornar-se uma confissão de fé litúrgica. O "nós" que confessa, observamos, somente é possível no quadro ritual em que se enuncia. A seção (B-B') que enquadra o relato das origens e o permite chegar como discurso em "nós", ao reconhecer a inevitável alteridade empírica do passado das origens, o arranca de sua pura "ancianidade" anedótica para manifestar o *presente fundador*: daí o gesto ritual de oblação, que faz o que diz o memorial — Javé dá hoje a terra prometida a Israel. O ritual é a operação simbólica que permite a Israel se identificar como povo de Javé e viver na fidelidade dessa identidade.

O mesmo gesto ritual exerce uma função igualmente decisiva em relação ao nível da "história a viver" (A-A'), especialmente em relação com a ética prescrita no versículo 11. O ato simbólico de desapossamento pelo qual Israel entra verdadeiramente na posse da terra *enquanto* prometida por Javé (porque, o objeto a receber, como manifesta a seção A, é a terra, não como coisa bruta, mas como marcada pelo cunho da Palavra de Javé que a prometeu, como "aberta" pela Lei) pode ser "verificado" no ato ético de partilha com os não-possuidores.

A não-posse é, com efeito, o gérmen comum dessas duas categorias de personagens que são "o *levita* e o *migrante* que estão no meio de ti". Entretanto, cada um deles está de um modo diferente: o levita está por vocação; quanto aos migrantes, têm um "estatuto social intermediário entre os cidadãos israelitas e os escravos: são livres, mas não podem possuir terra e devem alugar os seus serviços (Dt 24,14). De fato, são assimilados aos indigentes, às viúvas, aos órfãos e a todos os economicamente fracos"[12]. Por oposição ao migrante, exterior a Israel, o levita representa o que há de mais interior. Os levitas têm, com efeito, uma identidade particular: sua tribo não recebeu propriedade territorial, mas somente algumas cidades; sendo insuficiente a renda das oferendas no Templo, foram reduzidos a viver da

---

12. DEROUSSEAUX, L., *Le droit du pauvre dans un peuple de frères: Ex 22,20-26*, Cerf, Assemblées du Seigneur, n. 61, 1972, 6.

generosidade pública (Dt 18,6-8). Agindo assim, lembram a Israel, no mais íntimo de si mesmos, sua identidade: embora tenha entrado na posse da terra, Israel não pode viver como Israel senão continuando, de geração em geração, a recebê-la da mão graciosa de Javé.

O gesto ritual da oferenda das primícias, verdadeiro *sacramentum* ou *visibile verbum* (como diria Agostinho) do memorial-confissão de fé que ele envolve, é a "expressão" (no sentido forte que reconhecemos a este conceito) em que a identidade de Israel se efetua ao se enunciar. Enquanto estava, com efeito, no deserto, sob o regime do *maná*, isto é, do *puro sinal não-coisa*, da não-posse, da pura espera, Israel não podia viver a não ser da graça de Deus ou somente do céu (sem a terra e sem seu próprio trabalho). Mas esse regime do deserto era transitório: a promessa divina o conduzia para uma terra. Foi por isso que, como observa significativamente Josué 5,12, "o maná cessou no dia seguinte quando comeram produtos da terra". Mas uma vez na posse dessa terra, a tentação de esquecer a lição do deserto era grande, isto é, de se apropriar da *terra* como *pura coisa não-sinal*, como pura posse sem desapossamento, como pura conquista sem espera: Israel corria o risco, desde então, de não mais viver a não ser de sua única terra, esquecendo o céu de onde lhe viera o maná, e de cair assim em desgraça. Contra esta tentação, o Deuteronômio não cessa de lembrar o *"hoje" do dom de Deus* e de proclamar imperativamente: "Israel, lembra-te...Guarda-te de esquecer". *A oblação das primícias é a figura na qual se entrecruzam o sinal e a coisa, a não-posse e a posse, a espera e a conquista, o céu e a terra, a graça de Deus e o trabalho do homem*. É a figura da história que Israel deve viver na fidelidade à sua identidade: no deserto, o regime do maná era apenas uma transição para esta história prometida; mas a posse da terra sem a memória do maná faria dessa história uma questão pagã.

Figura simbólica do relato das origens — simples narração de fatos reconhecidos como acontecimentos fundadores, observamos precedentemente — que ele proclama como memorial, o rito da oferenda das primícias remete Israel à sua *responsabilidade na história*. O versículo 11, em que o texto desemboca, prescreve, definitivamente, a Israel que ele seja para com o outro que não possui como Deus foi para com ele, quando nada possuía. O reconhecimento de Deus e para com Deus manifestado pela oferenda de representantes simbólicos da terra somente pode ser verdadeiro se se verifica no reconhecimento do pobre: é na prática ética da partilha que se realiza, assim, a liturgia de Israel. O rito é a figura simbólica da conjunção entre o amor a Deus e o amor ao próximo no qual Israel reconhecerá logo, como testemunha o escriba interrogado por Jesus (Lc 10,26-27), não somente os dois mandamentos principais, mas o princípio mesmo de toda lei.

c. *Uma crise ritual*

Este reenvio à prática histórica da *"liturgia do próximo"* (E. Levinas) conduz inevitavelmente a uma *crise ritual*. Verdadeira faca do sacrifício, a Palavra, com efeito, vem sacrificar a primeira ingenuidade ritual: Israel não pode mais estar, como as religiões pagãs, na posse tranquila de seu culto. O apelo à responsabilidade ética cria em relação a essas religiões uma ruptura com consequências tanto religiosas como culturais, tão importantes que continuam a alimentar os comportamentos e os juízos de nossos contemporâneos sobre a prática litúrgica, assim como nosso próprio questionamento teológico.

A crise ritual foi particularmente ativada pelos profetas[13]. Evoquemos Amós 5,21-27; Oseias 6,6 (cf. Mt 9,13 e 12,7); Isaías 1,10-17; Jeremias 7,1-28; Miqueias 6,6-8; Salmos 50,12-15; 51,18-19; Sirácida 34,24–35,4 etc. Todos reprovam severamente o formalismo cultual. Todos fustigam um culto no qual somente Deus é honrado pelos lábios. Todos postulam que o coração esteja em harmonia com o que exprime o culto e que este conduza à prática do Direito e da Justiça — as duas bases do trono de Deus (Sl 89,15 e 97,2) — para com a viúva, o órfão, o estrangeiro. Memória ritual da libertação da escravidão no Egito? Sim, mas tendo em vista a libertação dos escravos no sétimo ano. Circuncisão da carne? Sim, mas tendo em vista a circuncisão do coração. Oferendas das primícias? Sim, mas tendo em vista o respeito pelos bens do próximo, pela partilha com os mais despossuídos, pelo respeito ao assalariado... Sacrifícios? Sim, mas tendo em vista o sacrifício dos lábios para com Deus e o dos benefícios para com o próximo.

Está claro: a dimensão histórico-profética do culto judaico como memorial quebra a circularidade mítica simples e a recorrência cósmica em espiral da ritualidade vivida na ingenuidade primeira. Certamente, o judaísmo permanece em regime de ingenuidade simbólica: de uma parte, seu calendário decorre, ele também, do ciclo cósmico dos dias, meses, estações e anos; de outra parte, essa dimensão cíclica, seja cósmica ou apoiada nas grandes estações antropológicas do grupo, segundo suas gerações sucessivas, ou de indivíduos, segundo as grandes etapas de sua vida, permanece constitutiva da simbologia ritual. Mas existe a história e, portanto, o engajamento da responsabilidade existencial de Israel no advento desse novo êxodo no qual

---

13. As relações entre os *profetas* e o culto são complexas. "Para uns, os profetas estão ligados ao culto; para outros, eles são seus antípodas; e entre essas duas teses extremas se manifesta toda uma gama de opiniões" (ASURMENDI, J., *Isaïe 1–39*, Cerf, Cahiers Évangile n. 23, 1978, 55-57).

a humanidade, mediante Israel — "porque a salvação vem dos judeus" (Jo 4,22) — seria libertada por Deus de toda escravidão. É de acordo com uma *ingenuidade segunda*, crítica, que Israel deve viver sua liturgia.

II. O ESTATUTO ESCATOLÓGICO DO CULTO CRISTÃO

1. Escatologia

O anúncio da ressurreição de Jesus e do dom do Espírito prometido marca a inauguração dos "últimos tempos" (Hb 1,2): o futuro já começou. É por isso que, como mostram as antigas anáforas, que fazem memória, na anamnese, tanto da última vinda do Senhor Jesus quanto de sua morte e de sua ressurreição, a memória cristã é escatológica: é uma memória do futuro.

"Escatologia": o termo é seguramente o mais característico da diferença cristã em relação ao judaísmo. Não cessa, entretanto, de criar dificuldade para numerosos cristãos. Por uma derivação de sentido, frequentemente evoca somente o "ainda não" da parusia, interpretada demasiado literalmente em função da imagem da "volta" do Cristo. A escatologia tende, de fato, a não evocar senão um longínquo futuro, mais ou menos postergado às calendas gregas, um passado que não tem outra relação com a história que a de marcar o seu fim. Esquecemos muitas vezes que a história é a última manifestação da força ressuscitadora de Cristo que transfigura desde então a humanidade pelo dom do Espírito. Esquecemos muitas vezes, definitivamente, que a história é *um momento constitutivo da Páscoa do Senhor*: diz o futuro de sua ressurreição no mundo.

Certamente, o Ressuscitado permanece marcado com as chagas de sua morte: ao ressuscitá-lo dos mortos, Deus não o devolveu ao seu estado de "antes" da encarnação, se se pode dizer; é em sua mesma humanidade, com a morte que é dela constitutiva, que ele foi trans-figurado. Por isso, se o dom do Espírito, difundido sobre toda carne em Pentecostes, inaugura a participação da humanidade e do universo (Rm 8,18-24) na Páscoa do Senhor, a "sacramentalidade" da história e do mundo que resulta daí permanece *trágica*. O mundo continua a se experimentar como não ainda resgatado: "pois fomos salvos, mas na esperança" (Rm 8,24).

Além do que a escatologia afirma que não se pode confessar Jesus como *ressuscitado* sem confessá-lo simultaneamente como *ressuscitando* o mundo; e que não se pode isolá-lo jamais como um "Em-Face que se mantém em si" e que, ainda aí, nada podemos "(com)preender" sem que sejamos "(com)preendidos"... Longe, portanto, de colocar entre parênteses a história como um simples prelúdio de um além meta-histórico, o único a ter um peso verdadeiro de realidade, a escatologia requer, pelo contrário, a história presente como lugar de sua possibilidade. Desvalorizar a história é também necessariamente desvalorizar a escatologia. O estatuto escatológico do culto no cristianismo implica, assim, a recuperação do estatuto histórico-profético do judaísmo do qual é herdeiro.

2. Jesus e o culto

a. A crítica dos sacrifícios nos meios judaicos e helenísticos

"É a misericórdia que eu quero e não sacrifícios" (Os 6,6, retomado em Mt 9,13 e 12,7); "este povo me honra com os lábios, mas seu coração está longe de mim" (Is 29,13, retomado em Mc 7,6-7 e Mt 15,8-9); o templo é "casa de oração" (Is 56,7) e não "caverna de bandidos" (Jr 7,11) (retomado em Mt 21,13 e par.). Jesus foi fortemente crítico do formalismo cultual. Nisto, nada inovou, retomava *a mensagem dos profetas*. Não inovou ainda, parece, quando resumiu a lei no duplo mandamento do amor a Deus e ao próximo (Mt 22,34-40); segundo Lucas 10,27-28, é aliás um escriba que fala assim, aprovado em seguida por Jesus; segundo Marcos 12,28-34, é Jesus quem resume a lei nestes termos, mas o escriba não permanece distante, uma vez que adiciona: "Muito bem, mestre, dissestes a verdade [...], isso vale mais do que todos os holocaustos e sacrifícios". A crítica profética do formalismo cultual tinha criado, como sabemos, uma corrente muito viva no interior do judaísmo. Encontra-se essa corrente em Qumran, onde, sem recusar sacrifícios que seriam oferecidos por um sacerdócio legítimo e num templo purificado, exalta-se "a oferenda dos lábios" mais do que a carne dos holocaustos (1Qs 9,3-5), assim como em Fílon e, de maneira mais radical, nos Batistas (cf. *infra*), nos Mandeus e "em todo o meio judaico-cristão, de tipo sectário, conhecido pelos escritos clementinos (*recognitiones* 1,37-55), e no Evangelho aos Ebionitas: 'Vim para destruir os sacrifícios', declara Jesus neste último escrito"[14].

Se essa corrente crítica estava enraizada inicialmente no profetismo, não deixava de participar de uma corrente cultural mais vasta, de origem *helenística*. Múltiplos são os testemunhos nesse sentido citados especialmente por R. K. Yerkes[15], desde Isócrates, nos séculos V e IV antes de Cristo

---

14. Perrot, C., *Jésus et l'histoire*, op. cit., 144.
15. Yerkes, R. K., *Sacrifice in greek and romain religion and in early judaism*, London, 1953, 115-196.

("Cumpre teus deveres para com os deuses como teus antepassados têm ensinado, mas convence-te de que o mais belo sacrifício, o mais nobre gesto, será o mostrar-te como o melhor homem e o mais justo" [Nicoclès, 20]), até Sêneca, o estoico, no século I de nossa era ("Um homem bom agrada aos deuses com uma oferenda de pão, mas o homem mau não escapa de sua impiedade ainda que derrame um rio de sangue" [*De benef.* I,6,3]). E a literatura hermética faz frequentemente o elogio do único sacrifício espiritual (*logikè thusia*), o do coração puro e da oração de ação de graças (*eucaristia*), em detrimento dos sacrifícios espirituais que foram banidos, uma vez que Deus não necessita de nada para si mesmo.

É precisamente na confluência da dupla crítica, profética e helenística, que encontramos, na época de Jesus, Fílon de Alexandria. Seu vocabulário "eucaristia" foi objeto de um estudo preciso feito por J. Laporte[16]. Deus de nada necessita (*Spec. Leg.* I, 293) e, se ele nos prescreve que lhe ofereçamos alguma coisa, é para que nos exercitemos na piedade (*Her.* 123). Fílon não desconhece, portanto, o valor dos sacrifícios rituais oferecidos no Templo de Jerusalém. Ele os tem mesmo em alta estima, porque prescritos pela Torá. Entretanto, no cimo da hierarquia dos sacrifícios está para ele o "sacrifício eucarístico" (*tès eucharistias thusia*, *Spec. Leg.* I, 285). Este pertence à categoria dos "sacrifícios de paz" (*zebah shelamin*) descritos em Levítico 3 e 7, sacrifícios de comunhão em que o melhor da vítima (gordura, rins, fígado) era queimado num altar, sendo o resto atribuído aos sacerdotes, por uma parte, e por outra, devolvido ao oferente que a consumia com sua família e seus amigos.

Entre as "três espécies particulares de sacrifício de comunhão — o sacrifício de louvor, *tôdah*, o sacrifício espontâneo, *nedâbah*, oferecido por devoção fora de todas as prescrições ou de toda promessa, o sacrifício votivo, *nèdèr*, ao qual o oferente se obrigou por um voto"[17] —, o *zebah tôdah*, que corresponde provavelmente ao "sacrifício eucarístico", ocupa um lugar eminente, para Fílon. Segundo H. Cazelles, *tôdah* é o substantivo de um verbo (*yadah*) que se encontra somente no modo causativo e que pode se traduzir por "fazer eucaristia"[18]. Ademais, quando, no século II da nossa era, o judeu Áquila quis retraduzir para o grego a Bíblia de uma maneira que lhe parecia mais fiel ao hebraico do que a LXX, traduziu o *zebah tôdah* do Salmo 50,14-23 não por *tès aineseós thusia* ("sacrifício de louvor", ou,

---

16. LAPORTE, J., *La Doctrine eucharistique de Philon d'Alexandrie*, Paris, Beuchesne, 1972.

17. DE VAUX, R., *Les Institutions de l'Ancien Testament*, t. 2. *Institutions militaires, institutions religieuses*, Cerf, ⁴1982, 294.

18. CAZELLES, H., "Eucharistie, bénédiction et sacrifice dans l'Ancien Testament", in: *LMD* 123, 1974, 10-17.

segundo o aramaico, como indica a TEB, "o louvor como sacrifício"), mas por *tès eucharistias thusia* ("sacrifício de ação de graças").

Para Fílon, o "sacrifício eucarístico" ritual não tem valor aos olhos de Deus se não é expressão da atitude do coração, de modo que *a oferenda das boas disposições interiores* supera em valor todos os sacrifícios (*Spec. Leg.* I, 271-272). É ela que realiza de verdade o sacrifício eucarístico: a oblação verdadeira é a da alma unida a Deus (*Quaest. et sol. In Exodum* II, 71-72). Isso vai, aliás, muito além das disposições espirituais exigidas: "Convém criticar seus próprios motivos de dar graças, e assim escolher os melhores, porque vale mais dar graças pelo amor de Deus, antes que com um fim interessado (*Spec. Leg.* I, 283)"[19].

Compreende-se melhor, desde então, que nos meios judaicos, mais críticos que Fílon em relação ao sacerdócio e aos sacrifícios do templo e também influenciados como ele pela corrente de espiritualização dos sacrifícios, o acento "eucarístico" se tenha *deslocado da vítima animal para as orações*. Assim, o *zebah todah*, sacrifício cruento de comunhão, era, nas origens, "acompanhado de uma oferenda, *minhah*, de bolos sem fermento e de pão fermentado"[20], assim como de orações, especialmente de salmos de ação de graças. Ora, na época de Jesus, esse sacrifício estava tão fortemente espiritualizado em alguns círculos críticos em relação ao Templo (entre os Batistas e outros), que todo o peso sacrificial foi transferido da vítima — que desaparecera, uma vez que se reprovavam os sacrifícios cruentos — aos salmos de ação de graças, ficando a oferenda vegetal eventualmente como o único suporte simbólico ritual[21]. O sacrifício "eucarístico" tornara-se, portanto, essencialmente o *"sacrifício dos lábios"* (cf. Os 14,3), isto é, a confissão de fé expressa em ação de graças a Deus, que salva seu povo. Tal é o *zebah todah*, o *aineseos* (*eucharistias*) *thusia* que Hebreus 13,15 recomenda oferecer a Deus por Jesus, o único sumo sacerdote: "por ele, oferecemos sem cessar a Deus um sacrifício de louvor (Sl 50,14-23), isto é,

---

19. "O método (segundo Fílon) consiste em dividir bem a ação de graças, como o sacerdote divide a vítima com a ajuda de uma faca sacrificial (*Spec. Leg.* I, 210-211). Primeiro, não se deve atribuir a si mesmo, por esquecimento, os benefícios de Deus [...]. Não se deve, de modo algum, fazer de Deus a causa de algum mal qualquer que seja [...]. Segundo, deve-se dividir a ação de graças de maneira lógica, indo do geral ao particular na evocação das obras e dos dons de Deus [...]. Cada um deve dar graças, mesmo o homem de virtude mediana, 'segundo o poder de suas mãos', e segundo o valor dos dons recebidos" (LAPORTE, J., op. cit., p. 66).

20. DE VAUX, R., *Les Institutions de l'Ancien Testament*, t. 2, op. cit., 295.

21. PERROT, C., "Les repas euchatistiques", in: *L'Eucharistie*, Profac., Fac. de Théol. de Lyon, 1971, 89-91. — CAZELLES, H., art. cit., 11-12.

o fruto dos lábios (cf. Os 14,3), que confessam seu nome". *"Fazer eucaristia" é assim prioritariamente confessar Deus como salvador, e esta confissão de ação de graças tem uma conotação imediatamente sacrificial.* Compreende-se, nessa perspectiva, que a proclamação ritual da "morte do Senhor até que venha" (1Cor 11,26) "corresponde exatamente à *tôdah*"[22] e que tenha podido marcar para as primeiras comunidades cristãs "*a substituição da antiga* tôdah *pelo Cristo da ceia cristã*"[23]. Com isso, as primeiras comunidades cristãs se inscreviam na esteira da corrente profética e dos círculos críticos do judaísmo contemporâneo do qual acabamos de falar.[24]

b. A atitude de Jesus

Jesus, esse "discípulo do Batista" (C. Perrot), manifestamente fez sua essa corrente crítica. Como todos os judeus piedosos, recitou provavelmente cada dia a oração da manhã, do meio-dia e da tarde[25]; frequentou a *sinagoga* regularmente ("segundo seu costume", especifica Lc 4,16) no dia de sábado. Frequentou também o *Templo* (11 menções nos evangelhos, contra 14 para as sinagogas). O fato de que jamais tenha se apresentado orando, mas somente ensinando, é, talvez, a marca de uma intenção cristológica pós-pascal. J. Dupont é categórico: quando Jesus se encontrava no Templo, "é evidente" que ele orava aí com seus irmãos judeus[26]. Parece, entretanto, duvidoso que tenha participado dos *sacrifícios* como tais. Ao derrubar as mesas dos cambistas e dos comerciantes de pombas no Templo, ele efetuou, segundo C. Perrot, muito mais do que uma simples "purificação" do Templo. Como dá a entender Marcos 11,16 — "e não deixava a ninguém transportar um objeto pelo Templo", em que o termo "objeto" ou "vaso" designa provavelmente "o material do Templo" —, ele ataca diretamente os sacrifícios como tais: "para a marcha do culto sacrificial"[27].

---

22. LÉON-DUFOUR, X., *Le Partage du pain eucharistique...*, op. cit., 57.
23. PERROT, C., "Le repas du Seigneur", in: *LMD* 123, 1975, 44.
24. Cf. nesse sentido a oração "abodah": inicialmente, acompanhava os sacrifícios oferecidos no templo; na época de Jesus, passara para a liturgia sinagogal das "dezoito bênçãos", em que Israel e sua oração são apresentados a Deus como um sacrifício (texto traduzido em BOUYER, L., *Eucharistie*, Desclée, 1966, 80). Em seu *Diálogo com Trífão*, Justino, por volta de 150, não faz senão insistir no que pertence já à tradição judaica: "Que as orações e as eucaristias feitas por pessoas dignas sejam os únicos sacrifícios perfeitos e agradáveis a Deus, eu também o digo" (117, 2).
25. JEREMIAS, J., *Abba. Jésus et son Père*, Seuil, 1972.
26. DUPONT, J., "Jesus et la prière liturgique", in: *LMD* 95, 1968.
27. PERROT, C., op. cit., 146-147. É a esta obra que se remetem as referências na sequência do texto.

Sua atitude foi sempre tão vigorosa e abrupta? "É difícil pronunciar-se", julga o próprio autor. Ele envia o leproso que acaba de purificar para se mostrar aos sacerdotes a fim de oferecer o sacrifício prescrito (Mc 1,44). Se "os filhos são livres" de pagar o imposto do Templo, entretanto, "para não causar o escândalo desta gente", haverá de se pagar o imposto (Mt 17,24-27) (p. 150). E, se antes de apresentar sua oferenda no altar, é preciso se reconciliar com seu irmão, isso não dispensa esta oferenda ritual (Mt 5,23-24). É verdade que a teologia de Mateus, para quem "não passará da lei um i", (5,18) pode ser passível de exagero...

Sabe-se, entretanto, que todas as primeiras comunidades judaico-cristãs continuaram a ir ao Templo (At 3,1) e que a questão do comportamento a adotar a respeito das prescrições da Lei provocou um conflito interno que quase degenerou em cisma (At 15). Isso nos autoriza a deduzir que Jesus não participaria do culto sacrificial no Templo? Não necessariamente. "Uma vez destruído o Templo, Lucas podia tornar-se sem grande perigo um 'homem do Templo' para melhor enraizar a nova religião no Israel de sempre (Lc 1,5 s. e 24,53)" (p. 145). Talvez deva-se ver finalmente na atitude de Jesus sobre esse ponto "certo compromisso" (p. 145). Em todo caso, ela nos resulta *pouco clara*.

Como foi menos clara do que pensávamos às vezes a sua atitude sobre a *abertura direta aos "heréticos" samaritanos* (Mt 10,5-6) *e aos pagãos*, apesar dos múltiplos sinais dados em direção a estes. Sobre esse ponto ainda, sua atitude parece ter sido "um pouco contraditória" (p. 121-126).

Nos dois casos (sacrifícios e abertura aos pagãos), Jesus *não parece ter dado indicações claras*. Na esteira dos profetas, contesta o formalismo cultual, compartilhando nisso, aliás, as visões de alguns rabinos fariseus: que o sábado seja para o homem e não o homem para o sábado, que o culto somente seja agradável a Deus se o coração estiver em harmonia com o que significa, que a reconciliação seja uma condição principal para a pureza do coração..., essas máximas não eram raras, mas sim correntes em sua época[28]. Entretanto, sua "autoridade" e a "novidade" de sua mensagem e de suas atitudes (perdoa os pecados, come com os pecadores, cura os leprosos...) eram já tais que sua condenação à morte por "blasfemo" (contra a Lei de Moisés, portanto, contra o próprio Deus) supõe que ele considerava igualmente de uma maneira *nova* o culto do Templo. De fato, parece ter pronunciado uma *palavra a respeito do Templo* que foi decisiva em sua

---

28. DODD, C., *Le Fondateur du christianisme*, Seuil, 1972, 80-85; SCHUBERT, K., *Jésus à la lumière du judaïsme du premier siécle*, Cerf, 1974, 41-69.

condenação — pois o Templo era considerado o símbolo da identidade religiosa e nacional judaica. Essa ideia confundiu de tal modo as primeiras comunidades, que foi atribuída a "falsos testemunhos" e, segundo os meios, se lhe deu um teor mais ou menos radical, desde a supressão pura e simples do Templo, segundo o ponto de vista dos helenistas que Lucas exprime em Atos 6,13-15, até a reconstrução escatológica desse Templo da qual fala Mateus 26,61, passando pela substituição deste por um outro "não feito pela mão de homem", segundo Marcos 14,58; quanto a João, ele associa essa palavra ao gesto profético de purificação do Templo e a põe, justamente, parece, na boca do próprio Jesus[29], e lhe dá uma exegese francamente pascal: "mas ele falava do templo de seu corpo"(Jo 2,19-22).

A atitude de Jesus em relação ao templo e ao sacerdócio judaico não pode ser tratada no plano histórico a não ser que se cruzem dois critérios, destacados por E. Käsemann e retomados por C. Perrot: o critério de *diferença* permite pensar que a palavra de Jesus contra o Templo não pode provir nem dos meios judaicos, nem das comunidades cristãs, as quais se mostram fortemente confusas; o critério de *coerência* situa esta palavra no conjunto da mensagem e das atitudes de Jesus e faz pensar que está em harmonia com o conjunto. É difícil, em todo caso, não colocá-la em relação com "a atitude muitas vezes conflituosa de Jesus, a novidade ou a singularidade de seus gestos, a radicalidade de seu apelo, a insistência posta sobre o lugar e o sentido a dar à sua própria pessoa"[30]. Essa hermenêutica de "retrodição histórica" nos permite, então, designar o Jesus da história sem cair nas ilusões do historicismo, uma vez que não deixamos de lado a comunidade pascal que, constitutiva da essência do texto evangélico, é a mediação obrigatória de nosso próprio discurso. Nessa perspectiva, a palavra de Jesus contra o Templo, palavra provavelmente autêntica, mas da qual não saberemos jamais o teor exato, anuncia um *transbordamento da crítica profética* sobre o formalismo cultual e *um novo estatuto do culto como tal*. Mas essa novidade somente podia se manifestar *após a Páscoa*.

Em suma, parece que Jesus anunciou o advento de um novo regime cultual, mas sem dar aos seus instruções claras sobre esse ponto, embora as diversas correntes cristãs tivessem, posteriormente, se fundamentado em uma ou outra de suas palavras ou atitudes, antes "conservadoras" ou abertas, para justificar sua conduta a respeito do templo. Ressituadas no conjunto de sua mensagem e na perspectiva de sua ressurreição, essas contra-

---

29. COUSIN, H., *Le Prophète assassiné*, J. P. Delarge, 1976, 47-50.
30. PERROT, C., op. cit., 66-67.

dições deviam progressivamente se resolver no sentido da novidade, uma novidade cuja radicalidade será compreendida pouco a pouco no mesmo nível que aquela de sua confissão como "Cristo", "Senhor" e, finalmente, "Filho de Deus".

3. A ruptura pascal

É, portanto, depois da Páscoa que a novidade aparece, à medida que as primeiras comunidades efetuam sua leitura da morte e da ressurreição de Jesus "segundo as Escrituras". A promessa feita aos pais foi declarada realizada pelo dom do Espírito, recebido do Pai e difundido pelo Cristo ressuscitado (At 2,33). Ora, esse dom do Espírito, no fervor escatológico da época, era vivamente esperado, entre os batistas e em Qumran, por exemplo, e vinculado ao perdão dos pecados. Os banhos diários praticados na comunidade de *Qumran* exprimiam o ideal de uma purificação interior e a espera de uma purificação radical a vir (Regra 2,25–3,12). Última preparação no fim dos tempos, o batismo de João para o perdão dos pecados era vivido como o prelúdio do batismo messiânico no Espírito Santo e no fogo (cf. Lc 3,16). Qualquer que seja seu eventual parentesco com Qumran, a seita *batista* "marca uma etapa muito clara além do Essenismo. Crê na vinda iminente de um messias fundador de um reino no qual, segundo a profecia de Ezequiel, o Espírito de Deus seria dado ao homem numa lustração de água pura que o tornaria capaz de praticar os mandamentos, por uma justiça, até então, constantemente transgredida"[31]. Cabe pensar que a profecia de Ezequiel 36,24-28 sobre a aspersão de água pura e o dom do Espírito para transformar o coração de pedra de Israel em coração de carne e o tornar, assim, capaz de caminhar segundo a Lei conheceu um belo sucesso na época. E a profecia de Jeremias 31,31-34, da qual a precedente faz eco, não devia estar atrás neste ponto: Deus ia realizar uma nova aliança ao inscrever sua lei no fundo do coração de seu povo para que todos pudessem pô-la fielmente em prática e chegar ao verdadeiro conhecimento dele[32].

---

31. CAZELLES, H., *Naissance de l'Église*, op. cit., 95.
32. Ezequiel, que era sacerdote de Jerusalém, "lembra aqui (36,25) as purificações rituais do Templo, e o simbolismo da água como fonte de vida e de purificação desempenha um grande papel (cf. Ez 47)". Mas essa purificação é acompanhada de uma "mudança completa": pelo dom de seu próprio Espírito, Deus faz do homem dotado de um coração e de um espírito novo "uma nova criatura", capaz enfim de "pôr em prática as leis e os costumes do Senhor" (36,27). "[…] Jeremias também chegou à mesma conclusão". Nos dois casos, aliás, o oráculo prossegue na fórmula de aliança: "Vós sereis meu povo, e eu serei vosso Deus […]. Estamos muito perto da palavra de Jesus segundo João: 'Ninguém, a não ser que nasça da

a. A metáfora da ruptura

Ao anunciar a ressurreição de Jesus e o dom do Espírito, é a realização dessas profecias de Ezequiel e de Jeremias que os primeiros convertidos proclamavam. Com a inauguração do reino escatológico de Deus, alguma coisa radicalmente nova entrara na história. Uma das grandes metáforas desta novidade, no Novo Testamento, é a da *ruptura*. Inicialmente, os céus se rasgam na ocasião do batismo de Jesus, permitindo, assim, ao Espírito descer sobre ele (Mc 1,9-11; cf. Is 63,11-19). Em seguida, como o vinho novo do Evangelho não pode ser contido nos velhos odres da Lei, é impossível acomodar as velhas roupas desta, remendando com pedaços novos: "senão, o pedaço acrescentado, que é novo, repuxa a roupa que é velha e o rasgão aumenta" (Mc 2,21-22). "És tu o Messias?", pergunta o sumo sacerdote durante o processo; "eu sou", responde Jesus; então, com um gesto ritual, "o sumo sacerdote rasga suas vestimentas" (Mc 14,63). Mais surpreendente ainda é a menção, pelos três sinóticos, da ruptura total ("pelo meio", diz Lc 3,45; "do alto a baixo", observam Mc 15,38 e Mt 27,51) do véu do templo no momento da morte de Jesus: o Santo dos Santos está doravante vazio; o templo é a presença de Deus, é o corpo do Ressuscitado (João) ou a comunidade dos fiéis (Paulo). Entre a abertura dos céus e a ruptura da cortina do templo se expressa teologicamente um novo estatuto do culto inaugurado pelo cumprimento pascal e pentecostal da promessa.

Em Jesus, Cristo e Senhor, o tecido religioso do judaísmo foi rasgado. Algo de radicalmente novo chegou com ele, o que se denominou, enfim, de "redenção do mundo". Essa novidade não é, aliás, simples de expressar, uma vez que dever-se-á mostrar que o que se anuncia é "segundo as Escrituras". Ora, a questão que se coloca a esses judeus que se consideram os primeiros cristãos é enorme: se Jesus de Nazaré é o Cristo de Deus, se, ao ressuscitá-lo dentre os mortos e ao conceder-lhe derramar o Espírito da promessa, Deus o manifestou como a salvação oferecida aos homens, *o que se tornam, então, as duas grandes instituições divinas salvadoras da aliança mosaica: a Lei e o Templo?*

Paulo, como sabemos, se questionou essencialmente com relação à *Lei*: como expressão da vontade divina, permanece boa e santa, porém, como meio de salvação, torna-se maldição, porque a justificação se faz não pela lei, mas pela fé em Cristo. Ora, tão radical é a subversão que ele efetua em relação à Lei, tão surpreendente é seu silêncio em relação ao *Templo*. Entretanto, o

---

água e do espírito, pode entrar no Reino de Deus' (Jo 3,5)". (ASURMENDI, J., Le *Prophète Ezéchiel*, Cerf, Cahiers Évangile n. 38, 1981, 52-53).

cumprimento das Escrituras não demandava manifestar-se teologicamente tanto segundo o eixo dos sacrifícios e do sacerdócio (sobre este último ponto, Paulo se cala absolutamente) quanto segundo o da lei?

Será necessário esperar a carta aos *Hebreus* para que esse problema — principal, nessa perspectiva — seja abordado completamente. A operação era difícil: necessitava de um teólogo de grande envergadura, dotado de "uma audácia quase incrível", julga A. Vanhoye[33]. Isso porque era preciso passar por sobre o sacerdócio de Aarão para se juntar ao de Melquisedec, personagem sem genealogia que permitia, assim, falar de um "sacerdócio eterno"; era preciso em seguida subordinar o sacerdócio de Aarão e dos filhos de Levi ao de Melquisedec, mediante a subordinação de Abraão a este (e, portanto, de seus descendentes; Aarão e Levi especialmente) a esse último a quem ele tinha pago o dízimo! O resultado dessa operação profundamente rabínica — e, além disso, perigosa, uma vez que se corria o risco de reavivar entre os destinatários a nostalgia dos esplendores do Templo — é que o autor da carta aos Hebreus, ao aplicar a Cristo o termo "sacerdócio" ou "sumo sacerdote", efetua uma *transmutação* tão vigorosa e subversiva do "sacerdócio" e dos sacrifícios quanto Paulo fizera em relação à Lei. Porque, se se aplica o "sacerdócio" a Cristo, não se pode aplicá-lo a outra pessoa: não há proporção entre o "sacerdócio" de Cristo e o dos sacerdotes aarônicos que foi abolido por Jesus ao ser realizado nele o sacerdócio. É todo o sistema judaico que, por meio do templo, seu símbolo, tornou-se assim caduco como meio de acesso a Deus: o Santo dos Santos está vazio. Os cristãos não têm mais outro templo senão o corpo glorificado de Jesus, nem outro altar senão sua cruz, nem outro sacerdote e sacrifício senão sua pessoa: *Cristo é sua única liturgia possível*.

b. *Uma diferença teologal*

Teologicamente, o culto cristão é simplesmente *de uma ordem distinta* da ordem do culto judaico, do qual é herdeiro. A diferença não se situa certamente num nível *moral*: anteriormente, vimos quantos judeus piedosos, na época de Jesus, eram conscientes das exigências éticas, tanto interiores — pureza do coração, retidão, sentido de ação de graças — quantos exteriores — reconciliação, prática da justiça, partilha com os menos favorecidos... —, que requer o culto para ser agradável a Deus; desde muito tempo, os profetas já haviam assinalado isso. A diferença é de ordem *teologal*. Mais precisamente,

---

33. VANHOYE, A., *Prêtes anciens, prêtre nouveau selon le Nouveau Testament*, Seuil, 1980.

ela está inteiramente fundada na releitura de todo o conjunto do sistema religioso que impõe a confissão de Jesus como Cristo. Tudo repousa, portanto, sobre a Páscoa e Pentecostes. Brevemente, a diferença é *escatológica*.

Podemos lê-la na perspectiva da teologia paulina da justificação pela fé. Certamente, a perturbação provocada, em sua vida de fariseu zeloso, por sua conversão ao Senhor Jesus, dá ao discurso de Paulo um caráter por vezes polêmico. Ora, "o tema da aliança era ativo no século primeiro". Compreendia-se então a Lei "ao mesmo tempo como a revelação divina e a resposta do homem a Deus no quadro da Aliança, sem estar de modo algum separada do dom gratuito da Aliança e sem chegar a qualquer falsificação religiosa que especulasse a maneira de adquirir os méritos"[34]. A apresentação caricaturesca de um judaísmo estreitamente legalista na época de Jesus é insustentável. Certas proposições do próprio Paulo devem ser tomadas com cautela no que dão a entender a atitude efetiva dos judeus, especialmente do ambiente fariseu, sobre esse assunto.

Resta que, segundo uma regressão genealógica que podemos valorizar neste domínio assim como em outros, o *pensamento* judeu sobre a Lei, tematizada em suas expressões teológicas de primeiro grau, não abarca pura e simplesmente todo *o pensamento* judaico da Lei, cujo esquema, aquém dos temas, é mais originário. As correções históricas feitas no primeiro não invalidam a crítica que Paulo tende a fazer, no segundo grau, no âmbito do pensamento sobre a Lei. Foi necessário que se colocasse a questão, inevitável, da diferença cristã para que esse pensar, até então impensado como tal, se mostrasse. Como Paulo a expõe, essa diferença está *inteiramente* subordinada à confissão de Jesus como Cristo: é Ele que é o seu revelador.

Certamente, uma vez que a Lei é um dom de Deus, o cumprimento de seus preceitos é apenas uma resposta ao seu primeiro apelo. Entretanto, é *pela* prática das "obras" da Lei, especialmente cultuais, que os judeus pretendem ser justificados, subentendido, aliás, que estes méritos nada têm de automático, uma vez que exigem uma verdadeira pureza do coração cuja quinta essência, de alguma maneira, é a atitude "eucarística" da qual falava Fílon anteriormente. O que Paulo faz precisamente é desenvolver esta nota eucarística. Mas não o faz somente em direção às exigências morais requeridas como resposta aos benefícios de Deus; ele o faz teológica e escatologicamente em direção a *Cristo* e ao dom do *Espírito*. É isso que muda toda a leitura do sistema. Porque a ação de graças do cristão é o *próprio Cristo*, e não mais a prática fiel da Lei e a retidão do coração agradecido. O prin-

---

34. PERROT, C., op. cit., 153.

cípio da justificação é distinto daquele do judaísmo: ele está identificado com Cristo, o único sujeito que tem cumprido plenamente a lei que lhe foi inscrita pelo Espírito até o fundo de seu ser. Desde então, ser cristão é viver sob "a lei do Espírito" (expressão que é "como um resumo de Jr 31,33 e Ez 36,27", observa a nota da TEB em Rm 8,2), é ser "habitado" pelo "Espírito de Deus", significa ainda participar no "Espírito de Cristo" (Rm 8,9). É a partir de e em função desse *princípio novo*, cristo-pneumático, que se deve compreender a *modalidade nova* da justificação: não mais a prática das obras da Lei (o que poria em questão o mesmo princípio), mas a *fé* em Jesus como Cristo e Senhor. Paulo se situa, como vemos, numa perspectiva de cumprimento da religião dos padres no que lhe parece ter de mais "espiritual"; mas esse cumprimento, enquanto proclamado na Páscoa de Jesus e no dom do Espírito, não acontece para ele sem ruptura.

c. *Um novo estatuto do culto*

Embora ali onde o espírito da Lei consista sempre, definitivamente, em elevar-se a Deus pelo próprio trabalho, isto é, pelas obras (o que, no domínio das prescrições rituais, requeria a presença de uma casta sacerdotal entre o povo e Deus), a lei do Espírito inverte a perspectiva. Não se trata mais de "*subir*" até Deus — em resposta seguramente à sua "descida" primeira pela aliança e o dom da Lei —, trata-se doravante de *acolher* a salvação do próprio Deus, radicalmente dada, como graça "*descida*", para nós em Jesus "Cristo", "seu Filho" (Rm 1,1-4 etc.). Este, com efeito, selou, em sua Páscoa, e especialmente no desenlace dessa Páscoa que é o dom do Espírito, a aliança nova anunciada por Jeremias e Ezequiel, que consiste na inscrição por Deus de sua lei diretamente no coração do homem (Jr 31,33), e o dom de seu próprio Espírito (Ez 36,26-27). Desde então, não temos mais que nos elevar a Deus mediante as boas obras, rituais e morais, ou por intermédio de uma casta sacerdotal, mas basta acolhê-lo *em nossa existência histórica* como um dom: estamos todos, com efeito, "gratuitamente justificados pela graça de Deus, em virtude da libertação realizada em Jesus Cristo" (Rm 3,24). Fantástica inversão para Paulo!

O Evangelho não pode ser utilizado como remendo trazido para recompor a velha vestimenta da Lei. A reposição é impossível: a separação, inevitável. *Subverte* radicalmente o sistema, o atinge de modo decisivo em sua raiz. O estatuto do culto é transformado também de maneira evidentemente radical. Posto que Deus chega doravante até seu povo — aos gregos como aos judeus — de maneira direta em Cristo ressuscitado e pelo dom do Espírito, e não mais mediante a dupla instituição da salvação formada pela Lei e pelo Templo (sacrifícios e casta sacerdotal), *o culto primeiro dos cristãos acolhe esta graça de Deus em sua vida cotidiana pela fé e a caridade teologais.*

Podemos ilustrar a diferença cristã com o esquema abaixo:

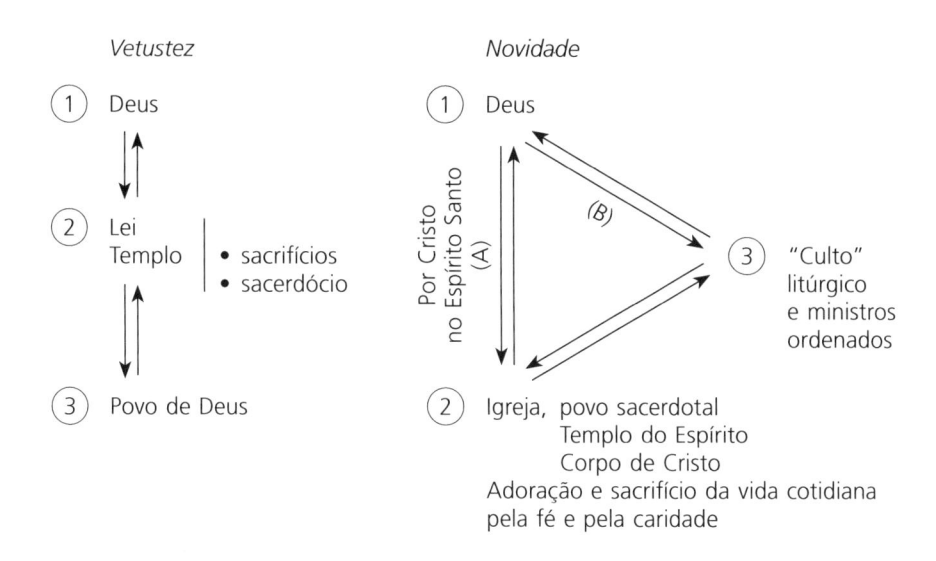

Vetustez

① Deus
⇅
② Lei
  Templo | • sacrifícios
         | • sacerdócio
⇅
③ Povo de Deus

Novidade

① Deus

Por Cristo no Espírito Santo (A)

(B)

③ "Culto" litúrgico e ministros ordenados

② Igreja, povo sacerdotal
   Templo do Espírito
   Corpo de Cristo
   Adoração e sacrifício da vida cotidiana
   pela fé e pela caridade

Especificaremos adiante por que demos os títulos de "vetustez" e de "novidade", e não de "Antigo" e de "Novo Testamento" a nossos dois esquemas. Sublinhamos para o momento que estes não têm um valor absoluto, mas apenas relativo um ao outro. Os mesmos elementos se encontram em cada um, mas situados de modo diferente, o que provoca uma modificação do sistema. O culto (e a lei) não se encontra mais, com efeito, em posição intermediária no segundo. Conforme o sentido de rotação (A) figurado no exterior, ele desempenha o papel de *revelador simbólico* daquilo que permite à existência humana ser vivida como existência propriamente cristã, isto é, como ato sacerdotal de um povo que faz de sua vida o lugar primeiro de seu culto "pneumático"; conforme o sentido de rotação (B) figurado no interior, ele desempenha o papel de *operador simbólico* que torna possível este ato sacerdotal e sacrificial "agradável a Deus" por Jesus Cristo e no Espírito Santo. Nosso elemento "Sacramento" está assim situado como prática simbólica que *vem de* (sentido A) e *remete ao* (sentido B), elemento "Ética": é nesse cotidiano que o Ressuscitado se dá prioritariamente a encontrar; é a mesma corporeidade que é a mediação fundamental da liturgia cristã, como manifesta, aliás, o vocabulário cultual do Novo Testamento.

4. O vocabulário cultual dos cristãos nas origens

Muitas vezes se fez a observação de que o vocabulário sacramental e cultual empregado no Antigo Testamento — *latreia, leitourgia, thysia, prosphora, hiereus, naos, thysiasterion*… — não designa jamais, no Novo, as atividades litúrgicas dos cristãos, nem os ministros que as presidem. Se eles são empregados, naturalmente, para os ritos e ministros judeus e pagãos, não o são, em contrapartida, no que concerne ao cristianismo, a não ser em direção a *Cristo*, de uma parte (no que ele cumpre e assim derroga o culto e o sacerdócio da antiga aliança), e à *vida cotidiana* dos cristãos, de outra parte (na medida em que, investida pelo Espírito, ela participa de Cristo). É este segundo aspecto estreitamente dependente do primeiro, do qual já falamos, que nos interessa aqui.

a. O Novo Testamento

Segundo Romanos 12,1, a oferenda do "corpo", de toda a pessoa, constitui a *thysia zôsa hagia* que agrada a Deus. Paulo empresta dos gregos (provavelmente, como vimos, por meio das correntes judaicas que dela se apropriaram) a expressão *logiké latreia* para designar o "sacrifício vivo e santo". Trata-se aqui, como observa E. Käsemann, de uma "expressão-chave [...] que inicialmente serviu à polêmica dos helenistas mais esclarecidos contra as oferendas cultuais 'irracionais' das religiões populares". Mas, como mostra o versículo 2, Paulo a transforma em função da escatologia inaugurada na Páscoa de Cristo. Porque, "num tempo escatológico, nada mais é profano, a não ser o que o homem profaniza ou demoniza", embora, em razão da mudança de senhorio do mundo, "a doutrina do culto coincida necessariamente com a ética cristã"[35].

Em 2 Coríntios 9,12, a coleta organizada por Paulo entre os cristãos da Grécia e da Ásia Menor a favor dos irmãos de Jerusalém que sofriam de fome (cf. At 11,28-30), coleta cujo produto foi recolhido durante a assembleia dominical na Galácia e em Corinto "no primeiro dia de cada semana" (1Cor 16,1-2), é considerada como a *leitourgia* que multiplica as "eucaristias" em direção a Deus. Ainda mais, a participação dos Filipenses nessa

---

35. KÄSEMANN, E., *Essais exégetiques*, op. cit., cap. 2, "Le culte dans la vie quotidienne", 17-24. Entretanto, "abad" ou "abodah" é traduzido no Pentateuco da LXX por "latreuein-latreia" quando se trata de um serviço religioso não sacerdotal; por "leitourgein-leitourgia", quando o serviço é reservado aos ministros consagrados para esse ofício. Mas o fato de que Paulo emprega esses últimos termos para o "sacrifício" da vida cotidiana dos cristãos não deixa muitas dúvidas sobre o pano de fundo sacerdotal de Romanos 12,1.

mesma coleta é a *thysia* agradável a Deus, ou o "perfume de bom odor" (Fl 4,18). Esta última expressão é aplicada em Efésios 5,2 (na qual ele se refere igualmente ao holocausto que fumega sobre o altar; Ex 29,18), à morte de Cristo interpretada como sacrifício, ele que "se entregou a Deus por nós em oferenda e vítima, como um perfume de agradável odor".

Este é igualmente o sacrifício espiritual do qual fala o último capítulo da *Carta aos hebreus*. Como dissemos, essa carta faz uma leitura cristológica exclusivamente sacerdotal. O "sacerdócio" não convém senão a Cristo. Eterno, exclusivo, intransmissível (cf. Hb 7,24), conta, entretanto, com a participação daqueles que se tornaram "os companheiros de Cristo" (3,14). Esta é, em todo caso, a implicação de Hebreus 10,14: "Por uma única oblação levou para sempre à perfeição os que santificou". Ora, *teleioun-teleiôsis*, que designa esse cumprimento ou esse ato de "tornar perfeito", é aplicado inicialmente a Cristo (5,9). E, sobretudo, como salienta A. Vanhoye, esse verbo grego, ou seu substantivo, traduz, na versão dos LXX, o ato ritual (aquele da imposição das mãos) que "no Pentateuco serve para designar a consagração do sumo sacerdote"[36]. Aqueles que são santificados por Cristo são, ao mesmo tempo, "sacerdotalizados" por ele; sua *teleiôsis* é sua participação na própria consagração. Isso é assim, parece, porque a carta nos apresenta os cristãos como *proserchomenoi*, "aqueles que em procissão caminham em direção a Deus", mais precisamente do santuário celeste que lhes abriu Cristo, o único sumo sacerdote. Sobre os oito empregos neotestamentários de *proserchomai* no sentido de "se aproximar de Deus", sete se encontram em Hebreus; e o oitavo confirma o sentido cultual, uma vez que se encontra em 1 Pedro 2,4 ("Aproximando-vos dele, pedra viva…") em que a teologia do povo sacerdotal é explícita. Segundo J. Colson, o verbo *proserchomai* é "um termo técnico do Antigo Testamento para designar a marcha do sacerdote que entra no templo para seu ministério e que se adianta para o altar tendo em vista oferecer seu sacrifício"[37]. A vida da comunidade cristã é assim apresentada como uma longa liturgia sacerdotal.

Não é surpreendente, portanto, que, em seu último capítulo, a carta termine falando sobre o exercício desse sacerdócio dos cristãos. Traduz-se de duas maneiras: de uma parte, pelo sacrifício dos lábios, o da confissão de fé, em ação de graças, a Deus salvador em Jesus (cf. *supra*); de outra parte, pela "beneficência e auxílio mútuo comunitário (*koinonia*), pois são

---

36. Vanhoye, A., op. cit., 196.
37. Colson, J., *Ministre de Jésus-Christ ou le Sacerdoce de l'Évangile*, Beauchesne, 1967, 133.

estes sacrifícios que agradam a Deus" (Hb 13,15-16). Encontramos aqui a mesma veia litúrgico-sacrificial a propósito do exercício concreto da caridade fraterna pela partilha que precede à coleta de Paulo.

A corrente de espiritualização do sacerdócio e do sacrifício no sentido da confissão de fé e da prática da caridade se desenvolve além disso, em Paulo, numa perspectiva missionária. "Ministro (*leitourgos*) de Jesus Cristo junto aos pagãos, consagrado ao ministério do Evangelho de Deus — *hierourgounta*: sacrificando como sacerdote o Evangelho de Deus —, a fim de que os pagãos se tornem uma oferenda (*prosphora*) que, santificada pelo Espírito Santo, seja agradável a Deus": assim Paulo expressa a graça que Deus lhe deu (Rm 15,16). Seu "sacerdócio" é sua atividade missionária; a faca do sacrifício pelo qual os pagãos se tornam uma oferenda espiritual é o Evangelho! O mesmo tipo de metáfora, num pano de fundo cultual, em Filipenses 2,17, a propósito de seu eventual martírio: "E mesmo que o meu sangue deva ser derramado em libação no sacrifício (*thusia*) e no serviço (*leitourgia*) de vossa fé, eu me alegro". A fé dos Filipenses é o sacrifício litúrgico sobre o qual Paulo está pronto para verter seu sangue, como se vertia libações de vinho, de água ou de óleo nos sacrifícios judaicos (Ex 29,40; Nm 28,7) ou pagãos (cf. também a mesma expressão em 2Tm 4,6). Quanto à metáfora do sacrifício de agradável odor, ela volta em Paulo nessa perspectiva missionária em 2 Coríntios 2,4-16: Deus recebe como uma oferenda de bom odor a ação apostólica de Paulo destinada a dar a conhecer Cristo em qualquer lugar e a qualquer hora.

O anúncio do Evangelho como *latreia* espiritual (Rm 1,9) ou como atividade sacerdotal é desenvolvido em 1 Pedro 2,4-10: mais precisamente, trata-se de proclamar as *mirabilia Dei* (v. 9). O tema do povo sacerdotal, presente em Êxodo 19,6; Isaías 61,6; 2 Macabeus 2,17, é pouquíssimo explorado no Novo Testamento. Encontra-se em Fílon, que distingue dois graus: "o sumo sacerdote, que se sacrifica pela nação inteira, exerce o sacerdócio universal que a nação realiza na humanidade (*Spec. Leg.* II, 164)"[38]. Esta é precisamente a perspectiva de Êxodo 19,5-6 e de Isaías 61,6: "por oposição às nações pagãs que, apesar de sua pertença em direito a Javé, vivem longe de sua presença protetora, o povo de Israel goza da situação privilegiada dos sacerdotes que são os únicos que podem penetrar no lugar santo"[39]. Deus diz em resumo a Israel: "Sereis em relação às nações como os sacerdotes

---

38. LAPORTE, J., op. cit., 130.
39. COTHENET, E., "La premiere épître de Pierre", in: *Le Ministère et les ministères...*, op. cit., 141.

o são em relação a vós." É nesta perspectiva de *eleição*, diferente daquela, cristológico-sacerdotal, da *Carta aos hebreus*, que se situa 1 Pedro. Por isso, todos os termos são coletivos (*genos, ethnos, laos, oikos*, e mesmo o neologismo criado pela LXX para traduzir o sentido corporativo do sacerdócio: *hierateuma*). Assim, "o acento de toda essa passagem é posto não sobre a dignidade particular de cada batizado, mas sobre a missão comunitária da Igreja, como marca o paralelismo entre os versículos 5 e 9"[40]. O sacerdócio, que é a Igreja, está encarregado de oferecer *thysias pneumatikas*, especialmente aquele da confissão de fé (v. 9) e, como mostram as exortações dirigidas às diversas categorias de cristãos na sequência da epístola, o de sua conduta ética que, mesmo "sem palavra" (3,1), deve dar testemunho da Palavra. De maneira mais precisa, este "sacerdócio universal" do povo de Deus "não tem relação primeira com o problema dos ministérios *na* Igreja", mas com "o ministério *da* Igreja no mundo"; ela está encarregada "de uma função substitutiva, mediadora, vicária", e seu sacrifício espiritual é "ser junto ao mundo presença de Deus e diante de Deus presença do mundo"[41].

A expressão *oikos pneumatikos* empregada em 1 Pedro 2,5 nos remete a um tema frequentemente explorado por Paulo. A Igreja é, com efeito, o novo *naos* de Deus (45 empregos de *naos* no Novo Testamento, contra 69 empregos de *hieron*, o qual está sempre reservado ao Templo de Jerusalém). Templo do Espírito, os cristãos o são individualmente em seu corpo (1Cor 6,19), mas sobretudo, segundo outros, uma perspectiva que se encontra igualmente em alguns escritos judeus contemporâneos (a Qumran, por exemplo), eles o são coletivamente (1Cor 3,16; 2Cor 6,16: cf. Ez 37,27 e Lv 26,12; Ef 2,21-22). O Santo dos Santos está vazio, dizíamos anteriormente: o "corpo de Cristo" que formam os cristãos (1Cor 12,27) é o novo templo, feito de "pedras vivas", onde Deus escolheu fazer sua morada, pelo Espírito, no meio dos homens.

b. O século II

Durante todo o século II, se manterá fielmente a interpretação neotestamentária sobre esse ponto. Se Clemente de Roma, em um discurso desenvolvido (Cor 40-44), e se a *Didaquê* (13, 3) e Ireneu (*Adv. Haer.* IV, 8, 3), de maneira incidental, evocam o sacerdócio do Templo a propósito dos ministros da Igreja, trata-se nos três casos de uma *comparação funcional* e não de uma qualificação daqueles como *sacerdotes*. Como diz M. Jourjon,

---

40. Ibidem, 143.
41. Von Allmen, J. J., op. cit., 93.

Clemente "julga que esses chefes (os ministros da Igreja) são para a Igreja o que os sacerdotes e levitas eram para o povo de Deus", porque Deus quis que houvesse uma ordem (*taxis*) na Igreja, como houve uma na antiga aliança[42]. Ademais, o conjunto de sua carta não permite ir além desta interpretação de simples comparação; tecida com citações antissacrificiais da Escritura (Sl 49 e 50, especialmente), ela visa trazer de volta os "dissidentes" de Corinto à obediência aos seus epíscopos e presbíteros, obediência que, como humilde confissão de seu pecado, constitui precisamente o sacrifício "eucarístico" agradável a Deus (Cor 18 e 52), embora, como escreve M. Jourjon, "o verdadeiro sacrifício seja apenas um" e o próprio termo sacrifício seja, para Clemente, "a *metáfora* daquilo que acontece na Igreja na fé, na obediência e na humildade"[43].

Desse mesmo "*adeus aos sacrifícios*", oferece um testemunho o capítulo 14 da *Didaquê*. O que a Igreja efetua no Dia do Senhor ao se reunir para a Eucaristia e a fração do pão é "sacrifício" ("vosso sacrifício", diz duas vezes o texto) enquanto é o cumprimento do "sacrifício puro" anunciado por Malaquias 1,11. Aí também, é pela humildade do coração, expressa em *Didaquê* 14, 1-2, pela confissão das faltas e pela reconciliação fraterna (cf. Mt 5,24), que a assembleia realiza a profecia de Malaquias: "Tudo parece indicar que, pela confissão das faltas e pelo perdão fraterno, a assembleia dominical em vista da ação de graças pela fração do pão é constituída como sacrifício"[44].

Assim, o critério antissacrificial do Novo Testamento se mantém firmemente. Ele o será mantido durante todo o século II, com um viés polêmico, entretanto, mais acentuado entre os Apologistas[45]. Isso resulta, de uma parte, do fato de que jamais os ministros da Igreja são aí designados como *hiereis* ou *sacerdotes*, nem a eucaristia como *thysia* no sentido absoluto mais tardio de "sacrifício de Cristo" e, de outra parte, da utilização geral do tema "Deus não tem necessidade de sacrifício". Esse tema, que se encontra na epístola de Barnabé (cap. 2), em Justino (*Dial.* 41, 70 e 117), em Ireneu (*Adv. Haer.* IV. 17-18), na epístola a Diogneto (3, 4), em Clemente de Alexandria (*Paed.* III, 89-91) etc., é ilustrado por um *florilégio de cita-*

---

42. JOURJON, M., "Remarques sur le vocabulaire sacerdotal de la Ia Clementis" in: *Epektasis*, Mélanges J. Daniélou, Beuchesne, 1972, 109. Cf. igualmente JAUBERT, A., *Clément de Rome: Lettre aux Corinthiens*, SC n. 167, 80-83.

43. JOURJON, M., *Les Sacrements de la liberté chrétienne selon l'Église ancienne*, Cerf, 1981, 147 e 11-14; JAUBERT, A., op. cit., 173.

44. JOURJON, M., *Les Sacrements*..., 15; cf. 74-75.

45. Significativa é a esse respeito a maneira pela qual é citado Malaquias 1,10-11: Justino (*Dial.* 41, 2) acentua o seu lado negativo, onde *Didaquê* 14, 3 salienta somente os aspectos positivos, enquanto Ireneu (*Adv. Haer.* IV, 17, 5) combina as duas dimensões.

ções bíblicas *antissacrificiais* que, segundo P. Prigent, era pelo menos a fonte judaico-cristã, ou simplesmente judaica[46].

Será no início do século III, com Tertuliano, de maneira ainda tímida[47], depois mais claramente com Cipriano[48] — que conhece também, como mais tarde, aliás, Agostinho, semelhante florilégio antissacrificial[49] —, para se impor massivamente no século IV, que os termos "sacrifício" e "sacerdócio" qualificarão de maneira precisa a eucaristia e os ministros que a presidem.

c. *Significado teológico*

— Subversão

Assiste-se, pois, no Novo Testamento, a um verdadeiro "desvio" do vocabulário cultual. Certamente, isso já era praticado em algumas correntes do judaísmo contemporâneo (cf. Qumran, Fílon, os Batistas…) e tinha suas fontes nos oráculos proféticos (especialmente). É, ademais, historicamente verossímil que, ao privilegiar a espiritualização do culto, as primeiras comunidades quisessem, como as correntes análogas no seio ou à margem do *judaísmo*, guardar distância a respeito do que o culto tinha de mais oficial. É provável, igualmente, que precisassem evitar os riscos de confusão com os *cultos mistéricos dos pagãos*: a tendência dos escritores cristãos em "excluir as palavras que tinham, de uma maneira ou de outra, relação com os cultos pagãos contemporâneos" foi demonstrada por C. Mohrmann no que se refere aos séculos II-III[50]; sem dúvida, entretanto, a urgência sobre esse ponto era menor no início. Mas não se poderia, a respeito disso, permanecer aqui. Por mais provável e compreensível que tenha sido historicamente, essa transformação deve também ser objeto de uma leitura propriamente teológica.

O "adeus aos sacrifícios" resulta ser demasiadamente significativo no Novo Testamento e posteriormente para que, em nossa opinião, se possa evitar interpretá-lo de outro modo que não seja *no mesmo nível* da ruptura escatológica em jogo, segundo os testemunhos da Igreja apostólica, no acontecimento Páscoa-Pentecostes, com todas as suas consequências em relação

---

46. PRIGENT, P., *L'Epître de Barnabé*, Cerf, SC n. 172, 1971, notas das p. 82-91.
47. Tertuliano aplica "sacrificium" à eucaristia num sentido absoluto em *De Or.* 19, 1 e 4, e "sacrificare" em *Ad Scap.* 2; o presbítero é "sacerdos" em *De exhort. cast.* 11, 2.
48. SÃO CIPRIANO. Ver especialmente sua célebre *Ep. 63 a Caecilius, passim.*
49. SÃO CIPRIANO, "Ad Quirinum" 1, 16 (*CSEL* 3, 1, p. 49-50); SANTO AGOSTINHO, *Cidade de Deus* X, 6.
50. MOHRMANN, C., "Sacramentum dans les plus anciens textes chrétiens", in: Études sur le latin des chrétiens, t. 1, Rome, 1958, 233-244; t. 3, Rome, 1965, 181-182.

à Lei (Paulo) e ao Templo (Hebreus). Em outros termos, a hermenêutica teológica do que denominamos um desvio do vocabulário cultual deve ser homogênea à hermenêutica cristológica e pneumatológica atestada no conjunto do Novo Testamento. A conclusão que se impõe, segundo o nosso parecer, é a de uma verdadeira *subversão antissacrificial e antissacerdotal*. Isso não fecha a porta a uma possível retomada do vocabulário sacral no cristianismo; teremos a ocasião de especificar em qual sentido. Mas isso mesmo não deve minimizar o seu alcance: o estatuto do "sacerdócio" e do "sacrifício" é novo graças à própria novidade de *Jesus Cristo* e ao cumprimento da promessa pelo *dom do Espírito*. Desde então, o novo sacerdócio é o do povo de Deus. O templo da nova aliança está formado pelo conjunto dos cristãos, pedras vivas ajustadas conjuntamente pelo Espírito Santo sobre a pedra angular que é o próprio Cristo. E a obra sagrada, o culto, o sacrifício que agrada a Deus é a confissão de fé vivida no *ágape* da partilha a serviço dos mais pobres, da reconciliação e da misericórdia.

— Memória ritual e memória existencial

Assim, a memória *ritual* da morte e da ressurreição de Jesus somente é cristã se ela se verifica numa memória *existencial* cujo lugar é o corpo do fiel. Paulo dá testemunho disso numa perspectiva preferencialmente batismal (2Cor 4,10); o quarto evangelho, numa perspectiva mais eucarística. Sabemos, com efeito, que esse evangelho introduz o relato do lava-pés ali onde se esperaria o da Ceia: "Pois é um exemplo que eu vos dei: o que (*kathôs*) eu fiz por vós, fazei-o vós também" (Jo 13,15). "A aproximação com a anamnese se impõe", comenta X. Léon-Dufour: "Fazei isto em minha memória". Porque o *kathôs* joanino tem mais valor de engendramento do que de exemplaridade [...], como se Jesus dissesse: "Agindo assim, *eu vos concedo* agir igualmente, vós também". Esse *kathôs*, diríamos nós, tem valor de *sacramentum*, isto é, de dom da parte de Cristo, e não simplesmente de *exemplum*. Por isso, "segundo João, a comunidade foi fundada e se mantém pelo serviço mútuo tanto quanto pelo culto eucarístico: o 'ter parte com' (Jo 13,8) corresponde à 'comunhão' (1Cor 10,16)". É o próprio "Jesus, definitivamente, que, em seus discípulos, realiza o serviço que deve caracterizá-los"[51]. Lavar os pés uns dos outros é viver existencialmente a memória de Cristo que a eucaristia faz viver ritualmente.

---

51. Léon-Dufour, X., *Le Partage du pain eucharistique*..., op. cit., 287-288. O autor reenvia a Dinechin, O. de, "'Kathos'. La similitude dans l'évangile selon saint Jean", *RSR* 58, 1970, 195-236; 333, n. 8.

É precisamente esse reenvio da memória ritual à memória existencial que faz dos sacramentos, e inicialmente da eucaristia, uma "*memória perigosa*", segundo a expressão de J. B. Metz. Perigosa para a Igreja e para cada um, não simplesmente porque a *sequela Christi* leve todo fiel ao caminho crucificador da libertação (tanto econômica quanto espiritual, coletiva quanto pessoal), mas porque esse "seguimento de Cristo" é "sacramentalmente" *lugar* de Cristo, que continua a realizar, mediante aqueles que lhe pedem, a libertação pela qual ele deu sua vida. A narração ritual, em cada eucaristia, daquilo pelo que Jesus entregou sua vida remete os cristãos à responsabilidade de assumir o controle da história em nome de seu Senhor: assim, eles se tornam sua memória viva no mundo, como ele próprio está comprometido "sacramentalmente" no corpo da humanidade que eles contribuem a suscitar-lhe.

III. A LETRA, O RITO E O CORPO

1. Inversão do sagrado

A categoria judaica de "sacralização", uma vez que se aparta do profano, foi substituída pela de "*santificação*" do profano, até o ponto em que, na esteira do Novo Testamento, o primeiro lugar da liturgia ou do sacrifício dos cristãos é a ética do cotidiano santificada pela fé e pela caridade teologais. Na mesma perspectiva, a categoria de "intermediário" entre Deus e os homens (o intermediário da Lei e do sacerdócio sacrificial) foi substituída pela de "*mediação*", isto é, de meio no qual se efetua a nova comunicação de Deus com os homens tornada possível por Cristo e pelo Espírito; esse meio é a corporeidade.

A subversão antissacral que aqui está em jogo não deve ser confundida com essa "dessacralização" que às vezes é preconizada e que recentemente era apenas a recaída (cristalizada em maio de 1968) de uma ideologia que opõe "fé" e "religião" — dois conceitos interessantes, mas que perdem seu valor assim que, a partir do discernimento crítico que operam no ato de crer, se pretende aplicá-los às diversas categorias de crentes. Se existe algo radical na crítica que a cristologia e a pneumatologia do Novo Testamento efetuam a propósito do culto, não se trata da *sacralidade como tal, mas de seu estatuto*. O "sagrado", em outras palavras, não é de modo algum negado, mas *mudado de posição*. Isso porque a fé em Cristo não vai unida ao sagrado, como tampouco um "operador" matemático forma unidade com as cifras que adiciona ou multiplica. Como operador, indica *qual tipo de relação* se instaurou no cristianismo entre as manifestações religiosas e sagradas e a ética do cotidiano: relação *crítica*, uma vez que se apropria pelo reverso, para assumi-la no âmbito cristão, essa sacralidade fora da qual não poderia nem mesmo existir. Ela afeta, pois, o sagrado com uma postura crítica que o remete a uma ética sacramental.

O sistema simbólico da identidade cristã não fundamenta sua originalidade naquilo que tornaria os cristãos "melhores" do que os judeus, do que os muçulmanos ou outros. Sua diferença é teologal — Páscoa e Pentecostes, ou a escatologia —, e não moral. Essa diferença, já sublinhamos, está na *continuidade* do profetismo bíblico e das correntes judaicas contemporâneas de Jesus que mencionamos. Entretanto, devido à escatologia inaugurada — segundo a hermenêutica neotestamentária — na Ressurreição de Jesus e no dom do Espírito, há *solução de continuidade* mesmo em relação a essas correntes mais críticas com respeito ao judaísmo nacionalista e institucional. Como é fácil de compreender historicamente, a comprovação do alcance da ruptura se fez sobretudo lentamente, especialmente nos meios judaico-cristãos. Daí o "conflito das hermenêuticas" no interior das primeiras comunidades. Esse conflito, mais ou menos atenuado nas últimas redações de nossos testemunhos neotestamentários, é propriamente canônico. Ele expressa canonicamente a impossibilidade de pretender captar adequadamente o mistério de Jesus Cristo.

2. A passagem do Livro ao corpo

Observamos que a corporeidade é o lugar primordial da liturgia cristã. Ela o é enquanto investida pelo Espírito difundido sobre toda carne pelo Ressuscitado. Terminamos o nosso capítulo precedente observando que o nosso elemento "sacramental" age como símbolo da *passagem da letra para o corpo*. Essa passagem está inscrita nas Escrituras. O fato de a comunidade fazer parte do escrito no Livro que ela lê é a prova de que este, em sua essência, quer atingir todo o "volume" do corpo social do povo. Este é, aliás, o núcleo das profecias de Jeremias 31 e Ezequiel 36 na perspectiva da nova aliança: *o Livro, pela ação do Espírito de Deus, formará corpo com o povo*. Segundo a hermenêutica cristã, Jesus, "escriturariamente morto" (cf. *supra*) para a multidão, "crucificado sobre o livro" (P. Beauchamp), foi o único sujeito que, ungido pelo Espírito (Mt 3,16 e par.), incorporou plenamente o Livro. Batizados em sua morte para viver do "Espírito daquele que o ressuscitou" (Rm 8,11), seus discípulos têm a missão de aprender pouco a pouco a incorporar o Livro reescrito como Evangelho.

Ali onde as religiões pagãs privilegiaram, não exclusivamente sem dúvida, os sinais cósmicos do *ver* nas manifestações da divindade, o judaísmo privilegiou, igualmente sem exclusividade, o sinal do *ouvir*. Isso porque o Deus de Israel não suporta imagens talhadas. O ver é morrer; apenas se lhe pode ver de costas (Ex 33,18-23). Ele carece de imagem, possui somente um nome — por fim, aliás, proibido de ser pronunciado. A palavra é sua mediação de revelação; embora a fidelidade a ele resida essencialmente na escuta dócil (*hypakoè*: obediência) de sua lei. Israel não ignorava certamente os sinais cósmicos das teofanias; menos ainda a prática ética em que a Palavra ganharia corpo.

Contudo, Páscoa e Pentecostes dão a essa última característica uma nova significação. Se a diferença cristã privilegia o sinal do *viver*, não é em razão de uma simples filtragem da "razão prática" que teria descoberto no "fazer ético" (como o da máxima kantiana "Não faças ao outro o que não quererias que te fizessem a ti mesmo") a verdade da religião e de toda religião. Rabbi Hilel declarava de outra parte, a propósito dessa máxima já bem conhecida, que "isso é toda a Torá; o resto é apenas sua explicação"[52]. É a escatologia, ainda aqui, que requer dos cristãos privilegiar o viver — se não no âmbito temático de seu "fenotexto", pelo menos naquele esquemático, da gênese propriamente cristã de seu discurso. Porque a ressurreição de Jesus e o dom do Espírito designam a *corporeidade* como lugar escatológico de Deus. Deus pede para tomar corpo, corpo de Cristo, por intermédio do Espírito.

Tal é, para nós, o alcance teológico de uma ética vivida como o lugar primeiro da liturgia que agrada a Deus. O corpo é, desde então, pelo Espírito, a *letra viva* na qual Cristo ressuscitado toma escatologicamente corpo e se dá visivelmente a ler a todos os homens. O lugar da revelação de Deus é a existência do homem como lugar de inscrição da letra do Livro — a letra última da cruz — pelo Espírito: "A nossa carta sois vós, carta escrita em nossos corações, conhecida e lida por todos os homens. Com toda a evidência, vós sois uma carta do Cristo confiada a nosso ministério, escrita não com tinta, mas com o Espírito do Deus vivo, não em tábuas de pedra, mas em tábuas de carne, nos vossos corações" (2Cor 3,2-3).

Mostramos anteriormente que a proclamação do Livro na *ecclesia* celebrante é a manifestação sacramental de sua mesma essência. Percebemos agora de maneira mais precisa o que está em jogo nessa afirmação: é a relação essencial do Livro com o corpo social da Igreja no qual pede para se inscrever, o que é simbolicamente figurado e (simultaneamente, levando

---

52. Talmud Bab., Shabbat 31a, citado por Perrot, C., op. cit., 144.

em conta o que é a "expressão" simbólica) efetuado na liturgia. O elemento *"Sacramento"* é assim *o lugar simbólico da passagem sempre a fazer da Escritura para a Ética, da letra para o corpo*. A liturgia é a *grande pedagogia na qual aprendemos a aceitar esta presença da ausência de Deus que nos move a dar-lhe corpo neste mundo*, realizando assim o sacramento como "liturgia do próximo", e a memória ritual de Jesus Cristo como memória existencial.

3. Uma ingenuidade "terceira"

Assim, é menos evidente realizar o culto no cristianismo do que no judaísmo. Se, para o judaísmo, o culto somente pode ser vivido a partir de uma segunda ingenuidade crítica, do ponto de vista cristão somente é possível numa *ingenuidade* que podemos denominar *"terceira"*. Sempre ingenuidade, certamente, uma vez que toda ação simbólica "leva em conta" o sujeito como um todo em vez de se dirigir a princípio à sua mente. Mas ingenuidade afetada por um coeficiente crítico que, em razão da Páscoa e de Pentecostes, reduplica a crítica profética do culto, ou antes, segundo a hermenêutica cristã, proclama o cumprimento dessa crítica pelo dom do Espírito.

Graças a esse dom do Espírito pelo Ressuscitado, a passagem da letra ao corpo é doravante escatologicamente possível. Tal passagem da Igreja à Ética, simbolizada pelo Sacramento, nos abre para o processo de funcionamento da estrutura da identidade cristã. Este é o tema do próximo capítulo.

Capítulo 8
Funcionamento da estrutura: o processo de troca simbólica

Um modelo de estrutura não é um *prêt-à-porter*. O que propusemos indica somente que toda identidade cristã está baseada no mesmo "padrão" fundamental (o "pattern" dos semióticos): não é possível revestir-se dele quando se tenta passar a cabeça na abertura prevista para os braços... Mas, uma vez assegurada esta fidelidade ao corte básico do modelo, cada um pode se vestir de cristianismo à sua maneira: o estilo das mangas, o comprimento da veste, seu tecido ou suas cores variam ao infinito. Um se torna cristão como resultado de uma peregrinação a Lourdes; o outro, em razão do testemunho de vida de um cristão; um terceiro, no contato com uma página do evangelho que o estimulou... Enorme é, pois, a diversidade dos caminhos de acesso à fé. O processo estrutural que comanda esse acesso funciona fundamentalmente segundo as mesmas regras do jogo. É esse processo que iremos examinar agora, e o faremos a partir do processo de troca simbólica.

Lembremo-nos inicialmente de alguns de seus elementos. Abaixo ou acima do útil ou do inútil, a troca simbólica, como dissemos (capítulo 2), se mantém na ordem do não-valor. Daí seu interesse maior em pensar a relação gratuita e graciosa que se efetua nos sacramentos entre o homem e Deus. Nós a ilustramos com o exemplo da oferta e, mais fundamentalmente ainda, com o da palavra. Esta, na verdade, não se deve tratar somente como um exemplo entre outros, mas como o próprio exemplo do que se efetua entre todos os sujeitos e em todo sujeito. É na linguagem que a troca simbólica, contemporânea ao sujeito, tem seu lugar originário. E é a partir daí que se compreende melhor por que, "*gratuita*", ela é "*obrigatória*". Todo dom recebido obriga. Isso também vale para a oferta: desde que o objeto é oferecido, o objeto arbitrário, cujo valor mercantil ou utilitário não pertence à essência da oferta, é recebido como oferta; obriga o receptor a um contradom como expressão de reconhecimento. Verdadeiro *sacramentum* de aliança e de reconhecimento mútuo, a oferta é uma palavra visível. É justamente da palavra que se extrai sua essência de oferta. Porque toda palavra recebida como tal obriga. Não responder, voluntariamente, a quem nos dirige a palavra é não receber essa palavra como dom, é romper a aliança por meio de um curto-circuito da comunicação; se isso é involuntário, é ter desconhecido, por uma distração cujo tratamento analítico mostraria que ela não pode ser tão inocente como se crê, a aliança proposta. A resposta pode não ser verbal: um movimento de cabeça, um olhar expressando interesse que se tem com o que é dito, bastam frequentemente, segundo os casos, ao contradom. Inversamente, as maneiras de negar o outro como outro e de romper a comunicação são muito variadas e talvez mais sutis ainda. Em todo caso, todo ato de linguagem, sublinhamos, tem uma dimensão ilocutória que faz dele, explicitamente ou não, uma palavra dada na qual definitivamente é sempre alguém que se dá, alguém que se entrega e "se ex-põe", assim, ao risco de ser desconhecido. Este é o pão da palavra que nos faz viver como sujeitos.

Retomando a grafia de A. Delzant, podemos ilustrar o processo de troca simbólica da seguinte forma:

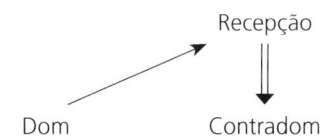

```
              Recepção
              ↗    ⇓
         Dom      Contradom
```

Dom e recepção ocupam os dois polos do *eixo de contradição*, estão em oposição. Quem dá perde no haver, quem recebe, ao contrário, ganha. Isso é verdadeiro, embora num plano diferente, seja no âmbito da troca das palavras, seja no âmbito da troca dos bens; num plano diferente, dizemos, em um jogo de palavras, é perdendo que se ganha. Ora, mesmo nesse caso, ou antes de maneira exemplar nesse caso, os interlocutores ocupam os dois postos do eixo dos contraditórios: como já vimos, nada é mais diferente (mas também mais semelhante) de um EU que um TU, uma vez que o TU é o reverso do EU. Recepção e contradom estão no *eixo de implicação*. Sabemos por quê: toda recepção de um dom como dom obriga necessariamente ao contradom. Nesse processo de troca simbólica, vamos examinar o funcionamento cristão a partir da oração eucarística. Verificaremos em seguida a justeza desta análise confrontando-a com um tema teológico preciso, também eucarístico: o do "sacrifício".

I. A ORAÇÃO EUCARÍSTICA N. 2

Nosso propósito aqui não é refletir a partir das diferentes peças ou engrenagens diretamente observáveis que constituem a oração eucarística — diálogo, ação de graças, *Sanctus*, primeira epiclese etc. —, mas destacar o princípio que as articula eucaristicamente entre eles ou que assegura a "dimensão eucarística" do conjunto. Para isso, propomos uma análise narrativa do texto[1].

1. Análise narrativa

Todo texto, mesmo o não narrativo do ponto de vista de seu gênero literário, se apoia numa *narratividade*. O texto se detém, em princípio, quando o *programa narrativo* que o iniciou se realiza (ou é julgado como tal). É fácil indicar o programa narrativo que põe em movimento o texto da oração eucarística: como o sacerdote o anuncia imperativamente no diálogo inicial ("demos graças ao Senhor nosso Deus") e o repete sob o modo de um "ele" impessoal que funciona como uma espécie de optativo ("Na verdade, é justo e necessário dar-vos graças"[2]), trata-se para "nós" (*sujeito operador*) de atribuir o *objeto* "graça" (ou "glória")[3] ao *sujeito receptor*, que é "Deus" — neste caso, Deus Pai. Facilmente se tem em conta que é o programa que foi declarado realizado na doxologia final, em que "por Cristo, com Cristo e em Cristo", o "nós" eclesial dá a "Deus Pai todo-poderoso" e "na unidade do Espírito Santo" "toda honra e toda glória agora e para sempre". Pode-se escrever esse programa narrativo (PN) principal segundo um esquema que será seguido constantemente aqui:

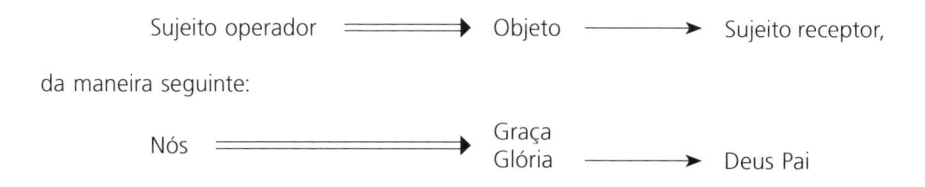

Sujeito operador ⟹ Objeto ⟶ Sujeito receptor,

da maneira seguinte:

Nós ⟹ Graça / Glória ⟶ Deus Pai

---

1. Modeladas no mesmo esquema que a oração n. 2, as outras orações eucarísticas do Vaticano II dariam globalmente o mesmo resultado.

2. Para fazer mais sentido, seguiu-se a versão presente no original deste livro. Como se sabe, a versão que consta no Missal para o Brasil é ligeiramente diferente. (N. do E.)

3. Em nossa língua atual, "dar graças" e "dar glória" são praticamente equivalentes (o que não era o caso nas origens).

Do ponto de vista narrativo, a realização de tal programa de ação de graças era óbvia, simplesmente não haveria texto. O fato de haver um texto significa que nós, em princípio, não somos *competentes* para realizar tal *performance*. Não nos é natural, em suma, dar graças a Deus no modo cristão. Realizar a eucaristia requer competência da Igreja. É precisamente essa *obtenção de competência* que o texto permite ao sujeito eclesial. O texto assim faz com que a assembleia percorra todo um itinerário que, mediante certo número de "*transformações*", tem em vista convertê-la: não é a Deus, mas é a nós que a prece eucarística muda; precisamente, todas as transformações expressam-se como a obra diferenciada de Deus-Trindade.

Entre o diálogo inicial no qual é anunciado o plano principal e a doxologia final que o completa, a narratividade é alimentada por três planos narrativos (PN 1; PN 2; PN 3). O primeiro é comandado pelos verbos de ação de graças ou de glorificação: inclui a ação de graças inicial e o *Sanctus*[4]. O segundo plano é comandado por um verbo de petição dirigido ao Pai ("Na verdade, ó Pai, vós sois Santo..., Nós vos suplicamos..."), e inclui toda a sequência que depende dessa primeira petição, a saber: a epiclese sobre os dons, o relato da instituição e a anamnese. O terceiro plano é comandado, ele também, por um outro verbo de petição ("E nós vos suplicamos") e abrange a epiclese de comunhão sobre a assembleia, assim como os diversos pedidos que estão unidos a esta epiclese: mementos dos vivos e dos defuntos, e súplica escatológica final[5].

No *PN 1*, o "nós" eclesial *dá graças* a Deus pelo que realizou por sua "Palavra viva", seu "Filho amado, Jesus Cristo". A criação é simplesmente mencionada. E o que se denomina habitualmente a "história da salvação" está inteiramente focado em Jesus e em sua encarnação, sua morte e sua ressurreição. Que ela esteja estritamente limitada ao acontecimento Jesus Cristo, ou, como em alguns prefácios próprios de determinado domingo ou de determinada festa, a um aspecto relativamente restrito de seu mistério, ou que ela seja, pelo contrário, consideravelmente estendida às diferentes "etapas" da história da salvação, como nas antigas anáforas antioquenas ou na nossa oração eucarística n. 4, é sempre o *passado bíblico relido cristologicamente* que narra essa sequência. Dá-se graças a Deus por nos ter salvo em Jesus Cristo. O objeto posto em circulação no PN 1 e *dado* a nós por Deus

---

4. Na oração eucarística n. 4, o PN 1 inclui, ademais, toda a história da salvação que segue o *Sanctus*. Era, aliás, o caso nas antigas anáforas antioquenas, como a chamada de Tiago de Jerusalém (cf. TARBY, A., *La Prière eucharistique de l'Église de Jérusalem*, Beauchesne, 1972), que serviu de modelo para nossa oração eucarística n. 4.

5. Mesmas observações a propósito dos PN 2 e 3 de nossas orações eucarísticas n. 3 e 4.

é, portanto, Jesus Cristo como *corpo histórico* (nascido da Virgem Maria e crucificado) e doravante *glorioso*. Daí:

PN 1:   Deus (Pai) ⟹ Corpo histórico/glorioso ⟶ Nós
                      de Jesus Cristo

No *PN 2*, o "nós" eclesial *suplica* ao Pai para enviar seu Espírito de santificação a fim de fazer do pão/vinho *o corpo e o sangue de Cristo*. Mas o cumprimento deste plano pressupõe que o próprio Jesus se tenha entregue como corpo e sangue sacramentais na Ceia: é o que mostra o relato da instituição. A anamnese, com seu verbo principal "nós vos oferecemos" ("e vos agradecemos" = "nós vos oferecemos dando-vos graças", segundo a anáfora da Tradição Apostólica de Hipólito da qual a nossa oração eucarística é uma simples reprodução, com a adição de uma primeira epiclese e dos mementos), apenas expressa a *recepção* efetiva de Jesus Cristo como corpo e sangue sacramentais. Temos, pois, no PN 2, três subplanos narrativos, que podemos representar da seguinte maneira:

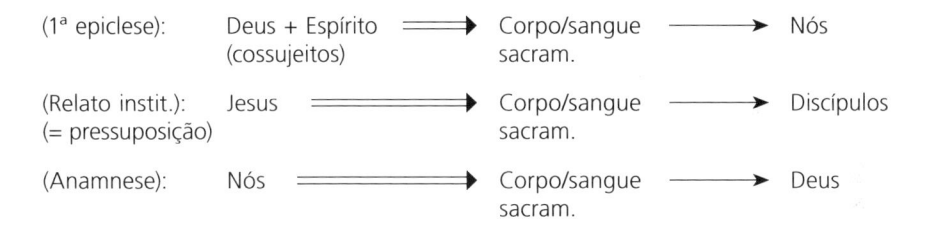

(1ª epiclese):   Deus + Espírito ⟹ Corpo/sangue ⟶ Nós
                    (cossujeitos)   sacram.

(Relato instit.):   Jesus ⟹ Corpo/sangue ⟶ Discípulos
(= pressuposição)   sacram.

(Anamnese):   Nós ⟹ Corpo/sangue ⟶ Deus
                          sacram.

Esses três subplanos, antes que seja iniciado o novo plano de petição que vem em seguida, marcam a realização do primeiro entre eles. Este pede a obtenção, pelo Espírito, de Jesus Cristo sob o modo de corpo e sangue sacramentais; a anamnese a declara realizada, mas — ponto importante sobre o qual voltaremos — num ato de oblação, isto é, de desapropriação.

O conjunto de nosso PN 2 pode, portanto, ser descrito assim:

PN 2:   Deus + Espírito ⟹ Corpo/sangue sacram. ⟶ Nós
                              de Jesus Cristo

O *PN 3* é também *suplicativo*, mas numa perspectiva escatológica fortemente marcada em seu final. A súplica é de natureza essencialmente *eclesial*: fazendo-se objeto de sua própria petição, a Igreja suplica ao Pai para enviar sobre ela o Espírito a fim de se *tornar o que ela acaba de receber* no PN 2, recepção que terminará ritualmente na comunhão. O que ela acaba de receber? O corpo sacramental de Cristo. Qual objeto ela pede agora? Tornar-se o corpo eclesial do próprio Cristo. O PN 3, em seu primeiro subplano (a epiclese de comunhão), pode ser descrito assim:

PN 3a: Deus + Espírito ⟹ Corpo eclesial ⟶ Nós
                              de Jesus Cristo

Este mesmo PN 3 termina com uma súplica *escatológica*. O objeto pedido aqui é, com efeito, "a vida eterna" em companhia de todos aqueles que "viveram em vossa amizade", os santos "de todos os tempos"[6]. O que é, assim, solicitado é a participação da *ecclesia* aqui reunida no reino plenamente acabado. O subplano é, por consequência, o desenvolvimento do primeiro em perspectiva escatológica: trata-se de se tornar, desde agora, o corpo eclesial de Cristo (PN 3a), mas na esperança daquilo que não está ainda acabado, o reino. Daí:

PN 3b: Deus ⟹ Vida eterna ⟶ Nós
                   (= corpo eclesial
                   até que chegue ao reino)

Entre os dois subplanos, as intercessões pelos vivos e os defuntos não acrescentam nada de fundamental. Elas apenas desenvolvem de maneira concreta a perspectiva eclesial e escatológica do "já sim/ainda não" que caracteriza o PN 3: a intercessão pelos vivos está centrada no agora da Igreja do PN 3a, a intercessão pelos defuntos é orientada para o "ainda não" do reino do PN 3b.

A *doxologia final* marca a realização antecipada pela Igreja presente do PN principal anunciado, realização que não será, entretanto, plenamente acabada "pelos séculos dos séculos" a não ser no reino. Podemos observar que o cumprimento dessa performance por "nós" requer uma competência da qual o próprio Deus é o sujeito operador em cada um dos três programas. É Deus, nos diz o texto, que nos torna capazes de celebrar sua própria glória. Mas não o faz a não ser que nós sejamos ativos, por meio do nosso discurso de oração, expressando-lhe nosso reconhecimento e nossos pedidos.

---

[6]. Aqui preferimos seguir a versão presente no texto do original francês. (N. do E.)

E o pedido cristão fundamental, aquele de onde todo outro decorre, não é aquele, aqui como em Lucas 11,13, o do Espírito?

2. O processo simbólico da dimensão eucarística

O processo de troca simbólica que comanda a dimensão eucarística de nosso texto requer, para poder aparecer claramente, três observações prévias.

a. Três chaves de leitura

— O estatuto do relato da instituição

Trata-se de um *relato* na "terceira pessoa do singular" — o que é a *deixis* do impessoal, da ausência. A narração se faz, seguramente, no *passado*. Ora, esse relato na terceira pessoa e no passado está inserido num discurso de oração em "nós/tu" no presente. Do ponto de vista literário, essa brusca mudança de registro faz o efeito de um *hiato* que nada justifica. Nada se isso não é algo que não está justamente escrito no texto, mas que é, entretanto, constitutivo do texto, porque é o verdadeiro "pre-texto": a ação ritual. Com efeito, somente esta permite compreender o que se apresenta a princípio como incoerente no aspecto literário.

Particularmente significativo é a este respeito a brusca passagem do "*vós* fareis isto em minha memória", que termina o relato e o dirige aos discípulos reunidos ao redor de Jesus na Ceia há 2.000 anos, ao "*nós* fazemos memória" que inicia o discurso da anamnese. Somente a ação ritual permite compreender essa substituição. Cremos ouvir novamente o rito do memorial judaico do qual já falamos: "*Nós* gritamos para Javé o Deus de nossos pais..." (Dt 26); "Não foi com eles (nossos pais), mas *conosco*, todos vivos hoje, que ele fez aliança" (cf. Dt 5,2-3). "É por isso que o Senhor agiu em *meu* favor na *minha* saída do Egito" (Ex 13,8). De fato, é essa ação ritual de viva comemoração que permite à Igreja presente reconhecer-se interpelada pelo "vós" do passado.

De outro lado, esse "vós", como o que precede ("tomai, comei"), é uma *citação de Jesus*. Ora, toda citação opera nos dois níveis e nas duas polaridades de todo ato de linguagem que salientamos: cita-se uma passagem não somente por seu valor informativo intrínseco, mas em razão de seu autor. Em alguns casos, como aqui, o segundo aspecto, simbólico, é preferível ao primeiro e dá a este seu verdadeiro alcance: como se convoca uma testemunha a comparecer em justiça[7], cita-se alguém em um texto porque é um "nome" para o corpo social, porque é "canonicamente" reconhecido como uma "autoridade". O processo é, aliás, ambíguo: pode-se evitar assim de se comprometer pessoalmente alinhando-se atrás desse "monumento". E como se cita em seu próprio favor, é fácil manipular a citação, mesmo sem falsificá-la materialmente, pela simples seleção da passagem ou das passagens que se operam na obra. O defunto ou o ausente que não está aí para responder, é fácil utilizá-lo, convocando-o ao banco das testemunhas, para depor a favor da tese a qual se apoia.

Ora, a substituição do "nós" presente pelo "vós" anterior manifesta que esse ardil de uma apropriação de Jesus pela Igreja mediante a citação foi frustrado: é a Igreja que se reconhece *convocada a comparecer por Jesus*, intimada por ele para se realizar. Ao invocar o testemunho de Jesus, é ela que é convocada por ele. Longe de tê-lo assumido, ela se vê assumida nele. Esse jogo de linguagem no qual, como no teatro (e até no teatro da vida cotidiana), o discurso se endereça a alguém distinto do destinatário linguisticamente marcado como tal, é capital aqui: a passagem, no fim do relato da instituição, do "vós" ao "nós" é a manifestação explícita do estatuto velado desse mesmo relato. Dissemos, com efeito: no nível do Novo Testamento, trata-se de um relato *litúrgico* no qual a Igreja, quando faz a eucaristia, se perfila como numa filigrana por trás da pessoa e das ações de Jesus na Ceia. Esse *relato da Igreja sobre Jesus no pretérito* funciona de fato como *discurso do Senhor Jesus à Igreja presente*. Por isso a Igreja, por seus gestos, assim como pelo tom de voz "litúrgico" do sacerdote — tom distinto daquele que convém à narração de uma "bela história" —, faz o que enuncia o relato: ela o executa. Executa-o como relato para deixá-lo acontecer como discurso, reconhecendo-se ao mesmo tempo presa na rede dos significantes que exibe, a ponto de substituir imediatamente o "nós fazemos memória" da anamnese pelo "vós fareis memória" da citação. *Joga-se* assim com o duplo sentido do termo. Esse relato é seu recitativo: a Igreja é convocada por aquele cujo testemunho ela invoca e, ao invocá-lo, é sua própria identidade que ela enuncia.

Como veremos mais adiante, a linguagem ritual é de ordem pragmática. Por isso, a Igreja aqui não mantém um discurso teológico simples sobre sua identidade. Mediante a linguagem originária do símbolo, *vive*

---

7. Cf. BARTHES, R., S/Z, Seuil, 1976, 29. O autor observa que o verbo "citar" na linguagem da tauromaquia designa "o toque no calcanhar, a curvatura do toureiro, que atrai o touro às bandeirolas. Igualmente, se cita o significado de comparecer".

sua identidade ao manifestá-la. O que mais ela realmente faz nesse relato da instituição senão se submeter, ao proclamá-la simbolicamente, ao senhorio desse Jesus de Nazaré a quem ela se refere numa linguagem ativa? E, assim, como reconhecer em ato que somente pode ser Igreja *recebendo-se dele*, seu Senhor, *numa radical dependência* (que é, aliás, a condição de sua liberdade)? O símbolo, o relato da instituição da eucaristia, é também o relato da instituição da Igreja: ele introduz a Igreja "na ordem da qual ele mesmo faz parte", a saber, na ordem dessa dependência crística que constrói sua identidade.

— O discurso de anamnese e a oferenda

A oração de anamnese explicita o que está em jogo no relato da instituição que acabamos de esclarecer. O que está em jogo? O fato de que, como acabamos de observar, no relato se efetua a confissão de fé em ato da Igreja, que reconhece a dependência de sua existência em relação a Jesus, seu Senhor. Ora, é isto que desvela a anamnese em seu verbo principal: "nós vos oferecemos". Este ponto é importante: no momento em que, segundo nossa análise narrativa, a Igreja está na circunstância de *receber* o pão e o vinho como corpo e sangue sacramentais de seu Senhor, eis que ela os *oferece*...

Esse paradoxo é, aliás, tradicional. Com efeito, a oblação da anamnese, sem ser provavelmente primitiva (cf. *Did.* 9-10; anáfora do séc. III de Addai e Mari), é claramente expressa desde a anáfora de Hipólito, e posteriormente nas mais importantes anáforas dos séculos IV e V. Iniciada pela proposição participativa "celebrando, pois, a memória da...", a anamnese prossegue com uma proposição principal no presente: "nós vos oferecemos" (*prospheromen, offerimus*) (cânon romano, Tiago grego e Tiago siríaco, *Constituições Apostólicas* VIII, Serapião). A não ser que, como nas anáforas de Basílio e de Crisóstomo nas quais a proposição principal é feita com verbos que expressam o louvor e a ação de graças, a oferenda não seja objeto de uma segunda proposição subordinada; nesse caso, não assume menos relevo, uma vez que ela é desenvolvida, pois, pela rica fórmula *ta sa ek tôn sôn prospherontes* (*tua ex tuis tibi offerentes*)[8]. Esta última fórmula é muito

---

8. Textos gregos e latinos dessas anáforas em HÄNGGI, A.; PAHL, I., *Prex eucharistica*, Fribourg (Suisse), ed. Universitaires, 1968; Tiago grego, 248-249; Tiago sir., 271; Basílio, 236-237; Crisóstomo, 226-227. STEVENSON, K., "L'offrande eucharistique", in: *LMD* 154, 1983, 81-106. O autor assinala algumas exceções. A tradição alexandrina especialmente emprega muitas vezes o verbo da oferenda, na anamnese, no passado: "nós temos oferecido"

expressiva: por sua oferenda na anamnese, a Igreja confessa sua radical dependência em relação a Deus como Criador (o pão e o vinho são as primícias da criação, que os representam metonimicamente) e como Salvador em Cristo (esse pão e esse vinho são oferecidos enquanto "sacramentos" do corpo e do sangue de Cristo).

A anamnese é assim o lugar fundamental da oferenda da Igreja. Ora, exibindo, como vimos, o estatuto do relato da instituição — relato do qual ela é literariamente um embolismo —, ela "exprime" a recepção no presente e em presença de Cristo como corpo sacramental da Igreja. Trata-se, portanto, de um paradoxo: essa *recepção* se faz por modo de *oblação*. Como Deuteronômio 26,1-11, *o modo cristão da apropriação é a desapropriação*; aquilo do "tomar" é o "dar" — o "dar graças". Já que a graça está fora da ordem do valor, a Igreja a recebe precisamente devolvendo a Deus sua mesma graça, Cristo Jesus dado em sacramento. Este ponto é importante: considerado no único quadro da anamnese, o dom de Deus, recebido pela Igreja na memória verbo-ritual que ela fez dele, requer dela o contradom da oferenda em ação de graças; considerado, em contrapartida, no conjunto da oração eucarística, o mesmo dom implica um contradom distinto desta oblação ritual na anamnese. Esse contradom será expresso no PN 3 como o dom de uma prática ética. No conjunto do processo de troca que põe em movimento a totalidade da oração eucarística, a oblação amnética não ocupa, pois, o posto do contradom, mas, antes, o da recepção. Acabamos de dizer o porquê: a apropriação desse não-objeto que é a "graça" não se pode fazer senão sob o modo da desapropriação. Em outros termos, o processo de troca simbólica com Deus não pode parar com a oferenda cultual, como se a prática litúrgica pudesse nos declarar quites em sua relação. A oferenda cultual é apenas a *figura simbólica de um contradom a "verificar" alhures*: na história.

— O contradom da prática ética (PN 3)

É precisamente esse contradom a "verificar" alhures que no rito é o objeto do PN 3. Ora, este desenvolve o que já foi implicado na oblação ritual do PN 2. Com efeito, o "nós vos oferecemos" da anamnese não é um sim-

---

(anáfora de Serapião: *Prex euch.*, 130-131); "temos apresentado" (anáfora de Marcos e anáfora alexandrina primitiva de Basílio): indício de antiguidade, segundo o autor (p. 88), que atesta a força da tradição de oferenda nesse momento da anamnese. Cf. também o quadro sinótico de algumas anamneses e epicleses antigas em CHAUVET, L.-M., "Histoire de la liturgie eucharistique" in: *Agape. L'Eucharistie, de Jésus aux chrétiens d'aujourd'hui*, ed. Droguet-Ardant, 1981, 346-351.

ples enunciado constatativo-informativo, mas um ato de linguagem auto-implicativo. Desse fato, dar a Deus o que ele nos dá é se desapropriar não somente de alguma coisa, mas, antes, de si mesmo. Em outros termos, a oferenda "objetiva" de Cristo pela Igreja coloca esta numa atitude de oferenda *subjetiva*. Isso, em todo caso, segundo a fórmula célebre de Agostinho, ou seja, o que é expresso "no sacramento do altar bem conhecido dos fiéis, em que é manifestado à Igreja que, no que ela oferece, *ela mesma é oferecida*" (*Cidade de Deus* X, 6). Símbolo, também aí, no sentido mais forte: "esse sacrifício é o símbolo do que somos" (*Sermo* 227).

É justamente isso que exibe o nosso PN 3, no qual a assembleia pede a Deus, pelo Espírito, tornar-se em sua existência histórica presente e até o fim dos tempos o corpo daquele que ela recebe como sacramento. Ao receber, oferecendo-lhe, o corpo sacramental de Cristo (PN 2), ela pede para *tornar-se seu corpo eclesial*. Essa união em um só corpo pelo Espírito, agente operador da unidade da Igreja segundo a tradição e na esteira de 1 Coríntios 12, tem um alcance imediatamente *ético*. Porque, para tornar-se histórica e escatologicamente o corpo daquele que oferecem sacramentalmente, os membros da assembleia comprometem-se a viver sua própria oblação nessa entrega de si aos outros, num seguimento de Cristo que é denominado de *ágape fraterno*. A teologia escolástica o sublinhou com força: se o efeito primeiro (*res et sacramentum*) da eucaristia é o corpo e o sangue de Cristo, seu efeito último (*res tantum*), isto é, a graça à qual ela visa para os participantes, é a caridade teologal vivida na caridade fraterna. O *viver-em-graça fraterna* é assim o lugar em que se exige tomar corpo o *dar-graças sacramental*.

Essa dimensão ética não é simplesmente uma consequência extrínseca do processo eucarístico; ela lhe pertence a título de elemento *intrínseco*. É por isso que, segundo o nosso estudo do vocabulário cultual do Novo Testamento, ela é o lugar fundamental da liturgia cristã: é a ética que se torna propriamente "eucarística". A graça é sempre dada como tarefa, e o corpo sacramental, como injunção a dar ao Ressuscitado esse corpo de mundo que requer de nós. Verificamos aqui concretamente o que dissemos antes: *pertence à graça, em sua gratuidade, integrar a livre resposta do homem*.

b. *Funcionamento da estrutura*

Tendo em conta nossa análise narrativa e as chaves de leitura que acabamos de dar, podemos ilustrar o processo de perspectiva eucarística da seguinte maneira:

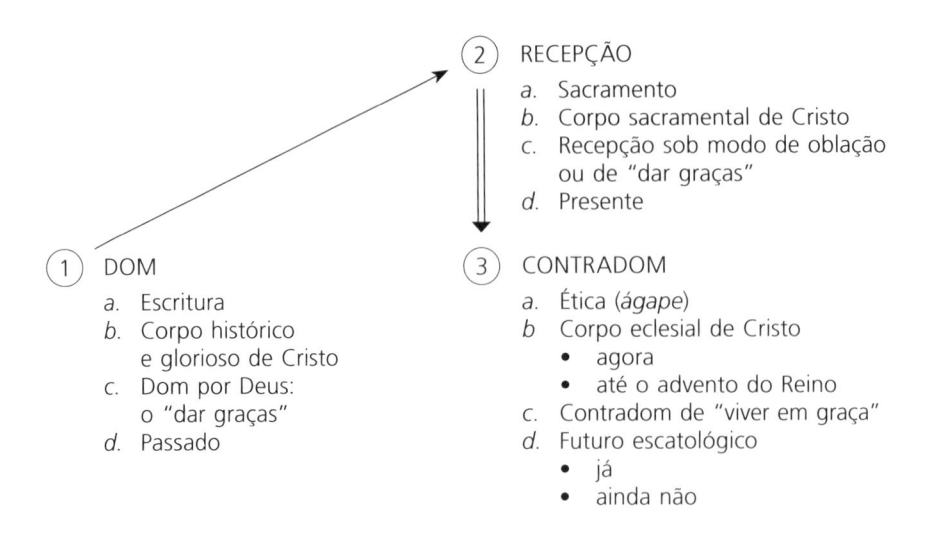

① **DOM**
   a. Escritura
   b. Corpo histórico e glorioso de Cristo
   c. Dom por Deus: o "dar graças"
   d. Passado

② **RECEPÇÃO**
   a. Sacramento
   b. Corpo sacramental de Cristo
   c. Recepção sob modo de oblação ou de "dar graças"
   d. Presente

③ **CONTRADOM**
   a. Ética (*ágape*)
   b. Corpo eclesial de Cristo
      • agora
      • até o advento do Reino
   c. Contradom de "viver em graça"
   d. Futuro escatológico
      • já
      • ainda não

— O processo eucarístico

Pode-se ler isto da seguinte maneira. A posição do *dom* está especificada como *Escritura*. Corresponde, com efeito, a um PN que não é outra coisa senão uma leitura cristã da Bíblia — estritamente focalizada em nossa oração eucarística n. 2 sobre Jesus Cristo, muito mais desenvolvida segundo os momentos da história da salvação reconhecidos como capitais em outras. Este é o dom de Deus, o "acontecimento fundador" que aciona a eucaristia da Igreja: o "*fazer a graça*" *de Deus* que, "depois de ter, por muitas vezes e de muitos modos, falado outrora aos Pais, nos profetas", finalmente nos falou em seu Filho (Hb 1,1-2), Jesus Cristo, "nascido de mulher e sujeito à lei" (Gl 4,4), morto e ressuscitado. Esse dom, em que Deus concede graça, é assim ultimamente expresso, em leitura cristã, no *corpo histórico e doravante glorioso de Cristo*. Dom relatado como irreversivelmente *passado*. Com efeito, não é de nossa própria história que damos graças, mas de uma história radicalmente distinta e passada; mas, relatando-a na anamnese ritual, manifestamos que reconhecemos nessa história uma história também nossa.

A posição da *recepção* é especificada como "*Sacramento*". O fato de que esteja estruturalmente situada como contraditório em relação ao precedente corresponde, de uma parte, à economia geral de toda troca simbólica em que, mesmo no nível do ato oral de comunicação, remetente e destinatário estão na mais radical diferença linguística (cf. *supra*) e, de outra parte, no interior dessa economia geral, na negação da simples "ancianidade" do que é relatado, entretanto, no PN 1 como irreversivelmente passado. Com efeito, o texto afirma que o mesmo Jesus Cristo, dado por Deus outrora como corpo histórico ressuscitado dentre os mortos, é *hoje* recebido por nós no presente como *corpo sacramental*. Contudo, assim como acontecia com o maná, não se recebe a graça de Deus como um "objeto" apreensível: recebe-a quem abre as mãos no dia a dia. É por isso que a *oblação* é constitutiva da recepção. Como Israel não recebe sua terra a não ser oferecendo-a mediante as primícias que a simbolizam (porque essa terra não é apenas algo simples, mas está marcada com o sinal da palavra que faz dela um dom), os cristãos não se apropriam do dom de Deus a não ser que se desapropriem dele para *dar-lhe graças* oblativamente.

A posição do *contradom* é especificada como "*ética*". É a implicação obrigatória da recepção. Essa ética é aquela do *multi unum corpus in Christo* (Agostinho) simbolizado pela recepção do único pão partilhado entre todos como corpo eucarístico de Cristo. Consiste, pois, essencialmente no *ágape* fraterno. Mas, porque está enraizada pelo Espírito no sacramento, tem uma dimensão *teologal* que a especifica como propriamente cristã. De acordo com o *kathôs* joanino evocado no capítulo precedente ou em Mateus 25, é pois o próprio *ágape* de Deus em Cristo o que está comprometido escatologicamente neste *ágape* fraterno. A recepção sacramental do "fazer a graça" gratuito de Deus no "dar graças" simbólico da oblação requer, pois, que se verifique num *viver-em-graça fraterno*. O momento "sacramento" aparece assim como a expressão simbólica que simultaneamente manifesta o que faz da prática ética a "liturgia" ou o "sacrifício eucarístico" que Deus solicita de nós (revelador) e que a torna possível com tal (operador). Que essa ética da justiça e da misericórdia seja o contradom em que se efetua a verdade do "sacramento" está, aliás, em conformidade com uma longa e firme tradição patrística: a Igreja é, com efeito, para os padres, o *corpus verum* de Cristo enquanto ela é a *veritas* de seus *corpus mysticum* (isto é, até a metade do século XII, de seu corpo "em mistério", seu corpo sacramental). Infelizmente essa *veritas* será esquecida: voltaremos a isso. Esse "tornar-se corpo eclesial" desde agora tem, por outro lado, uma dimensão marcada pelo "ainda não". Portanto, se nosso PN 3 salienta o contradom ético, indica ao mesmo tempo que o reino futuro não está nunca no final dos esforços do homem ou da humanidade em evolução.

— O processo de identidade cristã

O conjunto desse processo de "eucaristicidade" exprime o conjunto do processo de identidade cristã. Isso, mais uma vez, não significa que o acesso à fé se faria sempre segundo uma progressão *cronológica* que partiria das Escrituras para terminar na ética, passando pelo sacramento. Isso significa que esse acesso requer sempre uma relação *estrutural* entre esses três elementos, relação que funciona segundo o *processo* indicado. [1] Quaisquer que sejam as modalidades concretas, a vinda à fé se funda sempre prioritariamente na atestação que, "de acordo com as *Escrituras*", Jesus é Cristo proposto gratuitamente por Deus para a salvação de todos. [2] A recepção ou a acolhida desse testemunho é certamente um assunto da fé pessoal do sujeito. Mas ela jamais é uma simples "obra" humana: ela é um dom de Deus. Ademais, é irredutível a uma simples troca de opinião subjetiva e individual, uma vez que é a assunção pessoal da fé da Igreja universal e apostólica. É essa dupla dimensão, de dom gratuito e de eclesialidade, que manifesta o *sacramento* — a começar pelo batismo. [3] Enfim, sem o contradom de uma prática ética pela qual o sujeito "verifica" o que recebeu no sacramento, a identidade cristã seria natimorta. Por outra parte, a ética extrai sua identidade cristã em sua qualidade de resposta "litúrgica" (cf. a "liturgia do próximo") ao dom primeiro de Deus. Em consequência, assim como a liturgia precisa ser o objeto de uma releitura ética para ser cristã (*supra*, cap. 6), assim, inversamente, uma ética que não fosse relida liturgicamente, isto é, como resposta teologal à graça primeira de Deus, perderia, por mais generosa que fosse (1Cor 13,1-3), sua identidade cristã.

3. Função do momento "sacramento": um ponto de passagem

O processo de "eucaristicidade" não é, pois, senão uma modalidade particular do processo de identidade cristã. Facilmente se encontra aí a função do momento "sacramento". Nós a expressaremos em duas proposições: o sacramento é apenas um ponto de passagem, mas ele é tudo isso.

Somente ponto de passagem, o sacramento não tem nem a origem nem o fim em si mesmo; não é nem ponto de partida nem ponto de chegada. O ponto de *partida* é o dom de Deus. A fé, que nunca é o simples fruto lógico de nossos esforços intelectuais ou morais, é um dom — dom oferecido certamente a quem o deseja e o procura, e que, quando é recebido, abre um novo trabalho de busca insuspeitado no início: "Não me procurarias, se não me tivesses já encontrado" (Agostinho). E o ponto de *chegada* é a liturgia missionária da prática ética: aí se verifica a recepção do dom de Deus. Nossa palavra "missa" conserva traços dessa perspectiva missionária e ética. "Não existe hoje dúvida alguma a respeito do sentido fundamental deste vocábulo: *missa = missio = dimissio*." Ora, *dimissio* é um termo técnico romano que designava a transferência de uma reunião oficial[9]. Assim, "se pôde designar o culto a partir de e com a ajuda do que lhe põe fim, a partir de e com a ajuda do que deverá acontecer, uma vez que ele terminou: implicitamente ele é inteiramente compreendido, pois, como o prelúdio de uma despedida missionária"; o culto encarrega aqueles que o celebraram "de ir fazer e ser o que se lhes ensinou a fazer e a ser"[10]. Na falta desse contradom obrigatório, o processo de troca teria sido quebrado: não seria um dom que teria sido recebido como tal; teríamos apenas ideias apropriadas (eventualmente, muito significativas) sobre Deus, ou teríamos simplesmente enriquecido nossa bagagem cultural religiosa.

Que o momento "sacramento" não seja senão um ponto de *passagem* manifesto em que, no processo de aliança com Deus, não se contrai uma dívida com ele, dívida que se pagaria com práticas rituais. Essa dívida, aliás, dívida de existência, é *impagável*: somos insolventes nesse plano, e nessa perspectiva, como veremos, somente nos enganaríamos imaginariamente. A dívida não é para pagar, mas para *assumir simbolicamente na relação histórica e ética com os outros*. O "dar graças" da oferenda ritual — nosso momento "sacramento" — é precisamente o símbolo que nos permite ver e nos permite viver essa ética da aliança com os outros como mediação concreta da aliança de Deus conosco. Essa se verifica na prática do "viver-em-graça" fraterno, na qual nos tornarmos para com os outros como Deus é para conosco, de acordo com a confissão que fazemos dele na ação de graças oblativa.

Esse último ponto manifesta que, se o sacramento é apenas um simples ponto de passagem, ele o é igualmente um ponto de passagem *obrigatório*. Devemos nos lembrar de que essa obrigação não se deve aqui compreender numa problemática de salvação, mas de identidade. E que, mesmo nessa última perspectiva, essa obrigação não implica que todo sujeito crente seja sacramentalizado de fato, mas, sim, que sua identidade cristã, por ser possível somente na Igreja, está, ao menos obliquamente, estruturada por uma referência ao batismo e à eucaristia. Enquanto elemento *estruturador da identidade cristã*, o sacramento não é um problema facultativo.

4. Judaísmo e cristianismo

Pode-se perguntar se o processo analisado anteriormente é característico do cristianismo. Pode-se ter o sentimento especial de que, abstraída

---

9. JUNGMANN, J. A., *Missarum solemnia*, t. 1, op. cit., 218.
10. VON ALLMEN, J. J., *Célébrer le salut*, op. cit., 55.

evidentemente a referência a Jesus, poderia também se aplicar à identidade *judaica*. Realmente é o que vamos verificar. Isso nos conduzirá ao mesmo tempo a considerar o nosso esquema anterior "vetustez/novidade" para manifestar a diferença cristã.

a. **A identidade judaica: o relato da oblação das primícias (Dt 26,1-11)**

Se voltamos ao relato da oblação das primícias (Dt 26,1-11), é fácil verificar que estamos lidando com o *mesmo tipo de articulação* entre Escritura, Sacramento e Ética que aquele desenvolvido a partir da oração eucarística. Esse texto é, entretanto, mais complexo que o do último caso. Cada uma das cinco seções destacadas no capítulo precedente (I, 2, b) funciona segundo o processo de troca simbólica, da maneira seguinte:

A:
- Dom por parte de Deus: "a terra que Javé teu Deus te *dá*".
- Recepção por Israel: "quando tiveres chegado" (lit.: "quando *vieres*") ... "e que tiveres tomado posse..."
- Contradom por Israel: "e colherás frutos do solo..." (lit.: "tomarás as primícias que *terás feito vir* da terra...").

B:
- Dom por parte de Deus: "o país que Javé jurou a nossos pais de *dar-nos*".
- Recepção por Israel = sua palavra de reconhecimento: "Declaro hoje que cheguei..." (lit.: "que *eu vim*...").
- Contradom por Israel: transmissão da cesta ao sacerdote e deposição diante do altar.

C:
- Dom por parte de Israel: "clamamos a Javé, o Deus de nossos pais".
- Recepção por Deus: "ele viu a nossa miséria".
- Contradom por Deus = saída do Egito e dom da terra: "Javé nos *fez vir* a este lugar e nos *deu* este país".

B':
- Dom por parte de Deus: a terra "que tu me *deste*, Javé".
- Recepção por Israel = a palavra que reconhece o dom: "e agora, eis o que trago (lit.: "eis o que *fiz vir*"): as primícias dos frutos que tu me *deste*, Javé".
- Contradom por Israel: deposição das primícias e prosternação diante de Javé.

A':
- Dom por parte de Deus: "toda a felicidade que Javé teu Deus te *deu*".

- Recepção por Israel: não manifestada como tal no texto, mas pressuposta pelas seções anteriores e por sua implicação, o contradom.
- Contradom por Israel: "estarás na alegria com o levita e o migrante que estão no meio de ti".

Dois verbos aparecem em cada uma das cinco seções: "dar" e "vir". Ora, é notável que cada um deles se encontra numa posição particular na seção C: aí, o sujeito operador do verbo "fazer vir" é Deus, ao passo que é Israel no resto do texto; e se "dar" tem sempre Deus por sujeito, esse dom se encontra em C na posição de contradom, enquanto ocupa a posição do dom inicial nas outras quatro seções. A seção C tem, pois, um lugar particular no texto: se Israel pode "fazer vir" frutos de sua terra, e se ele deve "fazê-los vir" ao templo para oferecer as suas primícias, é porque Javé primeiro "fez vir" neste país (C); e se, em C, Deus "dá" a terra em resposta ao clamor do povo oprimido, o mesmo dom se encontra em posição inicial nas outras seções. Isso quer dizer que *a seção C*, a do memorial, bem no centro do texto do ponto de vista literário, *desempenha, de fato, o verdadeiro ponto de partida da narratividade deste texto*. Centrados ao redor do gesto libertador de Javé e do dom da terra, os acontecimentos fundadores narrados no memorial são o verdadeiro acionador do conjunto do relato. É bem, aliás, o que mostra o início do texto (seção A), em que o dom da terra por Javé põe em movimento toda a sequência, isto é, tudo o que Deus prescreve a Israel para fazer em resposta ao seu dom.

Esse dom primeiro de Deus é recebido por Israel no ato litúrgico da narração que se faz no memorial. A *recepção* está assim figurada em nosso texto pelas aspas que seguem o "tu dirás", isto é, pela liturgia que introduz essa tomada de palavra e que é, já dissemos, o verdadeiro "pre-texto" do texto. Ora, essa liturgia se desdobra nas duas sequências rituais (B-B') que enquadram o relato-memorial. A palavra ritual, na primeira pessoa do presente, é perfeitamente explícita: "declaro hoje que cheguei ao país,…" (B) e "E agora, eis o que trago…" (B') são o solene atestado da recepção presente da terra. *O rito efetua assim no presente o que o memorial proclama no passado*: é a "nós" — "nós que estamos aí hoje, todos vivos" (Dt 5,3) — que a terra foi dada. Ao empregar os mesmos verbos "dar" e "vir" os redatores deuteronomistas querem manifestar que "a atitude litúrgica faz cada israelita contemporâneo da história divina passada, uma vez que Javé dá hoje a fertilidade como outrora deu o país […]. Vir ao santuário para trazer os 'frutos da terra' é doravante fazer seu o comportamento passado do povo ao entrar em Canaã"[11].

O dom da terra por Deus ao "nós" do povo e ao passado (C), recebido em "eu" e no presente por Israel num ato litúrgico de palavra (B-B'), suscita da parte desse uma resposta. Ela é expressa em "tu" e no futuro. Cobre, portanto, todo conjunto das prescrições A-A', isto é, todo caminho de Israel, uma vez "chegado" à terra: aí faz chegar frutos, chegar ao templo e faz chegar esses frutos para oferecê-los; enfim, partilhar sua prosperidade com o levita e o migrante. O *contradom* é, pois, o da *obediência* à palavra de Deus, que, mediante Moisés, torna-se lei. Essa lei manifesta que o objeto do dom não é simplesmente uma terra bruta, mas uma terra *enquanto prometida*, enquanto marcada pela Palavra: uma terra interceptada pelo outro. Deus não dá somente um solo para cultivar, mas um país para construir, um bairro para edificar, em que o cuidado do outro vivido no cuidado dos outros, e, mais precisamente, dos não-possuidores, deve ter um lugar principal. Assim se insinua nesse texto o desdobramento da letra em "figura", da qual falamos anteriormente: segundo a hermenêutica cristã, a herança prometida será Cristo e, nele, uma nova relação de aliança entre os homens tornada escatologicamente possível pelo *ágape* difundido nos corações pelo Espírito Santo (Rm 5,5). Em todo caso, é este cuidado de *estar com o outro como Deus esteve com ele* que constitui o centro do contradom exigido de Israel em nosso texto (seção A').

Nesse relato, nos níveis de discursos entrecruzados de maneira complexa, o registro da prescrição aparece, pois, como uma sobreimpressão, reforçando o jogo da troca simbólica interna, que pode se descrever assim:

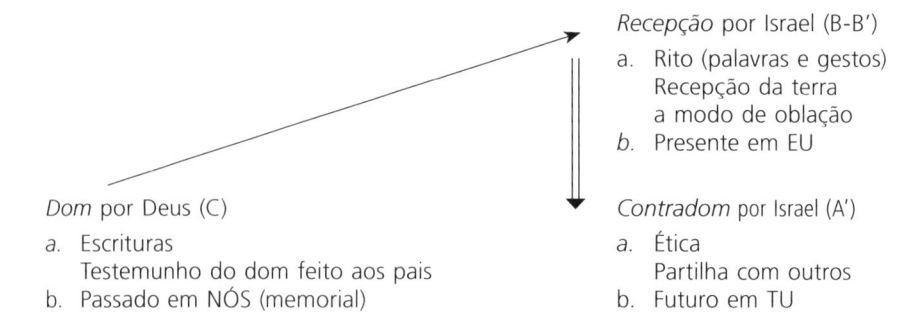

Recepção por Israel (B-B')
a. Rito (palavras e gestos)
   Recepção da terra
   a modo de oblação
b. Presente em EU

Dom por Deus (C)
a. Escrituras
   Testemunho do dom feito aos pais
b. Passado em NÓS (memorial)

Contradom por Israel (A')
a. Ética
   Partilha com outros
b. Futuro em TU

---

11. Dumortier, F., *Le Dieu de l'histoire devenu le Dieu de la nature: Dt 26,4-10*, Cerf, Assemblées du Seigneur n. 14, 1973, 24-25.

O processo pelo qual Israel se identifica como Israel de Javé está estruturado de maneira totalmente *idêntica* ao que caracteriza os cristãos. A confissão de fé memorial que narra os acontecimentos fundadores como gesto de Javé fundador é, já mostramos, como o resumo das Escrituras: estas são o desenvolvimento, em grandes caracteres, daquela. O papel dessa confissão de fé no texto é totalmente análogo ao da "história da salvação" narrada como *dom* de Deus no PN 1 de nossa oração eucarística. Quanto à *recepção*, ela se faz sob o modo de oblação: a terra somente pode ser recebida como dom de graça mediante o dar-graças oblativo do reconhecimento. A desapropriação "sacrificial" é, para Israel como para a Igreja, a condição da apropriação do dom de Deus. E essa oferenda ritual, em que Israel manifesta seu reconhecimento de Deus como Deus e para Deus, não é em si mesma senão um ponto de passagem, figura simbólica de um viver-em-graça no qual se deve verificar a ação de graças litúrgica. Longe de constituir o *contradom* final que acertaria sua dívida com Deus, o rito remete Israel à assunção da história. Longe de desonerar Israel de sua responsabilidade na história de um Deus que lhe serviria de álibi sacralizado, o rito conduz, pelo contrário, à "liturgia do próximo", a começar pelos "pobres". É em sua prática histórica da partilha com outros que o sacrifício ritual de Israel alcança sua verdade e que Israel como tal chega à sua identidade. Como se vê, Deuteronômio 26,1-11 é um texto caracterizado pela "eucaristicidade".

b. A diferença cristã: "vetustez" e "novidade"

Em que consiste, pois, a *diferença cristã*? Ela não aparece no processo da troca simbólica que funciona com o mesmo mecanismo fundamental em ambos os casos. A diferença escatológica, como sabemos, aparece, ao contrário, em nosso *esquema de vetustez/novidade* (capítulo precedente). Ora, ali especificávamos, sem mais comentários, que "vetustez" e "novidade" não são pura e simplesmente identificáveis com o Antigo e o Novo Testamento. Porque a novidade atravessava já o Antigo Testamento: lembremo-nos especialmente dos profetas, do resumo da Lei que o escriba dá a Jesus, dos Batistas, assim como dos rabinos fariseus, de Fílon etc. Acaso, segundo a Igreja, não era Cristo quem já falava nas Escrituras, e o Espírito não tinha "falado pelos profetas"? Nosso esquema *"vetustez" não abrange, portanto, o Antigo Testamento como tal, mas o que conduziu esse Testamento a "tornar-se velho"* ao condenar a novidade Jesus Cristo. Isso fez com que fosse sufocada a novidade que o atravessava e que se mostrava ativa em seu interior. Ainda quando, como diremos mais adiante, constituía um êxodo progressivo fora do "sacrificial", isto é, fora do regime das "obras" como meio de salvação, nós o fechamos no "sacrificial". Quem "o fechou"? Ninguém deliberadamente, sem dúvida... Nenhuma decisão de um poder estabelecido, real e/ou sacerdotal, pode provocar por decreto tal desvio. Isso vem de mais longe: não está no poder de ninguém porque é a *obra, desconhecida, de todos*, como dá a entender a morte de Jesus, caso se queira compreender pelo menos sua morte como "por todos" e lê-la como um processo entre Deus e os homens, sem achar bodes expiatórios (os judeus ou seus chefes) que purificariam os outros ou que — mesmo no sistema mais sutil — os culpabilizariam na ordem da "interioridade" somente. Para dizê-lo de outra maneira ainda: a vetustez figura a Lei não como letra (sabemos que o Espírito não é reconhecido sem a letra), mas como que encerrada na letra, mesmo quando a corrente profética (e não somente ela!) não tinha cessado de clamar pela (re)vivificação dessa letra e tinha finalmente anunciado uma nova era em que seria inscrita no coração do homem pelo Espírito de Deus.

Inversamente, *a "novidade" não é a Igreja como tal, mas Jesus Cristo*. Somente Ele realizou toda novidade. Sobre a Igreja pesa sempre a ameaça de fazer regredir o Evangelho para a vetustez de uma letra cujo Espírito ficaria sufocado, de um ritual que se tornaria novamente uma "boa obra" e um meio de salvação, de um corpo de ministros postos como intermediários sacerdotais entre o homem e Deus. A saber, que a lei do Espírito põe a Igreja em trabalho de constante "páscoa" da vetustez que a ameaça para a novidade que ela proclama realizada em Cristo. A Igreja deve cumprir por si mesma essa gênese ao se converter àquele que ela confessa como o homem novo. A Igreja tem também simultaneamente a missão de fazer acontecer essa gênese na humanidade.

A passagem da vetustez à novidade não deve, pois, assemelhar-se à sucessão histórica do tempo de Israel e do tempo da Igreja. É a princípio no plano *paradigmático*, e não cronológico, que se deve considerar a relação de um e outro Testamento: o primeiro, na medida em que finalmente sufocou a novidade do Espírito da qual era portador, é a figura exemplar do que produz a vetustez; o segundo, na medida em que proclama a realização dessa novidade em Cristo, é a figura exemplar do que será, segundo a promessa de Deus, a humanidade nova já em gênese. Ora, o traço que religa e diferencia um do outro em nosso cânon bíblico representa, de modo exemplar, *do ponto de vista da própria Bíblia*, a tarefa confiada a *toda humanidade* considerada coletivamente como a cada um tomado de modo individual.

Segundo a Bíblia, com efeito, o que está em jogo para Israel é representativo do que está em jogo para todas as nações: a bênção de Abraão se completa com a das nações ("em ti serão abençoadas todas as nações da terra") segundo a promessa de Gênesis 12,3, reiterada em Gênesis 18,18 e 22,18, renovada em Isaac (26,4), depois em Jacó (28,14), e declarada realizada em Gálatas 3,8 e Atos 3,25. Esse estribilho do Javista está formulado de outra maneira no "Sacerdotal", mas seus paralelos são também universais: a bênção do homem, criado "macho e fêmea" à imagem de Deus em Gênesis 1,27-28, é reiterada em Noé e seus filhos (9,1-7) e acompanhada de uma aliança com toda a humanidade em Noé (9,9-17). Certamente, é sempre pela descendência de Abraão que a bênção divina pode chegar até os povos. Os salmos insistem nisto: o que acontece com Israel deve ser anunciado muito mais longe: "Ide dizer às nações: o Senhor é Rei!" (Sl 96,10). E as nações podem, elas mesmas, reconhecer o Senhor e louvá-lo a partir do que ele fez por Israel: "Louvai o Senhor, vós, todas as nações... porque seu amor para convosco..." (Sl 117). De modo que, se, "sem dúvida, é na Filisteia, em Tiro ou em Núbia que tal homem nasceu", de Sião pode se dizer: "nela, todo homem nasceu" (Sl 87,4-5). Tal é, pois, a maneira pela qual, do ponto de vista bíblico, o futuro da humanidade está relacionado ao do povo eleito.

A *eleição* é certamente uma escolha particular, mas não é exclusão das outras. É simplesmente a condição de todo amor. Porque não há amor sem escolha. Quem, sob o pretexto de amar a todo mundo, pretende não amar sujeito algum particularmente de maneira privilegiada, a ninguém pode amar; somente pode se encerrar no narcisismo. O enamorado que escolhe para si uma futura companheira de vida não endurece o seu coração com respeito às outras mulheres; seu amor de escolha, psicologicamente bem vivido, o leva, ao contrário, a se libertar para um *ágape* mais rico em profundidade e extensão. Esta é a *"diferença"* na ordem simbólica, nós já o sublinhamos: não é por exclusão ou rivalidade competitiva (cf. o imaginário edipiano); é mediação de comunicação e de aliança (cf. a emergência simbólica do "outro semelhante" num ato de linguagem em EU-TU). Na ordem simbólica, o universal se dá somente na mediação concreta do individual.

Todo homem, nos diz exemplarmente a Bíblia em sua letra, especialmente na figura que esta toma por seu desdobramento simbólico em "Antigo" e "Novo", está em situação de "homem velho"; e todo homem está em gênese do "homem novo". Todo homem, mas também *a humanidade* como tal. Essa humanidade não alcança sua verdade, segundo a revelação bíblica, senão morrendo à vetustez que a habita — essa violência que impõe ao outro e que encontra seu álibi fundamental em "Deus" — e efetuando sua conversão "pascal" do sacrificial ao que chamaremos de "antissacrificial". *A Igreja*, "sacramento do Reino que vem", tem precisamente o encargo de *produzir no mundo e para o mundo a figura dessa passagem* à qual todos coletivamente e cada um pessoalmente estão chamados. Mas ela somente pode produzir essa figura com a condição de *isso acontecer nela mesma incessantemente*.

Assim, para voltar à questão que nos levou a desenvolver esta reflexão, a diferença cristã não fica evidente em nosso processo de identidade porque os elementos que constituem seu mecanismo não fazem surgir a *escatologia* crística e pneumática como tal. Ora, é esta que, no interior de um mesmo jogo de identificação, marca a singularidade cristã. Para ler essa singularidade em nosso esquema do processo de identidade é preciso lembrar-se de que o "objeto" posto em circulação na troca é o próprio *Cristo* e que ele advém para nós, em seu triplo corpo, pelo Espírito: é ele o objeto gratuito do dom anunciado nas Escrituras — é a herança prometida (cf. Rm 3-8); é ele o objeto sacramentalmente recebido no "dar graças" da Igreja —, ele é toda a liturgia dos cristãos; é ele o objeto confiado à responsabilidade ética dos crentes — pelo "sacrifício espiritual" de seu *ágape*, se suscita um corpo na humanidade. Este "objeto" não muda a estrutura da troca. Mas isso que se mostra em nosso esquema "vetustez/novidade" requer uma *leitura diferente*; isso muda tudo.

II. VERIFICAÇÃO:
O ESTATUTO ANTISSACRIFICIAL DA
TROCA SIMBÓLICA NO CRISTIANISMO

A reflexão proposta aqui tem por fim verificar, a partir de um tema particular, a exatidão do processo de identidade cristã exposto anteriormente. A escolha do tema sacrificial se explica por duas razões: por uma parte, esse tema surge explicitamente da oração eucarística analisada antes, assegurando assim uma homogeneidade ao conjunto desse capítulo; por outra parte, nos parece colocar em jogo um esquema antropológico e religioso especialmente importante, igualável, parece, ao esquema iniciático.

"Sacrifício" é um termo que não goza de boa impressão em muitos meios cristãos. Entre os termos que pertencem ao vocabulário católico tradicional, ele é sem dúvida um dos mais *suspeitos* hoje. Sozinho, levanta simbolicamente "todo um mundo", o do passado, não muito afastado, em que, mediante o catecismo e o modelo cristão que era então proposto, funcionava como peça-chave da instituição Igreja (e, paralelamente, da sociedade). Basta abrir o *Catéchisme à l'usage des diocèses de France* de 1947 para medir a sua importância: a pluralidade dos símbolos linguísticos em soteriologia neotestamentária está reduzida ao único registro do sacrifício de expiação; consequentemente, é segundo esse esquema quase exclusivo que são apresentados a missa ("sacrifício de propiciação"), o ministério presbiteral ("sacerdócio") e o ideal da vida cristã (sofrimentos oferecidos em sacrifício a Jesus por amor reparador)[12].

Ainda que seja conveniente ser crítico em referência a esse modelo de cristianismo, é preciso, entretanto, se guardar de julgá-lo com a sensibilidade cultural mais recente — é, aliás, uma regra de ouro na história que ninguém tem o direito de julgar o passado em função dos valores culturais do presente — e de queimar apressadamente o que foi, muito rápido também, adorado. A tentação é ainda mais perigosa para muitos cristãos que têm, como se diz, contas a acertar com o passado. Tentemos ver isso claramente em função de nossa problemática.

1. O princípio de base: *in sacramento*.
   A "representação" sacramental

Um princípio sacramentário fundamental deve ser afirmado desde o início: *se a morte de Jesus é expressa teologicamente como sacrifício, sua representação sacramental em memorial será também, necessariamente, expressa como sacrifício*. Sacrifício-em-memorial, sacrifício-em-sacramento: os traços de união que colocamos aqui entre os termos querem indicar que Cristo-ao-dar-sua-vida "sacrificialmente" não nos aparece de outra maneira a não ser no memorial sacramental que a Igreja faz dele. Segundo a fórmula de Agostinho, o Cristo que foi imolado (sacrificado) uma vez se imola *quotidie in sacramento*. A expressão não deve ser traduzida por "*no* sacramento", pois neste caso se poderia pensar que a verdade da imolação se encontraria "dentro" do *sacramentum*, como o caroço se encontra dentro do pêssego, ou que ela se encontraria "atrás" dele, que a ocultaria como um véu;

---

12. *Cathécisme à l'usage des diocèses de France*, Tours, Mame, 1947: § 96: "Sim, Jesus Cristo resgatou verdadeiramente todos os homens porque, por sua vida, por seus sofrimentos e por sua morte, mereceu-lhes o perdão de seus pecados e as graças necessárias para obter o céu". Uma nota acrescenta: "Jesus Cristo pôde sofrer porque é homem, mas seus sofrimentos e sua morte têm um preço infinito porque é Deus". Despois de sublinhar no § 97 que, "para nos resgatar, Jesus Cristo sofreu uma cruel agonia", uma nota acrescenta: "Mas o maior sofrimento de Jesus Cristo durante a Paixão foi se sentir esmagado pelo grande número e pela fealdade de nossos pecados e pela ingratidão dos homens". Tinha-se perdido de vista o quadro feudal do direito germânico em que nascera a teoria de Anselmo, da "satisfação", quadro a partir do qual ela é compreendida de maneira muito mais fina, como observa KASPER, W., *Jésus le Christ*, Cerf, 1976, 332-333.

deve-se traduzir por "em sacramento" ou "sacramentalmente". Trata-se de uma modalidade *de re* inteiramente análoga ao que Agostinho afirma da *Páscoa* cristã-anual ou do corpo eucarístico do Senhor: Cristo ressuscitou há muito tempo; por que desde então ninguém nos tratou de mentirosos quando afirmamos em cada *solennitas* pascoal: "Hoje Cristo ressuscitou"? Porque o que se passou outrora acontece para nós a cada ano (e mesmo a cada domingo) *per celebrationem sacramenti*[13].

Infelizmente, se perdeu de vista a força dessa linguagem simbólica que permitia a Agostinho afirmar: "Uma vez que sois o corpo de Cristo e seus membros, é vosso próprio mistério que recebeis […]. Sede o que vedes, e recebei o que sois." Citamos já essa passagem e outras semelhantes, como "esse sacrifício (eucarístico) é o símbolo daquilo que somos"[14]. Nessa linguagem simbólica, Agostinho não confunde, de maneira alguma, Cristo com a Igreja — somente se simbolizam elementos diferentes —, mas manifesta o que está em jogo no *sacramentum*: o casamento indissolúvel entre Cristo e a Igreja, a impossibilidade de dizer um, como um simples "Em-face", sem dizer o outro. O *sacramentum* figura precisamente a *conjunção simbólica* dos dois. A linguagem de Agostinho aqui não é, portanto, um simples jogo de palavras que, por seus ornamentos, ajudaria a penetrar espiritualmente na profundidade do mistério ou que vestiria o discurso teológico com uma nota de festividade. Essa linguagem toca o mais verdadeiro da essência da linguagem, essência po(i)ética. Se o jogo de palavras existe, é porque a linguagem é essencialmente jogo. Nessa perspectiva, uma linguagem é *teologicamente rigorosa* naquilo que é o mais homogêneo ao mistério que exprime. Cristo em "sacrifício" não chega somente pela mediação expressiva do *sacramentum*. Querer procurá-lo "por detrás" é, como dissemos, descascar a cebola para encontrar a cebola.

Ora, essa linguagem devia aparecer mais tarde como insuficientemente "realista". O momento decisivo desta evolução foi, sabemos, a negação por Berengário de Tours, no meio do século XI, da presença eucarística — negação, aliás, menos radical talvez do que parecia num primeiro momento quando se compreende, como é devido, como uma reação contra o ultrarrealismo eucarístico quase geral nessa época. Representava-se, então, a *caro Christi* como de tal modo aderente a *species* que o verdadeiro milagre era a manutenção por Deus do véu sensível (*tegumentum*), para impedir a visão do verdadeiro corpo de Cristo. Essa representação era claramente,

---

13. Santo Agostinho, *Ep.* 98, 9, a Bonifácio (*PL* 33, 363).
14. Idem, *S. 272* (*PL* 38, 1246-1248); *S. 227* (*PL* 38, 1099-1101).

no âmbito cultural, propícia a uma floração de milagres eucarísticos[15]. O terreno estava, ademais, preparado há muito tempo para tal eclosão, especialmente desde que reinava a teoria sacramentária de Isidoro de Sevilha. A identidade entre *sacramentum* e *sacrum secretum*[16] levava, com efeito, a compreender o sacramento, ao contrário do que pensava Agostinho (*sacrum signum*, sinal revelador), como um véu (*tegumentum*) que esconde uma realidade secreta. A primeira grande controvérsia eucarística, no século IX, entre Pascásio Radberto e Ratramno se alimentava, entre os dois adversários, da mesma teoria do *tegumentum*[17]. Entretanto, ela foi explorada de maneiras diversas, em torno da dupla, então central, *figura/veritas*. O primeiro, partindo do conjunto da fé, afirmava que a palavra de Jesus segundo João 6 "Eu sou o pão da vida..." não podia ser mais do que uma *veritas*, enquanto o segundo, partindo do nosso modo de conhecimento, via na mesma palavra uma *figura*, uma vez que figura é a designação de uma realidade de maneira velada, ali onde a *veritas* a designa sem véu[18]. O *tegumentum* eucarístico obrigava, por consequência, Ratramno a sublinhar sua função de *figura*. Ele não negava a presença eucarística: o Cristo está aí presente *vere*, mas *in figura* e não *in veritate*. Ratramno não conhecia ainda a oposição entre a "figura" e a "verdade". Entretanto, já havia uma orientação nesse sentido. Testemunha o rei Carlos, o Calvo, que pedia precisamente a Ratramno para responder a sua questão: Cristo está presente na eucaristia "*in mysterio an in veritate*"?[19]

A afirmação de tal alternativa não devia, entretanto, se efetuar senão com a dialética, da qual Berengário é um dos grandes representantes[20]. Ora,

---

15. DUMOUTET, E., *Corpus Domini*. Aux sources de la pieté eucharistique médiévale, Beauchesne, 1942, 3ª parte. Cf. *infra*, nossa reflexão sobre a presença eucarística de Cristo, cap. 10.

16. *Supra*, cap. 1, n. 4.

17. RATRAMNO: "Corpus et sanguis Domini propterea mysteria dicuntur, quod *secretam* et reconditam habent dispositionem, id est aliud sint quod exterius innuant, et aliud quod interius invisibiter operentur. Hinc etiam et *sacramenta* vocitantur, quia *tegumento* corporalium rerum virtus divina *secretius* salutem accipientium fideliter dispensat" (*De corp. et sang. Dom.*, 47-48, *PL* 121, 147. Cf. PASCÁSIO, *PL* 120, 1275).

18. Cf. sobre esse ponto o capítulo "Histoire d'un écart grandissant" de MARTELET, G., *Résurrection, eucharistie et genèse de l'homme*, Desclée, 1972, 131-160, especialmente 138-144.

19. *PL* 121, 129 C.

20. "É próprio de um grande coração, escreve Berengário, recorrer à dialética em todas as coisas. Porque recorrer a ela é recorrer à razão; de sorte que aquele que não recorre a ela, sendo feito à imagem de Deus segundo a razão, despreza sua dignidade e não pode se renovar no dia a dia segundo a imagem de Deus". Citado por VIGNAUX, P., *Philosophie au Moyen Age*, Paris, A. Colin, 1958, 23.

como sublinhou o P. de Lubac, nas mãos desse dialético, a simbólica sacramentária patrística se desagrega. Porque, para Berengário, não pode existir aí meio-termo entre a figura e a realidade. O "verdadeiramente em figura" de Ratramno tornou-se para ele insustentável. De modo que "mistério" e "razão" se opõem a seus olhos lá onde, para Agostinho, "quanto mais mistério existe, mais razão existe". Berengário "separa constantemente o que a tradição unia… Todas as inclusões simbólicas se transformam em sua inteligência em antíteses dialéticas"[21].

Verdadeiro traumatismo na consciência da Igreja, a questão berengariana teve importantes recaídas: de imediato, provocou, em 1059, a imposição a um herético de uma confissão de fé ultrarrealista na presença de Cristo na eucaristia[22]. Em longo prazo e de um modo mais importante, ainda que os grandes escolásticos do século XIII tivessem reagido contra esse ultrarrealismo sensualista graças ao finíssimo conceito aristotélico de "substância" — conceito que não era disponível na época anterior —, eles permaneceram tão profundamente antiberengarianos que realizaram o que o P. de Lubac denominou de "*cisão mortal*" entre o corpo eucarístico e o corpo eclesial. O traumatismo berengariano teve por efeito criar um deslocamento considerável na problemática tradicional do triplo corpo de Cristo: lá onde os padres viam seu corpo eclesial como a *veritas* de seu corpo místico eucarístico (seu corpo em mistério ou em sacramento), sublinha-se doravante o elo entre esse último e o verdadeiro corpo nascido de Maria, morto e ressuscitado, para que não haja mais nenhuma ambiguidade sobre a realidade de Cristo no pão e no vinho. A Igreja não é mais percebida como a *veritas* do corpo que ela recebe "em mistério": é apenas a *res significata et non contenta*. A *veritas* é contida na mesma eucaristia que é o *corpus verum*, tornando-se Igreja, desde então, na segunda metade do século XII, o *corpus mysticum* num sentido que será tomado no século XIII de maneira absoluta, isto é, sem relação com o mistério eucarístico. A perspectiva agostiniana, da qual testemunhava ainda um Alger de Liège, no início do século XII, ao evocar a "cocorporalidade" e a "cossacramentalidade" eucarística de Cristo e da Igreja[23], foi doravante desconhecida.

O que se ganha assim em "realismo", ao menos segundo a representação metafísica que se tem então do "real" especialmente na problemática

---

21. De Lubac, H., *Corpus mysticum*, op. cit., 260-266.
22. DS 690: o corpo de Cristo é tocado e partido pelas mãos dos sacerdotes e mastigado pelos dentes dos fiéis *sensualiter, non solum sacramento, sed in veritate*.
23. *PL* 180, 794.

aristotélica da substância, perde-se em simbolismo. Isso tem duas consequências: de um lado, o corpo eclesial, que permanece como a finalidade última da eucaristia, foi *expulso do simbolismo intrínseco* desta última à qual pertencia tão fortemente Santo Agostinho — o que tem por notável efeito liderar uma eclesiologia mais jurídica do que de comunhão e sacramental, de modo que no século XIII se poderá falar da Igreja como *corpus mysticum* sem mais relacioná-la à eucaristia! Por outro lado, faz-se sua pelo menos esta parte da fórmula de 1059 que declara Cristo presente na eucaristia "*non solum sacramento, sed in veritate*". Assim será no século XIII e, contra os Reformadores, no concílio de Trento[24].

Finalmente, ali onde, segundo a linguagem patrística, se dizia "Cristo está verdadeiramente presente e verdadeiramente oferecido em sacrifício na eucaristia *porque* em sacramento" (em mistério, em figura, em símbolo), diz-se doravante "Cristo aí está verdadeiramente presente e verdadeiramente oferecido, *embora*, necessariamente também, em sacramento". Esta concepção sacramentária, em que o real é pressuposto como uma entidade "última", foi veiculada até o século XX[25]. Com toda evidência, é fundamentalmente tributária de uma ontologia metafísica.

---

24. Embora o concílio de Trento tenha mais matizes nesse plano, uma vez que afirma que Cristo, "presente sob modo sacramental, está lá para nós em toda a verdade de seu ser", ele não está menos marcado por esta perspectiva: esta fórmula, com efeito, não se destaca muito em relação aos quatro *contineri*, aos três *esse* ou *vere esse*, tendo por sujeito "o corpo e o sangue de Cristo", e aos três *existere*, tendo "Cristo" por sujeito, que se encontra nos capítulos 1, 3 e 4 e nos cânones 1, 3 e 4 da "Doutrina sobre a eucaristia". Que Trento tenha recusado — justamente, é verdade — a expressão de *conversio sacramentalis*, a única que poderia ter aberto a via para um verdadeiro diálogo com os Reformadores, se inscreve na mesma lógica. Esta não é somente ditada pela visão antiprotestante do concílio. Vem de muito mais longe: segundo a maneira pela qual se concebia a "representação sacramental" desde há muito tempo, o "*real*" era pressuposto como necessariamente *mais além do* "*sacramental*". Assim, no século XIII, São Boaventura sublinhava: "É preciso necessariamente que no sacramento o corpo de Cristo seja contido (*contineri*) não somente em figura como também em verdade (*non tantum figurative, verum etiam veraciter*), como a oblação que convém a esse tempo" (o "tempo da graça revelada"), embora ele tenha claramente afirmado antes que "em cada uma das espécies sensíveis está contido todo o Cristo, totalmente, não de maneira circunscritiva, mas sacramentalmente (*sacramentaliter*)". (*Breviloquium*, p. 6, c. 9, 3; ibidem, c. 9, 1). *Sacramentaliter* é assim insuficiente aos seus olhos para dizer *veraciter*. Santo Alberto Magno escrevia, por sua vez: "Nossa imolação (eucarística) não é somente representação (*representatio*), mas imolação verdadeira (*vera*), isto é, oblação por intermédio (*per*) das mãos dos sacerdotes da realidade imolada" (In *IV Sent.*, d. 13, a. 23).

25. A maneira pela qual, por exemplo, M. Lepin traduz Agostinho em sua célebre obra *L'idée du sacrifice de la messe d'après les théologiens depuis l'origine jusqu'à nos jours* (Beauchesne, 2ª ed., 1926) é eloquente. Damos dois exemplos particularmente significativos na

Essa análise nos faz avaliar a importância da questão da "*representação sacramental*". Justifica nossa afirmação de início: se a realidade crística nos chega somente por sua mediação expressiva, se não se pode falar dela de outro modo senão *porque e enquanto* sacramental ("como sacramento", "como símbolo", "como memorial"), então a representação sacramental do sacrifício de Cristo deve necessariamente ser denominada, ela também, sacrifício. Mas isso depende de uma questão prévia: pode-se falar da vida e da morte de Jesus como se fossem um sacrifício?

2. A vida e a morte de Jesus: um sacrifício?

A leitura sacrificial da morte de Jesus não é, do ponto de vista neotestamentário, nem a mais primitiva (e isso não significa que teria menor pertinência teológica do que outras!), nem a mais importante. Em Paulo,

---

medida em que pertencem a esses textos citados ao longo da Idade Média e até em nossos dias como *auctoritates* em matéria de teologia dos sacramentos:

(A) *Agostinho*: "Res ipsa cuius sacramentum est…"
　　　= "A realidade da qual ela (a eucaristia) é o sacramento…"
　M. Lepin: "A realidade da qual o sacramento é o símbolo" (p. 75)
(B) *Agostinho*: "*Cujus rei sacramentum quotidianum esse voluit ecclesiae sacrificium: quae, cum ipsius capitis corpus sit, se ipsam per ipsum discit offerre.*"
　　　= "Quis que fosse sacramento cotidiano desta realidade o sacrifício da Igreja, a qual, sendo o corpo cuja cabeça é Cristo, aprende a oferecer-se ela mesma por intermédio dele"
　M. Lepin: "Desta verdade, quis que uma figura fosse contida no sacrifício cotidiano em que a Igreja, sendo o corpo dessa cabeça, aprende por seu exemplo a oferecer-se ela mesma" (p. 79).

Vejamos: ao traduzir *sacramentum* por um segundo termo ("símbolo" em A, "figura" em B), M. Lepin separa a realidade de seu *sacramentum*. O faz em um em-si, escondido dentro ou atrás do símbolo, ou da figura que o reveste ou o recobre, ali onde, segundo Agostinho, esta "realidade" é indissociável de sua "expressão" sacramental. Porque, para Agostinho, a *res* em questão não é Cristo tomado isoladamente, mas, como veremos mais adiante, o *Christus totus*, cabeça e membros, o *multi unum corpus in Christo*, ou ainda, como o destaca precisamente na frase que precede a passagem (A) citada, "a sociedade de seu corpo e de seus membros que é a santa Igreja". Dado, pois, que estamos nela, não podemos desligá-la do *sacramentum* no qual ela acontece para nós. É esta mesma incompreensão do simbolismo patrístico que, na mesma época (1926), levou um historiador dos dogmas tão experiente quanto J. Geiselmann a falar do "caráter ametabolista" (embora não "antimetabolista" como em Berengário) "da concepção agostiniana do sacramento" (*Dieu Eucharistielehre der Vorscholastik*, Paderborn, 1926, 281). Todo esse movimento de deslocamento semântico na concepção do *sacramentum* e da "representação sacramental" nos parece que está de acordo com a *dessimbolização de Cristo e da Igreja* como reação contra Berengário: a relação Cristo-Igreja na eucaristia não pertence em Pedro Lombardo, segundo M. Lepin, aos "pontos secundários" (p. 157)?

por exemplo, a teologia da cruz está desenvolvida, como mostrou X. Léon-Dufour, segundo *três símbolos principais*, nenhum dos quais é sacrificial ou cultual: o simbolismo judiciário em que, no quadro de um processo de aliança, todos estão sob um julgamento de condenação, mas estão justificados pela obediência de um só, o novo Adão; o simbolismo político em que os homens, sob o domínio (*hypo*) do pecado, da lei, da morte, são resgatados ou libertos por Cristo, passando assim de um estatuto de escravos para um estatuto de filhos livres; o simbolismo interpessoal, enfim, em que os homens, em estado de inimizade com Deus, são restabelecidos na aliança e na paz com ele, graças à reconciliação efetuada pelo Cristo que morreu por eles (*hyper*)[26].

Nenhuma dessas linguagens tem como pano de fundo o culto e os sacrifícios do Templo. Se Paulo usa também, em cinco ocasiões, a linguagem sacrificial para expressar o alcance soteriológico da morte de Cristo (*supra*), isso não é manifestamente um registro dominante em Paulo. Mas, como anteriormente assinalamos, os diversos simbolismos paulinos são suscetíveis de estar atravessados pelos *dois eixos* principais da releitura da morte de Cristo como, "segundo as Escrituras", o da *Lei* e o do *Templo*. Paulo se interessa sobretudo pelo primeiro, a Carta aos Hebreus, pelo segundo.

Evocamos antes a "audácia quase incrível" que mostra o autor da Carta aos Hebreus em sua cristologia sacerdotal e em sua soteriologia sacrificial. Lemos ali uma verdadeira transmutação ou subversão do culto veterotestamentário. Indicamos que a *teleiôsis* ("ação de fazer perfeito") designava no Pentateuco e em sua tradução na LXX o rito de consagração do sumo sacerdote pela imposição das mãos. Ora, como nota A. Vanhoye, a consagração sacerdotal de Jesus, o Filho, se efetua segundo um movimento exatamente *inverso* ao daquele do sumo sacerdote veterotestamentário. Este, com efeito, "tomado dentre os homens" (Hb 5,1), somente podia exercer sua função de mediador entre Deus e os homens separado desses últimos, segundo um movimento ascendente de purificação/separação que o situava na posição de intermediário. A consagração sacerdotal de Jesus coincide, pelo contrário, com seu movimento descendente de "kénose" (cf. Fl 2,7) ou de solidariedade fraterna com os homens (Hb 2,17-18) até na morte (4,15-16). É essa *"fraternidade"* com os homens, livremente consentida na "dócil escuta" (obediência) do Pai e filialmente oferecida numa oração de súplica misturada com lágrimas (Hb 5,7), que o "fez perfeito" como *Filho-na-humanidade* (Hb 5,8) e constituiu seu "rito" de consagração como sa-

---

26. LÉON-DUFOUR, X., *Face à la mort: Jésus et Paul*, Seuil, 1979, cap. 5, especialmente 182-197.

cerdote "exclusivo" e "para a eternidade" (Hb 7,24). Sua glorificação marca a exaltação (Hb 5,7) de seu "sacrifício" que não é outro senão a oferenda filial de sua mesma fraqueza. Assim se tornou em sua pessoa o único mediador de nossa passagem para Deus. Participando, contrariamente ao intermediário, dos dois termos que ele une, Cristo nos abre assim um acesso direto a Deus (Hb 9,24). Sua "liturgia" sacerdotal (Hb 8,6), oferecida "pelo Espírito eterno" (Hb 9,14), abole ao mesmo tempo o sacerdócio antigo como instituição de salvação, e assim, como sublinhara Paulo, a lei ("porque uma mudança de sacerdócio acarreta forçosamente uma mudança de lei": Hb 7,12). É todo o sistema religioso e nacional judeu que se torna, assim, caduco como meio de salvação.

Ora, esta "sacrificação" dos sacrifícios não pode ser reduzida unicamente à morte de Jesus, a qual somente tem sentido na lógica de sua *vida como dom*. Seu morrer-por é a expressão última de seu viver-por. Ele não veio para sofrer e morrer, mas para anunciar por meio de sua vida — até na morte como preço de sua fidelidade — a Boa-Nova do Reino de Deus já próxima, reino de graça e de misericórdia oferecido a todos, e assim para libertar Deus e os homens, isto é, para destruir as barreiras nas quais a "vetustez" dos homens os tinha encerrado, "utilizando" a mesma autoridade de Deus reconhecida na lei judaica.

O sacerdócio e o sacrifício de Jesus se exerceram *no âmbito existencial e não ritual*. Seu sacrifício consistiu precisamente em efetuar essa "novidade" em que o culto toma corpo na vida pela fé, esperança e caridade. O sacrifício de sua vida é, em outros termos, uma recusa de utilizar Deus em proveito próprio. Assim, pelo menos, podemos ler a *tripla tentação* no deserto, cuja situação sublinha sua vida missionária nos sinóticos, manifesta que ela a atravessou por completo e na qual, como novo Israel, ele assume sem falhar a tentação fundamental à qual o antigo Israel sucumbira: precisamente, a de utilizar Deus, "tentá-lo" por meio de chantagem ("uma vez que és o protegido de Deus…", lhe insinua Satã), e assim esquecer que Deus é Deus (cf. Mt 4,1-11 e suas referências no Dt). É também o que significa seu escandaloso *grito na cruz* — "Meu Deus, meu Deus, por que me abandonaste?" —; ao morrer como o "Abandonado de Deus" (J. Moltmann), ele vive até o fim a prova da não-utilização de seu Deus e Pai, entretanto, tão próximo. É isso igualmente o que sugere o hino cristológico de Filipenses 2,6-11: contrariamente a Adão, o "terreno", cujo pecado, típico de toda a humanidade, foi o de querer ser "como deus", Jesus, novo Adão, que era, entretanto, "de condição divina, não considerou como presa a agarrar o ser igual a Deus".

Viveu e morreu agindo *inversamente ao pecado* fundamental de Israel, pecado que é, sem dúvida, o pecado paradigmático do homem. O pecado do homem, com efeito, é viver sua relação com Deus segundo uma relação de força e de concorrência, relação cujo mesmo tipo é o do *escravo* que tenta se apoderar da onipotência de seu *mestre* e substituí-lo. Trata-se, como sabemos, de uma questão certamente fundamental quando se dá crédito à célebre dialética *hegeliana* do senhor e do escravo[27]. Igualmente, sabemos que, segundo Freud, o acesso da criança à sua identidade de sujeito somente é possível mediante o "luto" ou o "sacrifício" psíquico do pai idealizado, o qual não é mais do que seu próprio duplo ideal. E se, segundo a superação de Édipo que propõe J. Lacan (*supra*), substitui-se a impossibilidade da coisa (o objeto primordial do desejo) pelo seu simples interdito como objeto materno de todo prazer, não se faz, então, outra coisa senão radicalizar a lei da necessária superação da relação mestre-escravo para que viva o sujeito: tudo se reduz a aprender o difícil consentimento ao desprendimento, à falta, à castração, ali onde nosso domínio imaginário do real nos encerra na neurose e nos deixa, assim, na escravidão.

Esse consentimento do desprendimento, reiterável sempre, não deixa de fazer eco ao que o pensamento meditativo de Heidegger denomina o *deixar-ser*. Evoca também esta "*interrupção de garantia*" que requer E. Jüngel em sua obra *Dieu, mystère du monde*: quando Descartes, na época moderna, ao exibir abertamente um postulado que veio a ser, no fundo, o do conjunto da tradição metafísica, estabeleceu a necessidade de Deus para garantir a continuidade do *ego* certo de si mesmo no ato do *cogito*, fez desse Deus necessário um mestre de quem o homem é o escravo, o feliz escravo, uma vez que é nele que se encontra a segurança do mestre (cf. Hegel); um Deus necessário para o homem é sempre um Deus disponível; um Deus necessário para o homem é sempre um mestre onipotente, mas que finalmente se revela dependente do homem (t. 1, p. 170-193). É impossível deixar tal Deus ser Deus. Ora, para pensar teologicamente Deus, é preciso aprender a aceitar um deus que não seja o fiador de nossas certezas.

---

27. Recordemos que a mola dessa dialética é a "luta pelo reconhecimento". Nesta luta, Hegel, segundo a fórmula de J. Hyppolite, visa "essencialmente mostrar que o mestre se revela em sua verdade como escravo do escravo, e o escravo como mestre do mestre". O mestre faz trabalhar o escravo e reserva para si a fruição. Mas fruir de uma coisa é depender dela. Trabalhá-la é o contrário de fazê-la depender de si. Graças à resistência que as coisas opõem ao escravo que as trabalha, a consciência desse último se educa e se eleva. Assim, progride na consciência de si e acaba superando o mestre. Enquanto isso, permanece escravo, e o mestre somente pode progredir na consciência de si ao sair de sua situação de maestria mediatizada por sua referência ao escravo. Um e outro pagam, assim, os custos da situação, e serão necessárias outras figuras de relação humana para que seja possível um progresso histórico (Hyppolite, J., *Genèse et structure de la Phénoménologie de l'esprit de Hegel*, Aubier-Montaigne, 1946, 116-167).

Ninguém vem em direção a si se não abandona a si mesmo e renuncia, assim, a ser o seu próprio fundamento. Esse deixar-ser "sacrificial" nos parece abrir um caminho de pensamento pelo menos tão expressivo como aquele do sacrifício ritual ou da justiça feudal que exige reparação para expressar teologicamente a significação da vida e da morte de Jesus como "para todos os homens". Isso nos permite especialmente compreender melhor por que a Bíblia, em seu constante cuidado de respeitar a radical diferença ou santidade de um Deus que ela proclama muito próximo daquilo que há de mais humano no homem, vê o pecado primordial na idolatria, isto é, na redução de Deus às condições da experiência que fazemos dele, redução que é apenas a nossa própria projeção imaginária nele. Ao mesmo tempo, permite-nos ler de maneira não ritual a interpretação ritual que a tradição fez da morte de Jesus como sacrifício: o "sacrifício" de sua vida dada até a morte é o do *consentimento à sua condição de Filho-em-humanidade e de Irmão dos homens*. De acordo com o esquema psíquico da filiação (sobre o qual, por oposição com o da escravidão, voltaremos em nosso último capítulo), tal consentimento requer de Jesus, de uma parte, a renúncia a querer se possuir, isto é, o reconhecimento de sua *dependência de Filho* a respeito do Pai; de outra parte, nisso consiste o corolário obrigatório do esquema de filiação, a anuência à sua "*autonomia" humana*, e, portanto, a rejeição da tentação de "utilizar" Deus para descarregar sobre ele a responsabilidade que se deve assumir como homem. Seu sacrifício, em outros termos, é ter consentido em servir a Deus, e, portanto, os homens, em vez de se serviem dele, e, portanto, deles, para sua não obstante boa e justa causa; ter renunciado a se apropriar da divindade, a "brincar" de Deus, a se fazer Deus no lugar de Deus, e assim a se fazer idolatrar pelos homens; ter deixado Deus seu Pai ser Deus e ter aceitado integralmente a humanidade; ter conservado sua filial confiança no Pai até os acontecimentos mais desconcertantes, acolhidos como a expressão da missão que ele lhe confiava, e até ao incompreensível silêncio do Pai, que, deixando-o morrer, não intervém para salvar sua causa. *O sacrifício de Jesus é sua "kénose"*, um movimento exatamente inverso ao pecado de Adão, em que ele consente em viver este limite da humanidade que é a morte vivida no silêncio de um Deus que não intervém sequer para evitá-la ao justo.

Esse sacrifício — "antissacrifício", diremos — supera em muito o esquema iniciático do "morrer para viver" ou do "quem perde ganha"[28] como

---

28. Cf. nesse sentido VERGOTE, A., "La mort rédemptrice du Christ à la lumière de l'anthropologie", in: LÉON-DUFOUR, X. et al., *Mort pour nos péchés*, Bruxelles: Fac. Univ. S. Louis, 1976, 70-83.

o esquema propriamente sacrificial. Se a linguagem sacrificial se impôs desde o Novo Testamento pelas razões já indicadas de releitura do sistema do Templo em função de Cristo, ela não é, fora desta perspectiva, *de modo algum obrigatória* para exprimir a significação da vida e da morte de Jesus. Trata-se apenas de *um* simbolismo entre muitos outros. Não lhe concedemos, por isso, nenhum privilégio particular em si. Além disso, com a condição de que ele esteja referido aos outros simbolismos com os quais forma uma figura cujos interstícios, jamais preenchidos, manifestam a irredutibilidade do mistério às suas expressões, o simbolismo sacrificial há de ter *seu lugar*: nada mais que seu lugar, todo o seu lugar. Do ponto de vista *neotestamentário*, somente pode tematizar de maneira coerente o "segundo as Escrituras" conforme o eixo do Templo. Do ponto de vista *ritual*, aliás, seria ingênuo crer ou deixar de crer que o ato de comer e de beber o que é apresentado como corpo e sangue de Cristo poderia, qualquer que seja a "espiritualização", não movimentar algum simbolismo arcaico sacrificial com seus inevitáveis e ambivalentes fantasmas de agressividade destruidora e de assimilação amorosa: fé humana, a fé dos cristãos, não pode ter a pretensão de prescindir desse simbolismo primário![29] A desmitologização necessária nesse domínio — a mesma que acabamos de efetuar — não poderia ser levada até uma radical desmitização sem que nós caíssemos, como Bultmann, no novo mito de uma fé sem resíduo mítico... Podemos, pois, interpretar a vida e a morte de Jesus como "sacrifício" ("antissacrifício", no sentido que especificaremos). Privilegiaremos o registro de linguagem a propósito da eucaristia, em razão do regime ritual no qual esta se mantém e do comer/beber o corpo e sangue de Cristo que aí se efetua. É, pois, de um "sacrifício em sacramento" que se trata. Mas um "sacrifício" muito singular...

3. A tese de R. Girard[30]

Um sacrifício tão singular que, segundo R. Girard, não se deveria falar de maneira alguma de "sacrifício" a partir do ponto de vista de Jesus: são os cristãos que, a começar pelos evangelhos, teriam efetuado essa leitura sacrificial denunciada pelo mesmo Jesus. Ao evocar aqui R. Girard, somos conscientes das paixões, favoráveis ou desfavoráveis, que suas obras desen-

---

29. SAGNE, J. C., "L'Interprétation analytique du rite de l'eucharistie", in: *L'Eucharistie*, Lyon: Profac, 1971, 153-164.

30. GIRARD, R., *La Violence et le sacré*, Grasset, 1972; *Des choses cachées depuis la fondation du monde*, Grasset, 1978.

cadearam. Sua tese pode ser objeto de *sérias reservas,* nos planos epistemológico ("uma ontologia da violência", julga A. Simon), bíblico (redução de todos os sacrifícios bíblicos ao mesmo modelo: o do bode expiatório, e finalmente o linchamento reconciliador) e teológico[31].

---

31. SIMON, A., dans *Esprit* 1973/11, 515-527. No âmbito bíblico, as afirmações peremptórias concernentes à crítica dos profetas, não simplesmente do formalismo cultual, mas também do "mesmo princípio do sacrifício", são dificilmente sustentáveis no aspecto histórico. Ficamos confusos diante de tal segurança (os textos proféticos são "demasiado numerosos e explícitos para permitir a menor dúvida") [*Des choses...* p. 473, nota 54], tanto mais que o autor não cita exegeta algum em apoio a suas afirmações sem nuances.

No plano da hermenêutica *teológica*, é difícil não ser severo. Desde suas origens (especialmente com o cenário sacrificial da Paixão nos evangelhos), a Igreja teria feito uma leitura sacrificial do destino de Jesus, traindo-o assim naquilo que o autor considera como o ápice de sua mensagem. Devemos perguntar-nos o que pode ser, teologicamente, dessa Igreja *congenialmente infiel* a Cristo... e, por consequência dos evangelhos, uma vez que nasceram da fé dessa Igreja. E temos o direito de nos perguntar claramente, como R. Girard sabe, o que seria do "verdadeiro" Jesus, uma vez que não há uma só frase dos evangelhos que não seja já uma teologia dessa Igreja que teria desconhecido o essencial de sua mensagem. Há aí, pelo menos, um vício metodológico com respeito à essência do texto evangélico.

O autor reconhece que a Igreja, como a sociedade, aliás, não pode viver a mensagem da não-violência absoluta ou do não-sacrifício radical, uma vez que o viver-conjuntamente, tanto social quanto religioso, somente é possível mediante o mecanismo sacrificador. *A questão de fundo* é, então, a seguinte: na impossibilidade para a Igreja de viver num regime não-sacrificial, pode ela, por isso, ser responsável por uma traição fundamental do Evangelho de Cristo, Evangelho que nesse caso anunciaria somente uma escatologia trans-histórica? Em outros termos, o "ainda não" é ou não constitutivo do Evangelho de Cristo? Este considera a mesma história? O "devir" é essencial ao ser cristão ou não? O Reino de Deus acontece na história ou somente fora da história? Por que pressupor que Jesus não podia conciliar o seu anúncio efetivo da vinda iminente do Reino com a possibilidade de um lapso de tempo, mesmo relativamente curto, após sua morte? Neste caso, teria errado totalmente, o que ao mesmo tempo não explicaria nem suas parábolas sobre o crescimento do Reino (mesmo remodeladas pelas comunidades cristãs), nem sobretudo de seu discurso escatológico na Ceia, que, como mostra, por exemplo, X. Léon-Dufour, atesta que o grupo de seus discípulos continuaria a viver um certo tempo depois dele (art. cit., cap. 6, n. 27, 160-161). Isso evidencia que o debate trata, definitivamente, da *relação história/escatologia* e, simultaneamente, da Igreja, a Igreja que não é senão "sacramento" do Reino que já vem, a Igreja-instituição com, de maneira especial, seu sacramento da eucaristia. R. Girard nos parece finalmente demasiado "cristão" para poder sê-lo verdadeiramente...

Finalmente, "como não ser cristão?", pergunta B. Lauret, caso se siga R. Girard até o fim (*Lumière et Vie*, 146, 1980, 43-53). Com Girard, o cristianismo não se torna "a fina flor de uma metáfora cultural da qual Jesus seria o exemplo moral ou mesmo o revelador"? E esse Jesus não aparece demasiado como "o homem exemplar de uma sociedade que teria escapado da violência mimética para se comprometer com as relações sociais inteiramente dominadas pelo amor", como a simples ilustração (certamente, dramática para ele) de um Deus reduzido a um "princípio": o do interdito da violência? A cristologia girardiana tem evidentes "notas gnósticas". Ela aparece demasiadamente como a simples chave de uma an-

Essas três sérias reservas não podem, entretanto, esconder o interesse da (muito coerente) tese girardiana. Parece-nos que ela apontou de modo especial para dois elementos fundamentais: primeiro, o *sacrifício*; em seguida, a denúncia feita por *Jesus* de seus elementos enganadores.

O sacrifício é um processo pelo qual um grupo se desvencilha da violência intestina colocando-a sobre um "bode expiatório", violência que, fruto da "rivalidade mimética", ameaça sua existência, e da culpabilidade que gera essa violência. Como esse mecanismo funciona melhor quando o grupo ignora seu problema real (do contrário, ele deve afrontar — como em nossas sociedades — uma "crise sacrificial"), ele está ligado, por natureza, a um processo de *desconhecimento da responsabilidade*. Em seu sentido estrito, esse processo é religioso e ritual. Ora, porque tem, indubitavelmente, uma real eficácia simbólica que permite efetivamente ao grupo reconciliar-se expurgando (*catharsis*) as forças de violência que o ameaçam do interior, seu benefício reporta-se a uma divindade do mundo ideal. O "*deus*" age assim como álibi sacralizado (desconhecido evidentemente como tal) *que dispensa os homens de assumir sua responsabilidade na história*, de se apegar às causas reais de suas divisões e de operar eticamente por uma reconciliação entre eles.

Esse processo religioso pode ser veiculado por meio de ritos não imediatamente sacrificiais; qualquer ritual, a rigor, segundo o autor, se remete ao do sacrifício assim entendido. Ademais, o processo sacrificial se disfarça no que se mostra como não religioso: toda obra literária (teatro, especialmente), toda instituição social (judiciária, especialmente) ou política (as "lutas entre os chefes" no plano nacional ou internacional...) são sucedâneos do sacrifício, na medida em que permitem ao grupo sanear sua violência, designar os culpáveis legais, gerar as tensões internas que ameaçam o tecido social. É assim, segundo o autor, que os textos evangélicos (os relatos da paixão, especialmente) produzidos pelas primeiras comunidades cristãs fizeram funcionar sacrificialmente o não-sacrifício por excelência que é a morte de Jesus, ao designar culpáveis os judeus.

Ora, Jesus veio justamente para desmascarar esse processo sacrificial "escondido desde a fundação do mundo". Pode fazê-lo porque o Antigo Testamento tinha aberto a via nesse sentido. Este, com efeito, pode ser visto

---

tropologia. É esta, como sabemos, uma tentação recorrente na história da Igreja, tentação que já foi a do arianismo e que, na época do *Aufklärung* e da teologia liberal, se expressou na tentativa de pensar "a religião nos limites da simples razão", reduzindo o mistério de Cristo à simples figura exemplar de uma moral universal.

como um "êxodo progressivo fora do sacrificial". Contrariamente aos mitos das diversas religiões, a Bíblia tem algo de singular no que tange ao fato de Deus tomar partido das vítimas sacrificadas (e isso no início, cf. Abel) e que, por consequência, em vez de "abençoar" o grupo que se reconcilia nas costas de uma vítima sacralizada, ele o reenvia ao cuidado ético das vítimas: o migrante, o escravo, o órfão etc. Esse retorno exódico é particularmente manifesto pelos profetas e culmina no canto do Servo sofredor (Is 52–53), embora o processo sacrificial não esteja ainda totalmente abolido, permanecendo o Servo como a vítima expiadora de um Deus ainda justiceiro. Sobre esse pano de fundo bíblico, R. Girard faz uma leitura particularmente significativa, conforme pensamos, dos textos de maldição contra os fariseus (Mt 23,29-36; Lc 11,49-53; Jo 8,43-44), da paixão de Jesus e do martírio de Estêvão (At 7,51-58), da parábola dos vinhateiros homicidas etc. A palavra do Salmo 118,22 — "A pedra que os pedreiros rejeitaram tornou-se a pedra angular" —, aplicada a Jesus, pode, por si só, resumir o conjunto de sua leitura desses textos.

Pode-se apresentá-la sinteticamente assim: Cristo revelou um Deus não violento, no sentido de não vingador e não justiceiro. Se há violência em Jesus, é uma violência não sacrificial: ao desmascarar a violência dos homens para impeli-la *para longe*, ele a impele *até o fim*, até o paroxismo; ele é assim sua vítima, e sua mensagem de revelador, do que devia permanecer escondido, é recebida pelos homens como intolerável. Pode-se, pois, ver em Jesus "ao mesmo tempo a maior violência e a não-violência, uma vez que ela priva os homens de toda ajuda sacrificial". Porque o Reino de Deus que anuncia é o da "*não-violência absoluta*", ou da "reciprocidade perfeita": eis por que ele mesmo "*deve*" morrer, vítima de um mundo sempre violento. Ao mesmo tempo, "os deuses da violência são desacreditados pelo anúncio de um Deus de amor; o mecanismo está avariado, a expulsão já não vai mais funcionar". Todo culto sacrificial é doravante atingido pelo interdito: Cristo "liberta os homens de suas últimas muletas rituais. É preciso se reconciliar sem o sacrifício e sem perecer". A salvação se encontra precisamente nesta renúncia dos homens de se eximir de sua tarefa histórica de reconciliação projetando-a sobre um deus: um deus que é apenas um álibi que eles se dão (sem o saber) para gerenciar de maneira cômoda sua culpabilidade que é colocada sobre uma vítima designada por todos, unanimemente, como culpável. Cristo é, assim, "o revelador universal", que revela: "*a responsabilidade absoluta do homem na história*, quereis que seja deixada a vós a vossa morada? De acordo, ela vos é entregue". Colocados contra a parede, aos homens não lhes cabe senão assumir sua responsabilidade ética, renunciando a toda imagem de um Deus justiceiro que viria trazer sua caução transcendente a suas sutis manobras para continuar crendo-se inocentes[32].

4. O antissacrificial

a. Um terceiro termo obrigatório

Que esse processo sacrificial seja a chave única de inteligência dos ritos, das religiões, enfim, das mesmas sociedades, é passível de dúvida. Que Jesus seja o revelador universal dessa chave única, isto é, que a cristologia seja finalmente a resposta à antropologia do autor, nos deixa também vigorosamente intrigados: senão, como não ser cristão? Nosso interesse pela tese girardiana não vem, pois, longe disso, de uma adesão incondicional, mas do fato de que ela nos parece tocar um ponto fundamental, a saber, a *tensão* que caracteriza no contexto cristão (na esteira do judaísmo) a relação *entre rito e ética*. R. Girard a lê como uma *oposição*: ou o regime sacrificial da demissão ou o regime ético da responsabilidade. Sublinhamos no capítulo anterior que essa tensão não devia ser nem apagada nem transformada em oposição. Ora, há na tese girardiana um desconhecimento da condição escatológica da Igreja. O reino não sacrificial da reciprocidade perfeita não pode ser vivido, com efeito, a não ser *fora da história*; não pode, pois, se acomodar no meio-termo entre a Igreja e seus sacramentos.

É por isso que a alternativa entre sacrifício ou não-sacrifício nos parece insustentável. Falta aí *um terceiro termo*, que denominamos "*antissacrifício*". Esse "antissacrifício" não é uma negação do esquema sacrificial que habita em nós todos. Essa negação, com efeito, vive do modelo de representação que a afirmação do sacrificial quer combater. Como todo "entusiasmo escatológico" ou "gnóstico", ela é apenas uma maneira indireta de fechar essa "presença-da-ausência" (de Deus) que temos dificuldade de suportar sem ressentimento. Ela é, enfim, apenas um avatar de uma metafísica da transparência de si a si mesmo que desconhece a radical contingência da historicidade e da corporeidade.

O regime antissacrificial ao qual se refere o Evangelho *apoia-se* sobre o sacrificial, mas é para *tomá-lo por seu reverso* e com isso encaminhar a prática ritual, ponto de passagem simbólico que estrutura a identidade cristã, para a prática ética, lugar de verificação da primeira. Entretanto, a passagem da vetustez sacrificial à novidade do Evangelho, representada

---

32. As citações de R. Girard no parágrafo precedente foram extraídas de "Discussion avec René Girard", in: *Esprit*, 1973/11, 553-556.

pela relação entre um e outro Testamento, relação representativa da tarefa de conversão que concerne a toda sociedade e a todo homem, jamais se encerra. E a Igreja, sob a lei antissacrificial do Espírito, está sempre ameaçada de regredir para o sacrificial, isto é, de escravizar novamente Deus, e assim os homens, à sua "boa causa" por meio de um sistema fechado, dogmático, moral ou ritual…

b. A tentação do retorno ao sacrificial

Essa tentação é fácil de ser verificada ao longo da história. A aplicação do *vocabulário sacral* (sacrificial e sacerdotal) a partir do século III à eucaristia e aos ministros que a presidem não está aqui em causa *como tal*[33].

Entretanto, a sacerdotalização dos ministros envolve o *risco* de regressão ao sacrificial. O primeiro perigo era recuperar progressivamente a eucaristia-sacrifício e os *sacerdotes* como novos *intermediários* entre Deus e os homens. Esse deslizamento era historicamente difícil de evitar totalmente, de modo especial a partir do momento em que, no século IV, o Império se tornou oficialmente cristão, e a Igreja, uma instituição estabelecida querendo ganhar para Cristo o mundo pagão. O bispo e depois os sacerdotes no campo, ao presidir a eucaristia e as outras celebrações, eram vistos pelos novos convertidos do paganismo num papel bastante comparável ao dos sacerdotes pagãos. Esse fenômeno era cada vez mais inevitável, uma vez que o clero da Igreja estava efetivamente substituindo os "ministros" civis no "serviço" social e religioso da cidade e que ele exercia um papel cada vez mais predominante na sociedade na sequência das invasões bárbaras, período no qual a Igreja permanecia como a única organização um pouco sólida suscetível de assumir as numerosas tarefas que pertenciam, até então, ao poder civil.

Muito dependente desse primeiro perigo, o segundo residia na *utilização* que se ousava fazer da qualificação sacerdotal dos ministros: a princípio, uma utilização *exclusiva* em que, de dimensão inclusiva do ministério ordenado, o "sacerdócio" acabou por ser entendido como um conjunto inclusivo, suficiente por si só para defini-lo por inteiro[34]; em seguida,

---

33. A sacerdotalização dos ministros é legítima se ela respeita a radical transmutação do "sacerdócio" que opera a Epístola aos Hebreus. Com essa condição, ela é até rica de significado: a título de sua ordenação (e não de seu batismo, pelo qual pertence ao "sacerdócio comum"), o ministro é a expressão "sacramental" da identidade da Igreja como comunidade em que toma corpo a atividade sacerdotal única e exclusiva de Cristo.

34. Por isso, a denominação "ministério ordenado" permanece preferível à de "ministério sacerdotal" ou de "sacerdócio ministerial", que qualificam demasiado exclusivamente

uma focalização *unilateral* da atividade *cultual* dos sacerdotes, a ponto de, "na Idade Média, a maioria dos sacerdotes não exercer o ministério da palavra — em geral, não teriam sido capazes disso — e não parecer ter quase nenhuma consciência de uma responsabilidade de evangelização"[35]; finalmente, um *confisco do sacerdócio batismal* do povo de Deus por parte dos sacerdotes — confisco que, convém observar, não respeita a "diferença de natureza" entre o primeiro e o sacerdócio dos ministros, apesar de ser constantemente sublinhada[36].

As *práticas* desempenharam evidentemente um papel tão importante quanto as teorias dessa questão. Pensemos, por exemplo, na multiplicação das missas celebradas para redimir os longos meses ou anos de jejum impostos aos pecadores no quadro da penitência tarifada da alta Idade Média[37], ou, uma vez que as penas não expiadas neste mundo deviam ser no outro, na criação de missas oferecidas (como apoio às finanças, seguramente) por tal ou tal defunto: a nova geografia do além, estabelecida de maneira precisa a partir de 1175 com o purgatório como "terceiro lugar"[38], contribuiu evidentemente para aumentar sensivelmente o seu sucesso. Essa multiplicação de *missas-resgates* resultou na multiplicação das *ordenações "absolutas"*, portanto, numa inflação de um corpo sacerdotal que fazia o ofício de *intermediário e de intercessor*. A proliferação dos *sacerdotes altaristas*, en-

---

o ministério por uma de suas dimensões. Com maior razão, o emprego *absoluto* de "sacerdócio" para os sacerdotes deveria ser cuidadosamente evitado.

35. Gy, P. M., "Évangélisation au Moyen Age", in: *Humanisme et foi chrétienne*, Beauchesne, 1976, 572.

36. A *Suma Teológica* de Santo Tomás, por exemplo, quase ignora o *sacerdócio batismal* comum. Se o autor faz alguma alusão em III, q. 82, a. 1, é para sublinhar que a união dos "leigos" com Cristo é unicamente "espiritual", isto é, que ela se exerce somente "pela fé e pela caridade", e não "por um poder sacramental". Isso se une ao que diz do "caráter" batismal como "configuração ao sacerdócio de Cristo": unicamente dá aos fiéis "o poder de *receber* os demais sacramentos da Igreja", ao contrário do "caráter" da ordenação sacerdotal que "deputa a alguns homens a transmitir os sacramentos aos outros" (III, q. 63, a. 6). O primeiro é um "poder passivo"; o segundo, um "poder ativo" (Suppl. q. 34, a. 2). Não negamos que essa teologia diga alguma coisa importante sobre a diferença entre o sacerdócio batismal e o "sacerdócio ministerial". Mas ela o diz de uma tal maneira que reflete, justifica e reforça a erosão progressiva da atividade litúrgica da assembleia em proveito do clero, que a história das práticas da eucaristia ilustra abundantemente.

37. Assim, o *Penitencial "a"* de Viena especifica que, "por conta própria, o sacerdote somente poderá celebrar sete missas por dia, mas, a pedido dos penitentes, poderá dizer quantas forem precisas, mesmo além de vinte missas cotidianas". Texto em Vogel, C., *Le Pécheur et la pénitence au Moyen Age*, Cerf, 1969, 30.

38. Le Goff, J., *La Naissance du purgatoire*, Gallimard, 1981, 166-173 e sobretudo 437-439.

carregados exclusivamente da função de resgate e de expiação pelas missas, é, sem dúvida, um dos efeitos sociais mais visíveis dessa corrente massiva. Que as práticas tenham muitas vezes deformado, e inclusive traído, o discurso dogmático da Igreja, isto é claro; e não se deve confundir este com aquelas, nem mesmo com algumas teologias. Pelo menos, no nível das representações e das práticas mais comuns, a tendência parece ter sido massivamente sacrificial; o antissacrificial não se manteve mais senão em alguns discursos e vivido por uma "elite".

5. Sacrifício de expiação e sacrifício de comunhão

O sacrifício de *resgate* ou *expiação* é mais suscetível de derivar para um toma-lá-dá-cá de natureza mercantil do que o de *comunhão*, que põe imediatamente em jogo o reconhecimento da existência como dom. Entretanto, seria errado imaginar que o antissacrificial cristão poderia assumir o segundo com a exclusão do primeiro. Porque, como escrevia antes M. Mauss, "não há sacrifício em que não intervenha alguma ideia de resgate" ou "algo de contratual"[39]. A cisão antissacrificial, por consequência, se dá não entre esquema de expiação e esquema de comunhão, mas entre a atitude *servil* e a atitude *filial* a respeito de todo o sacrificial.

A dimensão "comunhão" não é menos prioritária no cristianismo, assim como mostra o elo original entre *todah* e *eucaristia*. Em consequência, se a dimensão "propiciação" (entendamos como "reconciliação" ou "perdão"), tão fortemente sublinhada a propósito do "sacrifício da missa" no concílio de Trento contra os Reformadores, é bem constitutiva da eucaristia, é *no interior de* sua natureza de "sacrifício de ação de graças" (insuficientemente sublinhada em Trento) que ela deve ser compreendida: *é dando graças*, devolvendo a Deus sua Graça, Cristo que nos é dado em sacramento, *que nós somos devolvidos a nós mesmos*, a saber, instaurados ou restaurados em nossa condição de filhos, e assim reconciliados.

Entendemos a questão do que chamamos de antissacrificial: não a negação do sacrificial ou de uma parte desse (sua parte de reconciliação), mas a *exigência de converter ao Evangelho todo o sacrificial para vivê-lo de maneira filial (portanto, fraterna) e não mais servil*. É precisamente porque a realização dessa fraternidade, fundada sobre nossa comum filiação, pela prática ética da

---

39. HUBERT, H. e MAUSS, M., "Essai sur la nature et la fonction du sacrifice" (1899), in: MAUSS, M. *Oeuvres*, I, *Les fonctions sociales du Sacré*, ed. de Minuit, 1968, 304-305.

reconciliação entre os homens, constitui o lugar primeiro de nosso "sacrifício". Isto é o que nos dá a ver e a viver o antissacrifício da eucaristia.

6. Uma ética eucarística: Ireneu e Agostinho

Segundo as célebres páginas de Santo Ireneu em *Adv. Haer.* IV, 17-18, a oblação é o lugar pedagógico principal no qual aprendemos a fazer nossa a mesma atitude de Jesus, isto é, a passar da atitude adâmica de escravo, considerando imaginariamente o poder divino como uma presa a conquistar, a uma atitude de *filho*, feliz por deixar que só Deus seja Deus e de se reconhecer sua criatura, fruto gracioso de seu amor paterno. "Havia sacrifícios no povo (judeu), há igualmente sacrifícios na Igreja", escreve Ireneu. Somente, ele acrescenta, "mudou a espécie deles: não é mais por escravos, mas por homens livres que é feita a oferenda". Porque a oblação eucarística das "primícias da criação" é, na mesma *dependência* que atesta a respeito de Deus, "a marca distintiva da *liberdade*": oferecida em ação de graças, manifesta que "Deus não necessita de nada" e que ele espera uma única coisa do homem: que ele "expresse o seu reconhecimento". Não é, pois, para ele, continua Ireneu, seguindo os apologistas cristãos do século II e na linha de Fílon e de muitas correntes judaicas (*supra*), que Deus solicita uma oblação, mas para *nós*: "*Somos nós os que temos necessidade de oferecer a Deus os bens que lhe consagramos*". Porque é reconhecendo que nada temos a oferecer de nós mesmos e que não podemos apresentar a Deus senão o que vem dele como um dom (cf. o *ta sa ek tôn sôn prospherontes* das anáforas antigas), que cessamos de ser "estéreis e ingratos"; de "*a-charistoi*", nos tornamos "*eu-charistoi*"; de ingratos, nos tornamos agradecidos. E tornar agradecido para com Deus requer que nos tornemos agradecidos para com os demais. Porque reconhecer o que Deus faz por nós, reconhecer o que fez ultimamente no dom de seu Filho que "recapitula" nele todos os dons do Pai e que constitui o "sacrifício puro" oferecido "por toda a terra" (Ml 1,10-11), é ser solicitado a *ser para com os outros como Deus é para conosco*. A oblação eucarística nos ensina, assim, como "servir a Deus" em vez de servir-se dele; ela nos ensina o que é passar do regime da escravidão àquele da filiação e, por aí, da fraternidade. Fazendo-nos acontecer como filhos no Filho, ela nos dá uns aos outros por irmãos. Eis porque, não cessa de repetir Ireneu ao retomar um florilégio antissacrificial de 17 citações bíblicas, o sacrifício que agrada a Deus não é outro senão aquele, à imitação de Cristo, da *obediência à sua palavra* e da prática da *justiça e da misericórdia para com os outros*. Esta é a páscoa antissacrificial que, em comunhão com a de Cristo, a eucaristia nos manifesta simbolicamente e que ela nos permite realizar eticamente.

São ecos totalmente similares que nos chegam por intermédio das igualmente célebres páginas de Santo Agostinho na *Cidade de Deus* (X, 5-6). "Deve-se crer que Deus não necessita somente de gado, nem de qualquer outra coisa corruptível e terrestre, mas nem mesmo da justiça do homem: tudo o que honra a Deus aproveita ao homem e não a Deus". E Agostinho emprega por sua vez um florilégio de uma dúzia de citações bíblicas. Destaca, então, a função do *sacramentum* eucarístico: é *"o sacrifício visível, isto é, o sacramento ou o sinal sagrado do sacrifício invisível"*. Ora, o que é este sacrifício invisível? É a obediência e o amor pelos quais Cristo se entregou ao Pai e aos homens, oferecendo consigo toda a humanidade da qual ele se fizera irmão. Em comunhão com ele, é também nossa própria vida dada a outrem pela prática da misericórdia. Porque "é a misericórdia que é o verdadeiro sacrifício". Ou ainda, o verdadeiro sacrifício invisível é a prática do "amor a Deus e ao próximo", que resume toda lei e que, observa Agostinho, era significada pelos sacrifícios do templo; consiste definitivamente em "toda obra realizada para nos estabelecer numa sociedade santa com Deus".

Ora, esta "sociedade santa" foi realizada prioritariamente na *Igreja*[40]. Enquanto corpo de Cristo, com efeito, no qual todos, segundo a variedade dos dons do Espírito, são membros uns dos outros, ela é o lugar de comunhão com Deus e com os outros. Também estas páginas magistrais de Agostinho culminam na apresentação da *Igreja como "o sacrifício universal" oferecido a Deus pelo Cristo*. E a eucaristia é o *sacrum signum* desse sacrifício universal: "Este é o sacrifício dos cristãos: nós que somos numerosos formamos um só corpo em Cristo (*multi unum corpus in Christo*). É o que a Igreja realiza no sacramento do altar, bem conhecido dos fiéis, onde se manifesta que é ela mesma a que se oferece em oferenda". Assim, a eucaristia é a revelação e a realização desse "verdadeiro sacrifício" que é *o tornar-se cristão em Igreja-corpo de Cristo*. Eles se tornam no ato em que, oferecendo Cristo "em sacramento", são oferecidos "por Cristo, com Cristo e em Cristo", segundo a doxologia da oração eucarística. O sacrifício sacramental é o do *Christus totus*, cabeça e corpo.

Assim apresentado, o sacrifício é "o símbolo do que nós somos" (*Sermo* 227). Impossível aqui dizer "Cristo" sem dizer simultaneamente "Igreja":

---

40. Trata-se aqui da Igreja como *societas sanctorum* e não como simples *communio sacramentorum*. Distinção importante elaborada durante a controvérsia com os Donatistas: estes pertencem à segunda, mas não à primeira. Cf. CONGAR, Y. M., *Introduction aux Traités anti-donatistes de S. Augustin* I, Bibl. aug. n. 28, DDB, 97-115.

a eucaristia é a *simbolização sacramental dos dois*. O sacrifício dos cristãos manifestado no *sacramentum* não é Cristo tomado isoladamente, mas *uno corpus* eclesial a viver "nele". É assim que seu sacrifício se torna nosso sacrifício, e sua páscoa, nossa própria páscoa. Impossível pensar teologicamente o primeiro sem seu envoltório simbólico com o segundo no sacramento. Quem diz símbolo, sublinhamos, diz diferença entre os dois termos simbolizados; mas quem diz símbolo diz também interdição de pensar um fora de sua relação com o outro — neste caso, impossibilidade para um tornar-se em sacramento sem sua relação com o outro. Recusa-se, assim, toda interpretação do sacrifício de Cristo que, sob pretexto de "realismo", se faria em detrimento da verdade do sacrifício dos participantes em suas relações mútuas como membros do mesmo corpo de Cristo. O *sacramentum* não pode realizar de fato uma relação com Cristo sem efetuar em paralelo, e também verdadeiramente, uma relação com os outros, relação que pede para ser incorporada historicamente na prática da reconciliação entre os homens. O "antissacrifício" da eucaristia, em vez de nos servir de álibi, nos põe contra a parede. É o grande símbolo do "êxodo fora do sacrificial", do qual falava R. Girard.

Apesar de suas diferenças de cultura e de sensibilidade, Ireneu e Agostinho se encontram no terreno da eucaristia. Todos os dois a apresentam como a grande *pedagogia* por meio da qual os homens "*aprendem* a servir a Deus" (Ireneu), em que a Igreja, corpo do qual Cristo é a cabeça, "*aprende* a se oferecer ela mesma por ele" (Agostinho). Uma observação importante: nos dois casos, essa pedagogia emana não de um simples *exemplum* exterior a nós, mas de um *sacramentum* em que Cristo é o primeiro comprometido. Pela oblação eucarística aprendemos a fazer nossa sua atitude "antissacrificial", dele que foi plenamente nosso irmão porque se situou plenamente como filho. Nós aí aprendemos a nos reconhecer como *outros e para os outros* ao nos reconhecer como *de Deus* e *para Deus*. Esta é a condição do acesso à liberdade. Como sacrifício da liberdade, a eucaristia nos devolve a nós mesmos e aos outros (esta é sua dimensão de reconciliação) no mesmo ato em que nós nos "entregamos" a Deus, dando-lhe filialmente toda graça (esta é sua dimensão, sempre primeira, de "sacrifício de ação de graças").

A graça da eucaristia é finalmente nosso próprio advento como *homens eucarísticos*, isto é, como filhos para Deus e irmãos para os outros, em comunhão com o Filho e o Irmão do qual nós fazemos aí memória. Essa graça nos é dada como *tarefa*; ela nos induz a *renunciar ao Deus-álibi* que não cessa de fabricar nosso desejo para dar corpo na história ao Deus crucificado, que, liberando-nos de nossas "muletas rituais", nos quer livres no espaço que deixa à nossa *responsabilidade*. A prática do duplo mandamento de amor a Deus e ao próximo, com suas implicações sociopolíticas, é o "verdadeiro sacrifício", a liturgia primeira que aprendemos do antissacrifício eucarístico.

CONCLUSÃO: RISCOS E POSSIBILIDADES DO VOCABULÁRIO SACRIFICIAL

"Sacrifício" é, sem dúvida, um dos termos mais complicados do vocabulário cristão. A. Vergote demonstrou muito bem antropologicamente o *teologúmeno* do Deus justiceiro sacrificando seu filho em nosso lugar e manifestou seu caráter difícil, francamente, insustentável na teologia cristã[41].

Os "batei, Senhor, batei" dirigidos ao Deus que descarrega sua ira sobre seu filho para nos salvar, nos sermões de Bourdaloue e outros de Bossuet[42], devem ser denominados por seu nome: é uma perversão de Deus. Sabemos de onde vem, do ponto de vista psíquico, essa necessidade de um Deus punidor — inútil voltar a isso. Ressaltemos somente que, do ponto de vista freudiano, a religião é essencialmente uma gestão da culpabilidade, como sublinhou J. Gagey[43]; e querer que não seja assim, sob pretexto de "maioridade" adulta e crítica, é justamente reforçar (ingenuamente) o que se quer negar. Acrescentamos ainda que Deus todo amoroso, o qual às vezes se reivindica, por reação contra o Deus vingador, pode ser menos perverso, ainda que mais sutilmente, que o último: quando o amor, sob pretexto de perdão, nada pode mais sancionar, quando não é mais estruturado por uma lei e, portanto, por um interdito, esse demasiado amor, do qual não se pode jamais satisfazer porque não se consuma senão pedindo sempre mais, corre o risco de ser vivido imaginariamente como uma dívida insolúvel; se está, então, tomado por um círculo infernal do qual não se pode sair, uma vez que a revelação da verdade — esse amor perseguidor — é supremamente interdita[44].

De qualquer maneira, a partir dessa última observação, a linguagem sacrificial pede, pois, para ser empregada no âmbito pastoral somente com

---

41. VERGOTE, A., "La mort rédemptrice...", in: LÉON-DUFOUR, X., VERGOTE, A. et al., *Mort pour nos péchés*, Bruxelles, 1976.
42. Por exemplo, BOUSSET, "Sermon sur la Passion de Jésus-Christ" (26 mar. 1660) in: *Oeuvres choisies* por J. Calvet, Paris, Hatier, 1921, 101-108.
43. GAGEY, J., *Freud et le christianisme*, op. cit., especialmente o cap. 9.
44. BELLET, M., *Le Dieu pervers*, op. cit., 15-49.

prudência. Permanece, no entanto, pelas razões apresentadas antes, *imprescindível*. Também nos parece, como representante simbólico do conjunto das atividades e das instituições cultuais de Israel, teologicamente *preciosa*. Sob o ângulo "escritura", ela expressa o cumprimento, por superação crítica, do culto veterotestamentário em Cristo. Sob o ângulo "sacramento", ela constitui, mediante os ritos da oblação e da comunhão, um símbolo particularmente prenhe da identidade filial e fraterna que une os crentes a Deus e entre eles em Cristo. Sob o ângulo "ética", ela permite fazer uma leitura "litúrgica" de sua prática de justiça e de misericórdia. Essa linguagem antissacrificial, bem compreendida, manifesta, pois, uma das dimensões constitutivas da identidade cristã. E sua expressão eucarística manifesta de maneira exemplar o processo por meio do qual o cristão acede à verdade de sua identidade.

TERCEIRA PARTE

O ato de simbolização da identidade cristã

Nossa segunda parte situou os sacramentos como um elemento entre outros no conjunto da configuração epistêmica própria da Igreja. Chegou agora o momento de especificar teologicamente qual é a originalidade ou a especificidade desse elemento, qual é sua diferença em relação aos outros. Esse é o objeto desta terceira parte.

Nós o faremos em três tempos principais. Inicialmente (capítulo 9), pelo modo de expressão particular que os constitui: a ritualidade. Em seguida, os abordaremos pelo ângulo da dialética entre o instituído e o instituinte. Se eles são a mais instituída das diversas mediações da Igreja (capítulo 10), eles igualmente o são enquanto expressão simbólica operante, a mais instituinte (capítulo 11). Assim, seremos levados a encontrar durante o nosso percurso certo número de questões sacramentárias clássicas: desde a instituição dos sacramentos por Jesus Cristo até a da graça sacramental.

Capítulo 9
Os sacramentos, atos de simbolização ritual

O COMPROMISSO RADICAL DA IGREJA NOS SACRAMENTOS

Como compreender a originalidade do Sacramento em relação à Escritura e à Ética, que igualmente são mediações eclesiais de nossa relação com Deus? O itinerário teológico até aqui proposto condena de imediato como uma falsa pista toda reflexão que visse nos sacramentos um "mais" ou uma "outra coisa" que nas Escrituras. "Comprometemo-nos com impasses quando queremos ver esta diferença no nível quantitativo, como se o sacramento desse mais do que a Palavra", escreve justamente J. J. von Allmen[1]. A diferença, em nossa opinião, deve-se tomar do *sacramentum* mesmo, isto é, do lado do modo de mediação implementado.

É nesta perspectiva que se inscreve K. Rahner. Um sacramento é "*um ato de realização da Igreja por si mesma num compromisso absoluto*"[2]. O teólogo alemão desenvolve essa tese a partir da questão da eficácia da ação de Deus nas diversas formas de proclamação da Palavra pela Igreja. Disso, ele toma uma convicção fundamental: o dom da salvação por Deus não está mais vinculado ao anúncio propriamente ritual e sacramental da Palavra que ao seu anúncio segundo o modo das Escrituras ou segundo o modo do

---
1. Von Allmen, J. J., *Célebrer le salut*, op. cit., p. 166.
2. Rahner, K., "Parole et eucharistie", in: *Écrits théologiques*, t. 9, DDB, 1968, p. 78. Cf. Idem, Église et sacrament, DDB, 1970, 35-39.

testemunho ético. Por isso, "*o conceito de* opus operatum *não é suficiente por si só para marcar o limite entre um sacramento e os outros acontecimentos (de graça)*"³. Ou, ainda, como escrevia mais recentemente o mesmo autor, o *opus operatum*, isto é, a Palavra eficaz de Deus, e o *opus operantis*, isto é, "o agir pessoal, livre, eticamente religioso do homem", "não se distinguem como ação gratuita de Deus no homem e realização somente humana". Porque "mesmo o agir livre do homem, onde não há culpa, é também acontecimento da graça". Se as duas noções supracitadas se distinguem, é "como história *institucional*, explícita, que assinalam a visibilidade eclesial nos sacramentos" de uma parte, e como "agir salvífico somente *existencial* do homem na graça de Deus" de outra parte⁴. Não se pode, pois, deduzir a originalidade dos sacramentos — sua "diferença específica" — unicamente do critério de eficácia.

Não podemos também deduzi-la do *grau de fé* requerido, como se o *ex opere operato* permitisse ao receptor "aproveitar-se" da "graça" com menor custo. Que Deus se disponha sempre nos sacramentos, uma vez que é o seu agente operador (significação positiva do *ex opere operato*), ou ainda que nem o ministro nem o sujeito receptor, em razão de seu grau de fé ou de santidade, possam estar na origem do dom gratuito de Deus ou torná-lo necessário (significação negativa do *ex opere operato*), não torna os sacramentos mais eficazes automaticamente: eles não podem se conformar com menos fé para efetuar a comunicação do sujeito com Deus do que a leitura das Escrituras ou o serviço aos demais. A noção de *validade* não é senão a transcrição no domínio da gestão dos sacramentos da afirmação precedente segundo a qual somente Deus é seu princípio de operação: a Igreja não é senão a depositária e não a proprietária. A noção de *eficácia* (subjetiva) vem tradicionalmente sublinhar que, como dizia Agostinho a propósito do batismo, "cada um recebe segundo sua fé". A fé não é a medida do dom, mas a de sua recepção. Os sacramentos "somente se tornam eficazes quando se encontram com a liberdade do homem em seu ato de abertura"⁵.

Nessas condições, a originalidade dos sacramentos somente pode ser apreendida pelo lado da Igreja que aí se compromete radicalmente e assim compromete toda a sua identidade. Fazemos, portanto, nossa a perspectiva de K. Rahner. Somente a afirmação teológica do compromisso *radical* da Igreja exige ser verificada de mais perto nos fatos, isto é, na espessura concreta da mediação que constitui os sacramentos. Essa mediação é ritual. Não

---

3. Idem, "Parole et eucharistie", 72.
4. Idem, *Traité fondamental de la foi. Introduction au concept du christianisme*, Centurion, 1983, 475. Sublinhamos.
5. Ibidem, 460.

pretendemos, certamente, deduzir a tese teológica acima enunciada de uma antropologia ritual. Com efeito, sua pertinência somente pode ser provada teologicamente no contexto da coerência própria da fé cristã. Mas, em teologia sacramentária, estamos de imediato na ordem da expressão simbólica, a ponto de a realidade do que foi efetuado não ser separável do *sacramentum* em que ela se encarna, como sublinhamos no capítulo precedente com o princípio do *in sacramento*. Portanto, se é exato que os sacramentos têm sua singularidade do caráter radical do compromisso da Igreja que os celebra, isso exige ser verificado em sua modalidade concreta, a saber, ritual.

Depois de salientar inicialmente [I] a lei, fundamentalmente prática, da ritualidade, proporemos [II] uma leitura teológica de alguns componentes principais desta leitura relativa à radicalidade do compromisso da Igreja nos sacramentos que constitui um dos principais fins desse capítulo. Sublinharemos em seguida [III] a relação essencial da ritualidade com o homem total como corporeidade, propondo finalmente [IV] uma reprise do conjunto sob o ângulo da corporeidade da fé. Acrescentamos que a reflexão que proporemos no capítulo 11 sobre a particularidade do "jogo de linguagem" ritual teria podido, e, de certa forma, mesmo devido, encontrar aqui lugar. Entretanto, optamos por sua transferência no quadro de nossa reflexão sobre a expressão simbólica operante que a contata de maneira mais imediata.

I. A LEI FUNDAMENTAL DA RITUALIDADE RELIGIOSA: UMA PRÁTICA SIMBÓLICA

Seriam necessárias aqui numerosas precisões terminológicas para delimitar o objeto de nossa reflexão presente: extensão da noção de "rito em etologia" e em antropologia[6]; noções de "ritualidade", "ritualismo" e "ri-

---

6. Cf. HUXLEY, J. (dir.), *Le Comportement rituel chez l'homme et chez l'animal*, Gallimard, 1971. Os "ritos", entre os animais, de desfile pré-nupcial, de marcação do território, de preparação ou de fim de combate, são considerados como "formalizações adaptativas" de comportamento (p. 23) que permitem uma economia de energia nos ajustes perpétuos do *ethos* que a vida em grupo requer. Os ritos humanos são igualmente isto, com certeza. Mas, os antropólogos, mais sensíveis à ruptura da "cultura" em relação à "natureza", são mais reticentes que os etólogos ao falar de "ritos" entre os animais. Assim, L. de Heusch ("Introduction à une ritologie générale" in: Centre de Royaumont, *L'Unité de l'homme*, Seuil, 1974) intitula a primeira parte de sua intervenção "L'animal cérémoniel et l'homme rituel" (p. 679-687), porque "o cerimonial é anterior à linguagem, mas não rito" (p. 687).

tual"[7]; diversos graus de ritualidade — desde os ritos maníacos até os rituais instituídos passando pelos ritos de interação[8]; tipologia dos ritos instituídos religiosos: ritos de passagem de tipo "estacional" (sociotribal), de tipo "mistérico" (agregação a uma "confraria") ou de atribuição de poder (ritos de investidura): ritos de entretenimento ou do "cotidiano", de tipo "purificação" (exorcismos, sacrifícios de expiação) ou de tipo "comunhão" (adorcismos, sacrifícios de comunhão) etc.

Como tudo o que é "-urgia", desde a cir-urgia até a metal-urgia, a lit-urgia é uma *prática*. Essa é a *lei fundamental* do rito. Convém explicitá-la pelo grande alcance que tem para a liturgia em geral e o nosso assunto em particular.

1. A essência pragmática da linguagem ritual

Enquanto rituais, os sacramentos não são inicialmente de ordem cognitiva, ordem da "*-logia*", mas de ordem prática. Certamente, transmitem

---

7. A "*ritualidade*" é uma dimensão constitutiva do homem. "*Ritualismo*" designa um desvio mais ou menos patológico, especialmente em direção da compulsão repetição e da neurose obsessiva (Freud), mesmo na direção do "rubricismo". Um "*ritual*" é uma sequência formada por um conjunto de ritos programados (segundo uma tradição oral ou livros litúrgicos).

8. Podemos distinguir *três graus de ritualidade*. O terceiro grau é o dos "*rituais instituídos*", como a assinatura de um tratado, uma prestação de juramento sobre a Bíblia, um matrimônio no cartório ou na Igreja, têm sempre uma eficácia de tipo performativo. Mas, antes desse terceiro grau, que é o único a nos interessar aqui, existe um segundo grau que corresponde aos "*ritos de interação*" estudado por E. Goffman (*Les Rites d'interaction*, ed. de Minuit, 1974): são concentrados de aprendizagem social (códigos de limpeza, de civilidade, de boas maneiras, comportamentos aparentemente "espontâneos" para evitar se sentir mal ou fazer com que os outros se sintam mal nas discussões, no metrô, num banco ou numa sala de cursos, segundo as circunstâncias de lugares, de tempos ou de pessoas…). Em um nível mais primário, descobrimos ritos de primeiro grau: ritos mais ou menos *maníacos ou mágicos* (cuspir nas mãos antes de começar a cortar uma árvore ou a levantar um objeto pesado, descer as escadas começando pelo pé esquerdo, persignar-se antes de um jogo esportivo…), ritos caracterizados por Freud como submetidos a uma compulsão de repetição em que ele discernia a obra da pulsão de morte; ao ter eventualmente consciência de seu caráter irracional, o sujeito experimenta uma verdadeira frustração se os omite. E. H. Erikson e J. Ambrose enraízam a ritualidade na experiência pré-verbal do bebê (em HUXLEY, J., op. cit., p. 139-158 e 170-175). Entre os diversos graus de ritualidade, por exemplo, entre o vínculo mãe-bebê e uma celebração eucarística, é um mesmo processo fundamental de ritualização que acontece, embora evidentemente de maneira muito diversamente formalizada (ERIKSON, E. H., "Ontogénie de la ritualisation" in: HUXLEY, J., op. cit., 142). Não nos interessaremos mais por esse aspecto que assinalamos aqui para atrair a atenção sobre o fato de que a ritualidade, diferentemente da aprendizagem da leitura ou do caminhar por exemplo, *não é acidental* ao homem: pode-se tornar plenamente sujeito sem saber ler nem poder jamais andar, mas não o podemos ser sem a ritualização.

também informações em matéria de doutrina e de ética; mas não é no plano discursivo próprio da teo-logia que eles operam.

Todo ritual religioso é de essência tão prática que ele se apresenta sempre como visando à instauração e à restauração de uma comunicação com Deus, os deuses, os espíritos..., e isso *pelo simples fato* de ser executado segundo as normas sociais de legitimidade e de validade. Todo ritual religioso pretende, assim, agir *ex opere operato* de alguma maneira. O fazer tem prioridade sobre o dizer; ou, antes, *o que é realmente dito é o que é feito*. De modo que a maneira de dizer é aqui mais decisiva que o "conteúdo" do que é dito, sendo o conteúdo do enunciado amplamente determinado pelo contexto da enunciação. Isso significa que a linguagem ritual pode ser tratada no quadro de uma *pragmática* e não somente de uma semântica.

Ora, segundo a teoria da diversidade dos "jogos de linguagem" formulada por L. Wittgenstein e retomada por J. Ladrière (*infra*, cap. 11), a linguagem litúrgica tem por especificidade o fato de desenvolver a autoimplicação constitutiva da linguagem da fé. Como tal, ela a põe em cena segundo uma visão pragmática que não se poderia considerar como simplesmente acidental. Em suas diversas expressões (ação de graças ou súplica, confissão ou desejo...), sua unidade é assegurada por sua *modalidade ilocutória*, modalidade que se cristaliza na performatividade das fórmulas sacramentais. *A operatividade simbólica é constitutiva da "textualidade" da liturgia*: pertence à sua própria essência de texto ou à especificidade do jogo de linguagem que lhe é próprio.

Por isso, os ritos não se acomodam nem ao didatismo nem ao moralismo. As logomaquias explicativas ou moralizantes pelas quais pretende-se salvá-los lhes impedem, de fato, de trabalhar em seu registro próprio; esse remédio é um veneno. E, ademais, esses discursos, muitas vezes desejosos de separar os ritos litúrgicos da "magia", correm o risco de proceder eles mesmos com outra onipotência mágica: a da palavra que crê mudar o mundo por meio de seu próprio *maná*. A palavra mágica não é, como diz Luc de Heusch, um "discurso-máquina"? O mago "converte a técnica em linguagem, assim como faz da linguagem uma técnica".[9]

A ilusão é tão mais fácil para nós, ocidentais, que, habituados durante vinte e cinco séculos à tradição logocêntrica, fixamos "espontaneamente" nossa atenção nas "ideias" que evocam o rito em vez de no trabalho que o efetua. É preciso, pois, nos desfazer de um *a priori* profundamente enraizado em nossa cultura para reconhecer que o ritual é de natureza *menos mental*

---

9. DE HEUSCH, L., op. cit., 701.

que "*comportamental*". Funciona no *nível dos significantes* e das "figuras" que formam, *e não inicialmente no nível dos significados* e dos "conteúdos" ideais. É por isso que a conduta entoadora é, muitas vezes, mais "performante" nesse domínio do que o conteúdo dos enunciados. "Não digais o que fazeis, fazei o que dizeis", eis a lei básica da liturgia.

"A missa é uma assembleia." Assim é! Mas, para que essa ideia "passe", é muito mais eficaz dispor o espaço da celebração de maneira que os participantes possam se ver (em vez de ver apenas as costas), antes que bradar, fazendo discursos sobre a assembleia dominical. "O altar é a mesa do banquete eucarístico." Também isso é verdade! Mas que sua disposição e sua decoração evoquem, pois, uma mesa, e não uma pedra de sacrifício ou um depósito de papéis, livros de canto, óculos e outros objetos extravagantes! Insistimos: "A eucaristia é uma partilha". Certamente! Pois então que o sacerdote comece, quando parte a hóstia para compartilhar o corpo do Senhor, por não consumir sozinho o pão que acaba de partir!

O rito funciona inicialmente aquém dos significados. Eis o que nos livra de nosso desejo de domínio e de nosso poder. E eis por que, numa cultura cujo pano de fundo é constituído por uma longa tradição metafísica e técnica de "inspeção" do real (*supra*, cap. 2), a *desapropriação* que se requer é tão difícil de aceitar com serenidade — a não ser que se dê (tentação invertida) no "simbolismo" esotérico de algumas correntes de "parapsicologia" que florescem atualmente. Estamos já em oração ao tomar simplesmente a posição ritual da genuflexão; estamos aí, como no grau zero, antes de qualquer coisa ter sido dita, e então mesmo que a oração não tenha eventualmente outro conteúdo senão o "Senhor, eu te falo" ou, ainda mais, quando não tiver outro conteúdo senão o corpo em oração, o corpo-oração. O rito das leituras da Bíblia na assembleia começa muito antes que se proclame: "Leitura do profeta Isaías"; funciona a partir do momento em que a assembleia se assenta e que o leitor se levanta e pega o livro ou se posiciona diante dele. É esse tipo de funcionamento específico que explica que uma família, ainda que duramente provada pela morte de um ente querido, não julgue chocante (embora as exceções se tornem cada vez mais raras) o fato de que o sacerdote proclame ritualmente durante os funerais: "Demos graças ao Senhor nosso Deus".

2. A linguagem ritual em nossa cultura

Tudo isso não significa evidentemente que devamos nos desinteressar da qualidade teológica dos enunciados na liturgia e de suas taxas de credibilidade para os participantes. Com efeito, de uma parte, mesmo no interior de uma "área de audibilidade"[10] que determina prioritariamente o seu alcance, essa qualidade permanece como um dos componentes do funcionamento da liturgia. E, de outra parte, sobretudo, *pertence cada vez mais à cultura atual reivindicar a inteligência do que se enuncia*, sob pena de suspeitar de uma mistificação. Que haja nesta reivindicação uma parte de ilusão ou mesmo uma boa dose de pretensão e uma nova forma de ingenuidade (tanto mais perigosa quanto mais se pretende precisamente não ser mais ingênua, porque "principal") não é uma razão para recusar ouvir o pedido que se formula aí coletivamente. E a liturgia atual, sob pena de ser vítima do que A. Vergote denomina um fenômeno de "dessimbolização", isto é, de isolamento e de ruptura em relação à cultura ambiente, deve *integrar essa reivindicação de inteligência*. Tal requisição ameaça certamente com o desvio "logomáquico" que denunciamos anteriormente. Mas a "suspeita" é um traço tão característico da cultura atual que nossas celebrações devem falar suficientemente ao "cérebro" para poder falar ao "coração".

A reforma *pós-tridentina* e, talvez ainda mais, a corrente ultramontana da segunda metade do último século tinham gerado um *ethos* litúrgico muito marcado pela onipotente majestade divina e pelo respeito humilde que convém ao povo cristão diante dela: a pompa litúrgica dos "ornamentos" sacerdotais ricamente bordados, o ouro dos cibórios, a elevação do trono, as conveniências pediam que o povo respondesse com uma humilde submissão ao cerimonial, de múltiplas marcas exteriores de respeito, das atitudes fortemente interiorizadas de adoração e de arrependimento, um silêncio "sagrado" que se julgava ser o único conveniente ao lugar santo… A reforma do *Vaticano II*, expressão de uma mudança cultural muito mais ampla e profunda, gerou um *ethos* muito diferente, que pedia ao povo cristão uma "participação plena, consciente e ativa"[11], ela produziu uma verdadeira revolução — da qual não se tinha provavelmente captado todo seu alcance no concílio. Com efeito, ali onde a barreira "sagrada" do latim desempenhava o papel de tela protetora, o emprego da língua vernácula (ao se tornar tão inteligível que teve como primeiro efeito fazer com que os destinatários compreendessem o que eles não compreendiam…), assim como alguns ritos sensivelmente simplificados e realizados diante do povo para torná-los mais eloquentes, exige doravante do povo "ir e ver". De repente, a relação dos cristãos com as celebrações litúrgicas perdeu sua ino-

---

10. A expressão é de HAMELINE, J. Y., "Aspects du rite", in: *LMD* 119, 108.
11. CONCÍLIO VATICANO II, *Constituição sobre a Liturgia*, n. 14.

cência primeira para se tornar crítica e colocar a suspeita pela qual, com razão ou não, se crê ver desvelar o mecanismo de funcionamento do ritual até então desconhecido. Tal desvelamento implica o que R. Girard denomina uma *crise sacrificial*[12], que é fácil verificar hoje: desde que então se evidencia a unanimidade cultural do grupo e que a suspeita de mistificação, inicialmente animada por uma "elite" (cujos sacerdotes, agentes tradicionalmente especializados no culto, estiveram amplamente envolvidos), é, senão admitida, pelo menos respirada por todos junto com o ar do tempo, a crise do rito foi, com efeito, inevitável.

Para dar a nossos ritos cristãos a sua chance de funcionamento no registro simbólico que lhes é próprio, é preciso necessariamente ter em conta alguns traços fundamentais de nossa cultura. Certamente, enquanto o agir *simbólico* que intenta não como o agir técnico operar uma transformação do mundo, mas sim trabalhar as pessoas em suas relações com Deus e entre si, a eficácia dos ritos não foi nunca dominável: o símbolo, por natureza, escapa. Seu funcionamento permanece ainda parcialmente regulável. Nesse sentido, abstrair-se dos atuais "valores" culturais que alimentam os projetos de nossos contemporâneos, especialmente da suspeita crítica e da reivindicação de inteligência, é retirar de nossos ritos a sua chance de funcionar simbolicamente. Isso quer dizer também que o apelo aos diferentes arcaísmos, psíquicos e sociais, que efetivamente se colocam em jogo nas atividades rituais é igualmente suspeitável. Com efeito, pode dar lugar a uma verdadeira *chantagem*, que não é mais do que um refúgio imaginário num passado idealizado e que, sob a capa de "indizível", não é mais do que um neorromantismo ameaçado de derivar para as múltiplas formas de "teosofia" e de exaltação do "oculto" que florescem nas incertezas da época atual. Eis-nos, pois, prevenidos em relação a esse não-dominável que já mencionamos e que sublinharemos ainda em seguida.

Esses diversos elementos de reflexão não põem, de maneira alguma, em causa a lei fundamental da ritualidade como prática simbólica. Querem somente, uma vez exibido o alcance principal desta lei, evitar interpretações ingênuas que, sob pretexto de "ciência" — etnológica especialmente —, levam, em conexão com o gosto cultural atual pelo exótico e pelos objetos antigos, a negligenciar a *diferença capital de apreensão do ritual* nas sociedades homeostáticas, isto é, relativamente estáveis e fechadas, como as sociedades tradicionais estudadas pelos etnólogos ou pelos folcloristas, e numa sociedade aberta, pluralista e sempre mutável como a nossa.

---

12. Cf. GIRARD, R., *La Violence et le sacré*, Grasset, 1972, 76-77.

II. LEITURA TEOLÓGICA DE ALGUNS COMPONENTES PRINCIPAIS DA RITUALIDADE

Prática simbólica: esta lei fundamental rege as diversas dimensões de toda ritualidade. Nós levaremos em conta quatro (sem pretender ser exaustivo) que manifestam bem a *modalidade concreta* segundo a qual a Igreja se vê "radicalmente comprometida" nos sacramentos.

1. A ruptura simbólica

a. *A natureza fronteiriça dos ritos (heterotopia)*

Quem diz rito diz sempre ruptura simbólica com o ordinário, o efêmero, o cotidiano. Que seja igreja, templo, lugar alto, bosque sagrado ou simples espaço ao redor de uma árvore ou no meio da praça da aldeia, seja permanente ou ocasional, o *lugar* do ritual religioso é sempre "consagrado", isto é, posto à parte, arrancado de seu estatuto de espaço neutro por uma sinalização simbólica pelo menos provisória. Assim os hebreus delimitaram seu campo no pé da montanha na ocasião da teofania do Sinai (Ex 19,12). É o mesmo com o *tempo*: a temporalidade ritual é vivida diferentemente da vida ordinária. O tempo do sábado judaico ou ainda o do domingo cristão é diferente do da semana: isso era outrora fortemente marcado por ritos que iam da veste "especial do domingo" à interdição dos trabalhos "servis", passando pelos toques dos sinos, pelos encontros na praça da aldeia ou no café, pela refeição mais abundante...

Os *objetos* ou materiais manipulados no ritual são igualmente separados de seu uso utilitário habitual: um cálice de ouro serve para beber igualmente como um copo, mas é de tal modo de outra ordem que, no limite, sua forma e seus rutilantes ornamentos decorativos mal deixam perceber sua função de instrumento para beber. Igualmente, nossas hóstias foram de tal modo arrancadas de seu estatuto de pão ordinário que, tornadas planas, brancas e redondas, somente com grande dificuldade evocam ainda o pão.

O que acaba de ser dito dos objetos ou dos materiais, cuja destinação ritual pode ser permanente ou ocasional, pode se dizer igualmente dos *agentes* do rito: os oficiais "sacerdotais" podem ter, segundo os grupos e segundo os tipos de ritual, um estatuto de "consagrados" permanentes, ou ser apenas provisoriamente reconhecidos socialmente aptos para cumprir esta ou aquela função ritual. Mas, em todo caso, não é possível que uma pessoa qualquer possa se dar ao luxo de fazer qualquer coisa indiscriminadamente. A ritualidade requer a atribuição de papéis e de funções determinados, muitas vezes ligados a ritos de purificação para permitir o contato com um "sagrado" sempre julgado perigoso.

Como o lugar, o tempo, os objetos ou materiais, e os agentes, a *linguagem* do ritual é, ela também, específica. Pode ser uma "língua sagrada", como a linguagem secreta às vezes entregue durante a iniciação ou uma língua tornada mais ou menos morta (hebraico, grego, siríaco, latim, eslavo antigo...). Mas pode ser também a língua vernácula, então desligada de seu uso habitual, seja pelos enunciados mais ou menos rigorosamente formalizados (vocabulários e imagens tradicionais, múltiplas redundâncias, abundância de fórmulas repetitivas...), seja pelo ritmo e pelo tom particulares da voz que repete ou resmunga as fórmulas, que proclama de modo alto e claro súplicas, louvores ou ações de graças, ou que modula os enunciados segundo as múltiplas possibilidades do murmúrio, da cantilena ou do canto.

Poderíamos alongar a lista, especialmente no âmbito dos gestos e das posturas do corpo. Os elementos dados bastam simplesmente para mostrar a *"natureza fronteiriça"* dos ritos[13]. Com efeito, eles estão sempre em posição liminar, à margem do ordinário e no limiar do "sagrado". Seu *topos* é distinto daquele de todos os dias. *Heterotópicos*, eles trabalham em outro cenário. É preciso encontrar ainda a boa distância. Pelo que diz respeito a nossas liturgias cristãs, o problema consiste em situar a distância simbólica entre os dois limiares do "demasiado" ou do "insuficiente".

b. Negociar entre dois limiares

— O hieratismo

Há um limiar de *heterotopia maximalista* além do qual o rito não pode funcionar. De estranho torna-se, então, estrangeiro. Insuficientemente enganchado com os valores culturais, aparentes ou latentes, do grupo, dessimbolizado, tende a somente funcionar por regressão para o imaginário de cada um. Toda uma fantasmática pode, então, se elaborar no plano psíquico, e o simbolismo será privado de suas chances de sucesso.

Esse perigo ronda particularmente toda sensibilidade demasiado viva para o caráter "sagrado" dos sacramentos. Sob pretexto de pô-los à parte, eles tornam-se de tal modo *hierárquicos*, petrificados, veneráveis e intocáveis, que não evoluem mais com a cultura e não toleram nenhuma espontaneidade de expressão. Convém, por outro lado, perguntar-se qual "sagrado" ou "sentido do sagrado" seria assim preservado. "É o sagrado pensado como

---

13. HAMELINE, J. Y., art. cit., p. 107.

poder e autoridade exteriores, aquele de uma transcendência tal que toda proximidade seria considerada como uma infração sacrílega", estima A. Vergote. Ora, prossegue o autor, "como não reconhecer nesse sagrado aquele de uma autoridade indecifrável na qual o superego delega inconscientemente seu poder inquietante?". Daí o parentesco desse rito com o "cerimonial obsessivo: formalização rigorosa e rígida, isolamento das formas vivas da cultura, ausência ou forte redução da intenção simbolizante e, entre numerosas crentes, angústia pelo não cumprimento do rito"[14].

Esta espécie de chantagem à heterogeneidade do rito está, por outro lado, alimentada pelo *conservadorismo* cultural. Com efeito, por sua programação, da qual falaremos mais adiante, o rito tende a se autorreproduzir ao longo das gerações e dos séculos, segundo um processo que muitas vezes tem muito pouco a ver com as condições originais de sua produção. Depois do sociólogo americano A. L. Stinchcombe, L. Voyé sublinhou que as condutas rituais pertencem a esses processos sociais que, nascidos sob o impulso de um certo número de fatores sociais (econômicos, políticos, éticos, religiosos…), tendem a *se autoconservar* em razão dos efeitos sociais que eles geram e que são considerados como benéficos, sem que mantenham já os seus vínculos com as motivações originais que os fizeram nascer. Há uma disjunção entre a lógica de sua produção e a lógica de sua reprodução.[15]

A prática dominical tradicional é, segundo o autor, um bom exemplo disso. Além das motivações "teológicas" que os atores podem dar no nível consciente, ela é reveladora de motivações inconscientes, que dependem dos benefícios sociais (como o desejo de integrar alguns valores de distinção, especialmente pela identificação com um estrato social superior em que é de bom-tom ir à missa) ou psíquicos (gestão de culpabilidade) e que são de fato muito mais determinantes da sua retenção do que as razões religiosas que se pode dar delas. Como a valorização do cru ou do podre, do cozido ou do fervido segundo as culturas é reveladora de um código cultural inconsciente (C. Lévi-Strauss), como o tipo de fotografia tomada por amadores é, em função dos temas, dos ângulos de visão, da qualidade procurada no produto, a expressão inconsciente de tal ou tal estrato sociocultural (P. Bourdieu), como o tipo de *habitat* procurado (H. Raymond) ou os modos de vestimentas (R. Barthes)[16] são, pelo menos estaticamente,

---

14. VERGOTE, A., *Dette et désir*, op. cit., p. 136.
15. VOYÉ, L., *Sociologie du geste religieux*, Bruxelles, ed. Ouvr., 1973, 213-218.
16. Cf. LÉVI-STRAUSS, C., *Le Cru et le cuit*, Plon, 1964, Overture; BOURDIEU, P. et al., *Un art moyen: essai sur les usages sociaux de la photographie*, ed. de Minuit, 1965; RAYMOND, H. e HAUMONT, N., *L'Habitat pavillonnaire*, Paris, Inst. De Soc. Urb., Centre de Rech. D'Urban;

símbolos de tal e tal "mundo" sociocultural, assim a prática dominical é uma conduta simbólica reveladora de normas e valores que são *tanto mais influentes quanto menos conscientes*. E igualmente, segundo R. Girard, a tomada de consciência do que denomina o mecanismo vitimário causa uma "crise sacrificial", a das motivações psíquicas ou sociais da prática dominical corre o risco de "quebrar sua eficácia", uma eficácia tanto melhor assegurada quanto seus motivos reais, os quais, interiorizados, muitas vezes, desde a primeira infância, parecem ser óbvios, totalmente "naturais" e, assim, não suscetíveis de ser questionados.[17]

É isso que, pelo menos por uma parte, explica a defasagem muitas vezes observada pelos sociólogos da religião entre o pedido dos ritos de passagem feitos à igreja (batismo, casamento, sepultura, sobretudo; recentemente ainda, na França, a comunhão solene) e o conteúdo das crenças. O divórcio pode ser tal que a demanda sacramental pode se aliar a uma incredulidade declarada[18]; ela corre o risco neste caso de ser objeto de uma insistência ainda maior. É que as reações psíquicas arcaicas desencadeadas na ocasião do nascimento, do amor e da morte, assim como as normas sociais de comportamento impostas a cada um nesses casos por seu meio social, são tanto mais poderosas quanto latentes. Trata-se bem aí de "sagrado" para os requerentes. Este "sagrado" está impregnado de religião, mas é essencialmente "anônimo", que remete a esta onipresença latente e flutuante ou a essa "região de ser" que é "o fundo do 'há' das profundidades". Este sagrado é provado essencialmente como "inviolável"[19]. De fato, o que anima de maneira desconhecida a demanda à Igreja dos ritos de passagem parece sublinhar o que é experimentado como tão inviolável que não se pode trair sem trair a si mesmo e sem trair seu "mundo" sociocultural, tradicional e atual. Há, como se diz, coisas "que-não-se-fazem". Não pedir o casamento à Igreja é, certamente, em muitos casos, decair a seus próprios olhos e aos olhos dos seus. É evidente que a acolhida dos requerentes, se ele quer ser "evangélico", não pode negligenciar o peso concreto dessa "realidade" — o que não pressupõe por isso a automaticidade da resposta…

Conservadores por natureza, os ritos sofrem, como todo organismo vivo, *mutações* que, semelhantes àquelas que a genética descobriu, pare-

---

BARTHES, R., *Système de la mode*, Seuil, 1967. De maneira mais geral, cf. sobretudo BOURDIEU, P., *La Distinction. Critique sociale du jugement*, ed. de Minuit, 1979.

17. VOYÉ, L., op. cit., 212.

18. Cf. SUTTER, J., "Opinion des Français sur leurs croyances et leurs comportements religieux", in: *LMD* 122, 1975, 59-83; VOYÉ, L., op. cit., 224.

19. VERGOTE, A., "Équivoques et articulation du sacré", art. cit. (*supra*, cap. IV, n. 56).

cem ser transmitidas de maneira hereditária, a ponto de formar, às vezes, ramos degenerescentes. Cada mutação tende, com efeito, a se *fossilizar* de alguma maneira. O rito se compõe, então, de estratos sedimentários sobrepostos. Para cada geração, o último estrato parece certamente bem vivo, e encontra-se sempre o meio, como o mostra abundantemente a história da liturgia cristã, de legitimar, muito frequentemente pela *alegoria*, os estratos anteriormente acumulados: sabemos que acessórios de uso essencialmente prático em sua origem, como o amito ou o manípulo, se tornaram "ornamentos sacerdotais" que foram legitimados alegoricamente ao serem relacionados com as virtudes ou atitudes espirituais das quais o sacerdote, ao se preparar para dizer a missa, devia se revestir. Assim, as linhas principais da celebração eucarística se afogaram sob um acúmulo de ritos, sinais, objetos, orações. Tornada irreconhecível, a liturgia estava a ponto de se asfixiar sob duas riquezas demasiado grandes. Girando em órbita em virtude da energia cinética adquirida, estranha à atração cultural, ela não falava mais aos cristãos a não ser indiretamente, fazendo referência a uma tradição imemorial que fazia com que, para os cristãos da Europa, como para os bororos da Amazônia ou os azandés da Etiópia, os símbolos rituais tivessem como justificação apenas algo como "nós não sabemos o porquê, mas sempre foi assim". Com efeito, o que é que podia (ainda?) fazer funcionar simbolicamente uma unção feita rapidamente por um polegar apenas umedecido com óleo tirado de um frasco minúsculo, opaco, cheio de algodão hidrófilo de uma propriedade duvidosa, a não ser que "isso sempre foi feito assim"? A doença era tão grave que a maior parte achava normal que não se compreendesse: não era preciso respeitar o "mistério" e seu "segredo sagrado"? E não bastava que os sacerdotes possuíssem, como especialistas do sagrado, a chave do misterioso funcionamento dos ritos e que eles assegurassem a sua boa marcha pela justa e escrupulosa execução das rubricas? Petrificados no orbe rubricista do imutável, descolados dos valores culturais que alimentam a modernidade respirada por cada um, quer queira ou não, com o espírito do tempo, esses ritos litúrgicos, demasiado heterogêneos com respeito ao mundo ambiente, somente podiam se tornar insignificantes.

— A banalização

Por reação contra o conservadorismo ritual, e em união com a valorização do "profetismo" evangélico, vimos recentemente na Igreja católica grupos tomados por uma febre tal de "celebrar Jesus Cristo na vida" que tampouco eles, no oposto da corrente precedente, deixaram aos ritos a chance de funcionar. Porque há também um limiar de *heterotopia minimalista* abaixo do qual esta chance lhes foi afastada. Banalizados, sob o pretexto de estar "na vida", em uma linguagem, gestos, objetos que querem se situar no nível do cotidiano, muitas vezes afogados num palavreado explicativo e moralizador, os ritos não são mais que pretextos para fazer outra coisa. E a ideologia de cada um pode ser alegremente realizada de maneira *mais coercitiva ainda* que a coação da programação ritual que se quer combater.

Esta forma de tentação foi, nos últimos decênios, na França pelo menos, mais dominante entre os clérigos e os leigos ditos os mais "comprometidos". Sem dúvida, historicamente era inevitável: quando o caldo cultural continua a esquentar numa panela da qual se fechou hermeticamente a tampa, tudo acaba por explodir; e os desgastes são na medida da pressão. Certamente, a corrente que contestava uma liturgia demasiado petrificada teve, apesar dos excessos, grandes méritos; voltaremos a isso. Mas, carente de reflexão suficiente sobre a natureza da ritualidade, transformou, algumas vezes, a liturgia em minicursos de teologia ou em análise das práticas militantes — todas, coisas importantes, mas que têm o seu lugar em outra parte...

Isso requer um *minimum* de *distância simbólica* em relação à linguagem, aos gestos, às atitudes da vida corrente. Seguramente, essa distância deve ser *negociada no âmbito pastoral*, em função de diversos fatores: o fator "cultura", em primeiro lugar, que parece requerer menos ruptura e programação para o bom funcionamento da liturgia em nossos países ocidentais hoje do que outrora; outros fatores também, como o número (não se celebra num grupo de dez como numa grande multidão), o lugar (idem, conforme esteja reunido numa sala ordinária ou numa catedral), a frequência (uma celebração cotidiana será mais flexível, embora não necessariamente menos ritual, para se evitar de investir subjetivamente em demasia todos os dias, que uma missa dominical ou, com mais razão, de uma grande festa), a média de idade do grupo (crianças, jovens, adultos) ou sua ideologia dominante... O limite sobre o qual os ritos podem funcionar não é sempre o mesmo. Mas não é disfarçando-o sob uma pretensa espontaneidade "natural" (O que poderia ser mais cultural e mais ideológico do que essa busca febril pelo "natural"? O que seria mais contraditório do que esse espontaneísmo por encomenda?) que se pode salvar a ritualidade litúrgica. Pode-se certamente, por esse procedimento, realizar uma obra pedagógica muito positiva para a fé, e, às vezes, é necessário passar por isso com alguns grupos: "o sábado é para o homem", e não o contrário. Entretanto, estamos apenas repelindo o problema.

c. Leitura teológica da heterotopia ritual

Por mais crítica que seja a respeito da "sacralização" (cf. *supra*), a fé cristã não pode ser vivida sem religião, nem, portanto, sem ritos. Evidentemente, ela não pode ignorar as leis antropológicas e sociológicas de todo funcionamento ritual, a começar pela lei da ruptura simbólica. Na falta disso, o demônio ritual que se pretendeu expulsar volta a galope com sete outros mais fortes do que ele, mascarados sob um dogmatismo ou um moralismo muito mais perigosos e não menos ingênuos do que a "magia" religiosa da qual se quer desembaraçar.

Ora, no centro mesmo de suas ambivalências, a ruptura ritual exerce uma função simbólica altamente construtiva para a fé. Com efeito, ela cria *um vazio em relação ao imediato e ao utilitário*. Enquanto ritual, a liturgia está essencialmente além do útil ou do inútil. Ela não tem utilidade didática, uma vez que não é um minicurso de teologia ou uma sessão de catequese; nem utilidade moral, uma vez que sua função não é "recarregar as baterias" ou remobilizar as tropas paroquiais ou a elite de "choque", nem tampouco, num plano mais afetivo, favorecer cálidas experiências espirituais; nem utilidade estética, uma vez que não é um "espetáculo", nem mesmo uma "festa" no sentido doravante clássico dado a esta noção especialmente por R. Caillois. Certamente, há também — e deve haver — estética, moral, didática na liturgia. Mas esses elementos empíricos não lhe são essenciais: uma liturgia muito sóbria e, portanto, relativamente pouco "festiva" pode ser mais operatória para efetuar a passagem sacramental dos participantes com o Cristo do que uma celebração em que se faz de tal modo "a festa" que ela não permite mais esta ruptura pedagógica sem a qual não pode tomar corpo o sentido da alteridade de Deus. Que os participantes encontrem na celebração algo para se fortalecer na moral, ou elementos de catequese que os esclareçam ou uma reflexão teológica que os ajude a meditar, é eminentemente desejável, indispensável mesmo em certos aspectos: não se corta a vida em pedaços e, por outro lado, esses elementos, como já sublinhamos anteriormente, pertencem às reivindicações culturais do tempo, sem as quais a liturgia não poderia mais funcionar em seu próprio nível, que é diferente. Tudo isso é muito bom. E não impede que a ritualidade funcione em *outro nível*, o simbólico.

Ora, nesse nível simbólico, a ritualidade, mediante seu uso não utilitário dos objetos, dos lugares, da linguagem... que lhes são próprios, acabam por efetuar uma interrupção decisiva em relação ao mundo ordinário. Criou-se, assim, um vazio, espaço de respiração, de liberdade, de gratuidade no qual Deus pode acontecer. Sem essa interrupção há fortes chances de que a celebração de Jesus Cristo funcione de fato (e com toda boa-fé, sem dúvida) como um álibi de autocelebração satisfeita. A ruptura simbólica permite fazer a experiência viva do *"largar mão"* em relação ao nosso saber teológico, às nossas "boas obras" éticas, às nossas "experiências" pessoais de Deus — em resumo, em relação às múltiplas astúcias psíquicas e ideológicas que desenvolvemos inconscientemente para submeter o Evangelho aos nossos desejos —, sem o qual não há acolhida possível da graciosidade de Deus.

Esse "largar mão" é tanto mais estruturante para a fé quanto menos consciente ele for enquanto tal. Pois se a simbologia da ruptura ritual nos parece ter essa importância, é justamente porque *nós não a dominamos*; na verdade, é ela que nos domina. Nela, não é um *discurso sobre* a alteridade e a graciosidade de Deus que se formula, mas sim uma *prática viva dessa* alteridade e graciosidade que se efetua. Tal prática é mais decisiva no que diz respeito ao trabalho simbólico que ela realiza em nós do que os discursos, por mais indispensáveis que os discursos sejam no plano do discernimento crítico a operar para evitar os desvios da prática. Não é um festim pantagruélico que se consome para simbolizar ritualmente a saciedade no banquete escatológico, mas somente um pouco de pão e de vinho. Não é um cálice ordinário que se utiliza para o vinho do Reino, mas uma copa que, sem ser necessariamente de ouro e incrustada de pedras preciosas, se manifesta como outra coisa diferente de um simples utensílio. Não é uma Bíblia de trabalho mais ou menos suja, ainda menos uma simples folha de papel que se emprega para ler as Escrituras como Palavra de Deus, como se fosse suficiente dispor simplesmente do texto escrito para que a rubrica "leitura" seja executada: a encadernação, a ornamentação e o volume do lecionário, assim como o estilo do púlpito ou da estante de onde se fazem as leituras, ou a postura do leitor e o tom de voz que ele adota são os suportes simbólicos prioritários do reconhecimento das Escrituras como "Palavra de Deus"; eles são *muito mais eficazes do que todos os nossos discursos* — por outa parte, necessários em seu tempo — sobre o tema. Porque uma identidade jamais é o fruto de um raciocínio, mas a origem dos discursos que se pronunciam, é mediante essas expressões simbólicas que nos impregnam tanto melhor quanto funcionam aquém de nossas "razões" de crer em que cada um é iniciado no mistério de Cristo. Querer inverter o processo, sob pretexto de que quem trabalha é o arado e não os bois, é se condenar de antemão a esforços vãos pelos quais nunca o campo humano poderá frutificar no âmbito cristão.

Como nos diversos exemplos precedentes, o simples fato, num fim de semana de trabalho, de arrumar os papéis, de dispor uma mesa diante dos outros, com uma distância espacial suficiente para que o grupo não aprisione simbolicamente (e, portanto, realmente no nível ideológico) o Cristo, a quem se quer celebrar, ou ainda o fato de ornar essa mesa, mesmo de maneira relativamente simples como convém a uma sala ordinária, tudo isso pertence a essa "linguagem silenciosa"[20] que fala, e que fala ilocutoriamente, muito mais do que os discursos. Que Deus seja o diferente, que sua diferença, pensada no registro simbólico do outro, seja *graça*, eis o que se diz "performativamente" e *antes de qualquer discurso* na ruptura ritual; eis o que se diz por meio de uma prática simbólica na qual nós não nos contentamos com o falar sobre a graça de Deus (o qual pode se reduzir apenas a palavras mais ou menos ocas), mas em que desenvolvemos, por uma efetiva interrupção em relação ao útil, um espaço de gratuidade em que Deus pode acontecer. É ambígua a heterotopia ritual? Certamente! Por isso o operador crítico da fé deve sem cessar exercer sua vigilância. Mas, no centro mesmo dessa ambivalência que toca o mais humano de nossa humanidade, quantas oportunidades também para a estruturação da fé! Muito antes de se formular num *credo*, é na mediação dessa simbologia primária não pensada que a confissão de fé na alteridade e na graciosidade de Deus se efetua em ato e toma corpo em nós.

2. A programação e a reiteração simbólicas

a. *A metonímia ritual*

Segundo sua etimologia indo-europeia, o termo sânscrito *rita* significa "o que é conforme com a ordem"[21]. De fato, é característico de todo ritual religioso ser *recebido de uma tradição*. Jamais se inventa um ritual; é, por natureza, *programado previamente*, o que lhe permite ao mesmo tempo ser *reiterado identicamente*, em intervalos regulares, a cada ano, estação, semana, lua nova, ou em cada fase da vida humana, em cada geração ou em todo acontecimento importante para a vida do grupo. Isso é o que também indica o substantivo ou adjetivo "ritual" em português.

A programação é constitutiva do rito religioso na medida em que nele se faz *como os antepassados fizeram, como o fundador* (mítico, historicizado ou histórico) fez. Ainda mais *porque* (supostamente) eles assim fizeram. Os ritos religiosos apontam, portanto, como um índice para a origem, mediante

---

20. HALL, E. T., *Le Langage silencieux*, Mame, 1973, cap. X "L'espace parle".
21. BENOIST, L., *Signes, symboles et mythes*, PUF, 1975, 95.

a repetição idêntica, de geração em geração do "mesmo" que foi programado *in illo tempore* [naquele tempo] fundador. Colocando entre parênteses o tempo que separa hoje do antepassado epônimo ou do fundador histórico (Moisés, Jesus, Maomé), funcionam segundo o simbolismo da elisão *metonímica*. Constituem assim o depósito primeiro da memória coletiva do grupo. Ao submergir anamneticamente isso no tempo primordial no qual nasceu, o ritual impede as forças de morte que, sem descanso, ameaçam esgotar sua identidade e o significado do mundo.

Além disso, sua *repetição* regular tem um efeito iniciático de primeira importância. À força de reiterar os mesmos gestos e as mesmas fórmulas em circunstâncias idênticas e segundo um ritmo periódico relativamente rigoroso, ela faz passar os valores do grupo ao corpo de cada um, até o ponto em que acabam por colar na pele (porque, ainda aqui, e sobretudo aqui, tudo está na "pele") de tal maneira que lhes parecem "naturais". Enfim, o que é a *iniciação* senão essa inculcação de uma cultura por lenta impregnação? Certamente, esse processo é portador de graves ambiguidades: entre a iniciação a um sistema de valores cristãos e a iniciação ao Evangelho, há, muitas vezes, mais do que uma margem. Por outra parte, a programação e a reiteração rituais são tão ardilosas, elas também, que podem derivar em todas as espécies de condutas, psiquicamente patológicas ou socialmente alienantes: ritualismo, rubricismo, necessidade mórbida de purificação ou de expiação, desmobilização social, conservadorismo, defesa da ordem estabelecida, rotina...

b. *Leitura teológica da programação ritual*

Entretanto, quando são bem gerenciadas, desempenham, elas também, uma função simbólica eminentemente positiva na estruturação da fé. Por ser *unicamente* simbólica, a elisão metonímica do tempo, longe de preencher a distância com a origem, pelo contrário, a aprofunda. Assim se manifesta a irredutibilidade da ausência do fundador (Jesus Cristo, neste caso) e a impossibilidade em que nos encontramos de reconquistar nossa origem cristã. E, porque é simbólica, ela efetua uma relação de comunicação viva com essa origem fundacional. Assim, quando refazemos a ceia do Senhor, quando a refazemos *como* ele a fez (segundo o que nos dizem as tradições evangélicas) e *porque* ele a fez assim; quando, portanto, nós tomamos em nossas mãos o que ele mesmo tomou, a saber, pão e vinho, e quando repetimos palavras que não são nossas, mas dele — ainda mais porque elas são dele e não nossas, nós podemos, entretanto, "traduzi-las" em linguagem mais compreensível e mais poética —, nós fazemos uma coisa absolutamente primordial para a fé: confessamos em ato o caráter invencível de um rito sobre o qual não temos poder porque o executamos e o vivemos como originado em Jesus, o Senhor. Confessamos assim em ato que nossa identidade somente se mantém em nossa dependência dele, que a Igreja apenas existe para receber dele, seu Senhor; *confessamos em ato* o que dizemos com o discurso do *credo*: Jesus, o crucificado, é *nosso Senhor*[22]. Já não estamos mais em condição de discorrer teologicamente sobre seu senhorio, mas em condição de o viver simbolicamente até em nosso corpo — nosso próprio corpo, mas também simultaneamente, o corpo social da Igreja. Ainda aqui, esse processo é tanto mais completo quanto, de uma parte, se efetua aquém da tomada de consciência que dele fazemos, no nível inconsciente do símbolo, e que, de outra parte, não é o objeto de um discurso (tão indispensável que este seja como revisão crítica), mas de um agir. No plano da antropologia ritual, há um engajamento radical da Igreja e do crente, tanto mais radical quanto se se situa aquém de nossos discursos justificativos.

A isso convém acrescentar que a *dependência radical* assim confessada se situa em relação a esse Jesus de Nazaré que, na véspera de sua morte, reúne os seus discípulos para uma refeição de adeus. A programação ritual como confissão de fé em ato simboliza, antes de todo discurso, o escandaloso desvio que se impõe à fé pela humanidade e pela história singular desse homem, morto como um criminoso, e que confessamos como o Senhor do mundo. Apreendemos, mediante esse caminho pela dimensão judaica daquele que reconhecemos, entretanto, como aquele que excede essa mesma dimensão, o que está em jogo na questão tradicional da instituição dos sacramentos por Jesus Cristo. Mas nós o fazemos aqui de maneira concreta e a partir do terreno em que a questão se coloca, a saber, a partir do próprio ato da celebração. O discurso teológico sobre esse ponto consiste, então, em desdobrar num discurso coerente o caráter invencível do rito que já é vivido simbolicamente na celebração. Voltaremos a isso.

---

22. O desenvolvimento anterior não fecha a porta à hipótese de uma celebração da eucaristia com *algo distinto do pão e do vinho*; na África, por exemplo, o problema é difícil. É o pão e o vinho como tais (com sua carga simbólica tão forte do ponto de vista bíblico) ou é a refeição como tal (refeição na qual pão e vinho teriam essencialmente um valor cultural de alimentação de base e de bebida de festa) que Jesus instituiu como sinal sacramental de sua vida entregue? Em qualquer hipótese, é sempre por um *ato interpretativo da Igreja* que tal rito é reconhecido como "sacramento" ou que tal maneira de fazer é reconhecida como "a ceia do Senhor". Cf. CHAUVET, L.-M., "Sacraments et institution" in: CERIT, *La Theologie à l'épreuve de la vérité*, Cerf, 1984, 230-232.

Na mesma perspectiva, a programação ritual é o ato de proclamação simbólica da identidade do grupo cristão não somente como única Igreja universal de Jesus Cristo, que se recebe de sua graça, mas simultaneamente como Igreja *apostólica*. Refazer o que os antepassados fizeram durante gerações é também metonimicamente refazer o que as primeiras comunidades apostólicas fizeram. Como o batismo, mediante a água e a fórmula de Mateus 28,19, a eucaristia não é a propriedade de nenhum grupo cristão particular, seja no tempo ou no espaço. Somente se pode recebê-la de uma *tradição*. Ao reiterá-la identicamente pelos séculos (pelo menos, seguramente, em seus pontos principais), a Igreja confessa em ato sua origem apostólica.

c. A negociação pastoral

Evidentemente, a programação deve ser negociada no âmbito pastoral, entre o "demasiado" e o "insuficiente", segundo os mesmos fatores de lugar, de número etc. que mencionamos anteriormente a propósito da distância simbólica.

— O fixismo

Ao hieratismo da heterotopia maximalista corresponde o fixismo, incluído o rubricismo, de uma programação demasiado rígida. As críticas que podemos dirigir a esta codificação por demais rigorosa são do mesmo tipo que as evocadas precedentemente a propósito da ruptura excessiva dos ritos em relação ao vivido: sagrado de pura transcendência exterior que não tolera proximidade alguma sob pena de sacrilégio e que não é senão a projeção inquieta da onipotência do superego; conservadorismo que fixa os ritos em peças de museu (eventualmente, tão admiráveis quanto veneráveis) e que assim, sob o pretexto de respeito à "tradição" — qual "tradição"? devemos aqui perguntar, como anteriormente "qual sagrado"? —, impede toda criatividade (à qual, como mostra a história, extravasa então às margens da celebração); desvio ritualista para um formalismo de rotina e para a neurose obsessiva em caso de não realização integral das rubricas. Em suma, embotamento considerável das arestas vivas da mensagem evangélica e simultaneamente dessimbolização cultural. Inútil desenvolver mais essas armadilhas, muitas vezes denunciadas desde alguns decênios com o risco, aliás, de gerar o excesso contrário... Acrescentamos que uma estrutura demasiado rígida conduz o ritual para a intolerância: exclui aqueles que não se submetem às suas rigorosas regras ou que não são "conformes" com elas.

— A desprogramação

Mas, pelo contrário, uma insuficiência de programação é igualmente perigosa. A corrente que existiu (é preciso falar somente do passado?) nesse sentido era alimentada por uma ideologia "espontaneísta" ou "naturalista" desejosa de encontrar, na esteira de maio de 1968, uma inocente "autenticidade" além das determinações institucionais julgadas opressivas, ou por uma ideologia "militante" cuidadosa de revigorar "profeticamente" a liturgia pelo apelo à "verdade da vida" que seriam especialmente as lutas coletivas contra as injustiças estruturais geradas pelas classes dominantes. Esta corrente de desprogramação é portadora do risco de uma *nova intolerância*, talvez mais temível ainda do que a primeira. Porque, no interior de um ritual rigorosamente programado, cada um pode, pelo menos, reservar o seu espaço de evasão: há quem medita, quem diz o seu rosário, quem recita orações em seu missal, atividades mais ou menos à margem da mesma ação litúrgica, mas das quais não se sente culpável, uma vez que os caminhos para se unir "à intenção" do que o sacerdote faz são múltiplos, e uma vez que se confia em um rito que é feito de alguma maneira para caminhar "sozinho"... Quando a programação é insuficiente, pelo contrário, a taxa de previsibilidade necessária a todo ritual é muito pequena. Corre-se o risco de então gerar mal-estar, mesmo angústia, entre os participantes ("O que é que vão nos inventar ainda?") e, em todo caso, de não mais lhes deixar espaço de respiração pessoal suficiente. Todos são convocados a se ajustar à ideologia, muitas vezes em sermões enfadonhos, que doravante se impõem ao rito. Este não pode mais, então, desempenhar uma de suas funções positivas principais (ambígua, além disso, seguramente): sua função *protetora* em relação ao investimento da subjetividade e à atenção permanente requerida de cada um para que compreenda "o" sentido de cada fórmula e gesto. Quando a ideologia se apodera do rito, que, por sua vez, é não ideológico, ela o leva a gerar uma nova intolerância mais rapidamente insuportável ainda do que a primeira. Deriva daí, apesar das boas intenções, um elitismo, de fato, que excomunga praticamente aqueles que não são capazes de entrar no novo molde ideológico e uma espécie de neopelagianismo no qual o rito se torna a expressão autojustificativa do "justo pensamento" do grupo e a recompensa de sua "boa conduta". Sob o manto de Jesus Cristo e do Espírito, é o si-mesmo que continua a se dizer na oração litúrgica. O destinatário oblíquo (o grupo) prevalece sobre o destinatário direto (Deus) que lhe serve de álibi.

Quando um grupo desprograma o ritual até esse ponto, ele *priva*, entretanto, a comunidade do que é seu. Nada de pontos de referência; apaga-se mais ou menos sistematicamente o vocabulário referencial e os gestos tradicionais; há supervalorização de uma criatividade que não se dá conta de que, pelo simples fato de que o código é irreconhecível, o discurso, eventualmente compreensível em cada uma de suas palavras ou frases, perdeu seu ar de audibilidade e que, por esse fato, não pode mais ser ouvido. Funciona, então, concretamente de maneira tão obscura quanto o latim de outrora, com menos familiaridade de algumas assonâncias ou expressões que, pelo menos, fazia que se "entendesse" o que, entretanto, não se saberia dizer... Quando nos apoderamos do rito, não respeitando mais seu caráter inexpugnável, ele se vinga. Assim, quando um grupo está de tal modo obnubilado pelas armadilhas, reais certamente, da programação que somente quer fazer o "espontâneo" e o "autenticamente vital", é vítima de graves erros: não há nada mais manipulador do que um poder dissimulado sob as generosidades demagógicas da igualdade e nada é mais censurador do que um espontaneísmo libertário que pretende se "expressar" como verdade; de fato o que se expressa, na maioria dos casos, são os sentimentos efêmeros ou as convicções do momento, que o grupo espera. Uma boa improvisação requer a longa maturação de uma tradição suficientemente digerida para poder ser traduzida de maneira pessoal. Não se maltrata impunemente o rito. Os pequenos grupos relativamente estáveis que celebram frequentemente entre si, por exemplo, cotidianamente, sabem bem, depois de amargas experiências, quão importante é confiar, mediante a ruptura e a programação simbólicas especialmente, na função protetora do rito, sob pena de ver cada um tão imperativamente submetido a um permanente investimento pessoal que a celebração torna-se insuportável no aspecto psicossocial.

— A programação hoje

A crítica que acabamos de fazer contra a insuficiência de programação não nos faz certamente, de maneira nenhuma, esquecer nem minimizar a que dirigimos anteriormente à corrente contrária. Por outra parte, parece que, como a lei da ruptura simbólica, a da programação requer hoje *mais flexibilidade* do que outrora, tendo em conta a evolução cultural em nossos países ocidentais. A situação é atualmente tal sobre esse ponto que é desejável, como escreve M. Scouarnec, "considerar os programas litúrgicos como *esboços*" sobre os quais podemos bordar de maneira relativamente flexível, como, por outra parte, se fazia na Igreja dos três primeiros séculos pelo menos[23]. E isso não por um imaginário arqueologismo de imita-

---

23. Scouarnec, M., *Vivre, croire, célébrer*, Paris, ed. Ouvr., 1983, 70.

ção "da Igreja primitiva" — a qual não é mais "imitável" como a da Idade Média —; nem por simples desejo de fazer "o moderno", mas simplesmente para que nossos ritos litúrgicos não sejam dessimbolizados e tenham assim suas chances de funcionar no âmbito cristão.

Para evitar a mediocridade das "improvisações" apressadas ou de uma "criatividade" teologicamente não pertinente ou insuficientemente ritualizada, um trabalho sério deve ser feito. O essencial desse difícil trabalho consiste em tornar eloquentes para os participantes, tais como são, o esboço e os enunciados rituais habituais, isto é, *descodificar* e *recodificar* as fórmulas tradicionais. Estas serão, portanto, ao mesmo tempo, retomadas quanto ao seu estilo ritual e a seus termos ou expressões mais significativas, e ademais explicitadas numa linguagem mais contemporânea. Adivinha-se imediatamente a armadilha que espreita tal explicitação: aquela do retorno a uma "logia" discursiva, teológica ou moral. Ora, essa decodificação deve permanecer, sobretudo na sequência central, fortemente ritualizada: fórmulas sóbrias, ritmadas, sem "explicação", pronunciadas com alguma solenidade, seguidas imediatamente do gesto que marca a importância "performativa". Assim, "Para seguir Jesus Cristo, único Senhor,/renunciais a viver sob o reino do pecado,/reino da lei do mais forte e do cada um por si?" etc. "A Igreja crê em Deus, Pai e Criador. Ela crê que ele dá a terra a todos,/que ele faz todo homem à sua imagem/e que ele nos dá assim todo homem como irmão a amar. E vós, credes no Deus, Pai e Criador do céu e da terra?" etc.

Ao fazer isso, é o batismo da Igreja católica e apostólica que se celebra. Nada se "inventou" que não pertença à fé tradicional dessa Igreja. Mas celebrou-se como o batismo na comunidade dessa Igreja, neste tempo, comunidade que é a realização concreta integral da única Igreja de Jesus.

3. Uma economia simbólica de sobriedade

Do ponto de vista teológico, as condutas "rituais" (no sentido de J. Huxley) são formalizações adaptativas de comportamento que permitem uma *economia de energia*. Encontra-se esse traço na antropologia: a ritualidade funciona de maneira econômica. Certamente, há muitas vezes profusão de meios (objetos múltiplos, fórmulas repetidas até a saciedade), mas é uma profusão de *pequenos meios*: por similaridade metafórica, o sangue das vítimas derramado sobre o povo e sobre o altar é penhor de aliança com Deus; por contágio metonímico, a terra é toda, inteira, representada por alguns produtos tirados dela.

Igualmente, é o *pouco de* pão ou de água que é a condição de exercício do simbolismo eucarístico ou batismal. Na condição, seguramente, que esse "pouco" não seja *demasiado pouco*, isto é, que ele constitua um suporte suficiente para que possa funcionar a simbolização. O desvio do símbolo para a insignificância nos levou a situações muito más na liturgia. Mas não é por um copioso festim que se simbolizará o banquete pascal ao qual Cristo convida seu povo, nem por alegres mergulhos numa vasta piscina se viverá sacramentalmente a morte e a ressurreição com ele. Basta um pouco de pão, um gesto sóbrio, uma palavra devidamente regrada. O rito põe assim um obstáculo, por sua sobriedade, à invasão romântica de uma subjetividade sedenta de "expressão espontânea e total". Submetido à ascese ritual, esse pode, com efeito, estar *disponível* para a acolhida do outro e do que o outro quer lhe dar.

Essa economia de meios é teologicamente uma grande figura simbólica do *ainda não escatológico* do Reino, entretanto, já inaugurado na Igreja. Contra todas as formas de impaciência escatológica, o ritual protege do sonho sem cessar renascente de um Reino sem Igreja. Sua humilde discrição nos guarda de "nos crermos já nele". Ela nos conduz para esse "humor" que é a virtude cardinal pela qual o crente se ajusta à paciência de Deus. Também aqui, o próprio da ritualidade é nos fazer viver essa humilde sacramentalidade escatológica a modo de *prática* simbólica, muito antes de que a pensamos como tal, e de uma maneira mais radical do que em nossos discursos.

4. Uma simbologia indicial

a. O posicionamento pelo ritual

Dissemos acima: o rito não é inicialmente questão de conteúdo mental, mas de índice "comportamental". Nesse sentido, compete ao que em cibernética se chama de "digitalidade", por oposição à "analogia". *A analogia* convém ao mundo do discurso: matiza-se uma ideia, modificamo-la de diversas maneiras. No domínio da fé ou da ética, por exemplo, as posições são geralmente analógicas: elas se situam num *continuum* gradual, sempre movediças. Somos mais ou menos crentes ("Senhor, eu creio, ajuda-me em minha pouca fé!"), assim como o agir ético é mais ou menos evangélico.

O ritual, se vive em regime *digital*, indicial, dêitico: *posiciona*. Não se pode ser pela metade batizado, como tampouco não se pode fazer uma meia-comunhão. Não há negociação (exceto interior, mas não é neste plano que nós nos situamos aqui) neste estágio. Como um índice, designa aos outros o nosso estatuto. Por outra parte, é essa uma de suas funções essenciais, que se pode decompor em três aspectos: de uma parte, *delimita* o grupo, fornecendo-lhe pontos de referência simbólicos de sua identidade. Em segundo lugar, o ritual *integra* os indivíduos no grupo; cada um recebe aí seu nome e vê "significar" aí seu lugar — nada além de seu lugar, todo seu lugar. Enfim, distribui *papéis diferenciados* a indivíduos ou a subgrupos, questão indispensável para o funcionamento da comunidade: quando o poder não é dado nominalmente a alguém ou a alguns, permanece sempre por tomar; é efetivamente tomado e manipulado tanto melhor quanto é ocultado.

A função digital do rito é provavelmente um dos elementos que explicam a grande demanda dos ritos de passagem à Igreja, demanda amplamente desvinculada do conteúdo das crenças como assinalamos. No limite, o que é solicitado se reduz a uma simples linha indicativa: deseja-se ser reconhecido como "cristão", ter um lugar na Igreja e, assim, poder estar no direito de solicitar em seguida um casamento religioso ou uma sepultura religiosa. Trata-se de poder exibir as *insígnias* do "cristianismo". *O referente pode ser em definitiva apenas o código cristão*, quase vazio de seu "conteúdo".

b. Crer e fazer crer

No capítulo 4, evocamos a dimensão ilocutória dos atos de linguagem rituais e, nesta esteira, sua visão performativa. O performativo, dizíamos nós, seguindo a F. A. Isambert, "tem todas as características do rito e sua performance é exatamente da ordem da eficácia simbólica". Operando desse modo a um nível diferente daquele do valor informativo, o ato ou discurso de autoridade que é o rito *não requer inicialmente ser compreendido* quanto ao seu conteúdo para ser reconhecido como eficaz; basta que ele seja *reconhecido como válido*, o que implica que o agente seja habilitado para esta tarefa e que ele a cumpra segundo as formas requeridas. A eficácia reconhecida a esses atos autorizados não depende evidentemente de qualquer poder secreto das palavras, mas do *consenso social* do qual são o símbolo codificado.

A legitimidade dos agentes rituais e a validade de seus atos estão assim diretamente ligadas ao "*capital simbólico*" (P. Bourdieu) do qual são investidos: o grupo se reconhece neles. Por isso, "a crença de todos, que preexiste ao ritual, é a condição da eficácia do ritual"[24], e "a primeira eficácia do rito" é "*fazer crer* no próprio rito"[25]. Para que seja tido por verdadeiro,

---

24. BOURDIEU, P., *Ce que parler veut dire*, op. cit., 133.
25. ISAMBERT, F. A., "Réforme liturgique et analyses sociologiques", in: *LMD* 128, 1976, 84. De maneira mais ampla, cf. o colóquio da Escola francesa de Rima, *Faire croire. Moda-*

o rito deve ser reconhecido culturalmente e socialmente como *verossímil*. A eficácia real que lhe é atribuída é dependente de sua *"aceitação social"*. É necessário aqui "incluir no real a representação do real". Sublinhamos a propósito da eficácia simbólica: é "ao agir sobre a representação do real" que os ritos agem "sobre o real"[26].

Essa relação intrínseca (mas desconhecida) do ritual ao código cultural é tal que V. Turner vê nos ritos *lugares de estocagem dos "valores estruturais dominantes de uma cultura"*[27]. Compreende-se um pouco melhor por isso quais motivações arcaicas desencadearam a indignação de certo número de católicos diante da reforma litúrgica do Vaticano II. P. Bourdieu tentou uma análise. Mostra aí que as fórmulas de indignação denunciam "erros" que se referem à legitimidade dos agentes (comunhão por leigos ou músicos guitarristas), dos lugares (primeira comunhão no palácio dos esportes ou oração numa igreja de onde o Santíssimo Sacramento está ausente), da linguagem ("pão de vida" em lugar de "hóstia", chamar a Deus por Tu ou mudar palavras na oração eucarística), da veste (profissão de fé de *blue jeans* ou sacerdote sem casula), de objetos (cestas em lugar de cibórios ou pão ordinário em lugar de hóstias) etc.[28].

Na maior parte do tempo, são detalhes. Muitas vezes, essas modificações de detalhes podem ser facilmente justificadas no âmbito teológico e pastoral. Ora, e apesar das explicações dadas de maneira eventualmente bastante pertinente tanto na forma como no fundamento, os bloqueios persistem. Além dos fatores psíquicos que entram aqui em jogo e que nós explicitaremos em seguida, é a *"aceitação"* social dessas mudanças que é sua causa: não correspondendo mais às representações que "sempre" eram feitas, o ritual *perdeu os atributos simbólicos de sua legitimidade*. O "erro" que aqui se denuncia é relativo à *cifra* ou ao *código* que rege o que se entende tradicionalmente por liturgia "católica". Essa cifra (desconhecida como tal) parece estar fundada especialmente, como julga F. A. Isambert, sobre a oposição entre "ordinário" (profano) e "não ordinário" (sagrado). O erro que confunde tudo reside na transgressão desta oposição recebida culturalmente como fundamental: a hóstia se tornou pão ordinário, o altar se transformou em mesa, o sacerdote não leva mais algumas insígnias principais de sua função (como a casula), enquanto os leigos parecem ter usurpado um

---

lités de la diffusion et de la réception des messages religieux du XIIe au XVe siècle, École française de Rome, Palais Farnèse, 1981.

26. BOURDIEU, P., *Ce que parler veut dire*, 42, 124, 136.
27. TURNER, V., *Les Tambours d'affliction*, op. cit., 16.
28. BOURDIEU, P., *Ce que parler veut dire*, 103-109.

papel que cabe somente a ele. Em suma, *quebrou-se o código*[29]. E quando se quebra o código, não importa em que língua, *não nos entendemos mais*. Então sempre se poderá dar explicações: cada palavra e cada frase de explicação serão compreendidas, mas nada será recebido.

Ora, as reações, se não sempre de indignação, pelo menos de surpresa e de pesar em relação às reformas litúrgicas, estão longe de ser próprias de uma fração de praticantes regulares. Pesquisas sociológicas mostram que pertencem majoritariamente a uma massa de praticantes sazonais que representam o que se denomina de "religião popular"[30], que mantêm com grande nostalgia a liturgia de "outrora" (muito idealizada, além disso) quanto mais permaneceram à margem da evolução da Igreja. O que prioritariamente reclamam do rito é inevitavelmente a *reprodução do modelo* mais "oficial", sua conformação ao código tradicional. Muitas vezes, ainda, o código é aquele da *majestas* de um deus onipotente e distante cujos favores protetores devem ser reconciliados, código oriundo da reforma pós-tridentina e reforçado consideravelmente durante o período ultramontano do último século[31]. Quanto mais o *ethos* litúrgico do sacerdote e dos leigos, comprometidos com a vida da comunidade, não é compatível com esse código (o que é frequente), menor será a taxa de credibilidade do ato ritual.

c. Leitura teológica

Medimos, ainda aí, as ambiguidades do rito. O posicionamento que efetua sua natureza "digital", no modo de atribuição de identidade, de estatuto e de papel, é capital para a vida do grupo e para a dos indivíduos como sujeitos. Mas não se pode reclamar de nada, além disso. E a crença teológica na eficácia da ordem do ritual não pode ser senão uma crença sociológica na eficácia do ritual da ordem estabelecida: o que se atribui então generosamente

---

29. ISAMBERT, F. A., art. cit., 81-86.
30. Idem, *Le Sens du sacré. Fête et religion populaires*, ed. de Minuit, 1982. Obra fundamental sobre as três noções de "religião popular", de "festa" e de "sagrado" — três termos que "aparecem como solidários" (p. 14) e cujos dois primeiros dependem amplamente do terceiro, o qual constitui "a noção-chave por excelência" (p. 13). Três termos em que interferem, muitas vezes, de maneira polêmica, "elaboração sábia" e "elaboração militante" (p. 15-16). As diferenças de interpretação de que foi objeto a "religião popular", de uma parte numa teologia e numa pastoral "críticas" na França, de outra parte na linha não menos "crítica", da teologia da libertação na América Latina, nos parecem muito significativas a respeito. Cf. as contribuições de GALILEA, S.; IRRARAZAVAL, D. e CARAVIAS, J. L. In: DORÉ, J. (edit.) *Jésus et la libération en Amérique latina*, Desclée, 1986, 109-163.
31. ISAMBERT, F. A., op. cit., 278-280.

à ação gratuita de Deus não é mais que um álibi religioso que dissimula uma demanda de *conformação à ordem social*, tornando-se Deus a simples cifra desconhecida dele. Ninguém mais está imune a esse formalismo cultual, em geral suficientemente sutil para não se confessar.

Em razão do posicionamento sem matizes que efetua, o ritual pode fazer praticamente inaudível o incisivo da palavra evangélica fora da qual, entretanto, a liturgia perde seu estatuto cristão. É possível intuir as tentações que, além de certo formalismo, o ameaçam. *Delimitar* o grupo atribuindo-lhe as marcas de sua identidade é certamente indispensável; mas isso pode conduzir a Igreja a se desnaturalizar por dobrar-se zelosamente em seu *particularismo* face às "agressões" estrangeiras (mundo ou outras religiões) ou, se o gueto se põe em cruzada, por *proselitismo* conquistador — quando o Evangelho lhe exige permanecer receptiva ao universal de um reino que a excede. Atribuir a cada um o *estatuto e o seu papel* não é menos importante, mas isso pode levar a uma atitude de *etiquetagem* das pessoas, fechadas para sempre em seu estatuto oficial, que é antievangélico, o Evangelho de graça e de misericórdia dando a cada um, seja qual for o seu passado, todas as suas chances de conversão e de renovação. Esta mesma distribuição de papel pode fixar os detentores de poder em um *"personagem"* de funcionário, quando o Evangelho pede que o maior exerça seu poder como um serviço a todos. Finalmente, o ritual, que é provavelmente a mais conservadora das instituições da Igreja, corre o risco de funcionar tão "sacrificialmente" que garanta apenas a *segurança* dos cristãos e que os faça esquecer a violência da conversão ao Evangelho.

Entretanto, apesar de, ou, antes, no seio dessas perigosas ameaças de desvio para o formalismo, o posicionamento da Igreja — e, nela, dos indivíduos —, que efetua o ritual, tem um âmbito teológico importante. Ainda aqui, esse âmbito está ligado não a princípio ao discurso, mas à prática. Ao inscrever simbolicamente no corpo de cada um as marcas de identidade da Igreja, o ritual atesta a diferença cristã. Atesta não como um corte que exclui — esquema "metafísico", dissemos, de uma diferença representada como concorrência, distância-afastamento e finalmente oposição —, mas como uma comunicação (cf. a relação linguística Eu-Tu). Nessa problemática, a Igreja, em sua diferença, pode ser recebida como uma *graça* de Deus dada aos cristãos e, de um ponto de vista diferente, aos não cristãos. Assim, "crer na graça particular de fraternidade e de filiação que estamos convidados a saborear na Igreja é para nós o caminho para crer eficazmente na graça universal de fraternidade e filiação — e de trabalhar para sua manifestação". E "crer na graça universal da fraternidade e filiação, prometida, oferecida e acessível a todos os homens, é o caminho para poder agradecer por essa graça particular de fraternidade e filiação que os cristãos são chamados a viver na Igreja"[32].

Ao colocar em cada um suas marcas, marcas diferenciadas segundo o estatuto que têm (catecúmeno, batizado, crismado, casado...) ou segundo a função que se exerce (ministério ordenado, ministério reconhecido...), a Igreja *se produz* em sua visibilidade institucional de sacramento de Jesus Cristo. Ela figura, expõe e proclama de maneira radical sua identidade.

5. Evangelizar a ritualidade

a. Do ponto de vista formal

As considerações anteriores mostraram que os ritos são portadores de certas ambiguidades que os tornam capazes tanto do melhor como do pior do ponto de vista cristão. Ligada à Palavra — *non quia dicitur, sed quia creditur*, como sublinhava Agostinho a propósito do batismo — e ao Espírito, sua dimensão cristã efetiva altera-se à medida que se separa dessa dupla ligação para se autoreproduzir em função somente dos benefícios psíquicos ou sociais que procuram sua simples implementação. Sem sonhar que se ponham entre parênteses em benefício da referência a uma "pura palavra" ou de uma conexão direta com o Espírito Santo, sonho que não cessamos de denunciar, não podemos deixar de fazer a pergunta: a qual "Jesus Cristo" se referem concretamente? Qual memória "perigosa" dele realizam? Qual modelo de Igreja contribui para construir nesse tempo? A última parte de nosso trabalho esclarecerá essas perguntas. Fica claro, desde então, que uma espécie de *Aufhebung* dos ritos é requerida pelos sacramentos: estes assumem aqueles, mas somente os assumem de forma cristã se os "superam".

Sob este ângulo, as críticas vigorosas que dirigimos à corrente analítica dos ritos, especialmente em sua tendência a banalizá-los e a desprogramá-los, requerem ser bem situadas. Certamente, os argumentos teológicos apresentados por essa corrente não eram, por uma parte, senão uma roupagem que escondia ideologias mais ou menos confessadas; por outra parte, os meios tomados para revivificar os ritos nos parecem ter sido ingênuos antropologicamente, por falta de uma consideração suficiente das leis específicas da linguagem ritual; enfim, as consequências pastorais foram às vezes

---

32. DENIS, H.; PALIARD, C.; TREBOSSEN, P. G., *Le Baptême des petits enfants. Histoire, doctrine, pastorale*, Centurion, 1979, 80.

desastrosas. Mas isso não poderia nos fazer esquecer da dupla intenção da corrente contestatária: de uma parte, insuflar o vigor da palavra cristã na liturgia, vigor sensivelmente embotado pelo fixismo e pelo conservadorismo rituais; de outra, ressimbolizar esses ritos, demasiadamente desconectados da cultura ambiente. Como não fazer nossa esta dupla intenção? Por isso, apesar de seus excessos, seus desvios, suas ingenuidades, essa corrente crítica não pode ser posta no mesmo nível que a corrente hierática invertida. Não se pode simplesmente dar razão a nenhuma das duas partes.

Do ponto de vista formal das condições da evangelização dos ritos, enunciaremos, pois, três proposições: [1] contra a corrente de banalização-desprogramação, que desconheceu profundamente as leis próprias da linguagem ritual, evangelizar os ritos é, a princípio, *respeitá-los como ritos*, portanto, não tentar salvá-los "utilizando-os" como discursos teológicos ou morais — o que equivaleria a desnaturá-los; [2] contra a corrente hierática e fixista, evangelizar os ritos requer que sejam *ressimbolizados*, e especialmente que se tenha em conta a reivindicação da inteligência e de compreensão que alimenta nossos contemporâneos — no campo religioso, sobretudo; mesmo se, como já dissemos, eles vivem de um princípio distinto daquele da "-logia" ou do "conhecimento discursivo", nossos ritos somente têm chance de bem funcionar em seu nível simbólico e "-úrgico" próprio se for dado lugar a esta reivindicação característica de nosso sistema simbólico atual; enfim, sempre contra essa mesma corrente, [3] evangelizar os ritos implica que sejam *retomados pelo operador crítico da fé* — a qual somente é fé viva se critica, pela palavra recebida segundo o Espírito, as expressões religiosas e sagradas sem as quais não poderia nem mesmo viver. O retorno às Escrituras e à ética, longamente explicitado anteriormente, é a condição fundamental desta cristianização.

b. Do ponto de vista material

Do ponto de vista material do "conteúdo", a *ruptura* ritual deve ser evangelizada de tal maneira que a alteridade de Deus se manifeste não como no sagrado de tipo hierático, como oposição ao mundo, mas como santidade comunicada gratuitamente ao homem para que este santifique o conjunto do "profano". O profano a santificar no cotidiano da existência não é, pois, concorrente do "sagrado", nem os cristãos devem viver isolados socialmente em relação ao conjunto da humanidade, nem alguns momentos da vida estão reservados para a "religião" — ainda que, como vimos, marcas diferenciais devam aparecer em todos os níveis. Evangelizar a *estrutura* ritual será essencialmente demonstrar o alcance da contiguidade metonímica que o rito efetua entre a Igreja atual e Jesus, seu Senhor. Em vez de simplesmente se autorreproduzir rotineiramente, o rito batismal ou eucarístico reenvia então os participantes à palavra e à prática desse Jesus de Nazaré que eles confessam como seu Senhor. Este reenvio os faz inevitavelmente tropeçar com a cruz, recordando assim o caráter perigoso da prática à qual os chama a memória sacramental. Quanto ao *posicionamento* pela ritualidade, já observamos anteriormente o que pode significar sua evangelização: abertura ao universal do Reino, contra a tentação de um ensimesmar-se particularista nas fronteiras da Igreja; conversão e renovação sempre possíveis, contra a tentação de reduzir as pessoas a um estatuto, a uma função, a uma etiqueta; força violenta do Evangelho que vem despertar a instituição Igreja, contra sua inevitável tentação de se adormecer na segurança de um funcionamento "sacrificial"... Como intuímos: tal "superação" dos ritos em sacramentos da Palavra requer uma vigilância constante e continua sendo um trabalho a ser frequentemente recomeçado.

III. UMA SIMBOLIZAÇÃO DO HOMEM TOTAL COMO CORPOREIDADE

Por qualquer ângulo que se tome, os ritos nos reenviam ao corpo. Esta, especifiquemos, não é uma simples condição dos ritos, mas o seu *lugar* propriamente dito. Com efeito, se a liturgia o requer, não é somente porque, sendo "matéria" substancialmente "informada" pela alma, deve necessariamente comprometer-se para que a homenagem prestada a Deus seja total: é porque ele é o cenário que lhe dá "lugar". Com isso se diz eminentemente que o mais "espiritual" da comunicação com Deus, que visa, por sua natureza, à liturgia, acontece na mediação mais "corporal".

Definimos, antes, o homem como corporeidade, conceito que articula, no "arquissímbolo" do corpo de cada sujeito, uma tríplice relação: com o sistema cultural do grupo (corpo social), com sua memória coletiva (corpo tradicional) e com o universo (corpo cósmico). Essa articulação simbólica se efetua de maneira original para cada um, especialmente segundo a história de seu desejo; mas cada um somente é ele mesmo porque é habitado por esse tríplice corpo. Ora, é justamente essa corporeidade que simboliza a ritualidade religiosa. Isso poderemos verificar em suas três dimensões, cósmica, social e tradicional, depois em sua dimensão individual de encenação do desejo.

1. A simbolização da autoctonia humana

a. Elementos da simbólica primária

Como todo ritual religioso, os sacramentos da Igreja requerem pôr em prática os *elementos materiais* que representam a condição cósmica do homem, sua inalienável pertença à terra, seu "ser-no-mundo". A água (a água da matriz materna, do oásis ou da chuva que dá a vida; mas também a água do dilúvio ou do mar que devasta ou afoga); o fogo (o fogo que esquenta e revigora, mas também que queima e destrói — fogo do Espírito Santo ou fogo do inferno), a cinza ou a terra (a terra-mãe de nosso nascimento e da subsistência, mas também a terra sepulcral de nosso túmulo e de nosso retorno ao pó), o pão (o pão branco de nossas alegrias e saciedades, mas também o pão escuro de nossas lágrimas e de nossas faltas insatisfeitas), a luz (a luz que ilumina e tranquiliza, mas também que cega e que revela as traições) etc., na liturgia, esses elementos morrem em seu estatuto de simples objetos brutos ou entes subsistentes para *metaforizar nossa própria existência*. Bem abaixo da consciência que temos deles ou da intenção que manifestamos, eles nos enviam arcaicamente o eco de nosso indissolúvel matrimônio com a terra, de nossa condição originária existencial de *ser no mundo*.

Esta "autoctonia" do homem fixado ao cosmos se simboliza também arcaicamente mediante a voz, da qual a ritualidade opera todas as possibilidades: desde o grito ou as lamentações até o silêncio — esse silêncio que é como o excesso de uma linguagem reduzida ao sopro —, passando pela proclamação, pelo encantamento, pelo canto coletivo, pela exultação... Essa linguagem oral, que é ela mesma, vemos, linguagem do corpo, linguagem inscrita na matéria (*supra*), combina com uma linguagem *gestual e postural*, modulada também por todas as possibilidades do corpo: desde o transe e a dança — dos quais só temos alguns vestígios no Ocidente como a batida ritmada das mãos ou o discreto balancear do corpo que pode produzir uma salmodia — até o recolhimento — esse silêncio postural que é como o excesso de um gesto reduzido ao puro "lá" do corpo —, passando pela genuflexão, pela prostração, pela atitude de escuta, pela marcha processional, pelo ato de manducação...

Se nossas liturgias são relativamente pobres em expressões do corpo, no entanto, não é menos verdadeiro que esses gestos e atitudes (nos quais se participa não somente executando-os, mas também vendo os diversos atores litúrgicos realizá-los) agem em nós muito mais do que tenhamos consciência disso. Porque vêm de um antigo fundamento de *esquemas sub-rituais* que nos falam sem cessar. Já o sublinhamos antes, seguindo A. Vergote: a estação vertical, o gesto que divide direita/esquerda ou antes/atrás, a introjeção ou a projeção pelos orifícios do corpo, pela abertura ou pelo fechamento da mão, pela impureza que mancha a pele ou a purificação que a apaga etc., são esquemas sub-rituais que pertencem à *simbologia primária* inscritos no "tópico" do corpo. Essa topografia é existencial. De modo que toda "ideia" de dominação ou de liberdade (estação vertical), toda consciência ética (gesto divisor), toda assimilação, até a mais intelectual (introjeção) etc., passam pela "economia" segundo a qual esses esquemas corporais são investidos por cada um. Encadernação simbólica na fronteira da "ipseidade" e da "ileidade", o corpo se "antropomorfiza" no macrocosmo do universo e se "cosmomorfiza" no microcosmo. É esta permanente osmose do homem com seu corpo cósmico que a liturgia coloca em cena mediante os materiais que ela emprega e as posturas e os gestos que ela exibe.

Sabemos da *ambivalência* do simbolismo cósmico da "natureza" e de seus ciclos sempre renascentes: simbolismo profundamente encantador e sempre ameaçado de regressar ao imaginário indômito caso esteja demasiadamente ligado à "boa mãe" projetada na natureza benfeitora e excessivamente desvinculada da lei do pai, representante da cultura e da história. Resta que, mediante os materiais e objetos, mediante o corpo, mediante o arranjo arquitetônico e a decoração plástica do espaço sagrado, mediante a pedra do altar, a madeira da cruz ou dos assentos, a chama do círio pascal ou o odor do incenso, e, mesmo abaixo de nossas intenções explícitas, é o *universo inteiro* que na liturgia é celebrado como *criação*.

b. Uma teologia da criação[33]

A ritualidade cristã é a *confissão em ato de Deus criador*. Ela o é por sua ação prática, antes dos enunciados que a expressam. Situa "performativamente" os participantes numa relação de dependência a respeito de uma *positividade* que os precede. Mas esta positividade não é simplesmente a das coisas em estado bruto. É uma positividade *simbólica*, aberta pela palavra, uma vez que é por sua palavra que Deus cria, a saber, organiza o *tohu-bohu* [caos] original como "mundo" (Gn 1). Positividade que acontece, portanto, de mediato como *dom* e que, dessa feita, não depende simplesmente do esquema artesanal da fabricação, de tipo "criacionista", nem simplesmente do esquema biológico da geração, de tipo "emanatista" — os dois grandes esquemas que alimentaram a tradição filosófica e religiosa ocidental no tema

---

33. Ver os desenvolvimentos mais amplos sobre este tema em nossa conclusão geral.

da criação. Ora, como todo dom, o da criação somente foi recebido mediante um contradom: neste caso, o da *criatividade* humana, encarregada de conformar o universo ao dom do criador e de torná-lo, pois, habitável por todos, culturalmente e economicamente. A noção cristã de criação, irredutível à criatividade humana que procede dela, mas indissoluvelmente ligada a ela, expressa, pois, ao mesmo tempo, a dependência do homem como criatura diante de Deus e sua responsabilidade histórica na gestão de um universo e de uma existência reconhecidos como dom gratuito.

A liturgia cristã apresenta, assim, o mundo como aquilo do qual não se pode usar de maneira arbitrária: exige que se faça do universo um mundo para todos, e não somente para os ricos. Apresenta-nos igualmente como aquilo do qual não se pode usar de maneira simplesmente utilitária. Ela "epifaniza" *o excesso simbólico* que a realidade, enquanto criada, mantém em reserva. Deixado à sua "profanidade", portanto não sacralizado, esse mundo está proibido de ser profanado. As coisas, as mais elementares — a água, o pão, o vinho etc. — exigem respeito.

O pão, desde então, não é eucaristizável sob qualquer condição. Não o é quando, privado dos pobres, que o fabricaram, entretanto, por um sistema econômico injusto, tornou-se símbolo de "*des-criação*". Oferecer a Deus esse pão amassado com a morte dos pobres é um assassinato e um sacrilégio (Sr 34,24-25). Comungar deste pão é "comer sua própria condenação": como se poderia, com efeito, "discernir nele o corpo do Senhor" (1Cor 11,17-34)? Há muito tempo, antes de Paulo, o salmista acusava da parte de Deus "todos esses malfeitores que devoram meu povo ao comer seu pão" (Sl 53,5). A economia teologal do culto é inseparável da economia social da cultura. É o que simboliza de maneira exemplar a *oblação* a Deus do pão e do vinho, "frutos da terra e do trabalho do homem", símbolo que (cf. *supra*) não constitui o contradom final do homem, mas a figura "sacramental" de um contradom a verificar na prática ética da justiça e da partilha. Símbolo que expressa a recepção do "dado" (no duplo sentido) do universo como "oferta".

2. A simbolização da socialidade e da tradição

a. O rito como "drama social"

Um ritual não é jamais de ordem individual — exceto em seu desvio neurótico. É, aliás, o pressuposto da escola funcionalista em sociologia e etnologia: os rituais religiosos são, segundo a expressão de V. Turner, "dramas sociais", e seus elementos são como expressões dos valores culturais dominantes de um grupo (*supra*). Nós o mostramos a propósito de sua eficácia simbólica: essa está ligada à sua capacidade de "*fazer entrar na ordem*" — a ordem simbólica dos valores econômicos, sociais, políticos, ideológicos que dão ao grupo sua identidade e sua coesão — os elementos que aparecem primeiro como incoerentes ou que confundem a harmonia social. R. Bastide mostrou, de outro lado, que mesmo o "sagrado selvagem" da possessão ou do transe, sob pena de afundar-se na histeria — desvio sempre possível —, está de fato devidamente regulamentado, de A a Z (desde a entrada ritualmente canalizada no transe até a saída efetuada segundo um apaziguamento progressivo e programado), pelo grupo social, especialmente por seus representantes "sacerdotais"[34].

b. Um exemplo: a iniciação tradicional e seu segredo

Os rituais exorcísticos de cura nos serviram antes para manifestar a dimensão social dos ritos sob o seu aspecto de eficácia simbólica. Os rituais de passagem nos permitirão melhor captar o jogo de todo o corpo social em um assunto que, entretanto, somente concerne diretamente a alguns de seus membros. Escolhemos nos deter nos *ritos de iniciação de tipo sociotribal*. Mostraremos ao mesmo tempo que os sujeitos são falados nas metáforas rituais como corpo "ancestral" e como corpo social.

Tomamos como exemplo a iniciação étnica dos jovens feita na nação Bobo (Burkina-Faso, ex-Alto-Volta), que descreve A. T. Sanon[35].

Encontramos aí os três momentos que classicamente os etnólogos distinguem nesse tipo de iniciação: a separação do mundo maternal e feminino, o tempo marginal fora do povoado, a reintegração, com o novo estatuto, no povoado. A simbólica principal que subentende o conjunto desses sete dias é a da *morte/regeneração*. Resulta num "tríplice nascimento": "nascimento da *comunidade do povoado* renovada em seus valores fundadores, nascimento de uma *geração nova* na linhagem da tradição, nascimento enfim de *cada membro* situado em sua geração e na comunidade segundo a autêntica tradição" (p. 87).

Este último nascimento se vive no *corpo de cada um*, uma vez que o corpo é o mesmo lugar em que cada qual armazena o "saber global" transmitido, o "terreno em que a palavra iniciática é semeada com gestos, atitu-

---

34. BASTIDE, R., *Le Sacré sauvage*, Payot, 1975, 216.
35. SANON, A. T., e LUNEAU, R., *Enraciner l'Éangile. Initiations africaines et pédagogie de la foi*, Cerf, 1982, 2ᵉ partie. É a esta obra que nos referimos na sequência de nosso texto.

des, ritmos e, se necessário, flagelações" (p. 82). Mas essa morte na infância e esse nascimento a um novo estatuto, para cada um marcados por provas sofridas, a aprendizagem e a restituição da língua secreta (o *Luo*), a ruptura com o povoado, depois o retorno a ele, primeiro em posição curvada antes de encontrar a posição vertical para se dar à dança, são também a ocupação da classe dos iniciados como tal. Essa classe forma um verdadeiro "*corpo comunitário*" em que "cada corpo é necessário aos corpos dos outros. Todo o grupo registra e repete, move-se, se arremete e volta ao repouso. Os corpos se encadeiam aos corpos pelo elo da tradição tornada viva no mesmo ato de sua transmissão", especialmente no momento da aprendizagem ritmada, quase salmódica, da língua secreta (p. 82). É apenas como um membro desse corpo coletivo que cada um pode ser iniciado. E o corpo, que terá seu lugar particular no seio da comunidade do povoado, até que lhe suceda uma nova promoção de iniciados, somente se compreende a si mesmo em sua relação com o *corpo aldeão ou étnico* que, mediante seus jovens, refaz sua própria passagem iniciática. Porque essa passagem, feita uma só vez, permanece para cada um como "um estatuto permanente. Bastará um gesto, uma frase, uma simples palavra como *bisla* para que cada iniciado ou uma classe etária encontre a atitude que convém"; o "sinal" então, como observa judiciosamente A. T. Sanon, "retoma sua dimensão de símbolo" (p. 92): introduz de imediato na ordem da qual faz parte — neste caso, na ordem dos "valores fundadores" da identidade do grupo transmitidos na ocasião da iniciação. Embora separada dos iniciados, a comunidade do povoado é parte interessada inteiramente no processo iniciático. Não somente no que concerne aos seus próprios filhos, não somente no que todo o povoado vive como suspenso ao que se passa ali no bosque e prepara ativamente o retorno de seus novos membros; mas, muito mais, porque é sua tradição fundadora que é inculcada nos jovens.

A transmissão de tal tradição não é da ordem de um saber intelectual que se deve aprender de cor. Ao contrário do que ocorre entre nós, onde a cultura é "o que resta quando se esqueceu de tudo", ali, de certo modo, nada há para ser esquecido, uma vez que somente se entrega o que pode e o que deve permanecer. Mas se entrega por meio de uma *pedagogia "na vida mesma"* (p. 101), em que se faz simbolicamente, "uns com os outros e uns pelos outros" (p. 102), o que se diz: trata-se de aprender a solidariedade? Vive-se a vida intensamente no corpo a corpo iniciático; trata-se de aprender o respeito pelos antigos? Vive-se isso na submissão aos iniciadores; trata-se de aprender a venerar os antepassados ou o deus e a tratar com eles? Faz-se isso invocando-os, ao viver em sua companhia, ao revelar o feito invocando-os, ao viver em sua companhia ao revelar "o segredo"; trata-se de aprender como se comportar no grupo face à sexualidade, à morte, aos diferentes clãs e funções sociais? Toda iniciação está ali para inculcar "como ser um homem de uma maneira que diferencia o homem da mulher, o adulto da criança, o filho do pai, o irmão mais velho do mais novo, uma promoção de outra promoção, salvaguardando tudo fundamentalmente sua igualdade de membros de um corpo vivo" (p. 124); trata-se de conhecer o mundo? O mundo é precisamente aquele "ao qual sou iniciado, meu mundo ancestral, delimitado precisamente para ser a minha terra, o meu povoado, o meu território e meu país", um mundo em que cada qual sabe "se situar, situando cada ser em seu lugar" (p. 117-118).

O saber transmitido na iniciação é, assim, um *saber-fazer*, do qual uma das modalidades é o saber-dizer. Tudo reside no ajustamento de si aos outros, aos antepassados (e aos deuses), ao mundo, onde se aprende a *encontrar o próprio lugar, situando o restante das coisas em seus devidos lugares*. Esse ajustamento, criação de um mundo de sentido, é *o ato simbólico de coerência por excelência*, em que todo elemento, tal como um quebra-cabeça ou um pedaço de vaso quebrado, pode encontrar seu lugar significante no grande conjunto cultural herdado da tradição. Ser iniciado é, portanto, aprender a verdade não no sentido de exatidão intelectual transmitida por saber, mas no sentido de *retidão prática* transmitida mediante a sabedoria. O iniciado é aquele que assimilou de tal modo em sua corporeidade os valores fundadores do grupo que sabe se situar com retidão em relação com os diversos elementos do universo, com os diferentes estatutos e as funções dos outros, e com as potências sobrenaturais com as quais aprendeu a se relacionar. Ser iniciado é verdadeiramente "*entrar na humanidade*" (p. 125), aceder a uma plena humanidade como sujeito. A eficácia simbólica da iniciação reside justamente no fato de que o ato de receber é um ato de *se receber*.

Esse tesouro gracioso que, como vemos, não tem outro conteúdo senão o *advento do sujeito*, coletivo e pessoal, encontra seu símbolo principal no "*segredo*". Segredo de polichinelo?[36] Seguramente, uma vez que se trata de mostrar uma máscara, a qual "revela-se velando plenamente seu segredo" (p. 95). Existe, pois, um segredo do segredo, que é a palavra mais forte da iniciação, "a que não se diz", e que é "*o que cada um sabe, mas que ninguém diz*", porque isso "remete a um não-dito e a um indizível" (p. 99-100). Se não é dizível por ninguém, embora sabido por todos, é porque não é mais

---

36. Expressão para indicar algo que não é segredo para ninguém. Ligada ao teatro e à *commedia dell'arte*. (N. do E.)

do que o que efetuou a iniciação: o *trabalho simbólico* em que, comunitária e pessoalmente, cada um aprendeu a se situar segundo um saber-viver novo em seu "mundo". Isso porque o iniciado tornou-se alguém que vê: as coisas da vida lhe falam, ele pode afrontá-las sem temor de ser vítima das forças desordenadas do mundo, pode se orientar aí sem temor de se perder. E toda a nova promoção sabe isso doravante, na sequência dos antigos iniciados. Todos estão em *conivência*, partilham do mesmo segredo, que não podem dizer porque não é dizível fora da experiência iniciática em que se aprende pelo corpo, e que, portanto, os faz viver de tal maneira que estabelece entre eles, em sua forma de se compreender mediante tal espécie de árvore, tal interdito social, tal modo de tomar lugar no grupo ou de tomar aí a palavra, tal gesto, tal palavra, tal rito, a solidariedade mais fundamental que existe: a de uma *identidade cultural*. Os sinais são, então, algo além de sinais: são símbolos. O segredo do segredo é a passagem simbólica a essa identidade cultural efetuada pela iniciação; é a apropriação pessoal do sistema de valores do grupo.

Como vemos: a iniciação é um processo formidável de *reprodução do sistema sociocultural*; talvez o mais "performativo" dos que o homem inventou. Por isso, ela caracteriza de modo exemplar o drama social que impregna todo ritual. Mas se revela também, ao mesmo tempo, significativamente como portadora das *ambiguidades* do ritual, sobretudo daquelas que se referem à dimensão indicial (*supra*): subserviência dos sujeitos ao grupo, dificultada ou impossibilitada para eles de se desmarcar de seu estatuto ou sua função, enclausuramento do grupo em seu particularismo... Por outra parte, não se podem esquecer os desvios patológicos possíveis do processo iniciático, especialmente quanto ao prolongamento de sua duração e à duração das provas que são suportadas. A conversão cristã de tal iniciação requer, pois, um trabalho de grande amplitude.

c. *Iniciação tradicional e iniciação cristã*

O trabalho de *conversão ao Evangelho* não se poderia limitar a uma simples renovação de fachada. Deve ser cumprido em profundidade. Contentamo-nos aqui com salientar uma dificuldade, entre outras, de tal tarefa. É ligada ao fato de que uma iniciação verdadeiramente cristã deve gerar toda uma *série de paradoxos*, em tensão entre si: [1] a transmissão de uma herança e a apropriação crítica dela pela fé; [2] a identificação por marcas eclesiais de pertença e a abertura ao universal de um reino que ultrapassa a Igreja; [3] uma transmissão hierárquica da tradição apostólica e um exercício do poder dos iniciadores como serviço; [4] enfim, a necessidade de pôr um término à iniciação, término que, entretanto, não acaba jamais no cristianismo. Isso quer dizer que a iniciação somente funciona bem do ponto de vista propriamente cristão se ela permanece em equilíbrio instável: quando se privilegia demasiadamente o primeiro termo de cada um desses paradoxos, isto é, o polo "atestatário", então, a iniciação cristã corre o risco de se reduzir à mera reprodução de um sistema de valores nas mãos da instituição; se, pelo contrário, se privilegia — como é, antes, a tendência atual no Ocidente — o segundo termo desses paradoxos, isto é, o polo "contestatário", então, a iniciação cristã corre o risco de se tornar impossível, ao carecer de um suporte institucional suficiente. O que quer dizer que não pode haver sistema de iniciação cristã plenamente satisfatório. Se ela se revela particularmente difícil hoje como "iniciação", não é seguro que ela tenha sido outrora facilmente tida como "cristã". É significativo, desse ponto de vista, que os padres do século IV lamentassem amargamente, em plena "idade de ouro" da iniciação, da adesão demasiado "sociológica" (como se diz, às vezes, hoje) da maior parte dos novos convertidos à fé cristã; como se, uma vez que a iniciação estava em via de "instalação" tranquila, ela perdesse inevitavelmente sua força evangélica...

O que está em jogo nessas reflexões críticas é evidentemente de grande importância para a estratégia pastoral da iniciação cristã. Nessa estratégia, não se esquecerá, entretanto, o *interesse pedagógico* considerável da iniciação tradicional. Seguramente, uma vez que não se pode exportar um elemento de um sistema simbólico para outro sem lhe fazer produzir efeitos muito diferentes, não é questão de transpor a pedagogia da iniciação africana para a nossa cultura. No entanto, tal pedagogia nos faz pensar. A iniciação cristã, com efeito, não é, ela também, um ato de transmissão da tradição na qual a comunidade continua a se receber ao transmiti-la? Não é ela um processo de recepção dessa tradição por modo "mistérico"? Há outras maneiras de entrar no segredo dos "mistérios do Reino" do que compreender-se neles? Impossível aqui pretender "ver" o modo do simples "saber": os cegos, declara bruscamente Jesus aos fariseus, são aqueles que pretendem ver/saber, isto é, dominar um sistema de conhecimento de Deus (cf. Jo 9,41); aqueles que pensam estar "dentro" estão de fato "fora", embora "olhando tudo, não veem" (Mc 4,11-12). O fruto da iniciação ao "mistério do Reino de Deus" em Cristo (ibidem) é indissociável do caminho percorrido: portanto, não é uma "coisa qualquer", mas o próprio caminho como processo de geração permanente dos sujeitos como "cristãos". Tal caminho iniciático é de imediato simbólico: "Compreendemos, escreve A. T. Sanon, quando nos sentimos tomados desde o interior, afetados, postos em estado de participação" (p. 144). Temos aí talvez a expressão mais característica da prova que deve ser assumida por todo sujeito como tal: a impossibilidade de "assumir" sem ser "assumido" (*supra*). Prova do luto, de desapropriação, de renúncia a atingir, enfim, a "coisa", como manifesta de modo exemplar o segredo da máscara. Passagem pela morte para que um futuro novo seja possível. Essa simbologia fundamental iniciática, vivida totalmente na corporeidade dos sujeitos, não faz eco, como sublinha Paulo a propósito do batismo em Romanos 6, à Páscoa do Senhor Jesus?

d. A crise ritual em nossa sociedade "crítica"

A reflexão anterior tinha em vista apontar, sumariamente, alguns aspectos da complexidade das relações possíveis entre uma iniciação pagã tradicional e a iniciação cristã. Ora, essa complexidade redobra-se pela diferença entre *sociedade fechada* e *sociedade aberta*. Essa observação é tanto mais importante agora que temos em vista, apoiando-nos na iniciação, mostrar a relação da ritualidade com a sociedade humana.

A simbolização dessa socialidade nos rituais é evidentemente menos característica em nossa sociedade ocidental aberta e instável do que nas sociedades tradicionais que são de tipo estável e fechada. A "crise sacrificial" devida à suspeita crítica e à explosão cultural torna nossos ritos litúrgicos globalmente muito menos funcionais no plano social do que outrora. A lógica de comunhão na estabilidade hierárquica, que caracteriza as sociedades tradicionais, foi substituída por outra lógica: a da diferenciação e da competição pela igualdade[37]. O consenso unânime em relação aos valores que asseguram a homogeneidade social deu lugar ao direito à diferença ou à busca de autonomia; e isso, eventualmente, até a promoção, mesmo a exaltação, do conflito.

Como nessas condições, a iniciação, e qualquer iniciação, dentro ou fora do cristianismo, não seria prejudicada? Por isso, se fala hoje tanto dela: fala-se demasiadamente dela à medida que menos se pratica e na medida em que se tornou "*objeto*" de estudo, de saber, de folclore. Se continua existindo "o iniciático"[38], já não se encontram mais lugares institucionais estáveis onde se desenvolver socialmente. Quando todo o corpo social está em estado de mudança permanente (ou se representa como tal) tanto em

---

37. Cf. BAUDRILLARD, J., *Pour une critique de l'économie politique du signe*, op. cit., especialmente o cap. "La genèse idéologique des besoins [A gênese ideológica das necessidades]", 59-94.

38. PASQUIER, A., "Recherches pour une initiation chrétienne", *Cahiers Ephrem* XV, 1982, CNER, Paris.

relação a seu passado como em relação a seu saber, e ao conjunto de suas aquisições, não pode evidentemente haver aí mais lugar para instituições iniciáticas estáveis — exceto nas margens da sociedade, onde florescem precisamente os místicos extremo-orientais ou os fenômenos de seitas... *Demasiado diluído, o iniciático não pode dar lugar a uma iniciação.* Por outra parte, em que "mundo" pode-se ter o desejo de ser iniciado quando se suspeita inevitavelmente de todo modelo herdado (moral e religioso, sobretudo) e quando, mediante as mídias, especialmente, nos confrontamos com uma multiplicidade de modelos de identificação possíveis? Sem uma estruturação simbólica eficiente, sem pontos de referência suficientemente maduros, crianças, jovens e adultos se encontram incapazes de operar uma relativa seleção nesta avalanche de informações políticas, morais, religiosas e de lhes dar certa coerência...

Isso não quer dizer que a iniciação cristã estaria irreversivelmente em via de extinção. Isso quer dizer que um novo modelo deve ser buscado (e se procura já, sem êxito, às vezes), em que, procurando manter e promover em certos aspectos o polo atestatário e institucional da iniciação, se tente vincular com seu polo contestatário e crítico. Difícil tensão que se deve guardar. Mas, como dissemos, é essa tensão desconfortável, oriunda do próprio Evangelho antes de ser sobredeterminado por um tipo de sociedade, que mantém a fé despertada e viva.

3. A simbolização da ordem oculta do desejo

A simbolização da relação com um mesmo universo, com uma mesma cultura, com uma mesma tradição se efetua de maneira *original em cada um* segundo a própria história de seu desejo. Como toda religião, o cristianismo é, sob esse aspecto, uma tentativa de *gestão da culpabilidade*. A ritualidade tem uma importância toda particular nesse campo: em seus dois esquemas principais, iniciático e sacrificial, ela se refere, como mostrou A. Vergote, à impureza e à dívida[39]. Evocamos anteriormente alguns desvios patológicos que a ameaçam de modo particular. Com efeito, ao pôr em cena "a ordem oculta do desejo, do inconsciente do coletivo, dos fantasmas originários, ao mesmo tempo ocultos e reativados no jogo das cenas rituais e das figuras de agente e de objetos"[40], a ritualidade é o lugar de uma vivência psíquica intensa, propícia ao retorno do "reprimido".

---

39. VERGOTE, A., *Dette et désir*, op. cit., cap., 4: "L'impur et la dette dans le rite".
40. HAMELINE, J. Y., art. cit., 108.

Assim, aquém do conteúdo propriamente cristão reconhecido na *comunhão eucarística*, o ato de manducação, sobredeterminado ademais pela dimensão sacrificial que lhe é explicitamente associada, "não pode deixar de evocar fantasmas orais invariavelmente ambivalentes, uma vez que, de um lado, expressam o desejo de destruir, de matar — agressividade, pulsão de morte —, e de outro lado, o desejo de se assimilar, de se incorporar, de se apropriar, de se identificar"[41].

Ou, ainda, o fato de os pais manterem, muitas vezes, com uma força que desconcerta os pastores, o *batismo de suas crianças* com base naquilo que lhes toca no mais profundo de suas fibras inconscientes, e isso aquém de suas convicções de fé: tal demanda ritual é a princípio a expressão de *instâncias arcaicas* que são acionadas na ocasião de toda relação com *a origem* e com seu "mistério". Que o produto-criança do qual são os genitores possa eclodir em obra-filho requer para eles, de maneira tanto mais imperativa quanto menos consciente, que sejam realizados nele os gestos que estiveram sobre eles outrora e, anteriormente, sobre seus próprios pais e seus ancestrais. A genealogia, que, como G. Rosolato mostrou, requer a referência simbólica há pelo menos três gerações[42] — daí a influência dos avós no campo religioso especialmente —, somente pode se estabelecer de forma humana, isto é, significante, por meio da inscrição simbólica sobre a criança desta palavra, ritual na ocorrência, com a qual foram eles mesmos marcados na origem.

O nascimento humano é, assim, como algo mais e outra eventualidade além de um simples acontecimento biológico, e a vida é algo mais além de um simples estado de fato que se poderia dominar. Uma *dívida de existência*, recebida de outra parte, de um "outro", como um dom, se expressa aqui de maneira muitas vezes inconsciente[43]. Essa mesma dívida põe em movimento no plano psíquico os fantasmas de pagamento ou de reparação extremamente *ambíguos*, como o da expulsão do grande bode emissário mítico que pode representar Satanás ou o "pecado original". O rito funciona, então, prioritariamente como um tranquilizante em relação a um eventual infortúnio que poderia acontecer à criança.

---

41. Sagne, J. C., "L'interprétation analytique de l'eucharistie", art. cit., 153-154.

42. Rosolato, G., *Essai sur le symbolique*, Gallimard, 1969, cap. "Trois générations d'hommes dans le mythe religieux et la généalogie", 59-96.

43. É significativo a esse respeito, por exemplo, a escolha do poema de K. Gibran que diz "Vossos filhos não são filhos vossos, são os filhos e as filhas da vida mesma" como uma das leituras para o batismo das crianças. Escolha frequente, também, da parte de cristãos relativamente afastados da Igreja assim como da parte de cristãos mais "comprometidos". Dessa forma, aparece na linguagem algo que permanece habitualmente inconsciente.

Supomos de passagem que a *pastoral* pode submergir em um impasse se, sob pretexto de "fé viva", desconhece a importância dessas motivações inconscientes ou se as descarta rapidamente como "mágicas". A fé mais "verdadeira" é sempre fé humana, e o mais "verdadeiro" da vida humana não está necessariamente ali onde pensamos. O fato é que, se a fé também leva em consideração o simbolismo primário da culpabilidade e o esquema sacrificial que lhe corresponde, não é para consagrá-los, mas para convertê-los ao Evangelho. O batismo cristão requer esta reviravolta que, em vez de *desencarregar* os pais de sua responsabilidade pela expulsão da vítima satânica carregada com sua culpabilidade, os encarrega de *assumir simbolicamente* sua dívida existencial na tarefa pedagógica de abertura de seu filho à fé que professaram.

O simbolismo sacramental funciona necessariamente mediante nossas pulsões mais arcaicas e menos reconhecíveis, disfarçadas e distorcidas, que podem ultrapassar a barreira da censura e manifestar-se à consciência. Entretanto, é esse trabalho no inconsciente que, além do aspecto sociocultural inconsciente explicitado anteriormente, explica a *forte resistência* da demanda dos ritos de passagem aos ataques dos questionamentos críticos e à quase incredulidade prática, senão teórica, que a acompanha frequentemente. A. Vergote, por sua vez, chega a dizer a respeito disso: "Cremos que o formalismo de algumas práticas religiosas depende muito mais deste processo psicológico do que de razões de ordem social. Por este ângulo, compreende-se bem que a prática dos ritos religiosos diminui quando desaparece o clima de culpabilidade"[44]. De todo modo, a aprovação no tocante aos ritos de passagem no plano prático, e apesar da suspeita teórica de irracionalidade que os peticionários carregam contra eles, é um sintoma do *indomável trabalho do desejo* que aí se efetua. Mais sintomática ainda é a agressividade que se manifesta, até o transbordamento, às vezes, desde que os dispositivos pastorais não correspondam mais às expectativas; esse transbordamento cessa de ser surpreendente à luz do que acabamos de analisar.

A ritualidade religiosa tem inevitavelmente uma função de gestão da culpabilidade. Por isso *põe em cena a contradição que constitui o desejo*: "*aspirar ao que recusa: se fechar numa posse*"[45]. Isso porque sua satisfação é sua morte. Ele não vive senão de ser "desejo do desejo do outro", segundo um processo indefinido de incompletude. A essência do homem é precisamente estar aberto por uma *brecha que não se pode fechar* e, assim, procurar

---

44. Vergote, A., *Dette et désir*, op. cit., 142.
45. Idem, *Interprétation du langage religieux*, op. cit., 153.

a quietude sem jamais conseguir encontrá-la. Essa inquietude constitutiva de si mesmo tem ligação com a *origem*, com essa perda da origem que efetua necessariamente o acesso à linguagem, com essa "partição" primeira da qual o sujeito procede no momento de seu "parto" (J. Lacan), e assim com a *morte* que não é mais do que o reverso da questão da origem. O drama do ek-sistir não é outro senão o do conflito de *Eros* e *Tânatos* no homem. A essência ontoteológica da metafísica pode ser compreendida como a tentativa, própria no Ocidente desde a Grécia, de gerar esta contradição interna por uma outra via que não seja a das religiões tradicionais; em vez de tentar preencher a brecha — que, por outro lado, se reabre sem cessar — por meio de mitos, ritos, crenças, espíritos e deuses, tentou-se fazê-lo por meio de "razões"[46]. Mas não é a mesma prova fundamental — a da "melancolia" (*supra*) —, que, de ambos os lados, tentou-se administrar, contornando-a, por caminhos diferentes? No entanto, como vamos explicitar agora, os ritos religiosos desempenham um papel particular nesse assunto.

4. A originalidade dos ritos religiosos na simbolização do homem

Pode-se dizer que toda obra humana expressa o homem inteiro, em sua relação com uma sociedade, com uma tradição, com um universo. Toda obra humana é simbolicamente portadora do desejo do homem e de sua contradição interna. Mas a obra humana não o é no mesmo grau nem da mesma maneira. Isso também pode se dizer sobre o interior das obras artísticas e hermenêuticas (entre as quais estão as obras religiosas). Uma *dupla característica* nos parece marcar a expressão ritual religiosa.

a. A encenação da corporeidade como tal

De uma parte, sublinhamos o fato de o *corpo* do homem, com suas mil possibilidades vocais, gestuais, posturais ser encenado como tal em sua relação com o mundo, com os demais e com os antepassados. É esse "*como tal*" que aqui é pertinente. Isso porque ele não é somente a condição, mas o lugar da liturgia. Esta é a expressão do homem como corpo vivo, corpo

---

46. Morin, E., *Le Paradigme perdu: la nature humaine*, Seuil, 1973, 111: "Entre a visão objetiva e a visão subjetiva há, pois, uma brecha que o homem abre até a laceração, que preenche os mitos e os ritos de sobrevida, que, enfim, integram a morte. Com 'sapiens' começa, pois, a dualidade do sujeito e do objeto, elo irrompível, ruptura insuperável que, em seguida, de mil maneiras, todas as religiões e filosofias tentarão superar e aprofundar".

singular de desejo em que se recolhe (*relegere*) e se religa (*religare*) arquissimbolicamente o tríplice corpo cósmico, social e ancestral que lhe permite tornar-se palavra.

b. O "sagrado"

Por outra parte, a encenação da corporeidade se vive no rito religioso como sagrada.

É difícil compreender o conceito do "sagrado". "Conceito-funil", escreve F. A. Isambert, típico do que P. Bourdieu denomina de "um modo de pensamento substancialista", em que, após ter passado do adjetivo ao substantivo[47], desliza "do substantivo à substância", da constância do substantivo à constância da substância[48]. Assim, em R. Otto e M. Eliade, o "sagrado" passa do conceito lógico à realidade ontológica; por isso, "há, com toda evidência, uma teologia subjacente à obra de M. Eliade".[49]

Ora, "sagrado" é um adjetivo que qualifica coisas (objetos, lugares, personagens etc.). Tomado como substantivo, não designa uma coisa. Como mostrou A. Vergote[50], é um semantema que evoca em nossas culturas a *profundidade*, a interioridade escondida, a fonte misteriosa, quando o semantema "Deus" evoca mais a *altura*, o poder, a majestade; mas a "profundidade" pode evocar também Deus e a "altura", o sagrado. Estamos, de toda forma, no eixo de verticalidade. Por isso, vemos que o sagrado, de uma parte, não pode ser identificado com "Deus" — embora oriente para ele — e, de outra parte, não pode opor-se ao "profano". Seu oposto é, antes, o que não se afasta da simples "horizontalidade" da existência, o que reduz a vida a um puro dado biológico, um parêntese entre nascimento e morte. O sagrado remete assim, pelo menos em nossa cultura, a esse *aquém* da existência, a esse "fundamento do 'há' das profundidades", que faz desta alguma coisa mais e de outra ordem do que um simples dado bruto. Qualquer violação desse aquém que toca o mais íntimo da vida, tanto do grupo como de cada um, somente pode ser experimentada como um "sacrilégio". Esse aquém não se manifesta como tal, seguramente. Ele somente toma consistência

---

47. Isambert, F. A., (*Le Sens du sacré*, op. cit.) observa que, se Durkheim "usa pouco o substantivo 'sagrado' e prefere manter o adjetivo (Hurbert e Mauss são menos reservados neste ponto)", ele lança, entretanto, "as bases de uma verdadeira filosofia do sagrado": de "princípio-atributo", o sagrado torna-se "propriedade-objeto, princípio de toda religião" (256-257).

48. Bourdieu, P., *La Distinction*, op. cit., 20.

49. Isambert, F. A., *Le Sens du sacré*, 264.

50. Vergote, A., "Équivoques et articulation du sacré", art. cit., 478.

por projeção em um *além* (muito diversamente representado segundo as culturas, até o ponto de dar lugar, como entre nós, a um além "profano" como o da História, da Ciência etc.) *mediatizado* por objetos, pessoas, lugares, fórmulas qualificadas de "sagrados". Ponto capital: *sem essas mediações, não há "sagrado"* — nem como "aquém", nem como "além". "Nem o mito nem o rito são expressões de um sagrado; eles são primordiais e se existe um sagrado é porque eles o instituem"[51]. O sagrado não explica o rito; é o rito que o instaura.

Portanto, se os *ritos* estão sempre ligados ao sagrado, é precisamente porque têm por função ser (segundo suas relações com os mitos) as mediações culturais prioritárias de uma instituição. Num âmbito religioso, eles constituem ao mesmo tempo a mediação privilegiada da relação do homem com o *outro divino* ou divinizado. Esta é justamente sua segunda característica em relação a outras obras culturais em que o homem se expressa. Eles não apenas manifestam o corpo como tal do sujeito humano, mas apresentam este, com a insuperável contradição de seu desejo, ao outro divino, pela súplica ou pelo júbilo, pelo pedido ou pelo louvor. Este caráter *alocutivo*, que faz com que o rito se distinga de todo espetáculo ou de toda arte religiosa, lhe dá, como ao "símbolo teologal", o que D. Dubarle denomina de "potência *ana-fórica*"[52]: o rito pretende levar o homem todo, inteiro, "para o alto". Assim vetorizado, dirige ao outro, reconhecido como parceiro (superior seguramente) de comunicação, o desejo do homem, especialmente no discurso alocutivo em "tu" da oração.

Segundo seus elementos existenciais explícitos, o desejo leva à obtenção de bens de tipo antes espiritual (perdão, reconciliação, purificação, ação de graças, coragem moral…) ou de tipo mais material (saúde, colheita frutuosa etc.), sem que, por outra parte, a linha de partilha entre os dois tipos seja muito clara. Mas o desejo não tem em vista somente esses objetos empíricos de necessidade; além deles, mediante eles, é uma "*demanda*" do outro que se formula. É o homem desejoso como tal que se expõe à divindade. É o drama mesmo de seu ek-sistir que o apresenta. O fato de que a oração litúrgica seja formulada frequentemente como um grito, de caráter repetitivo, é significativo desse jogo: os "Tende piedade! Tende piedade!", "escutai-nos, ouvi-nos", "Louvor a vós! Glória a vós!", "Aleluia" são outros tantos gritos-orações oriundos diretamente de um desejo que ultrapassa

---

51. Ibidem, 485.
52. Dubarle, D., "Paritque du symbole et connaissance de Dieu", in: Breton, S. et al., *Le Mythe et le symbole*, Beauchesne, 1977, 228.

em extensão e em profundidade os motivos pontuais da demanda ou do agradecimento e que se dirige finalmente ao *outro desejado por si mesmo*. É pelo menos nessa direção que se orienta a oração cristã, pedagogia de conversão do desejo que passa pouco a pouco da simples reivindicação de objetos de necessidade (materiais, morais e mesmo espirituais) à demanda de Deus como tal — em termos evangélicos, a demanda do "Reino e de sua justiça" (Mt 6,33) e a demanda do Espírito (Lc 11,13).

A ritualidade litúrgica é, assim, a expressão simbólica do homem em sua corporeidade total e como ser de desejo. Ao produzir o homem exterior como corpo de natureza e de cultura, de história e de desejo, diante do outro divino, ela "desempenha" diante desse último a angústia existencial desse ente singular que, sempre em busca do objeto perdido que iria saciar o seu desejo, somente pode viver a insatisfação daquilo a que aspira e que aprende, assim, a reconhecer a demanda do outro (chamado de Deus nas religiões) que se formula em suas necessidades.

IV. A CORPOREIDADE DA FÉ

Reencontramos, no termo dessa reflexão sobre a ritualidade, um tema já esboçado no final de nosso capítulo 4. O prolongamento que fazemos aqui é motivado pela consistência nova que lhe dá a precedente reflexão sobre a ritualidade.

1. A diferença sacramental, ou o compromisso radical da Igreja nos sacramentos

a. Uma tensão fundamental...

Como dissemos, os ritos são passíveis do pior e do melhor. Nas páginas precedentes, apontamos certo número de *riscos principais* que pesam sobre eles. Heterotopia, programação, digitalidade são, com efeito, sempre suscetíveis de favorecer uma regressão imaginária. Certamente, a ritualidade não tem o monopólio desse tipo de risco. Entretanto, mesmo em razão de sua saturação de humanidade, fornece um terreno particularmente propício para a germinação dessa cizânia. Quantas neuroses favoreceram, ou entretiveram, a piedosa assistência ao "santo sacrifício da missa", a "teofagia" da comunhão eucarística, o desejo de "tudo dizer" no obscuro segredo do confessionário! A quantas estratégias sociais e políticas (fortalecimento do poder estabelecido, manutenção de privilégios culturais ou econômicos...) os batismos ou os casamentos, as missas ou as confissões não serviram de álibi! Quantas mistificações neste campo — quase sempre, aliás, com toda boa-fé!

Essas armadilhas psíquicas e sociais jamais são totalmente evitáveis. Por isso, quando, contra a prevalência do hábito ou da "rotina" na prática dominical, se quer fazer prevalecer o hábito contrário, não é totalmente seguro que se volte a alguém mais autenticamente "crente", nem que se sacrifique menos a uma nova ordem social, a uma nova "rotina", enfim, a uma nova "alienação" de si — do que nos defendemos evidentemente com tanto mais fúria do que com as "razões" avançadas que são menos convincentes[53]. De todo modo, os riscos dos ritos sacramentais são tais que não é surpreendente vê-los frequentemente como objeto de suspeita, ou de aviltamento, em nome da "sinceridade" ou da "autenticidade" da fé ou em nome da audácia "profética" da Palavra.

Entretanto, esses mesmos riscos são suas *chances* quando a fé sabe assumi-los para tomá-los pelo reverso. Impossível sair desta tensão, exceto, como dissemos, se sonhamos com uma fé sem corpo e com um Deus maravilhoso, à imagem de nosso próprio eu ideal, cujas excelências ontoteológicas não seriam questionadas pelo *Logos* da cruz. A desconcertante alteridade e santidade desse Deus crucificado jamais se confessa tão bem como em sua retração, pelo Espírito, na corporeidade humana. Precisamente, os ritos sacramentais como lugares de graça no todo humano — o demasiado humano — da materialidade significante dos gestos, posturas, objetos e palavras que os constituem são não apenas a única figura, mas *a figura mais eminente desta processão do Deus divino em sua recessão no seio do mais humano*. E isso em razão de seu *modo de expressão específica* e irredutível a qualquer outro. Por isso, se a confissão da Palavra de Deus na empiricidade da letra das Escrituras escandaliza, a confissão dessa mesma Palavra que age no "demasiado humano" dos gestos sacramentais chega a redobrar esse escândalo. Como observamos, a evanescência do "verbo" no primeiro caso permite, sobre um fundo de logocentrismo metafísico, apagar parcialmente o corpo do traço escrito e, assim, domesticar relativamente o escândalo em questão. Mas o sacramento não oferece — ou dificilmente o faz — esta escapatória; choca-se com ele, dizíamos, como se choca com o corpo... Portanto, persistimos em buscar "razões" de "conveniência".

---

53. VERGOTE, A., *Religion, foi, incroyance*, op. cit., 281: "Sobre o fundamento de nossas pesquisas, cremos, em todo caso, poder afirmar que há correlações positivas entre a prática religiosa e o grau de convicção de fé".

Ainda que os ritos sacramentais corram o risco de favorecer a idolatria e a magia, eles são, entretanto, a confissão em ato da estranha alteridade de Deus. Se eles correm o risco de desmobilizar em relação às tarefas históricas, são, entretanto, um ponto de passagem simbólica que demanda ser verificado na história. Se eles correm o risco de assegurar todos os excessos da instituição Igreja, são figuras desta, a qual se compromete neles de maneira radical, como o sacramento fundamental de Deus. *Em definitivo, eles cristalizam as tensões profundas, as mais irredutíveis, que mantêm de pé a Igreja e a fé.*

b. Tensão expressa de maneira radical

Evidentemente, não é no plano das "intenções" subjetivas da Igreja ou dos crentes que se situa a singularidade dos sacramentos. Neste plano, com efeito, a Igreja está também totalmente comprometida em sua hermenêutica das Escrituras ou em seu testemunho ético. Sua diferença reside na *modalidade antropológica* segundo a qual a Igreja se atesta neles em sua identidade de Igreja-de-Cristo (e se vê, ao mesmo tempo, contestada por eles, uma vez que está sempre distante em relação àquele que ela anuncia). Esta modalidade é *antropologicamente insuperável*. Insuperável naquilo que, como "expressões rituais", são atos que se dão como performativos no mais alto nível, e não simples ideias; práticas que se querem eficazes, e não discursos didáticos; invólucros simbólicos, e não desenvolvimentos discursivos. A isso se deve acrescentar a precisão capital que este conjunto pragmático é "recebido" pela Igreja como procedente de Jesus Cristo, como ato de seu Senhor, ato sobre o qual ela confessa não ter poder (cf. capítulo seguinte). É desta maneira que compreendemos o caráter "absoluto" do compromisso da Igreja, que, segundo K. Rahner, marca a diferença dos sacramentos em relação às outras mediações eclesiais de comunicação de Deus. Essa diferença, como sabemos, é tomada do lado do *sacramentum*, isto é, dos atos como Igreja totalmente humanos que o constituem, atos que, ao comprometer estruturalmente a Igreja em sua identidade de Igreja de Cristo, são recebidos como mediações concretas do compromisso primeiro de Deus que nela se propõe como dom gratuito e gracioso da "salvação". Assim, é a partir de e no seio do *sacramentum* e, portanto, do *opus operantis Ecclesiae* que o *opus operatum* de Deus se dá a compreender teologicamente. Em consequência, "temos perfeitamente o direito, falando teologicamente, de conceber os sacramentos como o caso mais radical, e mais intenso, da Palavra de Deus como palavra da Igreja, ali onde precisamente esta palavra, como compromisso absoluto da Igreja, é o que se denomina *opus operatum*"[54]. Os diversos componentes da pragmática ritual que temos analisado — heterotopia, programação, encenação do corpo etc. — constituem para nós as mediações antropológicas e sociais concretas de tal "diferença sacramental".

O que é verdade com relação à Igreja coletivamente também o é em relação a *todo crente* — se, pelo menos, se quer se situar no nível da ordem ritual e não no nível das "intenções" de cada um. Uma ação sacramental "compromete", como se diz. É um passo que se dá a cada vez. E não se pode negociar neste estágio: o passo se dá ou não; o gesto se efetua ou não. Impossível jogar aqui com uma "analogia": o rito "posiciona", conforme "se passe" por ele ou não, se a ele "se submeta" ou não, numa atitude que não pode ser mental simplesmente, mas que requer uma passagem ao ato. A imersão batismal, primeiro *sacramentum* do cristão, é de fato exemplar sobre este ponto: o corpo é mergulhado inteiro na ordem simbólica própria da Igreja metaforizada pela água. Ao aceitar assim se comprometer no gesto sacramental da Igreja, não reclamamos mais nossas próprias ideias teológicas, por penetrantes que sejam, nem nossos sentimentos religiosos, por sinceros que sejam, nem nossas obras éticas, por generosas que sejam. Tudo isso certamente faz agir, mas não é esse todo (ideias, sentimentos, obras) que age no rito sacramental. O eu está, então, disponível ao outro que ele pode *"deixar fazer"* pela mediação da Igreja. Ele o deixa fazer ao efetuar um gesto que não é seu, ao dizer palavras que não são as suas, ao utilizar elementos que não escolheu. É, então, a mesma condição da fé que ele simboliza, é seu ser de crente que ele coloca em jogo, radicalmente, sem reservar uma saída de emergência. E é precisamente nesse ato de desapropriação que ele é devolvido a si mesmo.

Quando tudo parece escurecer para o crente, quando o solo de suas convicções mais seguras oscila sob seus pés, quando a angústia o toma pela garganta ao passar pelo corpo a ideia de que Deus poderia não existir, que outra coisa lhe resta para poder ainda, talvez, se comunicar com "Deus", se não o seu corpo? Que outra coisa lhe resta senão seu corpo que toma na mão o que toma a Igreja — um pouco de pão e de vinho — e diz o que diz a Igreja — "meu corpo entregue por vós" —, tomando e dizendo isso como gestos e palavras daquele que a Igreja confessa como seu Senhor? Mas quando a fé perdeu a ilusão de suas boas "razões", quando somente se prende ao corpo, não seria ela eminentemente a fé?

---

54. RAHNER, K., *Traité fondamental de la foi*, op. cit., 473.

2. A incorporação da fé

O que nos diz a respeito da fé o fato de que ela é tecida por ritos denominados sacramentos? Esta era a questão inicial. Esse fato não nos diz somente que a fé, ao tomar-nos inteiramente, não pode ser vivida fora do corpo, fora do grupo, fora da tradição. Diz-nos muito mais que isso, um "muito mais" que compromete pelo menos a superação da metafísica tal como a temos apresentado na perspectiva da linguagem e, contra o logocentrismo, da linguagem inscrita na resistência empírica de uma matéria significante. O fato sacramentário nos diz que *a corporeidade é a mediação em que a fé toma corpo* e efetua a verdade que a habita. Ele o diz com toda a força pragmática de uma expressão ritual que fala por suas ações e age como palavra, de corpo-palavra. Ele nos diz que o corpo, que é toda a palavra do homem, é a inevitável mediação na qual a Palavra de um Deus comprometido com o mais humano de nossa humanidade pede para inscrever-se a fim de poder se fazer ouvir. Ele nos diz assim que a fé requer esse *consentimento ao corpo*, à história, ao mundo que faz dele uma realidade plenamente humana.

Capítulo 10
O instituto sacramental

A DIALÉTICA DO INSTITUINTE E DO INSTITUÍDO

Não existe instituinte senão já instituído. Ou, melhor, o mais instituinte é o mais instituído. Essa afirmação, aparentemente paradoxal, se situa na linha reta do simbólico, que, deixando para trás os esquemas de representação do que chamamos de "metafísica" desmascara as falaciosas dicotomias: o mais espiritual não acontece no mais corporal? A exteriorização expressiva não é a mediação da diferenciação interior? O mais próximo do sujeito não é o que lhe parece o mais afastado? E, se o homem está falando, não é porque sempre falou?

Se a linguagem é a mediação *mais instituinte* dos sujeitos, é precisamente porque é *a mais instituída*. Ela o é enquanto *língua*, matéria fônica instituída como significante graças a um corte cultural. Sublinhamos, ao pensá-la como "escritura", que se trata de um dado radical que precede cada um e legisla no seio do grupo, e que esta lei tem algo de tão singular que ninguém jamais pôde decretá-la como tal. Isso significa, dizíamos então, que o instituído não é uma lei entre outras, mas constitui o espaço originário de toda instituição e de toda cultura. Ora, é a partir da subjugação primordial ao instituído linguístico que se efetua a emergência dos sujeitos. A implementação da língua no *discurso* ou o ato de linguagem é a mediação instituinte dos sujeitos no que têm, ao mesmo tempo, de mais social e de mais singular, uma vez que a arquitetura formal da língua é assumida a cada vez de maneira *nova*, segundo um processo que a torna um evento a cada vez inédito: um evento da palavra.

É segundo essa dialética do instituinte e do instituído que tentamos agora compreender teologicamente os sacramentos. Na ordem simbólica própria da Igreja ou no "jogo de linguagem" próprio da fé, podemos, de um lado, olhá-los como elementos da língua materna cristã e, de outro lado, considerar a implementação dos atos de linguagem que efetuam a identidade da Igreja e dos sujeitos que aí se expressam. É o primeiro ponto, relativo ao instituído, que será o objeto do presente capítulo. O segundo, trataremos dele no capítulo seguinte.

I. A INSTITUIÇÃO DOS SACRAMENTOS POR JESUS CRISTO: CERNE DA QUESTÃO

Entre as diversas mediações eclesiais, os sacramentos ocupam uma posição eminentemente *institucional*. São peças mestras de integração eclesial, precisamente porque a Igreja se comprometeu com eles institucionalmente de maneira completa. Por isso são estreitamente geridos pela Igreja, tão estreitamente que esta decreta ter sobre eles todo poder, "salvo em sua substância", segundo a fórmula do concílio de Trento. Esta exceção é evidentemente importante.

Estamos, então, em uma situação paradoxal: de um lado, ao denominar sacramentos alguns atos rituais que ela recebe como instituídos por Jesus Cristo e sobre cuja *substância* declara, por isso, não ter poder, a Igreja atesta que *nada lhe escapa*, seja original e originariamente, como esses elementos; mas, de outro lado, *embora teologicamente nada lhe pertença, entretanto, concretamente, nada está tanto sob seu poder*, uma vez que somente ela está habilitada, em um ato hermenêutico, no seio da fé, para fixar o limite de seu poder sobre eles[1]. Em suma, nada está tão regulado por ela como o que ela reconhece que escapa de seu domínio. "Decisão da Igreja,

---

[1]. A hermenêutica que A. Duval propõe da doutrina e dos cânones tridentinos sobre o sacramento da penitência leva o autor a considerar que o debate fundamental, para o conjunto do concílio, se referia "em última análise ao *poder* sacramental do qual a Igreja é depositária". Ele observa: "A origem, a natureza, a extensão da *potestas*, na Igreja de Cristo, estes são, sem dúvida, os problemas centrais do concílio de Trento, talvez os menos estudados" (DUVAL, A., *Des sacrements au concilie de Trente*, Cerf, 1985, cap. 4 "La confession". Cit., 175-176). Cf. *DS*, 1728, *Dz* 931.

decisão de Cristo, é a mesma coisa", dizia Simão de Florença no Concílio de Trento para significar que a comunhão *sub utraque* não podia ser considerada como de "direito divino"[2]: esse tipo de fórmula nos dá a medida completa do paradoxo do qual tratamos!

Ele nos dá também a medida dos *perigos*: fixar o limite de seu poder para que se destaque somente o que deve ser o único poder de Deus é, para a hierarquia eclesiástica, sacralizar e reforçar ainda mais seu próprio poder. A ocultação de seu poder efetivo atrás do poder teórico atribuído somente a Deus está cheio de riscos de manipulação mistificadora de seu "mistério".

Mas os perigos desta inevitável colisão entre o enunciado de verdade e o poder enunciador não devem, por esta razão, mascarar o *interesse teológico* da questão em causa. Há, nessa questão, algo homólogo àquela da linguagem no plano antropológico. Se a linguagem é mediação *instituinte* dos sujeitos, o é, acabamos de lembrar, enquanto *sempre-já instituída*, sem que nenhum membro do grupo tenha jamais podido (ao contrário do instrumento) decretar sua existência como tal na origem. *Mutatis mutandis*, nada é *mais instituinte* da Igreja em sua identidade de Igreja-de-Cristo que o *mais instituído*, que são os sacramentos "instituídos por nosso Senhor Jesus Cristo" (Trento, DS 1601), instituído que nenhuma comunidade ou crente na Igreja, mesmo no mais alto nível da hierarquia, pôde estabelecer. Como para a linguagem, a Igreja pode regular o seu bom uso, mas não dá-los como tais. Tal nos parece pelo menos o interesse maior da questão, clássica, da *instituição dos sacramentos por Jesus Cristo*.

Não retomaremos aqui o dossiê dessa questão. É suficiente recordar que ela só foi posta *como tal* com a escolástica, embora, como notou Y. Congar, a Idade Média tenha sido "muito menos exigente do que nós sobre a instituição dos sacramentos; admitia facilmente uma instituição mediatamente divina"[3], mediatização particularmente ampla em São Boaventura[4]. Para os escolásticos, por exemplo, Santo Tomás, há equivalência entre a instituição dos sacramentos por Deus ("Deus", isto é, "o mesmo Cristo, que

---

2. Sobre o "direito divino" em Trento, cf. DUVAL, A., op. cit., 194-202.
3. CONGAR, Y., "L'idée de sacrements majeurs ou princiapaux", in: *Concilium* n. 31, 1968, 25-34.
4. Para São Boaventura, Cristo instituiu o casamento e a penitência "confirmando, aprovando e consumando"; a confirmação e a extrema-unção "insinuando e iniciando"; o batismo, a eucaristia e a ordem "iniciando e consumando e *in semetipso suscipiendo*" (*Breviloquium*, p. 6, c. 4, 1). Cf. BITTREMIEUX, J., "L'institution des sacrements d'après saint Boaventure", *Ephem. theol. lovan.* 9, 1932, 234-252; BARIL, H., *La Doctrine de saint Bonaventure sur l'institution des sacrements*, Montréal, 1954.

é ao mesmo tempo Deus e homem", III, q. 64, a. 2, ad. 1) e sua eficácia de graça, cuja única fonte é Deus: "A virtude do sacramento vindo somente de Deus, resulta daí que somente Deus instituiu os sacramentos" (q. 64, a. 2). Em linguagem escolástica, é dizer que Deus (ou Cristo como Deus) é seu *institutor*, a saber, que ele é o seu *autor*, o agente criador e operador. Por isso, ainda que, quanto às suas determinações concretas, uma tal instituição passe pela mediação da Igreja, permanece, em sua fonte, ligada a Cristo: "Assim como os apóstolos não podem constituir uma outra Igreja, não podem transmitir uma outra fé, ou instituir outros sacramentos. Porque 'é pelos sacramentos que manaram do lado de Cristo crucificado' que a Igreja foi constituída" (q. 64, a. 2, ad. 3). Para Santo Tomás, o cerne da questão está no fato de que é de Cristo que provém a eficácia dos sacramentos, somente dele; nem mesmo os apóstolos puderam instituí-lo. Somente ele, por exemplo, pôde instituir a confirmação ("não a conferindo, mas prometendo-a"), porque somente ele podia, segundo sua promessa, transmitir o Espírito Santo (q. 72, a. 1, ad. 1).

Depois da escolástica, especialmente entre os teólogos controversistas do século XVI contra os reformadores, e depois no momento da querela modernista, a questão foi posta em limites muito mais estreitos. Queriam dar "provas" históricas da instituição de cada um dos sete sacramentos. Gastou-se, então, muita energia para tergiversar sobre uma questão tanto mal enfatizada quanto polêmica. Éramos vítimas de uma confusão quanto ao estatuto epistemológico da questão e a um erro de método. Isso porque querer deduzir de "provas" históricas a instituição dos sacramentos por Cristo é situar o problema num terreno que nem é o seu, e isso inevitavelmente só mostra o que foi resolvido antecipadamente. Esta questão é um belo exemplo, entre outros, de uma má apologética que opera uma leitura "dogmatista" preestabelecida da história. Entretanto, deve-se distinguir a maneira, muitas vezes ruim, pela qual se quis resolver o *modo* de instituição dos sacramentos, da importância da questão. Ora, o que se expressa é de *fundamental importância*: está em jogo, como indicamos com Tomás de Aquino, a natureza dos sacramentos como atos de salvação da parte de Cristo.

Os sacramentos são a proclamação simbólica principal da identidade da Igreja. Ora, esta mantém essencialmente em *sua dependência original e originária com respeito a Cristo*. É isso que se realiza *simbolicamente* neles. E é precisamente isso que se desenvolve *discursivamente* na afirmação teológica, e depois dogmática em Trento, de sua instituição por Jesus Cristo. Esta não significa fundamentalmente nada mais do que a identidade da Igreja como Igreja *de* Cristo, que somente existe para receber-se dele, que é servidora e não proprietária da salvação, instituída por outro e não instituinte por si mesma, dom da graça do Pai pelo Cristo no Espírito.

Nesta fórmula (ou naquela, idêntica quanto à significação, do *salva illorum substantia*), a Igreja não se contenta em dizer que, ao efetuar um ato sacramental se reconhece dependente de Cristo, seu Senhor. Porque sempre se poderia supor que, como em outras mediações de sua comunhão com Deus, ela poderia inventar os atos em que expressa sua dependência. Ora, ela se reconhece despojada dessa mesma possibilidade: não somente — ela afirma em essência — ponho um ato em que confesso-me como dependente de Cristo, mas reconheço que não tenho *mesmo o poder de inventar eu mesma tal ato*; foi me dado como uma graça, eu o recebo como algo instituído que sempre já me precede e que, pelo fato de eu não ter precisamente domínio sobre ele e de sua origem ser um *lugar impenetrável*, me revela o que eu sou. Os sacramentos reenviam, pois, a Igreja a esta *sede vacante* de seu Senhor que ele não pode ocupar sem se destruir e da qual somente pode fazer memória. Assim, ali onde, como sublinhamos a propósito do simbolismo da programação ritual, a celebração sacramental constitui para a Igreja a mediação antropológica mais radical de sua dependência em relação a Cristo e, assim, a principal confissão *em ato* de sua identidade, a afirmação da instituição dos sacramentos por Cristo constitui para ela o desenvolvimento *discursivo* último desta questão. Temos aí uma bela ilustração do adágio *lex orandi, lex credendi*: o conceito vem retomar, em seu nível próprio, o cerne do *símbolo*.

Esta é a lei da fé que expressa teologicamente a instituição dos sacramentos por Jesus Cristo, lei cuja força se expressa no ato simbólico de sua celebração: com efeito, cessa de ser uma simples "ideia"; o crente se choca com a *escandalosa contingência de um ritual* que opõe, em sua positividade de dado programado, uma resistência incontornável à fuga imaginária para um Deus desligado de nossa corporeidade e historicidade. O instituído sacramental representa assim para nós a *barreira* com a qual se choca nosso desejo de apagar a dimensão empiricamente escandalosa de *Jesus* de Nazaré como Cristo e Senhor, assim como, antes e depois dele, a dimensão empírica da letra das *Escrituras* como Palavra de Deus e a da *Igreja* como sacramento fundamental do Reino. Ora, não é despedaçando-se contra esse *interdito de origem* que nosso desejo aprende a fazer luto de um deus que não é mais do que a projeção imaginária de nós mesmos e a se estruturar pouco a pouco no âmbito cristão? A lei dos sacramentos é dura. Talvez seja necessário tê-la provado em toda a sua dureza, até o desejo de aniquilá-los, para verificar o seu alcance estruturante para a fé. Em todo caso, é nessa perspectiva que vamos nos aproximar do mistério do corpo eucarístico do Senhor.

II. O CORPO EUCARÍSTICO DO SENHOR: UMA FIGURA EXEMPLAR DA RESISTÊNCIA DO INSTITUÍDO SACRAMENTAL

A presença eucarística de Cristo tem algo particularmente escandaloso para a razão que crê. Na verdade, não parece que isso tenha sido sempre assim. Nas origens da Igreja, a pedra de escândalo se referia mais imediatamente à ressurreição de Jesus por Deus, que tinha sido crucificado por blasfêmia contra a lei de Deus (cf. *supra*). Ora, esse primeiro escândalo, decisivo para a fé, parece ter parcialmente se evaporado como tal à medida que, passando o tempo, se esqueceu seu alcance histórico e teológico concreto para as primeiras comunidades de origem judaica e na medida em que "teorias" da salvação foram domesticando o *logos* da cruz. Temos o sentimento de que esse escândalo a princípio foi aparentemente apagado pela presença de Cristo na eucaristia, a partir especialmente do século XII, época em que a piedade para com a presença eucarística se desenvolveu muito, levando os novos teólogos de "escola" a perscrutar o mistério da presença real com todos os recursos possíveis da inteligência. E se nem todos chegaram a essa espécie de agnosticismo sucedâneo de mística, que levaria Pascal a expressar mais tarde, em relação à eucaristia, "o mais estranho e o mais obscuro segredo", do *Deus absconditus*[5], todos perceberam nisso um *desafio para a razão* — o desafio extremo talvez, uma vez que a conversão do pão no corpo de Cristo parece a Santo Tomás "mais milagroso que a criação".[6]

Lembraremos, portanto, como a escolástica e o concílio de Trento expressaram esse desafio. Proporemos em seguida uma abordagem pela via do simbólico, com o cuidado principal de manifestar como a presença eucarística do Senhor constitui a expressão exemplar da *resistência* do mistério de Deus a toda apropriação pelo sujeito. Ao fazer isso, é toda a questão do *instituído* sacramental, objeto do presente capítulo, que destacaremos.

1. A "transubstanciação": uma mudança radical

O conceito de "transubstanciação" convém *aptissime* para expressar o modo da presença eucarística de Cristo. A adoção dogmática deste advérbio pelo concílio de Trento[7] significa pelo menos duas coisas. O termo

---

5. Pascal, *Oeuvres*, Paris, ed. Brunschvicg, 1914, 88-89.
6. Santo Tomás de Aquino, *Suma Teológica* III, q. 75, a. 8, ad. 3.
7. Concílio de Trento, Cân. 2 sobre o Santíssimo Sacramento da Eucaristia, *DS* 1652, *Dz* 884).

"transubstanciação" é muito pertinente na medida em que expressa a *integralidade* da mudança ou da conversão da substância que se efetua na eucaristia. Contudo, é importante destacar que, como o mostra especialmente a escolha deliberada da dupla "substância-espécies" no lugar daquela, aristotélica, de "substância-acidente", o concílio não quis ligar a expressão de sua fé a uma filosofia, a filosofia aristotélica, embora, como mostrou especialmente E. Schillebeeckx, "inúmeros dados permitem estabelecer sem a menor dúvida que todos os padres conciliares, sem exceção, interpretaram o dogma em termos aristotélicos"[8]. Que "transubstanciação" seja um termo empregado pela Igreja "de maneira muito apropriada", significa, de outro lado, que não é *um absoluto*, e, portanto, que é teoricamente possível expressar a especificidade da presença de Cristo na eucaristia de forma diferente. Esta é a nossa tarefa hermenêutica presente.

a. A grande escolástica

A problemática que acabamos de esboçar nos permite reter três elementos que consideramos principais para o nosso propósito. Como, aliás, os encontramos claramente afirmados na *Suma Teológica* de Santo Tomás, nos limitaremos essencialmente a essa obra.

— *Conversio totius substantiae*

Assinalamos no capítulo 8 que o recurso à dupla conceitual aristotélica de "substância" e de "acidente", para pensar de maneira racional a transubstanciação eucarística, isto é, a *conversio totius susbstantiae*, permitiu aos grandes escolásticos do século XIII reagir *contra o ultrarrealismo* que avivara a primeira reação contra Berengário e que aparece na profissão de fé que lhe foi imposta em 1059. A situação mais comum nos séculos XI-XII, em função da qual convém compreender a resistência de Berengário com a arma da dialética era tal que, sem um conceito suficientemente afinado para expressar a "realidade última" dos entes, se representava a presença eucarística de maneira fortemente "sensualista"; somente o recurso ao sutil conceito aristotélico de "substância" permitiria se desfazer dessa representação.

Assim, para um antidialético como Pedro Damião († 1072), a *species*, na opinião de E. Dumoutet, "parece ter sido análoga a um copo transparente, através do qual, em algumas circunstâncias, que não por ser milagrosas

---

8. Schillebeeckx, E., *La Presence du Christ dans l'eucharistie*, Cerf, 1970, 50.

deixam de estar na lógica das coisas, é possível perceber a carne real e sangrenta de Cristo"[9], em função dessa representação de uma forma de aderência imediata da *species panis* à *species carnis*[10]. Ora, Lanfranco de Cantuária, um dos principais adversários de Berengário, professa um ultrarrealismo em que, como escreve J. de Montclos, bastaria um milagre "para que os invólucros (do pão e do vinho) que recobrem a carne e o sangue de Cristo sejam afastados e apareçam a carne e o sangue tais como são realmente". E estas aderem, assim, diretamente às "essências secundárias" (expressão frequente em Lanfranco) das espécies eucarísticas[11]. Compreende-se que Lanfranco veja a *immolatio vera* de Cristo na missa, na fração do pão e em sua manducação pela comunhão...

Ao precisar com Aristóteles que a *sub-stantia* ou ainda o *sub-jectum* não é senão uma pura potência que age nos acidentes[12], Tomás de Aquino (como outros no século XIII) a desliga de todas as representações que convêm para caracterizar acidentes: exceção, divisão, movimento local, corrupção, gosto, cor etc. A "realidade última" dos seres não é, portanto, nem isso, nem aquilo, nem nada do que possa ser alcançado pelo conhecimento sensível. Simples potência a existir por si mediante sua atuação nos acidentes, a substância é a princípio uma categoria de inteligibilidade dos entes: "não dá ocasião, escreve Santo Tomás, a nenhum órgão dos sentidos, nem à imaginação, mas à inteligência unicamente, cujo objeto é a essência das coisas, como diz Aristóteles"[13]. Por isso, *exorciza-se toda representação espacial* da presença eucarística: unicamente o sinal sacramental, feito pelos acidentes que permanecem invariáveis depois da conversão substancial, pode ser dividido, multiplicado, transportado etc. A realidade do corpo glorioso de Cristo, "*por modo de substância*, e não por modo de quantidade" (o primeiro dos acidentes)[14], escapa a tudo isso: Cristo, presente "segundo o modo especial do sacramento", não se encontra aí "como em um lugar" nem está submetido a uma transferência local[15].

---

9. Dumoutet, E., *Corpus Domini*, op. cit., 108.
10. Geiselmann, J., *Die Eucharistielehre der Vorscholastik*, Paderborn, 1926, 416. Nos casos extremos, em que se chega até a negar a separabilidade entre acidentes e substância, termina-se por professar como o teólogo do século XII: "A brancura e a redondez não podem estar separadas do corpo, o qual é branco e redondo, de tal maneira que, se o corpo não estiver quebrado, estas qualidades não o estarão" (ibidem).
11. Montclos, J. de, *Lanfranc et Bérenger*, Louvain, 1971, 378.
12. Santo Tomás de Aquino, *Suma Teológica* I, q. 3, a. 6: "Subjectum comparatur ad accidens sicut potentia ad actum; subjectum enim secundum accidens est aliquo modo in actu".
13. Ibidem, III, q. 76, a. 7.
14. Ibidem, a. 1, ad. 3.
15. Ibidem, q. 75, a. 1, ad. 3.

E as espécies são menos um *invólucro* que o oculta do que um *sinal* que o revela da única maneira possível, a saber: não *in specie própria*, o que é somente possível no céu, mas *in specie aliena*[16]. Porque esta é uma das finalidades da permanência das espécies como sinais: "Os acidentes do pão subsistem no sacramento para que *neles se veja* o corpo de Cristo, e não em seu aspecto próprio"[17].

— Fora de todo "fisicismo"

A novidade desse discurso, aliás, não ligado ao aristotelismo como tal, uma vez que a segunda profissão de fé imposta a Berengário em 1079 comporta já a expressão *substantialiter converti*[18] e que o mesmo termo *transubstantiatio* parece ter aparecido antes de 1153[19], não reside na afirmação ontológica da presença: aquela já era afirmada claramente em Ambrósio e nos padres gregos. A transformação (verbo *metaballô*) do pão e do vinho em corpo e sangue de Cristo que pedem, por exemplo, as epicleses das anáforas de São João Crisóstomo ou daquela empregada por Cirilo de Jerusalém junta-se à *mutatio* do pão e do vinho pela palavra de Cristo segundo Santo Ambrósio[20]. A novidade está no fato de que, por relação com a teologia da época pré-escolástica, a expressão ontológica da presença somente pode ser compreendida *fora de todo "fisicismo"* e de toda representação mais ou menos grosseira. A "transubstanciação" tem, pois, uma visão diametralmente oposta a que frequentemente lhe é atribuída[21]. Ademais, quer se trate de uma "conversão", isto é, de uma transformação ou de um devir, e não de uma sucessão de duas realidades, deve haver não a aniquilação da substância do pão, mas passagem desta para aquela do corpo de Cristo[22]: há certamente um *devir* do pão em corpo de Cristo, e isso supõe que se conceba como uma "conversão de substância a substância"[23]. Essa

---

16. Ibidem, q. 76, a. 8; — BOAVENTURA, *Brevil.*, p. 6, c. 9, 4: a mudança afeta Cristo não em si mesmo ("*in ipso*"), mas somente nas espécies ("*in eis*"). É por isso (cf. ibidem, c. 9, 5) que Cristo não está lá "ut occupans locum".
17. SANTO TOMÁS DE AQUINO, *Suma Teológica* III, q. 75, a. 6.
18. *DS* 700, *Dz* 355.
19. GHELLINCK, J. de, "Eucharistie au XIIe siècle en Occident", in: *DTC* 5, 1913, 1287-1293.
20. AMBRÓSIO, *De Sacr.* IV, 14-16; *De Myst.* 52 (SC 25 bis, p. 108-111 et 197); CIRILO DE JERUSALÉM, *Cat. Myst.* V, 7 (SC 126, p. 155); Anáfora de João Crisóstomo, em HÄNGGI, A., et PAHL, I., *Prex eucharistica*, op. cit., 7-11.
21. SCHILLEBEECKX, E., *La Présence du Christ dans l'eucharistie*, op. cit., 7-11.
22. SANTO TOMÁS DE AQUINO, *Suma Teológica* III, q. 75, a. 3.
23. Ibidem, q. 76, a. 1, ad. 3.

conversio totius substantiae tem a singularidade de que não é nenhuma criação, nem uma simples conversão no sentido habitual do termo: uma *criação* implica a passagem do não-ser ao ser, e nesse sentido a eucaristia está mais próxima de uma conversão; uma *conversão* não pode ser entendida como uma transformação radical da substância, e nesse sentido a eucaristia está mais próxima de uma criação. É na encruzilhada desses dois conceitos que se tem a fórmula de "conversão de toda a substância".

— *Sacrificium intelectus*

Em terceiro lugar, a teoria escolástica da transubstanciação quer estar inteiramente subordinada à fé tradicional da Igreja e especialmente, ademais, ao relato da instituição em sua expressão litúrgica condensada na fórmula de comunhão tantas vezes comentada pelos padres: "O corpo de Cristo. — Amém." Destacamos a importância da prática litúrgica nesse campo como em muitos outros, especialmente dos diversos sinais de respeito e de veneração no decorrer da celebração, enquanto espera, a partir do século XII, aqueles que deviam se desenvolver consideravelmente no Ocidente fora da missa. É evidentemente todo o peso concreto das *práticas*, aí compreendido — e, em alguns aspectos, sobretudo talvez — também o da adoração eucarística[24], que os escolásticos tentavam explicar em sua teoria da transubstanciação. Ora, por mais preciosa que tenha sido a filosofia de Aristóteles, nos vemos obrigados a romper com ela, e a fazê-lo de maneira franca e decidida. Essa foi a atitude de Tomás de Aquino diante do insolúvel problema colocado pela permanência dos acidentes do pão e do vinho sem seu *subjectum* de adesão, a substância[25]. Totalmente consciente de estar neste ponto em contradição com Aristóteles, como mostram as dificuldades expressas no início da q. 77, a. 1, Tomás se vê constrangido a procurar uma solução que seja a menos defeituosa possível, recorrendo ao primeiro dos acidentes, a *quantidade*: é ela que foi dada como sujeito de individuação aos demais acidentes[26]. Mas intuímos o que podia haver de dramático para um homem tão sensível à capacidade da *ratio*, esse *sacrifício do intelecto*.

Nossa tentativa de entender a presença eucarística em toda a sua radicalidade, mesmo quando se faz por uma via diferente da utilizada por Tomás de

---

24. Ibidem, q. 75, a. 2: porque, se a substância do pão e do vinho subsistisse depois da consagração, "haveria aí uma substância à qual não se poderia dar a adoração de latria".

25. Igualmente, BOAVENTURA, *Brevil.* 6, c. 9, 5: os acidentes permanecem "sem sujeito" ("*praeter subjectum*").

26. SANTO TOMÁS DE AQUINO, *Suma Teológica* III, q. 77, a. 2.

Aquino e seus contemporâneos, somente pretende dar razão do mistério da fé. Pelo menos, desde o início, tendo em conta a problemática simbólica que adotamos, renunciamos a dar "razões" últimas de qualquer coisa; e nossos desenvolvimentos anteriores mostram que não se trata aí de preguiça intelectual. Portanto, fazemos totalmente nosso o *sacrificium intellectus* de Santo Tomás. Mas o fazemos também de *uma forma diferente* da que ele adotara.

b. Limite principal da transubstanciação escolástica

No cânon 3 sobre os sacramentos, o Concílio de Trento sublinhou que os sacramentos não são iguais entre si. E os cânones sobre a eucaristia a qualificam de maneira *eminente*: la *sanctissima eucaristia* é um *sacrosanctum* ou um *admirabile sacramentum*. Por antonomásia, se denomina "o Santo Sacramento". Isso se deve especialmente ao fato de nela estar "contido verdadeiramente, real e substancialmente... Cristo inteiro" (cânon 1), e isso antes mesmo de seu uso na comunhão e após a celebração (cânon 4). Segundo os termos de Santo Tomás, desde o primeiro artigo de seu tratado da eucaristia, a diferença dela com os outros sacramentos é dupla: de uma parte, a eucaristia "contém" o mesmo Cristo *absolute* aí onde os outros sacramentos não são eficazes senão *in ordine ad aliud*, isto é, relativamente à sua aplicação ao sujeito. Daí a segunda diferença: seu efeito primeiro (*res et sacramentum*) está *in ipsa materia*, lá onde no batismo está *in suscipiente*[27].

Ora, esta afirmação, embora não descarte o fato de que a finalidade última da eucaristia ser a graça de santificação dada àquele que a recebe (o qual é assim "projetado no corpo místico de Cristo", segundo a bela expressão de Boaventura)[28], nos parece *perigosa*. Ao falar da "plena realização" (*perfectio*) da eucaristia na consagração da matéria, enquanto esta contém "de maneira absoluta" o *esse* de Cristo, corre-se o risco, com efeito, de minimizar dois elementos, capitais em nossa opinião, e ligados entre si: de um lado, já não se tem em conta a destinação *humana* que implica a matéria em questão — pão e vinho; de outro lado, deixa-se desaparecer um aspecto fundamental do mistério: o Cristo da eucaristia é o *Christus totus*; a "cabeça", portanto, não é isolável do "corpo", a Igreja, da qual permanece, entretanto, plenamente distinta. Mas esses dois elementos somente podiam ser plenamente tidos em conta em um terreno de reflexão distinto daquele da substância metafísica.

---

27. Ibidem, q. 73, a. 1, ad. 3.
28. BOAVENTURA, *Brevil.*, 6, c. 9, 6: pela manducação espiritual do sacramento, que consiste em "mastigar Cristo pela reflexão da fé e assimilá-lo pelo fervor do amor", o crente "non in se transformet Christus, sed ipse potius traiiciatur in eius corpus mysticum".

Não mais do que seus predecessores e contemporâneos, Santo Tomás não se esquece da finalidade eclesial da eucaristia. Mas, como sublinhamos na sequência de H. de Lubac, a "dicotomia assassina", na qual se deixou fechar em reação contra Berengário, entre *sacramentum* e *res*, provocou uma "expulsão", para fora do simbolismo intrínseco do sacramento, daquilo que os padres tinham considerado como sua realidade última, a saber, *a Igreja como veritas do corpus* mysticum *eucarístico*: esta permanece somente como a finalidade *extrínseca*. Se a esta evolução se acrescenta a consideração (central para a inteligência escolástica do "como" da conversão eucarística) da realidade sobre o modo da *substância* metafísica, compreendemos que, então, não se podia mais se contentar com assumir a linguagem de Agostinho, já citado: "Se, portanto, vós sois o corpo de Cristo e seus membros, é vosso próprio mistério que repousa sobre a mesa do Senhor, é vosso próprio mistério que vós recebeis...". Não se podia mais deixar de suspeitar desta linguagem, julgada insuficientemente "realista". Na perspectiva da "substância" aristotélica como expressão da *realidade última* dos entes, somente se podia expressar a integralidade e a radicalidade da presença real de Cristo no sacramento colocando entre parênteses, pelo menos durante o tempo da análise do "como" da conversão eucarística, a relação com a Igreja. É exatamente o que se passa em Tomás de Aquino: embora sublinhe fortemente a relação da eucaristia com a Igreja, ao analisar a conversão substancial, coloca-a *entre parênteses* no decorrer dessa análise. Isso é provavelmente inevitável desde o momento em que somente se possa captar a realidade última das coisas segundo o modo do ente-subsistente.

Mas pode-se pensar o *esse* de Cristo na eucaristia sem a relação de *ad-esse* à Igreja, à comunidade celebrante, aos sujeitos crentes aos quais é destinada? Esse é para nós o *limite principal* da operação escolástica nesse domínio. Inversamente, se se tem em conta totalmente o *ad* relativo aos sujeitos como constitutivo de um *esse* que, enquanto sacramental, somente pode ser *adesse*, pode-se fazer justiça à radicalidade do que está em jogo, segundo a fé da Igreja, na "transubstanciação" ou pelo menos, se se situa em um terreno distinto daquele da substância, à radicalidade do que não cessa de lembrar, um pouco como uma luz intermitente, o prefixo *trans-*? Esta é nossa questão.

2. Uma aproximação simbólica ao mistério do corpo eucarístico do Senhor

Pensamos que, para expressar teologicamente o desafio integral da presença eucarística, o recurso ao conceito de "substância" não é a única via possível. Tentemos demonstrá-lo.

a. *O* ad-esse *constitutivo do* esse *sacramental*

Sublinhamos anteriormente que toda reflexão sacramental tem seu meio vital prioritário na própria celebração. Para nós, este é um princípio fundamental, que ademais concorda com o tomismo mais estrito, uma vez que os sacramentos são concentrados aí como *in genere signi*.

— O conjunto da celebração

Impossível, dizíamos no capítulo 6, compreender o sacramento senão como precipitado das Escrituras nas quais o Senhor vivo fala à assembleia que preside. Os diversos ritos da celebração eucarística não são justapostos ao azar; encaixam-se segundo uma arquitetura coerente, formando assim um vasto conjunto estruturado que deve ser considerado como um único grande símbolo, *um único todo sacramental*. Cada elemento somente se compreende como simbolizante com os demais no seio desse conjunto.

Assim compreendida, a presença eucarística aparece como a *cristalização* da presença de Cristo na *assembleia* (*ecclesia*) reunida em seu nome e presidida por ele, e nas *Escrituras* proclamadas como sua palavra viva. Sublinhar a verdade desse duplo modo de presença não enfraquece em nada a do terceiro, como às vezes pareceu que se temia. Muito pelo contrário, a verdade da presença eucarística é mais bem reconhecida à medida que a verdade dos dois outros modos de presença, que a precedente aí conduz, é levada a sério. Cristo que se-faz-presente no pão e no vinho não cai bruscamente "do céu" (se nos é permitida a expressão): vem da *assembleia* — e é por isso que a graça da eucaristia é Cristo cabeça e corpo. Este é o primeiro escândalo do mistério da fé, ao qual a fixação na questão da conversão da substância não deixou o lugar que lhe cabia: esses homens e essas mulheres, pecadores, formam o corpo de Cristo, a santa Igreja de Deus, o qual escolheu "aquilo que, no mundo, não é para reduzir a nada o que é" (1Cor 1,28). Quem se faz presente na eucaristia é, ademais, o Verbo de Deus anunciado nas Escrituras. Por isso, a comunhão eucarística somente é frutuosa se é ruminação, segundo o Espírito (Jo 6,63) da Palavra, amarga e doce (Ez 2,8–3,3; Ap 10,8-9) que Deus dá a comer como um maná (Dt 8,3). Este é o segundo escândalo do mistério da fé sem o qual aquele da presença eucarística corre o risco de atuar completamente como um falso escândalo: aquele de Deus crucificado para a vida do mundo. A dinâmica arquitetural do vasto *sacramentum* que forma o conjunto da celebração impõe assim totalmente ter em conta o "*para*" relacional no mesmo conceito de "presença" eucarística.

— O conjunto da oração eucarística

A mesma observação se impõe a partir da oração eucarística. O relato da instituição somente se compreende como cristalização do conjunto da história da salvação na antiga aliança e em Jesus (nosso PN 1) e tendo em vista o futuro da Igreja (nosso PN 3). Ademais, é "ministerialmente" dizível como memória viva no Espírito: portanto, implica, normalmente, uma epiclese. A "presença" sacramental de Cristo (PN 2) somente se pode compreender *a partir da dupla memória* que articula o conjunto da oração eucarística: memória do passado como ação de graças (PN 1) e memória do futuro como súplica (PN 3). Isso não minimiza de modo algum a verdade da presença, mas obriga a situá-la, como diz C. Perrot, no seio de uma "dupla distância entre o ontem do Gólgota e o futuro da Parusia": sua relação com a parusia a impede de ser reduzida a uma simples evocação histórica da cruz que assimilaria a refeição cristã aos ritos funerários gregos; sua relação com o Gólgota a impede de permanecer no estatuto judaico da espera; e a distância entre os dois tolhe sua verdade de presença do traço da ausência e impede concebê-la como uma presença "plena" à maneira gnóstica[29].

— O relato da instituição

Ponto focal da oração eucarística, o relato da instituição (que, como vimos, deve-se compreender em sua relação com a epiclese e a anamnese) inscreve a vinda-em-presença de Cristo nesta mesma dinâmica de relação. No nível das *palavras* citadas inicialmente, o "tomai, comei, bebei..." e, ainda mais, o *"hyper"* são essenciais na significação da ação. Este último não é uma simples derivação nem uma simples finalidade extrínseca de um *esse* que poderia se bastar a si mesmo. A relação salvadora que significa ("para", "em favor de") indica que não se pode contentar aqui, sob pretexto de "realismo", com pensar a realidade em questão como um simples *esse* de um ente-subsistente, mas é preciso concebê-la precisamente como "presença", isto é, como *ser-para, ser-em-direção-a*. Em outras palavras, *o esse é constitutivamente* ad-esse. *Os gestos* de dom e de partilha indicam aliás a mesma coisa, com toda força que se pode reconhecer nessas "palavras incorporadas" de ordem ritual. E o *material* (pão e vinho) aqui empregado não é deixado de fora, como o especificaremos.

---

29. Perrot, C., "L'anamnèse néo-testamentaire", art. cit., 33-35.

— Pão e vinho, segundo a Bíblia

"No universo da Bíblia, o *pão* designa a princípio o alimento que ninguém pode ficar sem e mesmo, metaforicamente, a alimentação em geral"[30]. Compreende-se que, com tal carga semântica tradicional, o pão tenha representado para Jesus, no pai-nosso, o conjunto dos dons que nos são diariamente necessários e que, na Ceia, Jesus pode tomá-lo como o símbolo maior dos dons — o de sua vida. Compreende-se, igualmente, que, ao ecoar as tradições proféticas e sapienciais sobre a relação pão-maná-palavra de Deus-festim escatológico, Jesus tenha se apresentado como sendo ele mesmo o pão da vida[31]. O pão representa, portanto, ao mesmo tempo, por metáfora, o primordial *dom de Deus* e, por metonímia, o conjunto da terra e do *trabalho do homem*. Liga, assim, o "culto" e a "cultura" à etimologia comum desses dois termos tanto em hebreu como em grego ou em latim[32]. Paralelamente, o *vinho* se beneficia de uma carga bíblica bastante ampla. Mas, não necessário à vida (diferentemente do pão), ele envolve "um elemento de gratuidade que sugere não mais a subsistência terrestre, mas uma plenitude de vida, tal como a produz a felicidade"[33]. Daí sua relação com a alegria messiânica.

Ora, a escolástica não teve em conta esta carga semântica do pão e do vinho segundo a Bíblia em suas análises do "como" da conversão, mas a excluía por princípio, uma vez que a realidade última dos seres era identificada com sua substância ontológica. Não faltará quem nos objete que, do ponto de vista metafísico, a análise do "como" não somente pode, mas deve abstrair-se da finalidade. A objeção é seguramente pertinente desse ponto de vista. Mas, então, é todo o processo da metafísica, tal como fizemos na primeira parte deste trabalho, que se envolve aqui. Em todo caso, não se vê claro o que torna possível desvincular o "como" do "para que", ou antes, do "para quem", em um domínio em que se trata *essencialmente*, da parte de Cristo, de um *dom* de si aos homens, dom de tal modo marcado como tal que ele se faz sob a forma de alimentação e de bebida. Como podemos

---

30. LÉON-DUFOUR, X., *Le Partage du pain eucharistique selon le Nouveau Testament*, op. cit., 72.
31. Idem, 297-298.
32. BORNKAMM, G., art. "Latreuô", *Th. Wörth. z.N.T.* IV, 58-68. Em latim, "colere" e "cultus" significam respectivamente a cultura da terra e do espírito (*"colere artes"*) e o culto dado aos deuses (*"colere deos"*). Em grego, "latris" significa o salário do operário, e "latreia" ou "latreuein" têm o mesmo sentido que o hebraico "'abodal" ou "abad", que designam não somente o serviço divino (a liturgia), mas também o trabalho manual.
33. LÉON-DUFOUR, X., op. cit. (n. 30), 73.

colocar entre parênteses o que, por origem e por destino, faz que *pertença à realidade "substancial" do pão enquanto pão* (e não pedra ou pedaço de madeira, nem mesmo água ou óleo destinado somente a ser aplicado no exterior do corpo) *ser para sua incorporação no homem*? Portanto, é difícil para nós poder pensar a realidade do dom de Cristo na eucaristia senão como "presença", como "ser-para", como *ad-esse*.

b. A essência do jarro e do pão

— O jarro segundo Heidegger

Nosso ponto de vista bíblico acaba de se ampliar imperceptivelmente do ponto de vista *filosófico e antropológico*. Neste plano, toda a problemática desenvolvida na primeira parte deste trabalho sublinhou: exceto se se reduz a realidade àquilo que podem dizer as ciências empírico-formais, a realidade última de um objeto não pode jamais ser identificada em seus componentes físico-químicos. É ela assimilável à sua *substância* metafísica, a qual nada tem dos componentes físico-químicos? É o que se pensou tradicionalmente do ponto de vista aristotélico. Mas, como desenvolvemos com Heidegger, a representação da realidade última dos seres como *hypokeimenon*, *sub-stractum*, *sub-jectum* ou *subs-stantia* não é neutra. Esta representação é característica de certa maneira de se compreender no mundo, maneira característica de certa cultura helenística que devia, embora com sensíveis mudanças, invadir o Ocidente e que pressupunha uma *ruptura entre o ser e a linguagem*. Explicamos longamente por que se impõe uma "superação" da metafísica, superação requerida pelo desenvolvimento histórico da questão do ser na "idade" em que estamos. Recordemos ademais que, nos situando na via do simbólico, não estamos mais no mesmo terreno que a metafísica; daríamos somente uma nova versão.

O que é a realidade, neste *outro terreno*, a realidade de um jarro, por exemplo — termo que designa aqui qualquer utensílio destinado a conter um líquido que pode ser servido como bebida (um jarro no sentido restrito do termo, uma garrafa, um vaso...)? Como mostra com humor o filme *Os deuses devem estar loucos*, uma garrafa de Coca-Cola caída do "céu" (de um avião) no território dos bosquímanos, no sul da África, recém-saídos da Idade da Pedra, não pode ser senão algo estranho, mágico e, enfim, perigoso que é preciso rejeitar totalmente. Algo fascinante que, limpo, transparente e reluzente, brilha ao sol. Pode-se, soprando nele, obter sons musicais curiosos; pode-se servir dele como de um cilindro para aplanar objetos bastante flexíveis etc. Mas essa garrafa nada significa para os bosquímanos como uma garrafa: eles não têm nem a palavra para o objeto como tal ou para o vidro do qual é feita, nem o uso do objeto. A realidade "garrafa" somente pode existir lá onde a *cultura* permite dizê-la e de conceber o seu uso ao qual é prioritariamente destinada. É inseparável de uma apreensão propriamente humana à qual, entretanto, não se pode reduzir.

Heidegger consagrou belas páginas a partir da meditação sobre a essência do jarro[34]. Podemos resumir o seu propósito em quatro pontos.

[1º] A essência do jarro não se deixa abordar pela mesma *ciência*. Certamente, quando esta se pronuncia sobre o material, a forma e o uso de um jarro ou quando declara que encher um jarro "é mudar um conteúdo (a saber, o ar) por outro" (por exemplo, vinho), ela "representa algo de real segundo o que regimenta objetivamente seus passos". Mas, pergunta Heidegger, "o jarro é esta realidade? Não. A ciência somente atinge o que seu modo próprio de representação admitiu anteriormente como objeto possível para ele [...]. Anula o que é o jarro, enquanto não admite as coisas como a realidade que é determinante [...]. O saber da ciência já destruiu as coisas enquanto coisas, muito antes da explosão da bomba atômica", esquece "a 'coisidade' da coisa", que não pode ser pensada segundo a razão que calcula, mas somente segundo o pensamento que medita.

[2º] Conforme este pensamento, trata-se de permitir ao vazio do jarro, delimitado entre seu fundo e seus lados, que seja "seu vazio", ao vinho que não seja um simples líquido, mas realmente vinho, e ao seu derramar que não seja simplesmente um transvasar, mas uma oferta. Neste nível de pensamento, a "coisidade" do jarro "não reside, de modo algum, na matéria que o constitui, mas no vazio que contém". Ora, como o vazio o *contém*? Ao *tomar* o que é derramado e ao *retê-lo* em si. Mas um terceiro caráter, que rege a unidade dos dois precedentes, é essencial ao jarro: o *derramar*; porque o jarro como jarro está conformado a este *Ausgiessen*. "O duplo 'conter' do vazio repousa no 'derramar'." É da essência do jarro ser conformado a esta possibilidade de derramar.

[3º] Ora, "derramar do jarro é *oferecer*", segundo o duplo sentido de *schenken* (ao mesmo tempo derramar para beber e oferecer). De modo que "*o que faz do jarro um jarro exibe seu ser no derramar do que se oferece*". Este derramar não é evidentemente um simples ato de encher os vidros. "Na água derramada, a fonte persiste. Na fonte, as rochas estão presentes, e o pesado sono da terra, que recebe do céu a chuva e o orvalho. As núpcias do céu

---

34. HEIDEGGER, M., *La Chose*, EC, 199-205.

e da terra estão presentes na água da fonte. Elas estão presentes no vinho, dado a nós pelo fruto da videira, na qual a substância nutritiva da terra e a força solar do céu são dadas uma à outra". *Céu e terra* estão assim presentes no ser do jarro, enquanto "detêm-se" no que se derrama e enquanto esta oferta pertence à sua "coisidade". De outro lado, a bebida que se oferece assim está "destinada aos *mortais*", para acalmar sua sede, animar seus lazeres, alegrar suas reuniões. Às vezes, também, é oferecida "em consagração" aos *deuses* imortais. Ora, "o derramar da libação como bebida (oferecida aos deuses imortais) é o derramar verdadeiro. No derramar da bebida consagrada, o jarro que derrama exibe o seu ser como o derramar que oferece". Certamente, esta dimensão de oferenda sacrificial não aparece sempre. Pode enfraquecer-se pelo "simples fato de encher ou de derramar, até sua decomposição final na vulgar venda de bebidas". Então, não aparece mais o *"fazer doação" que completa o derramar "em modo essencial" e que exibe a libação religiosa*. Pelo menos aparece que o "fazer doação" como modo essencial do derramar acontece "porque o derramar vincula a terra e o céu, os divinos e os mortais", os quais estão "juntos, presentes" nele, "presos na simplicidade de um único Quadripartido"[35].

[4º] A palavra que nos vem imediatamente ao espírito a propósito dessa reunião do Quadripartido é a do *símbolo*. Heidegger não a emprega aqui em sua conferência de 1950 sobre "a coisa", mas, num contexto muito semelhante, numa conferência do ano seguinte intitulada "Construir, habitar, pensar". Porque a essência de uma *ponte*, segundo uma reflexão do mesmo tipo da do jarro, é "reunir junto dele a terra e o céu, os divinos e os mortais". É nisso mesmo que reside sua coisidade. Não é inicialmente uma coisa, no sentido de que seria inicialmente apenas uma verdadeira ponte, e em seguida um símbolo, no sentido de que se veria nele tudo o que se acaba de expressar. "Enquanto é esta coisa, reúne o *Quadripartido*", e é símbolo. *"Não é jamais inicialmente uma simples ponte e em seguida um símbolo"*: sua "coisidade", diremos nós, não acontece em outra parte que não seja sua expressão simbólica[36]. Da mesma forma, o jarro é essencialmente

---

35. Cf. o cesto *dogon* sobre o qual A. Van Eyck escreve: "A capacidade de um cesto *dogon* é ilimitada: porque, com seu bordo redondo e seu fundo quadrado, é ao mesmo tempo cesto e granero; ao mesmo tempo sol, firmamento e sistema cósmico; ao mesmo tempo o milho e as forças que fazem crescer o milho. Parece-me que alguns homens, para os quais todas as coisas estão unificadas até o ponto em que uma só entre elas pode representar todas, carregam essa unidade essencial neles mesmos" (in: *Le Sens de la ville*, Seuil, 1972, 108). O texto é citado por M. Villela-Petit na obra coletiva *Heidegger et la question de Dieu*, op. cit., 86.

36. HEIDEGGER, M., *Bâtir, habiter, penser*, EC, 180-182.

símbolo dos Quatro. *Este é o seu real mais real que não é jamais separável do destino do homem em sua relação com o cosmo, com os outros e com os deuses.* O símbolo, observávamos no capítulo 4, implica o homem e seu "mundo": toca no mais real do sujeito.

É claro que esta realidade é *de uma ordem totalmente diversa* daquela da "substância" metafísica e que é impensável para ela: desafia sua lógica interna. Sobre esse caminho, não se obtém respostas definitivas ou perspectivas que, ao dar ao homem o sentido do elementar, o faz provar o peso das coisas em sua simplicidade, donde brota toda questão essencial.

— A realidade do pão

Fruto do sol e da chuva, fruto "da terra e do trabalho dos homens", o pão é somente pão quando partilhado pelos mortais numa refeição que os "entretém"? Vamos mais longe: o pão não é um simples composto de substâncias nutritivas. Podem-se fabricar hoje pílulas que teriam as mesmas qualidades nutritivas que o pão e forneceriam o mesmo número de calorias, mas ninguém diria — exceto a evolução, sempre possível, da linguagem nesse sentido — que está aí o "pão". O pão é um *alimento socialmente instituído* — embora não haja em nossas sociedades opulentas o lugar e a significação fundamentais que havia na época em que "ganhar o seu pão" e "comer o seu pão" bastavam para evocar o conjunto do ciclo produção-consumação. Mas como, segundo A. Vergote, a figura do pastor ou do bom pastor "conserva plenamente seu valor simbólico" mesmo "para cristãos afastados de toda civilização pastoril" porque, "ao encontro de uma psicologia positivista" ou de uma concepção demasiado naturalista do símbolo, "a cultura nos mostra que a metáfora e o símbolo, como as realidades culturais transmitidas, criam e entretém seu poder evocador"[37], o pão continua ainda em nossas sociedades como o símbolo principal do alimento e da comida.

O entretenimento que permite o pão-refeição não é somente biológico; é também, e igualmente, *simbólico*. Se socialmente é produzido para saciar a fome, é também socialmente instituído como símbolo do que se partilha (numa refeição precisamente), partilha que faz parte do intercâmbio dos sujeitos em sua comum fraternidade de destino na vida e na morte e em sua comum pertença à cultura. *É essencial ao pão ser partilhado com outros em uma refeição.* Quando não acontece, por múltiplas razões possíveis, não deixa de lembrar simbolicamente este destino que torna o comer, para o

---

37. VERGOTE, A., *Religion, foi, incroyance*, op. cit., 291-292.

homem, não redutível a um ato utilitário. Por isso, o pão, o pão-refeição, é *mediação de entretenimento oral assim como de vida biológica*. É alimento tanto do "coração" quanto do corpo.

O pão é apresentado a *Deus* como a mais importante palavra de reconhecimento do homem; reconhecimento *de* Deus como Deus, isto é, como aquele que dá o pão, e finalmente da própria existência, uma vez que o pão funciona, então, como fragmento simbolicamente representativo de toda a criação; e simultaneamente gratidão *a* Deus. O pão não é nunca tão pão como no gesto de oblação agradecida em que reúne nele o céu e a terra, os homens crentes que "se entretém" ao partilhar e o doador ao qual se dirigem como "a Deus": assim se estabelece com ele e entre eles uma nova comunhão de vida. E nenhum pão é, antes de tudo, um simples pão "real" e, em seguida, somente e em certas circunstâncias, um símbolo dessa reunião. *Todo pão é essencialmente esse símbolo, embora o seja somente no ato simbólico de oblação religiosa que exibe sua essência de pão.*

c. Cerne de nossa problemática

— Uma aproximação somente

Essa via simbólica é evidentemente *insuficiente* para expressar o alcance da presença eucarística. Porque não basta dizer que o pão nunca é tão pão como no gesto religioso em que é reconhecido como um dom gratuito de Deus; é preciso dizer que nunca o é tanto como no gesto religioso, e mais precisamente cristão, no qual, ao oferecê-lo, a Igreja o reconhece como o dom de Deus em si mesmo, como a *autocomunicação de Deus em Cristo*: "O corpo de Cristo. — Amém!". É impossível para a fé evitar isto: o pão da eucaristia (e o vinho, certamente) é comunicação do mesmo Cristo em sua morte e sua ressurreição; é mediação sacramental não de simples comunhão com Cristo, mas de comunhão do Cristo. O prefixo *trans-*, dizíamos acima, nos lembra a radicalidade do que crê tradicionalmente na Igreja a respeito deste ponto.

O *sacrificium intellectus* que se deve fazer aqui não é menor para nós do que o foi para Tomás de Aquino. Nunca poderemos passar da oferenda do pão como gesto de gratidão de um dom gratuito de Deus à sua oferenda eucarística como mediação da oferenda do mesmo Cristo. Ora, é disso certamente que se trata, como mostra especialmente a oferenda da anamnese, a única verdadeira oferenda da Igreja: é Cristo mesmo que aí é oferecido como sacramento a Deus, e é ele que constitui a ação de graças da Igreja ("nós te oferecemos, dando-te graças").

— A "resposta" é o caminho

Talvez se tenha o sentimento de que a lógica metafísica da substância permita ir mais longe na inteligência do mistério do que na do símbolo. Esta impressão somente pode ser justificada se se mede o progresso em questão pelo critério de uma problemática cuja lógica interna tem em vista "rever" os entes. Mas o que pode parecer um progresso profundo neste plano, intrépido, deve frear-se bruscamente, nós o vimos, diante de uma espécie de absurdo metafísico que requer o apelo a um segundo "milagre" pelo qual Deus sustentaria no ser o primeiro dos acidentes, a quantidade, para dá-lo como sujeito de adesão aos outros, isto é, para dar-lhe o papel de uma substância (*supra*). Além disso, o que parece ter ganho em "realismo" ao progredir muito se perde em simbolismo ao se encerrar numa estreita lógica do real.

Pensamos que o caminho que temos tomado sem evitar o escândalo do mistério da fé oferece muitas vantagens importantes.

[1º] Em relação ao *sacrificium intellectus*, a *ruptura* que requer o mistério não interrompe bruscamente um longo caminho ontológico. Ela é real, certamente, mas ecoa toda uma problemática simbólica que, em seu rigor, é por natureza não compacta, não estritamente linear, poder-se-ia dizer, tecida inteira *no seio desta falha* que o homem é em si mesmo e para os demais. Os *interstícios* lhe são necessários para poder respirar, lá onde a ontoteologia tem precisamente a intenção secreta de selar toda brecha; e a verdade só se pode dar em um lugar desanuviado.

[2º] Em relação ao *tipo de resposta* que permite o caminho do simbólico, sabemos que não pode tratar-se nunca de uma solução definitiva dada a um problema. Porque, neste terreno, o caminho é sempre *transitivo*, a resposta é feita pelo mesmo caminho. Reside, caso se queira, na nova maneira de colocar a questão que permite esse caminho, numa maneira distinta de se deixar habitar por ela, no deslocamento que efetua a mesma via no homem que questiona. Lá onde o caminho metafísico da substância é apenas uma preparação para uma resposta, que, única, é decisiva, *o caminho simbólico* da relação entre a terra, o céu, os deuses e os mortais como constitutivo da realidade do pão *pertence à mesma resposta*: há uma "correspondência" possível entre o estranho mistério de Cristo que se dá como pão de vida e a singular estranheza do homem que chega à sua verdade quando partilha sua vida como um pão.

— *Ho artos alèthinos*

Como o mistério do corpo eucarístico do Senhor somente pode ser expresso nesse terreno se leva consigo a riqueza simbólica do pão evocado ao longo desse caminho, é claro que, para expressar toda a sua radicalidade, não somente se pode, mas se de-ve deixar de dizer: "Esse pão não é mais pão". Este enunciado devia, ao contrário, ser mantido no terreno da substância metafísica, uma vez que expressava nesse plano a implicação obrigatória da *convertio totius substantiae* formulada dogmaticamente no Concílio de Trento. No terreno totalmente distinto do simbólico, e *porque é distinto até o ponto de que o verbo "ser" não tem originariamente mais o mesmo estatuto* pelo fato de que o *Sein* é inseparável do *Da-Sein* humano e, portanto, da linguagem da qual permanece distinto, dizer que "esse pão é o corpo de Cristo" requer que se sublinhe precisamente que se trata sempre de pão, mas de pão *essencial*, de pão que nunca é tanto pão como neste mistério. Portanto, reencontraremos a linguagem bíblica de João 6: este é O pão, o "pão verdadeiro", o *artos alèthinos* em que se exibe a verdade sempre esquecida (*a-lètheia*) do pão, a saber, que o pão que alimenta o homem no mais humano de sua humanidade é o da *palavra*, e que esta palavra, no que acontece ao se comunicar aos demais, é ela mesma, segundo a fé, mediação *na qual toma corpo a palavra entregue por Deus em Jesus Cristo* à humanidade até a morte. O corpo eucarístico de Cristo, nesse nível de pensamento, é o pão por excelência, "o pão de vida", o *panis substantialis et supersubstantialis*, como diziam os padres. O *vere, realiter ac substantialiter* do Concílio de Trento se entende assim num *campo totalmente distinto* daquele da ontoteologia clássica.

d. Radicalidade

— A precedência da ordem simbólica e a resistência do real

Podemos perguntar se a integração do sujeito no que dizemos do "real" não termina, apesar de tudo, numa espécie de redução subjetivista do real, tornando então nossa posição inconciliável com aquela da fé da Igreja na "presença real". Convém, pois, lembrar, de uma parte, que o real, segundo nossa problemática do simbólico, resiste a qualquer ataque "em última instância" pelo sujeito. Ao chegar ao sujeito somente como mediatizado pela linguagem, o real é, em definitivo, o que sempre falta. A prova do real é precisamente para ele a prova da *presença-da-ausência*: impossível sair da mediação e, portanto, da ordem simbólica. Ora, *nada é menos suscetível de redução subjetivista do que as regras do jogo que constituem esta ordem simbólica*, uma vez que não se torna sujeito senão *sujeitando-se* a elas. Esta é a *irredutível precedência*, resistente como a escritura e o corpo (Derrida, *supra*), que *dita lei* para todos.

Nesta perspectiva, *a ordem simbólica é a mediação mais radical da resistência do real a toda redução subjetivista*. Desde então, este é o máximo de nossa presente reflexão, a consideração integral da presença eucarística *não requer necessariamente que seja pensada no modo da substância metafísica*.

— A resistência dos sacramentos

Efetivamente, esta reflexão não diz respeito apenas à eucaristia; vale para todos os sacramentos e mesmo, mais amplamente, para o conjunto da fé enquanto "arquissacramental" (*supra*). Que se deva ler como Palavra de Deus à assembleia o que está consignado na letra das Escrituras canônicas, isso *também* representa o choque inevitável das mediações institucionais fora das quais não há identidade cristã. Mas o logocentrismo metafísico apaga facilmente, sublinhamos, esta mediação da letra em proveito da "palavra". Com os sacramentos, pelo contrário, se choca de maneira imparável com a empiricidade do sensível e do corpo. Ora, a lógica impensada que governa a ontoteologia censura aqueles como "queda" da ideal transparência interior na exterioridade. Apesar da encarnação e da ressurreição, o cristianismo se desembaraçou dessa suspeita referente ao corpo. Os sacramentos não podem, desde então, ser assumidos senão com ressentimento, mesmo que nos esforcemos, por outra parte, para mostrar de maneira positiva sua "conveniência".

Certamente, a reconciliação com os corpos não é suficiente para uma reconciliação fundamental com eles, mas ela é o caminho. Porque, ao nos reenviar à exterioridade e à empiricidade bem concretas da matéria, do corpo e da instituição, os sacramentos constituem a *figura principal das imprescritíveis mediações de uma fé que só existe caso se inscreva em alguma parte*. E nada pode ser mais difícil, repetimos, do que aprender a consentir sem ressentimento tal condição, uma vez que ela obstaculiza nosso desejo de atingir a "coisa" e de domínio do "real".

— O corpo eucarístico, figura simbólica
 exemplar desta resistência

A resistência de Cristo a toda redução por nossa "fé" encontra na eucaristia sua expressão *radical*. Esta radicalidade, expressa na fórmula de "*corpo* de Cristo", é figurada pela *exterioridade* e pela *anterioridade* da maneira significante na qual ele se dá. O corpo de Cristo glorioso nos é aí apresentado, com efeito, como *fora* de nós e *diante* de nós de uma parte, e como *antecedente* à sua recepção por nós na comunhão. Temos aí a figura simbólica *exemplar* deste choque inevitável das mediações de nossa relação com Deus que necessitamos aprender a assumir sem ressentimento.

Nós nos encontramos, então, com esse mistério da fé, numa situação *paradoxal*. De uma parte, com efeito, a presença eucarística do Senhor é, provavelmente, em razão precisamente da anterioridade, da exterioridade, da materialidade do sacramento em que ela se dá, *a mais ameaçada de perversão idolátrica*, e mesmo fetichista, de todas as afirmações da fé. De outra parte, entretanto, e pelas mesmas razões de anterioridade, de exterioridade e materialidade, ela é, talvez, *a figura mais radical do interdito de idolatria feito* ao crente. A idolatria, já especificamos, é a redução de Deus às condições do que pensamos, dizemos ou experimentamos dele. O objeto sobre o qual ela se fixa pode ser relativamente sutil: o discurso ou mesmo o conceito aparentemente mais afinado para expressar Deus ou a relação com ele, ou ainda o compromisso ético aparentemente mais generoso em seu nome, podem desempenhar o papel de uma estátua de pedra ou de madeira. Se, na Bíblia, a Lei está sob o signo do interdito das imagens esculpidas de Deus, é porque o pecado de idolatria enquanto reabsorção da diferença de Deus, desconhecimento de sua radical alteridade/santidade, esquecimento de Deus (no sentido de esquecimento de que somente Deus é Deus), é o pecado fundamental do homem (Gn 3), como o foi o de Israel no tempo do Êxodo. Isso significa que a tentação idolátrica de subjugar Deus assinalando-lhe uma morada e "utilizando-o" até para nossas causas mais "religiosas" e mais "generosas" não deixa de nos habitar.

Ora, em sua figura sacramental de *exterioridade material*, de *anterioridade em seu uso* e de *permanência* após a celebração, a presença eucarística de Cristo proclama a irredutibilidade de Deus, de Cristo, do Evangelho a nossos conceitos, a nossos discursos, a nossas ideologias, a nossas experiências. Ela é, assim, o grande símbolo do interdito de idolatria que nos é feito. Ela descobre, ao escondê-la, a *diferença* de Deus. Este é o estatuto que reconhecemos no "ícone": procurar dar a ver o "protótipo" divino invisível, mas de maneira tal que sublinha sua alteridade. Preserva assim simbolicamente a diferença radical de Deus, mas o faz com tal santa reserva que é sempre ameaçada de ser pervertida em ídolo. O abismo que separa o ícone do ídolo é profundo, mas fortemente estreito, de modo que podemos nos enganar de lado se não prestarmos atenção. Assim acontece com os sacramentos, as mediações eclesiais da fé mais cheias de armadilhas, mas também, entretanto (em suas relações, seguramente, com outras mediações), as mais altas entre elas, uma vez que se trata aí da recepção do dom gratuito de Deus. Assim acontece, ainda mais radicalmente, com a presença eucarística de Cristo: a mais ameaçada de perversão idolátrica das mediações da fé, e, entretanto, o *ícone* mais exemplar da alteridade e da precedência de Cristo, Senhor da Igreja.

Que o ícone da eucaristia — conceito aqui empregado em sua relação com o do "ídolo"[38] — preserva assim, em sua consistência material e em sua exterioridade espacial contra as quais a fé acaba de se chocar, a absoluta "diferença" de Cristo requer que a presença dele seja fundamentalmente marcada pela *ausência*. Especifiquemos: presença e ausência não são, na ordem simbólica, duas realidades plenas que seriam dialeticamente inseparáveis, um pouco como o verso e o reverso de uma folha de papel; não formam duas entidades que se contam. Não são bivalentes, mas formam uma única realidade ambivalente. Desde então, o desenvolvimento que segue não vem minimizar a radicalidade do que expressamos antes sobre a presença eucarística do Senhor, como se retirássemos com uma mão o que concedemos com a outra, ou como se procurássemos "em definitivo" minimizá-la. É o *conceito de "presença"* — no que tem de essencialmente simbólico e humano no plano filosófico e no que tem de essencialmente pneumatológico (importância das epicleses) e escatológico no plano propriamente sacramentário — que pede a importante precisão que acabamos de anunciar.

e. Uma presença como abertura: a fração do pão

— Presença e ausência

"Cristo está aí", dizemos sem cessar na liturgia. Está aí na assembleia reunida em seu nome, nas Escrituras proclamadas como sua palavra, na eucaristia feita em memória dele. Está aí não como uma "coisa", mas como dom de sua vida e de sua vinda-em-presença. O *adesse* de uma presença é de outra ordem que não o simples *esse* de uma coisa bruta. O conceito de "*vinda-em-presença*" marca precisamente a ausência pela qual toda presença

---

38. Jamais esqueceremos que os defensores dos ícones, quando da rude querela iconoclasta do século VIII no Oriente, não quiseram assimilar a eucaristia a um ícone. Por duas razões. [1] Os iconoclastas diziam que o único ícone que temos o direito de venerar é o corpo eucarístico de Cristo (afirmação que eles apoiavam na anáfora de São Basílio, em que o pão e o vinho, na anamnese, são denominados os "*antitypa*" do corpo e do sangue de Cristo). [2] De outro lado, a eucaristia é o corpo do Senhor, estando a matéria do pão santificada e transformada pelo Espírito. Não acontece o mesmo com os ícones: se eles santificam, segundo a tradição oriental, é somente em razão de sua participação relacional com a hipóstase de Cristo, como especificam, então, São João Damasceno e Teodoro Estudita (Von Schönborn, C., *L'Icône du Christ*, op. cit., 226). O concílio de Niceia II, em 787, tem em conta essa distinção. Em nossa problemática, pelo contrário, e no quadro da distinção conceitual que fazemos entre o ídolo e o ícone, uma problemática icônica da eucaristia pode ser certamente pertinente.

está constitutivamente limitada: nada nos é mais próximo do que o outro em sua alteridade (cf. a estrutura triádica da pessoa linguística); nada nos é mais presente do que aquilo que, por princípio, nos escapa (a começar por nós mesmos). O duplo movimento de processão e de recessão (processão na mesma recessão) que reconhecemos teologicamente em Deus, e prioritariamente a partir da revelação "paradoxal" da glória de Deus no rosto do Crucificado, pertence também ao homem: nossa meditação sobre o ser heideggeriano, mesmo em seu esboço, nos permitiu, pelo menos, pensá-lo.

Nesta perspectiva, manter o enunciado da fé "Cristo está aí" em sua integralidade requer que a figura da *ausência* que sustenta o *sacramentum* do pão e do vinho seja também claramente considerada como a figura da presença que constitui. É o caso do conceito mesmo de "presença", assim como, na eucaristia, de sua efetuação pneumática e de seu regime escatológico. A eucaristia nos aparece, assim, como a *figura paradigmática desta presença-da-ausência de Deus* sem a qual a fé não seria mais a fé, que nos mantém de pé, como vigilantes, na esperança, e que nos requer viver no amor para dar a Deus o corpo de humanidade e de mundo cuja responsabilidade nos confiou. É mantendo-nos nesta "madura proximidade da ausência" que a palavra de Deus nos alcança como um apelo e que nós aprendemos a ser crentes.

— Uma presença inscrita, jamais circunscrita

O "aí" da presença eucarística, em sua materialidade empírica significante, nos remete ao "aí" devidamente instituído e devidamente inscrito em *alguma parte* da fé. Remete-nos ao corpo, isto é, às determinações históricas, sociais, econômicas, culturais e até àquelas, as mais singulares, de nosso desejo, como ao lugar onde se faz a verdade de nossa fé. Assim como a linguagem somente habita em cada indivíduo no instituído de uma língua particular, como o universal somente se abre ao sujeito mediante a *inscrição* deste em um corpo singular, assim, a Palavra de Deus somente se pode fazer ouvir mediante sua deposição em *um* corpo determinado de tradições e de escrituras, até sua incorporação última, segundo a fé cristã, na *singularidade* do homem Jesus de Nazaré. Porque Deus não está em qualquer parte senão em *alguma parte*[39].

O "em alguma parte", na Bíblia, é prioritariamente o espaço do propiciatório que, na Arca da Aliança, está enquadrado pelos dois *querubins*

---

39. Sobre o que segue, no plano bíblico, cf. as belas páginas de POHIER, J., *Quand je dis Dieus*, Seuil, 1977, 25-31.

com as asas juntas. Aquele a quem o salmista se dirige ao dizer "tu que estás assentado entre os *querubins*" tem certamente aí sua sede, neste espaço eminentemente inscrito; mas esse espaço está aberto, o trono está vazio. É como *espaço aberto* que a Glória de Deus habita este lugar, assim como é num claro-escuro que Deus, presente na nuvem, presente como nuvem, acompanhara seu povo no deserto. A presença divina está certamente *inscrita*, mas *jamais circunscrita*.

Por isso, as grandes testemunhas bíblicas, desde que encontram Deus, se veem entregues a um longo caminho de itinerância. Assim, Abraão, tendo deixado sua pátria por outra terra, deve se exilar dessa terra enfim alcançada após uma interminável volta e finalmente mendigar um lote para aí enterrar sua mulher; assim, Moisés não entra na terra prometida à qual conduziu o povo; assim, esse mesmo povo, uma vez instalado em Canaã, deve sem cessar se lembrar do tempo do maná no deserto, desapropriando-se simbolicamente, pela oferenda das primícias, dessa terra que, entretanto, tornou-se sua... A história dos profetas é, desse ponto de vista, a reprise fiel dessa história arquetípica de Israel. Porque Deus está "aí" com ele, Israel não está condenado à errância; mas porque Deus está "aí" com ele como "nuvem" ou espaço aberto, Israel se percebe aberto a um permanente *êxodo* — o que denominamos, finalmente, com R. Girard, de êxodo sem o sacrificial. A meta em definitivo jamais se alcançou, uma vez que é o fato mesmo de estar a caminho que permite a Israel reconhecer de verdade o "aí" da presença de Deus. Sem isso, desde que Israel se repousa na presença de seu Deus no Templo como numa garantia incondicional de salvação, a Glória de Javé abandona o lugar santo para ir habitar outra parte (Ez 8,11; cf. Jr 7).

— A fração do pão

Ora, o pão eucarístico como "aí" do Senhor glorioso se apresenta como uma realidade *fechada*, compacta, sem fissuras. Sem fissuras? Mas esse pão não está destinado à abertura mais simbólica que existe, uma vez que somente está aí *para ser partido*? "O pão que partimos não é uma comunhão com o corpo de Cristo? Porque há um único pão, somos todos um único corpo, porque todos participamos desse único pão" (1Cor 10,16-17). Sendo assim, o grande *sacramentum* da presença de Cristo não é o pão como tal em sua compatibilidade plena. Ou, antes, é certamente o pão, mas *em sua essência* de pão-alimento, de pão-refeição, de pão-partilha. *É na fração do pão que se manifesta a sua realidade última*, onde se exibe sua essência. Como indicam o "ele o partiu e o deu", assim como o "por vós e por todos" do relato da instituição, o gesto da fração do pão é o *símbolo por excelência* do *ad-esse* de Cristo que dá a sua vida. O fato de esse gesto ser enquadrado na liturgia, de uma parte, por aquele que, em nome de Cristo, nos damos a paz uns aos outros e, de outra parte, pelo caminho de comunhão com os outros, comunhão com o mesmo Cristo, é particularmente expressivo no plano sacramental. Porque a *fração do pão* une simbolicamente no mesmo nível, se podemos dizer, as duas dimensões das quais cada um desses dois gestos releva um aspecto particular: o da *comunhão entre os membros* (mas "na caridade de Cristo") para o primeiro; o da *comunhão com Cristo* (mas na caridade fraterna) para o segundo. A fração do pão, como partilha entre os membros e para sua unidade de corpo partido por todos, manifesta no aspecto sacramental a indissolúvel relação com Cristo e com os demais que articula de modo simbólico.

É, desde então, *do seio da ruptura* que "ele fala" prioritariamente. E é do vazio dessa ruptura que o "corpo espiritual" — *sôma pneumatikon*, 1 Coríntios 15,44; cf. Romanos 8,11 —, que é o Cristo glorioso, se dá a reconhecer como em Emaús. Esse vazio, *enquanto é para os demais*, é essencial ao *sacramentum*: ao abrir o pão do interior, manifesta que *a presença de Cristo se dá de maneira aberta*. Por outra parte, o fato de que seja essencial a este vazio o ser para a *partilha* dá a compreender que, se se deve pensar meontologicamente, a meontologia em questão deve ser captada não na categoria do ser metafísico, mas naquela do *outro simbólico*, com suas mediações históricas concretas: as da relação com os demais, a começar por aqueles que os homens reduziram a menos que nada mediante um sistema econômico que esmaga os mais pobres e/ou mediante um sistema cultural que faz deles "bodes expiatórios".

"Sede o que vedes e recebei o que sois": dissemos como a linguagem simbólica de Agostinho, que exige dos cristãos que deem a Cristo, por sua prática ética, o corpo de humanidade que implica sua recepção do corpo eucarístico, nos leva muito perto do mistério. É certamente *o Cristo* ressuscitado que é recebido na comunhão; mas somente se recebe pelo que é, a saber, *dom* de Deus, como articulado com seu corpo *eclesial*. O símbolo requer a radical distinção dos dois; mas requer também sua indissolúvel relação intrínseca. A *res* da eucaristia não é o *Christus totus*, cabeça *e* membros?

É evidente que a fração do pão deveria habitualmente ser mais destacada em nossas celebrações. O vazio do pão partido pertence de maneira essencial e não acidental ao *sacramentum* eucarístico e, por consequência, ao seu mistério.

Capítulo 11
O instituinte sacramental

UMA EFETUAÇÃO DE IDENTIDADE

Mediante a questão da afirmação teológica e dogmática concernente à instituição dos sacramentos por Jesus Cristo, mostramos em que sentido se pode reconhecer neles as mais instituídas das mediações eclesiais da relação com Deus. E apresentamos o corpo eucarístico do Senhor como a figura simbólica exemplar do instituído que sempre nos precede. Ora, a Igreja acede à sua identidade precisamente nos mesmos atos em que se reconhece como radicalmente instituída por Cristo, como existindo somente ao se receber dele, seu Senhor. O instituído sacramental é a mediação *instituinte* dessa identidade.

Recordemos, além disso, que, em nossa problemática, a *identidade* não diz respeito simplesmente às determinações secundárias, que, como a pertença a tal associação sociocultural ou a tal partido político, resultam de escolhas existenciais do sujeito. Ela constitui existencialmente o sujeito; toca no que tem de mais "real". Por isso, dizer que a Igreja chega à sua identidade de Igreja de Cristo no ato em que faz memória de Jesus como seu Senhor, em que o faz comprometendo-se inteiramente em sua visibilidade de corpo institucional e tradicional, é dizer que está *em ato de realização de sua essência*. E esta não é outra coisa, prioritariamente, senão sua comunhão com o Pai por Cristo no Espírito. Os sacramentos são instituintes da Igreja no que *efetuam* essa relação de comunhão: comunhão na dependência que, do ponto de vista simbólico, porque se trata de uma dependência de origem reconhecida como um dom, é a condição de sua liberdade (cf. o esquema simbólico da comunicação ou ainda da filiação). Portanto, é como *acontecimento de graça* que se trata agora de pensar teologicamente os sacramentos.

I. O DUPLO IMPASSE DA SACRAMENTÁRIA

1. O impasse "objetivista"

Este primeiro impasse[1] é representado pelo *modelo ontoteológico*, cuja "desconstrução" crítica efetuamos ao longo de nossa primeira parte, modelo que se veiculou nas mentalidades e que ainda domina amplamente com o catecismo aprendido, até os anos 1960, durante a infância.

Esse modelo foi apresentado durante nossa primeira parte de uma maneira suficientemente afinada para nos autorizar a destacar agora somente os traços dominantes.

Um primeiro traço do modelo "objetivista" destaca-se em sua representação da relação entre *Igreja, Reino e Mundo*. A Igreja é pensada como atual ou potencialmente coextensiva com o Mundo a tal ponto que na época dita "cristandade", para ser plenamente do Mundo, era necessário ser plenamente da Igreja. Graças à instituição Igreja, o Mundo está aberto ao além do Reino. E é precisamente na fronteira entre o Mundo e o Reino, ao mesmo tempo no Mundo, mas também de alguma maneira acima dele, que se situa o dispositivo essencial da Igreja, a saber, os clérigos e os sacramentos. A passagem entre Mundo e Reino se efetua primeiro por meio deles, como através dos canais, na verdade, gargalos de estrangulamento.

Compreende-se que a insistência nos sacramentos, esses "sinais sensíveis instituídos por Nosso Senhor Jesus Cristo", se baseia em sua aptidão

---

1. Falar de *impasse* é necessariamente efetuar um ato de juízo histórico e culturalmente situado. Esta relatividade nos lembra que a teologia escolástica, que temos em vista globalmente aqui, por sua perfeita coerência com o conjunto da cultura e especialmente das representações religiosas da época, nada tinha de si que nos permita hoje, do exterior e a partir de um universo cultural distinto, qualificá-la de errônea, nem mesmo de "menos boa" que a que nós apresentamos. Falar de impasse a seu propósito, portanto, não é senão emitir um juízo de alteridade na medida em que, alimentada em todos os níveis (econômico, social, cultural) por uma apreensão do mundo, da história, do homem e de Deus *distinta* da que nos habita e que nos "fala", ela nos parece "transponível" à nossa própria cultura. Não o é mais porque, em definitivo, o "período" em que se encontra atualmente o Ocidente (cf. Heidegger) nos obriga criticar seus pressupostos metafísicos inconscientes. É neste nível mais fundamental que nos parece haver um impasse.

para assegurar essa passagem. Sua capacidade de "significar" é relativamente pouco considerada. A atenção está fixada na sua finalidade de produção ou de aumento da graça ("para produzir ou aumentar a graça"). Daí a insistência massiva em sua *eficácia objetiva*. As imagens clássicas são as do instrumento — com o risco de favorecer uma representação da graça como um "produto", fosse ele "espiritual" —, as do remédio — com o risco de deixar entender uma espécie de eficácia automática que asseguraria a saúde da alma como um medicamento procura a do corpo — e as do canal — com o risco de evocar a passagem pelos sacramentos como uma necessidade para a salvação: se um sacerdote ou um leigo qualquer se encontra "providencialmente" ali justamente antes que o bebê ainda não batizado morra, ei-lo salvo pelo batismo; mas ei-lo condenado — certamente por uma *damnatio mitissima*, especificava Agostinho — ou votado ao "limbo", no caso contrário.

Seguramente, essas imagens estavam amplamente afinadas pela analogia, como dissemos. Estudos históricos mostraram que nem por isso deixaram de se impor massivamente nas mentalidades e que foram facilmente utilizadas, sem que isso fosse necessariamente o objeto de um cálculo maquiavélico, por toda uma "pastoral do medo", segundo a expressão de J. Delumeau[2]. Esse conjunto de imagens favorece representações fortemente *individualistas* dos sacramentos, seja do lado do sujeito receptor ao qual conferem a "salvação", seja do lado do agente sacerdotal definido essencialmente pelos poderes inamissíveis que recebeu por sua ordenação.

A insistência na objetividade se faz em detrimento da importância do sujeito concreto. Certamente, pede-se a este a piedade e a intenção reta para que o sacramento seja recebido de maneira verdadeiramente frutuosa. Mas isso pertence somente ao *bene esse* do sacramento e não ao seu mesmo *esse*. Em todo caso, é difícil não considerar como significativo o fato de que nas 16 lições sobre os sacramentos do *Catéchisme à l'usage des dioceses de France*, de 1947, a palavra "fé" quase não intervenha, assim como a palavra "Igreja"[3]. Do ponto de vista da natureza do sacramento, a importância do

---

2. DELUMEAU, J., *Le Péche et la peur. La culpabilisation en Occident, XIIIe-XVIIIe siècles*, Fayard, 1983, especialmente os cap. 8 e 9.

3. *Catéchisme à l'usage des dioceses de France* (1947), op. cit. Duas exceções, entretanto — embora não tenham demasiado alcance quanto à inteligência da natureza dos sacramentos: q. 194, "Aquele que recebe o batismo se compromete a crer em Jesus Cristo e a praticar seus mandamentos, a renunciar ao demônio e ao pecado; q. 228, "Antes de comungar, devo falar a Nosso Senhor fazendo atos de fé, de contrição, de amor e de desejo. "Quanto à Igreja, é apenas mencionada a propósito do batismo que nos faz 'filhos de Deus e da Igreja'" (q. 187).

sujeito é reduzida à *simples condição sine qua non* de não colocar obstáculo (o *obex* do pecado mortal ou de uma pena canônica) à recepção da graça que desce pelo canal sacramental. O sacramento é assim tratado desde o início como um *instrumento disponível*, como um "ob-jeto" que Deus "colocou diante" (*ob-jacere*) do homem-sujeito para "produzir" as graças das quais ele tem necessidade.

Explicamos longamente por que o esquema producionista, com a dicotomia sujeito-objeto que o acompanha, não nos parece defensável e por que, por conseguinte, devemos pensar os sacramentos não como intermediários entre Deus e o homem, mas como mediações "expressivas" da Igreja e do crente, à maneira e no seio da linguagem. Enquanto se represente sua eficácia segundo o modelo da causalidade metafísica, *não se pode salvá-los senão em detrimento do compromisso do homem com eles*. A história da sacramentária o mostra: sempre se desconfiou da importância do humano em sua essência, de modo que os dois sacramentos, cuja "quase matéria" é o homem (penitência e matrimônio), são os que suscitaram a maioria dos problemas aos teólogos. Certamente, nunca se esquece de que os sacramentos são para a Igreja e os crentes, nem que a fé pessoal é a medida da recepção frutuosa da graça que é sempre oferecida. Mas é a título de seus *efeitos*, e não a título de sua *natureza*, que eles requerem esta importância dos sujeitos crentes.

Esta teologia clássica dos sacramentos, afirma justamente A. Vergote, ao empurrar o teocentrismo vertical à sua extremidade, privou o rito de suas significações propriamente humanas e preparou uma reprise antropológica do rito fechado em sua inteligência teológica[4]. De fato, os últimos decênios viram surgir uma viva *reação* contra a quase-expulsão do homem concreto para fora dos sacramentos. Reação tanto mais vigorosa quanto a "mudança cultural" estava muito menos dominada e menos segura de si mesma, e que, de outra parte, a tampa da panela em que fervilhava esta nova cultura estava mais bem fechada: aconteceu uma verdadeira explosão. Não sem danos, evidentemente.

Este movimento crítico era alimentado por um pedido tão profundo quanto legítimo: *reintroduzir o homem concreto* nas celebrações litúrgicas e no discurso sacramentário. Mas a conjuntura era tal, que facilmente se ia de Cila a Caríbdis[5]. De fato, às vezes, nos perdemos em um novo impasse, contrário ao precedente. Antes que algumas correntes chegassem lá, entretanto,

---

4. VERGOTE, A., *Interpretation du langage religieux*, op. cit., 201.
5. São os dois míticos monstros marinhos que se encontram também na narração da *Odisseia* de Homero. Aqui a expressão tem o sentido de "ir de mal a pior". (N. do E.)

o Concílio Vaticano II propôs uma via que denominaremos de "média". Rapidamente, vamos examiná-la antes de ir ao impasse "subjetivista".

2. A via média do Vaticano II

Neste rápido esboço somente teremos em conta alguns traços característicos do modelo do Vaticano II, aqueles que trazem corretivos diretos aos elementos apurados no modelo precedente. Portanto, não nos deteremos em aspectos tão importantes como o ressurgimento bíblico da liturgia e da sacramentária, a redescoberta do "memorial", a revalorização da pneumatologia especialmente mediante as epicleses, o ressurgimento teológico da igreja local etc. Estes elementos não estão menos presentes em nossa reflexão; constituem o cenário sem o qual o que segue não teria vindo à luz.

Como anteriormente, partiremos da representação da relação entre *Igreja, Reino e Mundo*. Deslocamentos consideráveis se efetuaram aí: com um bilhão de chineses não cristãos — para tomar somente este exemplo —, a Igreja não pode mais ser considerada, mesmo relativamente, coextensiva com o mundo. Daí a valorização da categoria teológica de Reino. Mais amplo que a Igreja, à qual transborda de todo lado, o Reino lembra que é impossível assinalar fronteiras ao Espírito. O Vaticano II é muito claro sobre este ponto: "o Espírito Santo oferece a todos, de uma maneira que Deus conhece, a possibilidade de ser associado ao mistério pascal", de modo que a graça possa agir "invisivelmente" no coração de "todos os homens de boa vontade"[6]. Portanto, a Igreja não está fechada sobre si mesma, como uma cidadela para os "salvos"; ela somente pode compreender-se em osmose com o mundo, do qual faz parte, e com o Reino que, como o pequeno grão de mostarda, cresce lentamente neste mundo ou que, como o fermento, trabalha invisivelmente a pasta humana. Ela não é o Reino; mas ela é, no e para o mundo, o "sacramento", isto é, o "sinal" ao mesmo tempo que "o germe e o começo sobre a terra"[7]. Enquanto sacramento do Reino, ela tem *critérios de identidade*, marcas que lhes são próprias: Escrituras, confissão de fé, sacramentos — para citar apenas os mais típicos. Ser cristão requer que se façam suas, pelo menos objetivamente, essas marcas. Assim, pode-se salvar sem ser da Igreja, no entanto, não se pode dizer da Igreja ou do cristão sem ser diferenciado dos não cristãos por essas marcas a começar pelo batismo. O adágio "Fora da Igreja não há salvação", assim, se substitui por outro que afirma: "Fora da Igreja não há salvação reconhecida" (Mons. R. Coffy).

---

6. Concílio Vaticano II, *Gaudium et Spes*, 22, § 5; cf. *Lumen Gentium*, 16.
7. Concílio Vaticano II, *Lumen Gentium*, 5.

Critérios principais de uma Igreja que, numa conjuntura de brilho cultural e de explosão demográfica, tem particularmente necessidade de manifestar sua identidade, os sacramentos veem valorizada sua natureza de *sinais*. Esta valorização, além disso, é chamada por todo o movimento cultural que reivindica a reintrodução do homem concreto neles. Na órbita do Vaticano II, é, em todo caso, muito claro que sua função de "meio", sem ser desconhecida, está subordinada à sua qualidade significante. Contra o que se julgava, segundo um jargão teológico-pastoral demasiado aproximativo, que resultava de uma teologia clássica demasiado "coisificante", "pontualista" e "individualista", centra-se a atenção na verdade "falante" dos sinais litúrgicos (materiais, linguagem) e da maneira de celebrar, tendo em conta a experiência humana, na "sacramentalidade difusa" da existência humana na fé, na dimensão prioritariamente eclesial dos sacramentos. Assim, sublinha-se que o sacramento da reconciliação já começou desde quando se vai encontrar seu irmão para se reconciliar com ele, que a eucaristia não pode se desvincular da "sacramentalidade" (em sentido amplo) da partilha concreta com os mais pobres etc. E, no plano eclesial, interroga-se vigorosamente: a comunidade concreta é o sinal vivo do que celebra? Se não é reconciliadora no mundo, não está em contradição com o sacramento da reconciliação que celebra no meio do mundo? Se não se ocupa com os migrantes, o que significa nela a acolhida dos filhos de migrantes pelo batismo? E por aí vai. Os sacramentos são a proclamação da Igreja: dizem ao mundo o que ela é e o que pode vir a ser; eles a contestam e também a atestam.

Esse tipo de questionamento não está isento de perigo (nós o veremos a seguir). Mas infundiu um *impulso dinâmico* considerável à pastoral (na França, pelo menos) nos últimos vinte ou trinta anos (e mesmo, muito antes, em certos setores). E isso é uma sorte. Simultaneamente, e em ligação de uma parte com o ressurgimento bíblico, de outra parte com o reequilíbrio do princípio cristológico pelo princípio pneumatológico especialmente na eclesiologia e na sacramentária, se volta a valorizar, contra a onipotência dos clérigos e a inflação dos "poderes sacerdotais", o papel de *toda a Igreja* como "sujeito ativo da liturgia" (Y. Congar) a título de seu "sacerdócio batismal".

Como via média, o Vaticano II propõe assim um corretivo importante ao modelo "objetivista" anterior. Este último pode se apresentar segundo um esquema *linear* muito simples, em que os sacramentos estão interpostos entre Deus e o homem:

Esquema 1   Deus ⇌ Sacramentos ⇌ Homens

O Vaticano II oferece antes um esquema de tipo triangular:

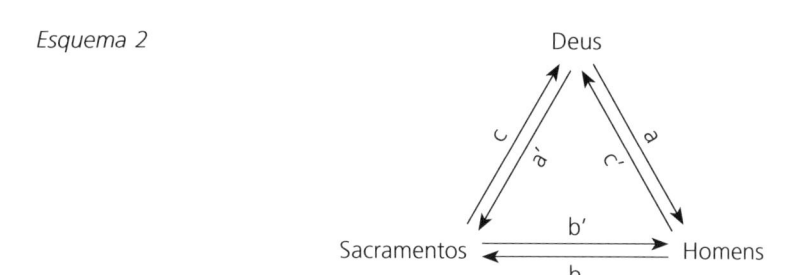

Esquema 2

```
                    Deus
                   /\
                  /  \
                 c    a
                a'    c'
                /      \
               /   b'   \
    Sacramentos <——————> Homens
                    b
```

O circuito *exterior* mostra: [a] que Deus não está ligado aos sacramentos (nem à Igreja como tal) para salvar os homens e que o Reino é, assim, mais amplo do que a Igreja; [b] que os sacramentos são "cumes" da vida cristã, expressões reveladoras da ação da graça de Deus na vida dos homens; [c] que eles são atos de reconhecimento do homem para com Deus, aspecto que a escolástica não ignorava, mas que, pelas razões indicadas, não tomou nunca em consideração em seus tratados dos sacramentos (*supra*, cap. 1).

O circuito *interior* de nosso esquema 2 manifesta, por sua parte: [a'] que Deus é o sujeito-operador dos sacramentos; [b'] que esses são "fontes" da vida cristã dos homens, vida em que tem que verificar-se; [c'] que essa vida cotidiana se torna assim uma "liturgia" que dá glória a Deus.

Todo o problema, deixado aberto pelo Vaticano II, em tensão entre duas correntes teológicas que nem sempre lograram harmonizar — a mais tradicional, de tipo escolástico e tridentino, que privilegia os sacramentos como "meios", e a mais nova, que insiste em sua função de sinais expressivos —, está em conciliar o duplo sentido de rotação do circuito. Neste plano, permanece-se no par *heterogêneo* de "sinal" e de "causa", com, entretanto, uma acentuação nova do primeiro termo. O presente capítulo tem em vista justamente tentar abrir uma via que permita pensar os sacramentos simultaneamente como "reveladores" e "operadores".

3. O impasse "subjetivista"

A transgressão desta via média era tentadora, pelas razões culturais evocadas acima. O "teocentrismo vertical" (A. Vergote), que a teologia tinha levado até o extremo, conduziu-a, por reação, a uma reprise antropológica dos ritos que se provou mais ou menos redutora teologicamente. O modelo "subjetivista" está, ele também, ligado a certa representação da relação entre a Igreja, o Reino e o Mundo. Esse modelo conheceu expressões muito *variadas*, e mesmo *contraditórias*. O qualificativo de "subjetivista" que aplicamos deve ser tomado tanto do lado do sujeito-grupo quanto do lado do sujeito-indivíduo. O ponto comum principal aos diversos movimentos que nos parecem recobertos por esse modelo é a reação contra a Igreja-instituição entendida como "sacramento" de Jesus Cristo. Podemos distinguir *dois grandes tipos*, ambos oriundos de pontos de partida diferentes e até mesmo opostos. O primeiro, transconfessional no interior do cristianismo, mas também fácil de localizar no interior do mundo católico, parte de "*baixo*", isto é, de uma reivindicação antropológica de reintrodução da vivência humana nos sacramentos. O segundo, ao qual associaremos, sobretudo, o nome de K. Barth, parte, pelo contrário, de uma teologia específica de "*cima*": a da reivindicação de Deus sobre o homem, reivindicação tão transcendente e livre que nunca pode ser mediatizada pela ação humana, mesmo que esta seja da Igreja nos sacramentos.

a. *Primeira corrente: o ponto de partida "de baixo"*

A reação contra a Igreja-instituição pode revestir uma forma de tipo *extremista*: nela é reabsorvida a Igreja no Reino. A sinceridade tende a se tornar o critério da verdade; a generosidade ou a ortopraxis torna-se o da ortodoxia. Batiza-se, apressadamente, como cristão todo homem de boa vontade ou toda boa ação. A referência ao Espírito Santo que age em todo homem e que transborda a instituição Igreja, a ponto de se chegar a opor "carisma" e "instituição", serve de argumento tanto mais cômodo quanto os critérios de discernimento são mais vagos. Os critérios de pertença à Igreja são assim apagados em proveito de um Reino de Deus que se faz presente em todas as partes pelo Espírito. Temos aqui uma nova versão de um gnosticismo que renasce sem cessar.

Outra forma dessa corrente, muito menos extremista, nos interessa mais. Se situa, em geral, na esteira do Vaticano II, e especialmente se reconhece aí a importância dos critérios da Igreja. Mas, em vez de recebê-los da tradição viva, para expor criticamente as suas armadilhas, o grupo tende a se dar, ele mesmo, seus próprios critérios de "valor" da Igreja. Concretamente, todas as nuances se verificam hoje nesse tipo de atitude. O que aqui está incriminado é a armadilha na qual parecem ter caído alguns grupos pretendendo julgar a verdade de pertença à Igreja com base numa ideologia particular: tende-se, então, a encerrar o Evangelho em suas próprias grades de análise, o que conduz muitas vezes a uma atitude de excomunhão (prática, senão teórica) em relação à Igreja multitudinária ou à religião dita "sociológica".

As interrogações pastoralmente felizes, às quais o Vaticano II abriu a via, correm o risco, então, de ser levadas até o fim segundo uma lógica unilateral. No plano *eclesiológico*, por força de querer pressionar demasiadamente as comunidades cristãs a ser os sinais vivos do que celebram, consegue-se um elitismo esquecido da condição escatológica da Igreja e da palavra de Jesus: "Eu vim chamar não os justos, mas os pecadores". No plano da *antropologia cristã*, por força de querer celebrar o que somente aparece como "cristão" segundo os critérios de juízo que foram dados por si mesmos, por força mesmo de querer "celebrar a vivência", acaba-se por não poder celebrar se não se viveu "validamente" (segundo os critérios do grupo, naturalmente) e se cai numa espécie de neopelagianismo. No plano *pastoral*, enfim, as exigências de admissão aos sacramentos podem ser tais que se cai num rigorismo de tipo "malthusiano" extremamente seletivo.

Certamente, não se pode senão desejar que os sacramentos sejam celebrados e vividos como expressões autenticamente significativas da "vivência"; e não se pode senão alegrar-se com uma pastoral que procura interpelar a comunidade, em seu dizer, em seu parecer e em seu fazer, a partir deles. Portanto, não contestamos de maneira alguma a legitimidade e a urgência de uma pastoral que obriga as comunidades a conformar sua ação, suas escolhas prioritárias e sua organização à Palavra que elas anunciam simbolicamente nos sacramentos. Os frutos disso nos parecem consideráveis. Mas, se se pressiona demasiadamente no nível da consciência, da intenção, da verificação na ação, a exigência de ser o que se celebra, corre o risco de cair numa *exacerbação da subjetividade* que acaba por arruinar a sacramentalidade que se pretende salvar.

Em outros termos, tende-se a esquecer que o circuito entre Deus, os homens e os sacramentos funciona nos dois sentidos. Do nosso esquema n. 2 apenas se retém *o circuito exterior*, pressionado a sublinhar a dimensão sacramental da "celebração da vida", ou mais precisamente da "celebração de Jesus Cristo naquilo que é vivido". Os sacramentos são percebidos de maneira demasiadamente unilateral como atos de reconhecimento do que Deus fez e pelo que ele fez na "vida". Sendo assim, tanto se põe em relevo sua dimensão de "cume" quanto se mostra suspeitoso em relação àquela "fonte" — justamente aquela que era sobretudo considerada no modelo "objetivista". A tendência (vivida muito diversamente segundo os grupos ou os indivíduos) é *dificultar a sua dimensão de eficácia* (ou sua função de operador), até mesmo rejeitar tudo isso sob pretexto de "magia". Essa tendência está em coerência com aquela, assinalada anteriormente, de se dar seus próprios critérios de Igreja (critérios muito ideológicos, sob a aparência de

"Evangelho"): celebramos a ação de Jesus Cristo na "vida", mas nos damos previamente os critérios de discernimento dessa ação.

Uma dupla crítica parece que se impõe aqui. Em primeiro lugar, no nível propriamente *teológico*: qual critério permite, de um lado, afirmar, na fé, a ação de Cristo ou do Espírito na vivência — e por isso confessar a dimensão de "sacramentalidade" — e, de outro lado, não reconhecer simultaneamente, e mesmo *a fortiori* (sem prejuízo evidentemente de ser crítico), esta ação no ato sacramental em que a Igreja se compromete por inteiro? Não há, pelo menos, uma incoerência? Não se pode objetar que se substitui a "magia" ritual que se quer denunciar por outra forma de "magia", mais sútil, sem dúvida, mas não menos perigosa: aquela de um discurso totalitário que impõe por toda parte uma leitura "sacramental" da vivência? E quando se chega a explicar em que ponto esta leitura não é necessariamente "mágica", é preciso então admitir que a compreensão dos sacramentos como operadores de comunicação com Deus não é mais necessária. Em resumo, podemos nos interrogar teologicamente sobre a consistência do que batizamos como "já feito" por Deus na vida quando compreendemos os sacramentos somente como a celebração do "já feito".

Em outro âmbito, no nível *filosófico*, substitui-se o "objetivismo essencialista" do modelo que se combate por um "subjetivismo existencial". Mas é um novo "*núcleo duro*" que se substitui assim ao precedente, ao estar cegado pela ideia de que o sujeito poderia estar em posse imediata de sua vivência e que ele poderia, assim, "expressar" ao exterior o conteúdo interior prévio *sem que* esta "expressão" o afete de alguma maneira. Segundo o adágio escolástico, "os contrários estão no mesmo gênero". Esse modelo, contrário àquele que quer denunciar, se move, com efeito, no mesmo terreno metafísico que ele. Aí onde o primeiro era alimentado pelo esquema da "*produção*", este é alimentado pelo da "*tradução*": em vez de ser considerados como instrumentos de produção da graça a obter, os sacramentos são considerados como instrumentos de tradução da graça já dada. Permanecem sempre instrumentos pelos quais o sujeito-substrato (*sub-iectum*) põe diante de si (*ob-iectum*) suas experiências subjetivas para "expressá-las". Aqui se desconhece totalmente a natureza da mediação expressiva da qual falamos e sobre a qual voltaremos mais adiante.

b. *Segunda corrente: o ponto de partida*
   "de cima" (K. Barth)

Pode causar surpresa ver aqui mencionado o grande teólogo da Igreja Reformada. Seu ponto de partida não é totalmente *oposto* àquele que acabamos de evocar? É, com efeito, uma sensibilidade muito viva à transcendência absoluta de Deus — *soli Deo gloria* — e à eficácia soberana de sua livre palavra que levou K. Barth a reagir contra a concepção tradicional dos sacramentos, lá onde a corrente precedente reagia em nome da reintegração da experiência humana na prática e na teologia dos sacramentos. Esta última parte de baixo, enquanto Barth parte *de cima*, pode-se dizer. Nos dois casos, entretanto, chega-se a apagar a dimensão propriamente instituinte dos sacramentos, isto é, sua natureza de eventos de graça, por reação contra uma concepção tradicional que costuma cair na "magia". Este ato de apagar, em todo caso, conhece numerosas nuances, segundo os grupos ou as pessoas da corrente "de baixo"; pelo contrário, é muito claro em K. Barth.

Como fiel herdeiro de Calvino, Barth prova uma verdadeira obsessão a respeito de tudo que poderia ter algum indício de "sinergismo", isto é, de toda teologia do "e" que pressuporia ou acabaria numa colisão entre a ação de Deus *e* a ação do homem. Tal colisão sinergética representa para ele a blasfêmia por excelência, porque, pressupondo que a justificação viria em parte de Deus e em parte do homem, ela nega a absoluta gratuidade da salvação. Ora, em sua obra sobre "a justificação" em K. Barth, H. Küng mostrou bem que Barth compreendeu mal o *cooperari* do Concílio de Trento: esse *cooperari* nada tem do sinergismo que Barth quer aí descobrir, uma vez que a participação do homem vem, ela também, de Deus. "Deus faz tudo, mas do fato de que ele faz tudo não se segue que o faça sozinho, pelo contrário".

Poder-se-ia dizer que, na esteira de São Bernardo[8], o decreto sobre a justificação do Concílio de Trento rejeitou não somente a ideia que a justificação seria *ex nobis*, mas também que ela seria *nobiscum*, no sentido sinergético de *partim... partim*; mas, ao fazer isso, quis sublinhar ao mesmo tempo que ela requeria ser dada *non sine nobis*. Uma vez que o que está a salvar é o livre-arbítrio, a graça justificante é dada inteiramente *in illo*; uma vez que o princípio dessa salvação se encontra inteiramente na graça, provém inteiramente *ex illa*. Na justificação, o consentimento da fé é, portanto, simultaneamente tudo e nada. *Tudo*, porque este consentimento é requerido como condição *sine qua non* da justificação subjetiva. *Nada*, no

---

8. Küng, H., *La Justification: la doctrine de Karl Barth. Réflexion catholique*, DDB, 1965, 310-313: São Bernardo, *De gratia et libero arbitrio* I, 2 et XIV, 46-47: "A Deo ergo sine dubio nostrae fit salutis exordium, nec per nos utique, nec nobiscum. Verum consensus et opus, etsi non ex nobis, non iam tamen sine nobis [...]. Non partim gratia, partim liberum arbitrium, sed totum singula opere individuo peragunt: totum quidem hoc, et totum illa, sed ut totum in illo, sic totum ex illa".

sentido de que esta condição não é uma "causa" da justificação: a fé não é uma "obra" que a merecesse[9].

"Se o que você desenvolve na segunda parte como sendo a doutrina da Igreja católica romana é de fato sua doutrina, então, eu devo admitir que minha doutrina sobre a justificação concorda com a sua", escreve Barth em seu prefácio elogioso da tese de H. Küng. Tomemos nota disso. Que o mesmo Barth, entretanto, se mostre "totalmente" surpreso[10] diante dessa concordância da doutrina católica romana com a sua, dá o que pensar. Porque, se podemos considerar, com H. Bouillard, que o desacordo "é certamente muito menor do que Barth acreditou ao ler as definições do Concílio de Trento", em contrapartida, podemos "hesitar", prossegue o mesmo autor, "em dizer que há concordância fundamental entre a doutrina barthiana da justificação e a doutrina católica"[11]. Com efeito, ficamos tão mais perplexos sobre esse ponto do que no último volume da *Kirchliche Dogmatik*, não ainda redigido em 1957, data da carta-prefácio mencionada; a doutrina do batismo manifesta uma apreensão totalmente distinta do sacramento daquela desenvolvida na Igreja católica romana, e mesmo oposta a ela e também, como o reconhece explicitamente K. Barth, àquela da tradição. Ora, o essencial neste ponto é a *concepção da relação entre Deus e o homem na salvação*, o que constitui o coração da doutrina da justificação.

Depois de ter apresentado na primeira parte de sua obra o batismo de Espírito ("a ação de Deus"), K. Barth apresenta na segunda parte o batismo de água ("a ação do homem"). Sua "razão de ser" (p. 53-71) não está em outra parte além do mandamento de Jesus Cristo: "É um ato de livre obediência à ordem de Jesus Cristo, uma diligência em reconhecer a legitimidade e o caráter obrigatório desta ordem". Quanto à sua "finalidade" (p. 71-195), é um movimento para Jesus Cristo, em conformidade com sua ordem[12]. Mais interessantes para o nosso propósito são as páginas consagradas ao que o autor denomina de "sentido" do batismo de água (p. 106 ss.). Causa-lhe "um grave prejuízo" o fato de buscar a santidade "em alguma eficácia divina que lhe seria supostamente imanente", isto é, "numa obra e numa palavra de Deus que se torna acontecimento em virtude do que os homens querem e fazem quando batizam ou são batizados". Porque então "não se escapa do

---

9. Concílio de Trento, *Décret sur la justification* (1547), cap. 8; DS 1532, Dz 801.
10. Küng, H., op. cit., 12.
11. Bouillard, H., *Karl Barth*, t. 2, Aubier-Montaigne, 1957, 123; cf. 77-78, n. 6.
12. Barth, K. *Dogmatique* IV, 4 *Le fondement de la vie chrétienne* (Ire partie "Le baptême d'Esprit"; IIe partie "Le baptême d'eau"). Citamos conforme a edição francesa de Labor et Fides, Genève, 1969, 105. É a esta edição que se remetem as notas seguintes no texto.

seguinte *dilema*": "ou bem" a vontade e a ação dos homens são aí "completamente dominadas" pelas de Deus "que lhes são imanentes" — em cujo caso, "o batismo do Espírito se integra ao batismo de água e o torna finalmente supérfluo"; "ou bem" esta vontade e ação dos homens se tornam aí e são "como tais" as do próprio Deus — e nesse caso, "é o batismo de água que se integra ao batismo do Espírito e que o torna supérfluo". Nos dois casos, portanto, "o batismo cristão se encontra 'docetizado'" (p. 106).

A posição de tal dilema depende, nos parece, de um esquema de representação tipicamente sinergético. Contra o *partim... partim* de um "*tanto* Deus... *quanto* o homem" cujas ações seriam adicionáveis, Barth fica no dilema "*ou* Deus... *ou* o homem". Isso é inverter a posição do esquema sinergético, mas permanecendo prisioneiro da modalidade da concorrência ou da exclusão dos dois termos. Barth se manifesta aqui finalmente em desacordo com "a doutrina católica romana da justificação", que também rejeita o sinergismo, mas de uma forma diferente da dele, ou, então, a sua apresentação do batismo de água, que, por diversas razões, deveria ser apurada, não está em conformidade com o acordo que ele acreditou poder reconhecer entre sua doutrina da justificação e a de Trento? Ainda assim, a oposição é muito clara sobre o batismo; e, como acabamos de mostrar, a apresentação que faz deste é diretamente tributária de uma doutrina da justificação.

Oposição radical, com efeito, segundo a confissão do próprio autor: "É preciso dizer um *não categórico*" à sacramentalidade do batismo, tal como é reconhecida tradicionalmente. "Em si mesmo não é um mistério nem um sacramento. É claro que nós nos opomos por princípio e *ab ovo* a uma muito antiga e muito forte tradição eclesiástica e teológica, assim como a todas as suas variantes" (p. 106-107). Porque, por mais antiga e forte que seja, essa tradição não corresponde aos textos do Novo Testamento relativos ao batismo. Após tê-los examinado nas páginas 115-132[13], o autor conclui: "Em resumo, tomados realmente a sério, todos esses textos parecem, em todo caso, indicar que o ato do batismo tem um sentido muito diverso do sentido sacramental [...]. Segundo o Novo Testamento, o ato batismal não se deve compreender como uma obra e uma palavra da graça que purifica e renova o homem; em outras palavras, não é preciso ver aí um 'mistério' ou um 'sacramento', no sentido da tradição teológica que se tornou predominante". Seu "sentido" deve-se, pois, buscar "em seu caráter de ação puramente humana que responde ao fazer e ao dizer de Deus" (p. 133).

---

13. São especialmente: Atos 22,16; Hebreus 10,22; Efésios 5,25 s.; Tito 3,5; Gálatas 3,27; Romanos 6,3 ss.; Colossenses 2,12; João 3,5; Marcos 16,16; 1 João 5,5-8; João 19,32-37.

Esta posição tem pelo menos a vantagem de ser perfeitamente clara: "o batismo não realiza nada; não faz senão *reconhecer* e *proclamar* a crise provocada pelo próprio Deus". "*Atesta-a*." "É, em relação a Jesus Cristo, o ato humano de obediência que consiste em ousar *refletir* o ato de juízo de Deus, que é como tal seu ato de reconciliação. Portanto, não depende de uma decisão arbitrária. Certamente, é uma ação humana, livre e responsável, mas a esse título precisamente não faz senão *seguir* a justificação e a santificação realizadas e reveladas por Deus em Jesus Cristo, isto é, a purificação e a renovação do homem pecador" (p. 165-166).

Na esteira de Calvino, porém mais radicalmente ainda que no Reformador de Genebra, a sacramentária de Barth se exibe no único registro do *conhecimento* e do reconhecimento. Seu retumbante *Nein!* de 1943 na prática do batismo das crianças está evidentemente em perfeita coerência com essa posição de princípio[14]. O batismo não é, de maneira alguma, operador da graça; ele é somente o *revelador do já da graça* concedida por Deus no "batismo do Espírito". Das duas dimensões da sacramentária de Tomás de Aquino, a dimensão "ascendente" de culto que expressa o reconhecimento do homem para Deus por Jesus Cristo (dimensão infelizmente não explorada como tal no Tratado dos Sacramentos), e a dimensão "descendente" de instrumento (subordinado a Deus, certamente) de transmissão da graça divina, Barth conserva apenas a primeira, chegando assim ao que, em relação com a tradição, pode-se chamar uma "*não sacramentária*". Especificaremos em nossa última parte porque essa não sacramentária, ainda que não dependa necessariamente do pressuposto trans-trinitário de Barth e de suas implicações na eclesiologia e na teologia da criação, está, pelo menos, em coerência com este.

Portanto, reencontramos em K. Barth o mesmo "subjetivismo existencial" que na corrente chamada aqui "de baixo", embora o ponto de partida seja oposto nos dois casos. Esse "subjetivismo" é tanto ontoteológico quanto "o objetivismo" que ataca: inverte-se a posição dos termos, mas se permanece no mesmo terreno metafísico. O modelo se torna desde então:

Esquema 3   Deus ⟷ Homem ⟷ Sacramento

O sacramento (flecha inferior) não é senão a tradução festiva do já da graça dada por Deus ao homem em sua existência ética. Faz as vezes

---

14. BARTH, K., "La doctrine ecclésiastique du baptême", in: *Foi et Vie* 47, 1949, 1-50. Igualmente, in: *Dogm.* IV, 4.

de trampolim (flecha superior) a partir do qual o homem expressa a Deus seu reconhecimento pela graça já recebida. Se tomamos o esquema triangular (n. 2) dado acima, vemos que não funciona mais senão no sentido exterior da rotação. Apesar das aparências, Barth finalmente se opõe como escolástico à escolástica. Velha história, da qual a Reforma Protestante e em seguida a reforma católica nos deixaram a convicção de que somente se pode sair mudando de terrenos. Substituir um subjetivismo existencial que tende a sacrificar a ação de Deus nos sacramentos, pelo objetivismo essencialista, que tende a sacrificar a ação do homem, não faz senão adiar o problema. O existencialismo teológico postula uma *consciência subjetiva central* que poderia estar na posse imediata de suas experiências humanas e que poderia, desde então, traduzi-las ao exterior nos sacramentos como sinais de reconhecimento para Deus e por obediência à ordem de Jesus Cristo. Nesta perspectiva, os sacramentos não são apreendidos, de maneira alguma, como mediações de linguagem que fazem a realidade acontecer como humana ou significante, mas como instrumentos de tradução de uma realidade humana já preexistente ou como revestimentos festivos e eclesiais com os quais se revestiria a realidade. A crítica filosófica que dirigimos anteriormente à corrente "de baixo" vale tanto quanto para a "de cima". Tudo isso, é claro, não impede K. Barth de ter escrito ademais páginas muito ricas sobre o culto como *Mitte der Gemeinde*[15].

II. OS SACRAMENTOS, EXPRESSÕES SIMBÓLICAS OPERANTES

Sair do duplo impasse que acabamos de assinalar não nos parece possível senão na perspectiva da ordem simbólica. Especifiquemos duas coisas. De uma parte, se a via média do *Vaticano II* abre uma sacramentária equilibrada, em que a função sacramental de "revelador" supre a do "operador", permitindo ao circuito de nosso esquema funcionar nos dois sentidos, no entanto, como assinalamos, não tenta — não é isto, aliás, provavelmente o papel de um concílio — articular os dois de maneira rigorosa. Ou, antes, a articulação permanece a da sacramentária clássica; de modo que o aspecto

---

15. Idem, Dogmatique IV, 2, 3, Genève, 1971 (texto de 1955), 30, 95-96. Cf. também o belo texto de BARTH, K., in: *Connaître Dieu et le servir* (Neuchâtel, 1945, 178) citado por VON ALLMEN, J. J., *Célebrer le salut*, op. cit., 164.

"revelador" dos sacramentos desempenha um papel prioritário no plano pastoral, o seu aspecto "operador" de meios de salvação permanece determinante no plano estritamente teológico. Por outra parte, lembramos que sair do duplo impasse precedente não pode significar de maneira alguma em nossa problemática dar (enfim!) a "boa" solução. O que podemos dizer não pode ser senão uma *aproximação* do mistério, e a chave dessa aproximação se encontra no caminho da aproximação.

Ao compreender os sacramentos como "expressões simbólicas operantes", estamos evidentemente na linha certa da problemática da linguagem e do símbolo desenvolvida ao longo de nossa primeira parte. Nós nos apoiamos, sobretudo, no conceito de "expressão", assim como nas noções de "ilocutório", de "performativo" e de "eficácia simbólica dos ritos". Recordemos, neste último ponto, a perspectiva aberta no capítulo 4. Se os ritos das religiões tradicionais têm em vista uma eficácia empiricamente verificável (cura, por exemplo), eles a obtêm mediante uma eficácia simbólica, isto é, uma nova relação entre os sujeitos e/ou entre estes e seu "mundo" sociocultural. Ora, os ritos cristãos têm uma finalidade de outra ordem, sem valor, designada pelo termo de "graça". Sugeríamos, então, ao remeter a este capítulo a tarefa de mostrá-lo, que essa "graça sacramental", por ser da ordem da aliança, exige ser compreendida na esteira, intralinguística, da eficácia simbólica (instauração ilocutória de uma nova relação entre os homens), embora não possa ser reduzida a um simples mecanismo sociolinguístico.

Além dos conceitos que acabamos de rever, há dois pontos que condicionam o desenvolvimento dessa problemática. O primeiro, já anunciado antes, diz respeito ao caráter original do "jogo de linguagem" ritual, originalidade ligada especialmente à sua modalidade ilocutória. Ligado igualmente a essa modalidade particular, o segundo refere-se à eficácia simbólica: ela deve ser analisada como "expressão", isto é, como "operação" inseparável da "revelação" que aí se efetua. Portanto, desenvolveremos inicialmente esses dois pontos.

1. Linguagem da fé e linguagem da liturgia como "jogos de linguagem" específicos

A presente reflexão se apoia nos trabalhos realizados por J. Ladrière seguindo a teoria da *pluralidade dos jogos de linguagem* de L. Wittgenstein. Segundo este último, a prática da linguagem se efetua cada vez segundo uma modalidade concreta comparável a um jogo. Quem diz jogo diz regras. Essas regras são convencionais, mas, como vimos, nenhum grupo nem indivíduo jamais pôde ser o autor delas: a origem da linguagem escapa sempre. Neste sentido, as regras que constituem a linguagem como jogo e cada jogo de linguagem não são arbitrários: cada jogo é a expressão de uma *"forma de vida"*[16]. Constitui, assim, um sistema de comunicação completo em si mesmo, inseparável do *contexto* ao qual dá "forma": "Determina, pela forma particular que toma num contexto determinado, a qualidade própria que caracteriza certa forma da experiência"[17].

Desde então, "o sentido de uma expressão depende do contexto, isto é, das condições de seu uso. Não há uma utilização única da língua. E, portanto, não há uma única espécie de sentido, nem uma só espécie de critério de sentido. Particularmente, não há senão a linguagem científica e não se poderia reduzir uma teoria do sentido ao que é indicado pela prática científica" (1, p. 93). Linguagem científica, linguagem filosófica, linguagem poética, linguagem religiosa... *não podem se "traduzir" uma pela outra*. E, no interior da linguagem religiosa, jamais a linguagem ritual, por exemplo, como linguagem simbólica originária da experiência religiosa, poderá ser traduzida pela linguagem reflexiva secundária, com seu necessário aparato conceitual, que é o discurso teológico como tal — por mais necessária que seja esta reprise especulativa como esforço de autocompreensão requerido pela dinâmica do desenvolvimento da fé (II, p. 169-194).

a. A linguagem da fé

Como sublinha J. Ladrière, existe um "jogo de linguagem" tão particular da fé que é intraduzível noutra linguagem: "Há na linguagem da fé uma modalidade específica de significação", a qual "deve ser posta em evidência no que tem de específico"; é preciso também "deixar a fé falar em sua própria linguagem para compreender como ela fala" (I, p. 235-236).

O jogo de linguagem próprio da fé tem a característica, entre outros traços certamente, de que é *autoimplicativo*. É dizer que a dimensão *ilocutória* é aí predominante. Não é certamente o único tipo de linguagem que

---

16. GRANGER, G. G., art. "Wittgenstein", in: *Enc. Univ.* 16, 1968, 998. Em Wittgenstein, essa fórmula "não tem conotação alguma existencial afetiva: os sentimentos que podem acompanhar um jogo de linguagem devem ser vistos como secundários em relação ao mesmo, como uma interpretação possível. O jogo de linguagem é forma de vida no sentido de que ele se insere num comportamento total de comunicação e que a significação dos símbolos é relativa nesta totalidade".

17. LADRIÈRE, J., *L'articulation du sens*, t. 1, *Discours scientifique et parole et foi*; t. 2, *Les langages de la foi*, Cerf, 1984. Cit., I, 10. É a esta obra que remetem as notas no texto.

tem essa propriedade. Toda linguagem, como vimos, participa dessa dimensão em algum grau, uma vez que é impossível falar de qualquer coisa sem *nos* dizer, embora seja apenas nos silêncios de nosso discurso (*supra*). O que caracteriza a linguagem da fé é que está constituída pelo predomínio da autoimplicação. Portanto, só acontece de acordo com uma modalidade ilocutória. Ao tornar efetivas as atitudes de adesão, de confiança, de compromisso etc., que expressam, há alguma coisa de "performativo" (I, p. 230).

Com efeito, o locutor *toma* aí necessariamente *posição*, sob a forma de consentimento ou de proclamação, em relação aos enunciados que relata, tais como "Deus é luz", "Jesus é o Cristo", "esse pão é o corpo de Cristo", "o batismo é a remissão dos pecados" etc. Ao dizer "creio em Deus", observa A. Vergote, o crente "dá uma forma expressiva à sua atitude para com Deus e realiza, ao mesmo tempo, essa atitude ao assumi-la e ao confirmá-la para si mesmo e diante de Deus" (assim como diante dos outros); "em outros termos, seu enunciado é expressivo e performativo"[18].

Então, a realidade sustentada pelas funções referencial e predicativa dos enunciados da fé não pode ser separada deles porque esses enunciados são autoimplicativos por essência — embora permaneça irredutível a eles e seja precisamente expressa como tal. "Além de, escreve J. Ladrière, a linguagem da fé não ter uma função explicativa (em relação à experiência perceptiva), somente ela é que *torna presente* as realidades das quais fala. Aquilo do que fala é o mesmo que nela opera", e isso se realiza "na expressão que põe em prática" (I, p. 232-233). Dizer que "Deus é Pai" ou que "Jesus é Cristo" somente pode se manter se, *ao* formular esses enunciados, eu me identifico e me apresento de alguma maneira como filho para Deus e como discípulo de Jesus Cristo. A realidade expressa no enunciado da fé, a saber, aqui, a paternidade de Deus e a "dimensão crística" de Jesus, advém *do fato* de que os homens tomam posição a seu respeito sustentando-a: ao lhe dizer, dão a Deus um corpo de filho e a Cristo um corpo de membro-irmão. Cristo não pode estar vivo se ninguém o invoca: sua ressurreição é inseparável do testemunho que os homens — aqueles que formam a Igreja, em primeiro lugar — dão dele. Certamente, não é a fé que faz Deus como Pai ou Jesus como Senhor. Mas a identidade de Deus como Pai ou de Jesus como Cristo e Senhor seria reduzida a nada se ninguém a nomeasse ao confessá-la e não se reconhecesse *ao mesmo tempo* como filho para Deus e como discípulo de Jesus. A linguagem da fé é reveladora da identidade de Deus como Pai e de nós como filhos e irmãos,

---

18. VERGOTE, A., *Religion, foi, incroyance*, op. cit., 258.

e *ao* revelar essa identidade, dá uma efetividade à paternidade de Deus, assim como à nossa filiação e fraternidade.

b. A linguagem litúrgica

O que acabamos de dizer vale para os diferentes "jogos" nos quais se diversifica a linguagem da fé: linguagem teológica, linguagem da experiência mística, linguagem fundadora das origens em sua forma de relato ou em sua forma de kerygma, linguagem ritual etc. Mas é claro que, quanto mais o jogo de linguagem é de forma atestatária, mais aparece a modalidade autoimplicativa da linguagem da fé. É o caso em particular da linguagem litúrgica.

— A modalidade ilocutória da linguagem litúrgica

O "jogo de linguagem" próprio dos sacramentos é caracterizado prioritariamente por sua essência ritual. Dizemos: "essência". A ritualidade não é um simples hábito festivo que viria revestir uma linguagem teológica de tipo discursivo; ela é, pelo contrário, constitutiva dos enunciados litúrgicos como tais. Não é somente um contexto ao redor do texto, mas o texto do texto, o "*pretexto*" essencial do próprio texto. De essência "-úrgica", a finalidade dos textos rituais (textos feitos também de gestos, posturas, deslocamentos, lugares, objetos, músicas, elementos decorativos… como enunciados orais) é pragmática: não procuram nem formular um discurso de saber ou hipóteses teológicas, nem tematizar regras de ética, nem transmitir informações. É a operatividade que os caracteriza, até o ponto em que as formulações verbais não atuam como simples comentários de uma ação que lhes seria exterior, mas como *ações* simbólicas em si mesmas. Que expresse um louvor, uma crença, um pedido, um desejo, uma confissão…, a liturgia, portanto, sempre depende de um tipo de linguagem particular cuja unidade parece assegurada, entre outras coisas, por sua *modalidade ilocutória*. É sempre a instauração de uma nova relação de lugar entre a comunidade de Deus que ela busca e pretende efetuar. E é sempre, ao mesmo tempo, a instauração ou a restauração da coesão dos membros do grupo, de sua reconciliação, de sua comunhão numa mesma identidade que está em jogo no ato da linguagem ritual: não tem em vista tematizar discursivamente os critérios da comunidade, mas *constituí-la* ao enunciá-la. O "nós" dito no presente, característico da oração litúrgica cristã quando é expressa pelo sacerdote (este age, então, como um portador do "capital simbólico" da assembleia da Igreja), funciona verdadeiramente como operador ilocutório da comunidade.

— A performatividade das fórmulas sacramentais

O caráter altamente performativo do que se chama, no sentido estrito, as *"fórmulas sacramentais"* se inscreve nesta lógica. Isso é evidente para o "eu te batizo", em que o gesto visibiliza a essência operatória de uma fórmula que se quer eminentemente *ato* de linguagem. Isso não é menos verdadeiro para o corretamente chamado "relato da instituição". Certamente, nenhuma marca linguística manifesta o seu caráter performativo. Enquanto relato, na terceira pessoa e no passado, não se apresenta como discurso. Mas a análise que propusemos mostrou que o que se apresenta do ponto de vista literário como o oposto do discurso e do performativo funciona de fato, em razão de seu pretexto litúrgico, como um ato de linguagem em que a Igreja está de tal modo referida e "implicada" que ela "executa" (no duplo sentido do termo) o relato para assumi-lo como discurso do Senhor Jesus.

Vigas mestras da estrutura arquitetônica das celebrações cristãs, as "fórmulas sacramentais", com seu caráter tão eminentemente performativo que o gesto se junta à palavra para manifestar sua visão operatória, são os símbolos nos quais é *depositada a dimensão ilocutória do conjunto da linguagem ritual, e, além desta, da linguagem da fé*. Com frequência, mediante o portador oficial de seu capital simbólico que é o ministro ordenado, a Igreja se compromete toda com o "sacramento" de Jesus Cristo, isto é, ao mesmo tempo como instituição e como "mistério". É sua identidade que está em jogo ao proclamar simbolicamente o que ela é e o que ela está para ser. No nível da linguagem, temos aí *a mais expressiva exibição de sua essência e de sua verdade*.

2. A eficácia simbólica dos sacramentos. Exemplo: o sacramento da reconciliação

O desenvolvimento anterior dá a compreender que não podemos dizer nada da realidade da "graça sacramental" fora da expressão litúrgica (o *sacramentum*) que a Igreja realiza em suas celebrações. Por isso, antes de chegar à graça em si, é preciso que elucidemos a questão da expressão operante, uma vez que é segundo esta modalidade concreta que a Igreja fala quando celebra os sacramentos.

Agora temos boas referências para tal elucidação. [1º] A referência da *"expressão"* de linguagem: ela é operante, porque é expressando-se (o que requer uma exteriorização) que se efetua a diferença interior que constitui o sujeito. "Ato que é por si mesmo seu próprio resultado", como dissemos, a expressão "é a própria carne da intenção que nasce *ao* tomar a forma significante". A expressão faz o que ela significa, a saber, o sujeito no mais real de sua relação consigo mesmo, com os demais, com o mundo, com Deus. [2º] É isso o que ocorre na dimensão *ilocutória* da linguagem e que se manifesta explicitamente nos performativos. [3º] É igualmente conforme essa problemática fundamental que falamos do *símbolo*: a realidade humana de aliança entre sujeitos que ele expressa, ele a efetua ao expressar. (O matrimônio poderia nos fornecer uma expressão exemplar.)

Essa problemática nos permite *sair do duplo impasse ontoteológico* examinado anteriormente. Os sacramentos não são instrumentos de *produção* da graça, uma vez que sua operação, de ordem simbólica, é inseparável da revelação que eles efetuam. Tampouco são simples instrumentos de *tradução* da graça já presente, uma vez que a revelação da graça que realizam é inseparável de um trabalho simbólico, sempre renovado, no interior do sujeito como crente. O esquema de "caráter interno" da tradução não vale mais do que o de "caráter externo" da produção. Ele substitui, segundo uma via "nominalista", o imperialismo do sujeito — que se crê senhor do sentido e de suas experiências interiores — em substituição do imperialismo da coisa que o precedente impunha pela via "realista".

a. *Os sacramentos como reveladores (enquanto operadores)*

Que os sacramentos sejam reveladores que dão simbolicamente a ver o que identifica a existência humana anterior a eles como existência cristã, que eles manifestam, por consequência, o já presente da graça na experiência de fé, que tenham assim uma função expressiva de *resposta* ao que Deus fez e de *reconhecimento* pelo que fez, tudo isso, não somente não o negamos, mas o requeremos. Nós o requeremos prioritariamente em razão do que a Igreja expressa em sua celebração. Tomemos o exemplo da celebração do *sacramento da reconciliação*. Ela se articula em quatro grandes momentos:

[1º] Em primeiro lugar, o momento "*Igreja*". "Acolher-se mutuamente" como diz o ritual francês, ou fazer Igreja, é manifestar pelo menos duas coisas: de uma parte, como todo sacramento, trata-se de um acontecimento de Igreja; é no seio da eclesialidade manifestada pelo "nós" linguístico que percorre toda ação litúrgica que cada um é referido pessoalmente pelo perdão de Deus. A reconciliação tem lugar *como Igreja*, assim como o explicitam claramente os *Praenotanda* do ritual francês, porque ela é "mais do que a soma das conversões individuais. É a Igreja como corpo que é provocada a mudar de rosto e de comportamento"[19]. De outra parte, isso manifesta que "a penitência comporta também a reconciliação com os irmãos aos quais o pecado prejudicou"; os penitentes são assim reconciliados com Deus "ao mesmo tempo", que o são "*com a Igreja* que seu pecado feriu"[20], como especifica esse ritual. K. Rahner há muito tempo lembrou esta "verdade esquecida" que a reconciliação com Deus (*res sacramenti*) é mediatizada pela reconciliação com a Igreja (a *pax ecclesiae* como *res et sacramentum*): isso, como sabemos, sobressaía claramente no sistema antigo da reconciliação (cf. *infra*)[21]. Acrescentamos que esse momento "Igreja" não se limita, seguramente, ao início da celebração. Constitui antes uma dimensão que a atravessa inteiramente. Por outra parte, desdobra-se de maneira importante no primeiro elemento do momento "sacramento", como veremos.

O que manifesta esta dimensão eclesial dos sacramentos em relação àquilo que viveu anteriormente o pecador? Em primeiro lugar, atesta que o "*contra Deus*", constitutivo formal do pecado, não pode nunca ser desligado do "*contra os demais*" (e "contra si mesmo") que é o constitutivo "material". A matéria-prima do pecado não é outra senão a da falta, ainda que o pecado requeira uma leitura teologal da falta moral (cf. o momento "palavra" *infra*). A mediação eclesial da relação com Deus no sacramento manifesta assim o peso humano essencial do pecado: atinge Deus não diretamente em si mesmo, mas em sua aliança; ele o fere ao ferir os demais (e assim o sujeito pecador) no mais humano de sua humanidade. Não se é jamais cristão senão como membro da aliança. Pecar contra Deus é sempre, desde então, de alguma maneira, pecar *contra a Igreja*. A eclesialidade do sacramento manifesta, ao mesmo tempo, que a graça do perdão recebida pelo pecador em seu ato de arrependimento mais pessoal é irredutível a uma questão individual: ela é mediatizada pela Igreja e, como sublinhou Santo Tomás ao tratar da contrição e dos outros atos do penitente como "partes integrais" do sacramento (III, q. 90), ela está assim tecida de sacramentalidade. Como toda graça, a da conversão, tão íntima e pessoal seja ela, tem uma *dimensão eclesial* e uma *polaridade sacramental*. O sacramento é assim o revelador da dimensão humana e eclesial do pecado e do perdão.

---

19. *Célebrer la pénitence et la réconciliation. Le nouveau rituel*, Chalet-Tardy, Orientations doctrinales et pastorales, n. 8, 1978; cf. n. 13.
20. Ibidem, n. 7 e 8.
21. Rahner, K., "Vérités oubliéss concernant le sacrement de pénitence", in: Écrits théologiques, t. 2, DDB, 1960, 149-194, especialmente 188-192.

[2º] Em seguida, o momento *"palavra"* (leituras, homilia, exame de consciência). Que a leitura das Escrituras como Palavra de Deus *preceda* o "exame de consciência" manifesta estruturalmente que somente podemos confessar nosso pecado, confessando "ao mesmo tempo" o amor de Deus, segundo a expressão do ritual. *Confessio peccati, confessio laudis*, dizia Santo Agostinho seguindo o Salmo 51,19. A Igreja não crê no pecado, mas no perdão dos pecados. De modo que ninguém se descobre pecador se não é *pecador perdoado*. É a graça do perdão sempre oferecida que revela o pecado, como foi no braço de seu pai que o filho pródigo descobriu a verdadeira dimensão de seu pecado. *O felix culpa!* Canta a Igreja na vigília pascal: a superabundância da graça no Novo Adão é reveladora da abundância do pecado no primeiro Adão (Rm 5). A instância última do juízo do pecado não é, portanto, a nossa consciência, por mais necessária que ela seja — "a minha consciência não me repreende em nada, mas não é isso que me justifica" (1Cor 4,4) —, mas a palavra de graça e de misericórdia oferecida em Jesus. O pecado finalmente somente é revelado como *eliminado*. O "exame de consciência" torna-se assim confissão de louvor ao mesmo tempo em que confissão do pecado a Deus.

Esse segundo momento do sacramento manifesta ao pecador que ele somente pôde, em sua vida anterior, reconhecer sua falta como pecado se ele se deixou interpelar *teologalmente*, de uma maneira ou de outra, pela palavra de misericórdia e que seu eventual remorso somente pôde se tornar arrependimento "cristão" diante do perdão de Deus sempre oferecido em Cristo, "até setenta vezes sete vezes". Em outras palavras, esta dimensão do sacramento é reveladora de como a vivência anterior do pecador penitente transformou-se em uma vivência autenticamente "cristã".

[3º] Em terceiro lugar, o momento *"sacramento"*. Ele comporta três elementos.

— Uma expressão sacramental *comunitária* que consiste, de uma parte, em uma oração comum de confissão e, de outra parte, em uma atitude comum em relação ao ministro do perdão. Este ponto é importante: manifesta, como o diz a introdução do ritual, que "a Igreja inteira, enquanto povo sacerdotal, [...] intercede pelos pecadores"; assim, "quando os ministros do sacramento perdoam em nome de Deus, exercem sua função *no coração de uma ação da Igreja da qual são os servidores*"[22]. Por outro lado, os padres eram perfeitamente explícitos neste ponto, compreendendo constantemente o ministério de reconciliação exercido pelo bispo como a expressão da oração

---

22. *Nouveau rituel*, Orientations doctrinales et pastorales, n. 20.

de súplica dirigida pela *ecclesia* a Deus[23]. Daí o tema agostiniano da Igreja (a igreja local, em sua comunhão com as outras igrejas) como "pedra" ou como "pomba" que ata e desata, retém ou perdoa[24]. Em suma, a comunidade celebrante, como realização concreta da *Ecclesia*, não é somente recebedora do perdão; ela desempenha um *papel "ministerial"* ativo na reconciliação. É *pela Igreja* que se é reconciliado com Deus.

— No centro desta expressão sacramental da Igreja acontece um segundo momento sacramental: a atitude *pessoal* para com o ministro do sacramento, atitude que termina normalmente na confissão verbal dos pecados. Esta exteriorização manifesta sacramentalmente que toda conversão a Deus deve passar do coração aos atos.

— A esta atitude responde o momento sacramental no sentido estrito em que o *ministro*, agindo como servidor da ação da Igreja, como portador do "capital simbólico" desta, pronuncia a palavra do perdão. Se o Concílio de Trento afirmou que esta era "como um juízo", é em primeiro lugar para manifestar que o que diz o sacerdote, enquanto representante autorizado da Igreja e em nome de Deus, se efetua *performativamente*, na maneira de

---

23. "É enquanto toda a assembleia reza pelo pecador" que o bispo, segundo a *Didascália dos Apóstolos* (II, 12), lhe impõe as mãos (37); é ao encarregar "que todos os irmãos sejam seus intercessores para alcançar o seu perdão", segundo Tertuliano (*De Paen*, 9), ou ainda segundo Ambrósio, ao pedir-lhe "com as lágrimas de todo povo", e procurando "o patrocínio do povo santo para que interceda em seu favor" para que o pecador seja reconciliado (39) (*De Paen*, I, 89 et II, 91, tradução francesa R. Gryson, SC 179).

Cf. o "auge" da oração de absolvição segundo *Const. Apost.* VIII, 9: "Entregai esses penitentes à vossa santa Igreja". Analisando estes textos e alguns outros representativos da tradição siríaca, E. P. Siman conclui: "É sempre a comunidade eclesial que ora pelo penitente e que o integra em sua comunhão", mesmo na penitência privada — aliás, desconhecida do ramo siríaco oriental (nestoriano) e da qual somente se pode falar no ramo ocidental "a partir da segunda metade do século XII" (*L'expérience de l'Esprit par l'Église d'après la tradition syrienne d'Antioche*, Beauchesne, 1971, 110-118; cit., 118 e 117).

24. Tema importante em Agostinho: Pedro (Mt 16,16-19) como *tipo* do confessante = Igreja = a Pomba do Espírito Santo que, como agente da santidade e da unidade da Igreja, perdoa os pecados. Daí esses propósitos dirigidos pelo bispo de Hipona aos fiéis: "Vós também vos atais, vós também vos desatais. Com efeito, aquele que está atado é separado de vossa comunidade, e uma vez que está separado de vossa comunidade, está ligado por vós. Quando é reconciliado, é desatado por vós, porque vós também, vós orai por ele" (*Sermo* [Guelf] 16,2). "Estas chaves não foram recebidas por um único homem, mas a Igreja em sua unidade foi quem as recebeu [...]. A Pomba ata, a Pomba desata: o edifício construído sobre a pedra ata e desata" (*Sermo* 295,2). E a propósito de João 20,22-23: "Se os apóstolos representavam a Igreja em suas pessoas, é a paz da Igreja que perdoa os pecados, e o afastamento da paz da Igreja retém os pecados [...] A pedra retém, a pedra perdoa; a Pomba retém, a Pomba perdoa" (*De Bapt. c. Don* III, 18, 23). Cf. LA BONNARDIÈRE, A. M., "*Tu est Petrus*". La péricope de Mt 16,12-23 dans l'oeuvre de Saint Augustin, "*Irenikon*" 34, 1961, 451-499.

uma palavra de juízo que absolve ou condena o acusado pelo simples fato de que é pronunciada por uma pessoa legítima e conforme um procedimento legítimo. A comparação para aí. Ela reside, portanto, essencialmente, na performatividade do ato de linguagem em questão.

Deixando de lado a dimensão eclesial desse momento "sacramento", do qual falamos, detenhamo-nos em seu cume: o perdão de Deus. O sacramento manifesta aqui que ninguém é proprietário do perdão. Ninguém que não tenha sido beneficiado com o perdão pode perdoar. O perdoador somente pode agir como testemunha de uma palavra que vem de outro lugar. Perdoador e perdoado estão, assim, juntos, embora numa posição diferente, certamente, *sob a instância terceira* de um perdão que vem de outra parte, de um "*lugar vacante*" que é só de Deus[25]. É precisamente desse lugar vacante que o sacerdote, no sacramento, é a testemunha simbólica. Deste ponto de vista, a atitude sacramental diante da Igreja e de seu ministro não faz senão exibir a atitude de petição de perdão feita àquele que tínhamos ferido: manifesta, pela função simbólica supracitada exercida pelo sacerdote, o que então se passou; expressa e, ao expressá-la, ao convertê-la em linguagem do corpo e da palavra, a realiza. Exibe assim a essência do perdão.

[4º] O momento "*ação de graças*" e "*ético*" termina a celebração: momento de reconhecimento para com Deus pelo perdão recebido. *Laus Dei, ipse cantator*, dizia ainda Agostinho. Por isso o louvor de reconhecimento para com Deus pede que se verifique no "contradom" da prática concreta para com os outros a reconciliação, a justiça e a misericórdia. O sacramento somente chega à sua verdade quando nos tornamos o que celebramos e recebemos.

Este último momento manifesta que todo arrependimento autêntico leva em si, como um de seus constituintes internos, um voto de mudança de vida. Sem esse voto, seria apenas um simulacro.

O fato, massivamente afirmado pela escolástica, de que um pecador é perdoado por Deus em seu movimento de arrependimento, portanto, bem antes do próprio sacramento, é perfeitamente coerente com a perspectiva que acabamos de desenvolver. O sacramento é a manifestação simbólica

---

25. "Não se pode dar o perdão sem ser atravessado por ele como por uma palavra que, para operar uma regeneração, corta totalmente o que dificultaria a abertura ao futuro. Tudo se passa como se o perdão viesse de um lugar que não pode ser ocupado nem por um nem pelo outro; um lugar vacante que torna possível a circulação dessa palavra eficaz" (BALLEYDIER, M., "Essai sur le pardon", in: CHAUVET, L.-M.; BALLEYDIER, M. e DENIAU, F. *L'Aveu et le pardon*, Chalet, 1979, 65).

dos elementos que constituem o arrepender-se como propriamente cristão e, assim, como lugar do perdão de Deus. Mas o arrepender-se não está propriamente desligado do sacramento: ele é uma "parte integral" (Santo Tomás). A celebração sacramental manifesta assim que o ato de conversão mais pessoal e mais "interior" somente pode "acontecer" na Igreja, e que está *desde sempre estruturado pelo eclesial e sacramental*. Porque tal é a estrutura da nova aliança que só há graça, a começar pela da conversão ou da fé, na mediação (atual ou virtual) da sacramentalidade da Igreja. É próprio da natureza da conversão a Cristo ser *originariamente atravessada de eclesialidade* (pois não é jamais enquanto simples indivíduo que se converte a ele, mas enquanto membro dele, efetivo ou em potência) e *voltada para a sacramentalidade*. Isso não implica evidentemente que todo acontecimento de conversão — nem de direito, nem de fato — deva necessariamente terminar numa atitude sacramental: múltiplos obstáculos psicológicos, sociais, históricos, culturais... podem aqui interferir. Mas isso implica que é em sua expressão sacramental que a conversão *exibe sua essência* e alcança sua verdade.

O sacramento age assim como o *revelador* que dá simbolicamente a ver o que transformou a existência humana anterior numa existência propriamente cristã. Numa lógica racionalista em que a vida de fé e ritos sacramentais são postos em concorrência, chega-se fatalmente à questão: "Para que serve o sacramento, se já estou perdoado?" — quando não se chega a representar o sacramento como tanto mais "útil" e "eficaz" quanto menos nos convertemos na vida concreta! Na ordem simbólica, o sacramento da reconciliação manifesta pelo contrário tanto melhor sua função quanto dá corpo à conversão anterior. Um sacramento que não fosse revelador do já-aí da graça estaria muito próximo da "magia". Só que essa função de revelador é possível apenas *enquanto* o sacramento é operador.

b. *Os sacramentos como operadores*
   (enquanto reveladores)

Ainda aqui, digamos claramente, se afirmamos a operatividade dos sacramentos, não é por razões *a priori* e abstratas, mas pela razão da prática tradicional da Igreja. A simples consideração da liturgia de um batismo, de uma eucaristia, ou de um sacramento da reconciliação atesta, com efeito, sem rodeios, a pretensão da Igreja de *efetuar* o que os ritos expressam. Esta pretensão de operatividade pertence ao próprio *sacramentum*. Levar a sério esse *sacramentum* é indispensável: a sacramentária nada pode dizer sobre a *res* que proclama a fé se não for a partir do ato da celebração. Ora, trata-se de um ato ritual, cuja especificidade já dissemos. Assim como a metáfora não pode traduzir-se numa linguagem explicativa, assim como o ato ilocutório no qual um sujeito toma posição *hic et nunc* a respeito de outrem a propósito de um enunciado não pode ser transposto numa linguagem constatativa, a linguagem religiosa, especialmente ritual, em que os sujeitos assumem posição em relação a Deus e aos demais sobre o que eles enunciam, não pode ser traduzida numa linguagem teórica. Isso significa que *levar a sério o sacramento como mediação incontornável de todo discurso sacramentário* é como levar a sério a especificidade do ato de linguagem ilocutório-performativo-ritual que o constitui. Sem isso, não saberíamos mais do que falamos ao dizer "sacramento". A "não sacramentária" em que desemboca K. Barth é, em nossa opinião, o efeito (por razões que excedem, aliás, esta questão) desse desconhecimento do *sacramentum*. Em outras palavras, recusar a operatividade dos sacramentos como "acontecimentos de graça" (no sentido que especificaremos) não nos parece sustentável se não se muda o próprio *sacramentum* por seus momentos expressivos (palavras e gestos) principais.

É necessário, no entanto, acrescentar, em seguida, a mesma prática litúrgica que nos atesta que o operador sacramental não sai nunca da expressão simbólica: é *enquanto* revelador que ele pode exercer suas funções de operador. Esse "enquanto" é evidentemente principal: ao atuar somente por modo simbólico de expressão reveladora, o operador sacramental não pode se assemelhar (nem analogicamente, em nossa opinião) a um instrumento; e seu efeito não pode ser um produto acabado. O que se efetua não é de ordem física, nem moral, nem metafísica, mas simbólica. Esse simbolismo, como já dissemos, é o mais "real". Assim, a morte-regeneração com Cristo no batismo é simbólica. Ela não é uma "realidade" escondida atrás ou embaixo do ato de linguagem verbo-ritual que a expressa metaforicamente. Mas tampouco é um simples "como se" — a comparação não é metáfora nem símbolo — que dissolveria a realidade num simbolismo vaporoso. Ela é, segundo a fé certamente, comunhão do crente com Cristo em sua morte/ressurreição. Comunhão *in sacramento*, isto é, sua realidade não é separável da expressão simbólica que lhe dá forma, embora não seja reduzível a esta forma. Todo o problema aqui, como vemos, reside na maneira como se pensa a *realidade*: ela não é da ordem dos entes-subsistentes, mas da ordem do advento permanente dos sujeitos como crentes.

Este é o ponto que nos toca agora explicitar, evocando a "graça sacramental". Nós o faremos na esteira do que anunciamos no capítulo 4: irredutível a toda efetuação simbólica intralinguística, a graça dos sacramentos somente pode ser pensada nesta perspectiva.

3. A graça sacramental

a. Na esteira da intralinguística

Vimos que a eficácia simbólica das expressões religiosas rituais é tal que nelas se realiza uma instauração ou uma restauração da *relação social* entre os membros do grupo *em nome do Terceiro ausente* que os reúne — o Antepassado, o Deus, a Lei... —, o que confere a este processo de reconhecimento mútuo e distribuição (ou redistribuição) de lugares sem caráter "sagrado". Ilustramos essa evocação de ordem geral a partir do exemplo do *batismo*. Nós o consideraremos num primeiro tempo num plano estritamente sociolinguístico, antes de pensá-lo, em seguida, no plano propriamente teológico.

— O batismo: ponto de vista sociolinguístico

A enunciação ritual da fórmula "Eu te batizo em nome do Pai e do Filho e do Espírito Santo" constitui um ato de linguagem eminentemente performativo. Proferido por uma autoridade legítima (normalmente, um ministro ordenado) que age em conformidade com as prescrições que condicionam para todos a validade social do rito e que asseguram o consentimento do grupo, este ato de linguagem, como em todo rito de passagem ou todo rito de instituição, "consagra uma diferença" segundo a expressão de P. Bourdieu; ele a "faz conhecer e reconhecer", e assim "a faz existir enquanto diferença social". A eficácia simbólica é "plenamente real no que transforma *realmente* a pessoa consagrada: primeiro porque transforma a representação que dela se fazem *os outros* agentes [...] e depois porque transforma ao mesmo tempo a representação que a pessoa investida se faz de *si mesma* e os comportamentos que se crê obrigada a adotar para se conformar a essa representação". Tanto assim que "o indicativo nesse caso é um imperativo [...] 'Torna-te o que tu és'. Esta é a fórmula que subentende a magia performativa de todos os atos de instituição"[26]. Aos olhos de todos, o batizado é realmente distinto do que era antes. A eficácia simbólica do rito reside em sua *mudança de estatuto* e, já que o descritivo atua aqui como prescritivo, no dever que lhe é "significado" de *se conformar*

---

26. BOURDIEU, P., *Ce que parler veut dire*, op. cit., 124-127.

doravante a este novo estatuto. O ritual efetua performativamente a passagem do fora-Igreja ao grupo-Igreja. Todos reconhecem o neófito como um dos seus. E todos podem interpretar esta pertença, em conformidade com a doutrina oficial e qualquer que seja a sua adesão pessoal pela fé a esta doutrina, como filiação para com Deus nomeado Pai — Pai de Jesus, o Filho — e como fraternidade nova no seio da comum aliança da qual é doravante proclamado solidário.

— O batismo: ponto de vista teológico

Se a graça batismal não pode ser *teologicamente* reduzida à eficácia simbólica dos atos de linguagem, no entanto, continua a pensar nesta perspectiva. A relação nova com Deus que o batismo instaura é, com efeito, inseparável de uma nova relação de aliança entre os homens. O outro ausente-presente, a terceira testemunha em cujo nome crê o "nós" comum desta nova aliança que é a Igreja, tem por nome Jesus Cristo. Ao mergulhar os homens em sua morte para os fazer passar com ele para uma vida nova (Rm 6), o batismo instaura entre eles uma relação de *fraternidade* fundamentada numa relação de *filiação* nele, o Filho, pelo Espírito.

Os dois aspectos estão profundamente ligados em Paulo. Ao revestir o mesmo Cristo pelo batismo, os cristãos se tornam, com efeito, membros deste "único homem novo" e deste "único corpo" que Cristo formou ao dar sua vida para que seja destruído "o muro de separação" que divide a humanidade (para Paulo, o judeu e o grego) (Ef 2,14-16). Ora, pelo batismo, é este "homem novo" que aparece segundo Paulo. Nós morremos aí para o "velho homem" (o velho "Adão" coletivo, o que está submetido ao reino do pecado) para nos revestir do "homem Novo" (o novo "Adão" coletivo do qual Cristo representa a "personalidade corporativa"). Nele, as barreiras edificadas pela Lei entre as duas grandes partes da humanidade estão escatologicamente abolidas: segundo a raça (judeu e grego), segundo o estatuto social (o escravo e o homem livre), segundo a diferença humana mais fundamental — a diferença sexual (homem e mulher). É significativo que Paulo, por três vezes, exiba esse simbolismo batismal (1Cor 12,13; Gl 3,26-28; Cl 3,9-11): a passagem batismal do estatuto de "escravos" para aquele de "*filhos*", graças ao "Espírito do Filho" que Deus enviou em nossos corações e que nos permite clamar "Abbá, Pai!" (Gl 4,6-7), coincide com a passagem para a *fraternidade* em nome desse mesmo Filho.

Ademais, essa dupla mudança e simultaneidade de relação com Deus e com os demais é efetuada no batismo de maneira *programática*. Porque escatológica, com efeito, há de se realizar em uma ética. A graça é dada como uma tarefa a cumprir. Por isso, especialmente em Paulo, o indicativo "*dogmático*" do "vós estais mortos para o pecado com Cristo" se conjuga com o *imperativo ético* do "morrais, portanto" (Rm 6,11-12; Cl 3,3-5). A graça batismal designa assim o permanente trabalho simbólico de conversão de nós mesmos no qual, pelo Espírito, acontece nosso advento de sujeitos crentes. Ela está relacionada a essa "*perlaboração*" dolorosa do campo de nosso desejo que nos restaura pouco a pouco à imagem de Cristo e nos faz diferentes. Essa re-criação batismal no Novo Adão se apresenta mais exatamente como o inverso da "des-criação" original no antigo Adão: de escravo invejoso de um Deus representado perversamente como um amo todo-poderoso, ciumento de seus privilégios (assim como insinua a serpente de Gn 3,1-5), nosso desejo se transforma em filial reconhecimento do Pai; e simultaneamente — uma vez que o mito da transgressão originária manifesta que à imagem falsa de um Deus ciumento corresponde a uma imagem falsa do próximo — de violento para com o próximo, considerado imaginariamente como um rival a ser escravizado e mesmo morto (Caim e Abel, Gn 4), nosso desejo se transforma em aliança fraterna.

A passagem para essa nova condição requer que façamos um verdadeiro *trabalho de luto* — morte do homem velho —, que, no conjunto das religiões, é dado a viver conforme o simbolismo do *esquema iniciático*, por mais diversas que sejam, evidentemente, as modalidades concretas e as representações culturais. A graça batismal deve ser pensada teologicamente conforme esse trabalho iniciático de *nascimento* ou de regeneração de nós mesmos segundo o Espírito de Deus. Porque, "a não ser que nasça de cima" (primeiro sentido provável do grego *anôthen*) ou "a não ser que nasça de novo" (segundo sentido, indispensável para compreender a objeção de Nicodemus sobre a impossibilidade de "entrar uma segunda vez no seio de sua mãe"), isto é, "a não ser que nasça da água e do Espírito", "ninguém pode entrar no Reino de Deus" (Jo 3,3-5). A graça batismal nada tem de um "valor" apreensível, gerenciável ou estocável a receber. Pelo contrário, é apresentada simbolicamente como um trabalho de parto em que aprendemos a *nos* receber de Deus como filhos e, assim, dos demais como irmãos.

O diálogo de Jesus com a *Samaritana* requer que nos expressemos da mesma maneira: o dom de Deus não é qualquer coisa, por mais "espiritual" que ele seja, que viria preencher uma necessidade; é uma outra maneira de ser e de viver, que aprofunda "naquele" que bebe desta água ("a água viva do Espírito") o poço de seu desejo, e que se torna, assim, nele, "uma fonte que jorrará para a vida eterna" (Jo 4,13-15). O mesmo tipo de processo se desenvolve a propósito do alimento: como ele acaba de substituir a água empírica por uma água simbólica da qual "se pode falar", mas que não se pode "manipular", Jesus substitui em seguida com um alimento simbólico o alimento da ordem do "valor" e da utilidade, que acabam de comprar seus discípulos no povoado (vv. 8.31-38). O fato é que, do lado da Samaritana, a reversão de representação é tal que é seu desejo que se vê convertido: por necessidade, ele se reverte em pedido, de modo que Jesus, aquele que incialmente pede, se vê reconhecido e solicitado por si mesmo no fim do relato[27].

— Trabalho simbólico e graça

A graça (batismal, neste caso) nos aparece assim não como "qualquer coisa" a receber (como se fosse um "germe"), mas como um *receber-se*: receber-se de Deus como filho e dos demais como irmãos, sendo os dois aspectos simbolicamente distintos, mas ligados de maneira indissolúvel. Nós a compreendemos, portanto, como um *trabalho simbólico* que toca no mais real dos sujeitos crentes: trabalho fundamental de reestruturação de sua relação com Deus e com os demais. A violência do desejo para com um Deus representado imaginariamente como um senhor todo-poderoso, do qual seríamos os escravos, e para com os demais considerados como inimigos potenciais, está chamada a se transformar em aliança com um Deus Pai, do qual recebemos filialmente nossa existência, e com os demais, reconhecidos como irmãos a amar. Esta conversão é a tarefa fundamental exigida ao crente. É também a tarefa mais difícil para realizar, porque tanto nos habita a nostalgia de um Deus maravilhoso revestido de uma onipotência que, sendo a nossa, nos faz desejar psiquicamente permanecer como seus escravos e expiar a felicidade de existir que lhe teríamos roubado. Como o camelo, que, segundo o aforismo de Nietzsche, "quer sua boa carga", não é "do pesado, do mais pesado", que, por culpabilidade, nós ansiamos?[28] É precisamente por isso que a conversão em questão está sempre a fazer. E esta tarefa permanente de morte do "velho homem", da violência, é uma graça da qual o batismo é a expressão simbólica exemplar.

Se, portanto, o sacramento é "acontecimento de graça", não o é porque constituiria um campo no qual um tesouro-objeto estaria enterrado, mas por-

---

27. GENUYT, F., "L'entretien avec la Samaritaine, Jn 4,1-42. Analyse sémiotique", in: *Sémiotique et Bible* n. 36, 1984, 16.
28. NIETZSCHE, F., *Ainsi parlait Zarathoustra*, "Des trois métamorphoses", Gallimard, Col. "Idées", 1971, 35.

que converte simbolicamente o campo *que somos nós mesmos* e o faz assim frutuoso ao convertê-lo à *filiação* e à *fraternidade* que proclama inauguradas escatologicamente naquele que a Igreja confessa como o Filho e como nosso irmão. Compreendemos assim a "graça sacramental" na esteira da relação de lugar ou do reconhecimento que efetua a linguagem em sua modalidade ilocutória (e performativa). Assim é dada efetividade à paternidade de Deus, ao corpo de Cristo e ao templo do Espírito em nosso mundo.

b. Uma realidade ainda extralinguística

Pensar a graça sacramental na esteira da eficácia simbólica de tipo ilocutório ou performativo nos fornece um esquema de elaboração teológica que nos parece relativamente adequado ao que dissemos sobre a "graça", mas não constitui *de modo algum uma "explicação"* do mistério. Assim como a escolástica não pretendia explicar a graça sacramental pela causalidade e instrumentalidade, nós não pretendemos justificar isso. Do contrário, postularíamos uma espécie de poder mágico das palavras, segundo uma energia muito mais mecânica e "física" ainda que no esquema producionista que procuramos superar.

De outra parte, como tudo o que é de Deus, a graça é imediatamente colocada por nós como *irredutível* a toda "explicação". Sem isso, reduziríamos o teologal ao antropológico, e a teologia não seria mais do que uma espécie de variante das ciências humanas. Ora, desde que sua radical alteridade é desconhecida ou apagada, Deus nos interessa apenas como ideia cultural ou como cifra da humanidade; mas ninguém dá sua fé por uma "ideia" ou por uma "cifra"... Portanto, não se trata de reduzir a graça ao mecanismo sociolinguístico da eficácia simbólica.

Uma coisa é ser proclamado filho para Deus e irmão para os demais em Jesus Cristo, ser reconhecido como tal pelo grupo e estar assim verdadeiramente no plano *social*; outra coisa é estar no plano *teologal* da fé, da esperança e da caridade. Quem pode garantir, por exemplo, que o batizado (suposto aqui adulto) não age de maneira fictícia, por interesse — como relatam muitas discussões teológicas sobre tais casos em certas épocas da história — ou ainda movido por um desejo inconsciente de proteção contra uma culpabilidade angustiante, de expulsão do "bode expiatório" satânico, ou de imaginária inocência recuperada pela extinção de uma mancha insuportável aos olhos da impecável imagem que se fez de si mesmo? Quem pode julgar, em outros termos, a verdade de sua fé e de sua conversão? É impossível, por consequência, se pronunciar sobre a recepção efetiva do dom de Deus — recepção que, como sublinhava Agostinho a propósito do batismo, depende sempre da fé: *Accipit quisque secundum fidem suam*[29]. O rito pode ser perfeitamente eficaz no plano simbólico do estatuto novo do sujeito na Igreja, sem que, entretanto, essa eficácia intralinguística seja acompanhada da extralinguística, que concerne ao dom e à recepção da mesma graça.

4. Balanço

Tendo em conta o que precede, podemos nos perguntar o que ganhamos ao pensar a graça na esteira do efeito simbólico dos atos de linguagem ritual ao qual é, entretanto, irredutível. De fato, o ganho não nos parece pouco, e isso a partir de três perspectivas.

[a] Em primeiro lugar, no nível do discurso da *graça*, julgamos que pensá-la no registro simbólico do advento dos sujeitos é situá-la num terreno que lhe é *homogêneo* — o do não-valor —, no lugar, como a escolástica e a ontoteologia que a subentende, de ter que nos referir a um conceito que é totalmente heterogêneo como o da causalidade.

[b] Em seguida, no nível do estatuto *epistemológico* de nosso discurso, o fato de situarmos imediatamente a graça como irredutível, porque de uma ordem distinta, de tudo o que podemos dizer dela, e especialmente da eficácia simbólica dos atos de linguagem, não desqualifica, de maneira alguma, a reflexão proposta. Isso está, pelo contrário, *plenamente em conformidade* com a nossa problemática, uma vez que renunciamos taxativamente a pretender justificar as coisas.

[c] Enfim, ao propor este discurso, somente fazemos a *nossa tarefa como teólogos* — tornar pensável o que cremos. Entendo que esta inteligência é hermeneuticamente inseparável daquela que temos de nós mesmos como homens na cultura deste tempo. Como a Escritura, que já é, enquanto testemunho, uma interpretação, "a resposta da fé pertence ao mesmo conteúdo da revelação"[30]. Entre as diversas modalidades dessa resposta — a oração, o compromisso ético, a experiência litúrgica... —, a escritura teológica é, ao mesmo tempo, anamnese e profecia: "Ela somente pode atualizar o acontecimento fundador como acontecimento contemporâneo se produzir um novo texto e novas figuras históricas"[31]. É precisamente um

---

29. Santo Agostinho, *De Bapt. c. Don.* III, 15.
30. Geffré, C., *Le Christianisme au risque de l'interprétation*, op. cit., 20.
31. Ibidem, 74.

"*novo texto*", que, na fidelidade criadora da tradição eclesial que nos habita, tentamos escrever aqui. Não tentar este trabalho hermenêutico relativo à cultura que respiramos seria renunciar à nossa tarefa.

Certamente, em razão da tradição metafísica que nos habita até em nossa linguagem e, mais precisamente, até em nossa gramática, é *inevitável* que representemos a graça como um "objeto" dado a nós pelo "sujeito" Deus. Mas pensar é sempre desmascarar as evidências primeiras. Isto é verdadeiro teologicamente. Também sem cessar temos que *assumir reversamente* o esquema objetivante, bem como a relação de causalidade, de instrumentalidade e de produção que ele implica. Conscientes dos limites desse esquema, os *escolásticos* tentaram purificá-lo mediante a analogia. Era a sua maneira de manifestar que não eram prisioneiros das representações ontoteológicas fora das quais não podiam deixar de pensar. Mas, ao criticar essas representações, a doutrina da analogia consagrava sua legitimidade e instalava aí a tradição teológica: não se podia, então, pensar de outra maneira.

Julgamos, quanto a nós, que podemos hoje pensar de outra maneira ao nos situar, tanto quanto possível, *em um outro terreno* — sempre movediço — distinto da metafísica tradicional: o terreno é a ordem simbólica. Ao fazer isso, temos a convicção de *prolongar* o gesto de abertura que a grande escolástica, no que ela tem, em nossa opinião, de melhor, procurou praticar a respeito de si mesma. Mas, diferentemente da escolástica, nós não nos contentamos em pensar essa ruptura como um momento necessário no interior do quadro metafísico: tentamos pensar *a partir da própria* ruptura. Há aqui evidentemente mais do que uma nuance: é um outro pensamento teológico que procura se elaborar. Esta é, em todo caso, nossa maneira de tirar o novo a partir do antigo. Esta é a nossa maneira de nos reconhecer herdeiros de uma grande tradição: *meditar o que ela exclui e que é, entretanto, o que a torna possível*, assim como o manifesta nos passos para trás, críticos, que ela pratica a respeito de si mesma mediante seus múltiplos *quasi* ou *quomodo*. É exatamente isto o que aprendemos prioritariamente de Heidegger: todo avanço no pensamento se efetua para trás.

UM GRACIOSO "DEIXAR-SER"

Situada na ordem simbólica, a graça aparece ao mesmo tempo como *gratuita*, isto é, sempre precedente e necessitada por nada, e como *graciosa*, isto é, irredutível a toda "revisão" — portanto, a todo "valor" (conceitual, energético, moral…). A generosidade do ser de que Heidegger fala (*es gibt Sein*) não é sem eco. Homólogo, como dissemos, é o caminho para um e o outro; homóloga também, uma vez que esse caminho "que coloca tudo a caminho, coloca a caminho na medida em que fala" e que é assim "transitivo", é a atitude do sujeito nos dois casos: atitude de acolhida e de escuta para com um *impenetrável* no qual estamos já presos; atitude graciosa de "*deixar-ser*" e de "deixar-se-dizer" que nos exige fazer luto de todo domínio. O que é a graça? Nunca poderemos defini-la positivamente como um "Em-Face" que se manteria por si mesmo. Só podemos expressar o trabalho simbólico da gênese que ela efetua em nós: trabalho de permanente passagem para o "dar graças" — assim nos realizamos como filhos para Deus — e para o "viver-em-graça" — desta maneira, nos realizamos simultaneamente como irmãos para os demais —, que nos faz corresponder a esse Deus revelado em Jesus e que "outorga a graça".

QUARTA PARTE

Sacramentária e cristologia trinitária

Introdução
Do discurso sacramentário ao discurso cristológico

A maneira pela qual se compreende a ação de Deus na ação sacramental totalmente humana da Igreja remete inevitavelmente à maneira pela qual se compreende a relação de Deus com o homem, relação que, no cristianismo, está necessariamente fundada naquele que o Concílio de Calcedônia definiu como "consubstancial ao Pai segundo a divindade, consubstancial a nós segundo a humanidade", sem que entre suas duas "naturezas" haja confusão ou mudança, tampouco separação. É por isso que toda teologia digna deste nome requer *coerência* entre seu discurso sacramentário e seu discurso cristológico. Isso não significa que se poderia calcar pura e simplesmente a estrutura da Igreja ou dos sacramentos naquela do Verbo encarnado. O padre Congar mostrou "a verdade e os limites de um paralelismo entre os dois"[1]. Ainda assim, podemos prever um discurso cristológico na eclesiologia e na sacramentária que lhe são consequentes, e que a sacramentária permite, inversamente, *voltar para a cristologia*.

Por outro lado, essa volta é, de todo modo, tradicional. Para Inácio de Antioquia, o desprezo da eucaristia só é possível a partir de um docetismo cristológico[2]. Igualmente, Tertuliano, contra Marcião, pôde escrever que ele "demonstrou no Evangelho a verdade do corpo e do sangue do Senhor 'no nível cristológico' a partir do sacramento do pão e do cálice"[3]. E sa-

---

1. CONGAR, Y., *Dogme christologique et ecclésiologie. Vérité et limites d'un parallèle*, em A. Grillmeier e outros autores, *Das Konzil von Chalkedon* III, Wurzburg 1954, 239-268.
2. SANTO INÁCIO DE ANTIOQUIA, *Smyrn.* 7, 1; RM 7, 3 (SC n. 10, Cerf, 1957).
3. TERTULIANO, "Adv. Marcionem", 5, 8, 3 in: *CCSL*, t. I, 686.

bemos que, contra os gnósticos, a eucaristia aparecia para Ireneu como a verdadeira pedra de toque da ortodoxia cristológica e trinitária: "A nosso ver, nossa maneira de pensar concorda com a eucaristia, e a eucaristia, em troca, confirma nossa maneira de pensar".[4]

Em um contexto sociocultural totalmente distinto e segundo uma problemática teológica muito diferente daquela dos padres, reencontramos semelhante volta da sacramentária para a cristologia na escolástica latina a propósito de uma *quaestio* tornada então importante: a do *modo de produção da graça sacramental*. Indicamos no capítulo 1 o paralelismo entre sacramentária e soteriologia tanto no primeiro Santo Tomás do *Comentário das Sentenças* quanto no segundo Santo Tomás da *Suma Teológica*: no primeiro caso (como em São Boaventura), o sacramento desempenha, como a humanidade de Cristo, um simples papel de "disposição" à recepção da graça de salvação; no segundo caso, é uma verdadeira eficácia, subordinada à ação divina, que é reconhecida por ambos.

É essa relação entre sacramentária e cristologia que investigaremos em nossa última parte. O faremos em dois capítulos. O capítulo 12 mostrará que os sacramentos devem ser pensados não na esteira da união hipostática, como fez a escolástica, mas, sim, na da *Páscoa de Cristo*, apreendida em toda a sua extensão, isto é, a partir de sua morte (portanto, também de sua vida concreta, sem a qual a sua morte não pode ser compreendida teologicamente como "morte por nós") e de sua ressurreição, a qual inclui o dom do Espírito em Pentecostes, de onde nasce a Igreja visível e a parusia. Mostraremos que tal deslocamento é de considerável importância.

Compreendidos, nessa perspectiva, como os símbolos de Deus que continuam a se dar um corpo de mundo e de humanidade, os sacramentos nos fazem, então, questionar: de *qual Deus* falamos, portanto, para que possamos reconhecer neles o dom de sua graça? Isso porque afirmar teologicamente a "graça sacramental", isto é, a comunicação de Deus com o homem no seio da ação totalmente humana da Igreja, requer, em nossa opinião, uma subversão de nossas representações ontoteológicas "simples" de Deus. É precisamente um pensar sobre Deus, a partir da Cruz, como humano em sua divindade, que o capítulo 13 tentará elaborar.

Assim, acreditamos que o nosso trabalho encontrará sua *unidade*. Que a nossa condição de cristãos seja estruturada por atos rituais nos quais a Igreja reconhece acontecimentos de graça; nós os temos considerado como um dado recebido por nós da tradição eclesial. Qual *intellectus fidei* pode-

---

[4]. Santo Ireneu, *Adv. Haer.* IV, 18, 5 (SC n. 100, op. cit.).

mos dar disso? A elucidação dessa questão fundamental requer, como dissemos, que cruzemos dois eixos principais: o *eixo do simbólico*, que nos permite um novo pensar sobre o homem; e, em coerência com o primeiro, o *eixo de uma cristologia trinitária*, que nos abre para um novo pensar sobre Deus. É a este último ponto que se interessa a nossa quarta parte.

Capítulo 12
Os sacramentos da nova Páscoa

O presente capítulo tem em vista mostrar que a relação entre Deus e homem nos sacramentos deve ser compreendida, a princípio, não a partir da união hipostática, como fez a teologia escolástica (I), mas a partir da Páscoa de Cristo (II). Avaliaremos as consequências desse deslocamento.

I. O PONTO DE PARTIDA DA SACRAMENTÁRIA ESCOLÁSTICA: A UNIÃO HIPOSTÁTICA

Procederemos em dois tempos: primeiro, tentaremos mostrar a lógica interna que nos parece existir entre, de uma parte, a teoria sacramentária de Santo Tomás de Aquino e, de outra parte, sua cristologia, sua pneumatologia e sua eclesiologia. Em seguida, falaremos de suas implicações no nível de sua representação da relação entre Deus e o homem.

1. Tomás de Aquino: a lógica interna da relação entre a sua sacramentária e os outros setores de sua teologia

a. Uma sacramentária que prolonga diretamente a cristologia

"Depois de estudar os mistérios do Verbo Encarnado, devemos tratar dos sacramentos da Igreja, pois a eficácia deles advém do Verbo Encarnado": este é o primeiro enunciado de Santo Tomás em seu "Tratado dos sacramentos" da *Suma Teológica* (III, q. 60). Assim como enuncia este prólogo, os sacramentos são pensados como prolongamentos da cristologia; mais precisamente, como veremos, da união hipostática.

Certamente, do ponto de vista de seus *efeitos*, derivam da paixão de Cristo: os sinais de que são feitos são a comemoração dela (*signum rememorativum*), eles manifestam o seu efeito atual de graça (*signum demonstrativum*) e anunciam sua finalidade, a glória futura (*signum praenunciativum*)[1]. De fato, Tomás não cessa de repetir, de pontos de vista diversos, que os sacramentos *operantur in virtute passionis Christi* e que sua eficácia deriva inteiramente desta paixão enquanto ela é *causa sufficiens humanae salutis*[2].

Mas essa eficácia, por sua vez, só é possível por causa da graça da *união hipostática*. Com efeito, a "graça capital" de Cristo em relação à Igreja e a todos os homens (III, q. 8) tem seu fundamento em sua "graça pessoal", enquanto *singularis homo* (q. 7); esta graça está imediatamente ligada à "graça de união" (q. 2 a. 6). Por isso, quando ele pensa os sacramentos sob o ângulo não mais de sua eficácia, mas de sua *essência* ou natureza, Tomás os situa inteiramente no prolongamento da união hipostática: estão conformados a ela, uma vez que "associam o 'verbo' à coisa sensível, como no mistério da encarnação o Verbo de Deus está unido a uma carne sensível"[3]. Essa *conformatio*, segundo a língua dos escolásticos, não é uma simples imitação ou um decalque exterior; ela tem uma dimensão ontológica[4]. Nós o vemos bem quando Tomás analisa a questão do modo de causalidade dos sacramentos: "A causa eficiente principal da graça é Deus, para quem a humanidade de Cristo é um instrumento unido (como as mãos em relação com a vontade) e o sacramento um instrumento separado (como o bastão, que é movido pelo instrumento que lhe está associado: a mão). Por isso, é preciso que a força salvífica provenha da divindade de Cristo pela sua humanidade até os sacramentos"[5]. Não podemos pensar nisso como *prolongamentos da santa humanidade do Verbo Encarnado*, como *sacramenta humanitatis ejus*[6]. A sacramentária é a réplica exata da cristologia e as ques-

---

1. Santo Tomás de Aquino, *Suma Teológica* III, q. 60, a. 3.
2. Ibidem, q. 61, a. 1, ad. 3. Lembramos que, na *Suma*, os "acta et passa" de Jesus se diz que "causam" (instrumentalmente) a graça da salvação não somente "por modo de mérito", mas "por uma certa eficiência" (III, q. 8, a. 1, ad. 1; cf. q. 49, a. 1. ad. 3).
3. Ibidem, q. 60, a. 6.
4. Sobre esse ponto cf. Chenu, M. D., *Introduction à l'étude de saint Thomas d'Aquin*, op. cit., 86-87.
5. Santo Tomás de Aquino, *Suma Teológica* III, q. 62, a. 5, resp.
6. Ibidem, q. 80, a. 5.

tões críticas que se podem colocar à primeira derivam prioritariamente das interrogações as quais se pode submeter a segunda.

A situação do Tratado dos sacramentos na esteira da cristologia tem por vantagem — não pequena seguramente! — sublinhar que eles são *atos de Cristo*. Mas não sem inconvenientes. Com efeito, se, na *Suma*, os "mistérios" da vida de Cristo ocupam um lugar muito importante — bem mais que na neoescolástica recente —, são tratados de maneira *a-histórica*, de acordo, aliás, com a mentalidade da época e da técnica tão rigorosa e precisa quanto abstrata e impessoal da *quaestio/disputatio/determinatio* donde nasce cada *articulus*. O tecido concreto da história de Jesus não é tomado em consideração como lugar teologicamente pertinente para compreender a significação de sua morte como "morto por nós". Portanto, tudo está já resolvido teologicamente na primeira parte da cristologia, isto é, na *união hipostática*. A redenção, cujo peso é sustentado essencialmente pela paixão e pela cruz (q. 46-50), não é senão o desenvolvimento consequente, e oneroso certamente, do que já está inscrito na encarnação, ao passo que a ressurreição manteve pouca atenção. Nas sumas medievais, por outra parte, como observa J. Doré, "era abordada a partir do mistério primeiro da encarnação do Verbo, de tal modo que aparecia muito mais como a restituição do Verbo encarnado ao seu 'estado' normal (ou àquilo que 'deveria ter sido'), velado um momento pelas humilhações aceitas da vida terrestre, que como o acesso do homem Jesus a uma nova condição, consecutiva a uma vida de fidelidade e de fé, desenlace de uma verdadeira história de Jesus Cristo"[7]. Igual à história concreta de Jesus, sua ressurreição não foi verdadeiramente levada em conta como o lugar principal de elaboração da cristologia.

Além disso, observa-se que Tomás, em sua parte soteriológica, excede os evangelhos e segue de fato, a partir da paixão, os diversos artigos cristológicos da segunda parte do *Credo*[8]. Pode-se, desde então, se perguntar por que, antes de tratar dos sacramentos, não prosseguiu a operação ao levar em conta a terceira parte do símbolo da fé, parte tradicionalmente *pneumatológica e eclesiológica*. Sem dúvida, uma das razões está no fato de que os tratados da Igreja não

---

7. DORÉ, J., "La résurrection de Jésus à l'épreuve du discours théologique" in: *Visages du Christ*, RSR, Paris, Desclée, 1977, 283.

8. Recordemos o plano da terceira parte da *Suma*: [I] *Cristologia*: [1] o mistério da encarnação (q. 1-26); [2] o mistério da redenção ("acta et passa" de Cristo salvador estudados em quatro grandes momentos: [a] q. 27-39: a entrada de Cristo no mundo (virgindade de Maria, anúncio a Maria, nascimento de Cristo, manifestação aos Magos, circuncisão, batismo por João); [b] q. 40-45: sua vida na terra (tentações, ensinamento, milagres, transfiguração); [c] q. 46-52: sua saída do mundo (paixão, morte, sepultura, descida aos infernos); [d] q. 53-59: sua exaltação (ressurreição, ascensão, se senta à direita, poder de julgar o mundo). [II] *Os sacramentos* (q. 60 a Supl. q. 68). [III] *Os últimos fins* (Supl. q. 69 a. 99).

existiam ainda como tais, como veremos. Em todo caso, não levar em consideração, no quadro da exaltação de Cristo, o envio do Espírito em Pentecostes como agente do nascimento e do crescimento missionário da Igreja visível reforça evidentemente o caráter a-histórico do Tratado dos Sacramentos.

Conectado, portanto, diretamente com a cristologia, e uma cristologia fundamentalmente determinada pela união hipostática, tal sacramentária é *estática*. Ela não tem mais a dinâmica que, nos padres, lhe advinha por sua inscrição no movimento histórico da "economia" revelado como "mistérios" pelas Escrituras, mistérios que figuram o de Cristo e da Igreja expandidos até nós, pelo sopro do Espírito, como acontecimento de salvação nos sacramentos. A escolástica pagava com isso as consequências do corte semântico que tinha pouco a pouco privado o *sacramentum* de sua relação de origem com o *mysterium* bíblico e que tinha sido reforçado pela teoria recente de onde emergira o septenário. Em resumo, uma sacramentária pensada prioritariamente a partir da união hipostática e, analogicamente, do mesmo modo que ela, não pode inscrever-se no movimento da história concreta como o faz uma sacramentária pensada a partir da Ressurreição do Crucificado e, portanto, da assunção do corpo escatológico do Ressuscitado no mundo pelo Espírito de Pentecostes.

b. Uma sacramentária pneumatologicamente frágil

— Uma pneumatologia precisa e abundante

Evitemos inicialmente um mal-entendido. Tomás, para nos atermos a ele, desenvolveu uma *pneumatologia precisa e abundante*.

Não nos deteremos em sua pneumatologia intratrinitária. Mais importante para o nosso propósito é a relação entre essa pneumatologia e a *criação*. Procedendo por vontade e amor, o Espírito é, por apropriação, o princípio de tudo o que sai da vontade e do amor livres de Deus: toda a criação (*Suma Contra os Gentios* IV, 20), a criatura dotada de razão (IV, 21), o retorno desta para Deus (IV, 22). É por isso que devemos atribuir a graça especialmente ao Espírito Santo, graça sem a qual esse retorno do homem para Deus é impossível. A missão do Espírito está em conformidade com a sua processão: "O Espírito Santo é o amor. Portanto, é o dom da caridade que assim assimila a alma ao Espírito Santo, e é em razão da caridade que se considera uma missão do Espírito Santo"[9].

---

9. Santo Tomás de Aquino, *Suma Teológica* I, q. 43, a. 5, ad. 2; Idem, *Suma Contra os Gentios* IV, 21; Dondaine, H. F., *Saint Thomas d'Aquin, Somme théologique* I, q. 33-43, *La Trinité*, t. 2, ed. de Revue des Jeunes, 1950, n. 135 e p. 423-453; Héris, C. V., mesma edição da *Suma*,

Então, quando se pergunta o que caracteriza *principalmente* o regime da *nova aliança*, o que faz dela toda a *virtus*, Tomás responde: "É a graça do Espírito Santo, que é dada pela fé em Cristo"[10]; e se uma obra humana recebe de Deus uma eficácia meritória, é "enquanto ela procede da graça do Espírito Santo", uma vez que "o valor do *mérito* se toma da virtude do Espírito Santo que nos move para a vida eterna", e que é o mesmo Espírito que, "habitando o homem pela graça", é "causa suficiente de vida eterna"[11]. Daí o lugar que dá aos dons do Espírito Santo, às bem-aventuranças e aos frutos do Espírito na estrutura virtuosa do fiel (Ia-IIae, q. 70).

Nestas condições, não ficaremos surpresos com o fato de que sua pneumatologia se estenda à *Igreja* e aos sacramentos. "A alma que vivifica o corpo (que é a Igreja) é o Espírito Santo. Por isso, depois da fé no Espírito Santo, somos convidados a crer na santa Igreja católica, como indica o símbolo", escreve Tomás em sua *Expositio in symbolum*[12]. Além disso, ele destaca na *Suma*, não é preferível dizer, de acordo com o uso mais corrente, *credo sanctam ecclesiam*, em vez de *in sanctam ecclesiam*? Cremos em Deus; cremos "a" Igreja. Se se quer conservar a expressão *in ecclesiam*, é preciso "se referir ao Espírito Santo que santifica a Igreja", de tal modo que o sentido seja: *Credo in Spiritum sanctum santificantem Ecclesiam*[13].

A propósito dos *sacramentos*, Tomás tem também fórmulas pneumatológicas extremamente fortes do ponto de vista dos conceitos técnicos empregados: "Na pessoa de Cristo, a humanidade causa nossa salvação pela graça sob a ação da virtude divina, que é o agente principal. Igualmente nos sacramentos da nova lei que derivam de Cristo, a graça é causada por eles como instrumentos, e *pela virtude do Espírito Santo que age neles, como agente principal*, segundo João 3,5: 'Ninguém, a não ser que renasça da água e do Espírito Santo'."[14]. E, a propósito dos três batismos da água, do sangue e do espírito: "O batismo de água retira sua eficácia da paixão de Cristo, à qual o homem é configurado pelo batismo; e além disso, *como sua causa primeira, do Espírito Santo*"[15]. Citemos ainda uma passagem sobre a qual vol-

---

Ia-IIae, q. 109-114, *La grâce*, 1961, 387-390; BAUMGARTNER, C., *La Grâce du Christ*, Desclée, 1962, cap. 4 "La théologie de la grâce selon saint Thomas d'Aquin", 83-104.

10. SANTO TOMÁS DE AQUINO, *Suma Teológica* Ia-IIae, q. 106, a. 1; q. 107, a. 1, ad. 3.

11. Ibidem, q. 114, a. 3.

12. SANTO TOMÁS DE AQUINO, *Exp. In Symb.*, a. 9. Cf. CONGAR, Y., *Esquisses du mystère de l'Église*, op. cit., 59-91.

13. SANTO TOMÁS DE AQUINO, *Suma Teológica* IIa-IIae, q. 1, a. 9, ad. 5.

14. Ibidem, Ia-IIae, q. 112, a. 1, ad. 3.

15. Ibidem, III, q. 66, a. 11; Ibidem, a. 12: "A virtude do Espírito Santo age no batismo de água por sua virtude que aí está escondida; no batismo de penitência, pela conversão do

taremos em seguida e que diz respeito à prática oriental da eucaristia em que a epiclese ao Espírito Santo desempenha um papel tradicionalmente principal. Tomás relata, como *auctoritas* que expõe uma dificuldade, esta frase de São João Damasceno: "É somente pela virtude do Espírito Santo que se faz a conversão do pão no corpo de Cristo". Solução: "Não se exclui por isso a virtude instrumental que se encontra na forma desse sacramento (a saber as palavras da consagração). Assim, quando se diz que somente o artesão fabrica uma faca, não se exclui a virtude de seu martelo"[16]. Aqui, também, é um papel de agente principal que Tomás reconhece ao Espírito. Nessa veia eclesiológica e sacramental dever-se-ia citar todo o comentário de João 6. Fixemo-nos somente nesta frase: "A unidade eclesial se faz pelo Espírito Santo [...] Aquele que come e bebe espiritualmente torna-se *participante do Espírito Santo*, por intermédio do qual estamos unidos a Cristo por uma união de fé e de caridade e por meio do qual nos tornamos membros da Igreja"[17]. Deparamo-nos aqui com todo o Agostinho dos tratados 26-27 sobre o Evangelho de João, do qual muitas passagens se tornaram sentenças clássicas na alta Idade Média, que aqui encontramos.

— Uma pneumatologia que, entretanto, não está à altura do princípio cristológico

Como, em vista de tais textos, podemos ainda discernir uma *debilidade pneumatológica* na sacramentária de Santo Tomás? Várias observações se impõem, portanto, neste momento. A primeira é que Tomás, nos textos pneumatológicos mais significantes, não faz senão "ler" os textos da *Escritura* sobre o assunto, especialmente os de João e de Paulo, que, junto com os Atos dos Apóstolos, como sabemos, concedem um lugar eminente ao Espírito. Tidos em conta textos como João 3 e 1 Coríntios 10, a propósito do batismo ou como João 6,5 a propósito da eucaristia, era impensável não sublinhar, e com força, o papel do Espírito nestes sacramentos.

De outra parte, Tomás não fazia senão recuperar por isso o que era um *bem comum* da grande Tradição tanto ocidental quanto oriental da Igreja.

---

coração; mas no batismo de sangue, pelo mais intenso fervor do amor ('*dilectio*') e do afeto ('*affectio*'), segundo João 15,13: 'Ninguém tem maior amor do que aquele que se despoja da vida por aqueles a quem ama'".

16. Ibidem, q. 78, a. 4, obj. 1 e ad. 1.

17. Santo Tomás de Aquino, *Super Evang. S. Ioan. Lectura*, c. 6, lect. 7, 3-5. Cf. Corbin, M., "Le pain de la vie. La lecture de Jean VI par S. Thomas d'Aquin", in: *Visages du Christ*, RSR 65/1, 1977, 107-138.

Mais precisamente, não fazia senão recuperar a fortíssima pneumatologia batismal e eucarística de Agostinho, ainda que, neste último, o eixo Espírito-santificação do pão como corpo eucarístico seja claramente menos acentuado que o eixo Espírito-santificação da assembleia como corpo eclesial[18]. Igualmente, a veia teológica agostiniana relativa à Igreja como sacramento da unidade do Espírito[19] não podia deixar de ter incidências em uma escolástica que "permanece em seus princípios, em seu espírito, em suas estruturas dominadas pela teologia de Agostinho"[20].

Ao colher, aqui e ali, os frutos dessa tradição pneumatológica, Tomás não fazia, além disso, senão prolongar uma doutrina muito viva na alta Idade Média. Não é *operante invisibiliter Spiritu Dei* que o sacramento se realiza, segundo Isidoro de Sevilha? Este podia se apoiar numa tradição litúrgica moçárabe que, como sua prima galicana, dava um amplo espaço ao Espírito Santo até nas orações eucarísticas, assim mesmo muito mais influenciadas, nos dois casos, pelas anáforas sírias orientais do que pelo cânon romano. Quando Beda, o Venerável, no século VIII, afirma por sua vez que o sacramento é realizado *ineffabili Spiritus sanctificatione*, não faz senão expressar a liturgia que lhe é familiar. Pedro Lombardo e Alberto Magno citam uma fórmula do *Liber de corpore et sanguine Domine* (cap. 4) de Pascásio Radberto (século IX) atribuído a Agostinho: *Sicut per Spiritum sanctum vera Christi caro sine coitu creatur, ita per eundem ex substantia panis et vini idem corpus et sanguis consecratur.* Pascásio tem fórmulas que, por si só, teriam bastado para evitar a infeliz querela sobre a epiclese entre o Oriente e o Ocidente:

---

18. "Pela vinda do Verbo, o pão e o vinho se tornam corpo e sangue do Verbo; pela vinda do fervor do Espírito, fostes cozidos e vos tornastes o pão do Senhor" (*Sermo Denis* 6, 1). "Vem pois o Espírito Santo, depois da água e do fogo, e vos tornais o pão que é o corpo de Cristo" (S. 227). Assim se pode escrever a propósito de Agostinho: "A questão de uma ação do Espírito Santo sobre a oferenda eucarística parece estar totalmente fora de seu campo de interesse", enquanto a ação do Espírito sobre a assembleia, que se torna o corpo eclesial de Cristo, é, pelo contrário, constantemente posta em relevo. BOBRINSKOY, B., "*Saint Augustin et l'eucharistie*", Parole et Pain n. 52, 1972, 346-353; cit., 351; "L'Esprit du Christ dans les sacrements chez *Jean Chrysostome et Augustin*", in: KANNENGIESSER, C. (edit.), *Jean Chrysostome et Augustin*, Beauchesne, 1975, 247-279. Cf. BERROUARD, M. F., *Saint Augustin, Hom. sur l'év. de Jean XVII-XXXIII*, Bibl. Aug. n. 72, n. 71 "L'eucharistie, sacrament de la participation à l'Esprit du Christ", 830-832. Entretanto, em *De Trin*. III, 4, 10, Agostinho diz: "A consagração que faz dele um grande sacramento não lhe vem senão da ação invisível do Espírito de Deus". *Sermo* 8,3: *Sanctificatio nulla divina et vera nisi a Spiritu Sancto* (*PL* 38, 72).

19. A Igreja como "societas sanctorum" é "a obra própria do Espírito Santo" e assim o lugar concreto da comunhão intratrinitária, uma vez que o Espírito que procede do Pai e do Filho "tanquam ab uno principio" é o "nexus amborum", sua "charitas substantialis et supersubstantialis" (*Sur l'év. de Jean*, tr. 14, 9; 105, 3; *De Bapt. c. Don* I, 17, 26 etc.).

20. CHENU, M. D., *Introduction à l'étude de S. Thomas d'Aquin*, op. cit., 45.

a consagração se opera *per sacerdotem super altare in verbo Christi per Spiritum sanctum*, ou ainda *virtute Spiritus sancti per verbum Christi*; ou mesmo esta fórmula que Tomás cita na *Suma* como sendo de Agostinho: *in verbo Creatoris et in virtute Spiritus sancti*[21]. O padre Congar fornece toda uma coleção de testemunhos que atestam a vitalidade da pneumatologia sacramentária no século IX, particularmente, mas também nos séculos XI-XII, bem como um texto bastante solene como a profissão de fé imposta por Inocêncio III aos Valdenses em 1208, no qual a Igreja afirma celebrar os sacramentos *inaestimabili et invisibili virtute Spiritus sancti cooperante*[22].

O que surpreende, então, na eclesiologia ou na sacramentária de Tomás não é que ele tenha belas fórmulas sobre a ação do Espírito, mas sim que em comparação com as que se referem a Cristo ele tenha *tão poucas*. Certamente, podemos citar textos pneumatológicos, inclusive belos textos, alguns dos quais têm um peso teórico inegável (por exemplo, em relação à causalidade). Nós o temos feito. Mas, ao alinhá-los assim, corre-se o risco de falsear a perspectiva do conjunto.

Se as estatísticas têm algum interesse, não se pode não reconhecer como significativo que Cristo (o Verbo encarnado, a paixão de Cristo, o sacerdócio de Cristo, o poder de excelência de Cristo etc.) seja mencionado em quase todos os 38 artigos do *"Tratado dos sacramentos" em geral* — e frequentemente várias vezes no decorrer do mesmo artigo, o que ultrapassa amplamente a centena de ocorrências —, enquanto o Espírito Santo, além de algumas menções não comentadas da fórmula batismal, aparece aí apenas cinco vezes. Nenhuma das cinco menções dá lugar a um desenvolvimento pneumatológico[23]. A única passagem que tem, enfim, alguma força do ponto de vista pneumatológico se encontra em q. 63, a. 3, obj. 1, na qual, depois da citação de João 1,33, Tomás sublinha que "batizar no Espírito Santo é o conferir interiormente a graça do Espírito Santo". Acrescentamos que o qualificativo "espiritual", frequentemente empregado, não tem significação pneumatológica: "realidade espiritual" equivale a "realidade inteligível" e se opõe a "realidade sensível" (q. 60, a. 4 e 5); "potência espiritual" desig-

---

21. Pascásio Radberto, *Liber de corp. et sang. Dom.*, 3 et 12; *PL* 120, 1279 e 1310; Santo Tomás de Aquino, *Suma Teológica* III, p. 82, a. 5, s.c.

22. *DS* 793. *Dz* 424. A fórmula pseudoagostiniana de Pascásio referida por Tomás se encontra neste mesmo documento, *DS* 794. *Dz* 424. Cf. Congar, Y., "Le role du Saint-Esprit dans l'eucharistie selon la tradition occidentale", in: *Je crois en l'Esprit-Saint*, t. 3, op. cit., 320-330.

23. Simples citação de 2 Coríntios 1,21 (q. 63, q. 1, s.c.) ou de João 3,5 (q. 65, a. 4, obj. 2); lembrança de que a confirmação é o sacramento do dom do Espírito (q. 65, a. 4, a. 1, c. et ad. 4); recusa se deduzir de Efésios 4,30 que o "caráter" sacramental deveria ser atribuído ao Espírito Santo em vez de ser atribuído Cristo (q. 63, a. 3).

na a categoria do ser na qual se situa o caráter sacramental (q. 63, a. 2); e se o sacramento tem uma "virtude espiritual", é "de sua bênção pelo Cristo" que ele a recebe (q. 62, a. 4, ad. 3). Portanto, deve-se constatar, não há quase nada, do lado pneumatológico, que possa equilibrar o peso massivo do princípio cristológico.

A única menção do Espírito que tem um real impacto do ponto de vista dos sacramentos *in genere* se encontra no "Tratado da graça"; ela é citada *supra*, nota 14. Para o *batismo*, temos duas, citadas *supra*, nota 15. Para a *eucaristia*, igualmente duas, citadas *supra*, notas 16 e 21. Certamente, o princípio enunciado nestes cinco casos, sempre o mesmo, é de suma importância do ponto de vista teórico: o Espírito Santo é "agente principal" ou "causa primeira" da graça sacramental. Registre-se. Mas como acontece de Tomás não dizer *uma só palavra sobre ele em sua análise muito precisa dos sacramentos em geral*, especialmente quando considera a sua essência (q. 60), o efeito principal, que é a graça (q. 62), e a causa (q. 64)? Certamente, na questão 64 sobre a causa dos sacramentos, repete muitas vezes que "a virtude do sacramento vem somente de Deus", que é a sua "causa principal" e o *institutor*, e isso implica evidentemente as três pessoas divinas, uma vez que elas agem sempre em comum nas suas obras *ad extra*. Contudo, quando atribui, por apropriação, esta obra de santificação a uma dentre elas, não é primeiro ao Espírito ("dom da santificação"), mas a Cristo ("autor da santificação")[24], que o faz: o Espírito, nele, exerce uma função de "objeto", mais do que de "princípio".

Por isso, ao longo da elaboração da causalidade sacramental, não se fala do Espírito. É *"Cristo"* que "produz o efeito interior dos sacramentos enquanto é Deus e enquanto é homem". De modo que o *princípio* que guia do início ao fim a sacramentária de Tomás não é pneumatológico, mas quase exclusivamente cristológico. Algumas exceções que encontramos parecem depender da técnica da "exposição": "Quando Santo Tomás encontra em seu caminho as opiniões dos padres, ele as leva e as reduz a seu próprio sentido, interpretando-as na direção de seu sistema e de suas ideias. Em lugar de dizer que os padres se enganaram mais ou menos, ou que ele pensa diferentemente deles, ele os expõe *reverenter*, como chama a este modo de fazer", aliás, tradicional na escolástica desde Abelardo[25]. Típica desse método é a maneira pela qual se resolvem as dificuldades provindas da epiclese na Igreja oriental, em III, q. 78, a. 4 e q. 82, a. 5: os orien-

---

24. Santo Tomás de Aquino, *Suma Teológica* I, q. 43, a. 7.
25. P. Mandonnet, citado por Chenu, M. D., *Introduction à l'étude de S. Thomas d'Aquin*, op. cit., 125.

tais não erraram; mas o Espírito somente se fez presente "pela virtude de Cristo, cujas palavras profere o sacerdote".

Realçamos, portanto, aqui esta *tendência "cristomonista"* que, segundo o padre Congar[26], marcou a teologia latina, especialmente na época escolástica; tendência mais acentuada depois do século XIII. Essa debilidade da pneumatologia sacramentária é, por uma boa parte, o preço da insistência escolástica sobre a *causalidade* como traço específico que caracteriza os sacramentos da lei nova. Dado o fato da união hipostática, tudo depende de Cristo, a partir do qual a humanidade tem "um poder de excelência" sobre os sacramentos (instrumentos separados), e é o instrumento (unido) de sua divindade que tem o "poder soberano" sobre eles (*potestas auctoritatis*); é, pois, "de sua instituição por Cristo que os sacramentos têm a sua virtude"[27]. A "virtude do Espírito Santo" está, assim, submetida nos sacramentos à ação de Cristo: *sacramenta humanitatis eius*. Em tal sacramentária, o *princípio cristológico, constantemente afirmado, não tem verdadeira contrapartida pneumatológica*. O Espírito Santo é o objeto de reflexão *pontual* na ocasião da confirmação, por exemplo. Mas nenhuma pneumatologia está verdadeiramente desenvolvida no "tratado da ordem"[28]. E no sacramento da penitência, sobre as sete referências que são feitas em João 20,22-23, três somente ligam o poder de reter ou remir os pecados ao "recebei o Espírito Santo", e para indicar [1] que sacerdote age como "instrumento e ministro de Deus"; [2] que, sem o dom do Espírito Santo, o sacerdote age validamente, mas "de maneira inconveniente"; [3] que esta palavra não implica poder de jurisdição, mas somente poder de ordem dada por Cristo[29]. Essa

---

26. CONGAR, Y., "Pneumatologie et 'christomonisme' dans la tradition latine?", in: *Ecclesia a Spiritu sancto edocta*, Mélanges MGr G. Philips, Gembloux, 1970, 41-63.

27. SANTO TOMÁS DE AQUINO, *Suma Teológica* III, q. 64, a. 3.

28. Certamente, em *Suma Teológica Suppl.* q. 35, a. 4, Tomás afirma que "os apóstolos receberam o poder da ordem antes da Ascenção, quando lhes foi dito: 'Recebei o Espírito Santo...'". Mas, na q. 37, a. 5, ad. 2, escreve que "o Senhor confiou a seus discípulos a função principal do poder sacerdotal antes da paixão, na Ceia", e que, "depois da ressurreição, ele lhes consignou a função secundária, que consiste em ligar e desligar". J. Lécuyer comenta: "Santo Tomás se encontra, de fato, diante de uma dupla tradição. A mais antiga é favorável ao conferimento do sacerdócio aos apóstolos na tarde de Páscoa [...]. A segunda opinião, que coloca a ordenação dos apóstolos na tarde da Ceia, aparece somente no século XII, em relação com a opinião que faz da tradição dos 'instrumentos' o rito essencial da ordenação, em Alberto, o Grande, e já em Honório d'Autan" (ed. da *Suma* de Revue des Jeunes, "L'ordre" [*Suppl.* q. 34-40], 1968, 175-176).

29. SANTO TOMÁS DE AQUINO, *Suma Teológica Suppl.* q. 18, a. 4; q. 19, a. 5, obj. 1 et ad. 1; q. 20, a. 1, obj. 1 et ad. 1. Não é por acaso, observemos de passagem, que, aqui, como na eucaristia (*supra*), o Espírito Santo é, muitas vezes, o objeto de uma "dificuldade" no início do artigo. Como se ele "desorganizasse" sem cessar o "sistema"...

reflexão é, em todo caso, demasiado pontual para aparecer como uma dimensão da sacramentária. A pneumatologia é revestida pelo princípio cristológico da causalidade; o Espírito é constantemente canalizado pelo Cristo. Isso constitui uma sacramentária *fortemente institucional*. Eis a consequência principal, aos nossos olhos, de toda esta questão: a insistência sobre a causalidade sacramental coincide com uma estreita aderência dos sacramentos à união hipostática e à santa humanidade de Cristo, que prolongam e tendem a acentuar uma instituição, que, dotada da *potestas* de Cristo, pode assegurar o controle da liberdade do Espírito.

c. *Uma sacramentária profundamente separada da eclesiologia*

Este terceiro enunciado, como os dois precedentes, requer inicialmente ser matizado. Para Santo Tomás, os sacramentos são atos de Cristo; ele é seu *autor*. Mas são atos de Cristo na Igreja. Tomás os denomina muito frequentemente de *sacramenta Ecclesiae*. Para agir *in persona Christi*, é necessária a intenção de fazer o que a Igreja faz, a ponto de essa intenção ser especificada como *facere quod facit Christus et Ecclesiae*, o verbo no singular manifesta bem que as duas ações formam apenas uma[30]. Os sacramentos são *protestationes fidei Ecclesiae*, de modo que o ministro age no batismo *in persona totius Ecclesiae, ex cujus fide suppletur id quod deest fidei ministro*[31]. E se o sacerdote separado da Igreja pode consagrar validamente o corpo e o sangue de Cristo (*res et sacramentum*), no entanto, a *res* última da eucaristia permanece sempre a *unitas corporis mystici*[32]. Inútil multiplicar as citações: a dimensão eclesial está quase constantemente presente na sacramentária de Santo Tomás. Por que, então, continuamos insatisfeitos? Para isso há pelo menos três razões.

A primeira, conjuntural, é que os *tratados de eclesiologia* não existiam ainda como tais no século XIII. Certamente, questões eclesiológicas tinham sido desenvolvidas desde o século XII, mas aconteciam no quadro de uma questão cristológica relativa à "graça capital" de Cristo. Por esse fato, a sacramentária não podia desenvolver-se no prolongamento da eclesiologia.

A segunda razão é a mais importante. Ela se refere aos pontos principais da eclesiologia no século XIII. Sublinhamos dois deles, postos em relevo respectivamente por H. de Lubac e por Y. M. Congar.

---

30. Santo Tomás de Aquino, *Suma Teológica* III, q. 64, a. 8, ad. 1.
31. Ibidem, a. 9, ad. 1.
32. Ibidem, q. 73, a. 3.

Quanto ao primeiro, nos contentamos em lembrar a incidência, anteriormente evocada, da controvérsia sobre Berengário: uma "cesura mortal" foi inserida entre o corpo eucarístico e o corpo eclesial, o qual perde seu sentido antigo de *veritas corporis Christi*. Essa cesura é de alguma maneira consagrada pela teologia com a formulação precisa da distinção entre *sacramentum tantum/res et sacramentum/res tantum* durante os anos de 1130-1140 na *Summa Sententiarum* e o *De Sacramentis* de Hugo de São Vitor, distinção já esboçada um pouco antes em Alger de Liège e na escola de Anselmo de Laon. O corpo eucarístico é a *res et sacramentum*; a unidade eclesial, a *res et non sacramentum*. O primeiro é *res significata et significans*, a segunda, *res significata et non significans*. Com Lombardo, esta distinção torna-se *corpus verum* (eucarístico) = *res significata et contenta*. Como comenta H. de Lubac: "Assim, a realidade última do sacramento, a que era outrora a coisa e a verdade por excelência, foi *expulsa do sacramento. O simbolismo se torna extrínseco*: poder-se-á doravante passar essa realidade em silêncio sem prejudicar a integridade do sacramento. A partir do momento em que se torna *corpus mysticum*, o corpo eclesial já se separa da eucaristia"[33]. E é assim que no século XIII se começa a falar do "corpo místico" de maneira absoluta, sem fazer mais referência à eucaristia. "A expressão designará, então, comenta de seu lado o padre Congar, o corpo social que é a Igreja [...] e se poderá falar do papa como um *caput* (*secundarium*) do corpo místico: o que permanecia impossível enquanto a expressão mantinha uma referência eucarística, porque designava então o corpo que é o próprio Cristo, do qual somente ele é a cabeça"[34].

A cesura foi acentuada, ademais, pela constituição da questão *de Christo capite*, já tratada nas *Sentenças* de Pedro Lombardo (III, d. 13). Esta questão se deslocará ao final do século XII para se tornar o tratado *De gratia capitis* no século XIII. O deslocamento é teologicamente importante e parece ter acompanhado o do *corpus mysticum*. Até a metade do século XII, com efeito, e mesmo além dele, é o Espírito Santo que, de acordo com a eclesiologia agostiniana, é considerado como o *artifex*, o "operador" (Hugo de São Vitor), o agente eficiente da unidade da Igreja, e não Cristo por sua graça como cabeça[35]. Certamente, Cristo é considerado princípio e fonte das riquezas interiores de seu corpo; mas é o Espírito, o mesmo na cabeça e no

---

33. De Lubac, H., *Corpus mysticum*, op. cit., 283.
34. Congar, Y., *L'Église, de saint Augustin à l'époque moderne*, op. cit., 168-169.
35. Hugo de São Vitor, *De Sacr.* I, 6, 17 (*PL* 176, 274). Ruperto de Deutz: "Quod, cum sint multi, sic per unam fidem unumque Spiritum in unum corpus ecclesiae sunt coniuncti" (*De div. off*. II, 6; *PL* 170, 38). Cf. Congar, Y., ibidem, 160-161.

corpo, que torna possível essa comunicação: é "participando do Espírito de Cristo" (*participans Spiritum Christi*) que "alguém se torna membro do corpo de Cristo"[36]. Doutrina plenamente agostiniana (*supra*). No século XIII, não se compreende mais as coisas assim: *a "santa humanidade" de Cristo substitui o Espírito Santo como agente e causa eficiente da unidade eclesial*. A plenitude de graça que Cristo tem devido à união hipostática é comunicada à Igreja pelo canal de sua santa humanidade: "É preciso, portanto, que a virtude salutar decorra da divindade de Cristo por sua humanidade até os sacramentos". Santo Tomás poderia também escrever: "até a Igreja"[37]. Paralelamente, observa o padre Congar, "fala-se menos, no século XII, do nascimento da Igreja em Pentecostes; o tema do nascimento da Igreja do lado de Cristo na cruz, tradicionalmente conhecido também no Oriente, é, pelo contrário, extremamente frequente"[38].

Em terceiro lugar, a Igreja, para o conjunto dos escolásticos, evoca pouco a *comunidade local*, especialmente a assembleia litúrgica concreta enquanto realização, particular, mas integral, da Igreja universal. A *ekklésia*, no Novo Testamento, era inicialmente, como sabemos, a comunidade local[39]. E, na primeira patrística, esse mesmo caráter concreto da *ekklésia* era tão claramente percebido que se afirmava "com força a identidade entre a participação na *ecclesia*-assembleia e a pertença à Igreja"[40]. Na época escolástica, não havendo uma percepção suficientemente viva da assembleia concreta como Igreja, era praticamente impossível colocar em relevo a sacramentalidade da Igreja e pensar os sacramentos a partir dela. Afirmava-se sempre a dimensão eclesial dos sacramentos, mas não se percebia mais como uma de suas dimensões *intrinsecamente* constitutivas.

Se Santo Tomás soube ser original em muitos pontos da sacramentária, não pôde, pelo contrário, corrigir sua trajetória escolástica. Herdando uma pneumatologia relativamente débil neste domínio, fazendo sua a substituição do Espírito por Cristo como operador eficiente da unidade

---

36. Hugo de São Vitor, ibidem, *PL* 176, 417.
37. Santo Tomás de Aquino, *Suma Teológica* III, q. 62, a. 5.
38. Congar, Y., *L'Église*..., 164, com numerosas referências em nota.
39. Nota da TEB sobre Atos 5,11. Cf. 1 Coríntios 11,18; 14,23; Mateus 18,17.
40. Gy, P. M., "Eucharistie et '*ecclesia*' dans le premier vocabulaire de la liturgie chrétienne", in: *LMD* 130, 1977, 30. É nessa perspectiva, observa o autor, que é preciso compreender Ireneu: "Todos aqueles que não acorrem à *ecclesia* não participam desse Espírito [...]. Porque ali onde está a *ecclesia*, ali também está o Espírito; e ali onde está o Espírito de Deus, está a *ecclesia* e toda graça" (*Adv. Haer*. III, 24, 1). Igualmente, Hipólito, "ele mesmo impregnado de Ireneu" (p. 31): "Estarão ansiosos para ir à *ecclesia*, ali onde floresce o Espírito" (*Tr. Ap*., 35).

do "corpo místico" eclesial, pouco sensível à sacramentalidade concreta da assembleia-Igreja, contribuiu, por sua parte, para acentuar a tendência institucional da sacramentária.

d. *Uma sacramentária de caráter fortemente institucional*

Existe uma *coerência* entre a primazia do princípio cristológico na sacramentária e a teologia da processão do Espírito *ex Patre et Filio*. Não dizemos necessidade (o *Filioque* em Agostinho fundamenta uma eclesiologia de comunhão), dizemos somente coerência. Em todo caso, em relação a um contexto de cristandade estabelecida, é possível que a observação de O. Clément seja pertinente: "O filioquismo [...] colocando o Espírito, quanto à sua existência hipostática, na dependência do Filho, contribuiu sem dúvida para aumentar o aspecto institucional e autoritário da Igreja romana"[41]. A observação pode ser ilustrada diretamente com uma frase do próprio Santo Tomás em seu *Contra errores Graecorum*: "O erro daqueles que dizem que o vigário de Cristo, o pontífice da Igreja romana, não tem o primado da Igreja universal é semelhante ao erro daqueles que dizem que o Espírito Santo não procede do Filho"[42].

Esta tendência institucional está ilustrada na eclesiologia pela importância crescente do *poder do papa*, cuja teologia se formula a partir de Gregório VII e encontra um primeiro apogeu com Inocêncio III (início do século XIII) para culminar na bula *Unam Sanctam* de Bonifácio VIII em 1302. As diversas teorias que se enfrentam, muitas vezes, de modo áspero, por causa desse assunto participam de uma necessidade comum: aspira-se, então, a um *ideal de unidade*, da qual o papa seria a pedra de toque; assim como se aspira a um ideal teológico de síntese, cujo esboço as Sumas fornecem. Por outra parte, quer se tenha uma posição francamente teocrática ou uma posição mais matizada, sempre se deve fazer "uma teologia de um *poder* sacerdotal em face (e por cima) de um *poder* real. Na linha gregoriana, o poder papal se torna uma peça da visão *teológica* da Igreja"[43]. Poder supremo, pensado no século XII como *plenitudo potestatis*, e cujo detentor é denominado *vicarius Christi*. As duas noções foram consagradas por Inocêncio III: "o pontífice supremo" é "não vigário de um simples homem, mas verdadeiramente

---

41. CLÉMENT, O., *l'Église orthodoxe*, PUF, 1961, 50.
42. SANTO TOMÁS DE AQUINO, *Contra errores Graecorum*, c. 32, & "Quod Pontifex romanus...", in: *Opuscula omnia*, t. 3, Paris, ed. Lethielleux, 322, Cf. também 303.
43. CONGAR, Y., *L'Église...*, 178.

vigário do verdadeiro Deus"[44]. Também não se teme aplicar, como papa, o que era dito de Cristo nos tratados da graça capital: "a plenitude dos sentidos se encontra com toda a sua força na cabeça, enquanto os membros somente recebem uma parte"[45]. Assim, pelo menos em alguns canonistas e curialistas, o poder papal se torna "um poder quase divino"[46].

Certamente, não se trata de fazer derivar todo esse movimento das teses teológicas evocadas anteriormente sobre a debilitação da pneumatologia por causa do reforço da cristologia na sacramentária ou por causa da separação progressiva do *corpus mysticum* de sua órbita eucarística: Gregório VII é anterior ao nascimento desses movimentos teológicos! Mas é difícil não reconhecer um ar familiar e uma *coerência interna* entre esses aspectos. Em todo caso, assistimos, com a escolástica, a uma passagem de uma eclesiologia fortemente pneumatológica e "sacramental" para uma *eclesiologia mais institucional e jurídica*, passagem favorecida teologicamente por uma expansão crescente da santa humanidade de Cristo sobre o Espírito Santo e tornada, se não necessária, pelo menos possível, pelo *Filioque*.

Assim mesmo, no plano estritamente sacramentário, esta tendência institucional é claramente marcada na teologia do *sacramento da ordem* e na do lugar do ministro que celebra a eucaristia. O destaque dado, com Pedro Lombardo especialmente, à noção de *caráter, ubi fit promotio potestatis*, como constitutivo do sacramento da ordem, é eminentemente significativo[47]. Para Lombardo, somente o *signaculum sacrum*, que é a ordem, transmitia não apenas uma *spiritualis potestas*, mas também um *officium* (ibidem). E, de acordo com a tradição antiga da Igreja, o sacerdote não podia exercer *validamente* a sua *potestas* na eucaristia se estava interditado pela Igreja no que dizia respeito ao seu *officium*. Mas a distinção entre poder de ordem e poder de jurisdição, que tinha sido introduzida progressivamente a partir da metade do século XII, devia terminar, justificando de passagem a prática das ordenações absolutas praticadas desde a alta Idade Média, por reconhecer a validade do exercício do primeiro sem o segundo. Cada um dos sacerdotes, independentemente de seu cargo pastoral e de sua inserção na comunidade eclesial, era o detentor de um poder de ordem que continha de maneira *pessoal e inamissível*, por participação no sacerdócio de Cristo. E a pneumatologia em tudo isso? Esquecida, apagada, desconhecida…

Ao mesmo tempo, o ritual da ordenação inverte a relação entre o poder das chaves e o poder de "fazer" a eucaristia que prevalecia ainda na *alta*

---

44. *PL* 214, 292. Cf. TILLARD, J. M. R., *L'Évêque de Rome*, Cerf, 1982, 132.
45. Citado por CONGAR, Y., *L'Église…*, 255.
46. Ibidem, 256.
47. PEDRO LOMBARDO, *IV Sent.*, d. 24, c. 13, n. 127.

Idade Média. Nessa época, o "sacerdócio" era ainda "visto *primeiramente como poder de ligar e de desligar*"⁴⁸. Certamente, esse cargo pastoral era então percebido mais como disciplinário do que propriamente evangelizador. Entretanto, não deixava de subsistir a tradição antiga: "uma vez que a eucaristia é vista principalmente como o sacramento de nossa incorporação a Cristo, e só é frutuosa e, segundo alguns, válida se é celebrada na comunhão da Igreja, ela advém de certa maneira das chaves entregues à Igreja"⁴⁹.

Entretanto, nesta época, a *inversão* já está feita. Ela foi realizada pelo *Pontifical romano-germânico*, compilação (realizada em Mainz, cerca de 960) de tradições galicanas e germânicas misturadas com elementos romanos, que, a serviço da política religiosa dos Otões, acabou por se implantar plenamente em Roma, por volta de 1150⁵⁰. Portanto, esse pontifical foi a referência para a teologia escolástica da ordenação. Ora, mediante o rito central da "entrega" da patena e do cálice, "matéria informada" pelas palavras, "recebe o poder de oferecer o sacrifício da missa...", o pontifical salienta prioritariamente o poder dado ao sacerdote de *consagrar a eucaristia*. Tomás de Aquino pode então escrever: "O sacerdote tem duas funções: uma, principal, tem por fim o *corpus verum* de Cristo; a outra, secundária, o *corpus mysticum* de Cristo. Essa segunda função depende da primeira, e não reciprocamente. Assim, muitos foram promovidos ao sacerdócio, aos quais só se confiou a primeira função; assim, os religiosos, que não têm a cura das almas. Não se espera a lei de sua boca, pede-se somente a eles consagrar [...]. Outros são chamados para preencher essa função da qual o corpo místico é o objeto. O povo espera a lei de sua boca..."⁵¹. Não se pode ser mais claro. Compreende-se, também, uma vez que o sacerdócio é essencialmente constituído pelo poder de fazer o *corpus verum* da eucaristia, que os bispos sejam somente sacerdotes *superiores* (ibidem).

Na esteira desta valorização unilateral do "sacerdócio" como poder de consagrar, a atenção dos escolásticos tende a se polarizar na ação dos sacerdotes *in persona Christi*. Certamente, como mostrou B. D. Marliangeas, essa expressão, especialmente em Santo Tomás, não está nunca desvinculada da expressão *in persona Ecclesiae*⁵². Mas a Igreja em questão permanece

---

48. CONGAR, Y., *L'Ecclesiologie du haut Moyen Age*, Cerf, 1968, 138-151.

49. Ibidem, 146-147.

50. VOGEL, C., *Introduction aux sources de l'histoire du culte chrétien au Moyen Age*, Spoleto, 1966, 187-203.

51. SANTO TOMÁS DE AQUINO, *Suma Teológica Suppl.*, q. 36, a. 2, ad. 1.

52. MARLIANGEAS, B. D., *Clés pour une theologie du ministère: In persona Christi, in persona Ecclesiae*, Beuchesne, 1978, 63-146.

uma entidade muito geral: os escolásticos não pensam mais numa Igreja local, como observamos; esta, por outra parte, não intervém mais, concretamente, no chamado e na ordenação dos ministros, deixando o campo livre, de alguma maneira, para uma conexão direta do sacerdócio de Cristo com o ordenando. A noção de *in persona Christi*, aliás muito preciosa, uma vez que expressa a representatividade ministerial do sacerdote em relação a Cristo, sofre então um desequilíbrio.

Paralelamente observa-se a mesma ruptura de equilíbrio na teologia da oração eucarística, da qual se perdeu de vista a unidade de conjunto em benefício de uma estreita focalização no *momento da consagração*. Esse movimento, como notou P. M. Gy, caminhou "paralelamente com a promoção da causalidade eficiente"[53]. Portanto, só as palavras de Cristo na Ceia pertencem à *substantia sacramenti*, as outras partes da oração eucarística somente estão *ad decorem* ou *ad solemnitatem*. Certamente, o conjunto dos teólogos, após 1170 (época em que nasceu esta nova *quaestio*), julgam que esta *substantia* somente pode encontrar sua significação a partir do conjunto da oração e especialmente do relato no qual estão inseridas as palavras de Jesus na Ceia[54]. Mas esta não é a opinião de Tomás de Aquino: "A intenção (do sacerdote) faz que as palavras sejam compreendidas como proferidas *ex persona Crhisti*, embora elas não sejam ditas expressamente pelo relato das palavras precedentes"[55]. E se se objeta, com Pedro Lombardo, que o sacerdote não diz *offero*, mas *offerimus, quase ex persona Ecclesiae*[56], Santo Tomás replica: "O sacerdote, nas orações que pronuncia na missa, fala representando a Igreja, porque se mantém em sua unidade (*in persona Ecclesiae, in cujus unitate consistit*). Contudo, na consagração do sacramento, fala representando Cristo (*in persona Christi*), do qual desempenha o papel por seu poder de ordem"[57]. Ao separar assim, no momento da consagração, o *in persona Christi* do *in persona Ecclesiae*, Tomás prolonga até às últimas consequências o movimento de "*cesura mortal*" entre Cristo e a Igreja nascido um século antes.

---

53. Gy, P. M., "Les paroles de la consécration et l'unité de la prière eucharistique selon les théologiens de P. Lombard à S. Thomas d'Aquin", in: *Lex orandi, lex crédendi*, Mélanges Vagaggini, Stud. Anselm. 79, Roma, 1980, 221-233. Cit., 230.

54. Do contrário, como diz com primor Prévosin, não se compreenderia mais o papel ministerial e representativo do sacerdote: "Tunc sacerdos uteretur illis verbis significative et tanquam propriis, non representative et tanquam Domini" (Gy, ibidem, 228).

55. Santo Tomás de Aquino, *Suma Teológica* III, q. 78, a. 1, ad. 4.

56. Pedro Lombardo, *IV Sent.*, d. 13. Cf. Marliangeas, B. D., op. cit., 55-60.

57. III, q. 82, a. 7, ad. 3. Cf. Marliangeas, B. D., op. cit., 118-122.

e. Balanço

Este é o ponto de finalização, *não necessário certamente, mas lógico*, de uma sacramentária que nos parece hoje ter conjugado de maneira demasiado unilateral: [1] uma causalidade eficiente instrumental compreendida de tal maneira que toda fórmula depreciativa não pode ser julgada a não ser como insuficiente para a realização do sacramento; [2] um princípio cristológico de tal modo valorizado como fundamento desta eficiência que a pneumatologia já não é mais o peso; [3] um apego tão direto desta mesma eficiência com a união hipostática que a mediação concreta da Igreja se apaga amplamente e que o poder de ordem do sacerdote, quase totalmente cortado da Igreja (fica ainda, entretanto, a "intenção"), se torna uma espécie de absoluto... Isso não impede a sacramentária de Santo Tomás de ter, por outra parte, suas grandezas, inigualadas em muitos pontos por outros escolásticos.

Se as relações que acabamos de estabelecer entre esses diversos elementos não são o simples efeito de uma necessidade lógica intrínseca (como se determinado traço sacramentário devesse obrigatoriamente se acompanhar de tal insistência cristológica, de tal elemento trinitário ou de tal tendência eclesiológica), em contrapartida, não são mais seguramente o efeito de um simples acaso. O relevo que tomam a união hipostática, a santa humanidade de Cristo, o *Filioque*, a eucaristia como *corpus verum* e a Igreja como *corpus mysticum*, a função do papa como "vigário de Cristo" e cabeça dessa Igreja, a definição do "sacerdócio" como recepção do poder de consagrar o pão e o vinho, o poder das palavras ditas pelo sacerdote *in persona Christi* sem outra ligação com a Igreja senão a intenção de fazer o que ela faz nos parece *significativo de uma cultura, de uma* episteme *nova*. Nós esboçamos em grandes traços, no início de nosso trabalho, os contornos econômicos, sociais, institucionais principais. A coerência desse "saber" teológico escolástico está assegurada por uma "arqueologia" tanto mais influente quanto menos consciente, tanto mais prenhe culturalmente quanto mais parece impor-se com toda a "naturalidade".

2. Os pressupostos desta sacramentária no que concerne à relação entre Deus e homem

A lógica que comanda o discurso de Santo Tomás é rigorosamente a mesma na sacramentária e na cristologia. Simplesmente, como é evidente, a primeira depende de um espaço (instrumento separado) em relação à segunda (instrumento conjunto). A afirmação da ação de Deus na ação humana da Igreja não representa mais um problema de fundo, uma vez admitida a união hipostática.

Esta última representa certamente um escândalo para a fé, escândalo sentido rigorosamente pela escolástica na medida em que a representação que a subentende está articulada num esquema espacial de distância vertical. A transcendência de Deus aparece, então, espontaneamente afirmada e salvaguardada quanto mais essa distância, infinita, é sublinhada como *afastamento* (como oposição, Deus sendo representado como o que o homem não é). O "milagre" da Encarnação é ainda mais radiante, uma vez que anula em Jesus essa distância incomensurável. Portanto, longe de pôr em questão as representações ontoteológicas de Deus, a Encarnação não faz senão *reforçá-las*. Certamente, no nível temático, a fé no Verbo encarnado gera necessariamente um novo discurso sobre Deus e sua relação de amor salvador com os homens. Mas esses novos temas não põem em causa o *esquema* fundamental da representação de Deus, esquema que, como dissemos, pertence inconscientemente "à" metafísica.

Não nos esqueçamos, ao dizer isso, dos desenvolvimentos importantes consagrados pela escolástica à teologia negativa, à analogia e aos pressupostos trinitários fora dos quais a Encarnação do Verbo permaneceria impensável. No entanto, como mostra o plano da Parte 1 da *Suma Teológica* de Santo Tomás, em que Deus é estudado, primeiro, em sua essência e sua operação (q. 2 a. 26), depois, em suas pessoas (q. 27 a. 43), enfim, como princípio e fim do universo criado, a abertura intratrinitária de Deus é segunda em relação à simplicidade de sua essência. Certamente, é sempre como teólogo e não como simples filósofo que Tomás aborda o ser de Deus. Este não é, entretanto, pensado de imediato trinitariamente: é sempre a noção "simples" do *Ens supremum* que se tem dele que comanda o esquema fundamental da representação.

Por isso, se o mistério Jesus Cristo escandaliza a razão do escolástico crente, é primeiro, como mostram os tratados da Encarnação, sob o ângulo da seguinte questão: *como* é possível que Deus tenha conseguido se fazer homem? Essa questão pressupõe que se saiba *previamente* quem é Deus. E, com efeito, é precisamente porque sabemos (mesmo sob o modo negativo do não-saber) — que esbarramos em uma dificuldade diante de Jesus: uma vez que, segundo os atributos de superexcelência que lhe são reconhecidos desde o início, Deus é simples, perfeito, infinito, imutável, eterno… como é possível que ele tenha assumido a natureza do homem que é composto, inacabado, finito, submetido à geração, ao devir e à corrupção…? Projeta-se, assim, *a priori* sobre Jesus, mediante sua natureza divina, as representações ontoteológicas que se tem de Deus; tropeça-se somente (se é que se pode dizer!) na forma pela qual a união da natureza divina com a natureza humana foi possível.

Mas não se volta até a questão radical: *de qual Deus* falamos para que possamos dizer que ele se revelou integralmente em Jesus? Quem, pois, é Deus para que possamos dizer em verdade que se fez homem em Jesus? Em vez de meditar sobre as mudanças das representações de Deus, o que requer o acontecimento Jesus Cristo e, sobretudo, sua morte "por nós", a escolástica continuou a se deixar guiar por tais mudanças. Sem dúvida, ela não podia fazer de outro modo. De certa maneira, sabia-se suficientemente que "Jesus é Deus" para deixar pôr em causa esse "Deus" ao meditar que "Deus é Jesus" — entendida, além disso, que essa inversão dos termos requer, em um segundo momento, que se volte à primeira formulação: a cristologia não pode ser unilateralmente "de baixo".

De modo geral, portanto, como salienta C. Geffré, embora seja verdade que ele (Tomás de Aquino) tenha uma percepção muito viva do além conceptual de Deus, identificado com o ser absoluto, de sua alteridade irredutível, parece difícil afirmar que ele escape do destino da metafísica ocidental, isto é, pelo menos do movimento dela como tentativa de explicação da realidade a partir de um fundamento supremo. É por isso que, "embora permaneça como um modelo de epistemologia teológica", a teoria dos nomes divinos desenvolvida por Tomás (Ia., q. 13) opera "uma redução rigorosa dos atributos bíblicos de Deus, sobretudo quando são expressos de forma verbal (verbos de ação), na atualidade pura do ser [...]. Em sua vontade de explicação, a teologia-ciência dá razão do Deus de Abraão, de Isaac e de Jacó a partir de algo anterior, uma determinada experiência humana do divino, a saber, a ideia de Deus concebido como ser absoluto. O critério hermenêutico para saber qual nome, bíblico ou não, convém propriamente a Deus será sua convertibilidade com Deus concebido como Primeiro Ser"[58]. Precisamente, é essa problemática que nosso último capítulo tentará "ultrapassar".

II. NOSSO PONTO DE PARTIDA: A PÁSCOA DE CRISTO

1. A tradição litúrgica

Que o ponto de partida da teologia sacramentária se deva buscar não do lado da união hipostática, mas do lado da Páscoa de Cristo tomada em toda

---

58. Geffré, C., op. cit., 156-157. Cf. Idem, art. "Dieu. 2. L'affirmation de Dieu", *Enc. Univ.* 5, 577-580.

a sua extensão (e incluindo, portanto, a Igreja e o fato cristão), é uma das lições principais da tradição litúrgica da Igreja desde a mais alta antiguidade.

a. *O batismo e a iniciação cristã*

Seja qual for a fórmula (cristológica ou trinitária) e o simbolismo batismal empregado (simbolismo de remissão dos pecados ou purificação e de dom do Espírito, de morte e ressurreição, ou ainda de novo nascimento), é sempre à Páscoa de Cristo e/ou ao seu cumprimento *pentecostal* que é referido o batismo no Novo Testamento. Ademais, como pensa G. Kretschmar[59], o rito batismal, nas origens, era provavelmente acompanhado de ritos diversos segundo as Igrejas; esta diversidade inicial, provavelmente mais ampla ainda que na eucaristia (ritualizada mais firmemente em torno das tradições recebidas a respeito da Última Ceia), foi pouco a pouco reduzida e codificada ao redor de três grandes gestos (dos quais os dois primeiros permaneceram durante muito tempo mal distinguidos em algumas igrejas): o próprio batismo, posto em relação prioritária com a morte/ressurreição do Senhor; seu cumprimento por um rito ligado ao dom do Espírito; enfim, a participação no banquete escatológico. Essa trilogia, que, em várias igrejas, pode remontar à época apostólica, acabará por se impor. Em seu desenvolvimento exemplar na época das grandes catequeses mistagógicas, manifesta que o devir cristão inicial e iniciático está situado por inteiro sob o movimento da ressurreição do Crucificado, da qual participa a humanidade, graças ao dom do Espírito em Pentecostes, participação compreendida como o penhor escatológico do advento de uma "nova criação" em gênese. A iniciação cristã sempre viveu liturgicamente com base na sequência Páscoa-Pentecostes-Parusia.

b. *A anamnese eucarística*

Isso também pode ser dito em relação à eucaristia. Talvez a discussão sobre esse ponto seja mais impressionante ainda. De acordo com a teologia paulina, em que a ceia do Senhor é essencialmente anúncio da "morte do Senhor até que venha" (1Cor 11,26), as anamneses das orações eucarísticas antigas nunca mencionam a Encarnação como tal[60]; mesmo assim, detalha-

---

59. Kretschmar, G., "Nouvelles recherches sur l'initiation chrétienne", *LMD* 132, 1977, 7-32.

60. Isso também pode ser dito em relação a todas as tradições antigas, tanto siríacas ocidental e oriental como alexandrinas, romanas etc. As anamneses tampouco deixam de mencionam *Pentecostes*. Isso se explica: de uma parte, o núcleo anamnético central, focado na

mos minuciosamente os aspectos do mistério celebrado: sofrimento, morte, sepultura e descida aos infernos, ressurreição, ascensão, o sentar-se à direita, parusia, juízo. A encarnação não está certamente excluída: a ação de graças inicial pela criação e a história da salvação sempre terminam nela; mas a anamnese está sempre muda a seu respeito, mostrando assim que somente se pode compreender *a partir do "mistério pascal"* de Cristo, e não anteriormente a ele. Esse ponto é tanto mais significativo tendo em vista que as anáforas das quais falamos se desenvolveram num momento em que a Igreja se batia contra as heresias no terreno da união hipostática. Mesmo quando a teologia estava polarizada nesta frente, a Igreja continuava, em sua prática litúrgica, a viver o mistério de Cristo no âmbito pascal.

c. O ano litúrgico nos três primeiros séculos

Podemos fazer o mesmo tipo de observação em relação à gênese do ano litúrgico. "Para os primeiros séculos cristãos, Páscoa é não somente *a festa* por excelência, a festa das festas, como diz hoje o martirológio, mas a única festa, ao lado da qual não poderia existir outra"[61]. Do ponto de vista histórico, duas questões devem ser distinguidas nesse assunto: a da Páscoa semanal do domingo e a da origem da Páscoa cristã anual.

— A Páscoa semanal do domingo

Os quatro evangelhos estão de acordo: foi "no primeiro dia da semana" que Jesus ressuscitou e se manifestou aos seus. Esta menção unânime procede provavelmente de uma intenção teológica e verdadeiramente *litúrgica*: trata-se de fundamentar o costume, já instituído muito cedo nas diferentes igrejas, de se reunir nesse dia em memória do Senhor Jesus ressuscitado. Se, em vez de sua denominação judaica ("primeiro dia da semana") ou pagã ("dia do Sol"), as igrejas procuraram substituí-los com uma denominação propriamente cristã (*kyriakè hèméra*, ou ainda "oitavo dia")[62], foi precisamente porque esse dia, em ruptura com a significação primeira do sabá judeu centrado no repouso de Deus criador, foi essencialmente o *dia da ressurrei-*

---

morte e na ressurreição de Jesus (*Tr. Ap.*; Addai e Mari), se desenvolveu no século IV, seguindo o artigo cristológico do Credo; ora, neste, Pentecostes não é mencionado — não mais que no 3º artigo. Além disso, o Espírito não é objeto de memorial, mas potência de memorial.

61. DALMAIS, I. H., in: MARTIMORT, A. G., *L'Église en prière. Introduction à la liturgie*, Desclée, 1968, 218.

62. BOTTE, B.; DANIÉLOU, J., art. cit. *supra*, cap. V, n. 26.

ção de Cristo⁶³. De certa maneira, pode-se dizer que esse dia, pela assembleia da Igreja a que dá lugar, pertence à época em que o pão e o vinho da eucaristia, enquanto elementos da criação e do trabalho dos homens, são, para o mundo e para a história, sacramentos da morte-ressurreição-parusia do Senhor. A Páscoa de Cristo se inscreve sacramentalmente na carne do mundo pelo pão e pelo vinho; na carne do tempo, pelo domingo.

A assembleia do domingo (realização exemplar da *ekklésia*)⁶⁴ parece uma instituição quase tão antiga como a Igreja: parece, em todo caso, se impor desde a fundação das Igrejas, pelo menos em meio pagão, uma vez que Paulo, em 1 Coríntios 16,1-2, atesta a regularidade em Corinto e nas Igrejas da Galácia⁶⁵. Ora, este dia memorial celebra "a *totalidade* do mistério de Cristo", segundo a tríplice dimensão de "memorial da *morte* e da *ressurreição* de Jesus" e da "antecipação concreta do *Dia final*" — a ceia do Senhor é "naturalmente o momento forte da celebração inteira"⁶⁶. Em outros termos, a assembleia dominical é a celebração da Páscoa do Senhor tomada em toda a sua extensão. É *Páscoa a cada domingo*. E parece que, durante algum tempo, a Igreja não conheceu outro ciclo litúrgico senão o da Páscoa semanal.

— A Páscoa cristã anual

A questão da origem da Páscoa cristã anual é difícil e permanece ainda controvertida entre os especialistas. O ponto da pesquisa recente foi feito por J. T. Talley, no qual nos inspiramos aqui.

"A maior parte" dos especialistas "julga atualmente que a Páscoa dos *quartodecimanos* foi a forma original da celebração da comunidade primitiva, e não um desvio limitado à província da Ásia", embora possamos continuar pensando que sua transferência do 14 Nisan para o domingo é suscetível de "remontar à época apostólica". Seja o que for, "parece certo", para J. T. Talley, que a Páscoa cristã anual "nasceu diretamente da celebração do *Pessah* prescrito pela Lei", que prolongou "esta celebração da redenção em

---

63. RORDORF, W., *Sabbat et dimanche dans l'Église ancienne* (textos), Neuchâtel, Delachaux et Niestlpe, 1972, XVII.

64. GRELOT, P., art. cit., *supra*, cap. V, n. 22.

65. É no "primeiro dia de cada semana" que tem lugar, com efeito, a coleta a favor da Igreja de Jerusalém em Corinto e na Galácia. Feita, evidentemente, no decorrer da assembleia cristã, "a coleta toma um lugar análogo àquela que ocupava no judaísmo a arrecadação semanal da cesta dos pobres na véspera do sábado" (GRELOT, P., art. cit., n. 31-32; PERROT, C., *Jésus et l'histoire*, op. cit., 296); — LÉON-DUFOUR, X., *Le Partage du pain eucharistique selon le Nouveau Testament*, op. cit., 26-30.

66. GRELOT, P., art. cit., 46.

memorial e na espera escatológica da parusia", e que, assim, teve por objeto "a memória da paixão, a experiência da ressurreição e a espera do retorno próximo daquele que tinha sido revelado como o Messias".[67]

Entretanto, não é seguro historicamente que essa Páscoa anual tenha sido celebrada em todas as igrejas. Assim, a tese de K. Holl, em 1927, segundo a qual a Páscoa anual teria sido desconhecida em Roma até cerca da metade do século II, onde inicialmente só se teria conhecido "*um ciclo litúrgico semanal*", volta "ao primeiro plano". Em todo caso, "há pelo menos vários sábios reputados que pensam sempre que, na comunidade primitiva de Roma, não houve observância anual da *pascha* antes que ela tenha sido introduzida por Soter, em cerca de 165, sob uma influência vinda do Oriente, onde a celebração do domingo de Páscoa instituída em Jerusalém, em cerca de 135, se estendeu a partir daí à Alexandria e por toda a cristandade helenística"[68].

Assim, é possível que, pelo menos em determinadas Igrejas, a Páscoa semanal do domingo tenha sido uma prática bem anterior à Páscoa anual. Esta, celebrada numa longa vigília noturna, é, de toda maneira, apenas a *exibição* da "única festa propriamente cristã", isto é, da memória da morte-ressurreição-parusia do Senhor Jesus. *Isso elimina por completo a ideia de simples "aniversário"*, como exprime, aliás, Tertuliano, "porque os aniversários não voltam, para os pagãos, senão uma vez por ano; para ti, volta todos os oito dias"[69]. Ainda mais, a celebração semanal dos cristãos, centrada, portanto, no corpo partido e no sangue derramado de Cristo, ocorre não no dia da morte de Jesus, na sexta-feira, mas no dia de sua ressurreição, no domingo.

A partir desse núcleo semanal, depois anual (ou e anual), o ano litúrgico cristão se desenvolveu, ao que parece, a partir do fim do século II, em uma *Cinquentena feliz*. Se, no tempo do papa Sirício, no final do século IV, *Pentecostes* designa também o quinquagésimo dia da Páscoa, contudo, anteriormente, o termo indicava o conjunto do período dos cinquenta dias, como *laetissimum spatium*. Daí a interdição, durante "todo o *Pentecostes*", de jejuar ou de rezar de joelhos, como nos domingos, assim o declaram Tertuliano e outras testemunhas[70]. Portanto, comenta O. Casel, "trata-se do único dia que começa com a Páscoa e continua durante o *Pentecostes*. Toda

---

67. TALLEY, J. T., "Le temps liturgique dans l'Église ancienne. État de la recherche", in: *LMD*, 147, 1981, 29-60; cit., 30 e 34.
68. Ibidem, 32-33.
69. TERTULIANO, *De idolatria*, 14. Citado por CASEL, O., op. cit., 42.
70. Idem, *De corona*, 3 (CSEL 70, p. 158): Idem, *De baptismo*, 19, 2 (SC n. 35). Igualmente, *Actes de Paul* (citados por CASEL, O., *La fête de Pâques dans l'Église des Pères*. Cerf, 1963, 37-38).

a duração dos cinquenta dias forma, na fé dos cristãos, um dia radioso"[71]. E este *"grande domingo de cinquenta dias"*, como o denomina J. T. Talley, "é até então observado em todas as partes"[72].

Para ser mais preciso, dizemos que o ciclo litúrgico no conjunto das igrejas, pelo menos a partir da segunda metade do século II e durante o século III, compreendia [1] a páscoa semanal e [2] a páscoa anual. Ambas celebravam juntas a morte e a ressurreição do Senhor na espera de sua segunda vinda[73]; [3] enfim, havia um prolongamento dessa páscoa anual no "grande domingo de cinquenta dias" do *Pentecostes*, que comemorava juntamente a ressurreição do crucificado, sua ascensão e o dom do Espírito, e antecipava seu retorno glorioso, sem que se separassem ainda a Ascensão e o Pentecostes como festas particulares no quadragésimo e no quinquagésimo dia[74].

d. A evolução do ano litúrgico a partir do século IV

No início do século IV começa a fragmentação da "semana de semanas", que forma a Cinquentena feliz e na qual se procura adaptar o ano litúrgico à cronologia lucana. Esse processo se desenvolve progressivamente, mas parece bem-estabelecido no conjunto das igrejas "no fim desse século"[75].

— O ciclo pascal

Além do [a] estabelecimento do *sacratissimum tridum crucifixi, sepulti et ressuscitati* (Ambrósio e Agostinho)[76], coloca-se, então, [b] a festa de Pen-

---

71. CASEL, O., op. cit., 44.
72. TALLEY, J. T., art. cit., 38.
73. Cerca de 140, a *Epistula Apostolorum* testemunha a "concepção, cara à Antiguidade cristã, segundo a qual o Senhor voltaria no correr da noite Pascal ou então de Pentecostes" (CASEL, op. cit., 21). Esta concepção se enraizava na interpretação "escatológica e messiânica" que os judeus tinham dado aos ritos da Páscoa "pelo menos desde o primeiro século de nossa era": LE DÉAUT, R., art. "Judaïsme", *Dict. De Spir.*, t. 8, Beuachesne, 1974, col. 1515. O autor cita Mekhilta Ex 12,42, como "um artigo que faz lei": "Em Nisan eles foram libertados e é em Nisan que eles ainda o serão". E acrescenta: "Chegou-se até a situar na meia noite a aparição do Messias, tradição confirmada por São Jerônimo (*PL* 26, 184 D)".
74. Este é, em todo caso, o quadro de conjunto que esboça CHAVASSE, A., "Le cycle pascal", in: MARTIMORT, A. G., *L'Église en prière*, ed. de 1968 (*supra*, n. 61), 694. Igualmente, JOUNEL, P., "Le cycle pascal", na nova edição de *L'Église en prière*, t. 4, Desclée, 1983, 45-46.
75. TALLEY, J. T., art. cit. (n. 67), 37-39.
76. As três dimensões desse tríduo permanecem ainda profundamente ligadas. No tempo de São Leão, a igreja romana continua a ler integralmente o relato da paixão, da morte e da ressurreição de Jesus, porque aí está, como define São Leão, o "totum paschale sacramen-

tecostes no quinquagésimo dia (com uma vigília batismal que espelha a da Páscoa), depois, descontando os dias, [c] a festa da *Ascenção* no quadragésimo dia[77]. Enfim, [d] o *jejum* pascal primitivo de um ou vários dias, ligado à "ausência do Esposo", se estende, mas numa perspectiva mais diretamente penitencial, a *três semanas*, pontuadas pelos três domingos de escrutínios pré-batismais (com seus evangelhos "batismais" da samaritana, do cego de nascimento e da ressurreição de Lázaro)[78], depois, no decorrer do século IV, a *quarenta dias* (depois do primeiro domingo da quaresma até a abertura do "tríduo"): este foi, como o sabemos, o último tempo da preparação doutrinal, moral e sacramental dos candidatos ao batismo e, paralelamente, à reconciliação dos penitentes (a qual tinha lugar na Quinta-feira Santa).

— Natal – Epifania

Enfim, é também no século IV que surge a festa cristã do *Natal*. Aparece pela primeira vez no Cronógrafo de 354, no início da *Depositio martyrum* redigida em 336; sua origem pode remontar a Roma, por volta de 330. O *Natal*, festejado em Roma, em 25 de dezembro, é celebrado no Oriente no dia 6 de janeiro sob o nome de *Epifania*. Nos dois casos, trata-se de celebrar a festa de Cristo "sol de justiça" (Ml 4,2) e "luz do mundo" (Jo 8,12) no lugar da "festa do *Sol invictus*, que era o símbolo da última resistência do paganismo", no solstício de inverno que no Ocidente ocorre no dia 25 de dezembro, e no Egito e na Arábia no dia 6 de janeiro. Por outra parte, a criação dessa festa foi provavelmente favorecida pelo dogma de Niceia, do qual ela constituía uma proclamação litúrgica fundamental[79]. Do ponto de vista semântico, sublinhamos, enfim, que, se *Natal* quer dizer aniversário de nascimento, significava também, na etiqueta da corte, a *glorificação* do imperador, seu acesso à púrpura, sua apoteose. O termo grego *epifania* retoma

---

tum" (S. 59, 1; SC 74, 1961, 128 s.). Quando todo dia de quinta-feira pertencer a esse "tríduo", o domingo de Páscoa será excluído: isso contribuirá ao fracionamento do "sacramento pascal". Intuímos as consequências teológicas dessa espécie de disjunção entre a morte e a ressurreição de Jesus.

77. Por outra parte, isso não se fez de maneira simples. Porque se, segundo uma primeira tradição, Pentecostes se centrou na missão universal da Igreja na esteira de Atos 2, em contrapartida, uma outra tradição, mais enraizada no judaísmo que a religava à renovação da aliança e à subida de Moisés ao Sinai, a combinava com a ascensão: cf. CABIÉ, R., *La Pentecôte, L'évolution de la Cinquantaine pascale au cours des cinq premiers siècles*, Paris-Tournai, Desclée, 1965. TALLEY, J. T., art. cit., 39.

78. CHAVASSE, A., "Structure du Carême", in: *LMD* 31, 1952, 75-119.

79. JOUNEL, P., op. cit., (*supra*, n. 74), 91-96; TALLEY, J. T., art. cit., 41-42 e 47-48.

sobretudo o segundo sentido, aplicando-o à entrada triunfal de um soberano numa cidade, ou à manifestação colaboradora de uma divindade na ocasião da saída oficial de sua estátua numa cidade. Esta *apparitio* ou *epiphania* se encontra aplicada a Cristo em Tito 2,13, passagem que se lê na missa de Natal. É essa ideia de *manifestação* ou de *advento* (termo muito próximo dos precedentes na linguagem política da corte) que se vê em toda parte aplicada a Cristo no dia 25 de dezembro ou em 6 de janeiro, com uma extensão variável: em Roma, o 25 de dezembro, manifestação do Verbo aos pastores, depois às nações pelos Magos; no Oriente, além dessa dupla manifestação, a que é feita da messianidade de Jesus na ocasião de seu batismo e mesmo, em algumas Igrejas, o primeiro sinal da manifestação de sua "glória" em Caná (Jo 2,11). Enquanto o Ocidente tinha transferido, desde o final do século IV, a manifestação aos Magos para 6 de janeiro, o Oriente (desde 370 na Capadócia) tinha transferido para 25 de dezembro a dupla manifestação aos pastores e aos Magos, e somente conservava para o 6 de janeiro a festa do batismo do Senhor.

De tudo isso, destaca-se especialmente que *Natal-Epifania somente são inteligíveis no âmbito cristão pela sua relação com a Páscoa*. Com efeito, os termos *Natale* (*adventus*) ou *Epiphania* nos remetem ao triunfo de Cristo. Triunfo paradoxal, certamente, uma vez que se manifestam na humildade da carne, mas triunfo da mesma ordem que o da cruz visto à luz da ressurreição. Em seguida, essa relação é afirmada indiretamente pelo elo primitivo posto no Oriente entre as manifestações da infância de Jesus e sua manifestação no início de sua missão (*batismo e Caná*): a infância pode ser lida a partir da missão, com a morte e a ressurreição às quais ela conduz. É o que mostra igualmente a perspectiva escatológica bastante acentuada do tempo do *Advento* (fim do século IV na Gália; cerca de 550, em Roma). Que este tempo comece, em Roma, pela leitura do evangelho da parusia de Cristo ressuscitado é altamente significativo: a Igreja só pode esperar Cristo que já veio no Natal, ao acolhê-lo vindo hoje na Palavra e na eucaristia, e ao fazer memória de sua segunda vinda no fim dos tempos. *O presente de Cristo só é afirmável no aspecto cristão na memória de sua vinda passada e seu sempre "por vir"*.

Agostinho tem muita razão, de certa maneira, quando vê no Natal um simples aniversário, um *Natale* no início das *Depositiones Martyrum*. Não lhe reconhece o caráter de um *sacramentum*, caráter reservado por ele à única festa da Páscoa: porque só a Páscoa efetua a cada ano nosso *transitus* da morte para a vida com Cristo[80]. Isso diz, ao mesmo tempo, que o

---
80. Gaillard, H., "Noël, memoria ou mystère", in: *LMD* 59, 1959, 37-70.

natale de Jesus não poderia ser uma festa propriamente cristã se não fosse celebrada *in sacramento*, isto é, na memória da Páscoa. Assim mesmo, no Natal, a Igreja celebra não somente o "nascimento de Jesus", mas, como diz a liturgia, "o advento do *Senhor* Jesus". Cinquenta anos depois de Agostinho, São Leão se comprazerá justamente em sublinhar o "hoje" sacramental do Natal como "mistério"[81]. O Natal é festa cristã porque é portador das primícias do *sacramentum pascale*: é no seio do hoje da ressurreição que o *hodie Christus natus est*, que canta a Igreja nas vésperas do dia de Natal, pode ser proclamado.

e. Leitura teológica do dossiê:
   um ponto de partida pascal

Lex orandi, lex credendi: se é verdade que a Igreja crê como ora, a liturgia é um lugar teológico de primeira ordem. Ora, a Igreja dos primeiros séculos não conhecia senão uma única festa: a Páscoa. *Quando se tinha tudo, nos Evangelhos e nos Atos, para organizar de imediato um ano litúrgico* que teria compreendido Natal, Epifania, Batismo, Quaresma, Quinta-feira, Sexta-feira e Sábado santos, Domingo de Páscoa, Ascensão no quadragésimo dia, Pentecostes no quinquagésimo dia, e finalmente a Parusia, é teologicamente significativo que durante os três primeiros séculos não se tenha organizado. Será que se preferiu seguir a Lucas do terceiro evangelho que situa a ascensão na tarde da Páscoa (Lc 24,50-53), ou a teologia joanina que sugere a glorificação e a ascensão de Jesus na ocasião de sua elevação sobre a cruz (verbo *hypsoô*), a "entrega do Espírito" na ocasião de sua morte (Jo 19-30); e a efusão deste sobre os discípulos na tarde de Páscoa (Jo 20,22-23)? Ou, ainda, preferiu-se manter a unidade da dupla linguagem de "ressurreição" e de "exaltação/ascensão" apuradas por X. Léon-Dufour das diversas tradições primitiva[82]? *É todo o mistério da Páscoa de Cristo* — morte, ressurreição/exaltação, dom do Espírito, parusia — *que é celebrado juntamente como memorial*. É o que acontece inicialmente a cada domingo; depois, por ocasião da Páscoa anual.

Esta unidade mistérica ou sacramental progressivamente se fragmentou a partir do século IV. R. Taft tem certamente razão de reagir contra uma

---

[81]. DE SOOS, M. B., *Le Mystère liturgique d'après saint Léon le Grand*, Münster, 1972 (Liturgiewissenschaftliche Quellen uns Forschungen, Heft 34), 22-27; HUDON, G., *La Perfection chrétienne selon les sermons de saint Léon*, Cerf, 1959, Seção "Le sacramentum de la Nativité", 191-200.

[82]. Cf. LÉON-DUFOUR, X., *Résurrection de Jésus et message pascal*, Seuil, 1971, cap. 2.

representação demasiado simples do processo neste âmbito: não se poderia reduzir a evolução litúrgica a uma passagem linear de uma escatologia pré-niceiana a um historicismo constantiniano[83]. Entretanto, não se pode negar que, seguindo um ritmo diferenciado segundo as Igrejas ou as escolas e com períodos de refluxo, a tendência foi globalmente aquela.

O processo de desenvolvimento do ano litúrgico não ocorreu sem ambiguidades. O *risco* principal estava em ver o enfraquecimento do lado mistérico de toda celebração propriamente cristã e o esquecimento de seu presente escatológico de memorial em proveito de uma simples ideia de "aniversário" de tal ou tal momento da vida de Jesus; a supervalorização da exemplaridade em detrimento da sacramentalidade, isto é, o embotamento do cume cristão da liturgia, cujo objeto, a morte do Cristo ressuscitado, é ao mesmo tempo, segundo a expressão de São Leão, *et sacramentum et exemplum*: dada *in sacramento*, é graça divina de salvação (*conferuntur divina*), ao passo que dada *in exemplo*, requer nosso esforço ético humano de imitação (*exiguntur humana*)[84]. Portanto, é o memorial escatológico da Páscoa, isto é, a especificidade da liturgia cristã, que corria o risco de pagar o preço da ampliação dos mistérios ao longo do tempo anual. O ciclo litúrgico estava ameaçado de ser visto somente como um grande sociodrama que festejava o *aniversário* das grandes etapas da vida de Jesus ou *que imitava*, segundo a sua sucessão cronológica, os diversos momentos da Páscoa.

Ao correr o risco de perder neste plano, a Igreja, no entanto, teve chances de ganhar em outro plano. *Culturalmente*, primeiro, contou com uma massa de cristãos que, na época da passagem sociológica para uma Igreja plenamente "multitudinária", na qual a escatologia tinha perdido seu peso original de iminência e a eventualidade do martírio não estava mais presente para reanimar o fervor das origens, somente podiam encontrar algo demasiadamente significativo no concentrado dominical ou anual da Páscoa. *Teologicamente*, depois, ao *articular o tempo dos homens no de Cristo*, ela devolvia à história concreta, com sua lentidão e seu peso, sua importância como lugar da salvação que uma escatologia demasiado rigorosa tinha às vezes esmaecido. Inevitável, o fenômeno era, portanto, desejável de muitas maneiras, embora estivesse ameaçado de desvios.

Está claro, pois, que a elaboração de um ciclo litúrgico anual no cristianismo é uma operação perfeitamente legítima teologicamente. Mas para

---

83. TAFT, R., "*Historicisme: une conception à revoir*", in: *LMD* 147m. 1981, 61-83.
84. SÃO LEÃO MAGNO, *Sermões* 59, 1 (SC 74, p. 129); 54, 5 (p. 104); 50, 4 (p. 80-81). Estudo de "sacramentum" e "exemplum", em DE SOOS, M. B., op. cit., (*supra*, n. 81), 78-98.

entender o problema nesse plano, dever-se-ia começar por esquecê-lo. Com esta condição, com efeito, lembrar-se-á que tal ciclo não é necessariamente requerido pela identidade cristã, como mostram os três primeiros séculos. O que é requerido é a memória ritual da Páscoa tomada em todos os seus aspectos — morte, ressurreição, dom do Espírito, parusia — formando um único mistério, memória inscrita no tempo em cada "dia do Senhor".

Considerar com seriedade esta história da liturgia (a iniciação cristã, a anamnese eucarística, o ano litúrgico) como *lugar teológico*, tomar a sério, com o padre Congar, o fato de que "o lugar privilegiado da tradição" da Igreja não está nos escritos teológicos ou homiléticos dos padres, mas nos "monumentos" litúrgicos que nos deixaram as Igrejas[85], é ser levado a elaborar um discurso teológico que parte da Páscoa, e não da união hipostática. Certamente, a união hipostática (ou o que se nomeou como tal no quadro das culturas dos séculos IV-V, e depois da escolástica) não é uma questão secundária. Mas é teologicamente segunda: a tradição litúrgica a leu *ao contrário*, isto é, a partir da ressurreição de Jesus, o crucificado. *Ao fazer isso, essa tradição litúrgica prolongava a tradição evangélica.* Com efeito, sabemos que o *kerygma* primitivo estava inteiramente centrado no anúncio da ressurreição do Crucificado. Sabemos, igualmente, que os núcleos *redacionais* mais antigos de nossos evangelhos são os relatos da paixão, elaborados seguramente a partir da fé na ressurreição, e que assim se caminhou, por "círculos concêntricos sempre mais abrangentes" de certo modo (até o batismo de Jesus em Marcos, até o seu nascimento em Mateus e Lucas, até sua contemplação como Verbo "antes" de sua vinda em nossa carne em João), da Páscoa para a Encarnação, e não o contrário. Os relatos da infância se impregnam assim "do esplendor da ressurreição"[86]. Quanto às *confissões de fé*, cujo *Sitz im Leben* principal parece ter sido a liturgia batismal[87], atestam a mesma perspectiva.[88]

Como em muitos outros campos do pensamento, a questão do ponto de partida na teologia dos sacramentos é decisiva. Ela o é duplamente para nós. *Partir da Páscoa*, como apresentamos anteriormente, e não da união

---

85. CONGAR, Y., *La Tradition et les traditions*, t. 2., Fayard, 1963, cap. 6. "Les monuments de la tradition" (1. La liturgie; 2. Les Pères; 3. Les expressions spontanées du christianisme). Cit., 186.

86. PERROT, C., *Les Récits de l'enfance de Jésus*, Cahiers Évangile n. 18, 1976, 6-7.

87. "A confissão de fé cristã encontra certamente aí (nas liturgias batismais) sua origem" (GRELOT, P., *Introduction à la Bible. Nouveau Testament*, vol. 5, op. cit., 78).

88. CULLMANN, O., *La Foi et le culte dans l'Église primitive*, Neuchâtel, Delchaux et Niestlé, 1963, 2ᵉ parte "Les premières confessions de la foi chrétienne". Cit., 68-69.

hipostática, é em primeiro lugar situar os sacramentos na *dinâmica de uma história*, a de uma Igreja nascida, em sua visibilidade histórica, do dom do Espírito em Pentecostes e sempre na gênese do corpo de Cristo ao longo da história. Partir da Páscoa é, portanto, ser intimado a articular a sacramentária não somente no *princípio cristológico*, mas também no *princípio pneumatológico*. Finalmente, a propósito da questão decisiva da relação entre Deus e o homem que coloca de maneira inevitável a afirmação tradicional da ação de Deus na ação humana da Igreja que realiza os gestos sacramentais, somos levados a perguntar: de *qual Deus* falamos, portanto, para que possamos afirmar isso? Como na cristologia, segundo o que dissemos mais acima, devemos progredir, ao contrário, compreendendo a encarnação a partir da morte e da ressurreição. Neste caso, o primeiro escândalo para a fé não é mais a união como tal, sem confusão nem separação, da divindade e da humanidade em Cristo ou seu "como", mas o que pode muito bem ser de Deus para que possamos confessar sua plena revelação no homem Jesus, condenado à morte em nome da lei de Deus.

2. A inclusão da vida concreta de Jesus no mistério pascal

a. A pertinência teológica da história

Sublinhamos já que a Páscoa celebrada anual ou semanalmente pela Igreja compreende não somente o momento da ressurreição (portanto, também exaltação, dom do Espírito e parusia), mas igualmente o momento da morte, em sua positividade histórica. No mistério de Cristo, esses dois momentos são inseparáveis. Isso porque a significação teológica da ressurreição está ligada ao fato de que se trata da ressurreição *de Jesus*; melhor dito, de Jesus que foi *crucificado*. Sendo assim, a questão colocada — *como* Deus pode ressuscitar alguém? — não é simples. Nem mesmo a seguinte questão: como Deus pôde ressuscitar alguém antes da ressurreição coletiva do fim dos tempos? Essas duas questões não são pertinentes do ponto de vista do judaísmo da época de Jesus, quando a maioria acreditava na ressurreição coletiva no último dia e, mediante os "arrebatamentos" de Elias, Henoc ou Esdras, conhecia precedentes de "antecipação" da ressurreição geral. As questões postas são inseparáveis do destino concreto de Jesus. O que significa o fato de Deus ter ressuscitado esse Jesus que foi crucificado em nome da Lei de Deus? *Quem*, pois, é Deus, que deu assim razão àquele que fora condenado justamente por blasfemar contra sua própria lei? *Deus se con-*

tradiz, portanto? Ou, finalmente, nós o *desconhecemos?* A pedra de tropeço, do ponto de vista do judaísmo, está aí: *a identidade de Deus.*

Desde então, a ressurreição de Jesus é compreensível apenas teologicamente, do ponto de vista neotestamentário, partindo do *processo histórico* a partir do qual Jesus foi condenado. Do duplo processo: processo religioso primeiro, por blasfêmia contra (a lei de) Deus; processo político em seguida, pela recusa de toda sacralização do poder político, uma vez que no Reino de Deus, anunciado por Jesus, são os pobres que são reis. Ora, esse processo é aquele da *história de Jesus*. Seu morrer-por não pode ser compreendido senão como a expressão de seu viver-por e, portanto, de sua maneira concreta de expressar em palavras e de manifestar em atos a novidade do Reino de Deus do qual anuncia a vinda iminente: reino de graça e de misericórdia aberto a todos os que, numa atitude de pobreza, reconhecem que não possuem uma justiça para fazer prevalecer em relação a Deus e aceitam assim deixar-se acolher por ele, acolhendo a mensagem de Jesus. A história completa de Jesus, compreendida em sua relação de semelhança e de diferença com a inteligência que seus irmãos de raça, de cultura e de religião tinham de Deus e da relação com Deus, é *teologicamente pertinente* para a inteligência de sua morte e de sua ressurreição.

Sem essa consideração da história empírica de Jesus no seio do judaísmo de sua época, nosso ponto de partida (o mistério pascal) não mudaria nada de fundamental em relação ao ponto de partida da união hipostática. Com efeito, permaneceríamos no abstrato, falando não de Jesus, mas de um Cristo semignóstico, que, pensado fora da história (embora se proclame a encarnação na história), funcionaria ao modo dos deuses senhores e salvadores das religiões mistéricas. Ao mesmo tempo, seus *acta et passa* históricos devem ser tidos como aspectos fundamentais: sem eles, com efeito, sua morte se esvaneceria numa nova pontualidade mítica e perderia a consistência propriamente "humana" sem a qual não poderia mais ter sua pertinência soteriológica de "morto por nós".

b. A encarnação lida a partir da Páscoa

Vamos ainda mais longe em nossos avanços regressivos, à luz dos próprios evangelhos: é sua *encarnação*, enquanto é a desse homem singular que existiu na história, que requer ser incluída no mistério pascal. "Por nós, os homens, e por nossa salvação, desceu do céu", diz o *Credo*. A teologia escolástica jamais esqueceu essa finalidade soteriológica da "encarnação redentora". Mas, tal como mostramos, tinha posto entre parênteses o *ad* do *esse* eucarístico na análise do como da transubstanciação; igualmente, tinha feito economia do "por" histórico na análise do "como" da união hipostática. Ora, como na eucaristia, *o "por" relacional é de imediato constitutivo do mistério*: a cristologia não pode jamais, mesmo no espaço da reflexão ontoteológica sobre o como, estar separada da soteriologia. Ao mesmo tempo, *é o ser de Deus que requer, e isso desde o início, ser repensado*. Elaborada, na esteira do mistério pascal, e não da união hipostática, nossa sacramentária nos ordena, pois, a *regressar criticamente a nossos pressupostos sobre Deus*; e, assim, a colocar a questão radical já anunciada: portanto, de *qual Deus* nós falamos para poder sustentar, na fé, que ele se dá a reencontrar, pela mediação do mais material, do mais corporal, do mais institucional, nos atos da Igreja que são os ritos? Esta é a questão que vamos considerar em nosso último capítulo.

Capítulo 13
Os sacramentos, figuras simbólicas do ocultamento de Deus

A GRAÇA SACRAMENTAL, OU O ADVENTO DE DEUS NA CORPOREIDADE

Afirmar teologicamente a graça sacramental é afirmar, na fé, que Cristo ressuscitado continua a tomar corpo pelo Espírito no mundo e na história e que Deus continua a acontecer na corporeidade humana. O corpo, entendido, assim como o fizemos, como o arquissímbolo em que se enlaçam, de maneira original para cada um, as relações com a tradição histórica, com a sociedade presente e com o universo que nos habitam e tecem nossa identidade, é confessado como lugar de Deus.

Certamente, não é nas celebrações litúrgicas que experimentamos mais "dramaticamente" nossa existência histórica como lugar de Deus. Também sublinhamos que, no funcionamento da estrutura da identidade cristã, o momento sacramento era somente um ponto de passagem simbólico que deveria ser verificado no momento ética, e impossível de se manter como tal, se isso não fosse realizado a partir do dom primeiro de Deus como palavra, atestado nas Escrituras. Por conseguinte, é plenamente normal que a ética concreta — essa "liturgia primeira", como dissemos — da relação com os demais pela prática da justiça e da misericórdia seja provada como o lugar prioritário do ocultamento de Deus, de onde surge, irrepreensível, a questão trágica lançada ironicamente ao salmista: "Onde está o teu Deus?" "Onde está? Ele está aqui... Está enforcado", murmura uma voz em E. Wiesel diante de um adolescente enforcado pelos nazistas em Auschwitz.

E J. Moltmann, ao citar essa expressão perturbadora da teologia da cruz para um judeu, prossegue: "Qualquer outra resposta seria uma blasfêmia. Não pode haver outra resposta cristã à pergunta colocada por esta tortura."[1] Isso, pelo menos, nos parece em conformidade com o "escândalo para os judeus" e com a "loucura para os gregos", que anunciam, segundo Paulo, o *Logos* da cruz (1Cor 1).

Portanto, se é na existência histórica concreta, com seu excesso de mal, que tal escândalo toma prioritariamente corpo, em contrapartida, é nas celebrações sacramentais que encontra sua *expressão simbólica principal*. Com efeito, enquanto atividades rituais, eles representam a corporeidade humana como tal, mediante suas múltiplas possibilidades expressivas: posturas, gestos, voz falada ou cantada, suplicante ou jubilosa. Ao fazer isso, "manifestam" o triplo corpo, social, histórico e cósmico, que habita o sujeito crente: o corpo-Igreja (cf. o "nós" constante das liturgias e a significação desse "nós" como realização particular mais integral da Igreja universal); o corpo de história e de tradição desta Igreja (cf. a repetição de palavras e gestos reiterados ao longo das gerações e interpretados como oriundos da tradição apostólica); o corpo do universo como criação, finalmente (cf. a representação simbólica dessa mediante alguns de seus fragmentos, tais como o pão e o vinho, a água, o óleo, a luz…). Ademais, essas expressões rituais são de natureza essencialmente pragmática, tendo em vista a comunicação do homem com Deus. Desde então, no plano da *estruturação simbólica* da identidade cristã, onde se figura melhor do que nessas atividades rituais denominadas "sacramentos" o fato de que *Deus acontece na corporeidade*, que pede para se inscrever em alguma parte na humanidade, que sua glória requer que lhe seja dado corpo no mundo?

Por isso, a afirmação dogmática segundo a qual os sacramentos são acontecimentos de graça é, em nossa opinião, inseparável, no plano teológico, da humanidade de Deus, e no plano econômico, da sacramentalidade da história e do mundo. A fé em Deus crucificado ousa afirmar, apesar de tudo, que "Deus se dá" na humanidade e que nela se dá o "corpo de Cristo", segundo a expressão de São Paulo. Os sacramentos são as figuras simbólicas primordiais dessa leitura efetuada nas Escrituras; mas o são somente para verificá-la na prática ética. Nosso último capítulo pressupõe, pois, [1] que, sob pena de terminar no que denominamos uma "não sacramentária", a afirmação tradicional da Igreja segundo a qual se efetua uma comunicação

---

1. MOLTMANN, J., *Le Dieu crucifié. La croix du Christ, fondement et critique de la théologie chrétienne*, Cerf-Mame, 1974, 319.

de Deus ao homem nos sacramentos — comunicação denominada com o belo termo de "graça" — seja firmemente mantida; [2] mas que esta graça sacramental somente possa compreender-se por meio da subversão do conceito simples de Deus, subversão trinitária que unicamente pode ser pensada na esteira do *Logos* da cruz. Portanto, procederemos inicialmente por um breve percurso de cristologia (I); depois, por um breve percurso de pneumatologia (II); em seguida, falaremos em que a relação entre Deus e o homem afirmada nos sacramentos (a "graça sacramental") requer a subversão de nossas representações de Deus efetuada no duplo percurso precedente (III); enfim, mostraremos como, *a contrario*, a não-sacramentária de K. Barth nos parece estar em coerência com os pressupostos transcristológicos e transtrinitários (IV).

I. O POLO CRISTOLÓGICO: OS SACRAMENTOS, MEMÓRIA DO CRUCIFICADO RESSUSCITADO

1. O Deus crucificado

a. Quatro teses

Coloquemos, inicialmente, quatros teses gerais.

A primeira declara que *em Jesus Cristo nos foi revelado quem é Deus*.

Especifiquemos, para aliviá-la de suas pretensões, não ao universal, mas à supremacia da qual se cobriu orgulhosamente este universal, que ela não implica nem "a unicidade de exclusão", segundo a qual, fora da fé cristã, todas as crenças religiosas somente poderiam ser vã idolatria, nem "a unicidade de inclusão", segundo a qual os "germes de verdade" contidos nas diversas religiões seriam monopolizados por meio de "purificação" pelo cristianismo que os salvaria exibindo o que eles têm de "autêntico", nem ainda "a unicidade de indiferença", segundo a qual a fé cristã, que nada teria de "religioso", se situaria em outro lugar e não teria, por consequência, nada a excluir nem a incluir do que dizem as religiões[2].

O que se diz de Deus em Jesus não é propriedade de ninguém, embora unicamente os cristãos testemunhem o dito da cruz como tal; porque o testemunham reconhecendo precisamente que isso não lhes pertence, uma vez que ele "morreu por todos". Esse universal requer a particularidade

---

2. BRETON, S., *Unicité et monothéisme*, Cerf, 1981, 120-131.

cristã para poder ser (a dimensão crística de Jesus seria reduzida a nada se ninguém a proclamasse), mas a particularidade cristã, entretanto, consiste em se desfazer do que a faz existir[3]. Essa contradição, que não poderia se resolver numa harmoniosa síntese dos opostos, encontra na cruz seu símbolo. A verdade de Deus manifestada em Jesus somente acontece, portanto, na verdade do *Logos* da cruz, os cristãos a atestam na humildade; o que atestam requer a Igreja como seu "sacramento"; o que eles atestam na humildade indica a perversão desde o momento em que a transformam em um sistema ideológico que se utiliza da universalidade como casaco para mascarar seu desejo de supremacia.

Segunda tese: O Deus revelado em Jesus é um *Deus humano em sua divindade*, ou ainda, como escreve E. Jüngel, um Deus que "se determina a não ser Deus sem o homem", de modo que "a humanidade de Deus já faz parte de sua divindade". Em todo caso, esta é, segundo o autor, a significação da doutrina da preexistência do Filho de Deus identificado com Jesus[4]. Implicação econômica desta teologia: nossa "divinização" (termo que permanece muito ambíguo, nós o veremos) caminha junto com nossa "humanização", sendo essas duas noções apartadas evidentemente de suas simples conotações psicológicas. Teremos a ocasião de nos explicar sobre a humanidade de Deus à qual nos referimos aqui. Sublinhamos somente que, vinculada à primeira, essa tese requer que renunciemos projetar sobre Jesus, pelo viés de sua "natureza divina", nossas representações *a priori* de Deus: são justamente elas que devem ser convertidas.

Nossa terceira tese está intrinsecamente ligada à precedente: *Deus não é em nenhuma parte mais divino do que na humanidade, a sub-humanidade, do Crucificado*. E. Jüngel, como J. Moltmann, observou: "O fato de que Deus se tenha tornado homem era, para a doutrina trinitária clássica, um acontecimento que não determinava constitutivamente o ser trino de Deus [...]. Podia-se pensar Deus como Deus sem ter pensado o *crucificado* como Deus. A morte de Jesus não dizia respeito ao conceito da divindade, assim como a vida deste homem não interessava ao conceito da essência divina"[5]. Esta última frase lembra que a cruz não pode ser simplesmente identificada no momento final da história de Jesus: nós a entendemos, pelas razões indicadas anteriormente, como o símbolo metonímico do conjunto de sua vida e de sua missão, como "a totalidade de sua existência"[6].

---

3. "A fé cristã será, pois, tanto mais singular quanto menos o for" (ibidem, 135).
4. JÜNGEL, E., op. cit., t. 1, 55.
5. Ibidem, 54.
6. Ibidem, t. 2, 219.

Finalmente, a quarta tese: tal revelação da glória de Deus na humanidade desfigurada do Crucificado é sustentável apenas caso se pense em Deus *de imediato no aspecto trinitário*. Está aí, como sabemos, a tese central da obra de J. Moltmann, *O Deus crucificado*[7].

É significativo a esse respeito que, querendo reconciliar o cristianismo e a *Aufklärung*, ao conceitualizar aquilo que se trata na "religião manifesta" — esta verdade da teologia de que os teólogos tinham se esquecido —, Hegel centrara sua reflexão na "palavra obscura" que causa dor na consciência infeliz — "O próprio Deus morreu" —, e esse pensamento da cruz se fundamentara para ele numa doutrina trinitária (assim como esta exige aquele)[8]. Ainda que, como afirma E. Jüngel no término de sua notável análise dessa questão, convenha separar-se claramente de Hegel (uma vez que o último, contra a tese central do autor, se situa no regime da necessidade; Deus tem necessidade do homem para se tornar Deus, como o homem tem necessidade de Deus para poder realizar-se), não se deve esquecer essa mútua exigência de relação entre teologia da cruz e teologia trinitária. Jesus Cristo crucificado, é "o *vestigium trinitatis*"[9]. Deus somente existe como abertura.

b. O grito de Jesus na cruz: um maximum cristológico

Uma vez que nossa reflexão está centrada na revelação, totalmente "paradoxal", da glória de Deus na humanidade de Jesus crucificado, tomamos como lugar primeiro desta revelação o grito, eminentemente paradoxal, que Jesus, segundo Marcos e Mateus, lançou desde a cruz e que, segundo eles, foi sua única palavra: "Meu Deus, meu Deus, por que me abandonaste?" (Mc 15,34; Mt 27,46). Alguma coisa de paradoxal acontece aqui. Mas trata-se de um paroxismo ou de um *maximum cristológico*. Isso quer dizer que o grito em questão não poderia ser interpretado de maneira "psicologista", nem ser imaginariamente isolado em si mesmo e por si mesmo do conjunto de textos evangélicos e dos outros componentes da confissão de fé. Do contrário, correria o risco de dar lugar a uma espécie

---

7. MOLTMANN, J., op. cit., cap. 6, 225-324. A teologia latino-americana da libertação muitas vezes se inscreveu nessa perspectiva; cf., por exemplo, SOBRINO, J., *La Mort de Jésus et la libération dans l'histoire* (cap. 8, in: DORÉ, J. (edit.), *Jésus et la libération en Amérique latine*, op. cit., 233-290).

8. HEGEL, G. W. F., *La Phénoménologie de l'esprit*, trad. J. Hyppolite, t. 2, Aubier-Montaigne, 1941, 258-290.

9. JÜNGEL, E., op. cit., t. 1, 97-153. Sobre o Crucificado como "vestigium trinitatis", op. cit., t. 2, 192-231.

de ruminação neurótica mais ou menos "exaltada". Devemos considerá-lo, notadamente, pelo aspecto bíblico.

Ora, é significativo, nesse plano bíblico, que as primeiras gerações cristãs tenham procurado amortizar o teor insustentável desse grito. "Diversos manuscritos", observa X. Léon-Dufour, "não temeram transformar o teor da palavra de Jesus mudando-a pela frase seguinte: 'Meu espírito, meu espírito, eis que me abandonaste!'. Era uma forma de eliminar o escândalo de um abandono por Deus [...]. Em todo caso, é um fato que Lucas substitui a frase de Jesus pela palavra de um homem cheio de confiança em Deus: 'Pai, coloco meu espírito entre tuas mãos'. [...] João, de seu lado, ele que transformou o relato da paixão numa subida triunfal sobre o trono da cruz, apresenta um Cristo que, solenemente, declara a todos: 'Tudo se realizou'. A situação é clara: desde o século I, se constata uma real dificuldade para tomar literalmente a palavra de Jesus: 'Meu Deus, meu Deus, por que me abandonaste?'"[10]. Cristólogos como J. Moltmann ou W. Kasper fazem o mesmo tipo de observação. Kasper sublinha que, "já no interior da tradição bíblica, o fato de que Jesus tenha morrido no abandono de Deus foi considerado como chocante"[11].

Em muitos padres, gregos e latinos (estes últimos, enganados na tradução incorreta das "palavras do meu rugir" por "as palavras de meus pecados", Sl 22,2), tentaram eliminar o escândalo de diversas maneiras: no grito, Jesus fala em nome da humanidade pecadora abandonada por Deus; ou, ainda, trata-se de um diálogo entre sua natureza humana e sua natureza divina...

A interpretação bíblica do grito de Jesus requer, por outra parte, que seja compreendido como uma repetição do Salmo 22,2. Trata-se aí de uma interpretação antiga da comunidade pós-pascal[12], ou então de uma palavra "autêntica" de Jesus[13]? Os pesquisadores permanecem divididos em relação a esse ponto[14]. A posição de H. Cousin nos parece a mais coerente: a utiliza-

---

10. Léon-Dufour, X., "La mort rédemptrice du Christ selon le Noveau Testament", in: Léon-Dufour, X. et al., *Mort pour nos péchés*, op. cit., 40.

11. Kasper, W., *Jésus, le Christ*, Cerf, 1976, 176.

12. Nesse sentido: o uso muito frequente dos salmos nos relatos da paixão (doze empregos no evangelho de Mateus, dos quais quatro são referências ao salmo 22).

13. Nesse sentido: o critério de descontinuidade em relação à Igreja primitiva, especialmente o fato de que tal palavra provocou um escândalo e corria o risco de ser mal compreendida.

14. Gourges, M., *Les Psaumes et Jésus*, Cahiers Évangile n. 25, 1978, 56. O autor traz bons argumentos a favor de cada uma das duas teses (54-56). J. Moltmann julga que essa palavra é "certamente" uma interpretação mais antiga da comunidade pós-pascal (op. cit.,

ção do Salmo 22,2 por Mateus e Marcos "é anterior a estes autores". Citada em aramaico por Marcos 15,34, sugere que a comunidade cristã palestina "via aí antes de tudo uma afirmação *positiva*": Jesus é o justo sofredor anunciado por Davi e os profetas. Uma igreja grega corria um grande risco, em contrapartida, de ficar impressionada com esse grito de *desespero*. [...] O autor (Lucas) adianta-se ao suprimir o Salmo 22,2 e substituí-lo por uma oração mais admissível pelos cristãos gregos: "Pai, entre tuas mãos entrego meu espírito"; é, desta vez, uma referência ao Salmo 31,6[15].

Seja o que for deste ponto de "autenticidade", totalmente secundário, é mais importante se perguntar se o grito deve ser interpretado em função do *conjunto* do Salmo 22, e especialmente de seu final de confiança, ou não. Em caso afirmativo — e esta é a opinião de W. Kasper, que vê aí a expressão de um estado de abandono —, a palavra do crucificado fluía, como observa X. Léon-Dufour, em "uma estrutura veterotestamentária familiar aos crentes, a da lamentação bíblica", cujo fim "é sempre o louvor"[16]. Léon-Dufour fornece, entretanto, bons indícios exegéticos que "buscam não introduzir os sentimentos do salmista no grito de Jesus. Este deve ser examinado em si mesmo"[17]. Nessa hipótese, o louvor sobre o qual se abre toda "lamentação" encontraria eco não no Salmo 22,25, mas na confissão de fé do centurião: "Verdadeiramente, este homem era Filho de Deus" (Mc 15,39; Mt 27,54).[18]

Além disso, exegetas e cristólogos parecem concordar pelo menos sobre três pontos fundamentais.

Primeiro, recusam a hipótese bultmanniana de um colapso de Jesus na fé. Seu grito, enquanto sálmico, é uma oração: "*Meu Deus…*". E se Jesus morre com um "por quê?" de incompreensão dos caminhos de Deus, faz desse porquê uma oração.

Segundo, o grito deve ser compreendido *biblicamente* em sua relação com a missão de Jesus. Sua morte ocorreu, conforme a expressão de J. Moltmann, como "a morte de sua causa. É isso, sobretudo, o que faz a caracte-

---

171). W. Kasper é mais reservado: "Poder-se-ia tratar de uma interpretação mais antiga da morte de Jesus, à luz da Ressurreição" (op. cit., 177).

15. COUSIN, H., *Le Prophète assassiné. Histoire des textes évangéliques de la Passion*, Paris, ed. J. P. Delarge, 1976, 142.

16. LÉON-DUFOUR, X., *Face à la mort: Jésus et Paul*, op. cit., 163; KASPER, W., op. cit., 176.

17. LÉON-DUFOUR, X., ibidem, 153-154.

18. Ibidem, 164. A hipótese seria ainda reforçada pela sugestão de E. Jüngel: a "phôné mégalè" que modula as últimas palavras do Crucificado (Mc 15, Mt 17) teria valor de "phôné theou" (op. cit., t. 2, 222; o autor se refere especialmente a Inácio de Antioquia, *Philad.* 7, 1).

rística única de sua morte na cruz"[19]. Mais precisamente, essa singularidade deve ser lida, como sublinha E. Jüngel, em função da lei, do conflito da lei "consigo mesma", que Jesus provocara e ao qual, ao mesmo tempo, ele se expusera. Vítima desse conflito, ele morre como um criminoso, isto é, segundo a lei, como "maldito" de Deus (Gl 3,13), abandonado por Deus. Ele que, por seu abandono em Deus, desencadeara o conflito, ei-lo, pois, que morre no "abandono total por Deus"[20]. Em todo caso, diferentemente de Lucas, que interpreta o momento como aquele do abandono do justo *em* Deus, Marcos e Mateus parecem apresentá-lo como um abandono do justo *por* Deus.

Mas, acrescenta Jüngel, o grito sálmico retomado por Jesus ao morrer "somente pode expressar o abandono por Deus porque a relação com Deus é a sua condição"[21]. Exegetas e cristólogos sublinham, com efeito, o paradoxo do que se indica no grito: prova de *desamparo*, isto é, de abandono por Deus, mas desamparo vivido na *fé* — a noite da fé, da qual temos aqui a expressão paradoxal. Assim, de um ponto de vista profundamente bíblico, afirma X. Léon-Dufour: "Deus deixa Jesus morrer; abandonou-o aos inimigos, não o libertou, e os inimigos tinham razão de caçoar de Jesus: 'Se o ama, que o liberte' (Mt 27,43 e par.). A afirmação é clara: Jesus está em um estado de desamparo: aquele da morte que é, por si, separação do Deus vivo". Entretanto, simultaneamente, "Jesus proclama sua fé, a certeza de que Deus 'controla a situação', apesar das aparências. O paradoxo está no auge: a experiência de abandono é simultaneamente criada e negada em um diálogo que proclama a presença daquele que parece ausente"[22]. Cristólogos vão mais longe, veem aí um acontecimento *em* Deus: aí nos é revelado Deus, escreve W. Kasper, "como *aquele que se retira justamente em sua proximidade*"; Jesus "tornou-se assim, nesse vazio extremo, forma oca para a plenitude de Deus"[23]. Que Deus se tenha identificado com o homem Jesus votado à morte — é isso o que diz a fé pascal —, isto quer dizer, escreve por sua vez E. Jüngel, que "Deus se identificou com o abandono de Jesus por Deus", que *"Deus se define a si mesmo quando se identifica com Jesus morto"*. Eis aí uma ideia dura (cf. Hegel), "da qual mesmo a teologia cristã não cessou de se esquivar"[24]. Ouviremos ecos semelhantes mais adiante nas proposições de J. Moltmann.

---

19. MOLTMANN, J., op. cit., 174.
20. JÜNGEL, E., op. cit., t. 2, 220.
21. Ibidem.
22. LÉON-DUFOUR, X., "La mort rédemptrice…", art. cit., 42. Igualmente, em *Face à la mort…*, op. cit., 149-150.
23. KASPER, W., op. cit., 177.
24. JÜNGEL, E., op. cit., t. 2, 223-224.

Que Jesus morresse como o "abandonado de Deus", conforme a expressão de Moltmann, tendo "plena consciência da proximidade benévola de Deus", não requer que, como o autor de *O Deus crucificado* e na esteira da interpretação luterana e calvinista da descida aos infernos, tenha de ir até evocar "o tormento do inferno"[25]. A integridade do dito da cruz que se murmura nesse abandono nos parece poder ser delimitada mais ou menos por duas proposições: de uma parte, Jesus viveu *até o fim do ek-sistir humano*, a saber, *a morte*, a morte sempre vivida no *silêncio de Deus* que não intervém nem mesmo para salvar o justo, a morte que não pode se justificar em definitivo por "razão" alguma; de outra parte, essa morte está ligada à *lei*: de acordo com a lei, Jesus suporta em sua pessoa a maldição dos sem-Deus, ele que precisamente sempre "deixou Deus ser Deus"[26]. Em seu abandono, interpretado biblicamente, trata-se, portanto, do *próprio ser de Deus*. Em todo caso, é o que significa a confissão de fé da Igreja representada em Marcos e em Mateus pelo centurião: "Verdadeiramente, este homem era o Filho de Deus!".

Se a revelação de Deus encontra assim na cruz de Jesus o seu marco decisivo, se a relação entre Deus e o homem encontra aí igualmente seu ponto focal (e, a partir daí somente, na Encarnação), isso requer que a representação de "Deus" seja levada a um plano distinto daquele da ontoteologia. Porque esta está ligada definitivamente a Deus utilizado como "princípio da validação do homem por si mesmo"[27] (cf. Descartes). Assim, ela se interdita de imediato, por sua própria lógica, de deixar Deus ser Deus. Porque o deixar ser nos tira "Deus": "Deus está próximo de nós como aquele que se retira"; e simultaneamente, nos toma a nós mesmos: "Deus está próximo de nós afastando-nos de nós mesmos". É essa descentralização essencial que nos impõe o *extra* no histórico e concreto da cruz[28].

2. Uma meontologia simbólica

Até em suas expressões mais negativas, a ontoteologia não pode pensar radicalmente o rasurar de "Deus" que está aqui em jogo. Dissemos, com efeito (no capítulo 2), que a meontologia aqui requerida não se situa na esteira da teologia apofática. Se esta, com efeito, conduz ao desconhecimento de Deus, o faz de maneira intemporal com base em uma lógica conceitual

---

25. MOLTMANN, J., op. cit., 172-173.
26. JÜNGEL, E., op. cit., t. 2, 229.
27. Ibidem, 227.
28. Ibidem, t. 1, 284 e 286.

e colocando Deus no lado da totalidade das perfeições do ser puro. Ora, nos deparamos aqui com o tropeço histórico da cruz. Certamente, Hegel nos ensinou que o conceito pode (e mesmo deve) ser relido como história; e a releitura da Sexta-feira Santa histórica como "Sexta-feira Santa especulativa" constitui precisamente um momento principal da dialética do conhecimento[29]. Não seguiremos, entretanto, esse caminho, que permanece eminentemente ontoteológico[30].

Considerar o escândalo da cruz em sua dimensão empírico-histórica requer uma meontologia que "supere" a ontoteologia negativa, portanto, que dependa de outra epistemologia: a do outro, simbólica, e não a metafísica, do ser realíssimo. Porque não é a humanidade "em geral" (a "natureza humana") que está aqui em jogo como lugar da revelação de Deus. É a humanidade de Jesus crucificado. Mais precisamente, é essa humanidade concreta, como a do *servo sofredor*, que é "esmagada", "desprezada", "avaliada como nada" pelos homens, a ponto de "sua aparência não ser mais a de um homem e seu aspecto não ser mais o dos filhos de Adão" (Is 53,2-3; 52,14). Essa meontologia do servo sub-humanizado, reduzido ao limiar da animalidade — como uma "ovelha muda" (53,7) — é retomada no *Salmo 22*: o suplicante, "escarnecido pelas pessoas, rejeitado pelo povo", não é mesmo "um homem" (22,7); ele se vê como presa das feras, cercado de touros, de leões, de cães, reduzido a um simples corpo — um corpo, aliás, que não é mais do que uma caricatura irrisória de corpo: corpo tão desfeito, tão liquefeito, tão derretido que é tratado como morto por aqueles que repartem as suas vestes (22,18-19). Como servo, o salmista toca aqui o fundo do *"nada" de humanidade*. Impossibilitado de ser "mais rebaixado" (cf. Fl 2,8): uma simples vacilação suplementar, e o limite da morte, sem

---

29. Cf., entre outros, *La Phénomenologie de l'esprit*, op. cit., o desenvolvimento sobre "a religião manifesta" (ou revelada) t. 2, 258-290.

30. A ideia mestra hegeliana segundo a qual o infinito somente pode se manifestar no finito, graças ao movimento histórico pelo qual este se supera e se nega a si mesmo até morrer (sendo Cristo precisamente o grande símbolo histórico completo desse movimento), é sustentada por uma constante ameaça à diferença concreta entre o homem e Deus; como observa E. Jüngel, Hegel não reconheceu (ou não suficientemente) "no crucificado o Deus humano que é *na mesma medida* humano e divino no que preserva o homem de se tornar Deus e o liberta para que ele seja homem e nada senão homem" (op. cit., t. 1, 146). Por outro lado, a lógica finalista que rege a dialética hegeliana para o que Heidegger denomina "a parusia do absoluto", segundo uma apresentação do movimento da consciência que "começa pela extrema violência da vontade da parusia" (33), nos leva à ontoteologia ou, mais precisamente, manifesta a essência da metafísica, até em Hegel, como uma "onto-teo-logia" (HEIDEGGER, M. "Hegel et son concept de l'experience", in: *Chemins...*, op. cit., Gallimard, col. Idées, especialmente as últimas páginas, 245-252).

cessar aflorado, seria definitivamente franqueado. Como o servo, triturado "pelas perversidades" dos homens (Is 53,5), o salmista é a vítima das forças bestiais do ódio.

Ora, e este é seguramente o ponto central de nossos dois textos, Deus *inocenta* a vítima ao salvá-la justamente além (servo) ou justamente aquém (salmista) da morte. Ao mesmo tempo, os olhos dos homens se abrem: acusaram o justo, o castigaram, puseram-no na fila dos pecadores; mas o julgamento oposto de Deus vem revelar a verdade: o mal com o qual sobrecarregram o justo não é outro senão *seu próprio mal*[31]. Eram nossos pecados, eram "as faltas das multidões" que o servo carregava (Is 53,13). Sim, "a pedra que os consultores rejeitaram tornou-se a pedra angular" (Sl 118,22). Quanto ao suplicante do Salmo 22, esta mesma palavra se realiza para ele no momento em que, bruscamente, acede ao louvor (v. 22-27).

Vemos que é impossível confessar a vitória de Deus no justo sem nos colocar a *nós mesmos* em causa: é nosso próprio mal, é o pecado da multidão que condenou Jesus, que triturou seu corpo e o comprimiu até verter sangue. A confissão da glória de Deus no desfigurado da cruz vai paralela com a revelação de nosso pecado: a condenação do justo torna reluzente nossa própria injustiça. Então como dizer Deus a partir da cruz sem que nos impliquemos até a medula de nosso desejo? Uma virada do desejo requer aqui que não confessemos apenas nossa injustiça ali onde pretendíamos nos conceder o direito, o direito de Deus, de condenar o justo, mas que também confessemos simultaneamente um Deus totalmente distinto do Deus maravilhoso de nosso desejo infantil, um Deus ainda mais facilmente manipulável "com toda boa-fé" a serviço de nossas ideologias, de modo que sua majestade sublime não seja senão a projeção idealizada de nossa própria megalomania.

A meontologia simbólica evocada anteriormente é assim duplamente exigida: não só porque a redução de Jesus à condição infra-humana de *mè on* (1Cor 1,28; Is 52,14; Sl 22,7) não seja o simples fruto conceitual de uma lógica de purificação das representações de Deus, e sim o efeito *histórico* das forças "demoníacas" da boa consciência dos homens, mas também porque não podemos "encarar" o desfigurado da cruz como o rosto de Deus se *nossa* própria injustiça explode (no duplo sentido do termo) nesta confissão de fé. Acontece, também, que o título de "Filho de Deus" dado a Jesus pelo centurião romano ao pé da cruz (Mc 15,39; cf. 1,1), título que foi, em seguida, privilegiado pelo conjunto da tradição eclesial como ex-

---

31. BEAUCHAMP, P., *Psaumes nuit et jour*, op. cit., 241.

pressão exemplar da confissão de fé, nos situa de imediato no campo do *simbólico*. O esquema da filiação será para nós um guia mais valioso quando o tomarmos como expressivo da tarefa humana mais fundamental: sua aplicação à relação de Jesus com seu pai não pode ser desligada de nossa implicação. Esta é a via do simbólico, nós bem o sabemos: impossível de compreender sem ser compreendido.

3. O Filho e o Pai

Conhecemos a tese central de *O Deus crucificado* de J. Moltmann: o abandono de Jesus "põe em jogo a divindade de seu Deus e a paternidade de seu Pai que ele tornara tão próximos dos homens [...]. O abandono expresso pelo grito que lança ao expirar e corretamente interpretado pelas palavras do Salmo 22 deve, portanto, ser compreendido estritamente como um acontecimento entre Jesus e seu Pai, e assim como um acontecimento entre Deus e Deus. O abandono na cruz que separa o Filho do Pai é um acontecimento *em* Deus mesmo, é dissensão em Deus — 'Deus contra Deus' — caso se deva afirmar que Jesus testemunhou e viveu a verdade de Deus"[32]. O "*ecce homo*" que designa o rejeitado, o maldito, é também um *ecce Deus*. "Deus é isto e Deus é assim. Deus não é nunca tão grande como nesta humilhação [...] Deus não é nunca tão divino como nesta humanidade [...]. O que acontece com Cristo na cruz é algo que acontece com Deus"; não "morte de Deus", mas (e somente) "morte *em* Deus"[33].

a. O esquema simbólico de paternidade/filiação

A inteligência teológica dessa interpretação intradivina da morte do homem Jesus somente é possível se, renunciando ao esquema metafísico da diferença (neste caso, entre o homem e Deus) como distância e afastamento, pensamos essa diferença conforme o *esquema simbólico* da alteridade. Toda *diferença*, segundo esse esquema, está intrinsecamente ligada a uma *identidade* ou semelhança dos dois termos. Identidade e diferença se expressam então como "copertencentes a uma e à outra", assim o mostra Heidegger[34]. Portanto, não como duas realidades plenas, que estariam somente em relação dialética inseparável, um pouco como a frente e o verso de uma folha

---

32. MOLTMANN, J., op. cit., 176-177.
33. Ibidem, 232-235.
34. HEIDEGGER, M., *Identité et différence*, in: Q. 1, 257-276.

de papel; mas como duas realidades que só acontecem *entrecruzadas uma pela outra* (assim como a presença e a ausência, como já observamos). Em tal perspectiva, a diferença-alteridade não se realiza nunca tanto como na relação de identidade-semelhança com os demais. A alteridade é o lugar simbólico de onde se pode efetuar toda comunicação. Porque o outro é um sujeito e não um objeto; porque, como explicitamos, toda relação com qualquer objeto somente é significante, isto é, humana, se o objeto em questão já está investido pelo sujeito, por seu desejo e sua cultura.

O ato de linguagem é evidentemente o lugar não somente exemplar, mas originário de tal relação. Mostramos isso também a partir da estrutura triádica da pessoa linguística: sob a instância "neutra" do ELE que impede toda relação de imediatez do sujeito locutor com os demais e consigo mesmo, o EU só é possível em sua relação com seu mais diferente, que é o TU (eu reversível); e é precisamente dessa lacuna irremediável de alteridade que nasce a semelhança e a reciprocidade que permitem a comunicação. Segundo a teoria freudiana "ortodoxa", a resolução do complexo de Édipo se efetua em semelhantes condições: o tornar-se filho requer o luto do "pai idealizado" (o todo-poderoso não "castrado"), a saber, o consentimento à finitude do pai; esse consentimento marca também o reconhecimento da diferença e, ao mesmo tempo, da semelhança entre o filho e o pai: a "castração simbólica" do filho (e também, em seu psiquismo, a do pai) articula simultaneamente, de uma parte, a ausência de onde nasce como sujeito, sua finitude, sua mortalidade, e, de outra parte, sua identificação (secundária) com o pai, ele também mortal. O filho é o "outro semelhante" do pai.

Aprendemos de Heidegger que o *mesmo* (*das Selbe*) não é o *igual* (*das Gleiche*): "no igual, com efeito, toda diferença é abolida, enquanto, no mesmo, as diferenças aparecem"[35]. Na alteridade que atravessa sua ipseidade, o filho é o mesmo do pai, não seu igual (no sentido mencionado). A linguagem se esgota aqui em seus paradoxos constantemente rasurados. J. Derrida sublinhou, como já observamos, a impossibilidade de expressar adequadamente "na coerência do *Logos*" o que é o *alter ego* (do qual Levinas pretende precisamente se defender, mas que não pode evitar, pelo menos em suas metáforas), se pelo menos, como deveria ser, tomam-se os dois termos no mesmo nível e não como epíteto ou substantivo, não é o "sinal de que o pensamento perde o ímpeto na região da origem da linguagem como diálogo e diferença"? Aqui, nada de "irracional": esta origem é precisamente a "condição completa da racionalidade", mas "não poderia ser 'compreendida'

---

35. Ibidem, 280.

na linguagem"[36]. Neste caso, a linguagem somente pode virar-se metaforicamente sobre si mesma, e, assim, voltar para o seu lugar originário: o símbolo. O discurso psicanalítico, esse discurso eficaz, encontra aqui sua singular e insubstituível pertinência, pensamos: é o que nos levou a utilizá-lo para evocar a questão da origem mediante o esquema simbólico da filiação.

Se falar de Deus é inevitavelmente falar do homem; se falar da relação do homem com Deus é inevitavelmente falar da relação entre os homens; ainda mais, se tudo isso não se pode fazer de outra maneira senão a partir de nossa humanidade (sem prejuízo, seguramente, do que a teologia tenha também a dizer sobre a antropologia), como não tentar elaborar nosso discurso sobre a relação do homem com Deus em Jesus crucificado a partir do *esquema simbólico da alteridade-semelhança* que acabamos de recordar? Como fazê-lo de outra maneira, naquilo que nos diz respeito, se, como pensamos ter mostrado, esse esquema, inteiramente articulado sobre a acolhida da "presença-da-ausência", nos leva mais perto do *ek-sistir* humano? Vamos mais longe ainda: se a tradição cristã privilegiou os termos de "filho" e de "pai" para nomear Jesus e seu outro semelhante em sua identidade, como evitar esse esquema?

b. A realização do Filho

Esse esquema, em todo caso, nos abre uma abordagem interessante do mistério da morte de Jesus, isto é, de sua fecundidade salvadora "para a multidão". Porque o caráter tido assim como *único* dessa morte não está ligado nem ao sofrimento físico do crucificado nem a alguma impressionante nobreza de suas trágicas últimas horas. Muito pelo contrário, enquanto a morte de Sócrates, de alguns estoicos, de muitos zelotes e desses mártires cristãos cujas "paixões" relatam o testemunho comovente aos olhos de seus carrascos às vezes desconcertados foi uma "bela morte", enquanto a de Jesus parece lamentável, sua agonia esteve plena "de pavor e angústia" (Mc 14,33); morreu ao suplicar "com grande grito e lágrimas, àquele que podia salvá-lo da morte" (Hb 5,7). Ora, é justamente essa dimensão antiestética que nos permite ler teologicamente a singularidade: "Embora sendo filho, continua a epístola aos Hebreus, aprendeu a obediência pelos próprios sofrimentos e (ele foi) levado até a sua própria *teleiôsis*" (Hb 5,8-9). Como já observamos (no capítulo 8), essa *teleiôsis* designa sua consagração sacerdotal pelo rito (aqui metaforizado) de "encher as mãos"; designa, assim, sua "realiza-

---

36. Derrida, J., *Violence et métaphysique*, op. cit., 187.

ção". Livremente consentida na "dócil escuta" (*hypakoê*) da Palavra do Pai, sua morte consagra, portanto, sua *realização de Filho na humanidade*, não (ao contrário do antigo sumo sacerdote) por separação de uma demasiada estreita solidariedade com a humanidade, mas, pelo contrário, *por imersão radical nesse "até o fim" da humanidade que é a morte*, e morte provada *no silêncio de Deus*. É essa fraternidade com os homens, dolorosamente oferecida, "com grande grito e lágrimas", como uma oração (uma oração-sacrifício, segundo a corrente de espiritualização do sacrifício do qual falamos), e ouvida por Deus, que o leva a sua realização de Filho.

c. *O Outro semelhante de Deus*

Essa realização encontra sua expressão teológica exemplar no grito do Salmo 22,2: Jesus se revela ao centurião (tipo de fiel) como "filho" ao viver sua relação com Deus como viveria com "aquele que se retira justamente em sua proximidade", segundo a bela expressão de W. Kasper. Deus se manifesta assim ao se retirar. É precisamente quando a ausência de Deus se radicaliza nesse crucificado, que a Igreja o confessa como o *outro semelhante do Pai*. Esta é, em todo caso, "a imagem do Deus invisível" (Cl 1,15) que nos oferecem Marcos, Mateus e a Carta aos Hebreus.

Tornar-se filho, já dissemos, é aprender — mas trata-se aí de um aprendizado aquém de todo saber, de um aprendizado que "se produz" no próprio tornar-se sujeito — a reconhecer no outro um "semelhante" em sua própria alteridade; e é aprender simultaneamente a consentir com essa radical, fora da qual não existe semelhança. O preço desse consentimento é oneroso: nada menos do que a "eleição" de uma liberdade responsável pelo próximo, pelo irmão, responsabilidade indeclinável da qual nenhum outro — porque "outro", justamente — pode nos livrar; nada menos do que a entrega de cada um a si mesmo por e para o outro. Se o "sacrifício" que requer assim o inacabável advento à filiação e à fraternidade é de tal modo oneroso, é porque vem desfazer o imaginário todo poderoso ao qual tudo em nós se esforça por recorrer para nos dispensar, tanto quanto se pode fazer, da coragem de ser, da coragem de *ek-sistir* numa insubstituível autonomia.

Ao morrer como o "abandonado de Deus", Jesus foi *deixado a si mesmo*, entregue à sua irredutível finitude de ser-para-a-morte, para seu mundo, para seus inimigos, sem que Deus interviesse para salvá-lo, a ele, o justo. Ora, é na prova desse total deixar-ser-Deus, dessa *radical diferença* de Deus, tão diferente que se reserva ao seu silêncio, que se revela plenamente sua *semelhança* com o Pai. Vimos nisso mesmo seu "antissacrifício", aquele de sua filiação e de sua fraternidade, isto é, de uma parte, sua renúncia em "utilizar" Deus a seu proveito ou em "brincar" de Deus e seu consentimento em deixar Deus ser Deus; de outra parte, e simultaneamente, sua aquiescência em sua solidariedade fraterna com os homens até numa morte injusta que tinha todo o aspecto de uma desaprovação de sua missão.

d. *Salvação: exemplaridade e solidariedade*

Ao inocentar, por meio da ressurreição, a vítima de todos — porque, se morreu por todos, é porque todos o mataram —, Deus fez "brilhar" a injustiça de todos. Seguros de seu bom direito — o direito de "Deus", sua Lei —, os homens acreditavam, entretanto, que atuavam com justiça; acreditavam saber quem é Deus, mas esse saber não era senão ideologia religiosa; acreditavam estar autorizados pelo outro, mas eles não eram guiados senão por seu desejo de autojustificação. Eis que a fraqueza do crucificado se revela como força de Deus. Força que é essa fraqueza, pois ela revela aos homens sua perversidade; o mal do qual carregaram sua vítima era *seu próprio mal*; e é precisamente esse reconhecimento que é a *sua salvação*, a salvação do mundo.

Dado o que é o homem, todo homem, que, como o primeiro Adão, de "terreno" que era, quis se fazer igual a Deus (Gn 3,5), "não convinha" (cf. Lucas especialmente) que vivesse na história um *sujeito único* que rompesse o idolátrico desconhecimento de Deus, desconhecimento em si mesmo desconhecido, esquecido, disfarçado sob fachadas de tradições religiosas, de discursos teológicos, de justiça ética? Mas qual filho de Adão teria conseguido operar uma subversão semelhante? Seria preciso, "segundo as Escrituras", que o próprio Deus se envolvesse. Jesus, confessa a fé cristã, é o *novo Adão* (Rm 5), o qual, enquanto era de Deus, "não considerou como presa a agarrar o ser igual a Deus", mas "se esvaziou", até a morte (Fl 2,6-11), afim de que, reconhecendo finalmente sua injustiça, os homens pudessem se converter, o que é a sua salvação.

Que isso tenha acontecido uma vez na história é o que muda a face dela. Algo novo chegou até a humanidade, que se denomina *salvação*, algo que diz respeito tanto a Deus como ao mundo: "A transformação, a crise, a revolução da imagem de Deus conduz à crise, à mudança, em uma palavra, à redenção do mundo"[37]. Essa "redenção" exige, para ser compreendida teologicamente, que se cruzem as duas categorias de "exemplaridade" e de "solidariedade". A exemplaridade sozinha nos daria de Jesus apenas um

---

37. KASPER, W., op. cit., 252.

modelo de profeta ou de mártir a imitar, e correria o risco de nos entregar ao pior dos perfeccionismos moralizantes. De um modo diferente, a solidariedade isolada nos transferiria ao automatismo de uma substituição que nos descartaria. De outro lado, não se vê como seria possível reconhecer em alguém um "exemplo", ainda mais um "exemplar", sem reconhecer-se ao mesmo tempo solidário com ele.

e. Deus de outra maneira

Jesus não morreu por uma "ideia" — nem mesmo por uma ideia nova de Deus. Mas sua morte não deixa de implicar uma "revolução da imagem de Deus". Uma *explosão da noção simples de "Deus"* exige-se aqui. A revelação "paradoxal" da glória de Deus no rosto desfigurado daquele que os homens reduziram a nada somente pode se manter se essa noção simples for tomada ao contrário para se abrir interiormente. O apagamento de "Deus" naquele que morreu na *morphè dolou* (Fl 2,7) tem, como sublinhamos, uma dimensão meontológica não no sentido da ontoteologia negativa tradicional, mas no sentido *simbólico e histórico*, pois é efeito da ação dos homens. Nela, nos é revelada a humanidade do Deus divino. Essa fórmula não deve ser compreendida de maneira simplesmente metafórica (exceto para recordar que a metáfora toca no mais "real" do *ek-sistir* humano). Não significa somente que Deus é mais humano do que nós, que somos tão frequentemente desumanos. Ela diz que o *esse* de Deus somente pode se dizer *diante do outro simbólico* cuja mediação concreta é o outro histórico. Ela diz assim, ao superar a oposição metafísica da imutabilidade e do devir, que, segundo a fórmula de C. Geffré, "é próprio de Deus, poder-se-ia dizer, tornar-se outro permanecendo Deus"; ou ainda, segundo a fórmula de E. Jüngel, que pertence ao *esse* de Deus vir ao mundo "deixando-se expulsar do mundo"[38], como Deus crucificado em nome de "Deus" (a lei), eliminado pelos homens. De acordo com o *ágape* joanino, diz Deus como essencialmente dom. Diz assim Deus *de outra maneira*.

Simbólico, esse apagamento de Deus nos afeta de imediato com um expoente crítico. Com efeito, põe em questão e de maneira concreta as relações históricas entre os homens incapazes de suportar um Deus que não estaria a favor dos "bons" e contra os "maus", que remuneraria os operários da última hora como aqueles da primeira, que festejaria a volta do filho dilapidador da herança, que tiraria daqueles que não têm e daria para

---

38. Geffré, C., op. cit., 166; Jüngel, E., op. cit., t. 1, 96. O ser de Deus está em seu "vir".

aqueles que têm, que declararia cegos os que pretendem estar vendo etc. Esse Deus, insuportável, que desafia toda ordem estabelecida (religiosa sobretudo) e todas as boas razões (também religiosas, principalmente) que nos damos, deve ser rejeitado, expulso, sacrificado. O "blasfemador" não pode sequer ter direito à morte dos falsos profetas, a lapidação: rouba-se sua morte ao condená-lo ao suplício reservado aos agitadores políticos e aos criminosos. É esta *sub-humanidade histórica e simbólica*, e não a meontologia do nada incriado, o que representa nosso apagamento.

Então, é impossível separar a quenose divina daquela que se deve cumprir *em nós mesmos*: nossa corporeidade está encarregada de se tornar o lugar da quenose divina. Aí se diz que o mais longínquo é também o mais próximo, que o mais divino é também o mais humano... Eis-nos exigidos a dar a esse Deus o corpo de humanidade que solicita de nós. A corporeidade é seu lugar. Aquele cujo ser é o "não ser" (1Cor 1,18; Fl 2,5-8) reduz a nada o que foi pelos homens, encontra seu "sacramento" em todos aqueles que foram reduzidos a "não-outros".

II. O POLO PNEUMATOLÓGICO: OS SACRAMENTOS, MEMÓRIA NO ESPÍRITO SANTO

1. Preâmbulo: necessidade de um terceiro termo

O polo cristológico da sacramentária não é sustentável teologicamente a não ser mediante sua tensão com um segundo polo, neste caso, pneumatológico. Por duas razões que vamos explicitar rapidamente.

A primeira se fundamenta no fato de que a memória de Jesus Cristo, tanto a existencial como a ritual, como memória viva que influi no presente (pessoal e coletivo), somente é possível se o próprio Deus nela intervém de alguma maneira. O *Espírito* é o nome pessoal dado tradicionalmente ao que, *de Deus*, dá vigor presente e futuro a tal memória do passado. Sem isso, essa memória ou retornaria a um Cristo a-histórico e mítico, ou retornaria a um Jesus visto como simples profeta ou mártir exemplar. Em ambos os casos, não seria mais uma memória *sacramental*, isto é, que implicasse o comprometimento do Crucificado ressuscitado no presente histórico dos crentes. Que o passado do que é comemorado no relato da instituição possa nos ser dado sacramentalmente no presente e nos abrir a um futuro requer que o Espírito o leve à memória da Igreja. É por isso que o relato pronunciado em memorial é inseparável do pedido *epiclético* do Espírito.

De outra parte, pensada a partir da cruz, a humanidade de Deus implica a *diferença entre Deus e Deus*: neste caso, entre o que a tradição apostólica denomina o Pai e o Filho. Acolhemos essas duas denominações como as que foram privilegiadas pela tradição eclesial. Portanto, se, sobre a base dessa tradição, pensamos a diferença entre Deus e Deus segundo o esquema simbólico de paternidade/filiação, exige-se de nós que façamos apelo a um *terceiro termo*.

Pois se há sujeito e, portanto, linguagem, não são dois, mas três (o terceiro designando a instância cultural e social, a ordem simbólica, o *outro* a cuja lei um e outro estão submetidos para poder "se entender"). Isso vale seguramente para o advento do menino como sujeito-filho em sua relação com o genitor, percebido como sujeito-pai (cf. Édipo), porque "o simbólico exige o reconhecimento do (e pelo) outro, mas também [...] o reconhecimento no outro como lugar da Lei"[39].

Então, se admitimos que os termos de "pai" e de "filho" convêm de maneira privilegiada, segundo a tradição eclesial, para qualificar a identidade de Deus e de Jesus, sua relação *exige* o apelo de um terceiro termo: tem por nome Espírito. Isso vale também, embora em um nível diferente, com certeza, para a relação de filiação instaurada por Jesus *entre os crentes e Deus*, conforme Gálatas 4,6 e Romanos 8,15-16: com efeito, não é o Espírito que lhes permite gritar "Abbá! Pai!" e reconhecer que não são mais "escravos", mas "livres"? Portanto, pelo Espírito, Deus, como Pai e Filho, "supera a armadilha do face a face estático"; pelo Espírito, igualmente é realizada, além desta "comunhão diferenciada de Deus", a abertura desse Deus "ao que não é divino"[40].

2. O Espírito, um Deus diferente

a. O Neutro

É significativo que, diferentemente dos nomes de Pai e de Filho tomados da antropologia, o nome de Espírito seja tomado da cosmologia. Esse nome está de fato ligado biblicamente a um tríplice simbolismo cósmico. Primeiro, o do *espaço*. Como sugere H. Cazelles, o *ruah* hebraico deve-se pôr

---

39. ROSOLATO, G., *Essais sur le symbolique*, Gallimard, 1969, 118.
40. GEFFRÉ, C., op. cit., 183. Seguramente, o Espírito, como terceiro termo propriamente divino, não é *de modo algum deduzido* de nossa problemática. Nós acolhemos pelo contrário a revelação a partir das Escrituras e de sua interpretação eclesial. Mas não é um acaso, pensamos, se o reconhecimento de Deus, como "Pai" e de Jesus como "Filho" conduziu a Igreja a confessar um terceiro termo: o Espírito. O terceiro termo era "necessário" *do ponto de vista* do simbolismo antropológico que rege a relação de paternidade-filiação.

provavelmente em relação com os deuses da atmosfera e do ar no Egito e em Ugarit. Designa "na origem o espaço vital independente do homem e do qual o homem depende para sua vida. É o meio entre terra e céu que pode ser calmo ou violento [...]. Pode ser símbolo do vazio e da evanescência, o que o homem não pode captar como capta os sólidos ou dispõe da água"[41]. Sem esse *espaço vital* entre Deus e ele, o homem, carente de *ruah*, não poderia senão morrer. Somente vive se mantiver a *distância* de Deus. Paradoxo do Espírito, faz "partícipe" de Deus na medida em que mantém a diferença radical. Esta é, segundo H. Cazelles, a obra do Espírito que paira sobre as águas primordiais em Gênesis 1,2: "como Shu, o deus da atmosfera no Egito", vem "se interpor entre o céu e terra (...) para que apareça a atmosfera, para que os homens e os animais possam *respirar* e se tornarem 'sopros de vida'"[42].

Ligado ao simbolismo precedente, o do *vento* ou do *sopro*, é frequente na Bíblia o vento violento ou o turbilhão, que, associado ao carro e aos cavalos de fogo, transporta Elias ao céu (2Rs 2,11), ou que, aproveitando-se dos "nabis" e de Saul, os põe em transe (1Sm 10,6; 19,20-24); ou, pelo contrário, uma brisa leve, "sussurrar de um sopro tênue" que marca a discreta e imperceptível passagem de Deus na vida de Elias (1Rs 19,12-13). Violento como a tempestade ou discreto como a brisa, o Espírito reveste Gedeão como se fosse um manto (Jz 6,34); penetra em alguns juízes, como Sansão, com força sobre-humana (Jz 14,6-19); "vem a" Ezequiel (Ez 2,2; 3,24), "cai sobre" ele (11,5), o "eleva" ou o "arrebata" (3,12-14; 8,3 etc.). Assim, *penetra* o homem como o sopro que dá vida: o hálito da vida (*neshamah*) que Javé insufla nas narinas do homem para fazê-lo um ser vivo (Gn 2,7) é interpretado como *ruah* no Salmo 104,29-30 ou em Ezequiel 37,5.6.8.10; quando Javé retira seu sopro, é a morte. Às vezes, também, esse simbolismo da penetração do Espírito no mais íntimo do homem é evocado mediante *o óleo da unção* que penetra o corpo dos reis Saul (1Sm 10,1.6) e Davi (1Sm 16,13). A penetração do Espírito é tal que o corpo dos profetas torna-se palavra, com esse constante paradoxo de que eles podem dizer "Oráculo de Javé", "palavra do outro" no momento mesmo em que essa palavra os investe até em seu corpo, que se torna, assim, parábola viva.

Ao simbolismo do "vento impetuoso" está associado, no relato de Pentecostes, o do *fogo*. Entre os múltiplos, e muitas vezes opostos, simbolismos

---

41. CAZELLES, H., "L'Esprit Saint dans l'Ancien Testament", in: *Les Quatres fleuves* n. 9, Beauchesne, 1979, 5-22.
42. Idem, "Esprit et Rouah dans l'Ancien Testament", in: *L'Esprit Saint dans la Bible*, Cahiers Évangile n. 52, 1985, 22-24.

do fogo que conhece o Antigo Testamento (o fogo da presença benfeitora de Deus, o fogo do juízo que consome os maus...), há um que é particularmente posto em relevo nas teofanias: o da *santidade* de Deus, de sua alteridade, manifestada pela nuvem luminosa do Êxodo ou pela fumaça do Sinai. Este último é, aliás, reinterpretado pelo Deuteronômio como fogo (Dt 4,12; cf. 5,4). O fogo, que ninguém pode capturar sem ser por ele consumido, é o símbolo da absoluta alteridade de Deus que ninguém pode ver sem morrer (Ex 33,23). Por isso, é "do meio do fogo" que Deus fala ao seu povo no Sinai, como é "do meio da Sarça" ardente que revela seu nome a Moisés (Ex 3). Mas se o fogo o mantém afastado, é também o lugar de onde se comunica com o homem. O fogo é, portanto, um símbolo particularmente expressivo da dupla função paradoxal do Espírito Santo: agente ao mesmo tempo da *recessão* de Deus fora do mundo em sua absoluta santidade e da *processão* de Deus no mundo por comunicação de sua santidade ao homem. "Deve-se pensar o Espírito nos termos deste paradoxo, escreve P. Beauchamp: a comunicação da propriedade, por excelência, de Deus somente, em um ato cuja qualidade, por ser divino, é intransponível". Como a Sabedoria da qual está tão próximo, continua o mesmo autor, é *atraído por seu contrário*: "mostra a transcendência de Deus justamente ao tocar no mais íntimo de sua criação"[43].

Espaço vital entre céu e terra, vento violento ou sopro sutil, fogo que queima sem consumir ou que permite ao homem se comunicar com Deus sem morrer, esses diversos símbolos apontam todos para a radical alteridade/santidade de Deus. O Espírito é Deus *imperceptível*, sempre surpreendente, sempre fugidio; é Deus incontrolável, que transborda sem cessar as instituições religiosas; é Deus onipresente, que renova a face da Terra e que penetra até o fundo do coração do homem, mas ao mesmo tempo não designável segundo as categorias humanas e sem lugar assinalável entre as obras humanas. Sem nome próprio, o Espírito é como o antinome de Deus. Seu rosto somente se deixa dizer mediante figuras cósmicas (o espaço, o vento, o fogo, a água também no quarto evangelho). Feminino em hebraico é neutro na língua que foi a mais determinante para a teologia cristã, o grego: *to pneuma*.

Essa *posição neutra* está bem na lógica de seu simbolismo cósmico. Para designá-lo, o Concílio de Constantinopla não hesitará em lhe aplicar o neologismo "o senhorial" (*to kyrion*). Deus como neutro, *Ne-uter*, nem um nem outro, do Pai e do Filho, é sua diferença; ao mesmo tempo, enquanto

---

43. BEAUCHAMP, P., *Le Récit, la lettre et le corps*, op. cit., 131-132.

preserva essa diferença, permite sua comunhão. Assim, ao preservar a diferença de Deus, torna possível sua comunicação com o homem. Assim, ao se fazer presente entre os homens, o Espírito lhes possibilita a comunicação entre si em Pentecostes. Enquanto mediador da diferença entre Deus e Deus, o Espírito é, segundo a teologia de Santo Agostinho, o *nexus amborum*, a *charitas substantialis et supersubstantialis* do Pai e do Filho, e "procede do Pai e do Filho", *tanquam ab uno principio*[44], como é a partir da diferença-alteridade que ele instaura, a maneira pela qual a linguagem efetua a aliança entre sujeitos. Em Deus, o Espírito é, segundo a fórmula de O. Clément, "o misterioso terceiro que realiza a diferença sem a menor separação"[45].

b. *"O revelador não revelado"*

A neutralidade do Espírito, assim como seus diferentes simbolismos cósmicos, é o pano de fundo das diversas hermenêuticas feitas tradicionalmente dele. Com efeito, estas não cessam de situá-lo ao mesmo tempo como o *"além" de Deus* e como o *"aquém" do homem*: o Espírito é Deus ao mesmo tempo em sua diferença absoluta e em sua comunicação ao mais íntimo do homem; Deus como desconhecido além de toda palavra e como inspirador do não-dito em que se murmura, aquém dos enunciados e nas lacunas dos discursos humanos, a verdade de toda palavra; Deus como abertura estática, estando em si mesmo somente ao sair de si mesmo, e como se dando um interlocutor humano à sua imagem, estático por consequência ele também, que só se encontra caso se perca; Deus onipresente, e por isso mesmo nunca designável permanentemente, jamais dominado pelo homem.

Essa posição paradoxal do Espírito é tal que tradicionalmente se fez dele menos um "objeto" de conhecimento do que o princípio de todo (des)conhecimento de Deus, menos o "revelado" do que "*o revelador*". É menos aquele que se deve pensar teologicamente do que aquele que dá a pensar: homólogo ao *es gibt* de Heidegger que permite "deixar ser", é a *instância doadora* que permite ao crente deixar Deus ser Deus e assim estabelecer uma verdadeira comunicação com ele. Sua função "econômica" tem por objeto menos os conteúdos de pensamento como tais do que a verdade sempre a fazer de nossas *atitudes* para com Deus, isto é, a passagem jamais aca-

---

44. Santo Agostinho, *In Io. evang.*, tr. 105, 3 (*PL* 35, 1904). Cf. De Margerie, B., *La Trinité chrétienne dans l'histoire*, Beauchesne, 1975, 159-172; Congar, Y., *Je crois en l'Esprit-Saint*, t. 3, op. cit., 116-134.
45. Clément, O., *Le Visage intérieur*, Stock, 1978, 80-81.

bada de uma relação de escravos a uma relação de filhos: "Filhos, vós bem que o sois: Deus enviou aos nossos corações o Espírito de seu Filho, que clama: Abbá, Pai! Portanto, já não és mais escravo, mas filho" (Gl 4,6-7). O Espírito é quem faz possível nossa filiação no Filho; é quem a atesta e a mantém em nós, quem nos permite aceder à oração de petição e de ação de graças, quem nos permite tornar-nos "homens eucarísticos". É quem faz acontecer nossos discursos sobre Deus como palavra verdadeira, quem efetua a verdade da autoimplicação que caracteriza, como vimos, a linguagem da fé. No plano dos atos de linguagem do crente, destaca-se menos sua dimensão locutória, como objeto de discurso, do que sua dimensão *ilocutória* — "torna possível atos discursivos 'eucarísticos'", a saber, tidos por "filhos" — e sua dimensão *perlocutória* — isto é, neste caso, sua "dimensão martirológica" de testemunho[46]. Certamente, é também objeto de discurso, como fazemos aqui precisamente. Mas este objeto é tal que os enunciados sobre ele somente têm pertinência se reenviam às duas últimas dimensões da linguagem mencionadas: a verdade de tal "objeto" somente se refere à sua "resolução" na linguagem ou à sua disseminação na escritura, e finalmente no corpo.

Há alguma verdade no que diz São Gregório de Nazianzo: "O Antigo Testamento pregava claramente o Pai e mais obscuramente o Filho; o Novo pregou o Filho e insinuou a divindade do Espírito. No presente, o Espírito habita em nós e se manifesta a nós mais claramente"[47]. Há alguma verdade no sentido de que o Espírito, em sua identidade plenamente divina, parece escapar da letra da Escritura. Os padres observaram, muitas vezes: presente por toda parte nas Escrituras, uma vez que é princípio inspirador da memória seletiva da comunidade ao mesmo tempo em que é princípio de sua conspiração crística, o Espírito tem, entretanto, apenas um pequeno lugar aí. Na letra das Escrituras, seu lugar está como *vacante*. Inscreve-se no vazio, como os espaços em branco que permitem aos "caracteres" ser ao mesmo tempo diferenciados e reunidos em palavras, as palavras em frases, as frases em discursos, os discursos em livros, os livros em partes dotadas cada uma da plenitude de uma "obra" acabada cujo acabamento só é perceptível por seu reenvio aos outros: "É o mesmo Espírito Santo que cumpre a lei e a profecia, assim como a sabedoria tem por função uni-las"[48]. Finalmente,

---

46. GREISCH, J., "Le témoignage de l'Esprit et la philosophie", in: LAURENTIN, R. et al., *L'Esprit Saint*, ed. univ. Saint-Louis, Bruxelles, 1978, 90.

47. GREGÓRIO DE NAZIANZO, *Discours* 31, 26 (SC n. 250), o quinto dos "discursos teológicos".

48. BEAUCHAMP, P., *Le Récit...*, op. cit., 131.

o Espírito é o espaço em branco que diferencia e reúne um e outro Testamento: *inspirador*, converte a letra em "figura"; somente a põe abrindo-a a uma coisa distinta, a uma nova escritura; assim, a letra inspirada é posta pelo Espírito somente como passagem rumo ao outro de si mesma. É desta "páscoa" que a relação de um e outro Testamento é a figura. E é essa mesma "páscoa" que faz agir as diversas figuras da letra em um mesmo princípio, crístico, de integração.

Assim, *o paradoxo do Espírito*, enunciado aqui, encontra na letra das Escrituras sua figura: presente por toda parte na letra e naquilo que ela tem de mais historicamente determinado e de mais irredutivelmente opaco, o Espírito é o grande ausente. Enquanto "selo de toda letra"[49], a cruz de Cristo leva o paradoxo a seu *maximum* teológico: foi "pelo Espírito eterno" que Cristo "ofereceu a si mesmo a Deus como uma vítima sem mácula" (Hb 9,14). Assim, o Espírito é aquilo que *diferencia* radicalmente "o Uno inacessível da origem" e o único, o "somente um" que nos representa ao vir ocupar o lugar do outro extremo de Deus: "o outro extremo do limite humano"[50], o da morte em uma carne semelhante àquela do pecado, aquela do *ecce homo* que não tem mais figura humana (cf. Is 52,14), a do escravo reduzido a nada pelos homens e moribundo no abandono de Deus. E, simultaneamente, o Espírito é o que *reúne* os extremos e faz com que o centurião confesse ao pé da cruz o outro semelhante do Pai.

"Não há caminho para a sabedoria, porque todos os seus caminhos estão nela, e é por isso que se diz 'princípio da sabedoria: adquire a sabedoria' (Pr 4,7)"; é por isso também que "nenhum sábio pode se vangloriar de ser sábio". "Não saber" por excelência, a sabedoria é "a questão das questões"[51]. Puro dom gratuito de Deus, é o princípio de todo o conhecimento de Deus. O mesmo acontece com o Espírito. É, para retomar a expressão de Heidegger (mas inteiramente em outro plano distinto dele), "o caminho que põe tudo a caminho", caminho "que caminha", como sublinhamos, quer dizer não fora de nós, mas em nós; caminho que não é outro senão o trabalho de passagem, de "páscoa", que se efetua em nós mesmos, caminho interminável, pois somente existe por seu encaminhamento. Caminho de "perlaboração", que, retornando ao campo que nós somos, nos faz advir como filhos: é "com gemidos inexprimíveis" que o Espírito presente em nós que "gememos interiormente" e estamos, com a criação, "nas

---

49. Ibidem, 36.
50. Ibidem, 133.
51. Idem, *L'Un et L'Autre Testament*, op. cit., 120-121.

dores do parto", trabalha em nós tendo em vista nossa adoção filial (Rm 8,18-28), e assim é por seus gritos em nós que podemos dizer: "Abbá, Pai!" (Rm 8,15-16; Gl 4,6). Questão das questões, o Espírito está, assim, além da linguagem, o *reverso da letra*, o sopro do corpo. Por ele, o Livro, exemplar da comunidade, alcança a sua verdade: o Espírito o inscreve no *corpo* desta, e faz dela o testemunho primeiro do Deus vivo. Muitas vezes se observou que Jesus não deixou escrito algum. A letra de Deus, que sela toda outra letra, somente se escreve em seu corpo crucificado, esmagada até o apagamento: assim, ela deixa transpirar o Espírito. Segundo João 19,30, Jesus, ao dar seu último alento, *paredôken to pneuma*. Esta é sua "tradição", a fim de que a letra possa passar ao corpo, segundo a promessa da nova aliança (Ez 36,26-28; Jr 31,31-34).

"Neutralização" de Deus, "espaço em branco" de Deus, "antinome" de Deus, o Espírito é este terceiro termo que, enquanto plenamente de Deus, vem subverter em nós todo o domínio idolátrico de Deus (domínio conceitual, ético, ritual...) e, assim, abrir sem cessar, como "questão das questões", a questão da identidade de Deus: Deus apagado e em nenhum lugar tão divino quanto no seu apagamento na humanidade desfigurada do Crucificado. O que pode nos murmurar de Deus este Espírito que tem "todos os nomes" e que é "o único que não se pode nomear", a não ser, como o exprime de maneira lírica Gregório de Nazianzo, elevando em nós "um *hino de silêncio*"[52], sopro inarticulado, "gemido inexprimível" (Rm 8,26), discurso que se desfaz em puro "grito" para o Pai (Rm 8,17; Gl 4,6). Diferença *entre Deus e Deus*, o Espírito é simultaneamente a Diferença *entre Deus e o homem*. Diferença a ser inscrita — é o que vamos agora mostrar — na diferença *entre os homens* e, em cada um, nesta diferença *do corpo e da palavra* de onde surge todo sujeito.

3. O Espírito, ou a diferença de Deus que se inscreve na corporeidade humana

Sublinhamos este paradoxo do Espírito: o Espírito é Deus enquanto diferente, incontrolável, sempre fugidio, como o vento que sopra onde quer (Jo 3,8), ao abrigo do saber ou da instituição; e, simultaneamente, é Deus mais próximo possível do homem, a ponto de se inscrever na corporeidade para "divinizá-la". É Deus como mais longínquo e o mais próximo. Melhor, a fim de evitar as ambiguidades dessa linguagem espacial e

---

52. GREGÓRIO DE NAZIANZO, *Poèmes dogmatiques*, PG 37, 508.

de nos conformar à nossa problemática do simbolismo, ele é a diferença de Deus nunca tão bem confessada em sua radical alteridade como em sua comunicação ao homem.

Sempre aparece na Bíblia esta impregnação paradoxal do homem pelo Deus Santíssimo mediante a *ruah*: desde a criação do homem (Sl 104,29-30; cf. Gn 2,7) até a ressurreição final, quando o Espírito reviverá os ossos ressequidos (Ez 37), ou as últimas núpcias de Deus com a comunidade, quando o mesmo Espírito inspirará à esposa a palavra escatológica "Vem, Senhor Jesus!" (Ap 22,17.20), ao passar por sua irrupção nos profetas que faz de seus corpos a palavra viva do outro (*supra*), e ao esperar, segundo o voto de Moisés, que todo o povo "se torne um povo de profetas sobre o qual o Senhor deposite o seu Espírito (Nm 11,29). O cumprimento da promessa feita aos pais está precisamente na efusão do Espírito sobre toda carne (At 2,17-18; Jl 3,1-5), que realiza o voto de Moisés (At 2,18). Verificaremos esta inscrição da diferença de Deus por meio do Espírito no corpo da humanidade mediante [a] os escritos paulinos, [b] o relato de Pentecostes, [c] a experiência litúrgica da Igreja.

a. Paulo

Paulo, que não pode designar de outro modo o corpo do ressuscitado senão como "corpo pneumático" (1Cor 15,44), evoca sem cessar a ação do Espírito como transformadora do mais íntimo do homem (passagem da escravidão à filiação), da Igreja e, finalmente, do conjunto da humanidade e do universo.

Primeiro, no plano *pessoal*, o Espírito "que sonda tudo, mesmo as profundezas de Deus" (1Cor 2,10), transforma o "homem psíquico" em "homem pneumático", capaz de exprimir "o que é pneumático em termos pneumáticos", capaz de "julgar tudo" sem ser "julgado por ninguém", e, assim, capaz de compreender a aparente "loucura" de Deus como "sabedoria" (1Cor 2,10-16). Esse conhecimento do mistério de Deus que o Espírito ensina do interior (ibidem, 13) ao homem espiritual é também *ágape*, "porque o amor de Deus foi derramado em nossos corações pelo Espírito Santo que nos foi dado" (Rm 5,5). Assim o Espírito faz passar aqueles em que "habita" (Rm 8,11) do estatuto de "escravos" ao de "filhos adotivos" (*supra*).

Contudo, essa participação no Espírito nada tem de individual: efetua-se mediante a integração na *Igreja*. "Pois todos nós fomos batizados em um só Espírito, para formarmos um só corpo, judeus ou gregos, escravos ou homens livres" (1Cor 12,13). E se o tema do "templo do Espírito" foi aplicado por Paulo ao próprio corpo de cada um (1Cor 6,19), muito mais ainda o foi ao corpo da Igreja: "Acaso não sabeis que sois o templo de Deus e que o Espírito de Deus habita em vós? Se alguém destrói o templo de Deus, Deus o destruirá. Pois o templo de Deus é santo, e esse templo sois vós" (1Cor 3,16-17; cf. 2Cor 6,16-18). Ao "edificar" os cristãos sobre Cristo como "pedra angular", em *naos hagios* (Ef 2,20-22), ao edificá-los em *oikos pneumáticos* sobre a "pedra viva" que é Cristo para constituir coletivamente um "sacerdócio santo" capaz de oferecer "sacrifícios espirituais" (1Pd 2,4-5), o Espírito faz da Igreja o lugar de habitação de Deus na e para a humanidade, e no mundo.

Porque a Igreja do batismo "em um só Espírito" é o sinal da reconciliação do judeu e do grego, do escravo e do homem livre etc., à qual *toda humanidade* é chamada, o sinal deste "homem novo" que foi revestido por todos no batismo (Cl 3,9-11) e para cujo advento Cristo deu sua vida (Ef 2,15-16). Ainda mais: o que está destinado a ser "recapitulado" em Cristo supera a humanidade. Em solidariedade com ela, é o "*universo inteiro*" que aspira, enquanto criação de Deus, a ser ele também "libertado da escravidão e da corrupção para participar da liberdade e da glória dos filhos de Deus" (Rm 8,21; cf. Is 55,13 e 65,17). Assim, em solidariedade "conosco, que possuímos as primícias do Espírito" e que "gememos interiormente, esperando a adoção (*hyiothesia*) e a libertação (*apolutrôsis*) para nosso corpo" (Rm 8,22-23), o universo como mundo está ele mesmo na "dor", em trabalho de parto dessa salvação que Paulo denomina de advento de uma "nova criação" e que ele conecta à ressurreição do Senhor e à efusão do Espírito.

Assim, a função própria do Espírito é envolver a humanidade e o universo na força ressurrecional de Cristo. Porque Cristo ressuscitou não simplesmente para si mesmo, mas "para nós" (cf. Rm 4,25) como "primogênito de uma multidão de irmãos" (Rm 8,29; Hb 1,6). Esse "para nós" da ressureição é o que manifesta Pentecostes: pela efusão do Espírito, a humanidade tornou-se participante da Páscoa do Senhor, e está assim de passagem, com ele, para o Pai. Este é finalmente o cerne da tese de E. Jüngel: é "enquanto 'Espírito Santo' que Deus é o mistério do mundo. Enquanto esse Espírito é a relação invisível mais poderosa que comunica, por uma parte, o *Filho* de Deus *visível* como homem ao *Pai invisível* que está nos céus e, por outra parte, comunica o mesmo Filho de Deus visível como homem a *nós* a fim de nos atrair todos a ele (Jo 12,32)"[53]. Pelo Espírito, o

---

53. JÜNGEL, E., op. cit., t. 2, 249.

mais divino é mais secretamente inscrito no mundo. Este é o *mistério* que expressa, *extra nos*, os sacramentos.

b. Pentecostes

"Deus, que não tem boca, nem língua e nem garganta, decidiu por prodígio que um ruído invisível fosse produzido no ar, um sopro articulado em palavras que, colocando em movimento o ar e lhe dando uma forma e o transformando em fogo na forma de chamas, como o sopro através de uma trombeta, fez ressoar uma voz tal que os mais longínquos acreditavam ouvi-la tão bem como os mais próximos [...]. Uma voz que ressoava do meio do fogo que descia do céu, voz que causava estupor, esta voz se articulava no dialeto habitual dos ouvintes. Por ela, as coisas ditas se expressavam de tal modo claras que pareciam ser vistas em vez de ouvidas"[54].

Esse comentário de Fílon sobre o acontecimento do Sinai, assim como o Midrash de Rabbi Johanan sobre Êxodo 20,18 ("a voz de Deus, como era pronunciada, se dividiu em 70 vozes, em 70 línguas, para que todas as nações pudessem compreender"[55]), manifesta que o relato de Pentecostes nos é apresentado como uma nova teofania sinaítica.

O *fogo* do Espírito permite ver o que a voz de Deus (ou melhor, as vozes de Deus, que são vistas por todo o povo, segundo Ex 20,18) dá a ouvir[56]. E o que é dado a ouvir, o que é realçado pelo Espírito, é tão somente que Deus fala todas as línguas (At 2,9-10; cf. o simbolismo da totalidade nas 70 línguas do Midrash), mas ainda que, por referência ao relato da torre de Babel do qual Pentecostes representa a inversão, Deus somente pode ser ouvido mediante uma diversidade de línguas.

Com efeito, *Babel* (Gn 11,1-9) é o mito da humanidade que recusa a diferença de Deus: para "se fazer um nome", os homens imaginam construir uma torre "cujo cume atinge o céu". Está aí a impureza por excelência, uma vez que, como mostrou M. Douglas ao examinar "as abominações do Levítico", é impuro todo vegetal, animal ou humano que transgride seus limites, isto é, em termos levi-straussianos, que sobrepõem muitas categorias classificatórias; é puro e santo, pelo contrário, o que se mantém separado, diferenciado do resto, e que assim preenche seus limites sem

---

54. Fílon de Alexandria, *De decal.* 9 et 11. Citado em Colletctif, *Une lecture des Actes des apôtres*, Cahiers Évangile n. 21, 1977, 25.
55. Ibidem.
56. Cf. Amós 1,1: "Palavras que Amós viu"; Isaías 2,1: "Palavras que Isaias viu…". Os profetas são "videntes"; mas o objeto de sua visão é o de sua missão: a Palavra de Javé.

transbordá-los⁵⁷. Em Babel, a indiferenciação imaginária e sacrílega que os homens querem estabelecer com Deus é a mesma expressão da indiferenciação que reina entre eles. Ao falar todos "a mesma língua e as mesmas palavras", ao reenviar assim os seus discursos "um ao outro" em espelho, ao habitar todos o mesmo país, vivem na uniformidade. Ora, quando as diferenças, entre eles e com Deus (ambos são correlativos no texto), são abolidas, reina o totalitarismo de uma onipotência "fálica" que, como a torre, se eleva até o céu, se toma pela verdade mesma de Deus e, preenchendo toda brecha, erige os discursos "recebidos" em saber absoluto. Cada um é então convocado, sob pena de morte, a ajustar-se à mesma ideologia. Mas sabemos que, sob o regime de *identidade uniforme* e de repetição dos discursos oficiais, grunhem a revolta e a violência. Deus lança um interdito contra essa indiferenciação. Desloca, distende, separa, permitindo assim a cada um poder "respirar", não mais ficar sem *ruah*, isto é, chegar a ser eles mesmos como sujeitos em sua diferença. Ao regime totalitário deste, Deus opõe aquele, simbólico, do outro. A punição de Deus, que desce do céu para "confundir as línguas" e "dispersar os homens por toda a face da Terra", é a salvação do homem.

O *anti-Babel* de Pentecostes dá justamente a ver que a salvação da humanidade está no respeito da *diferença*. Respeito da diferença/santidade de Deus que "de imediato" (At 2,2) surpreende aqueles que se "encontravam reunidos todos juntos" (v. 1), "desconcerta" e "maravilha" (v. 7 e 12) a multidão daqueles que representam "todas as nações que existem sob o céu" (v. 5), e se manifesta sob os símbolos do indominável: o vento e o fogo (v. 2-3), enquanto a voz (*phoné*, v. 6, traduzido frequentemente por "rumor") se faz ouvir do interior desses elementos teofânicos. Mas também, com respeito à diferença *entre os homens*, as "línguas de fogo" se repartiam (v. 3), e se todos ficaram repletos do mesmo Espírito, é para falar outras línguas (v. 4), pois "cada um os ouvia falar em sua própria língua" (v. 6). É enquanto criador da diferença entre os homens que o Espírito é criador de comunicação entre eles. Ao abrir uma *falha* entre eles, permite-lhes não falhar entre si. Assim como, ao abrir em cada um a falha de Deus, permite que não lhe falhemos. O Espírito está assim no lugar do desejo. É *abertura* em Deus, a abertura que é Deus mesmo, abertura que ele inscreve entre os homens e em cada um.

Diferença entre Deus e Deus, instauradora de sua comunhão (teologia), diferença entre Deus e o homem, instauradora de sua possível comunicação

---

57. DOUGLAS, M., *De la souillure. Essai sur les notions de pollution et de tabou*, Maspero, Paris, 1971, cap. 3 "Les abominations de Lévitique".

(economia), o Espírito é essa diferença de Deus que toma corpo (antropologia) na diferença entre os sujeitos humanos de onde brota toda reciprocidade e simultaneamente na diferença interna ao sujeito entre o corpo e a palavra, ali onde o corpo pode advir como palavra verdadeira.

c. A liturgia, e especialmente a epiclese

É precisamente a partir do mais "corporal" que, na esteira da Bíblia, a tradição eclesial tentou discernir o mais "espiritual" de Deus. Esse é especialmente o caso na liturgia. Mas é mais amplamente o caso para o conjunto da *vida eclesial*.

Assim vemos que há dois carismas pneumáticos que causam dificuldade para Paulo: o das glossolalias, que, ao pronunciar pelo Espírito uma palavra nossa para Deus, corre o risco de não edificar a comunidade, na medida em que a sua oração permanece incompreensível, e o dos profetas, que, ao pronunciar uma palavra de Deus para nós, corre o risco de anunciar revelações extravagantes. Para "esclarecer" a oração dos primeiros e "discernir" a palavra dos segundos, o apóstolo "anexa a cada um dos dois carismas defeituosos dois outros carismas acompanhantes": a "interpretação das línguas" e o "discernimento dos espíritos" (1Cor 12,10; cf. 1Cor 14). Sublinha, assim, que toda palavra dita em nome de Deus "deve se submeter à prova da recepção eclesial". Mediante uma espécie de dialética do "um" e do "múltiplo", Paulo expressa, de um lado, que "os cristãos, que, em sua diversidade, não procuram incansavelmente a unidade, não estão no Espírito"; e inversamente, de outro lado, que "a autoridade eclesial, que, cuidando somente da unidade, não se abre à diversidade, também não está mais no Espírito"[58]. Finalmente, é "o fruto" produzido no comportamento existencial pelo Espírito — "amor, alegria, paz, paciência etc." — que permite o bom discernimento.

Temos a mesma perspectiva em *Didaquê* 11, 8, ou ainda em *O Pastor* de Hermas (n. 43): o discernimento do Espírito só pode ser realizado "tropologicamente", a partir do comportamento ético[59]. O corpo é o lugar de verificação do Espírito. Porque o Espírito, como mostram as imagens fre-

---

58. Perrot, C., "L'Esprit Saint chez Paul", in: *L'Esprit Saint dans la Bible*, Cahiers Évangile n. 52, 1985, 54-55.

59. *Didaquê* 11, 8: "Nem todo homem que fala sobre a inspiração do Espírito é profeta, senão o que tem as maneiras de viver ("tropoi") do Senhor. Reconheceremos, pela maneira de viver, o falso profeta e o profeta"; *Pastor* de Hermas, 43: "Provai segundo sua vida o homem que detém o Espírito divino".

quentes dos padres, é facilmente comparado com o selo em nós do verbo expresso pela boca do Pai, ou ao ponto de impacto em nós do raio que é o Filho que emana da Luz do Pai. Deus se desdobra até o homem a partir do Pai por intermédio do Filho no Espírito Santo, e o homem se remonta, assim, no Espírito até o Pai[60]. O Espírito se encontra, pois, na charneira da teologia e da economia, como sublinham especialmente (mas não somente) os padres gregos do século IV.

Daí a importância primordial entre eles da *experiência litúrgica como lugar teológico de manifestação da plena divindade do Espírito*. Contra Macedônio e os pneumatômacos, eles argumentam, com efeito, facilmente a partir da "divinização" efetuada no batismo. Assim Atanásio, referindo-se ao *batismo*, afirma: "Se, pela participação do Espírito, nos tornamos participantes da natureza divina, seria muito insensato quem dissesse que o Espírito pertence à natureza criada e não à de Deus. É por isso, com efeito, que aqueles em quem ele se encontra são divinizados. Uma vez que ele diviniza, não há dúvida de que sua natureza seja [a] de Deus"[61]. O mesmo argumento batismal encontra-se em Gregório de Nazianzo e em Teodoro de Mopsuéstia[62] ou, a partir da *penitência*, em Ambrósio[63]. Em Basílio, e a partir da *doxologia* litúrgica ("Glória ao Pai com o Filho e o Espírito Santo") que se faz a argumentação decisiva a favor da divindade do Espírito[64]. *Lex orandi, lex credendi*: o adágio, o qual já explicamos, vale muito particularmente a propósito do Espírito Santo, uma vez que o lugar teológico tradicional por excelência da afirmação de sua divindade é a experiência antropológica vivida na liturgia.

O envio do Espírito ao corpo é uma dimensão constante das liturgias antigas. Além disso, na liturgia, a pneumatologia integra não somente o corpo da Igreja e dos crentes, mas, em solidariedade com o corpo, também a matéria do universo como "mundo". Daí a importância tradicional da *epiclese* para a consagração do pão/vinho em corpo/sangue de Cristo,

---

60. "A rota do conhecimento de Deus vai, portanto, do Espírito 'uno', pelo Filho 'uno', até o Pai 'uno' e, em sentido inverso, a bondade essencial, a santidade natural, a dignidade real procedem do Pai, pelo unigênito, até o Espírito" (Basílio, *Tratado do Espírito Santo*, 18).

61. Atanásio de Alexandria, *Lettres à Sérapion* I, 24 (SC n. 15, 1947), 126.

62. Gregório de Nazianzo, *Discours* 31, 28, op. cit.; Teodoro de Mopsuéstia, *Homélies catéchétiques* 9, 15, ed. Tonneau-Devreesse, Citta des Vaticano, 1949, 237.

63. Ambrósio, "Traité du Saint-Esprit" III 137 (*CSEL* 79, 208). Igualmente, *La pénitence* I, 8, 37 (SC n. 179, 1971, 85. Cf. a introdução de Gryson, R., 42 e 1 a n. 2, 84).

64. Basílio, *Traité du Saint-Esprit*, 1; edit. B. Pruche (SC n. 17), 109: "Já que podemos dizer 'com' o Espírito Santo, eu vou, portanto, agora, com sua ajuda, me explicar".

mas também, como na tradição siríaca, para aquela da água batismal ou a do "Myron".[65]

Não se trata aqui de retomar o dossiê litúrgico e teológico da epiclese[66]. Contentemo-nos em realçar dois elementos gerais sobre esse assunto.

Primeiro, como lembra o padre Congar, "mesmo entre os padres provenientes do domínio sírio ocidental, nos quais encontramos as epicleses mais formais, a invocação designa toda a oração eucarística"[67] (às vezes, pelo menos), o que implica que a epiclese somente se pode compreender a partir do conjunto e que toda perspectiva de concorrência entre a *ação de Cristo e a do Espírito* cria um falso problema. Infelizmente, a determinação "escolástica" de um "momento" preciso da consagração, nos séculos XII-XIII, devia criar, um século mais tarde, graves mal-entendidos entre Oriente e Ocidente. Esses mal-entendidos estão hoje quase totalmente superados entre as Igrejas, como mostram os diversos acordos bilaterais ou multilaterais entre elas, assim como os textos recentes de *Fé e Constituição*[68].

Em segundo lugar, o Espírito aparece sempre nas epicleses como o *agente de incorporação* de Cristo ressuscitado na Igreja e nos elementos do sacramento (água, *myron*, pão e vinho). Precisemos, entretanto, que, mesmo a partir da época (século IV) em que se acentua a força dos verbos que indicam a ação do Espírito sobre os elementos ("manifestar", "santificar", "fazer", "mudar"), a epiclese permanece sempre finalizada pela "santificação" dos sujeitos mediante sua participação nos elementos assim consagrados: é sempre em vista da Igreja e, nela, dos sujeitos crentes, que o Espírito "transforma" os dons, jamais por eles mesmos. Isso vale tanto para o batismo e a unção como para a eucaristia. É significativo, nessa perspectiva, que o Espírito apareça como o agente operador do tríplice corpo de Cristo: seu corpo histórico, nascido de Maria coberta pela "nuvem" do Espírito (Lc 1), e seu corpo glorioso pneumatizado; seu corpo sacramental (primeira epiclese); seu corpo eclesial (segunda epiclese).

O Espírito aparece assim claramente na liturgia como o *agente de ocultamento do Verbo na carne*; mais precisamente, desde a Páscoa, como

---

65. SIMAN, E. P., *L'Experiénce de l'Esprit par l'Église d'après la tradition syrienne d'Antioche*, op. cit., 227-229. "Quadro comparativo das epicleses dos três principais mistérios".

66. Ver o conjunto do dossiê, com abundante bibliografia em CONGAR, Y., *Je crois en l'Esprit Saint*, t. 3, op. cit., 294-341; SIMAN, E. P., op. cit., 214-244.

67. CONGAR, Y., ibidem, 295.

68. DESSEAUX, J. E., *Dialogues théologiques aecuméniques*, Cerf, 1982; — Foi et constitution, "Baptême, eucharistie, ministère", Centurion/Presses de Taizé, 1982 (documento dito "de Lima"), n. 14-18: "A eucaristia, invocação do Espírito". Pontos de vista católicos sobre esse documento em *Istina* 1982/1 e *Irenikon* 1982/2.

o agente do *apagamento* do Ressuscitado na carne, desse modo "sacramental", da humanidade e do mundo. Na perspectiva tanto bíblica como litúrgica que acabamos de esboçar, o Espírito representa, como escreve K. Barth, "o momento da apropriação de Deus pelo homem"[69]. O Espírito, "o Deus secreto", sugere de seu lado O. Clément, é "não rosto, mas revelador de rostos, não santa face, mas santidade de toda face humana, Deus que se oculta na existência propriamente pessoal do homem"[70]. *Momento da apropriação de Deus, no que tem de mais divino, pelo homem no que tem de mais humano*, o Espírito tem por "missão" suscitar para o Ressuscitado um corpo de humanidade e de mundo. Por ele, o Ressuscitado acontece como ressuscitador. Por seu sopro, o Verbo torna-se nosso verbo: palavra que não está nunca tão próxima da verdade como quando surge nas lacunas de nossos discursos ou se murmura em um "hino de silêncio"; então, com efeito, ela nos toca no mais vivo, fazendo corpo com nosso corpo. O Espírito é o agente dessa *somatização da palavra*. Entretanto, não no sentido histórico de tal somatização, que preencheria imaginariamente toda lacuna entre o corpo e a palavra. A identidade da palavra e do corpo que efetua o Espírito é simbólica, isto é, mantém rigorosamente a diferença dos dois. Por isso, o critério principal do discernimento do Espírito reside na capacidade do sujeito habitado por ele de dar testemunho do outro: como entre os profetas, seu corpo-palavra é testemunha da palavra do outro — o que, para os cristãos, requer sempre uma verificação eclesial.

d. O novo corpo escriturístico de Deus

Assim o Espírito aparece como o agente de uma nova inscrição do Verbo. O verbo, como dissemos, é o *Logos* da cruz, isto é, o Verbo da triunidade divina, na medida em que se oculta no "até o fim" da humanidade que é a morte. É esse dito inaudito de Deus como Deus apagado na infra-humanidade de um "menos que nada" que o Espírito vem trazer ao corpo-Igreja e, nela, ao corpo de cada cristão.

Enquanto palavra, o *Logos* da cruz não pode ter a consistência plena de um conceito (*Be-griff*). Por isso Heidegger, substituindo os "nomes ouvidos desde a metafísica: *glossa, lingua,* língua, linguagem", esclarece o significado de "palavra": "o dito" (*die Sage*), a saber, "o dito e o que diz o dizer,

---

69. Inversamente, o Filho representa "o momento da apropriação do homem por Deus" (BARTH, K., *Dogmatique* I, 1, 2; 165).
70. CLÉMENT, O., *Le Visage intérieur*, op. cit., 81.

ao mesmo tempo que o que se deve dizer"[71]. Portanto, a palavra somente acontece como *falida*. Como é falido o Verbo da Cruz. Mesmo quando o verbo é expresso, como deve, a partir da ressurreição. Porque a ressurreição constitui uma *brecha* no tecido da linguagem. Somente podemos dizê-la deixando aberto o interstício que separa e une significantes opostos: carne/espírito; aparecer/desaparecer; tocar/não tocar; presença/ausência... Desses interstícios, o túmulo aberto é a grande metáfora. A ressurreição é a brecha absoluta, a pura diferença irremediável. Mas é precisamente porque constitui a brecha que ela dá a falar e a viver. Onde o sentido está fechado, não há mais palavra possível. A ressurreição nos reenvia, assim, a esse *dictum* da cruz, essa "coisa que a cruz propõe", da qual dissemos anteriormente, citando S. Breton, que nada trata sobre "a constituição de novos atributos divinos invertendo os primeiros" (aqueles do ser realíssimo), mas sobre "a necessidade de uma mudança de *atitude*". O *Logos* da cruz, ao abrir "outro espaço" diferente daquele do conceito, é também a manifestação da "cruz da linguagem": não se pode dizer nem em hebraico, nem em grego, e, entretanto, nos condena a falá-los alternadamente[72].

O Espírito é precisamente o agente que possibilita a expressão do verbo crucificado, fazendo-o ganhar um espaço diferente daquele do conceito: aquele da conversão de atitudes, aquele do *corpo*. Então, a mediação prioritária da revelação de Deus no cristianismo não é somente a do cosmos e do ver, nem mesmo aquela da palavra da Lei e do ouvir, mas, retomando-as, e particularmente a segunda, numa espécie de *Aufhebung*, a do corpo e do viver. Essa retomada da palavra, tendo em vista sua exibição na corporeidade e especialmente na *práxis* ética, estava já inscrita no Livro, como sublinhamos (cf. Ez 36; Jr 31). Assim, o batismo no Espírito Santo (At 1,5) em Pentecostes talvez seja compreendido, segundo a hermenêutica cristã das Escrituras, como o cumprimento da "promessa feita aos padres" (At 13,32-33). Porque estava escrito que a prática histórica do povo de onde nascera o Livro devia tornar-se o novo espaço escritural da revelação de Deus. Estava escrito que o corpo devia se tornar a letra viva de Deus traçada pela mão do Espírito. Em todo caso, é assim que Paulo, "se inspirando, sem segui-los nem citá-los, os textos de Jeremias 31,33 e de Ezequiel 11,19 e 36,26 relativos à nova aliança", compreende as coisas[73]. Não é necessário assim receber outra carta

---

71. Heidegger, M., *Acheminement ver la parole*, op. cit., cap. "un entretien de parole", 131-133.
72. Breton, S., *Le Verbe et la croix*, op. cit.
73. Carrez, M., *La Deuxième Épître aux Corinthiens*, dans Cahiers Évangile n. 51, 1985, 21.

de recomendação para autentificar sua apostolicidade além da que comprova a existência da comunidade de Corinto, porque, "com toda evidência, *vós* sois uma carta de Cristo confiada a nosso ministério, escrita não com tinta, mas com o Espírito de Deus vivo, não em tábuas de pedra, mas em tábuas de carne, nos vossos corações" (2Cor 3,2-3). A "nova aliança", aquela "não da letra" (que "mata"), "mas do Espírito" (que "dá a vida") (ibidem, v. 6), se realiza precisamente na *passagem, pelo Espírito, da letra ao corpo*.

Certamente, a letra do Livro permanece marcando o lugar inevitável de nossa origem cristã. Mesmo em Paulo, a oposição *gramma/pneuma* não implica nenhuma eliminação da letra: "Não há no pensamento de Paulo, escreve M. Carrez, Espírito que não tome forma e que não se expresse por meio de um texto"[74]. Mas a Escritura seria "letra que mata", se, pelo Espírito, não remontasse à sua fonte viva para fazer do corpo-Igreja seu lugar de verdade. De acordo com esse programa prescrito pelo Livro e simbolizado pela liturgia, a revelação de Deus requer que, seguindo Jesus Cristo, a Palavra se faça carne no agir dos cristãos. O *sinal* da letra chega à sua verdade quando efetua, assim, sua passagem para o *símbolo* do corpo: Cristo somente pode ser anunciado se a letra da cruz, depositada em testamento pela tradição apostólica no Livro, revestir por meio do Espírito a existência dos crentes e se tornar, assim, testemunho. Ali onde os homens dão corpo à sua confissão do Ressuscitado, refazendo depois dele o caminho da cruz para a libertação de seus irmãos (e assim para a sua própria), ali acontece o corpo de Cristo, do qual a Igreja é a promessa escatológica no e para o mundo.

A intimação, feita aos crentes, de incorporar o livro em sua *práxis* ética encontra na marca do corpo feita pelos *sacramentos* sua grande *expressão simbólica*.

Na literatura paulina, a inscrição do dom do Espírito em cada um se efetua pelo *batismo* "em um só Espírito" (1Cor 12,13), assim como, em um contexto provavelmente batismal, pela *unção e pelo selo do Espírito*: "Aquele que nos consolida convosco em Cristo e nos dá a unção é Deus, ele que nos marcou com o seu selo e depôs em nossos corações o penhor do Espírito" (2Cor 1,21-22)[75]. Esta unção e esta marca "pelo selo do Espírito prometido" (Ef 1,13; cf. 4,30) devem provavelmente ser compreendidas em um

---

74. Carrez, M., op. cit., 22.

75. Cf. as análises meticulosas de J. R. Villalon sobre esse texto e os seguintes: Villalon, J. R., *Sacrements dans l'Esprit*, Beauchesne, 1977, 78-200. A leitura sacramental da "unção" e do "selo" era comum entre os padres. Em todo caso, as duas imagens bíblicas foram traduzidas também no Oriente, assim como no Ocidente, por dois gestos simbólicos: unção e signação (Botte, B., "Le vocabulaire ancien de la confirmation", LMD 54, 1958, 19).

sentido metafórico, como foi o caso para Jesus na ocasião de seu batismo no Jordão segundo os evangelhos: ungido pelo Espírito, foi assim designado como *mashiah-christos* e como "filho" de Deus (cf. Sl 2,7), na esteira da unção material do rei (1Sm 16,13), depois (após o Exílio), do sumo sacerdote (Lv 4,3; Ex 30,22-33), e sobretudo naquele da unção metafórica do profeta (Is 61,12; cf. Lc 4,17). Ainda que os testemunhos relativos ao uso material da unção com óleo e da consignação ou do selo (*sphragis, signaculum, character*) no bastismo dos cristãos não ultrapassem o início do século III (Tertuliano, *De Bapt.* 7; Hipólito, *Tr. Ap.*, 21), é possível que esse uso remonte a uma época bem mais longínqua, havendo muitos testemunhos da metáfora da unção e do selo[76].

Seja lá o que for, o dom do Espírito tomou forma de inscrição e de *marca* no corpo do neófito. Essa marca tem um duplo valor de autentificação (o selo é o distintivo empregado para atestar a autenticidade de um ato) e de indelebilidade. Assim, na esteira de Jesus que "o Pai marcou com seu selo" (Jo 6,27), o batizado é autentificado em sua identidade e em sua missão de discípulo de Jesus. Como a circuncisão foi para Abraão o "selo da justiça recebida pela fé quando era incircunciso" (Rm 4,11), a consignação em forma de cruz feita na fronte do batizado é a marca indelével (o "carácter") de sua pertença a Cristo pelo Espírito. Esta figura simbólica, pelo Espírito, da letra de Cristo (a da cruz) no corpo do iniciado permite ver e inaugurar o que é o tornar-se cristão: verificar esse *sacramentum* no cotidiano da prática ética, ao se tornar ele mesmo, na corporeidade, "letra viva de Cristo" (Paulo *supra*).

O corpo — melhor, a corporeidade, no sentido dado por nós a esse conceito — é o *novo lugar da letra que inspira o Espírito*. Este é, novamente, o paradoxo do Espírito: inscreve a radical diferença de Deus santo no mais humano do corpo do homem. Se ele atrai o mundo para o Ressuscitado, o faz retirando-o do mundo em seu corpo pneumatizado. Se a face dos homens mais desprezados é a santa face do Ressuscitado em sua condição de humilhado, é porque este se oculta na humanidade. O Espírito, o neutro, o sem rosto, o nome comum tirado do simbolismo cósmico, é o agente da ocultação de Deus no corpo pessoal de Jesus, no corpo histórico que lhe dá a Igreja e, articulando os dois corpos, no corpo simbólico da eucaristia

---

76. O rito da imposição das mãos que, segundo L. Ligier, "todo o Oriente teve um dia, como Roma", se combinou em todas as partes com aquele da unção do óleo perfumado (exceto entre os bizantinos, que somente têm a crismação). Como estranhar-se disso, tendo em conta a riqueza bíblica do tema da unção em sua relação com a vinda do Espírito? (LIGIER, L., *La Confirmation*, Beauchesne, 1973, 101).

em que o primeiro não se dá senão para se verificar como corpo eclesial, assim como mostrou nossa análise da oração eucarística.

Nossa antropologia do mais espiritual que acontece no mais corporal, da (arqui)escritura como mediação concreta, em sua "materialidade" sensível, da palavra, e, nesta esteira, do corpo como lugar arquissimbólico inevitável em que se efetua a verdade do sujeito, encontra na veia pneumatológica que acabamos de seguir sua expressão propriamente teológica. *A corporeidade que é o homem é o lugar de Deus.* Eis, definitivamente, o que nos diz da fé ou da identidade cristã o fato de que ela seja tecida por ritos que a Igreja denomina sacramentos. Esta é a obra do Espírito.

III. OS SACRAMENTOS, LUGARES DE GRAÇA

1. A subversão trinitária de nossas representações de Deus

a. Subversão

J. Moltmann tem razão: "Uma radical teologia da cruz não pode dar à questão da morte de Cristo uma resposta teísta. Esvaziaria a cruz"[77]. Que Deus não seja "mais divino em parte alguma do que na humanidade (do Crucificado)" somente é sustentável se se inverte "a noção simples de Deus"[78]. O escândalo que aqui se expressa é certamente difícil de assumir. Não apenas no plano de nosso pensar sobre Deus — o que já é muito! —, mas, sobretudo, no plano da conversão do desejo e das atitudes que nos requer.

Por outro lado, esse escândalo não é novo: lembremo-nos do escândalo das *comunidades de Marcos e de Mateus* diante desse Jesus que morre enquanto pronuncia em cada palavra o grito de seu abandono, e que foi confessado pelo centurião, "ao ver que ele estava morto" (!), como "Filho de Deus"; salientamos as suavizações às quais esse grito deu lugar em alguns manuscritos. Mencionamos igualmente a convulsão de *Paulo* e sua transformação radical, da qual faz confidência em Filipenses 3,7-14, quando descobre que o "maldito de Deus", segundo a Lei, é de fato bênção para todas as nações (Gl 3,13-14). Como o "messias crucificado", "loucura para os pagãos" não seria "escândalo para os judeus" (1Cor 1,23)? É o mesmo escândalo do "Deus crucificado", mas revestido agora com termos dogmáticos,

---

77. MOLTMANN, J., *Le Dieu crucifié*, op. cit., 259.
78. Ibidem, 233 e 231.

que anuncia o *segundo Concílio de Constantinopla* (553): "Aquele que foi crucificado na carne é [...] Um da Trindade" (can. 10).

"É somente como ação de Deus trinitário que o escândalo da cruz é suportável para os crentes", escreve H. Urs von Balthasar[79]. E, como em um eco, W. Kasper: "A cruz só se pode interpretar como renúncia de Deus a si mesmo"[80]. Ao abandono do querer próprio do Filho em seu Pai corresponde uma espécie de impotência do Pai, desapropriando-se de todo poder de dominação sobre seu Filho. Ora, partindo da "noção simples" de Deus e de todos os seus atributos essenciais de ente supremo, a ontoteologia clássica não podia pensar em profundidade o alcance da renúncia de Deus a si mesmo. Certamente expressava bem a novidade do Deus cristão revelado em Jesus em relação com a teodiceia dos "filósofos". Mas continuava sempre remetendo esse Deus à sua representação *pré-trinitária* do ente supremo: "Deus da identidade, da coincidência consigo mesmo, da perfeição que não é afetada por alteridade alguma, da autossuficiência e da contemplação de si". Desconhecia finalmente, em seu esforço de pensamento especulativo, como observa ainda C. Geffré, "a diferença entre a linguagem religiosa que é a da invocação e a linguagem filosófica que é a da atribuição", remetendo o primeiro ao segundo, impotente para captar que a renúncia ao Deus da filosofia não vai de maneira alguma *pari passu* com uma negação do pensamento[81]. Todo o projeto de E. Jüngel, como sabemos, está em mostrar que essa renúncia é, pelo contrário, o caminho para pensar rigorosamente o ser do Deus vivo.

Por causa de seus pressupostos, a teologia clássica projetava inevitavelmente em Jesus, pelo viés de sua natureza divina, uma representação pré-trinitária de Deus. Com o intuito de dizer que Jesus era Deus (e as lutas dos primeiros séculos na frente trinitária e cristológica lhe davam, com efeito, boas razões para sublinhá-lo constantemente), ela acabava por esquecer que tal afirmação requeria *um novo pensar sobre* "*Deus*". Esquecimento inevitável, sem dúvida. Pois esse novo pensar implicava, como escreve E. Jüngel, que "o Deus metafisicamente produzido" perecesse "por causa de sua própria perfeição". Congenitamente ligada à "consideração negativa da condição passageira", à desvalorização do que se torna (*genesis*) em proveito do que permanece (*ousia*; cf. nossa análise do Filebo no capítulo 1), a ontoteologia somente podia impulsionar sua crítica da representação de

---

79. Von Balthasar, H. U., Le *Mystère pascal*, in: *Mysterium salutis*, t. 12, Cerf, 1972, 133; *Pâques, le Mystère*, Cerf, 1981, 133.
80. Kasper, W., op. cit., 251.
81. Geffré, C., op. cit., 180-184.

Deus (mas com qual vigor!) em direção ao impensável[82]. Somente podia manter a radical diferença de Deus ao esquematizá-la espacialmente como afastamento, e finalmente como oposição, Deus se definindo então como o que o homem não é (eterno, perfeito, imutável, inalterável...). Criticamos vigorosamente esta (ontoteo)logia.

b. Um trabalho de luto em nós mesmos

Isso tudo não quer dizer que seria simples pensar a humanidade do Deus divino no campo simbólico. Fomos advertidos por Heidegger: não se desfaz da metafísica como se desfaz de uma opinião; "superá-la" não é riscá-la do mapa com uma canetada, mas, pelo contrário, é refazer sua trajetória até sua essência desconhecida e, assim, retornar criticamente, embora ela continue a nos habitar. É essa reversão que indica para nós o simbólico. O simbólico é precisamente a mesma impossibilidade de terminar o pensamento, *uma vez que estamos desde sempre* presos nele como sujeitos, junto ao nosso "mundo". Porém é essa impossibilidade que faz pensar; é essa "diferença" que faz viver; é o pão da "ausência" que nos alimenta. O simbólico nos mantém sob a lei deste *oportet transire* que S. Breton toma criticamente do mestre Eckhart e que denuncia "o erro" de crer que teríamos acabado de "passar", uma vez atingido o ponto sublime do "nada por excelência". O "é necessário" que nos reúne nesta inacabável tarefa em que "nosso Deus, em sua passagem mediante a linguagem, se faz o cúmplice da ligeireza de nossos trânsitos" e em que "nossas negações são, antes de tudo, a ironia de uma 'distância tomada' e constantemente reiterada"[83]. Essa é a tarefa teológica e, mais precisamente, teologal que pode corresponder a um Deus no qual, segundo a tese fundamental de Jüngel, "o ser está no vir" no próprio ato de sua vinda[84].

Que tenhamos de permanecer na presença da ausência de Deus; que leiamos a figura radical da presença dessa ausência no rosto do crucificado; que isso requeira em nós o testemunho (*symmartyreô*) do "Espírito de Deus", que, se unindo ao nosso espírito, nos obriga a fazer o luto do "espí-

---

82. JÜNGEL, E., op. cit., t. 1, 317-320.
83. BRETON, S., "Les Métamorphoses du langage religieus chez Maître Eckhart", art. cit., RST 67/3-4, 1979, 74-75.
84. JÜNGEL, E., op. cit., t. 2, 250, 265. Trata-se, para o autor, de um vir trinitário em que Deus, como Pai, vem de Deus; como Filho, vem para Deus; como Espírito, vem como Deus (250-265). Jüngel explica em seguida por que "exibir os conceitos fundamentais do ser de Deus é a tarefa de uma teologia narrativa" (266 ss.).

rito de escravidão", para nos fazer aceder ao "espírito de adoção filial" (Rm 8,14-16): eis o que não pode ser o objeto de um simples saber, ainda que fosse ele "negativo"; eis o que somente nos faz presente concretamente segundo o modo de quenose. O versículo introdutório do hino cristológico de Filipenses 2,5-11 o afirma: o anúncio da quenose divina não pode estar desligado de seu cumprimento *em nós*. O *Logos* da cruz nos exige dar corpo em nós mesmos, por um trabalho de luto, à meontologia divina. O ato teológico é assim solicitado a chegar à sua verdade de *ato teologal*: testemunho. Este é precisamente o caminho "transitivo" que abre para nós o simbólico. Teologicamente, é a obra do Espírito.

O Deus "acima de nós", por consequência, somente pode ser, no âmbito cristão, dito a partir de Deus "entre nós". Certamente, como mostrou em especial uma pesquisa de A. Vergote, a representação de Deus como "acima" de nós (ou na fonte do mais íntimo de nós, o que depende do esquema da verticalidade) parece insuprimível, ligada que está à simbólica primária de nossa estação vertical[85] e pertencendo por esse fato a essa "topografia existencial" que estrutura o sujeito humano[86]. Além disso, é repetida por vinte e cinco séculos dessa tradição metafísica que, de natureza originalmente ontoteológica, sempre projetou o *hypokeimenon* dos entes em um cimo "divino" que os mantém e os funda. Ora, o dito da cruz opera uma torção deste esquema que é, entretanto, inalienável.

Nossos necessários discursos estão então marcados intrinsecamente pelo "sinal de contradição": a "coisa" que a cruz propõe somente pode ser dita no espaço sempre aberto que separa e reúne o grego e o hebreu, sem jamais poder conciliá-los em uma resultante média. Ora, é justamente ao manter aberta essa lacuna que podemos deixar o mistério dizer-se e, ao mesmo tempo, nos deixar dizer a nós mesmos nele.

O *indicativo* de Deus crucificado na forma de escravo não suporta o domínio de um saber. Sua Palavra somente pode dizer-se como "*imperativo* categórico de vida e de ação"[87] que lhe dá um lugar entre nós. Ao trabalho de luto que isso requer se acrescenta simultaneamente o dever de um *agir ético* que dê corpo a esse Deus. Esse agir passa prioritariamente por esta prática da justiça e da misericórdia em que reconhecemos a "liturgia do próximo", sacrifício espiritual que dá efetividade histórica ao *multi unum corpus in Christo* simbolizado pelo "sacramento do altar" (Agostinho). A ética do

---

85. Vergote, A., "Équivoques et articulation du sacré", art. cit. (*supra*, cap. 4, n. 56).
86. Idem, *Interpétation du langage religieux*, op. cit., cap. 4 "La déhiscence verticale".
87. Breton, S., *Le Verbe et la croix*, op. cit., 154.

"viver-em-graça", prioritariamente a respeito daqueles que os homens reduziram ao estado de escravos, é o lugar de veri-ficação, a *veritas*, do "dar graças" filial da eucaristia.

A subversão de "Deus" não é, a princípio, uma simples questão de conceito — embora, bem entendido, o discurso conceitual seja um momento crítico necessário nesta questão. Requer a passagem do *discurso ao corpo*. Essa passagem, em que o nosso corpo de desejo, de história e de sociedade se torna o lugar de verdade de nossa *palavra*, é a obra do Espírito. Esse terceiro termo divino é rigorosamente necessário para que possamos confessar a humanidade do crucificado como revelação do rosto de Deus. É no Espírito que a paternidade de Deus se dá uma efetividade no mundo ao suscitar-se um corpo de filho. É no Espírito que Deus, em Jesus, se apaga na humanidade. Deus aberto. Aberto em si mesmo, o Espírito é a diferença que torna possível a comunicação entre Deus e Deus, Pai e Filho. Aberto ao mundo, de tal modo que não pode ser pensado sem o mundo: o Espírito é a diferença que torna possível a adoção do corpo escatológico de Deus na humanidade. É o que simbolizam os sacramentos.

2. A graça sacramental

"O homem fala de Deus. Ora, a corporeidade traça a palavra fundamental, a única que o homem possa entender [...]. O corpo cria assim o lugar de Deus em que o homem poderá reconhecê-lo, formula uma linguagem na qual o homem poderá entender o mistério. É ao conciliar-se com o mistério do homem que o mistério de Deus toma corpo no homem"[88].

No meio do mundo, o *mysterion* da Igreja e, no coração da Igreja, o *mysterion* dos sacramentos constituem os grandes símbolos desse mistério de Deus que toma corpo no homem. Os sacramentos constituem o símbolo prioritário, uma vez que são a proclamação fundamental da essência "sacramental" da Igreja em sua visibilidade institucional, e seu símbolo radical, pois levam ao corpo, e numa visão "-úrgica" de cumprimento, a palavra por meio da qual o Espírito faz viver a Igreja. A adoção do corpo escatológico de Deus que eles simbolizam assim requer, entretanto, duas condições para poder ser sustentada teologicamente.

Requer, de uma parte, *que Deus possa ser pensado segundo a corporeidade*. É precisamente essa possibilidade que temos verificado em nosso

---

88. LEDURE, Y., *Si Dieu s'efface. La corporéité comme lieu d'une affirmation de Dieu*, Desclée, 1975, 66-67.

duplo percurso de cristologia e de pneumatologia. Que possamos confessar a glória de Deus na infra-humanidade daquele que os homens reduziram a menos que nada, eis o que revoluciona toda a representação de "Deus". A rasura feita assim nesse *esse* majestoso de "Deus" é a marca de uma meontologia histórica e simbólica que leva a pensar Deus em seu mistério como aquele que "se fecha" pelo Espírito na humanidade e que dá a essa última a possibilidade de advir como o lugar "sacramental" em que toma corpo. Pelas razões lembradas anteriormente, os sacramentos — e, prioritariamente sempre, o batismo e a eucaristia que são deles os dois paradigmas — são precisamente as "expressões" simbólicas principais desse apagamento de Deus pelo Espírito na carne, assim sacramental, do mundo.

Esta adoção de corpo requer, de outra parte, ser pensada na ordem da *graça*. Do ponto de vista simbólico, a graça está também além de todo objeto, pois se situa fora do campo do valor, aquém de todo sujeito, pois este, como crente, não pode nunca precedê-la: pelo contrário, procede dela mesma, só sendo capaz de receber dela uma gênese permanente de sua identidade de "filho para Deus" e de "irmão para os demais" em Cristo.

As duas condições enumeradas se mantêm necessariamente: *a afirmação teológica*, e mesmo dogmática, *da "graça sacramental" não é senão a exibição concreta da afirmação geral do mundo como lugar escatológico de Deus* ou do "corpo de Cristo" em gênese pelo Espírito. Sem esta última, a primeira perderia sua pertinência, reduzida a um elemento isolado imaginariamente do conjunto simbólico que caracteriza a leitura cristã da história e do universo. Mas, sem a primeira, a segunda correria o risco de perder o seu sentido. Certamente, a afirmação concreta do mundo ou do corpo como lugar de Deus não se verifica somente nos sacramentos, assim como sublinhou toda a segunda parte deste trabalho. Mas é neles que se dá *a expressão simbólica primordial*. Seu reconhecimento como "lugares de graça" perderia sua pertinência se eles não fossem "reveladores" dessa adoção do corpo escatológico de Deus na humanidade. Mas essa última, por sua vez, correria o risco de ser aliviada de todo o peso efetivo se ela não encontrasse lugares concretos de cristalização. Como "operadores" simbólicos da "graça", os sacramentos são justamente esses lugares concretos por excelência. O escândalo contra o qual nos fazem chocar — escândalo da mediação "material" do corpo, da instituição e do cosmos em nossa relação totalmente "espiritual" com Deus — nos revela outro escândalo, muito mais fundamental, mas que tudo em nós se esforça para esquecer: o que está implicado em nossas múltiplas afirmações, explícitas ou não, sobre o "aí" da presença e da ação de Deus, do Cristo ou do Espírito na oração, na comunicação de palavra entre crentes, na ação ética. Somente a força irreprimível do "logocentrismo" que nos impregna nos mascara uma evidência que deveria, entretanto, nos cegar: a saber, que essas afirmações, elas também, passam para nós por meio do "corpo". Mas sua mediação puramente verbal de expressão embota o cerne do escândalo; e o hábito acaba por torná-las tão verossímeis que as consideramos imediatamente óbvias!

Visto isso, a *dificuldade de fundo*, para nós, não está na afirmação da "graça sacramental" como tal, mas no que ela pressupõe, a saber, a humanidade do Deus divino revelada no escândalo da cruz, escândalo irredutível a toda "razão" e que continua agindo em nós quando ousamos "contemplar" os desfigurados deste mundo como imagem de nosso Senhor crucificado e, assim, transfigurar o trágico de nossa história em história de "salvação". Esta "loucura" encontra na afirmação dos sacramentos como lugares de graça sua formulação mais expressiva.

IV. CONTRAPROVA:
A NÃO-SACRAMENTÁRIA DE KARL BARTH

Evocamos já o gigante da teologia contemporânea que é K. Barth. Ele mesmo sublinhou que o "não categórico" que ele opõe à sacramentalidade do batismo, isto é, à sua natureza de mediação de um acontecimento de graça, se choca de frente, *por princípio e ab ovo*, contra o que ele reconhece ser "uma muito antiga e muito forte tradição eclesiástica e teológica"[89], que, segundo ele, estaria em contradição com o Novo Testamento. Ora, uma teologia digna desse nome, como observamos no início desta última parte, tem uma sacramentária que está em coerência com sua cristologia, sua doutrina trinitária e sua eclesiologia. É essa *coerência de fato* (não dissemos de direito) que, a título de contraprova quereríamos esboçar em Barth.

Ao assumir sistematicamente o lado oposto da sacramentária clássica, K. Barth manifestava seu medo, quase visceral, de questionar a ação soberanamente livre e gratuita de Deus ao fazê-la entrar em composição "sinergética" com a ação humana que efetua a Igreja nos sacramentos. Ora, nos perguntamos como é que o cristocentrismo tão marcado de sua teologia não a levou a superar esse temor.

De fato, sua *cristologia* é portadora, pelo menos em sua tendência geral e em algumas de suas expressões, de sua "não-sacramentária". Sua in-

---

89. BARTH, K., *Dogm.* IV/4, 106-107.

sistência unilateral na iniciativa divina minimiza o papel da humanidade até no mesmo Cristo. Daí sua tendência a compreender o "verbo feito carne" como o "verbo que habita na carne" e amar uma fórmula como "Deus na carne" em que a natureza humana de Cristo é "a veste, o templo e o órgão do Filho de Deus"[90]. A ação de Deus, escreve ainda H. Bouillard, toma nele "um relevo tão exclusivo que a do Homem-Deus parece reabsorver-se nela, e que a conduta humana de Jesus não aparece mais que como o véu da única ação divina"[91]. Essa lógica envolve uma espécie de exclusivismo da linguagem substitutiva em soteriologia: o "por nós" é massivamente traduzido por "em nosso lugar". Em resumo, o autor da *Dogmática* "tende a não ver em Jesus Cristo senão o acontecimento da ação divina: Deus que se esconde em seu contrário para agir sozinho, *no lugar do* homem"[92]. Então, pergunta H. Urs von Balthasar, é a cruz algo distinto de um "monólogo de Deus consigo mesmo", um "pesadelo sem realidade"[93]? Sem realidade, na medida em que a Encarnação e a cruz de Cristo não estão "verdadeiramente condicionadas pelo pecado, mas por sua renúncia a si mesmo, decidida na eternidade"[94].

É o que leva a dizer H. Zahrnt: "Coisa inesperada, Barth, o estrito teólogo da revelação, situa seu ponto de vista não abaixo, mas acima da revelação, não no tempo, mas na eternidade". Apesar das aparências, "seu verdadeiro ponto de partida não é o acontecimento da encarnação, mas a preexistência de Cristo". "Tudo está decidido não somente na eternidade, mas já realizado; o que se produz no tempo não é senão a execução da decisão original de Deus". A história humana não é senão o quadro ou a cena em que se desenvolve "a história da salvação". Ela não é considerada por si mesma, mas somente (como a criação, *infra*) do ponto de vista da graça da salvação. Nada acontece com ela, propriamente falando; desenvolve-se lá o que já "passou" na eleição gratuita em Cristo decidida desde toda a eternidade. Portanto, "a encarnação não é, para Barth, um acontecimento realmente novo, uma nova intervenção de Deus, mas somente o *revestimento* novo do que já existia anteriormente: 'O verbo se fez carne' significa, para Barth, 'O verbo tomou carne'"[95]. É típica nesse sentido a fórmula barthiana: "É o verbo que fala, que

---

90. BOUILLARD, H., *Karl Barth*, t. 2/1, Aubier-Montaigne, 1957, 122.
91. Ibidem, 118.
92. Ibidem, t. 2/2, 292.
93. VON BALTHASAR, H. U., Karl Barth. *Darstellung und Deutung seiner Theologie*, Köln, 1951, 380.
94. Ibidem, 255 s.
95. ZAHRNT, H., *Aux prises avec Dieu. La théologie protestant au XXe siècle*, Cerf, 1969, 147-149.

age, que leva à vitória [...], o verbo encarnado certamente, pois [...] o verbo na carne e pela carne — mas o verbo, *e não* a carne"⁹⁶.

Daí o paradoxo: talvez não haja teologia alguma em que exista tanta questão de eventos e de história; mas talvez em nenhuma outra de fato aconteçam tão poucas coisas do ponto de vista propriamente histórico. Que a palavra de Deus seja soberana, que essa palavra reúna em Cristo o desenvolvimento de toda a história, nenhum cristão estará em desacordo com isso; e seremos gratos a Barth por ter expressado isso com uma força e um gênio talvez inigualáveis. Mas Barth, sem percebê-lo, não passou para trás do espelho? O que "nos molesta mais", confessa H. Bouillard no final de seu longo estudo sobre Barth, é precisamente que ele "se colocou, de alguma maneira, do ponto de vista de Deus (do Deus que fala na Bíblia), para contemplar de lá sua obra". Ao que parece, foi porque cedeu a essa tentação que seu discurso teológico sobre a palavra de Deus "reveste a aparência de uma gnose caída do céu"⁹⁷.

Vamos mais longe nessa perspectiva. Sabemos que Barth, em ruptura com toda teologia que parte classicamente do *De Deo uno*, mantém um discurso que se quer de imediato trinitário e cristológico: trinitário, na medida em que o ser de Deus, coincidindo com sua ação, se coloca desde o início como seu "ser enquanto ama" e seu "ser na liberdade" (*Dogm*. II/1), o que não se pode conceber senão a partir das "três maneiras de ser" de Deus (*Dogm*. I/1); cristológica, pois a eleição gratuita de Deus, que comanda todo o ponto de vista barthiano e que constitui "o Evangelho *in nuce*", não tem outro princípio, conteúdo e termo senão Jesus Cristo (*Dogm*. II/2). Ora, e pelas mesmas razões de supratemporalidade que as propostas precedentes, esse discurso pressupõe de fato uma referência, desconhecida sem dúvida, a um Deus pré-trinitário: sempre existe, diríamos com S. Breton (*supra*, cap. 1), um "eu de eminência" que preside secretamente esse querer-amor de Deus que predestina por graça suas criaturas em Cristo. Por isso, ao desenvolver, na esteira de seu rigoroso pensamento de "Deus em Cristo", uma teologia da humanidade de Deus e do sofrimento de Deus (até fazer chegar nossa reprovação, em nosso lugar, a Deus em seu Filho), Barth ficou como a meio caminho nesta direção: a cruz de Jesus é revelação de Deus, mas ela não é, propriamente falando, acontecimento em Deus. Uma espécie de "reserva transcristológica", segundo J. Moltmann, permite finalmente a Barth evitar a total identificação do Deus escondido com o Deus revelado. Por isso, prossegue o mesmo autor, "de uma maneira curiosa",

---

96. *Dogm*, I/2, 149.
97. BOUILLARD, H., op. cit., t. 2/2, 300.

Barth "pensa de maneira demasiado teológica e de uma maneira não decididamente trinitária. Ao sublinhar sempre e com razão que Deus estava em Cristo, que Deus se humilhou, que Deus estava na cruz, utiliza uma noção simples de Deus que não está ainda desenvolvida trinitariamente"[98]. De fato, pensa Deus "*pré-trinitariamente*" e "*transcristologicamente*". De todo modo, podia ser de outra forma, tendo em conta seu ponto de vista suprahistórico? O "conceito simples" de Deus que mantinha em reserva não lhe permitia avançar em "o verbo *e* a carne" que, a seus olhos, não fosse, secretamente, portador do sacrilégio sinergético...

O mesmo e permanente temor de criar uma espécie de misto entre Deus e o homem se encontra na *eclesiologia* barthiana. Certamente, de um lado, Barth reage energicamente contra a supressão, pela teologia liberal, do mistério da Igreja visível. Insiste desde então: "É na Igreja e pela Igreja que se acede à fé", até o ponto que a Igreja é "o lugar acessível e o instrumento utilizável da graça"[99]. Apesar da força dessa última expressão, ele não pretende, entretanto, reconhecer à Igreja nenhum papel de participação ativa na salvação. Para evitar o sinergismo, é obrigado a limitar o papel "instrumental" da Igreja: ela não é senão um instrumento *passivo* entre as mãos de Deus. Porque, como observa A. Dumas, é "a doutrina da eleição (que) constituiu em Barth a peça principal de sua teologia da Igreja". Essa Igreja existe como primeira, "independentemente da Queda". E o autor, por sua vez, descobre nessa eclesiologia "um desenvolvimento a-histórico que Deus realiza em si mesmo, a favor do homem, certamente, mas fora dele: uma grande ação intratrinitária até em sua manifestação em Jesus Cristo rejeitado e eleito em nosso lugar". Entretanto, ele observa no "velho Barth" uma tendência a equilibrar sua eclesiologia ao dar à Igreja e ao homem sua própria "parte *ativa* na história da salvação". Ele descobre essa tendência na seção do *Dogm*. IV/4 que analisamos a propósito do batismo, na medida em que o "batismo de água" requer que "o homem se comprometa com Deus" em resposta ao "batismo do Espírito" em que "Deus se volta para o homem". Mas, explicitamos anteriormente, nos parece, que esse "corretivo" nada muda de fundamental. É que, como sublinha A. Dumas, "o velho Barth teme que o sacramento se conceba como um misto confuso das duas liberdades (a de Deus que convoca, a do homem que responde) quando se atribui a ele a virtude de comunicar a graça"[100].

---

98. MOLTMANN, J., op. cit., 230.
99. BARTH, K., *L'Église*, Genève, Labor et Fides, 1964, 49-50 (texto de 1927).
100. DUMAS, A., "L'Église dans la théologie de Karl Barth", in: *Les Quatre Fleuves* n. 5, 57-69.

Que Barth não possa pensar a ação de Deus na mediação ativa do homem (do homem Jesus, "o verbo e não a carne"; do homem-em-Igreja, instrumento passivo), isso depende igualmente de sua teologia da *criação*. Há inúmeros intérpretes de sua obra que sublinharam isto: de um lado, agradecemos a ele por ter nos lembrado de que a criação é um mistério de fé e que, como tal, deve ser considerada não como uma espécie de em-si que pertence à teodiceia, mas como um momento da economia da graça (*Dogm*. III/1); mas, de outro lado, não se foi demasiado longe? Considerada não do ponto de vista temporal, mas do ponto de vista da eleição eterna, a criação não precede a redenção; procede dela. Ela não é, desde então, como escreve o mesmo Barth, mais do que "a produção do espaço em que deve decorrer a história da aliança de graça", mais do que "o teatro e o quadro [...] previstos na eleição eterna de Jesus Cristo" da história da salvação. Então, perguntamos: há ainda lugar para uma autonomia (relativa) do criado? O mundo e a história têm ainda uma consistência própria? Parece que não. Com efeito, o universo, o homem e a história, só se compreendem, segundo Barth, por analogia com Deus a partir de Cristo. Trata-se aqui, seguramente, não da *analogia entis*, constantemente recusada, mas da *analogia relationis*, que é também *analogia revelationis* ou *analogia fidei*: analogia revelada por Deus e que não pode ser recebida senão na fé em Cristo. Daí o juízo de R. Prenter: "Se a unidade da criação e da redenção pode tornar-se visível ao crente pela exegese analógica, é necessário, então, que a analogia da redenção constitua o *ser* do mundo criado. Em outras palavras, a função própria da existência criada será dar uma imagem da redenção [...]. Também paira sobre o mundo da criação que apresenta tal exegese uma luz platônica característica. O mundo, de algum modo, não é 'o mesmo', *não encontra seu 'ser verdadeiro' senão na significação da redenção*". Lidamos com "um certo docetismo da criação". Juízo "sem dúvida demasiado severo", mas que "é difícil, nos parece, de descartar totalmente", diz H. Bouillard[101].

Em todos os setores de sua teologia se sente, assim, esta impossibilidade reflexa em Barth de pensar ao mesmo tempo, sem concorrência nem sinergismo de adição, a ação graciosa de Deus e a ação livre do homem. Reconhecemos aqui um *pressuposto tipicamente metafísico*: a transcendência de Deus não se pode compreender senão segundo o esquema verticalista da distância e, finalmente, da oposição em relação ao homem. Tal pressuposto depende de uma "*noção simples*", ontoteológica, de Deus: Barth pensa, ape-

---

101. BOUILLARD, H., op. cit., t. 2/1, 193-194. Idêntico juízo de ZAHRNT, H., op. cit., 123-125, 137-138.

sar das aparências, pré-trinitariamente e transcristologicamente. Não se trata de pôr em causa a "ortodoxia" da cristologia barthiana. E tampouco queremos dizer que sua não-sacramentária seria a consequência obrigatória de sua cristologia. Simplesmente esperamos que haja uma coerência entre uma inclinação de sua cristologia, inclinação se não "nestoriana", pelo menos espontaneamente "antimonofisista" como em Calvino, que o conduz a desvincular, na medida do possível, no quadro da tradição herdada dos concílios de Éfeso e de Calcedônia, a divindade da humanidade, e sua posição sobre a não-sacramentalidade (em sentido tradicional) do batismo. O verbo em e pela carne..., mas o verbo e não a carne: é em todos os níveis, e não simplesmente no domínio cristológico, que falta em K. Barth a dimensão do que denominamos de sacramentalidade.

CONCLUSÃO

1. Graça sacramental e humanidade de Deus divino

[a] Karl Barth tinha boas razões para suspeitar da sacramentária clássica, tanto no plano pastoral (sacramentalismo excessivo) quanto no plano propriamente teológico (esquema de tipo producionista que, mesmo purificado pela analogia, não tinha suficientemente em conta os sujeitos e sua vivência ética e entretinha o que denominamos de "regime sacrificial"). Entretanto, sua crítica se fundamenta demasiadamente em pressupostos ontoteológicos (noção pré-trinitária de Deus e concepção instrumentalista das mediações da relação do homem com ele) para poder ser pertinente. Ela desemboca, de fato, em uma sacramentária que, inoperante, perde o essencial de seu interesse. Certamente, Barth expressa uma dimensão importante do batismo quando sublinha seu caráter de resposta agradecida do homem pela justificação com a qual Deus já o gratificou antes. Mas, ao não levar em conta nada exceto essa dimensão, não pode mais justificar o batismo de água e sua santidade a não ser como obediência da Igreja a uma ordem de seu Senhor. Ao buscar a inteligência de sua fé, o teólogo se pergunta, então: o que significa tal ordem? Que importância, portanto, as primeiras comunidades davam à água do batismo para que Mateus 28 remontasse a ordem ao próprio ressuscitado? K. Barth não responde a essa questão; ele se resguarda por atrás da "palavra de Deus" assim como por trás de um absoluto caído diretamente do céu. Ademais, não pode agir de outra maneira, convencido de que *a priori* o batismo de água não pode ser um acontecimento de salvação — caso contrário, a soberana liberdade de Deus estaria,

a seus olhos, gravemente comprometida. Dissemos que, talvez, apesar das aparências, Barth responde como escolástico à escolástica. Não "superou" de modo algum o dualismo metafísico da "natureza" e do "sobrenatural".

[b] Os sacramentos perdem o essencial de seu interesse se sua dimensão de "reveladores" da graça de Deus que fundamenta a ética como cristã não se cruza com sua dimensão de "operadores" e, portanto, de acontecimentos de graça. Somente o fato de relevar essa segunda dimensão pode evitar o esquema producionista — ao qual K. Barth ataca com razão — se "superamos" o metafísico (instrumentalidade e causalidade) pelo simbólico (mediação de linguagem e do símbolo, em que "revelador" e "operador" estão indissoluvelmente ligados um ao outro enquanto são mutuamente homogêneos). No campo do simbólico, a relação de Deus e do homem é pensada segundo o esquema da alteridade, esquema que "supera" aquele, dualista, da natureza e da graça que subentende a ontoteologia clássica. Tal esquema exige que "Deus", de uma parte, e nossa relação com ele, de outra parte, sejam expressos de imediato pelo modo do Aberto.

No que diz respeito a *Deus*, este último capítulo acaba de mostrar que o *Logos* da cruz nos prescreve imperativamente tomar ao revés a noção simples e elaborar, assim, um pensamento em que Deus se manifesta como Deus justamente ao renunciar a "Deus". Então é impossível definir esse Deus de outra maneira senão como humano em sua divindade; e é impossível definir a humanidade desse Deus divino sem nos permitir definir a nós mesmos, segundo um caminho de pensamento essencialmente transitivo.

Nessa esteira, a *relação de Deus conosco* pode ser tratada não como objeto-valor, mas como incessante perlaboração simbólica pela qual o Espírito nos trabalha tendo em vista nosso próprio nascimento à filiação e à fraternidade. É o que indicamos pelo conceito de "graça". A "graça sacramental" expressa, assim, a efetividade histórica de que Deus dá à sua paternidade divina ao suscitar em seu Cristo um corpo de filhos e de irmãos. Assim, a humanidade essencial desse Deus divino encontra nos sacramentos sua "expressão" simbólica exemplar.

2. O equilíbrio do duplo princípio, cristológico e pneumatológico, em sacramentária

Advogamos, no capítulo precedente, por uma sacramentária em que a pneumatologia agiria como princípio igual ao da cristologia. Expressamos as consequências concretas. O presente capítulo não faz evidentemente senão reforçar esta perspectiva.

Entretanto, nos guardaremos de passar de uma tendência "cristomonista" para uma tendência "pneumatomonista". Sem suficiente ancoragem em seu polo *cristológico* (polo de sua particularidade institucional), a Igreja se voltaria para o universalismo de um reino que, sem referências de identidade, não poderia se diferenciar do conjunto dos homens de boa vontade e, consequentemente, nada teria mais para lhes comunicar do ponto de vista da particularidade cristã; ao mesmo tempo, os sacramentos não poderiam deixar de estar abertos a todos aqueles que são animados pelo "Espírito" sem que pudessem intervir aqui critérios institucionais de discernimento[102]. Inversamente, sem a suficiente ancoragem em seu polo *pneumatológico* (polo de sua abertura ao universal), a Igreja volveria para o particularismo de um grupo estritamente retraído sobre suas marcas de identidade; e a participação nos sacramentos estaria submetida a estreitas regras de ortodoxia e de "pureza" que sempre ameaçam a liturgia de cair no juridicismo. É por meio do universal do Espírito que transborda toda instituição, que o particular crístico pode fundamentar sua pretensão à universalidade do "por todos"; mas é por meio da particularidade de Jesus Cristo, inscrita na qualidade judaica desse homem singular e da história de Israel, a partir da qual sua "dimensão crística" tem sentido "segundo as Escrituras", que o universal pneumatológico pode evitar evaporar-se nas miragens das boas intenções e da sinceridade de cada um, isto é, dissolver a singularidade da identidade cristã.

3. O tempo do entre-dois

A irredutível tensão que atravessa os sacramentos entre o universal do Espírito e o particular de Jesus Cristo não é, enfim, senão a expressão da contradição *escatológica* que define a identidade da Igreja.

Essa contradição, os sacramentos a simbolizam, em primeiro lugar, como memória de Jesus Cristo. Não a memória de *Jesus* simplesmente: isso seria uma memória sem futuro escatológico, e seu passado se limitaria à lembrança de um belo exemplo (o mais belo, o mais nobre, o mais santo talvez) de profeta e de mártir. Nem, pelo contrário, memória de *Cristo* apenas: isso seria uma memória sem passado propriamente histórico, e seu futuro evaporaria num além mítico. Memória de *Jesus Cristo*, a memória sacramental, denuncia assim os "dois excessos" que ameaçam a teologia cristã da história: de uma parte, o excesso "*escatológico*", que ao acentuar unilate-

---

102. MOLTMANN, J. (*L'Église dans la force de l'Esprit. Una contribution à l'ecclesiologia moderne*, Cerf, 1980, 319-322) vai demasiado longe nesse sentido.

ralmente a "descontinuidade absoluta" entre a história "profana" e a história "da salvação" (Barth, Bultmann, Urs von Balthasar), desemboca, como neste último, em uma espécie de "voluptuosidade apocalíptica" na qual "a história não é mais do que o 'quadro exterior' no qual se desenrola o drama da salvação"; de outra parte, o excesso *"encarnacionista"*, que, mostrando um "otimismo evolucionista" demasiado marcado (Teilhard de Chardin, algumas teologias políticas), tende a minimizar a ruptura escatológica, isto é, a reduzir a escatologia a uma teleologia[103]. Contra a primeira corrente, a memória cristã sublinha a comprometida *exemplaridade* ética da história de Jesus, o Cristo, até ao dom "martirial" de sua vida; sem o qual sua identidade crística e sua função salvadora esvaneceriam em um mito intemporal. Contra a segunda, ela mantém a gratuita *"sacramentalidade"* de sua Páscoa "por nós, os homens, e por nossa salvação"; sem o que, sua exemplaridade não diferiria fundamentalmente daquela de todos os profetas e justos mártires. O sacramento diz assim o tempo escatológico do *entre-dois*.

---

103. Geffré, C., op. cit., 198-200.

Conclusão
Sacramento: criação, história e escatologia

Uma teologia fundamental da sacramentalidade que permita uma releitura global da existência cristã: este era nosso projeto de partida. O projeto incluía, evidentemente, uma releitura possível do mundo como criação. Ora, essa dimensão, seguramente importante, da existência cristã somente foi o objeto de algumas alusões aqui ou ali; a amplidão tomada pelo presente trabalho não nos permitiu incluir aí o capítulo previsto sobre esse ponto. Quereríamos, no final, tentar abrir uma perspectiva nessa direção.

Dois grandes esquemas parecem ter alimentado as tradições filosófica e religiosa ocidental a respeito da criação[1]. O esquema *artesanal* da fabricação, de tipo "*criacionista*", tinha vantagem de liberar o Criador de toda necessidade e de sublinhar o caráter livre, desejado, de sua obra; mas tinha o inconveniente, ao assimilar o "princípio" à "causa", de modelar demasiadamente o Criador nas representações humanas e de apresentar o mundo de maneira muito estática como um produto acabado. O esquema *biológico* da geração ou ainda o da difusão da luz a partir de sua fonte, esquema de tipo "*emanatista*", tinha a vantagem de desligar o princípio criador da representação causal e, assim, promover um pensamento dinâmico da criação como sempre em via de realização; mas tinha o inconveniente de ligar demasiadamente essa mesma criação a uma espécie de necessidade interna do princípio divino. Naturalmente, todos os matizes existiram entre os dois modelos.

---

1. BRETON, S., art. "Création. 2 — La Création dans les synthèses philosophico-religieuses", *Enc. Univ.* 5, 64-66.

Vemos que são esquemas complementares e provavelmente jamais plenamente conciliáveis. Esquemas irredutíveis também, sem dúvida, vindos da impossibilidade de escapar da interrogação sobre as origens. Mas pensar é aprender a interrogar, e assim a "superar" o que parecia se impor primeiro como uma evidência espontânea e irrecusável — ao saber que tal "superação" é tão inacabável como inevitáveis são os esquemas do simbolismo primeiro que nos habitam (consequentemente, de uma causa ou de uma fonte na origem).

Ora, segundo a Bíblia, é por sua *palavra* que Deus cria: "Deus disse que a luz seja... E a luz veio a ser" (Gn 1). Essa modalidade verbal situa de imediato a obra divina na ordem simbólica, e não na "causal", do produto acabado, nem na "de princípio", da derivação de essência por grau de participação. Essa modalidade abre assim o ontológico pelo simbólico: o ser é marcado pelo selo do outro. Enquanto criado, o mundo dos entes é de imediato posto como um *dom*. Teologicamente, o mundo é confessado como criação enquanto está carimbado pela palavra; e essa palavra o faz imediatamente advir como uma oferta. Isso é ademais a função da árvore proibida em Gênesis 2–3. Essa proibição não reserva ciosamente a Deus, um Deus que temeria a concorrência do homem, uma porção quantitativa do mundo — ao contrário do que insinua justamente a serpente que apresenta um Deus perverso, ciumento como ela. A proibição não tem valor calculador de subtração; tem valor simbólico — *tudo* é vosso —, mas não vos esqueçais de que o tudo é o objeto de um *dom*. A proibição é necessária para que surja o dom. O cimo bíblico da criação está nesse dom.

Dom *gratuito*, não obrigado por nada, que precede toda existência que proíbe ao homem, como "pecado", toda pretensão de remontar-se à origem para se autoposicionar na existência ou para fundamentar, por si mesmo, seu mundo. Dom *gracioso* também, irredutível a todo valor ou cálculo, sempre em excesso, e por consequência impossível de justificar por uma "razão" última. Não há resposta científica à questão "por que há ente, em vez de não existir nada?". Portanto, a criação diz uma inevitável *precedência*. Precedência *positiva*, que obstaculiza toda exacerbação da subjetividade que pretenderia reduzir a criação à criatividade humana. Mas precedência cuja positividade, porque ligada à palavra (de Deus), não é redutível por isso à simples factualidade bruta do produto acabado, convidando o homem, assim, a *fazer* historicamente do universo que recebe *um "mundo"*, um mundo habitável, isto é, um mundo em que cada um possa encontrar seu justo lugar.

Do ponto de vista bíblico, a criação apela à criatividade humana, à qual, entretanto, não poderia se reduzir. É por isso que o ato de criação pela palavra divina é um ato de *diferenciação*. Deus cria pondo ordem, agindo assim, no *tohu-bohu* [caos] primordial, ao instaurar a diferença. Diferença luz/trevas, céu/terra etc. Diferença que culmina, no sexto dia, nessa diferença fundamental, sem valor, não contabilizável, que é a diferença sexual, que pertence à "imagem de Deus", uma vez que é como casal, como "macho e fêmea" (Gn 1,27), que o homem foi considerado criado a essa imagem; uma vez que a criação não é boa enquanto o *ish* não encontra "*outro semelhante a ele*" em uma *ishah* (Gn 2,18-24). Diferença inscrita metaforicamente como carência, carência-de-ser, na carne do homem pela costela retirada. Diferença que não pode ser assumida sem tomar distância a respeito da origem parental, que é preciso deixar (Gn 2,24). E essa tríplice diferença antropológica (em relação a si mesmo, a costela; em relação a outrem, a diferença sexual; em relação à origem, deixar pai e mãe) reenvia e encontra seu sentido na diferença-santidade de Deus que cria ao se retirar do mundo (para ser celebrado no sétimo dia), e cujo símbolo, segundo vimos, está constituído pela árvore proibida.

O termo "dom" une os dois aspectos, tão distintos quanto indissociáveis, da criação: a positividade de uma precedência inevitável; o apelo do qual a palavra marca essa positividade para que seja assumida pelo homem de maneira criadora, a fim de que cada um possa encontrar seu lugar e viver neste universo acabado como mundo. De um lado, portanto, a pura *contingência* de uma realidade que está "aí", um ponto apenas, e que a noção de criação designa não como "fabricado por" (esquema artesanal da "ação sobre"), nem como "derivado de" (esquema da emanação energética da "participação de"), mas pura e simplesmente como "posto". Tal *posição* somente é acessível ao pensamento meditativo. Por sua natureza, está fora do campo do pensamento científico, o que indica que a "ação" criadora não poderia, evidentemente, computar-se com qualquer outra coisa — é o cimo da criação *ex nihilo* — e que seu pensamento somente pode advir com o questionamento admirado sobre essa aparente evidência e essa aparente banalidade de que "há" algo, em vez de não haver nada, admiração que dá à realidade um rosto totalmente distinto. Este "há" é algo "posto". Mas esse "posto" somente advém — e é o segundo aspecto — como "dado" (cf. o *es gibt* de Heidegger). Porque surge da palavra, a "posição" é "*doação*". Esse dom não vem acrescentar, em tempo logicamente segundo, a uma realidade que lhe preexistiria de alguma maneira; é constitutivo dessa realidade em seu próprio advento, um pouco como uma questão ou um problema que advém com seu "dado". Pertence assim teologicamente à noção de criação ao apelar à *responsabilidade* histórica do homem.

No fundo, o que propõe (proposição de uma possibilidade e não necessidade de uma evidência) a doutrina da criação é *a abertura de uma palavra*. Diante de uma emergência do devir nas vicissitudes de um puro azar, assim como nas determinações restritivas de uma teologia (ou de uma arqueologia), propõe a emergência de uma palavra responsável. Confessar a criação é advir à liberdade: o dado do universo é recebido como uma oferta[2].

A expressão principal dessa oferta feita ao homem, tido assim por livre e responsável, é a da *oferenda* a Deus. A recepção do mundo como criação, isto é, como "dom", implica o "contradom" da oferenda. Assim a confissão da criação está carregada de *sacramentalidade*. É no "mistério-sacramento" da oblação que o "mistério" da criação encontra sua "expressão" (no sentido forte desse conceito). "Bendito sejais, Senhor, Deus do universo, pelo pão que recebemos de vossa bondade, fruto da terra e do trabalho do homem": ao visibilizar o gesto de apresentação dos dons na missa, essa fórmula, inspirada nas bênçãos judaicas da mesa, é a confissão de fé em ato de Deus como criador. O gesto de desapropriação é a mediação concreta da apropriação do mundo como "dado", como oferecido no presente e como presente à liberdade responsável do homem.

Não há sacramentalidade senão no cruzamento dessas duas dimensões, cósmica e histórica, evocadas pela oblação do pão como fruto da terra e do trabalho do homem. Sem a terra, não há trabalho; mas, sem trabalho, a terra não é "matéria". O pão não é matéria eucarística senão como relação do cosmo com a história. Mas essa relação, implicada na noção de criação, é ambivalente: pode dar lugar a uma "*des-criação*" em vez de desenvolver a criação[3].

Representante simbólico de tudo o que alimenta o homem, o pão está carregado com a "morte" desse último em seu trabalho[4]. Morte para a vida. Com efeito, assimilado, devolve a morte em vida, nega essa morte para dar vida à vida. Ora, quando não é consumido por aqueles que o produziram, torna-se pão de morte. Quando um sistema econômico injusto tira dos pobres o pão que fabricaram, quando somente o redistribui aos economicamente fortes, faz dele um símbolo de "des-criação"; e assim o des-sacramentaliza. *O pão não é eucaristizável a qualquer preço*. "Oferecer um sacrifício retirado dos bens dos pobres é como imolar o filho na presença do pai.

---

2. Dumas, A., *Nommer Dieu*, op. cit., cap. XV "La création, par-delà le hasard et l'évolution", 275-287.

3. A transgressão original como "descriação": cf. Thévenot, X., *Les péchés, que peut-on en dire?*, Mulhouse, Salvator, 1983, cap. II, 25-49.

4. Cf. Dussel, E., "Le pain de la célébration: signe communautaire de justice", in: *Concilium*, n. 172, 1982, 89-101.

O pão dos indigentes é a vida dos pobres; quem dele os priva é um assassino" (Sr 34,24-25). Oferecer a Deus esse pão amassado com a morte dos pobres é um sacrilégio. Comungar desse pão arrancado daqueles que o produziram é "comer sua própria condenação": impossível "discernir aí o corpo do Senhor", a saber, o corpo sacramental no qual se unem indissoluvelmente a cabeça e os membros (1Cor 11,17-34). O salmista acusa em nome de Deus todos esses "malfeitores que devoram meu povo ao comer seu pão" (Sl 53,5). Pretender comer o corpo de Cristo para a vida quando esse pão removido da boca dos pobres é portador de morte é condenar a si mesmo. A economia teologal do culto sacramental é inseparável da economia social do trabalho de cultura.

O sacramento nos apresenta assim o mundo como aquilo que não podemos usar arbitrariamente; exige que façamos da realidade um "mundo" para todos, e não somente para os ricos. Ele nos apresenta igualmente o mundo como irredutível a um simples objeto disponível e, portanto, como aquilo que não podemos usar de modo simplesmente utilitário. O sacramento *epifaniza o excesso simbólico* que a realidade, enquanto criada, mantém como reserva e nos revela a "sacramentalidade" do mundo como criação. Deixado à sua profanidade, portanto, não sacralizado, esse mundo está proibido por isso de profanação. As coisas mais elementares — a água, o pão, o vinho... — pedem "respeito".

Esse *respeito* que é tomado a distância, interrupção em relação ao utilitarismo devorador, abre a opacidade da realidade. A obra pela palavra. Somente a palavra humana criativa pode fazer com que o real se corresponda à palavra divina da criação que o põe como "ordenado" — se é verdade que essa palavra criadora ordena imperativamente ao caos que se ponha em ordem para ser finalmente ordenado ao homem. Enquanto criada, a realidade se "distingue"; o comércio com ela requer o respeito dessa "distinção". A criação diz o mundo como que com "falhas", irredutível à sua opacidade positiva, que, entretanto, resiste. É "posição", mas posição *fraturada pela palavra* que a "ordena". Responder à criação é abri-la como se abre a totalidade compacta de um pão tendo em vista o seu compartilhar. É por isso que, como mostram as orações eucarísticas, se a fração do pão é memória do gesto e da gesta históricos de Jesus que compartilha sua vida como um pão, é também memória da gesta criadora de Deus por "sua palavra" (início da oração eucarística n. 2).

O sacramento não nos reenvia à "*história da salvação*" sem reenviarnos à história da criação; do mesmo modo que, do ponto de vista bíblico, esta é impensável sem aquela, ainda que a supere: segundo Gênesis, o Deus que cria o mundo é o Deus de Israel, o Deus da aliança, o Deus da história. Fazer a memória sacramental, focalizada na Páscoa de Jesus, perderia toda a espessura histórica (e retornaria assim aos mitos gregos dos deuses salvadores) se não retomasse a história de Israel. Mas, por sua vez, a história de Israel, em sua particularidade, não pode ser confessada como história de salvação a não ser em seu fundo de universalidade. É por isso que a tradição bíblica, ao partir da criação histórica de Israel como povo de Deus através do Êxodo, chegou a ampliar essa particularidade histórica em universalidade cósmica. Essa abertura era necessária para que o Deus de Israel fosse o Deus de todos e de tudo. Era necessária para que Israel, permanecendo Israel, desfrutasse ser universal[5]. Era necessária para que a promessa pudesse se estender a todas as nações e finalmente para que pudesse ser afirmada a universalidade crística desse judeu singular que era Jesus. A confissão da criação nasceu da impossibilidade do "apenas Israel".

O "profano" do mundo e da história é assim reconhecido como o *lugar sacramental possível* de uma história sagrada. Ele pede, ao mesmo tempo, para ser tratado com respeito, como dizíamos acima. Não para ser sacralizado — o que lhe retiraria sua autonomia —, mas para não ser profanado por um uso arbitrário e utilitário. Tratar o mundo como uma oferta, um oferenda para os outros, para torná-lo uma "casa" fraterna em que cada um possa encontrar seu lugar, esta é a implicação ética, com dimensões econômicas e políticas universais, de seu reconhecimento como criação no gesto eucarístico de oferenda; esta é a exigência prática do *tua ex tuis tibi oferentes* das anáforas antigas (*supra*); precisamente por isso que a oblação anamnética ao Deus de Cristo, que toma corpo nas representações metonímicas da criação e da história humana, encontra seu desenlace no gesto do pão partido para a vida de todos. O sacramento é o *grande lugar simbólico* em que se atesta a inseparabilidade entre o reconhecimento da graça da criação e a exigência da restituição do dom que o homem tem historicamente a obrigação de oferecer a Deus ao ter ordenado o mundo de tal sorte que corresponda à sua ordenação divina primordial. Símbolo *insuperável*, se é verdade que o "jogo de linguagem" ritual, "-úrgico" e pragmático por sua própria natureza, representa a passagem obrigatória deste reconhecimento; passagem do discurso ao corpo, das palavras à prática.

A "sacramentalidade" do "profano" não deve, entretanto, descartar a hipótese de que o Senhor ressuscitado que nela assume um corpo pelo Espírito permanece marcado com as chagas de sua morte. *Escatologia*. De uma

---

5. BEAUCHAMP, P., *L'Un et L'Autre Testament*, op. cit., cap. III "Les signes", especialmente 116-118.

parte, que seja o Senhor da glória quem tome escatologicamente corpo no mundo, isso interdiz esse corte entre história "profana" e história "da salvação" no qual a escatologia se transforma em escatologismo; corte característico das teologias da "ruptura" redentora, em que a criação, insuficientemente respeitada em sua autonomia, somente encontra sentido no limite, na redenção. Mas, de outra parte, que o Senhorio de Cristo permaneça o da humildade da cruz e que tome corpo na condição trágica dos desfigurados da história — e assim tornem-se nossos juízes (Mt 25,31-46) — proíbe realizar, diferentemente, uma leitura evolucionista de continuidade entre a história "profana" e a história "da salvação"; leitura característica das teologias demasiado "naturalistas" da história em que a escatologia tende a se confundir com uma teleologia[6].

O sacramento diz assim o tempo escatológico do *entre-dois*. Tempo de um "já", mas atravessado por um "ainda não", sob pena de reduzir o Reino a um simples "de outro modo" (de qualquer forma, nem sempre óbvio!) deste mundo. Tempo de um "ainda não", mas atravessado de um "já", sob pena de reduzir o Reino a um "outro mundo" sem relação com este mundo. O sacramento é o portador da alegria do "já" e da angústia do "ainda não". Ele é a *testemunha de um Deus cuja vinda não tem fim*: testemunha deslumbrante de um Deus que vem sem cessar; testemunha paciente, até o cansaço, às vezes, de um Deus que somente "está" aí de passagem. Sacramento-rastro...

---

6. GEFFRÉ, C., op. cit., cap. IX, "Éclatement de l'histoire et Seigneurie du Christ", 189-208.

Índice de nomes próprios

A

Abelardo, P.: 26, 431

Addai e Mari, Anáfora de: 259, 444

Agostinho: 25, 26, 40, 42, 43, 122, 212, 215, 225, 245, 261, 263, 264, 273-278, *291-293*, 302, 329, 364, 380, 383, 403-405, 413, 428-430, 434, 436, 447, 449, 450, 478, 496

Alberto Magno: 25-28, 277, 429, 432

Alexandre de Hales: 28

Alger de Liège: 26, 276, 434

Ambrose, J.: 304

Ambrósio de Milão: 205, 361, 404, 447, 487

Anselmo de Laon: 434

Aristóteles: 29-31, 33, 37-40, 198, 360, 362

Asurmendi, J.: 226, 235

Atanásio de Alexandria: 487

Austin, J. L.: *130-132*

Averróis: 29-31

Avicena: 28, 29

B

Bachelard, G.: 63, 146

Balleydier, M.: 405

Balthasar, H. U. von: 494, 500, 507

Baril, H.: 355

Barnabé, Pseudo-: 244, 245

Barth, K.: 24, 219, 388, *390-395*, 407, 459, 489, *499-505*, 507

Barthes, R.: 105, 196, 197, 200, 258, 311, 312

Basílio de Cesareia: 259, 260, 377, 487

Bastide, R.: 173, 335

Baudrillard, J.: *104-107*, 340

Baumgartner, C.: 427

Beauchamp, P.: 185, 196, 202, 206, 209, 213, 222, 248, 467, 477, 479, 514

Beaufret, J.: 39

Beda, o Venerável: 429

Béguerie, P.: 183, 185

Bellet, M.: 294

Benoist, L.: 317

Benveniste, E.: 89, 92, 94-96, 104, 130

Berengário de Tours: 274-276, 278, 359-361, 364, 434

Bernardo, São: 391

Berrouard, M. F.: 429

Bittremieux, J.: 355
Blanchot, M.: 198
Boaventura, São: 28, 29, 277, 355, 361-363, 420
Bobrinskoy, B.: 429
Bonifácio VIII: 436
Bornkamm, G.: 367
Bossuet: 294
Botte, B.: 180, 444, 491
Bouillard, H.: 392, 500, 501, 503
Bourdieu, P.: 125, 133, 137, 311, 312, 325, 326, 345, 408
Bouyer, L.: 231
Bovon, F.: 71
Breton, S.: 48, 50, 73, 74, 77, 79, 148, 198, 201, 209, 346, 459, 490, 495, 496, 501, 509
Briend, J.: 184
Bultmann, R.: 214, 283, 507

C

Cabié, R.: 448
Caillois, R.: 315
Calcedônia, Concílio de: 419, 504
Caravias, J. L.: 327
Carrez, M.: 490, 491
Casel, O.: 446, 447
Castoriadis, C.: 80, 147
Cazelles, H.: 229, 230, 234, 475, 476
Chauvet, L.-M.: 260, 319, 405
Chavasse, A.: 447, 448
Chenu, B.: 170
Chenu, M. D.: 424, 429, 431
Cipriano: 245
Cirilo de Jerusalém: 361
Clément, O.: 436, 478, 489
Clemente de Alexandria: 244
Clemente de Roma: 188, 189, 243, 244
Colson, J.: 241
Congar, Y.: 175, 292, 355, 386, 419, 427, 430, 432-438, 452, 478, 488
Constituições Apostólicas: 190, 259, 404

Corbin, M.: 428
Cothenet, E.: 189, 242
Cousin, H.: 233, 462, 463
Cullmann, O.: 452

D

Dalmais, I. H.: 185, 444
Damião, P.: 359
Daniélou, J.: 180, 444
Delumeau, J.: 383
Delzant, A.: 51, 109, 252
Denis, H.: 329
Derousseaux, L.: 224
Derrida, J.: 42, 53, 56, 71, 78, *140-143*, 148, 374, 469, 470
Descartes, R.: 37, 43, 44, 58, 281, 465
Desseaux, J. E.: 488
Didaquê: 190, 243, 244, 259, 486
Didascália dos Apóstolos: 404
Diderot, D.: 123
Dinechin, O. de: 246
Diogneto, Epístola a: 244
Dionísio, Pseudo-: 46, 49, 50
Dodd, C.: 232
Dondaine, H. F.: 27-29, 31, 426
Doré, J.: 170, 327, 425, 461
Douglas, M.: 484, 485
Dubarle, D.: 148, 149, 346
Duby, G.: 102
Dumas, A.: 502, 512
Dumortier, F.: 268
Dumoutet, E.: 275, 359, 360
Duns Scot: 27, 28
Dupont, J.: 160, 192, 231
Durkheim, É.: 345
Dussel, E.: 512
Duval, A.: 354, 355

E

Eckhart, Mestre: 49, 50, 495
Eliade, M.: 345

Erdoes, R.: 116
Erikson, E. H.: 304

F

Fílon de Alexandria: 228-230, 237, 242, 245, 269, 291, 484
Flahault, F.: 88, 107, 108, 125
Freud, S.: 63, 77, 82, 100, 119, 142, 281, 294, 304

G

Gadamer, H. G.: 71
Gagey, J.: 294
Gaillard, H.: 449
Galilea, S.: 327
Geffré, C.: 50, 71-73, 413, 442, 473, 475, 494, 507, 515
Geiselmann, J.: 278, 360
Genuyt, F.: 411
Ghellinck, J. de: 361
Girard, R.: *283, 284, 286, 287,* 293, 308, 312, 379
Gisel, P.: 207
Goethe, J. W.: 122
Goffman, E.: 304
Gourges, M.: 462
Granger, G. G.: 397
Gregório de Nazianzo: 479, 481, 487
Gregório VII: 436, 437
Greisch, J.: 65, 67, 141, 479
Grelot, P.: 178, 180, 192, 193, 214, 445, 452
Guerric de Saint-Quentin: 29
Guilherme d'Auvergne: 28
Guillet, J.: 192
Gy, P. M.: 178, 289, 435, 439

H

Habermas, J.: 71
Hahn, F.: 178
Hall, E. T.: 317

Hameline, D.: 175
Hameline, J. Y.: 307, 310, 341
Hänggi, A.: 259, 361
Hegel, G. W. F.: 281, 461, 464, 466
Heidegger, M.: 22, *36-39,* 42-45, 51, *54, 56, 57, 59-71,* 73, 77, 79, 80, 83, 87, 90, *92, 94,* 100, 106, 117, 140, 147, 148, 171-173, 203, 281, *368-370,* 382, 414, 415, 466, 468, 469, 478, 480, 489, 490, 495, 511
Héris, C. V.: 31, 426
Hermas: 486
Heschel, A.: 220
Heusch, L. de: 303, 305
Hipólito de Roma: 203, 255, 259, 435, 492
Hudon, G.: 450
Huxley, J.: 303, 304, 323
Hyppolite, J.: 281, 461

I

Inácio de Antioquia: 419, 463
Inocêncio III: 430, 436
Ireneu de Lyon: 155, 192, 243, 244, *291,* 293, 420, 435
Irrarazaval, D.: 327
Isambert, F. A.: 133, 134, 138, 325-327, 345
Isidoro de Sevilha: 26, 275, 429

J

Jaubert, A.: 189, 244
Jeremias, J.: 191, 231
João Crisóstomo: 46, 259, 361, 429
João Damasceno: 31, 377, 428
Jounel, P.: 447, 448
Jourjon, M.: 243, 244
Jousse, M.: 146, 147
Jüngel, E.: 35, 46-49, 281, *460, 461, 463-466,* 473, 483, 494, 495
Juranville, A.: *81-83*
Justino: 190, 203, 231, 244

K

Kagamé, A.: 218
Kannengiesser, C.: 429
Kant, E.: 50, 96
Käsemann, E.: 165, 233, 240
Kasper, W.: 191, 273, 462-464, 471, 472, 494
Kearney, R.: 72
Kretschmar, G.: 443
Kristeva, J.: 80, 200
Küng, H.: 391, 392

L

La Bonnardière, A. M.: 404
Lacan, J.: 56, 81, 82, 94, 95, 97, 98, 121, 142, 143, 199, 281, 344
Ladrière, J.: 49, 305, *396-398*
Laffoucrière, O.: 59
Lafon, G.: 33, 35, 36, 124
Lanfranco de Cantuária: 360
Laporte, J.: 229, 230, 242
Lauret, B.: 170, 284
Leão Magno: 447, 450, 451
Leclaire, S.: 99
Lécuyer, J.: 432
Le Déaut, R.: 189, 201, 447
Ledure, Y.: 146, 497
Le Goff, J.: 289
Legrand, H. M.: 177, 178
Lemaire, A.: 94
Léon-Dufour, X.: 99, 192, 220, 231, 246, 279, 282, 284, 294, 367, 445, 450, 462-464
Lepin, M.: 277, 278
Levinas, E.: 53, 56, 64, 78, 80, 92, 144, 148, 226, 469
Lévi-Strauss, C.: 88, 99, 104, 124, *134, 135*, 138, 173, 311
Lévy-Bruhl, L.: 103
Ligier, L.: 492
Lombardo, P.: 26, 27, 278, 429, 434, 437, 439
Lubac, H. de: 176, 205, 276, 364, 433, 434
Luneau, R.: 335

M

Mallarmé, S.: 198
Malraux, A.: 127
Marcos, Anáfora de São: 260
Margerie, B. de: 478
Marin, L.: 168
Marion, J. L.: 47, 77, 207
Marlé, R.: 211
Marliangeas, B.: 438, 439
Martelet, G.: 275
Marty, F.: 50
Mathieu, L.: 28
Mauss, M.: 88, 101, 103, 104, 290, 345
Merleau-Ponty, M.: 45, 88, 93, 144
Metz, J. B.: 173, 222, 247
Michel, A.: 25
Mohrmann, C.: 245
Moltmann, J.: 280, *458, 460-465*, 468, 493, 501, 502, 506
Monloubou, L.: 221
Montcheuil, Y. de: 177
Montclos, J. de: 360
Morel, G.: 69
Morin, E.: 344

N

Neher, A.: 219
Niceia, II Concílio de: 208, 377
Nietzsche, F.: 45, 68, 146, 170, 411
Novalis, F.: 122

O

Orígenes: 204, 205
Ortigues, E.: 87, 92-95, *113, 115*, 118, 123, 128, 156, 177
Otto, R.: 345

P

Pahl, I.: 259, 361

Paliard, C.: 329
Pannenberg, W.: 192
Parain, B.: 88, 90
Pascal, B.: 358
Pascásio Radberto: 26, 275, 429, 430
Pasquier, A.: 340
Paul, A.: 188, 189
Perrot, C.: 189, 190, 210, 228, 230, *231*, 233, 237, 249, 366, 445, 452, 486
Platão: *33-37*, 39, 43, 51, 60, 96, 141, 199
Plotino: 22, 46
Pohier, J.: 378
Pontifical romano-germânico: 438
Pourrat, P.: 25
Pré-socráticos: 39
Prigent, P.: 245

R

Rábano Mauro: 26
Rahner, K.: *301*, *302*, 349, 350, 402
Ratramno: 26, 275, 276
Resweber, J. P.: 56, 148
Ricoeur, P.: 43, 44, 63, 69, *71*, *72*, 119, *140*, *141*, 146
Roguet, A. M.: 25, 31
Rordorf, W.: 445
Rosny, E. de: 117, 134, *136*, 138
Rosolato, G.: 342, 475
Rost, L.: 195
Rouiller, G.: 71

S

Sagne, J. C.: 283, 342
Sanders, J. A.: 185, 187, *194*, *195*, 200
Sanon, A. T.: *335*, *336*, 339
São Vitor, Hugo de: 25, 26, 434, 435
Saussure, F. de: 141
Schelling, F. W.: 122
Schillebeeckx, E.: 359, 361
Schubert, K.: 232
Scouarnec, M.: 322
Sendler, E.: 208

Serapião: 259, 260, 487
Siman, E. P.: 404, 488
Simon, A.: 284
Sirício: 446
Smith, P.: 200
Sobrino, J.: 461
Soos, M. B. de: 450, 451
Soter: 446
Sperber, D.: 125
Stevenson, K.: 259
Summa Sententiarum: 26, 434
Sutter, J.: 312

T

Taft, R.: 450, 451
Talley, J. T.: 445-448
Tarby, A.: 254
Teilhard de Chardin: 507
Teodoro de Mopsuéstia: 487
Tertuliano: 192, 203-205, 245, 404, 419, 446, 492
Thévenot, X.: 512
Thurian, M.: 220
Tiago de Jerusalém, Anáfora de: 254, 259
Tillard, J. M. R.: 437
Tinland, F.: 144
Todorov, T.: 40, *122*, 197
Tomás de Aquino: 21-25, *27-33*, 37, 40, 41, 43, *45-47*, 49, 51, 160, 289, 355, 356, *358-364*, 372, 394, 402, 406, 420, *423-433*, *435*, *436*, *438-442*
Trebossen, P. G.: 329
Trento, Concílio de: 277, 290, 354-356, 358, 363, 374, 391-393, 404
Turner, V.: 116, 134-136, 138, 326, 334

U

Ushte, T.: 116

V

Valéry, P.: 148
Vanhoye, A.: 236, 241, 279

Vasse, D.: 99, 145

Vaticano II, Concílio do: 177, 178, 205, 253, 307, 326, *385-389*, 395

Vaux, R. de: 184, 187, 188, 229, 230

Vergote, A.: 93, 94, 99, 123, 145, 146, 168, 173, 282, 294, 307, 311, 312, 332, 341, 343, 345, 348, 371, 384, 387, 398, 496

Vignaux, P.: 275

Villalon, J. R.: 491

Villela-Petit, M.: 370

Vogel, C.: 289, 438

Von Allmen, J. J.: 216, 221, 243, 265, 301, 395

Von Rad, G.: 194, 195, 219

Von Schönborn, C.: 208, 377

Voyé, L.: 311, 312

W

Wiesel, E.: 457

Wittgenstein, L.: 49, 305, 396, 397

Y

Yerkes, R. K.: 228

Z

Zahrnt, H.: 500, 503

Edições Loyola

editoração impressão acabamento
Rua 1822 nº 341 – Ipiranga
04216-000 São Paulo, SP
T 55 11 3385 8500/8501, 2063 4275
www.loyola.com.br